中研院学人文库

近代中國的思潮與人物

（修订版）

黄克武 著

九州出版社 JIUZHOUPRESS | 全国百佳图书出版单位

图书在版编目（CIP）数据

近代中国的思潮与人物 / 黄克武著. -- 北京 : 九州出版社, 2016.2（2025.7重印）

ISBN 978-7-5108-4210-8

Ⅰ. ①近… Ⅱ. ①黄… Ⅲ. ①思想史－研究－中国－近代 Ⅳ. ①B25

中国版本图书馆CIP数据核字(2016)第029096号

近代中国的思潮与人物（修订版）

作　　者	黄克武　著
责任编辑	李文君
出版发行	九州出版社
地　　址	北京市西城区阜外大街甲 35 号（100037）
发行电话	(010)68992190/3/5/6
网　　址	www.jiuzhoupress.com
电子信箱	jiuzhou@jiuzhoupress.com
印　　刷	鑫艺佳利（天津）印刷有限公司
开　　本	787 毫米 ×1092 毫米　16 开
印　　张	29
字　　数	450 千字
版　　次	2016 年 4 月第 1 版
印　　次	2025 年 7 月第 3 次印刷
书　　号	ISBN 978-7-5108-4210-8
定　　价	88.00 元

出版说明

近年来，随着海峡两岸文化交流的拓展，两岸学界来往频繁，交流活动日益增多。为更好地促进两岸学术交流，九州出版社推出《中研院学人文库》系列丛书，收入台湾中研院著名学者的代表著作，作为学术研究的参考，以简体字形式在大陆出版。本书自2013年3月首版以来，受到读者的欢迎，故此次重新修订后推出精装本。作者的某些观点和结论，或有与我们不同之处，为便于参考，保留原貌。

九州出版社

2016年4月

目　录

甲编：公私观念与自由民主

丙编：民国人物与思想

甲编：公私观念与自由民主

从追求正道到认同国族

——明末至清末中国公私观念的重整

一、前言

公与私的区分不但在中西历史上是一个重要的课题，也是现实生活中让人寻思、论辩，而往往不得其解的一个难题。在中文语汇之中，公与私这一对概念至少指涉了实然与应然两种意涵：在实然方面它们为社会范畴的区分，一般而言“公”指国家部门（state sector），有时也包括地方公产与公众事务，而“私”则指非国家部门（non-state sector），又可再进一步细分为个人与社会群体，如家族、党社等。在应然方面两者为道德价值的判断，“公”指利他主义（altruism），“私”指追求自我利益，亦即强调一己的独占性，也包含自私自利（selfishness）。①

然而以上两种的意涵在历史文献上并没有清楚的区分。公私价值的区别有时是模糊与游移的，人们对于“利他”与“自私”，或何者为个人正当的情欲、何者为不正当的情欲，没有一致的看法。再者，人们对于公私范畴的划分亦无固定的标准，例如家族活动在某一些情境被认为属于公领域，某一些情境则属于私领域。②

① 就社会范畴而言，有时会将公部门再细分为公与官，因而形成了官、公、私的三分法。如马敏指出明清以降的中国社会之中，官领域是指“高度科层化的专制国家机器”，私领域是指“无数个分散的小农家庭所构成的经济实体和社会细胞”，公领域则是“一是指地方所公有的‘公产’，如公田、公屋、社仓、义仓、书院、义学、各类善堂等；二是指官方不直接插手，但私人又无力完成的地方公事和公差，诸如保甲、团练、防火、防盗、修桥、铺路、水利、民间赈济以及育婴、恤孤、养老、掩骸等慈善事业。”马敏，《官商之间：社会剧变中的近代绅商》（天津：天津人民出版社，1995），页 220。

② 艾尔曼曾指出在宋明清时期非血缘的党社组织被视为是私，而宗族组织反而被视为公，这与现代西方的用法相反，见 Benjamin A. Elman, *Classicism, Politics, and Kinship: The Ch'ang-Chou School of New Text Confucianism in Late Imperial China* (Berkeley: University of California Press, 1990), p. 34.

这涉及费孝通所谓中国“差序格局”的社会背景，① 在此背景之下，己与人（或私与公）的界线常视其对待面之不同而具有伸缩性。

公私概念的混淆也涉及语言的歧异性。在中文语汇之中“私”有时为中立性的语辞，广义地指涉国家部门之外的人民，如《清实录》常谈到“令公私两便”。②有时公与私则同时指涉社会范畴与道德价值。这样一来，公或私不但指涉某一“社会范畴”所从事的特定活动，也带有对此一活动的“道德判断”。这些语汇上的混淆使我们对于中国历史上公私问题的探讨更为困难。

以公私语汇为基础的思考在明清以后又与士人对专制的抨击、对个人欲望与私有财产的肯定，以及追寻“现代国家”的努力等思想动向结合在一起。众所周知，现代国家是以“国家”与“国民”等概念为基础建立起一套特殊的政治运作。中国知识分子在引介、构思此一制度时，很自然地运用他们所熟悉的公与私概念范畴，来讨论个人与国家之权限，以及合适的群己关系，因而形成思想上的曲折发展，值得一探究竟。

本文即尝试以明末至清末为时间断限，从思想史的角度来探讨与公、私之概念范畴相关的一些课题。尤其注意到十六世纪末至二十世纪初，中国知识分子如何以传统公与私的概念来构思群与己（尤其是国与己）关系而形成的思想变迁。

明清之际中国思想界对于公私议题有十分热烈的讨论，李贽（1527—1602）、顾炎武（1613—1682）、黄宗羲（1610—1695）等人对“私”（主要指个人欲望与私有财产）提出一个新的看法，这一种肯定私的观念进一步发展为顾炎武思想之中“合天下之私，以成天下之公”，以及黄宗羲所谓“后之为人君者……使天下之人，不敢自私，不敢自利，以我之大私为天下之大公”、“必使治天下之具皆出于学校……天子亦遂不敢自为非是而公其非是于学校”的政治理念。③ 这一理路本来是因应明清社会的转变（即大陆学者所谓“资本主义萌芽”的各种现象），并针对专

---

① 意指该社会之中角色关系的亲疏厚薄是从近亲往外推移。见费孝通，《乡土中国》（上海：观察社，1948）。

② Thomas A. Metzger, *The Internal Organization of Ch'ing Bureaucracy: Legal, Normative, and Communication Aspects* (Cambridge, Mass.: Harvard University Press, 1973), pp. 281—282.

③ 见沟口雄三，《中國前近代思想の屈折と展開》（东京：东京大学出版会，1980），页 3—4。余英时，《中国近世宗教伦理与商人精神》，收入《中国思想传统的现代诠释》（台北：联经出版事业公司，1987），页 346 ；余英时，《现代儒学的回顾与展望：从明清思想基调的转换看儒学的现代发展》，《现代儒学论》（River Edge N. J.: 八方文化企业公司，1996），页 18—27。

制统治与宋明理学将公与私、天理与人欲、义理之性与气质之性等严格区分而发，[①]在近代思想上促成“气的哲学”、“经世之学”与“考证学”等学术路向的发展，清儒戴震（1724–1777）、凌廷堪（1755–1809）等人对人情与人欲的肯定，建立“以欲为首出的哲学”，强调“以礼代理”等，可视为此一路向的展现。[②]然而不容忽略的是这一思想遗产也对清末知识分子认识民主、自由、权利、国家、国民等崭新的议题产生了重要的影响，他们对以上问题的讨论几乎都以明末清初思想家如顾、黄等人的公私观念为基础，而作进一步的引申与发挥。[③]

那么明末与清末对公私观念的讨论有何异同？以下几点值得思索：

第一，无论是明末清初还是清末民初的思想家在肯定“私”与“利”的同时并没有放弃“公”的道德理想，仍然拥抱中国传统中“天下为公”、“大公无私”的目标，也反对徇私或“假公济私”等自私的行为。[④]换言之，他们是在不抹煞个人合理的欲望，也尊重群体规范的前提下，来重新思考群己关系。因此他们的看法一方面为宋明以来的儒家传统开创出一个新的局面，另一方面仍继承了许多固有的思想

---

① 有关宋明理学对公与私的看法请见翟志成，《宋明理学的公私之辨及其现代意涵》，收入于黄克武、张哲嘉主编，《公与私：近代中国个体与群体之重建》（台北：“中研院”近代史研究所，2000），页1–58。

② 明末对公私问题所提出的新观点与当时思想界其他五个看法密切相关，结合成一种一方面有批判性，另一方面比较关心既得利益者的心态。这些看法是：一、不强调政治核心的政策，而较重视地方性、社会性的活动。二、在组织事务，尤其是经济组织方面，较强调私有组织，而非国家组织。三、重视保障私有财产，亦即一种保富安民的看法。四、强调通商的重要性。五、较不强调公私、义利的对立，而提倡从私之中导引出公，亦即“公者私之积”的观念。六、较不强调学术精英的领导，而重视商人角色。见黄克武，《自由的所以然：严复对约翰弥尔自由思想的认识与批判》（台北：允晨文化有限公司，1998），页296–297。此一思想变迁亦可参见黄克武，《清代考证学的渊源：民初以来研究成果之评介》，《近代中国史研究通讯》，期11（1991），页43–44。张寿安，《以礼代理：凌廷堪与清中叶儒学思想之转变》（台北：“中研院”近代史研究所，1994），页25–26。

③ 一个耐人寻味的事情是清末民初士人对公私、民主、自由的讨论不仅受顾、黄等人影响，也与戴震思想的重新诠释有关系，例如刘师培（1884–1919）、章炳麟（1869–1936）、梁启超（1873–1929）都高度评价戴震的哲学，甚至将之与卢梭（Jean-Jacques Rousseau, 1712–1778）、孟德斯鸠（Charles de Secondat, Baron de Montesquien, 1689–1755）相比，至五四运动时代戴震的哲学也被胡适（1891–1962）等人抬出来，借以判儒家传统，在这方面拙文着墨甚少，还值得深入探讨。目前已有一些重要的研究成果，请参阅丘为君，《梁启超的戴震研究——动机、方法与意义》，《东海学报》，卷35（1994），页61–85；刘巍，《二三十年代梁启超、胡适、钱穆的戴震研究》，（北京：清华大学硕士论文，1998）。

④ 刘广京，《顾炎武之公利观》，中央研究院近代史研究所编，《近世中国经世思想研讨会论文集》（台北：“中研院”近代史研究所，1984），页100–104。此文是刘氏对该论文集之中程一凡的《顾炎武之私利观》一文的书面意见，刘氏表示“顾氏认为‘存公灭私’，事实上办不到，而希望公与私不致互相排斥，而能相辅为用，以私济公。程文虽亦提到此点，但行文之间，过于强调‘私利’，忽视‘公’之大目标”，页100。

预设。对明清时期这些肯定“私”的思想家而言，其思想之中连续性的因素除了大公无私之外，还包括王道、仁政、内圣外王、生生不已、乐观主义的认识论（认为人类可以获得客观的知识）、环境的乐观主义（认为天然资源十分充足）、将社会视为由士农工商所组成而环绕着“礼”的活动，以及对知识分子角色之认定等。这些预设不但在十九世纪经世传统之中十分盛行，甚至在二十世纪思想界仍有持续的影响力。再者，我们不能忽略的是主流儒家论述之中一直存有肯定“恒产”、“因民之所利而利之”与通商的观念，这也是明清时期思想家肯定“私”（特别是私有财产）的重要基础。①

第二，在近代肯定“私”的历史发展之中，中国知识分子将一个比较一元化的“私”的概念（特别是针对宋明理学对公私的看法）更细致地分为不同的概念范畴。就行为之主体而言，一类为统治者之私，一类为庶民之私。就其内涵来说，一类是负面性的自私自利、损人利己之私，需要贬抑；一类是正面性的合情、合理之私，必须肯定。明末与清末的思想家所肯定的私均为庶民的合情、合理之私，并以此来讨论“合私以为公”，亦即以肯定每一个个体的合理欲望、私有财产，以及个人对公共事务的参与，来建立社会正义的准则。

第三，就思想的渊源来说，明末公私观念的讨论与反专制、理学内部的变化，以及明清社会经济变迁有关；清末的公私观念的讨论除了有传统渊源之外，具有更强烈的西方影响的色彩。

第四，两者虽然都是从“合私以为公”的角度来肯定一个具有正面意义的“私”，但明末时所注重的私是指个人欲望与私有财产权，清末对公私的讨论则更为关注由全体国民私其国，来倡导“国民”的权利，② 其理论基础不仅是人性的必然趋向，也含括公民的与种族的国族主义（civil and racial nationalism）、社会达尔文

① 有关明清时期肯定私的思想家与儒家传统之连续性在此无法细论，在这方面请参考墨子刻的作品，如 Thomas A. Metzger, “The State and Commerce in Imperial China,” *Asian and African Studies* Vol. 6(1970), pp. 23–46. 讨论到传统思想之中肯定“追利”的一些想法。墨子刻，《中国近代思想史研究方法上的一些问题：一个休谟后的看法》，《近代中国史研究通讯》，期 2（1986），页 38–52，讨论到中国文化固有的几个预设，以及固有预设与中国现代思想之关系。

② 沟口雄三，《中国与日本‘公私’观念之比较》，《二十一世纪》，期 21（1994），页 92–93。有关近代中国国民论述的形成请参考沈松侨先生近年来重要的研究，如氏著《我以我血荐轩辕——黄帝神话与晚清的国族建构》，《台湾社会研究季刊》，期 28（1997），页 1–77；《振大汉之天声——民族英雄系谱与晚清的国族想象》，《“中研院”近代史研究所集刊》，期 33（2000），页 77–158。

主义、社会有机体论、功利主义、自由民主思潮，与自由放任的经济思想等。尤其值得注意的是清末思想界对“私”的讨论将西方“开明自营”（enlightened self-assertion）与顾、黄的“合私以为公”的观点结合起来，来肯定个人政治、经济方面的“权利”，与实施民主制度之想望，使国人对于公私、义利，与群己关系的认识，进入一个新的境界。这样一来，明末所谓的“公”主要是指追求公平、正义或正道，而清末所谓的“公”除了追求公平、正义与正道之外，更增加了国民对于一个现代国家的认同（identity）之意涵。这一变迁也扣紧了列文森（Joseph R. Levenson, 1920–1969）所谓从“天下”到“国家”的历程。①

这样的思想变化是如何产生的呢？从顾、黄到辛亥革命前夕的三个世纪之内，中国思想界对公私议题的讨论有何曲折的过程？本文将以十八世纪末年至二十世纪初年的几位思想家为例，来观察此一变迁。其中特别注意梁启超与严复的角色，梁、严一方面深受传统影响，熟稔顾、黄等人的论述，另一方面则经由不同管道认识西方思想，而对公私、义利、群己等议题提出许多创见，在当时思想界颇具影响力。② 此一思想脉络的厘清，不但可以让我们了解清朝中叶以来在西力冲击之下，中国士人如何重新构想个体 / 群体的关系，也将提供我们对于近代中国思想界中连续性与非连续性之议题，作更深入的思索。

二、清中叶以降经世思想对公私问题的讨论

清中叶以后思潮走向之主脉是从理学、考证转移到经世致用、汉宋调和与中体西用，此一变迁有非常复杂的渊源，如今文学的兴起与王朝的衰微等，然而不容忽略的是与上述顾、黄、王的经世传统与戴震、凌廷堪所倡导的“以礼代理”的思想倾向，亦即所谓“实学”的兴起，有直接的关系。乾隆末年时陆耀（1726–1785）曾编辑《切问斋文钞》（1776，以下简称《文钞》），此书是近代经世思想的前驱，

---

① Joseph R. Levenson, *Confucian China and Its Modern Fate: A Trilogy* (Berkeley: University of California Press, 1965), pp. 98–104. 从天下到国家的转变一方面有重大的非连续性，但是我们不能忽略近代中国知识分子对“现代国家”的想象也包含了许多传统的成分，例如孙中山所说中国应“驾于欧美之上”即与西方的国族主义有明显的不同。

② 严、梁的思想除了透过自身的著作传播以外，也经由像《时报》那样倾向改革的报纸传递到更广泛的读者群。见 Joan Judge, *Print and Politics: “Shibao” and the Culture of Reform in Late Qing China* (Stanford: Stanford University Press, 1996).

其中就收有张尔岐（1612—1678）与顾炎武的通信，讨论“行己有耻”，也收录了顾炎武的《与友人辞祝书》与《答王山史书》、《论风俗》，以及凌廷堪的《复礼》一文。①陆耀亦曾致书戴震讨论理欲之辨，他对戴震表示：“来教举近儒理欲之说，而谓其以有蔽之心，发为意见，自以为得理，而所执之理实缪，可谓切中俗儒之病”。②

然而《文钞》同时也收录了许多理学家的作品，而将析论性与天道与重礼的想法结合为“下学而上达”的“一贯”主张。《文钞》中汤斌（1627—1687）的《答陆稼书书》一文认为“欲求孔孟之道，而不由程朱，犹航断港绝潢而望至于海也……欲明程朱之道者，当心程朱之心，学程朱之学，穷理必极其精，居敬必极其至。”③陈道（1707—1760）的《与熊心垣书》一文则表示反对这样的玄想：“前明讲学者喜言高妙，辨及毫芒，析愈精而说愈纷，于己于人究无裨益。”因此《文钞》的学术立场整体来看是反对士人只知天人之学，却忽略道德实践，该书主张不放弃形而上的理想，而是以道德实践为本，逐渐体认性命与天道。用张尔岐的话来说“因标见本，合散知总，心性天命将有不待言而庶几一遇者。”如果用学派分野来看，《文钞》所谓的正确的学术是：尊崇程朱、不排击陆王，而以理学中重实际的传统来提倡下学上达的一贯主张。④再者，《文钞》所强调的经世之策一方面是继承理学的传统，要求士人要立定志向，以家国、天下为己任，另一方面则强调在“恪尊王制”的前提之下以出版书籍来移风易俗，并从事教育、行政方面的改革。

这样的观点一方面继承了明末顾炎武、黄宗羲的经世理念，重视人伦日用、人民生活与讲求实学，但也选择性地放弃了顾、黄从“合私以为公”来抨击专制君主“私天下”的批判传统，《文钞》也没有收录顾、黄肯定私有财产、个人欲望与戴震所谓“通情遂欲之谓理”的言论。⑤在一篇分析《切问斋文钞》之经世思想的文章，

① 陆耀编，《切问斋文钞》（道光7年杨国祯刻本）。

② 此信转引自钱穆，《中国近三百年学术史》（台北：台湾商务印书馆，1983），页330。钱穆表示此信收在《切问斋文钞》，但道光初年杨国祯重刻的《切问斋文钞》之中并没有收录此文，在陆耀的《切问斋文录》也没有这一封信，因此此信的出处仍有待查证。

③ 陆耀编，《切问斋文钞》，页6a—7b。

④ 请参见黄克武，《理学与经世：清初〈切问斋文钞〉学术立场之分析》，《中央研究院近代史研究所集刊》，期16（1987），页37—56。

⑤ 顾炎武最重要的《郡县论》、《生员论》、《钱粮论》与黄宗羲的《明夷待访录》等文都没有被收录进《文钞》。而戴震的文章只收了两篇，分别是讨论天文历法的《璇玑玉衡解》与《七政解》。

作者曾经以两组观念来观察十六世纪到十八世纪末年经世思想的变迁，一是转化与调适，前者指要求彻底的改变而达到完全的成功，后者指逐步改善而肯定等级性的成就；一是政治核心的改革与强调政治核心之外的社会性行动。根据拙文的分析，顾、黄等人倾向"彻底改造政治核心的转化思想"，强调君主专制的弊病，而重视中央政府的改造；《文钞》则较接近"核心之外的调适思想"，关怀地方性与社会性的事务，同时坚持知识分子应努力于个人的道德修养，以达到彻底的转化。①

这种强调核心之外的调适主张，搭配个人道德转化的理想，构成清中叶之后经世思想的主调。直到清末像冯桂芬（1809–1874）、康有为（1858–1927）、梁启超等人重新动员顾、黄的思想遗产，一方面向专制挑战，另一方面向西学接轨，才促成较重大的变化，回复到呼吁改造政治核心的转化思想。②

在《文钞》出版后的半个世纪魏源（1794–1857）应贺长龄（1785–1848）之邀编辑《皇朝经世文编》（1826，以下简称《文编》），该书成为清代经世思想的开山之作。③此书基本的学术立场是消融门户之见，主张以宋学为本、汉学为末的汉宋调和论。这样的立场与《文钞》非常类似，亦即以经世关怀作为共同点来调和学界的纷争，只是因为学术思潮的变动，《文钞》所面对的是朱陆之争，《文编》所面对的是汉宋之争。

《文编》之中对学术、政治等议题的讨论也显示该书与《文钞》的基本立场是一致的，一方面从实学的角度肯定人伦日用，另一方面也有意地忽略顾、黄的批判精神。在此脉络之下《文编》对公私问题的看法实际上与顾、黄等人的观点有所出入，我们可以举《文编》所收录汪缙（1725–1792）的《准孟》与秦蕙田（1702–1764）的《任贤勿贰去邪勿疑》两篇文章来作说明。

汪缙的文章借着对于公私、义利等问题的讨论来申述孟子的观点。他针对领导阶层而发言，认为个人的求利以及人与人之间的竞争是不可避免的，但有的人是以公为出发点，有的人则以私为出发点。公与私的区别在于前者是以仁义之心来追求

---

① 黄克武，《理学与经世：清初〈切问斋文钞〉学术立场之分析》，页 53–58。

② 梁启超，《清代学术概论》（台北：台湾中华书局，1974），页 62。梁启超，《中国近三百年学术史》（台北：台湾中华书局，1983），页 47。熊秉真，《十七世纪中国政治思想中非传统成份的分析》，《中央研究院近代史研究所集刊》，期 15（1986），页 30–31。

③ 魏源编，《皇朝经世文编》（台北：世界书局，1964）。以下的分析是依赖黄克武《〈皇朝经世文编〉学术、治体部分思想之分析》（台北：台湾师范大学历史研究所硕士论文，1985）。

利，而后者是以统治者个人利害来追求利，二者表面上十分类似，然而其导致的结果则截然不同。前者是“圣王”，“若父兄之虑子弟也……自十一而外，一丝一粟，上无利焉。故民乐其生，服其教，遇饥馑兵战之厄，蟠固而不散”；后者则是“术家”，“其于民也，若毫猾之驭臧获，若屠贩者之役牛马 .... 非有爱也，以为吾将有以用之也，故其民仰利畏威，不识君父亲戚，寡廉耻，惟利威之向”。汪缙认为中国历史最大的转折是战国时期的秦国以法家思想取代孟子王道观念，因而造成三代理想世界的消灭沉沦，因此解决的方法是重振孟子的公私、义利之辨。这样的观点一方面肯定孟子式的爱民思想，也认识到庶人的物质欲望是无法阻绝的（亦即有恒产始能有恒心），只能以疏导的方式来防范，另一方面则认为作为统治者的君子要建立更高的道德标准，实践以仁义为基础的“公”的理想。他指出：

曰仁人心也，义仁路也，未有失其心而可以为人者，未有人而可以不由此路者。是故所欲有甚于生，所恶有甚于死，行一不义，杀一不辜，而得天下，不为也。①

这与陆耀《文钞》要求知识分子道德转化的想法是一致的。

秦蕙田的《任贤勿贰去邪勿疑》一文有类似的看法，他认为平天下的一个重要方法是任用贤能而舍弃邪恶，那么如何分辨两者的不同呢？他说：

贤邪之判在心术，而心术之辨在公私，心术果出于公欤，其气象必有光明磊落之概……如心术或出于私，其情状必有掩饰闭藏之态……公与私之辨彰彰如此。②

以上的观点显然是将公与私作为相对立的概念，要求有经世之志的世人追求大公无私、遏制本身私欲，这也显示他们不强调顾炎武的公私观念，以及由此衍生的肯定个人欲望、私有财产的主张，反而是返回先秦儒学与宋明理学的公私、义利之辨。③

《文编》中刘鸿翱（1779–1849）的文章《封建论》、《井田论》也反映一个与明末顾炎武等人不同的思想倾向。他不像顾炎武那样看到秦以后郡县制度的弊病是“其专在上”的私心，主张“寓封建之意于郡县之中”，来制衡中央集权的过度发

① 汪缙，《准孟》，《皇朝经世文编》，1:5 下–6 上。

② 秦蕙田，《任贤勿贰去邪勿疑》，《皇朝经世文编》，13:3 上。

③ 在此要说明的是肯定个人欲望、私有财产的主张虽然在《文编》所代表的清代经世思想之中不是一个重要的议题，但是顾、黄对公私的看法与他们经世倾向，或说重视人民物质生活之改善的想法有关系，这一精神则为清代经世思想家所继承。

展。刘鸿翱继承柳宗元（733–819）、苏轼（1036–1101）以来支持郡县的传统，以为封建变为郡县是“非人之所能为也，天也”。① 但是他不同意柳宗元所说“公天下之端自秦始”，或说封建是私、郡县是公的观点，他将公私之辨与君主的道德结合在一起，以为只要是“上有修德之天子，封建治郡县亦治……上无修德之天子，封建乱郡县亦乱”；换言之，只要统治者有德就是“公”，无德则是“私”。这一看法无疑是源于“内圣外王”的固有预设。然而对刘氏而言，政治制度的选择还是有一定的影响，他认为郡县比封建要好的地方是：郡县制度较封建制度易于维持政治的稳定，所以封建之世一定要“尧舜禹汤文武”才能怀服天下，而郡县制度只要汉唐的英主统治“民未尝不获安”。②

明清以来对封建郡县的讨论环绕着两个议题，一、如果说公代表公平、正义，与多数人的利益，私则代表不符正义，与少数人（或统治者个人）的利益，那么何种政治体系是公，而何种是私？二、与上述讨论相关的是要实现公的理想应该恢复封建之古制，行地方分权，还是要肯定已经实行的中央集权式的官僚组织？③ 从以上的叙述我们可以了解顾炎武采取一种折衷的观点，主张“合私以为公”以及“寓封建之意于郡县之中”，希望能以地方分权、学校等制度性的安排，来抑制君主专制，开创出一个更为舒缓的社会、经济与政治活动空间，也对庶民的追利抱持更为宽容，甚至鼓励的态度；对顾炎武来说，这样的政治体制才是正道（公）的实现。然而《文编》所代表的经世的传统则把公私的讨论转移到君主（或更扩大到士绅阶层）之动机与行为是否合乎儒家仁义、爱民的根本原则，也接连着在此前提之下肯定公与私的截然划分，以及郡县制度（专制）的合法性。换言之，《文编》所显示的理念是以行仁政的统治者来实施官僚体系内调适性的改革，即是一种合于公道的政治统治。这当然是清代特殊政治气氛的产物，士人企图在肯定现实政权、现行制

① 有关柳宗元与苏轼的政治思想可参阅萧公权，《中国政治思想史》（台北：联经出版事业公司，1980），页 436–440、522–525。

② 有关《文编》之中对封建、郡县的讨论见黄克武，《明清经世思想与历史观》，刊于中兴大学历史系编，《第二届中西史学史研讨会论文集》（台南：久洋出版社，1987），页 243–248。

③ 有关清代封建、公私问题的讨论及其与新思想、新制度的关系，请参考 Min Tu-ki, “The Theory of Political Feudalism in the Ch'ing Period,” *National Polity and Local Power: The Transformation of Late Imperial China* (Cambridge, Mass.: Harvard University Press, 1989), pp. 89–136. Prasenjit Duara, *Rescuing History from the Nation: Questioning Narratives of Modern China* (Chicago: The University of Chicago Press, 1995), pp. 147–175.

度的前提下，借着强化公私的区别，以及强调内圣外王的道德标准，来突显他们对专制君主的批判性。① 无论如何，这样一来，清中叶经世思想之中对于封建、郡县之争所关怀的主题不再像顾炎武那样，企图开创一个新的政治体制与活动空间，而转移到“法古”与“是今”之间的辩论。他们的答案则倾向应该“是今”而不该“泥古”，这也显示顾、黄等人所开创的思想路向在清中叶之后并没有完全为经世思想的主流所继承。②

然而顾、黄的传统也没有完全断绝，《文编》之中所收录顾炎武的文章也反映了某种程度重视地方分权、地方舆论的观念：

> 后之人见《周礼》一书，设官之多，职事之密，以为周之所以致治如此，而不知宅乃事宅乃牧宅乃准之外，文王罔敢知也……求治之君，其可以为天下而预铨曹之事哉？③

> 人君之于天下，不能以独治也，独治之而形繁矣，众治之而刑措矣。④

> 立闾师，设乡校，存清议于州里，以佐刑罚之穷。⑤

在《文编》之中顾炎武的分权、清议的观点只能隐含地展现出来。在清中叶以后的经世思想之中，继承顾炎武思想而对“私”加以肯定，但是却没有被收入《文编》的一个作品是龚自珍（1792—1841，魏源的好友）所撰写的《论私》一文。⑥在这篇短文之中龚氏怀疑大公无私的理想，并肯定私的价值。他认为人之所以异于禽兽之处就在于：人与生俱来有一种要求“私”的倾向。仔细分析他所谓的“私”包含以下两方面的意义。第一，类似现代隐私（privacy）的观念所强调的个人身体

① 《文编》的立场与魏源本身的想法似乎是契合的，魏源在他个人的作品之中即曾批评顾炎武过于激烈的变法主张，强调调适性的变革与改造统治者之品质的重要性，“《郡县》、《生员》二论，顾亭林之少作，《日知录》成而自删之，《限田》三篇，魏叔子（按魏禧，1624—1680）三年而后成，友朋诘难而卒毁之。君子不轻为变法之议，而惟去法外之弊，弊去而法仍复其初矣。不汲汲求立法，而惟求用法之人，得其人，自能立法矣”，见魏源，《默觚·治篇四》，《魏源集》（台北：鼎文书局，1978），页 46。

② 余英时在上举《现代儒学的回顾与展望：从明清思想基调的转换看儒学的现代发展》一文将顾、黄等思想路向说成是近代思想史上的“新基调”，然而他似乎没有注意到《皇朝经世文编》所代表的经世传统基本上并不肯定此一“基调”。

③ 顾炎武，《说经》，《皇朝经世文编》，8:3 下—4 上。

④ 顾炎武，《说经》，《皇朝经世文编》，8:5 下。

⑤ 顾炎武，《说经》，《皇朝经世文编》，8:5 下。有关清朝学者对顾炎武思想的取舍，请参考 Thomas Bartlett, “Ch’ing Period Views of Ku Yen-wu’s Statecraft Scholarship,” 收入“中研院”近代史研究所编，《近世中国经世思想研讨会论文集》，页 39—79。

⑥ 《文编》收有龚自珍的《平均篇》，强调财富平均的重要性，见该书页 7 上—8 下。

与亲密行为的隐密需求。他说“夫狸交禽媾，不避人于白昼，无私也。若人则必有闺闼之蔽，房帷之设，枕席之匿，赪頩之拒矣”。第二，在人与人交往之时，每一个人对于亲疏远近会有不同的对待方式，不会一视同仁，这也是一种私，但是龚氏认为此一想法为儒家思想所肯定：

忠臣何以不忠他人之君，而忠其君？孝子何以不慈他人之亲，而慈其亲，寡妻贞妇何以不公此身于都市，乃私自贞，私自葆也……禽之相交，径直何私？孰疏孰亲，一视无差，尚不知父子，何有朋友？若人则必有孰薄孰厚之气谊，因有过从谯游，相援相引，款曲燕私之事矣。①

龚自珍显然对士人高谈“大公无私”的论调感到不满，而从人性论的角度将私当作一种自然的倾向，不一定要完全视之为负面性的自私自利。这样的想法与顾炎武、戴震以来的主张显然是相配合的，但是龚自珍并没有像顾炎武那样，从对“私”的反省开始，从而建构一套比较有系统的政治理论。他只是从对私的肯定出发，进而主张重视人民物质生活，强调经世、养民的重要性。这也显示出他对顾炎武思想亦作一选择性的继承。②

龚氏的观点其实与《文编》经世思想并不矛盾，而主要是发言对象的不同因而造成着重点的差异，龚氏所肯定的私是每一个个体的隐私与“亲亲”之私，《文编》所反对的私则是统治者（或士人）违反儒家仁义与爱民之原则的“徇私”行为。

龚自珍不但肯定“私”的重要性，也强调“我”在历史演变之中所扮演的角色。他受到佛教的影响，对“心力”（即个人意愿的力量）深信不疑，以为心力的影响要超过“天命”。因此论者以为龚自珍是“中国近代唯意志论思潮的源头”。③唯意志论是一种要求彻底改变的转化思想，这样一来龚自珍的想法也标示着清代思想的主流从调适走向转化的发展方向。难怪当清末转化思潮兴盛之际，龚自珍的思想受到许多人的青睐。梁启超曾说“晚清思想之解放，自珍确与有功焉，光绪间所

---

① 龚自珍，《论私》，《龚定盦全集类编》（北京：中国书店，1991），页 90–91。

② 清儒对公私问题的讨论还值得进一步研究，龚自珍的看法应有其代表性。例如与戴震同时的程瑶田（1725–1814）亦反对“大公无私”，其立论与龚氏类似，以为“亲亲”乃合理之私，如果人们不肯定此种私就无法达成公的理想。清儒对公私的讨论主要是环绕着人性、家族伦理等议题，企图打破公私的对立，它不像宋明理学从公私对立的角度作一二分式的价值判断，也不像顾炎武的公私之辨那样具有强烈的政治意涵。作者感谢张寿安女士在这方面的提示。

③ 高瑞泉，《天命的没落：中国近代唯意志论思潮研究》（上海：上海人民出版社，1991），页 16。

谓新学家者，大率人人皆经过崇拜龚氏之一时期，初读《定盦文集》若受电然。”[①] 主张“冲决网罗”的谭嗣同（1865—1898）也非常钦慕龚自珍，他认为龚氏“能独往独来，不因人热。”[②]

总之，清中叶经世思想对公私问题的讨论偏离了明末清初顾、黄等儒者所开创的经世典范，以肯定私利为基础来构思一个新的政治架构，他们转而依赖固有“内圣外王”的思维模式，将政治问题的解决归诸统治者修身，再搭配长期以来官僚组织内部所酝酿的调适性的变革传统，希望促成合理的改革。这样的取向在清末西力冲击之下逐渐无法满足士人经世之渴望。龚自珍于1841年去世之后，其亲人将龚氏的作品编辑成《定盦文录》一书，并请魏源作一叙文，魏源在文中谈到龚自珍“晚犹好西方之书，自谓造深微云”，[③] 然而从他的思想之中我们却看不到西力的“冲击”。整体观之，鸦片战争之前的经世思想没有受到太强烈的西方影响，这样的情况到1850年之后才有较大的变化，中国思想界接触到西方民主、权利、自由等理念，也因此使人们对公私问题的讨论展露出一个新的面貌。

三、以君民共主或民主来实现大公无私[④]

鸦片战后开始介绍西方政治制度的一位先驱学者是上述的魏源，魏氏在鸦片战前编辑《皇朝经世文编》，战后又将关怀的重点转移到对西方的认识，编成《海国图志》。该书介绍世界各国的状况，其中特别反映出对西方民主制度的高度向往。例如魏源认为美国“选官举贤，皆自下始”、“三占从二，舍独徇同”的制度“其章程可垂弈世而无敝”，而且制度周全，达到“公”的理想：

公举一大酋统摄之，匪惟不世及，且不四载即受代，一变古今官家之局，而人心翕然，可不谓公乎？议事听讼，选官举贤，皆自下始，众可可之，众否否之，众好好之，众恶恶之，三占从二，舍独徇同。即在下预议之人，亦先由公举，可不谓

① 梁启超，《清代学术概论》（台北：台湾中华书局，1974），页54。

② 谭嗣同的“论艺绝句六篇”之中有“千年暗室任喧豗，汪魏龚王始是才”，蔡尚思编，《谭嗣同全集》（北京：中华书局，1981），页77。

③ 魏源，《定盦文录叙》，《魏源集》，页239。

④ 这一节的内容部分采自《清末民初的民主思想：意义与渊源》，见本书。

周乎？①

徐继畬（1795–1873）在1848年出版的《瀛寰志略》和顾炎武一样强调专制是“天下为私”，“得国而传子孙，是私也”；相对来说，他认为美国统领华盛顿（George Washington, 1732–1799）所开创的制度“几于天下为公，骎骎乎三代之遗意也”：

异人也，起事勇于胜、广，割据雄于曹、刘，既已提三尺剑，开疆万里，乃不僭位号，不传子孙，而创为推举之法，几于天下为公，骎骎乎三代之遗意也。

他又说“美利坚合众国以为国，幅员万里，不设王侯之号，不循世及之规，公器付之公论，创古今未有之局。”②后来有不少的人受到徐继畬直接、间接的影响。例如曾经出使外国的李凤苞（1834–1887，1877年曾带领严复等学生赴英国留学）说西方立宪国家是上下不隔、以民为主，“其治国齐家持躬接物，动与尽己推己之旨相符，直合王霸为一，骎骎三代大同之治矣。”③1900年在革命党兴中会的机关报《中国旬报》之上也有类似的论调，赞赏华盛顿“提三尺剑，开疆万里，乃与世共之，不家天下，创推举之公法，开未有之奇局。唐尧揖让之风不能及其无弊，欧洲民主之政不足拟其宽仁，诚长治久安之道也。”④

由此可见在接触西方民主政治之始，不少知识分子就将民主制度视为一种完美的理想，而他们表达的方法是将之比拟“三代”公天下的精神，并以之批判传统专制体制。

至1860年代英法联军之后，对西方民主制度的了解逐渐增加，但上述的视野并没有改变。冯桂芬（1809–1874）是这一时期之中很重要的一位思想家，他景仰顾亭林，因而自号景亭。冯氏在中国古代的历史中找到许多例子，认为这些想法与西方民主的理想相通，如官吏任免取决公议、古代乡亭之制即地方自治，他并主张以恢复陈诗的方法来保障言论自由，使言者无罪而闻者足戒，以革除上下之情不通

---

① 见魏源，《增广海国图志》（台北：珪庭出版社据光绪乙未年上海书局石印本影印，1978），卷首页3上“后叙”与卷59“外大西洋墨利加州总叙”。

② 徐继畬，《瀛寰志略》（道光28年刊本），卷9，页15。

③ 李凤苞，《巴黎答友人书》，收入葛士濬辑，《清朝经世文续编》（台北：文海出版社，1979），卷103，页2686。1998年美国总统克林顿在北大演讲时还提到徐继畬对美国民主制度的赞美。

④ 见陈沂春生，《原中原》，《中国旬报》，期22（1900），页2下–3上。转引自潘光哲，《研究近、现代中国民主共和思想的回顾与省思》，《“中华民国”史专题论文集第四届讨论会》（台北：“国史馆”，1998），页1628。

的弊病。他直率地指出西方政治的长处在“人无弃才”、“地无遗利”、“君民不隔”、“名实必符”等。冯桂芬在某种程度上继承了顾炎武强调地方分权的看法，希望能扩大政治参与，进而保障地方利益，然而他的观点在光绪年间受到不少反对变法人士的攻击。①冯桂芬同样地将泰西比拟为三代，而且认为民主制度的重要功能是可以通上下之情，使君民之间达到完善的沟通。②

这种强调民主制度具有整合社会、凝聚共识之功能的想法在戊戌变法前后的民主思想中十分普遍，1870与1880年代的王韬（1828—1897）、郑观应（1841—1923，一作1842—1922）二人的思想充分反映了这种民主观念的继续发展。③

王韬曾帮助西人翻译圣经与中国经书，他在1867至1869年随理雅各（James Legge, 1815—1897）赴英国居住二年，他的《弢园文录外编》初刊于1883年（光绪9年）出版。在书中他将政治形态分为三类，一为君主之国，一为民主之国，一为君民共主之国；他认为其中最理想的形态是以英国为代表的君民共主制，其原因与冯桂芬的想法类似：

英国之所恃者，在上下之情通，君民之分亲，本固邦宁，虽久不变。观其国中平日间政治，实有三代以上之遗意焉。④

君为主，则必以尧舜之君在上，而后可久安长治；民为主，则法制多纷更，心志难专一，究其制不无流弊；惟君民共治，上下相通，民隐得以上达，君惠亦得以下逮。都俞吁咈，犹有中国三代以上之遗意焉。⑤

王韬民主思想中最显著的特色有二，一是将此一制度视为完美的理想，近似三

---

① Philip A. Kuhn, “Local Self-Government under the Republic: Problems of Control, Autonomy, and Mobilization,” in Wakeman and Grant eds., *Conflict and Control in Late Imperial China* (Berkeley: University of California Press, 1975), pp. 257—298. Philip A. Kuhn, “The Case Against Reform: Some ‘Conservative’ reactions to Feng Kuei-fen’s *Chiao-pin-lu k’ang-i*,”《近代中国史研究通讯》，期9（1990），页57—58。

② 见冯桂芬，《校邠庐抗议》，二手研究方面则请参考吕实强，《冯桂芬的政治思想》，《中华文化复兴月刊》，卷4期2（1971），页5—12。Young-tsu Wong, “Feng Kuei-fen’s Perception of Reform,” *Monumenta Serica* Vol. 31(1974—1975), pp. 131—150.

③ 熊月之曾敏锐地指出清末民主与民权并不同义。民权较含糊，意指肯定人民的权利，但并不一定要反对君权，所以早期主张变法的思想家多倡民权而反民主。民主则对君权有较大的威胁性，倾向推翻专制，建立共和政府。但有时两者又是同义的，如孙中山所说的民权即指民主。熊月之，《中国近代民主思想史》（上海：上海人民出版社，1987），页13—14。

④ 王韬，《弢园文录外编》（上海：据清光绪丁酉（二十三）年（1897）上海撰者活字排印本影印，1897），卷4，页15。

⑤ 王韬，《弢园文录外编》，卷1，页19。

代之制；其次认为西方的君民共主制解决了三代以后专制政治之下君民沟通的问题，将可使当代回复到了三代时君民相亲近的治世。他指出这个制度的实施可以达到巨大的效果：

苟得君主于上，而民主于下，则上下之交固，君民之分亲矣！内可以无乱，外可以无侮，而国本有若苞桑磐石焉。由此而扩充之，富强之效，亦无不基于此矣。①

郑观应也有非常类似的看法，郑氏在1870年代（光绪初年）撰《易言》一书中已有立议院之议，但至1884年撰写《盛世危言》之后思想才成熟。首先他同意顾炎武、黄宗羲的观点，认为自从禅让传贤变为世袭的君主专制之后“以举国为私产，兆庶为奴隶”，结果君臣相与追求私利，“熙熙攘攘之民遂交受其害而不得复沾其利”。②

相对来说，西方的以议院制度为基础的君主立宪则可以解决长远以来“私”天下的困局，实现“公”的理想。这是因为所有的议员皆举自民间的贤者，而非出于门第或赏赐，所以不至于有营私植党，沽名罔利的弊病。他说议员“均匀普遍，举自民间，则草茅之疾苦周知，彼此之偏私悉泯，其情通而不郁，其意公而无私”。同时议院之外多设报馆，表明议院的是非。整体配合之下“天下英奇之士，才智之民，皆得竭其忠诚，伸其抱负，君不至独任其劳，民不至偏居其逸，君民相洽，情谊交孚，天下有公是非，亦即有公赏罚”。郑观应认为透过议院制度的运作可以达到国家整合的功能，使朝野上下同心同德、众志成城，实现古代民本的理想，与富强的目标。③

郑氏的民主思想具有相当的代表性，其后有不少的思想家有类似的意见，他们均认为议院可以通上下之情、开言路，回复到三代公天下的理想，是一个相当完美的制度。④其中特别值得注意的是居于香港的何启（1859–1914）与胡礼垣（1847–

① 王韬，《弢园文录外编》，卷1，页19–20。

② 这些观点是郑观应在1894年之后所撰《原君》一文中的看法，此文收入1900年《盛世危言》的重印本之内，转引自熊月之，《中国近代民主思想史》，页146–147。

③ 郑观应，《盛世危言》（台北：学术出版社影印，1965），卷4，《议院》。

④ 将泰西的民主制度比拟为三代的尧舜盛世在1880、1890年代非常普遍，在1896年梁启超撰写《古议院考》也带有此种“引中国古事以证西政”的心态。然而1897年任公此种想法受到严复的批评（见《与严幼陵书》），1901任公所撰《尧舜为中国中央君权滥觞考》，批评以尧舜为民主的看法，认为禅让实乃“私相授受”。《饮冰室文集》（台北：台湾中华书局，1978），1:108，6:22。

1916)。[1]

他们同意郑观应所说实施以议院制度为基础的君主立宪，可以实现公天下的理想。首先就根本的政治原则来说，国家的基础是“公与平”，也就是“无私”、“无偏”，那么如何达成此一理想呢？何、胡两人的看法是“君民无二心”，“以庶民之心为心”；“君民无二事”，“以庶民之事为事”。[2]在制度层面要了解民心、民事则需在地方与中央开设议院，这个制度的实施即是“使民自议其政，自成其令”，“人人皆如愿相偿，从心所欲”，这样一来，统治者依照被统治者的愿望来施政，即是天下为公。[3]

除了议院制度之外，民主之所以能实现公的理想在于民主机制之中少数服从多数，亦即“从众”的原则，而众人的意见即是“公道”：

民，人也；君，亦人也。人人有好善恶恶之心，即人人有赏善罚恶之权。然就一人之见而定，则亦涉私心；就众人之见而观，则每存公道……此民权之大意也。[4]

何、胡二氏也了解到大公无私的理想不易立即实现，目前可以着手之处要先肯定“私”，亦即是人人各私其家、私其乡、私其国，如能使每个人各得其私，那么私就变成了公。这样的推理与顾、黄等人的观点是很类似的：

大道之行，今犹未及。天人大合之旨未可以旦夕期。是故为今日言，则家不妨私其家，乡不妨私其乡，即国亦不妨私其国，人亦不妨私其人。但能知人之私之未能一，知己之私之未尽蠲，如此则合人人之私以为私，于是各得其私而天下亦治矣。各得其私者，不得复以私名之也，谓之公焉可也。[5]

在何启、胡礼垣的思想之中，“公”的意涵无疑是指正义、正道，但是这样的想法与西方的民主观念结合在一起之后，“公”也开始带有群体认同的意义（所谓“私其国”），这一思路伴随着“自由”、“权利”与“国民”观念引介，变得更为重要，下文会较详细地描写这一变化。

---

① 有关何启与胡礼垣的民权思想请参考许政雄,《清末民权思想的发展与歧异：以何启、胡礼垣为例》（台北：文史哲出版社，1992）。

② 何启、胡礼垣，《曾论书后》，《新政真诠》（上海：格致新报馆，1900），页3上—下。

③ 何启、胡礼垣，《新政论议》，《新政真诠》，页8上—9上，16上。

④ 何启、胡礼垣，《劝学篇书后》，《新政真诠》，页50下。

⑤ 何启、胡礼垣，《劝学篇书后》，《新政真诠》，页48下—49上。

总之，大约从1850年代以后，中国知识分子在传统与西方的双面冲击下，尝试解决新时代的挑战，他们以一种深受传统影响的眼光来观察西方的民主政治，形成了一种充满乐观精神的民主观念。他们认为西方民主制度是一个完善的方法，可以达到许多以往无法实现的理想，例如可以使政治领袖、政府官员和人民之间有充分的沟通，可以开言路、通上下之情。因此民主不但可以达成内部的和谐，而且形成整体的团结。同时民主的政府是由贤人组成，可以贯彻“仁”或“大同”的道德理想，也完全不存在追求私利、特权或维护既得利益，这样一来民主可以解决长久以来君主专制导致“私天下”的弊病，实现大公无私的理想。诚如梁启超在1896年写给严复的一封信中所说“国之强弱悉推原于民主，民主斯固然矣，君主者何？私而已矣；民主者何？公而已矣”。①

上述对西方民主观念的理解不但在清末士人之中十分流行，在二十世纪中国知识分子的思想中也一直存在。近代以来国人对西方民主思想的理想化（或说乌托邦式的期望）使国人对西方民主的认识倾向于接受卢梭式的民主传统，而忽略或误会弥尔式的民主传统，尤其使中国知识分子不够注意到弥尔式民主思想中一些重要的面向，如张灏所谓西方民主传统中的“幽暗意识”，与墨子刻（Thomas A. Metzger）所说的“悲观主义的认识论”、“三个市场”等想法。②五四以后将“德先生”当成“德菩萨”的情形变得更为普遍，③一直到当代台湾还有不少人对“公民投票”（或在此之前的“总统直选”）有类似的向慕，认为此一制度可以解决小至核能电厂的兴建，大至统独争议与台湾未来的命运，反而忽略了弥尔式民主传统中建立民间社会的重要性，颇为吊诡的是，民主理想的绝对化反而成为民主制度运作的一个障碍。④

① 梁启超，《与严幼陵先生书》，《饮冰室文集》，1:109。李国俊的《梁启超著作系年》（上海：复旦大学出版社，1986）认为此信作于1897年春，见页37。蒋广学则断定“将它视为1896年年底至1897年3月之前不会有什么大错”，见《梁启超和中国古代学术的终结》（南京：江苏教育出版社，1998），页9。

② 张灏，《幽暗意识与民主传统》（台北：联经出版事业公司，1979）。有关墨子刻的观点请见黄克武，《一个被放弃的选择：梁启超调适思想之研究》（台北：“中研院”近代史研究所，1994），页18–19，以及《自由的所以然：严复对约翰弥尔自由思想的认识与批判》。三个市场指思想、政治与经济的市场，亦即思想、政治与经济的多元主义。

③ 顾昕，《中国启蒙的历史图景》（香港：牛津大学出版社，1992），页172。

④ 黄克武，《公民投票与卢梭思想：从民主理论看当前台湾公民投票之论争》，《当代》，期104（1994），页116–121。

四、自主之权、絜矩之道与公私

清末传入中国的西方政治理念除了民主之外还有与之密切相关的“rights”与“liberty”（或 freedom）等概念，早期的翻译者有时把“liberty”径称“里勃而特”，但更普遍的方式是将“rights”或“liberty”译为“自主之权”，中国士人对这些概念的认识也与传统的公私概念交织在一起。①

西方 rights 的概念最早被译为“自主之权”、“权利”等，刘广京曾指出早在1860年代的传教士丁韪良（William Alexander Parsons Martin, 1827–1916）所译《万国公法》（1864）之中即以“权利”来翻译庶民的“rights”，这一译法似乎要比日本书刊来得早；②极有意义的是书中将“independent sovereignty”译为“自立自主之权”，而且“主权”、“自主之权”与“权利”等词，常互换使用，因而使读者产生个人的“权利”与国家的“主权”有所关联。③换言之，“rights”一概念传入中国之始就不单纯是属于个人的，而是与群体目标纠结为一。

1880与1890年代在康有为、梁启超、何启、胡礼垣等人的文章中可以看到许多这方面的讨论。

康有为（1856–1927）最早的著作要推1884至1887年间（光绪10年至13年）所撰的《康子内外篇》与《实理公法》，二书已奠下后来追求“天下为公”之大同思想的基础。在《实理公法》一书中，“自主之权”出现不下12次之多，其意义似

---

① “自主”为传统语汇，“自主之权”则是清末才出现的。二十五史之中“自主之权”只有一例，见1927年出版赵尔巽等编《清史稿·列传》（台北：鼎文，1981）“廓尔喀既为英逼，勤修国政，力保自主之权，英虽觊觎之，无如何也。光绪末，犹入贡中国云”，卷529，列传316，属国4，页14713，“廓尔喀”。

② 刘禾的诠释与刘广京不同。她指出中国古典文献之中已有“权利”一语，例如《史记·魏其武安侯列传》中有“陂池田园，宗族宾客为权利，横于颍川”。刘禾认为在古典中文之中“权利”原是一负面性的字眼，与权力、金钱和特权等概念有关，然而她推测此一译词是在日人采用之后再传回中国。Lydia H. Liu, *Translingual Practice: Literature, National Culture, and Translated Modernity——China, 1900—1937*(Berkeley: University of California Press, 1996), pp. 279–280. 丘宏达则指出丁韪良所翻译的《万国公法》之中将 sovereignty 译为“主权”，privilege 翻译为“权利”，他认为这些名词为丁氏所新创，见氏著，《中国国际法名词的研究》，《中国国际法问题论集》（台北：台湾商务印书馆，1972），页26。

③ 刘广京，《晚清人权论初探：兼论基督教思想之影响》，《新史学》，卷5期3(1994)，页6。1860、70年代随着中外交涉的增加，“自主之权”大量出现在外交文书之中，意指国家主权，例如同治朝《筹办夷务始末》卷62，同治7年12月（1869）总理各国事务恭亲王等奏附有“英国公使论拟修约节略”，其中多次使用“自主之权”。

乎同时包含我们现在所指的自由与权利。他以欧几里得（Euclid，约300 B.C.）的几何学为基础，掺杂基督教灵魂的概念，力主人人平等，并倡言人人皆有“自主之权”，发挥“仁”心，共同推进世界大同。康有为所谓的“自主之权”带有很强烈的个人自主与发挥个人潜能之意涵，然而对他来说个人自主之权的发展并不会走向人与人之间利害的冲突，而是由于每一个人仁爱之心的扩充，因而使人类社会推向大同与大公无私的政治理想。① 如果我们用英国学者柏林（Isaiah Berlin, 1909–1997）的“积极自由”（positive freedom，指追寻更佳之自我的自由）与“消极自由”（negative freedom，指以权利保障，而免于受制于他人的自由）的区别来看，康有为所谓的“自主之权”基本上是倾向积极自由，强调自我道德意识的发展，而较少保障自我权益不受他人侵凌的消极自由的意义，更完全忽略柏林所谓强调积极自由有导致专制的危险。② 此种对自主之权的看法一方面受到西方的影响，但是另一方面在很大的程度上是将儒家的道德理想投射到西方 rights 观念之上。在近代中国思想史上这样的想法很有代表性，而在何启、胡礼垣、梁启超等人的思想之上尤其明显。

何启、胡礼垣的《新政真诠》一书写于1887至1900年之间，他们基本的政治主张是“民权乃立国之真诠，而君宪则最宜之政体”。③ 曾如前述，他们对民权、议会等看法与上述许多鸦片战争之后的经世思想家是一致的，希望借着开议院、众治，通上下之情，来实践“公”的理想。但是较特别的是他们借着“自主之权”观念的讨论更深入地介绍西方天赋人权的想法：

> 各行其是，是谓自主。自主之权，赋于之天，君相无所加，编氓亦无所损……夺人自主之权者，比之杀戮其人，相去一间耳。④

何启、胡礼垣认为“是故为国之大道，先在使人人之有自主之权，此不特为政

① 李三宝，《经世传统中的新契机：康有为早期思想研究之一》以及黄俊杰，《从〈孟子微〉看康有为对中西思想的调融》，《近世中国经世思想研讨会论文集》，页571–574，577–609。

② Isaiah Berlin, *Four Essays on Liberty* (Oxford: Oxford University Press, 1969). 第四章两种自由概念。

③ 萧公权，《中国政治思想史》，页852。

④ 何启、胡礼垣，《劝学篇书后》，《新政真诠》，页52下。当时国人对天赋人权的认识往往从儒家“天命”的角度来立说，例如毕永年（1869–1901）认为“传曰：人受天地之中以生，所谓命也，人人皆承天地之气以为命，即人人皆有自主之权”，见唐才常、谭嗣同等撰，《湘报类纂》（台北：大通书局，1968），甲集上，页1–2。

治之宏规，亦且为天理之至当”。① 他们所说的自主之权已在某种程度上具有保障生命、财产权与个人自由的意义，亦即柏林所说消极自由的一面。但是他们也和康有为一样，将自由与自主之权和儒家的道德理想结合在一起，他们强调自由与自主之权就是实践《大学》、《中庸》的理想，一方面是自我的伸展，另一方面此一伸展不是放任而无忌惮，而是能够配合群体的目标。他们明确地指出西方人所说的 liberty 就是《中庸》所说的率性而为：

夫里勃而特与《中庸》：“天命之谓性，率性之谓道”，其义如一。性曰天命，则其为善可知矣。道曰率性，则其为自由可知矣。是故凡为善者纯任自然之谓也，凡为恶者矫揉造作之谓也。②

上文之中所理解的自由显然是就个人或个人与宇宙（即天命）的关系而言，并不直接涉及群己之权界。但是在他们的观念中自主之权则不然，是个人居于群体之中为规范彼此关系所产生的；他们强调自主之权就是儒家的忠恕与絜矩之道，也就是己立立人，己达达人：

自主之权从何而起，此由人与人相接而然也。今人独处深山之中，与木石居，与鹿豕游，则其人之权自若，无庸名以自主之权。惟出而与人遇，参一己于群侪之中，而自主之权以出。是自主者由众主而得名者也。众主者谓不能违乎众也。人人有权，又人人不能违乎众。其说何居？曰：权者利也、益也。人皆欲为利己益己之事，而又必须有利益于众人，否则亦须无损害于众人。苟如是，则为人人所悦而畀之以自主之权也。人之畀我者如是，则我之畀人者亦如是。是则忠恕之道，絜矩之方也。③

这样一来，根据何、胡二人的观点，有自由与自主之权的人一方面是率性而为善，同时也是率性而不违众。④ 以上从群己关系以及儒家絜矩之道的观点来讨论自由与权利的看法在中国近代思想史上是很普遍的。严复在 1903 年所撰《群己权界论·译凡例》之中即有类似的意见，他说“人得自繇，而必以他人之自繇为界，此

---

① 何启、胡礼垣，《劝学篇书后》，《新政真诠》，页 52 下。

② 何启、胡礼垣，《劝学篇书后》，《新政真诠》，页 49 下。

③ 何启、胡礼垣，《劝学篇书后》，《新政真诠》，页 50 下–51 上。

④ 有关康有为与何启对“自主之权”的看法可参考日本东京大学梁一模的精彩讨论，《自由と公私—清末における日本經由の“自由”論以前の“自由”論》，《中国哲学研究》，号 10（1996），页 7–12，26–31。

则大学絜矩之道，君子所恃以平天下者矣”。①

梁启超对“自主之权”的讨论也显示出受到儒家理想影响的色彩。1896年任公在《时务报》发表《论中国积弱由于防弊》，反省中国政治体制而提倡变法，他思索问题的起点是公与私以及三代与三代以后的两组区别，“先王之为天下也公，故务治事；后世之为天下也私，故务防弊”，他进一步指出防弊精神的发展使君臣分隔、上下不通，结果“法禁则日密，政教则日夷，君权则日尊，国威则日损……上下睽孤，君视臣如犬马，臣视君如国人也”，因而造成中国历史上积弊难返之势。这样的批评与顾炎武、黄宗羲以君主专制为“私天下”的看法是很类似的。

任公除了从传统的公私的角度来论述当代政治的缺失之外，也援引西方“自主之权”的想法，主张使人人有“自主之权”作为解决之道。对任公来说，西方的自主之权就是先王所说的絜矩之道，人人有自主之权可以使国家有权，进而实践公的理想：

防弊之心乌乎起？曰，起于自私。请言公私之义。西方之言曰，人人有自主之权。何谓自主之权？各尽其所当为之事，各得其所应有之利，公莫大焉，如此则天下平矣！防弊者欲使治人者有权，而受治者无权，收人人自主之权，而归诸一人，故曰私。虽然，权也者，兼事与利言之也，使以一人能任天下人所当为之事，则即以一人独享天下人所当得之利，君子不以为泰也。先王知其不能也，故曰，不患寡患不均；又曰，君子有絜矩之道，言公之为美也。地者积人而成，国者积权而立，故全权之国强，缺权之国殃，无权之国亡。②

从以上的讨论可见自1860至1890年代，中国思想界经由传教士引进西方“自主之权”的想法，开始之时该词指涉国家主权的意味较浓，但逐渐地康有为等人开始用来讨论与西方liberty、rights相关的一些环绕着个体与群己权界的概念。然而在认识新观念的过程之中，晚清的思想家也似乎在有意、无意之中将固有的观念投射到西方思想之上。其中较重要的几点包括：以“天命”、“天理”作为自由与自主

① 穆勒原著、严复译，《群己权界论》（上海：商务印书馆，1903），页1–2。严复在这方面也有一些彷徨，在1895年所发表的《论世变之亟》一文，他说两者其实有所不同：“中国道理与西法自由最相似者，曰恕，曰絜矩。然谓之相似则可，谓之真同则大不可也。何则？中国恕与絜矩，专以待人及物而言。而西人自由，则于及物之中，而实寓所以存我者也”，见严复，《论世变之亟》，王栻编，《严复集》（北京：中华书局，1986），页1–3。或许随着时间的演变，严复更加看到两者的相通性，这也在某种程度上反映了严复思想的变化。

② 梁启超，《论中国积弱由于防弊》，《饮冰室文集》，1:96–99。

之权的基础来介绍西方“天赋人权”的想法；以伦理性的“絜矩之道”来阐释自主之权的意涵与其所建构之群己关系，因此自主之权的重点是自我的发展，也是率性而为，但不是为所欲为，而是与群体利益不相矛盾的。再者，以顾炎武等人“合私以为公”的逻辑来论证：积个人之权可以合为国家之权，积个人之私可以成天下之公。换言之，君主的个人之私受到批判，庶民累积而成的集体之私则得到肯定。这样一来，近代中国知识分子对西方自由、权利两概念之认识的基本模型（或说一种与传统密切相关的特殊视野）在接触之初已经展现，后来进一步从这个角度接受社会有机体论、功利主义、亚当·斯密（Adam Smith, 1723—1790）的自由放任的经济思想、国族主义，并反省墨子、杨朱与传统讳言追利等观念，都不足为奇了。

五、自由、权利、国民与公私

戊戌政变之后梁启超逃亡日本，阅读日译西书，观念产生重大的变化。1899年任公在《清议报》28册上发表《自助论》一文，介绍中村正直（1832—1891）所译英国斯迈尔斯氏（Samuel Smiles, 1812—1904）所著《西国立志篇》（原书名为*Self-Help*，1859年出版）。在此文之中我们可以看到任公思想的延续与变化。首先，任公再次申述个人自主之权与国家之间的密切关系：

国所以有自主之权者，由于人民有自主之权，人民所以有自主之权者，由于其有自主之志行。今夫二、三十家之民相团则曰村，数村相联则曰县，数县相会则曰郡，数郡相合则曰国。故如曰某村风俗纯实，则某村人民之言行纯实者为之也；曰某县多出货物，则某县人民之力农勤工者为之也；曰某郡艺文蔚兴，则某郡人民之嗜学讲艺者为之也；曰某国福祚昌盛，则某国人民之志行端良，克合天心者为之也。盖总称曰国，分言曰民，殆无二致也。[①]

他也以此观点来批评君主专制，希望透过“阖国民人之权”表达“国人之所欲行”，使君民一体、公私无别，建立一个新的国家：

盖西国之君，譬则御者也，民人，譬则乘车者也，其当向何方而发，当由何路而进，固乘车者之意也，御者不过从其意，施控御之术耳。故君主之权者，非其私有也，阖国民人之权，萃于其身者是已。唯然，故君主之所令者，国人之所欲行也；

① 梁启超，《饮冰室自由书：自助论》，《清议报》，册28（1899），页5上—下。

君主之所禁者，国人之所不欲行也。君民一体，上下同情，朝野共好，公私无别，国之所以昌盛者，其不由此欤！①

上述的看法与任公赴日之前的观点并没有太大的差异。大约在1899年秋天，《清议报》之上出现许多有关自由、权利以及“积私为公”的言论。②至该年十月，任公思想似乎有一较大的转折。在10月25日出版的《清议报》第30册之上任公发表《论近世国民竞争之大势及中国之前途》以及《放弃自由之罪》、《国权与民权》等文。这些文章不再环绕着以前所谈的“自主之权”的概念，而开启了一个崭新的环绕着“国民”观念的新论域。③此一新观念的产生一方面与任公接触德国伯伦知理（Johana Caspar Bluntschli, 1808–1881）的“国家论”以及社会达尔文主义有密切的关系，但是另一方面也直接源于顾炎武、黄宗羲的思想与1850年以来中国思想界对公私、民主、自主之权与己群关系的思索。

任公在《论近世国民竞争之大势及中国之前途》一文开宗明义地对国家、国民及其与公私之关系作一说明：

中国人不知有国民也，数千年来通行之语，只有以国家二字并称者，未闻有以国民二字并称者。国家者何？国民者何？国家者，以国为一家私产之称也，古者国之起原，必自家族……一家失势，他家代之，以暴易暴，无有已时，是之为国家。国民者，以国为人民公产之称也，国者积民而成，舍民之外，则无有国。以一国之民，治一国之事，定一国之法，谋一国之利，捍一国之患，其民不可得而侮，其国不可得而亡，是之为国民。

任公对国民的想法和他对自由与民权的认识是联系在一起的。《清议报》第30册同时收有《放弃自由之罪》与《国权与民权》二文，任公强调国民的一个重要条件是具有“自由权”或“民权”，但是民权所涉及的不只是个人，更直接影响到“我国自由之权”或“国权”。任公说“民之无权，国之无权，其罪皆在国民之放弃耳”；换言之，每一个国民如果不放弃自由权则国之自由权“完全无缺”。在以上的看法

① 梁启超，《饮冰室自由书：自助论》，《清议报》，册28，页5下–6下。

② 例如《清议报》册29（1899）的《东京大同高等学校功课》收有冯斯栾的一篇文章，“积私成公，积我便成无我，合众私而成一大私，是公之极也。合众我而成一大我，是无我之至也。即私即公，即我即无我。舍我私之外，岂复有所谓无我与公哉？”页10下。

③ 近代中国国民论述的出现请参考沈松侨，《族群、性别与国家——辛亥革命时期“国民”观念中的界限问题》（未刊稿）。

之中，任公显然尝试将民权与国权界定为二而一、一而二的密切关系。

然而任公还是敏锐地察觉到个人自由权的伸张会影响到他人或群体，因为“自由权可谓全为私利计耳”，所以争取自由权会“排除他力之妨碍，以得己之所欲”，其中明显可以看到社会达尔文主义的影响。在这同时任公也开始放弃卢梭“天赋人权”的主张，标举出“强权论”，以为天下没有权利，只有权力，而拥有权力之后，利益随之而来。① 然而在天演世界的权利竞争之中，如何才能维系群体的秩序呢？任公提出了一个在近代中国非常普遍的自由观念，亦即“人人自由，而以他人之自由为界”：

夫物竞天择，优胜劣败（此二语群学之通语，严侯官译为物竞天择适者生存……）此天演学之公例也。人人各务求自存则务求胜，务求胜则务为优者，务为优者，则扩充己之自由权而不知厌足，不知厌则侵人自由必矣。言自由者必曰，人人自由而以他人之自由为界。夫自由何以有界，譬之有两人于此，各务求胜，各务为优者，各扩充己之自由权而不知厌足，其力线各向外而伸张，伸张不已，而两线相遇，而两力各不相下，于是界出焉。故自由之有界也，自人人自由始也。②

这一观念的产生无疑地受到严复有关社会达尔文主义之作品的影响，但是亦未尝不可视为前节所论把“自主之权”当作“絜矩之道”之观点的延伸。无论如何，在此思维原则的指引之下，从“民权”到“国权”之间的中间环节得到贯通，这样的解答也针对了自由、民权观念传入中国之后，许多人担心这些追求个人自由与权利的说法会导致放纵、无节制的疑虑。③

1902 年任公撰《新民说》，其中有“论权利思想”与“论自由”两节，反复申

① 梁启超，《论强权》，《清议报》，册 31（1899），页 4 上–5 下。

② 梁启超，《放弃自由之罪》，《清议报》，册 30（1899），页 1929。任公权界的观念很可能是受到严复的影响。在《天演论》的按语之中严复曾说“太平公例曰，人得自由，而以他人之自由为界”、“道在无扰而持公道，其为公之界说曰，各得自由而以他人之自由为域”，而严复则是从译介斯宾塞（Herbert Spencer, 1820–1903）的《群谊篇》（*Principles of Ethics* 之一章）所体会出来的。严复译，《天演论》（上海：商务印书馆，1930），上页 34，下页 44。

③ 在当时认为自由会导致放纵是非常普遍的一种疑虑。最具代表性的是张之洞，他认为“自由”、“自主”就是鼓励自私，会导致社会秩序的崩溃，建议把 liberty 翻译为“事事公道，于众有益”，而不要译为“自由”。见《劝学篇·正权》，收入《张文襄公全集》（台北：文海出版社，1970），页 24 下–25 上。另外笔名支那子的作者也说“今之所谓自命为自由者也，无公共心，无自治力，以破坏团体为目的，以不守规则为自由，逞个人利我之心，以侵害公共之权利，乃至身败名裂，犹侈口予人曰自由自由”，支那子，《法律上人民之自由权》，《浙江潮》，期 10（1903），页 1–8。

述新的国民必须具备自由思想与权利观念等“公德”，而他所说的公德是指“人人相善其群”，亦即是在形成“社会”与“国家”等新的群体时所需要的道德项目。然而任公在论证公德之重要性时，还是利用国人所熟悉的观点，来阐述“团结”与“兼爱”，以及兼爱就是利己。任公的论点与上文很类似，首先他强调个人权利与国家权利之间透过累“积”的过程而产生的一体关系：

一部分之权利，合之即为全体之权利。一私人之权利思想，积之即为一国家之权利思想。故欲养成此思想，必自个人始。人人皆不肯损一毫，则亦谁复敢撄他人之锋而损其一毫者？故曰：天下治矣，非虚言也。（西哲名言曰：“人人自由，而以他人之自由为界。”实即人人不损一毫之义也……）。①

其次，从肯定个人权利的角度，任公反驳传统贬抑私与利的观点，从而对杨朱、墨子作一重新的评估。以往认为杨朱的想法最自私，因为他说“人人不损一毫，人人不利天下”，然而在任公的眼里，杨朱却成为主张个人权利的先知；② 再者，墨子说“利人即所以利己”，而利己即是兼爱，任公则指出这是对“国家思想”的深刻说明。③

以“国民”、“权利”和“积”的观念来贯通利己与利群，使任公肯定“私”与“利”的正面意义，这一思维逻辑和顾、黄等人的想法是非常类似的，而具体地表现在1901年《清议报》第82、84册《十种德性相反相成义》中讨论“利己与爱他”一节。在该文之中任公以为发扬墨翟与杨朱之学是救中国的良方：

为我也，利己也，私也，中国古义以为恶德者也。是果恶德乎？曰，恶，是何言？天下之道德法律，未有不自利己而立者也……人而无利己之思想者，则必放弃其权利，弛掷其责任，而终至于无以自立。彼芸芸万类，平等竞存于天演界中，其能利己者必优而胜，其不能利己者必劣而败，此实有生之公例……昔杨朱以为我立教，曰，人人不拔一毫，人人不利天下，天下治矣。吾昔甚疑其言，甚恶其言，及解英德诸国哲学大家之书，其所标名义，与杨朱吻合者，不一而足，而其理论之完

---

① 梁启超，《新民说》（台北：台湾中华书局，1978），页36。

② 任公说“杨朱者，实主张权利之哲学家，而亦中国救时一良方也”，《新民说》，页36。当时肯定杨朱，并将之与西方个人主义、自由主义会通在一起的人颇多，例如严复即是如此，请见黄克武，《自由的所以然：严复对约翰弥尔自由思想的认识与批判》，页214–215。

③ 有关《新民丛报》时期任公对墨子的重新诠释请见黄克武，《梁启超的学术思想：以墨子学为中心之分析》，《“中研院”近代史研究所集刊》，期26（1996），页53–67。

备，实有足以助人群之发达，进国民之文明……故今日不独发明墨翟之学足以救中国，即发明杨朱之学亦足以救中国。①

总之，任公的国民观念一方面采借自德国伯伦知理有关现代国家的理论，另一方面则将之奠基于固有公私观念的重整之上，他所标举以新国民实行新道德，来建立新国家的构想，主要目标是为了解决“数千年民贼……以国家为彼一姓之私产”的根本问题。②任公所谓的“公”一方面具有传统“正道”的意义，同时借着主张国家是国民之公产的观点，使“公”也具有现代国家“认同”的特质。任公所谓的“私”则延续顾、黄以来对私的肯定，与“合私以为公”的逻辑推论，将之理解为个人的“利己心”，或杨朱式的“为我”以及由此而产生的自由与权利，而国民之自由与权利的结合则成为国家的自由与权利。如果我们借用西方学者将公民权分为形式的公民权（formal citizenship），重视国家认同，以及实质的公民权（substantive citizenship），强调政治社群之成员所具有政治、社会之权利两类的话，任公国民观念之中公的一面似乎侧重形式的公民权之层面，而私的一面则侧重实质的公民权之层面。③然而我们不能忽略的是在任公引介这些西方新观点的同时，固有的语汇、概念与理想，仍深刻地影响了他的认知。

六、开明自营与公私

梁启超的国民观念有非常复杂的思想渊源，除了上述伯伦知理与杨朱、墨子的想法之外，严复所扮演的角色也不容忽略。严复的自由民主思想包括：以民主（包括议院与地方自治）实现上下一体，达成公的理想，并解决以往专制制度私天下的弊病；自主之权、自繇（即自由）乃絜矩之道，亦即“人人自由，而以他人之自由为界”；积私可以为公，结合自由之民，实行民主政治可成自主、富强之国等想法，这些想法与上述近代中国民主思想的主流论述是一致的。

---

① 梁启超，《十种德性相反相成义》，《饮冰室文集》，5:48–49。

② 梁启超，《中国积弱溯源论》，《饮冰室文集》，5:28。

③ 两种公民权的区分请见 Rogers Brubaker, ed., *Immigration and the Politics of Citizenship in Europe and North America* (New York: University Press of America, 1989), p. 3. 转引自沈松侨《族群、性别与国家——辛亥革命时期“国民”观念中的界限问题》，页 11。当然我们不能忽略任公所理解的自由与权利与西方的 substantive citizenship 有所差异，这牵涉到任公思想与传统的关系（如前面谈到的絜矩之道），在这方面本文无法细论，请参阅黄克武，《一个被放弃的选择：梁启超调适思想之研究》。

其中特别值得注意的是严复征引顾炎武的话来说明如何建立一种新的“民德”，使国民对国家产生一种“私之以为己有”的爱国心，因而“出赋以庀公，无异自营其田宅；趋死以杀敌，无异自卫其室家……言其所生之国土，闻其名字，若……闻其父母之名，皆肫挚固结，若有无穷之爱也者”。要如何才能达成此一理想呢？严复的看法是“设议院于京师”：

是故居今之日，欲进吾民之德，于以同力合志，连一气而御外仇，则非有道焉使各私中国不可也。顾处士曰：民不能无私也，圣人之制治也，在合天下之私以为公。然则使各私中国奈何？曰：设议院于京师，而令天下郡县各公举其守宰。是道也，欲民之忠爱必由此，欲教化之兴必由此，欲地利之尽必由此，欲道路之辟、商务之兴必由此，欲民各束身自好而争濯磨于善必由此。呜呼！圣人复起，不易吾言矣！①

严复也提到如果无法立即实施“议院代表之制”，可先实行“地方自治”以“合亿兆之私以为公”：

窃谓居今而为中国谋自强，议院代表之制，虽不即行，而设地方自治之规，使与中央政府所命之官，和同为治，于以合亿兆之私以为公，安朝廷而奠磐石，则固不容一日缓者也。失今不图，行且无及。②

再者，不但人民要合私以为公，立宪之君也应为公而忘私，以“公仆”自居，“立宪之君者，知其身为天下之公仆，眼光心计，动及千年，而不计一姓一人之私利”。③

在严复思想之中，“合私以为公”的思想渊源除了上文所说顾炎武等人的思想传承之外，我们还必须注意到严复在《天演论》与《原富》等书之中对西方“开明自营”观念之引介与诠释。④这涉及严复所谓的“私”不但是一种庶民的政治权利，

---

① 严复，《原强修订稿》，王栻编，《严复集》，页 31–32。

② 严复译，《法意》（上海：商务印书馆，1930），18:9。

③ 严复，《宪法大义》，王栻编，《严复集》，页 245。有关近代公仆观请参考王尔敏，《中国近代之公仆观念及主权在民思想》，《“中华民国”建国八十年学术讨论集》（台北：近代中国出版社，1991），卷 3，页 2–23。

④ “自营”在传统语汇即是私的意思，最早在许慎的《说文解字》有“韩非曰：仓颉作字，自营为ㄱ”，然而在《韩非子·五蠹》原文是“古者仓颉之作书也，自环者谓之私，背私谓之公，公私之相背也，乃仓颉固已知之矣”，清代卢文弨（1717–1795）的解释是“营环本通用”，见陈奇猷校注，《韩非子集释》（台北：河洛图书出版社，1974），页 1058。严复用“自营”一语来代替“私”显然是想用一个较为中性的字眼来避免私一字所有的负面含义。

也包括在经济活动的领域追求个人财利的合法性。严复认为明清社会还没有放弃“分义利为二”之习，而只有西方近代才改变了过去“讳言利”的态度，因此“开明自营”之想法的引介有助于国人经济观念的调整。①

严复指出“开明自营”（enlightened self-assertion）意指个人可以追求自身利益，而此一追求不会与道义与公利发生冲突。在《天演论》的案语中，严复首先辨明东西方固有的价值大抵都强调“以功利为与道义相反，若熏莸之必不可同器”，但是西方近代以来由于“生学”和“计学”的发展，一方面了解到“自营”是生存的基础，另一方面随着民智的提高更产生了“开明自营”的想法：

复案，自营一言，古今所讳，诚哉其足讳也。虽然，世变不同，自营亦异。大抵东西古人之说，皆以功利为与道义相反，若熏莸之必不可同器。今人则谓生学之理，舍自营无以自存。民智既开之后，则知非明道则无以计功，非正谊则无以谋利，功利何足病，问所以致之之道何如耳。故西人谓此为开明自营，开明自营于道义必不背。复所以谓理财计学，为近世最有功生民之学者，以其明两利为利，独利必不利故耳。②

后来严复翻译《原富》一书与此看法有非常密切的关系。许多研究严复经济思想的学者都注意到严译此书是为了借此破除儒家“讳言利”、“分义利为二”之习，希望鼓励国人追求财利，并进一步达成国富的目标。③就像吴汝纶（1840—1903）在《原富·序》所说“中国士大夫，以言利为讳，又忲习于重农抑商之说……然而不痛改讳言利之习，不力破重农抑商之故见，则财且遗弃于不知……以利为讳，则无理财之学”。④

严复指出西方旧有的看法与儒家类似，其“用意至美”，结果却是“于化于道皆浅，几率天下祸仁义矣”。但是在达尔文的“天演学”与亚当·斯密的“计学”

① 严复似乎认为只有近代的西方人发现利与义能相配合，这样一来他不认为明清以来中国已有此一主张，或已产生重大的变化。如果他的观察有代表性，那么余英时所说的“新基调”，或所谓“十六—十八世纪商人的社会地位和意识形态的研究使我们看到这三百年间中国社会史和思想史都发生了很深刻的变化”，此种“变化”到底影响的范围有多深，或多广还值得进一步探究。余英时，《中国近世宗教伦理与商人精神》，《中国思想传统的现代诠释》，页399。

② 严复译，《天演论》，下，页47。

③ Benjamin I. Schwartz, *In Search of Wealth and Power: Yen Fu and the West* (Cambridge, Mass.: The Belknap Press of Harvard University Press, 1979 [1964]), pp. 113–129.

④ 吴汝纶，《原富·序》（上海：商务印书馆，1930），页2。

兴起之后，西方人有一突破，了解到利与义能够相互配合：

计学者首于亚丹斯密氏者也。其中亦有最大公例焉。曰大利所存，必其两益，损人利己非也，损己利人亦非；损下益上非也，损上益下亦非。其书五卷数十篇，大抵反复明此义耳。①

泰东西之旧教，莫不分义利为二涂，此其用意至美，然而于化于道皆浅，几率天下祸仁义矣。自天演学兴，而后非谊不利非道无功之理，洞若观火，而计学之论，为之先声焉，而斯密之言，其一事耳。尝谓天下有浅夫、有昏子，而无真小人。何则？小人之见不出乎利，然使其规长久真实之利，则不与君子同术焉，固不可矣……故天演之道，不以浅夫、昏子之利为利矣；亦不以谿刻自敦滥施妄与者之义为义矣，其无所利也，庶几义利合，民乐从善，而治化之进不远欤。呜呼！此计学家最伟之功也。②

在《原富》的翻译与案语之中，严复反复地表达公私、义利、群己之间相互渗透的密切关系。亚当·斯密在讨论殖民地之商务时有“盖真利者公利，公私固不两立”的话，严复在案语中趁机加以发挥，认为“真利”一定对公私皆有利，只是有时人们见不及此：

案斯密氏此论，实能窥天道之全。盖未有不自损而能损人者，亦未有徒益人而无益于己者，此人道绝大公例也。公例之行，常信于大且远者，自其小且近者而征之，则或隐而不见，因缘滋繁，难以悉察故也，而公例之行实自若。常人信道不笃，则常取小近者以为征，此何异见轻球之升，而疑万物亲地之理，与通吸力之公例为不信乎？使公而后利之例不行，则人类灭久，而天演终于至治之说，举无当矣。③

此处所说的“真利”实际上就是开明自营所追求的公私两利。

严复对“开明自营”一观念的介绍无疑地是对亚当·斯密观点的忠实介绍，诚如史华慈（Benjamin I. Schwartz, 1916–1999）所指出的，亚当·斯密和其他功利主义者一样，追求最大多数的最大利益。对他来说个人开明自营的实现即是群体的福祉。亚当·斯密对道德的信心充分地表现在他较早的一本著作《道德情操论》（*The*

① 严复译，《天演论》，上，页 34。

② 严复译，《原富》，页 91。

③ 严复译，《原富》，页 585–586。

Theory of Moral Sentiment，1759）。在此书他强调“道德源于人心之中的同情感”（“morality arises out of the feeling of sympathy in the human heart.”）①

然而不容忽略的是借着引介西方开明自营的观念，严复同时也在表述一个他所肯定的“群己权界”的想法。他强调自我可以在经济与政治领域追求一种与道义以及群体福祉相配合的个人利益，这样一来群与己、义与利、公与私之间就不会产生矛盾。换言之，以开明自营为中心的人性论，严复企图建构“人人自由，而以他人自由为界”的政治理论，以及亚当·斯密式的自由经济理论。严复认为这样的理论也配合《大学》、《中庸》以“格致诚正为治平根本”的群己观，以及斯宾塞“社会之变象无穷，而一一基于小己之品质”的社会有机体论。②

值得思索的是开明自营的想法与西方政治、经济的自由主义者所谓追求“legitimate self-interest”（既合理又合法的自我利益）的想法虽然有类似之处，但是两者之间还有一些十分细腻的区别，严复所肯定的“自营”是以道义为前提，并且奠基在群己平衡，两者可以携手并进、不相冲突的观念之上；而西方自由主义者所肯定在民间社会中，既合法又合理的自我利益则是“个人从宗教、伦理以及强制性的政治限制之中解放出来”，具有自我与他人，或自我与群体之间有利益冲突的预设。③这样一来，严复虽然肯定开明自营，他还是无法欣赏与肯定超越公与义的私与利，更谈不上像西方马基雅维利和霍布斯以来的政治传统，以自私（selfish interests，或无德之私）与冲突（conflict）作为政治理论的起点。

无论如何，严复以开明自营的观念来肯定私的想法，对当时思想界仍有一定的影响力，在上引梁启超《与严幼陵先生书》（1897年春），任公在说明民主、君主与公私之辨之后，谈到他对私与“自营”的看法：

> 公固为人治之极，则私亦为人类所由存，譬之禁攻寝兵公理也，而秦桧之议和，不得不谓之误国；视人如己公理也，而赫德之定税则，不能不谓之欺君。《天演论》云：克己太深，而自营尽泯者，其群亦未尝不败，然则公私之不可偏用，亦物理之无如何者矣。④

此一看法显示严复所肯定的“开明自营”亦为任公所接受。

---

① Schwartz, *In Search of Wealth and Power: Yen Fu and the West*, pp. 116–123.

② 严复，《译余赘语》，《群学肄言》（上海：商务印书馆，1930），页2。

③ David Held, *Models of Democracy* (Stanford: Stanford University Press, 1987), p. 116.

④ 梁启超，《与严幼陵先生书》，《饮冰室文集》，1:110。

七、辛亥革命前夕革命派的公私观

严复与梁启超在晚清思想史上扮演着重要的角色，当时许多年轻人都表示他们对于西方新思想的认识是透过严、梁的作品。上述严、梁两人对公私观念的讨论大约是1895年之后约十年之间所产生的，至辛亥革命前夕，此种公私论述究竟对一般士人有何影响？又有何变化？这些题目还需要进一步的研究。在此拙文以《辛亥革命前十年间时论选集》之中所收的两篇文章为例，来作说明。一篇是《浙江潮》第1期（1903年2月）所载《公私篇》，一篇是《民心》第1期（1911年3月）所载剑男的《私心说》。[①] 这两个刊物都是支持革命的刊物，我们或许可以假设这两篇文章的作者都是革命派的支持者。

《浙江潮》于1903年2月创刊于日本东京，由浙江的留日学生孙翼中、蒋方震（百里，1882–1938）、马君武（1881–1940）、蒋智由（1865–1929）等人主编。《公私篇》一文作者不详。

首先该文作者以为中国过去的积弊是君主专制，而专制的基础是一套将公与私视为“至反对而至不相容”的理论，结果“人人不欲私其国，而君主乃得独私其国”。专制君主的做法是利用这种公私之别，将反对势力都贬为私，“党会一国之分子也，则谥之曰结党营私；兴学一国之元气也，则号之曰假公济私。究其所谓私者，不过曰不利吾君主一人之私而已。”该文作者以为要解决此一问题必须重新建构一套有关公私的新理论，亦即了解到公私之间相互的关系，所谓“私之云者，公之母也；私之至焉，公之至也”，并进一步肯定个人之“私”。对作者来说，私是天赋的，也是人人平等，凡人皆有的：

> 盖私之一念，由天赋而非人为者也。故凡可以入人类界中者，则无论为番、为蛮、为苗、为傜，自其生时，已罔不有自私自利之心存。

作者显然受到社会达尔文主义的影响，认为私是人类竞争的原动力，也因此是生存的基础。甚至西方人所说的自由、权利、自主、独立、爱国等“震撼其国民之精神”的重要观念，“要其归宿，则亦一私之代名词而已。”

---

① 这两篇文章见王忍之等编，《辛亥革命前十年间时论选集》（北京：三联书店，1978），卷1，页492–495；卷3，页816–821。

为了肯定私的合法性，作者引用中国古代的一些言论，包括孟子、杨朱与顾炎武等，来说服他的读者，亦即他所谓的“我国民”：

孟子曰：人人亲其亲、长其长，而天下平。杨朱曰：人人不拔一毫，人人不利天下，则天下治矣。顾亭林曰：虽有圣人，不能禁民之有私，善为国者，亦惟合天下之大私，以为天下之大公。旨哉言乎！征诸西国史传则如彼，考之中国先儒之说又如此，嗟我国民可以悟矣！

作者也意识到在中国思想论域之中要提倡上述的“私”会引起一些疑虑，因此他借着问答的方式来作一说明：

难者曰：一金之微，至于卖友，借父耰锄，虑有德色，从井下石，往往而是，由斯以谭，未见其不能私也。否否，吾闻之，凡能私者，必能以自私者私国，必能以自利者利人。

以上的解释其实就是在说明“自私之私”与严复所谓“开明自营”之间的区别。

作者的结论是呼吁国人从私其身推展到私其乡、州县、府、省、国，让每一个人“私一邑事如其一家事者”：

人人挟其私智，出其私力，奋其私一国、私一省、私一府、私一州县、私一乡区之热心，以图救其私一国、一省、一府、一州县、一乡区之私人。励独立之气，复自主之权，集竞争之力，鼓爱国之诚，以与暴我者相抗拒、相角逐，以还吾中国真面目。

上述“私一国”的想法正反映了该文作者希望借着肯定个人之私，来建立国民对于国家的认同。

《民心》于 1911 年 3 月创刊于福建福州，编者为林刚，其政治立场是主张革命、共和，反对君主立宪。剑男所撰写的《私心说》与上述《公私篇》的看法十分类似，也是企图从肯定“各遂其私”的立场，以人人私其国，来建立国民对一个新的政治群体的认同。然而不同的是剑男特别强调他所构想的政治群体是由黄帝子孙所形成的血缘团体。

作者对公私的基本看法是：宋明理学将天理视为是公，人欲视为是私的观点是不正确的，他认为“无私而非公，无公而非私，即私即公，即公即私。有利于私，必有利于公；有害于公，必有害于私”。作者将此种对公私的看法奠基于严复式的“社会有机体论”之上：

社会者，乃合多数之一己而成之者也，故一己为社会之么匿，社会为一己之拓都。拓都之能完美高尚与否，咸视乎么匿之体之各皆完美高尚与否。苟么匿而非完美高尚者，必不足以成完美高尚之拓都。而非完美高尚之拓都，亦必不足以容完美高尚之么匿。

因此在具体的实践之上，从个人到家庭，再到国家是一个“积”的过程，个人为自己、家庭打算是一种私，为本国打算也是一种私，但“国之不保，未有其家能安宁者；家之不保，未有其身能安宁者”，因此身、家、国形成一体的关系。最后作者呼吁中国是由居于神州的黄帝子孙所构成，所以国人应该认同此一“民族”，更将此一民族之事视为一家之事：

我四百兆之民族，皆我同胞，而为我黄祖黄帝轩辕氏之子孙，虽散处于莽莽神州，而究不失为同一血胤，最亲爱之伯叔兄弟诸姑姐妹等。倘以万期为须臾，视六合如咫尺，则四千六百另九年犹之一世，四千二百七十八万方里犹之一堂，更与一家何异?

在此我们看到近代中国一个主流的种族性的国族认同已清楚地浮现，此一认同的主体是以黄帝为始祖而建立的血缘关系的“四百兆”人，在时间上包括四千多年的共同的历史记忆，在空间上则是四千两百多万方公里的活动范围。然而当此一人、时、地的族群认同界线确定之后，也开始具有高度的排他性，首当其冲的倒不是帝国主义的国家，而是满人所建立的清廷。在上述的引文之后作者接着感叹地说：

噫戏！吾言及此，吾自觉悲气沉沉，而来袭心，使吾欲哭无泪。衣冠之胄，降为皂隶，阀阅之门，编作舆台，吾其胥四百兆人而为破家子矣！锦绣王孙泣路隅，不道困苦乞为奴，盖二百六十余年来如一日也。

上述两篇分别撰于 1903 与 1911 年的文章大约可以视为革命党人对公私一议题的看法。从以上的描述我们可以看到 1880 年以来中国思想界从公私的角度对自由、权利、民主、国民等问题的思索已经普及到一般知识分子，《公私篇》与《私心说》都是从合私以为公的逻辑来肯定“私”。他们所谓的“私”并非自私之私，而是严复、梁启超等人所反复讨论的以个人自由、权利为基础的开明自营；他们所谓的“公”也和严、梁一样主张由人人具有开明自营之念的“新国民”所累“积”成的一个自主、独立的政治群体。

然而极有意义的问题是这个政治群体是由什么人组成？他们又借着何种共同的凝聚力量团结起来？如果我们将国族主义区分为：一、政治或公民的国族主义（political or civil nationalism）；二、种族的国族主义（racial nationalism）两种。①1903 年以前对于公私与国民的讨论基本上是环绕着一种政治性的国族建构，或者说倾向于以国民观念为中心的“公民的国族主义”，主张不分族群由每一个具有自由、权利之国民组成国家；然而 1903–1911 年之间，严、梁所建构的新国民、新国家认同开始分化，此一认同被加诸或转化为以血缘纽带凝聚而成的“种族的国族主义”之认同。在 1905 年以后国内反满的情绪日益高涨，辛亥革命的爆发与这种“种族的国族主义”所激发的动员力量有直接的关系。无论如何，1911 年的《私心说》显示：当时很具说服力的一种观点是将公民的国族认同与种族的国族认同结合成一种革命主张，企图推翻清朝的专制政体，建立一个属于汉族的民主共和国，此种以汉族为中心的建国理想被视为“公”（正义）的实现。当时的革命党人并没有强烈地意识到此一结合所蕴含的内在矛盾，也不甚理会严复、梁启超对此一矛盾的批判，然而二十世纪寻求此一矛盾的解套成为“中国人”所面对的一个核心性的难题。

八、结论

以上拙文尝试描写从明末到清末的三百年间，中国思想界环绕着公私、群己等议题所做的讨论。为了分析上的方便，并能更清晰地掌握整体的轮廓，我将以上所谈到的思想内涵约略地区分为下面部分重叠、交互影响的十个思想传统：

第一是主流的儒家与宋明理学论述，强调大公无私、内圣外王、仁政、义利之辨、忠恕等，也在某种程度上肯定民之恒产与通商。整体来说这是一种环绕着政治核心，特别是统治者之修身的转化思想。

第二是固有的调适性的思想，是从官僚组织所孕育出来的思想传统；此一思想主张渐进改革、因地制宜，并适度地肯定人民追利的倾向。

---

① John Hutchinson, *The Dynamics of Cultural Nationalism: the Gaelic Revival and the Creation of the Irish Nation State* (London: Allen & Unwin, 1987). Frank Dikötter, “Culture, ‘Race’ and Nation: The Formation of Identity in the Twentieth Century China,” *Journal of International Affairs*, 49:2(Jan., 1996), pp. 590–605. 亦请参考沈松侨，《我以我血荐轩辕——黄帝神话与晚清的国族建构》，页 25–26。

第三是明清以来从道学到实学的思想变迁，包括对于气、已发、情、利、欲、私、器、礼等方面的强调。

第四是与上述密切相关的顾炎武、黄宗羲等反专制思想，要求肯定庶民之私，并构想全面性的制度变革，这是一种从制度层面强调改造政治核心的转化思想。

第五是陆耀《切问斋文钞》中的经世思想。第六是魏源《皇朝经世文编》中的经世思想。以上两者均受上述第二项思想传统之影响，倾向政治核心之外的调适思想，并拒绝第四项的转化主张。魏源尤其尝试将政治核心之外的调适思想与上述第一项主流儒家和宋明理学之观点结合在一起。

第七是龚自珍的经世思想，受到第三、四、六项思想传统的影响，肯定私的意义，也强调我之心力所具有的转化力量，标志着近代思想史上从调适思想走向转化思想的契机。

第八是清末梁启超、严复等倾向主张渐进改革的调适思想。第九是清末革命派的转化思想。这两者一方面承接上述的思想传统，另一方面则受到西方思想的影响。

第十是二十世纪之后中国知识分子主流的思想倾向，尤其是五四与五四影响之下的反传统思潮等，这种想法无论在文化领域或政治领域，都倾向彻底改变的转化思想。

拙文主要即尝试以公私的议题来贯穿明末至清末近三百年之间，上述思想传承之间交织互动的关系，并以此来描绘中国近代思想的延续与变迁。诚如本篇标题所显示，本文作者尝试以从“追求正道”到“认同国族”来描写这一过程。在此过程之中，上述第一个思想传承所孕育的诸多思想预设，发挥了巨大的影响力。尤其是大公无私、内圣外王、恕与絜矩之道等道德理想，仍支配着国人对于群己关系的根本构想，因而造成思想发展的特殊走向。

再者，顾炎武与黄宗羲所开创从“合私以为公”来肯定“私”的思维逻辑也是一条一贯的线索。明末的思想家企图以肯定个人欲望与私有财产权，来思索政治合理性的问题，他们认为一个合于正道的政治组织是能尊重庶民之私、地方舆论，同时抑制君主之私的政府。然而此一反专制的政治理想在清朝统治期间是被压抑的，清中叶以来的经世思想在接受郡县制度、君主专制的前提下，重提公私、义利之辨，希望借着儒家高标准的道德理想，使政治精英遏制私欲，追求爱民、利民。换言之，政治问题的解决在某种程度上又回到统治者道德意识的提升。

在此状况之下西方民主、自由、权利等观念的传入对清末知识分子来说提供了一条出路。中国思想界长期以来的困境是人们一方面希望追求一个能实现“大公无私”的政治理想，另一方面又觉得在中国历史上除了遥远的三代之外，从来不曾达成此一目标。幸运的是近代以后，中国士人发现西方民主制度的传入提供一个有效的方法，来实现这个长期的理想，难怪从魏源那个时代开始国人就热烈地拥抱西方的民主。①

对清末的知识分子来说，民主提供了一些有效的方法使个体之私凝聚为群体之公，达成上下一心、同心合德。这些方法包括一些制度与程序的安排，例如议院、地方自治与多数决的表决方法；也包括了以一些新的概念来界定群己关系，尤其是以具有“自主之权”、自由、权利、开明自营的国民来构成一个新的国族。

在清末由国民之私所累积而成的群体之公包含了两个层面的意义。在较抽象的层次“公”代表一种符合多数人利益的超越理想，亦即是正道或正义；在一个较具体的层面，“公”代表近代国族主义下人们对新群体的想象与认同，此一群体小至家庭以外的各种社会、政治之结合，大至国家、族群。清末改革派与革命派对以上的想法是有共识的，两者的区别则是在认同对象上，革命派坚持种族的国族认同，改革派如严复与梁启超等则倾向于政治的或公民的国家认同。②

综观明清以来长期的变化，近代中国知识分子从“积”与“合”的角度出发，来肯定个人之私，使公私之间具有高度的互动性与渗透性。因此我们一方面看到“私”的领域，无论是指个人欲望、私有财产或政治、经济方面的权利，逐渐受到更多的尊重，但是“私”在取得自身意义的同时并没有建立一个绝对的独立性。在中国也没有出现 Steven Lukes 所描写的西方的“个人主义”。③ 诚如金耀基所说，

---

① 由此可见墨子刻所谓“逃避困境”的解释是很有启发性的。Thomas A. Metzger, *Escape from Predicament: Neo-Confucianism and China's Evolving Political Culture* (New York: Columbia University Press, 1977).

② 梁启超的国族想象之中也无法完全脱离“种族的国族主义”，沈松侨指出“即使是主张满汉融合最力的梁启超，其所真正蕲向的，仍是一个以汉人为主体所组成的国族国家”，见氏著《我以我血荐轩辕——黄帝神话与晚清的国族建构》，页 61。

③ Steven Lukes, *Individualism* (Oxford: Basil Blackwell, 1973). 王泛森曾深入地描写近代中国私人领域政治化的过程，至中共政权建立后彻底实践大公无私而达到巅峰，“政治力量假道德名义侵入到每一个人最私密的领域中……不容许有隐藏的东西，不容许有自由意志，也不允许人保留他不愿公开的私人领域。而精神裸体的结果，是人人都失去了防卫自己最基本权利的最后一点根据”，王泛森，《近代中国私人领域的政治化》，《当代》，期 125（1998），页 110—129。

东亚现代化的经验显示中国人接受“民主”，但是却不完全肯定西方的“个人主义”与“自由主义”，他将此一政治系统称为“民主的儒家”：

“民主的儒家”政治系统不同于自由主义民主系统，它珍视和尊重个人及其权利，从“共同体的”或“社会的”视角出发来对个人及其权利进行界定。①

“民主的儒家”之出现显然不是一件偶然之事，清中叶以来中国思想界对公私问题的讨论提供我们了解此一现象的重要的线索。值得思索的是，以往我们倾向于以西方为中心，从“画虎不成反类犬”的角度来探索中国“民主化”失败的诸多因素，包括一些学者所指出的不以个人价值作为终极目标、缺乏“公民社会”或“公共领域”，或不具“幽暗意识”等。②然而自我与群体之间的合理关系到底有没有一个普遍性的标准？集体主义、自由主义、社群主义或“民主的儒家”四者之中，何者最能妥当安排群己关系，实现社会正义？这些问题或许是人类社会永恒的难题，而福山（Francis Fukuyama）所谓的“历史的终结”，以为“西方的自由民主政体将作为人类最后的政体形式而得到普遍实现”，显然是一个过度乐观的看法。③

---

① 金耀基，《中国政治与文化》（香港：牛津大学出版社，1997），页 175。

② 详见黄克武，《一个被放弃的选择：梁启超调适思想之研究》，页 14–20。

③ 福山的看法见“The End of History” *The National Interest* No. 16(1989), pp. 3–18. 转引自金耀基,《中国政治与文化》，页 154。

清末民初的民主思想：

意义与渊源

一、前言

在中国现代化的过程中对民主政治的追寻是一个一贯的主题，从鸦片战前中国知识分子接触到欧美民主制度开始，许多知识分子就抱着无比的热情盼望民主制度在中国的实现，在一个半世纪之后，当我们回顾近代中国民主政治的发展时，多数人会同意民主中国的建立仍是困难重重。然而一个有趣的现象是：即使民主在中国的实现是那么困难，从清末开始中国知识分子民主思想的主流却与一种乐观的乌托邦精神结合在一起，不少的知识分子对民主制度充满了信心，他们认为民主可以立即实现，而一旦实现真正的民主，中国可以立臻富强。同时在乐观精神的背后，这种民主思想又以一种潮流论的历史观为基础，认为民主是一种世界历史的潮流，不是人力所能转移，只要我们顺着这个潮流去做，历史会带领我们实现民主。这样的想法与近代西方民主思想很不相同。

在乐观精神笼罩下的中国民主思想与近代西方的民主思想可以说是“貌似而实异”，二者之间虽然有“点”的类似性，但这些点却是放在不同的脉络之中而具有不同的意义。混淆产生的关键是中国民主思想的主要观念均采借自西方，而西方近代民主思想也不是一个统一的概念，同样是一个复杂的发展过程。中国思想家在采借的过程中，加入了主观的诠释，将这些源于西方的想法与中国传统的一些预设结合在一起，而造成思想脉络的根本变迁。例如同样一个国会或政党的概念，放在中国民主思想与西方民主思想中具有相当不同的意义，其他的观念也是如此。强调思想脉络的差异是本文对近代中西民主思想的根本看法。

本文将以1850年代至1920年代有关民主思想的著作为基本史料，探讨清末民初中国民主思想的一个主要趋势，尤其注意魏源（1794–1857）、冯桂芬（1809–1874）、王韬（1828–1897）、郑观应（1842–1922）、康有为（1858–1927）、严复（1854–1921）、谭嗣同（1865–1898）、梁启超（1873–1929）、孙中山（1866–1925）等人的文章。这些人的作品虽然无法含括近代中国民主思想的全貌，但无疑却具有相当的代表性，可谓思想的主流。本文希望透过这些文章了解以下的几个问题：

一、清末民初民主思想有何特点？他们提出了哪些关键的观念？这些观念的意义为何？

二、近代中西民主观念有何异同？有哪些近代西方民主思想的重要观念在中国民主思想中并不存在？

三、我们应如何解释中国民主思想的特点与中西之间的差异？

四、中国民主观念的渊源为何？源自西方？源自中国？或是中国知识分子对当时情况的反应？

五、这些关键观念产生的历史顺序为何？其社会与文化背景为何？

在二手的研究成果方面对第一、二个问题已经有一些研究，对三、四的两个问题也有初步的解答。主要有以下三个取向：

一、有关孙中山思想的研究认为他的民主观念来自民本思想，并与近代西方的一些观念相结合。而牟宗三等人则认为民主思想中至少有一部分是隐含在内圣外王的观念之中，新外王的精神可以“开”出民主。①

二、许多学者认为民主是一个西方的概念，是从西方传入中国，与传统中国的民本思想相矛盾。一个有趣的比喻认为民主就像一个轮子，在西方它是圆的，在中国也是圆的。②中西民主观念的差异是因为中国人还没有学会西方民主，或中国人误解西方民主的真正意涵。

三、史华慈（Benjamin I. Schwartz, 1916–1999）、张灏、墨子刻（Thomas A. Metzger）等人曾从事相当重要的研究，探讨中国人在采借西方民主观念时有

① 牟宗三，《新版序》与第三章的《理性之运用表现与架构表现》。牟宗三，《政道与治道》（台北：学生书局，1982），页1–31、44–62。

② 比喻见李哮佛，《政治小档案》（台北：前卫出版社，1983），页157–163。

意无意地忽略了在西方民主思想中相当重要的一些观念。史氏在论严复一书中认为民主在中国近代思想中只有工具性性质，是达成国家富强的方法，并不重视自由、人权等终极价值。[①] 张灏在《幽暗意识与民主传统》一书中谈到五四时期知识分子“有感于中国是世界现代文明的一环，而现代文明有其主要的发展趋势和历史潮流，因此认为中国应该认同这种趋向和潮流，才不愧为世界文明的一分子”；而世界文明的潮流之一是民主制度，故他们极力主张民主。但民主在中国却被美化为一种绝对的理想，五四知识分子将民主视为万灵丹，因而不能正视民主制度的真貌。这种思想产生的原因第一是中国知识分子忽略了西方民主传统中的“幽暗意识”、低估了人性的阴暗面，这与儒家传统中对人性的乐观精神不无关系；第二是近代中国民族困境，使知识分子在心理上渴望能发现一套西方的仙丹，立刻达到中国的富强。这种心理一方面促成科学主义的兴起——认为一切政治、社会问题可以用科学技术来解决，另一方面则将民主理想化为完美的制度，并相信民主制度可以立即在中国实现。[②] 墨子刻在《从约翰弥尔民主理论看台湾政治言论》一文中也注意到这个问题，他认为英美民主思想和中国民主思想的根本分歧在于中国知识分子将约翰弥尔（John Stuart Mill, 1806–1873）的民主思想乐观化：

> 中华民国的自由主义者觉得民主是个绝对的目标，按照这个目标民间社会与政治核心到某种程度会分别化，民间社会与政治核心的道德水准会愈来愈高；国民会自己统治自己，而中国会完全实现富强，这个目标的来源是理性与世界历史的潮流，而诚意地实行这个目标的政治核心会有完全的能力而不会引起道德共识或思想纷纭的危机。

他并分析这种乐观主义的来源主要是中国的文化传统，中国主流的政治思想偏向乐观主义，儒家思想认为人们能使现实的政府彻底地道德化，实现内圣外王的理想，同时在知识论上倾向“乐观主义的认识论”，认为人可以了解客观的真理（知“道”），只要君子在位，他们可以依赖其所了解的知识与道德真理，立即改善现实社会；第二个原因作者简单地指出是“清末民初以后中国政治思想转向特别乐观的

① Benjamin Schwartz, *In Research of Wealth and Power: Yen Fu and the West* (Cambridge, Mass.: Harvard University Press, 1964), pp. 131–148, 237–247.

② 张灏《幽暗意识与民主传统》（台北：联经出版事业公司，1990）。

路”。[①] 以上的分析都相当深入，张灏指出了传统人性论以及五四知识分子的处境与民主思想的关系，墨子刻则谈到周代以来中国政治思想传统、认识论对台湾当代知识分子之民主言论的影响。但是没有一个作品仔细地区别西方民主观念与这个观念的“中国版本”之间的整体差异，以及在清末民初的发展过程。这是本文所想要做的。

下面本文简单地介绍方法论方面的问题，第二节处理近代西方民主观念的特点与演变，然后再依序探讨以上的五个问题。

本文认为所有的思想内涵可分为其所企求的目标，以及其所理解的现实世界，而现实世界中同时包含了支持与妨碍人们实现目标的力量，思想可以描述为以现有的资源，提出有效方法，扫除障碍，实现理想的一套计划。整体来说近代西方民主所源生的社会背景是一个资本主义下阶级划分的市场社会，而在此社会中实现保护私人资产、发展自我、社会平等等目标。在中国其社会背景截然不同，本文称之为“天高皇帝远的散沙社会”，这个社会在十九世纪中叶之后又被帝国主义国家强迫放入世界市场的秩序之中，因此其目标除了一部分是采自西方的理想之外，还包括源于中国传统的理想以及社会整合与力量凝聚的强烈要求。总之在目标与现实世界两层次中西民主思想都有差异。

其次本文运用转化与调适这一组对照的观念来分析思想的类型。这组概念用韦伯（Max Weber, 1864–1920）的话来说是一种“理想型”（ideal type）。转化类型的思想倾向彻底改造的理想主义，调适思想则倾向逐步改进的现实主义。转化类型的思想家往往追求绝对完美的理想，具有乌托邦精神，而且主张运用有效的方法立即实现理想；调适类型的思想家则追求较平实的目标，或强调阶段性、等级性的成就，他们对于现实多带有妥协的精神，认为现有的社会无法完全改变，在方法运用上他们多采局部的改良方案。以这组观念来看中国思想传统，可以发现中国意识的传统倾向转化类型，而制度传统则倾向调适类型；而近代中国思想变迁的大势是从宋明理学以转化思想为主流，至鸦片战争前夕经世思想转化、调适并重的倾向，结合意识传统与制度传统，转变为以康梁思想、五四运动、新儒家思想以及中国共产主义思想为代表的转化类型一枝独秀的局面。近代中国民主

---

① 墨子刻，《从约翰弥尔民主理论看台湾政治言论》，《当代》，期 24（1988），页 78–95。

思想的乐观精神就是在中国现代转化思想逐渐盛行的背景下出现，并成为中国现代转化思想的重要基础。① 但相对而言，近代西方民主思想却倾向调适类型，具有与现实世界相互妥协的精神（此处是指自由民主思想，而非卢梭–黑格尔–马克思的民主传统，下详）。下面本文先介绍近代西方民主思想的特点与演变，再谈上述的五个问题。

二、近代西方民主思想的特点与演变

近代西方民主思想是相当复杂的概念，在此只能作扼要的说明，它是从希腊、罗马以来在思想和制度双方面逐渐发展而形成的。整体来说，其思想的创生包含以下几个阶段：一、一些基本的观念可以追溯到希腊、罗马。在希腊传统中将最高的道德理想与实际的政治规范（如法律与规章）之分化；同时确立公民应有政治自由可以轮流执政。罗马时期则出现强调共和与法治的精神，基督教中亦有上帝之前人人平等的观念。这些想法都与后来的发展有密切的关系。二、1500 年前后在意大利，从马基雅维利（Niccolo, Machiavelli, 1469–1527）等人所发展出对政治的实际看法，强调政治规范要从经验研究和政治行为之中导引出来。他们主张国家与民间社会（civil society）的分离，尤其侧重保障个人的权利。例如霍布斯（Thomas Hobbes, 1588–1679）主张建立一个不受国家干涉的自由领域，在其中贸易、商业与家庭活动可以繁荣发展。② 三、在此之后逐渐发展出二个传统，一是卢梭–黑格尔–马克思的传统，另一是自由民主（Liberal democracy）的传统。卢梭–黑格尔–马克思的传统主张建立政治体制能消除阶级统治，彻底表达“人民意志”，在认识论上他们认为真理是比较清楚的，历史的发展显示了人类进步的过程与未来发展的

① 以转化 – 调适的分析架构研究近代中国思想与文化变迁，见 Thomas A. Metzger, *The Internal Organization of Ch'ing Bureaucracy* (Cambridge, Mass.: Harvard University Press, 1973); *Escape From Predicament: Neo-Confucianism and China's Evolving Political Culture* (New York: Columbia University Press, 1977); "Ching-shih Thought and the Late Ming and Early Ch'ing Period: Some Preliminary Considerations," 收入中央研究院近代史研究所编，《近世中国经世思想研讨会论文集》（台北：“中研院”近代史研究所，1984），页 21–35；"Tang Chun-I and the Conditions of Transformative Thinking in Contemporary China," *The American Asia Review*, Vol. III, No. 1(1985), pp. 1–47. 黄克武，《〈皇朝经世文编〉学术、治体部分思想之分析》（台北：台湾师范大学历史研究所硕士论文，1984）；《理学与经世：清初切问斋文钞学术立场之分析》，《“中研院”近代史研究所集刊》（台北：“中研院”近代史研究所，1987），期 16（1987），页 37–65。

② David Held, *The Models of Democracy* (Cambridge: Polity Press, 1987), p. 50.

方向。这个传统主张以一种乌托邦式的理想来改造现实世界，倾向上述的转化类型。另一自由民主传统可以以约翰弥尔的民主思想为代表，同时包括在他之前的边沁（Jeremy Bentham, 1748–1832）、詹姆士弥尔（James Mill, 1773–1836）的民主思想，以及在他之后韦伯、熊彼得（Joseph Alois Schumpeter, 1883–1950）等人对其理论的修改。这一传统则明显地倾向调适类型。他们的基本观念不是建立一个没有阶级或只有一个阶级的社会，而是以接受或承认阶级划分之社会为起点，在此之上建立一套民主架构，这种对阶级社会的承认与近代资本主义的发展有密切的关系。

上述近代西方的二个民主传统是清末民初中国民主思想的重要源头。其中自由民主传统影响尤其深远，并且成为今日欧美民主制度的理论基础，下面我们以自由民主传统中的二个例子来作较详细的说明，这二者分别是十九世纪初年以边沁、詹姆士弥尔为代表的保护模式，认为民主制度的基本原则是保护被统治者免于受政府的压迫；以及十九世纪中叶以约翰弥尔为代表的发展模式，认为民主除了具有保护功能之外，更重要的是提供人们自我发展的机会。① 最后再综述近代西方自由民主思想的特点。

（一）保护模式

保护模式的民主思想约产生于 1820 年代，以功利主义思想家边沁与詹姆士弥尔为代表，其背景有二，一为工业革命后的资本主义的市场社会，二为古典政治经济学对人与社会的看法。他们结合了平等的理想与市场的竞争原则，并以民主选举的方法达成其理想。

功利主义的基本原则是谋求最大多数的最大幸福。计算社会幸福必须考虑每一个个人的幸福，由此衍生出平等主义的道德原则。但功利主义所谓的快乐虽包括精神性的，不过主要指物质上的财富，而且认为财富与幸福是相对应的。他们接受古典政治经济学对个人与社会的看法，认为个人是一个毫无止境地追求财富累积的个体，这种欲望是无限的，一个欲望的满足会产生一个新的欲望；而在此人性法则的影响下，社会是一群彼此之间有利益冲突之个人的集合。为了防止社会的分裂，必须有法律来维系基本的秩序。最好的法律是要能够谋求最大多数的最大幸福。

① 有关这二个模式的描述与主要参考：C. B. Macpherson, *The Life and Times of Liberal Democracy* (Oxford: Oxford University Press, 1977). 以及 David Held, *The Models of Democracy*.

而维系社会基本秩序的重点是保障财产的安全以及运用自身财富与劳力再创造财富的安全。边沁认为如果无法保障得到收成，那就不会有人愿意去开垦土地。所以法律必须要保障私有财产。因为每个人的能力不同，有些人会拥有较别人为多的财产，而如果用法律去减少他们的财产而达到平等，会降低生产者的动机，并减少创造财富与快乐的机会，所以在平等与安全之间，毫无疑问“安全”较“平等”更为重要。他甚至认为任何现存的财产，即使不是个人劳力之成果的财产也必须受到完全的保障。由此可以反映边沁之理论与资本主义市场社会之间的密切关联。

这种社会所需要的政治制度必须配合上述的要求，它必须产生一个政府，一方面能建立一个自由市场的社会，另一方面又要保护公民不受政府的压迫。为了达到这样的目标他们提出选举制，以及一些相关的设计如秘密投票、定期选举、言论出版自由等来保障投票的结果可以确实表达出投票者的愿望。而接下来的中心问题是选举人的范围限制问题。至 1820 年时，边沁已支持成男普选，他认为要防止政府的专制只有使政府置于大多数人民的控制之下，否则政府会被利用来追求少数人的私利。他说幸福这种东西是统治者得到愈多，被统治者就得到愈少。

詹姆士弥尔进一步发展上述的保护模式。他更大胆地支持一人一票的全面普选，因为投票权是一种政治武器，任何人缺乏投票权就无法自我保护。但他又考虑是否有较狭窄的选举可以和普选一样保护每一个公民的利益，他的办法是排除所有的女人，四十岁以下的男人，以及四十岁以上男人中最穷的三分之一。他认为这些人能代表其他人的利益，并做出一种较好的选择。他并相信大多数的劳工阶级会以贤能的中产阶级为榜样并接受他们的建议。

总之，这个工业社会下所建立的第一个民主模式基本上是接受现实的产物，在此之前的民主思想多半是超越现实，想建立一种新的人，但保护模式的民主思想把人就视为市场社会下所形塑的人，是有无尽的欲望来追求自身的利益的个体，而人与人之间是互相冲突的。他们认为一个好的政府只要保护个人并促进国家总体的生产，而别无其他目标。就是在这种性格之上，保护模式受约翰弥尔的攻击，他提出下面所要谈到的发展模式的民主思想。

（二）发展模式

十九世纪中叶之后随着资本主义的发展，社会上有二个重要的演变刺激思想家提出新的民主理论，代表人物是约翰弥尔。第一个演变是劳工阶级似乎开始对有产阶级形成威胁，1848 年欧洲的革命，以及在英国的民权运动（Chartist Movement）都可显示劳工势力的成长。第二，劳工生活状况严重恶化，使一些自由主义者无法将之视为是道德上正义的与经济上不可避免的。在此背景下约翰弥尔提出了新的民主模式。首先，他并没有忽略保护模式所主张的基本原则，人民要免于受政府的压迫。但他觉得更需要保护的是人类自我发展的机会。民主社会是改良的结果也是进一步改良的方法。很明显的，发展模式在目标方面已不再完全接受资本主义下不平等的状况，而具有超越并改造现实的性格，这是从调适向转化的发展。同时在现实世界方面，发展模式对人和社会的看法也与保护模式之观点有所不同，他们不完全同意古典经济学的看法。约翰弥尔认为人在本质上不是一个消费者与剥削者，而是自我能力的发展者，并从能力发展中得到最大快乐。现实社会中阶级的不平等与民主的理想不符，社会不是也不应是自利与互相冲突之个体的结合，一个好的社会是能够允许并鼓励每一个人充分发挥自己的潜能。而民主制度透过让人民主动参与政治，可使人在知识、道德上更为进步。但仅有民主制是不够的，他还提出生产合作制来取代现有的劳资关系，以及以普及教育来协助自我发展，借此解决资本主义生产关系与自我发展、人人平等的民主理想之间的冲突。

发展模式在目标上带有较强烈的道德色彩，反对现有的不平等，有转化的意味。但在另一方面他仍然保存调适的性格，这可以从二方面看出来。第一，约翰弥尔认为现存社会不平等的根源是由于封建时代的财产分配，以及后来的法律无法改正这种缺失。资本主义的原则并不对现存的财富、收入、权力分配的不平等负责。他甚至认为资本主义还逐渐改进这种不平等。第二，他虽然认为人可以超越自利心，且透过政治参与可以发展自我，但大多数人还没有达到这一程度。所以一人一票的普选是很笨的办法，其结果是专为一阶级服务。他提出的办法是多票选举制。例如一个无技术工人一票的话，技术工人有二票，工头或许有三票，农人、商人三或四票，而大学毕业生或学者有五、六票。总之他的看法是只要是人们在知识上是不平等的，给予每人相同的比重在原则上就是错误的。

此外弥尔也注意到外在环境与自由、民主的关系，他认为民主适合在一个没有敌国外患威胁的安定社会，而不适合一个在经济上、文化上落后的社会。在外敌环伺下，较好的解决方式是减少个人自由，而非增加个人自由。但在一个能够进步到借自由与平等的讨论而自我改进的社会中，则应尽量增加个人自由。①

以上是近代西方二个民主模式，这二者基本上都倾向调适类型，接受资本主义阶级社会的原则，在目标上均肯定“以人民自己统治自己”来保护被统治者不受统治者的迫害，而第二模式更强调给予平等机会发展自我的目标，就此而言可以说后者比前者更民主。在方法上二者的差别并不很大，例如三权分立、代议政府（选举政治领袖、定期选举、秘密投票），选举领袖与行政官僚的区别、以宪法保障自由人权（认为政府的范围是创造一个环境，使公民能追求自己的生活方式，并免于受到社会暴力或政治干涉）等，只是在一人一票的原则上第二模式的多票选举制较前者不符民主的原则。综言之，保护模式的合法化基础是公民需要受保护以确定统治者的政策与公民整体利益配合。发展模式的基础是政治参与是必要的，这不仅是因为要保护个人的利益，同时也为了创造自我能力的发展。

整体而言近代西方的自由民主有以下几个特点，一、古典经济学对人与社会的看法，认为人是私利的追求者，社会是不同利益群体的结合。二、国家与民间社会的分离，民主的终极目的在保障民间社会中公民的自由、权利。三、与现实世界妥协的调适精神，民主不是绝对的理想，而是一个比较不坏的制度。四、重视法治与正当的民主程序。

另一个值得注意的文化背景是民主思想与历史观之间的关系。中古以来基督教的神意史观主宰了人们对历史的认识，认为历史是神意的展现，至十八世纪在启蒙思想影响下，出现进步史观，视历史为不断进步的直线发展过程。至十九世纪又将历史发展从过去推向未来，孔德（Auguste Comte, 1798–1857）、马克思（Karl Heinrich Max, 1818–1883）、约翰弥尔都提出一套从过去到未来的线性发展过程。这种时代的气氛对民主思想中的乐观精神都有影响，但在西方这种乐观精神是出现在截然不同于中国的文化脉络，我们可举十九世纪 30 年代托克维尔（Alexis de Tocqueville, 1805–1859）所撰《美国的民主》一书为例，他也认为民主是一个世界潮流，是无法抗拒的，阻挡民主等于是违抗上帝的旨意。其中明显受到神意史观与进步史观的影响。②

中国十九世纪末叶以来的民主思想与西方的转化传统（尤其是卢梭–黑格尔–

① John Stuart Mill, *On Liberty* (Indianapolis: Hackett Publishing company Inc., 1985), pp. 9–10.

② Alex de Tocqueville, *Democracy in America* (New York: Alfred A. Knopf, 1956).

马克思的传统）和潮流观念不无关系，但作者认为我们无法完全以采借自西方来解释这种现象，在中国民主观念与乐观精神的结合还涉及了十九世纪中叶以来时局的刺激与中国自身思想脉络的变化。它是近代中国知识分子以深受中国传统影响之眼光去观察西方民主，而为当代所开的一剂药方。当然这样的观点还需要史料的证实，下面本文从清末民初民主思想的特点开始探讨。

三、清末民初中国民主思想的解析

中国知识分子接触西方民主政治始于鸦片战争之前，然而至鸦片战后才有较详细的介绍，早期的作品多附属于世界地理之类的书中，其内容十分简略，但近代中国知识分子对西方民主政治的理解从一开始就具有相当的特色。以下本文尝试依时间先后来看当时思想家所了解的西方民主政治，然后再归纳出清末民初中国民主思想的特点。①

鸦片战后首先系统介绍西方的书是魏源，魏氏在鸦片战前编辑《皇朝经世文编》，战后又将关怀的重点转移为对西方的认识，编成《海国图志》，书中介绍各国的状况，其中已充分反映出对民主制度的向往，例如魏源认为美国的制度“其章程可垂弈世而无敝”，而且制度周全，达到“公”的理想：

公举一大酋统摄之，匪惟不世及，且不四载即受代，一变古今官家之局，而人心翕然，可不谓公乎？议事听讼，选官举贤，皆自下始，众可可之，众否否之，众好好之，众恶恶之，三占从二，舍独徇同。即在下预议之人，亦先由公举，可不谓周乎？②

徐继畬（1795–1873）在1848年的《瀛寰志略》中认为华盛顿“创为推举之

① 有关这一主题的二手研究相当丰富，王尔敏，《晚清士大夫对于近代民主政治的认识》，《晚清政治思想史论》（台北：学生书局，1969），页220–276；孙会文，《晚清前期“变法”论者对西方议会制度的态度和“君主立宪”主张的形成》，《“国立”编译馆刊》，卷3期2（1974），页147–188；吕实强，《甲午战前西方民主政制的传入与国人的反应》，《“中研院”国际汉学会议论文集》（台北：“中研院”近代史研究所，1981），历史考古组，下册，期16（1987），页1309–1334；林启彦，《步向民主：中国知识分子与近代民主思想》（香港：中华书局，1989）；大陆学者方面有：熊月之，《中国近代民主思想史》（上海：上海人民出版社，1986）。

② 见魏源，《后叙》、《外大西洋墨利加州总叙》，《增广海国图志》（台北：珪庭出版社据光绪乙未年上海书局石印本影印，1978），卷首页3上、卷59。

法，几于天下为公，骎骎乎三代之遗意也”。① 由此可见在接触西方民主政治之始，不少知识分子就将这个制度视为一种完美的理想，而他们表达的方法是将之比拟“三代”公天下的精神。

至1860年代英法联军之后，对西方民主制度的了解逐渐增加，但上述的眼光并没有改变，冯桂芬是这一时期中很重要的思想家，他在中国古代的历史中找到许多例子，认为这些想法与西方民主的理想相通，如官吏任免取决公议、古代乡亭之制即地方自治，他并主张以恢复陈诗的方法来保障言论自由，使言者无罪而闻者足戒，以革除上下之情不通的弊病。他直率地指出西方政治的长处在“人无弃才”、“地无遗利”、“君民不隔”、“民实必符”等。他同样地将泰西比为三代，而且认为民主制度的重要功能是可以通上下之情，使君民之间达到完善的沟通。② 这种强调整合社会之功能的想法在戊戌变法前后的民主思想家中十分普遍，1870与1880年代的王韬、郑观应二人的思想充分反映了这种民主观念的继续发展。

王韬曾帮助西人翻译圣经与中国经书，他在1867至69年随理雅各（James Legge, 1815–1897）赴英国居住二年，并至各地参观访问，他的《弢园文录外编》是在1897年（光绪二十三年）出版，但观念的形成无疑是在70与80年代。他谈到英国时认为英国富强的根本不是武器进步与商业繁荣，而是政治：

> 英国之所恃者，在上下之情通，君民之分亲，本固邦宁，虽久不变。观其国中平日间政治，实有三代以上之遗意焉。③

他将政治形态分为三类，一为君主之国，一为民主之国，一为君民共主之国；他认为最理想的形态是以英国为代表的君民共主制，其原因与冯桂芬的想法类似：

> 君为主，则必以尧舜之君在上，而后可久安长治；民为主，则法制多纷更，心志难专一，究其制不无流弊；惟君民共治，上下相通，民隐得以上达，君惠亦得以下逮。都俞吁咈，犹有中国三代以上之遗意焉。④

在王韬的民主思想中最显著的二个特色，一是将之视为完美的理想，近似三代之制；其次认为此制解决了三代以后专制政治下的君民沟通问题，可以使当代回复到

---

① 徐继畬，《瀛寰志略》（道光28年刊本），卷9，页15。

② 见冯桂芬，《校邠庐抗议》（台北：学海出版社，1967）；吕实强，《冯桂芬的政治思想》，《中华文化复兴月刊》（台北：中华文化复兴推行委员会，1971），卷4期2（1971），页5–12。

③ 王韬，《弢园文录外编》（光绪23年版），卷4，页15。

④ 王韬，《弢园文录外编》，卷1，页19。

了三代君民相近的治世。他并指出这个制度的实施可以达到的巨大效果：

苟得君主于上，而民主于下，则上下之交固，君民之分亲矣！内可以无乱，外可以无侮，而国本有若苞桑磐石焉。由此而扩充之，富强之效，亦无不基于此矣。①

此外郑观应也是很好的例子，郑氏在1870年代（光绪初年）撰《易言》一书中已有立议院之议，但至1884年撰写《盛世危言》时思想才成熟。② 在该书《议院》一节他很详细地讨论西方议院的功能与效果。综合他的想法约有以下几个相关的概念：

1. 议院可以达到国家整合的功能，使朝野上下同心同德，众志成城，他以易经上下交则泰，不交则否为根据，认为议院可以彻底地整合民志：

盖有议院揽庶政之纲领，而后君相臣民之气通，上下堂廉之隔去，举国之心志如一，百端皆有条不紊，为其君者恭己南面而已。③

中国户口不下四万万，果能设立议院，联络众情，如身使臂，如臂使指，合四万万之众人如一人，虽以并吞四海，无难也。④

2. 议院可以举贤而达到"公"的理想。他说"议院者，公议政事之院也，集众思，广众益，用人行政，一秉至公"；同时议院之外多设报馆，表明议院的是非，整体配合下"天下英奇之士，才智之民，皆得竭其忠诚，伸其报负，君不至独任其劳，民不致偏居其逸，君民相洽，情谊交孚，天下有公是非，亦即有公赏罚"。而且所有的议员皆举自民间的贤者，而非出于门第或赏赐，所以不至有营私植党，沽名罔利的弊病，他认为议员"均匀普遍，举自民间，则草茅之疾苦周知，彼此之偏私悉泯，其情通而不郁，其意公而无私"。⑤

3. 议院可以实现古代民本的理想，与书经中"谋及众人"、"咨于有众"的精神相合。

4. 议院是国家盛衰的关键，只要采行此制可以使"诸利皆兴，而诸弊皆去"，

① 王韬，《弢园文录外编》，卷1，页19–20。

② 有关《易言》一书的讨论，见刘广京，《郑观应〈易言〉：光绪初年的变法思想》，《清华学报》，新卷期8，1、2合刊（1970），页373–416。

③ 郑观应，《议院》，《盛世危言》，卷4，页1。

④ 郑观应，《议院》，《盛世危言》，卷4，页1。

⑤ 郑观应，《议院》，《盛世危言》，卷4，页1。

国家富强：

> 故欲行公法，莫要于张国势，欲张国势，莫要于得民心，欲得民心，莫要于通下情，欲通下情，莫要于设议院，中国而终自安卑弱，不欲富国强兵，为天下之望国也，则亦已耳，苟欲安内攘外，君国子民，持公法以保太平之局，其必自设议院始矣。①

郑氏的民主思想具有相当的代表性，其后的思想家如陈虬（1851–1904）、汤震、陈炽（1855–1900）等人都有类似的意见，他们均认为议院可以通上下之情、开言路、公天下，是一个相当完美的制度。②

除了这些早期的变法家之外，在1880与1890年以后影响最大的人无疑要推康有为、严复、谭嗣同、梁启超等人。从这一时期开始中国思想界受西方文化的冲击更为强烈，思想的变动也十分激烈。下面先从康有为早期的思想谈起。

康氏最早的著作要推1884至87年间（光绪十年至十三年）所撰的《康子内外篇》与《实理公法》，二书已奠下后来大同思想的基础。在《实理公法》一书中，他以欧几里得的几何学为基础力主人人平等，并倡言人人皆有自主之权，发挥"仁"心，共同推进世界大同。③这种将民主理解为人人有"自主之权"的想法在清季十分普遍，严复、梁启超、毕永年（1869–1902）、何启（1859–1914）、胡礼垣（1847–1916）等人都谈到民主就是使人人有自主之权。④同时将科学与民主一起讨论在五四以后也蔚为风气。康氏的民主思想在1901年（光绪二十七年）《孟子微》一书中更清楚地阐述出来，他将孟子的民本思想与西方的民主互相阐发，他认

---

① 郑观应，《议院》，《盛世危言》，卷4，页1。

② 陈虬，《议院》《东游条议》，卷5，页4；汤震，《危言》，卷1，页7；陈炽，《议院》，《庸书》，皆收入中国史学会编，《中国近代史料丛刊：戊戌变法》（上海：神州国光社，1953），册一。

③ 有关康有为早期思想的研究，见李三宝，《康子内外篇初步分析：康南海现存最早作品》，《清华学报》，新卷11期，1、2合刊（1975），页213–247；"K'ang Yu-wei's Shih-li Kung-fa chuan-shu"，《"中研院"近代史研究所集刊》（台北："中研院"近代史研究所，1978），期7（1978），页683–726；《经世传统中的新契机：康有为早期思想研究之一》，《近世中国经世思想研讨会论文集》，页561–574。

④ 何启、胡礼垣认为，"是故为国之大道，先在只人人之有自主之权，此不特为政治之宏规，亦且为天理之至当。"见何启、胡礼垣，《新政真诠》（出版地不详：格致新报馆，光绪年间），编五，页2。毕永年认为，"传曰：人受天地之中以生，所谓命也，人人皆承受天地之气以为命，即人人皆有自主之权。"见唐才常等撰，《湘报类纂》，（上海：上海中华编译印书馆刊本，1902），甲集上，页1–2。严复指出，"彼设等差而以隶相尊者，其自由必不全，故言自由则不可以不明平等，平等而后有自主之权，合自主之权于以治一群之事者，谓之民主。"见，严复，《严几道文钞》（台北：文海出版社，1969），卷1，页30下。梁启超的观点将在下文引用与讨论。

为二者是相通的。当时美、法、瑞士等国所实行的民主政治在孟子思想之中早已存在，他认为这种制度“近于大同之世，天下为公，选贤与能”。康氏民主思想的另一特点是将一套历史观与政治制度的演变结合在一起，他以公羊三世说为基础，认为在据乱世民智未开，必须行君主制，至升平世、太平世才可行立宪民主之法，因此他的民主思想和他的大同思想是结合在一起的，在大同世实行民主政治，人人平等独立、人人有权自主，去除私心，达到“通、同、公”。① 这种历史观将人类发展的趋势解释为阶段发展的过程，而民主制度是发展过程中必将实现的。这种想法与中国近代视民主为一种世界潮流的想法有密切的关系。

严复曾赴英留学，1879 年返国，任教于北洋水师学堂，甲午战败之后发表《论世变之亟》、《原强》、《辟韩》等文，并翻译约翰弥尔的《群己权界论》，对西方民主观念的传播贡献很大。他认为西方强于中国的地方在于科学与民主，他说西方“于学术则黜伪而崇真，于刑政则屈私以为公”。他认为君主专制是大盗窃国，视天下为私产，民主则是一种以公的精神来治理天下的政治制度，公的精神表现在三方面，一在于保障言论自由，使人人可以畅言国事，上下之间不致有壅塞之弊。另一方面民主也使人身与财产具有不受侵犯的权利，它是一种“尚贤、隆民”的政治。第三，民主制可以使国民放弃私心，同心合力、联为一气而御外侮。但严复并不主张立即实现民主，他主张渐进改革，与康有为的想法类似，他认为中国人民民智未开，不具自治的能力，仓促地改君主为民主必然导致天下大乱。所以他说，“今日要政统于三端：一曰鼓民力，二曰开民智，三曰新民德”。在人民品质达到一定水准之后方可实现民主。严氏的民主观亦与历史潮流论结合在一起，他认为如果逆此潮流其祸可至亡国灭种。对于议院的功效他也有相当乐观的看法：

设议院于京师，而令天下郡县公举其守宰，是道也欲民之忠爱必由此，欲教化之兴必由此，欲地力之尽必由此，欲道路之辟商务之兴必由此，欲民各束身自好而争濯磨于善必由此。于乎！圣人复起不易吾言矣。②

谭嗣同受康有为的影响，但也有他自己的特色，他在 1890 年中期左右的著作

① 康有为，《孟子微》（台北：台湾商务印书馆，1970）；黄俊杰，《从〈孟子微〉看康有为对中西思想的调融》，《近世中国经世思想研讨会论文集》，页 577–609。

② 严氏观点见所著《原强》与《论世变之亟》等文。二手研究见周振甫，《严复思想评述》（上海：中华书局，1940）；Benjamin Schwarts, *In Research of Wealth and Power: Yen Fu and the West*; 熊月之，《中国近代民主思想史》，页 242–251。

中有不少的地方谈到他对民主的看法。他在致欧阳中鹄的信中把变法的纲领归纳为“变科举以育人材，开议院以达下情，改官制而少其层累”，对议院的看法与上述郑观应等人一致，同时他在湖南大倡康氏民权平等大同之说。他在《报贝元征》一书批判中国社会中君臣之伦，认为远不如西方的民主：

即如君臣之伦，人人知其有，不待言矣，而有所谓民主者，尤为大公至正，彬彬唐虞揖让之风，视中国秦以后尊君卑臣，以隔绝不通气为握固之愚计，相去奚止霄壤。①

这一段话认为民主可以通上下之情，达到三代公天下的理想。在1896年（光绪二十二年）所写的《仁学》一书，他已有一个较完整的想法。他的哲学环绕着“仁”，仁是彻底地发挥平等、博爱的精神，达到万物一体的和谐与贯通，而仁的理想也正是民主政治的理想。他接受康氏的公羊三世说，认为历史由“据乱世”进化到“升平世”、“太平世”，也就是由君统进步到政教分治，最后归结于民主。他并进一步地从仁学的观点批评君主专制，认为君主视天下为私产，使中国社会充满了壅塞与隔阂，这种制度严重违背仁所蕴含的平等精神与“通”和“公”的理想。②

梁启超也受康氏思想影响，而建立自己的思想体系。他在1896年作《古议院考》，1897年作《论君政民政相嬗之理》都谈到他对民主政治的看法。③《古议院考》一文认为议院是泰西各国强大的关键，而此制度在中国虽无其名，但有其意，他举出易经上下交泰，书经谋及庶人，孟子国人皆曰可杀然后杀之等例子。但他认为议院制度虽然好，却不宜立即实行，因为中国风气未开、民气未成，议院会导致混乱，他的想法是“强国以议院为本，议院以学校为本”。这样的想法涉及三世渐进的观念，在《论君政民政相嬗之理》一文中他依春秋三世的理论分历史的演变为三阶段，分别是多君为政之世、一君为政之世、民为政之世，三者与据乱世、升平世、太平世相配合。在他的观念中历史发展具有必然性，而且不可躐等，最后一定进入民主政治的阶段：

其国既能行民政者，必其民之智甚开，其民之力甚厚，既举一国之民，而智焉而力焉，则必无复退而为君权主治之理。此犹花冈石之下，不得复有煤层，煤层之

① 谭嗣同，《思纬壹壸台短书——报贝元征》，《谭嗣同全集》（北京：三联书店，1954），页391。

② 有关谭嗣同思想的分析见张灏，《烈士精神与批判意识：谭嗣同思想的分析》（台北：联经出版事业公司，1988）。

③ 梁启超，《饮冰室文集》（上海：中华书局，1941），1：94–96、2：7–11。

下不得复有人迹层也。①

盖地球之运将入太平，固非泰西之所得专，亦非震旦之所得避，吾知不及百年，将举五洲而悉惟民之从，而吾中国亦未必能独立而不变，此亦事理之无可如何者也。②

梁氏有关民主思想的另一篇重要文章是《新民说》。该文发表于1903年（光绪二十九年），在思想界造成深远的影响。五四时期的学者多受其启发。全文环绕着在一个理想的民主时代中国民所应具备的条件。其中反映二个重要的观念，第一，梁氏认为现实世界中的“民”是愚陋、怯弱、涣散、混浊的，是须要精英阶层帮助、启发并加以革新的对象，中国社会是这些松散、落后之个体的结合。这种对个人与社会的看法是中国民主思想中很根本的预设，与上述西方功利主义者所持古典经济学的看法很不一样。第二，由于有这种对个人与社会的看法，梁氏以为民主制度的理想是达成群体整合的功能，所以他说权利思想包括一私人对一公群应尽之义务，而“自由云者，团体之自由非个人之自由也”；自治的最高理想是达到群的自治：

举其群如一军队然，进则齐进，止则齐止，一群之公率罔不守，一群之公益罔不趋，一群之公责罔不尽。③

以上清末对民主政治的看法从魏源至梁启超已形成一套与西方民主思想很不相同的视野，这些意见对当时的士人与政府官员都有深刻的影响。我们可以举清末民初对议院或国会以及对政党的看法来作说明。

1907（光绪三十三年）7月御史徐定超在《请速设议院保护华侨以维人心弭民变折》中主张设议院以通下情，达到上下一心、君民一体。④同年8月黑龙江巡抚

---

① 梁启超，《饮冰室文集》，2：10。

② 梁启超，《饮冰室文集》，2：11。

③ 梁启超《新民说》收入《饮冰室专集》（台北：台湾中华书局，1972），3：1–162，引文则是梁启超，《饮冰室专集》，3：52；黎安友（Andrew Nathan）认为，梁氏的《新民说》显示中国民主思想忽略了个人利益与群体利益之矛盾，认为二者是一致的，实际上在《新民说》中花了很大的工夫说明法律如何可以用来调节个人与社会利益的冲突，他并非不认识个人利益与群体利益之间的差距。所以对梁来说，以群为中心的整合是一个尚未达成的理想，而非他思想的预设。梁氏的观点有误解之处，观点见上所引，梁启超，《饮冰室专集》，3：51–52；Andrew Nathan 的研究，见 Andrew Nathan, *Chinese Democracy* (London: I. B. Tanis & Co. Ltd., 1986), pp. 45–66，此点承伊懋可教授（Prof. Mark Elvin）启发，谨此致谢。

④ 徐定超，《请速设议院保护华侨以维人心弭民变折》，故宫博物院明清档案部编，《清末筹备立宪档案史料》（北京：中华书局，1979），下册，页603。

程德全上疏主张速开国会，以“通上下而知情变”、“联国家与人民合为一事”。① 类似的意见不胜枚举。这些官员的意见集结在1910年《国会请愿同志会意见书》一文上，② 他们都对国会的功能抱持极度乐观的向往，认为是解决国内各种问题的关键。这样的看法在当时报章、杂志、私人著作上也很普遍。1903年时鲁迅认为地形的演变和政体的变化有相同的原则，政治方面是由君主专制政体进步到君主立宪，再到民主共和政体，这是社会政治进化的公例。③1908年李庆芳在《中国国会议》一文中从世界历史的演变指出民主是不可抗拒的世界潮流：

西历当十二世纪中叶，立宪政治之潮流发源于大不列颠民族。至十五世纪遂由英国而西渐于美。十七世纪末造，过英吉利海岔，随风奔放，一泻千里，波及欧洲大陆，而法，而德，而奥与匈，而荷兰，而西班牙，而葡、比、瑞、丹诸小国。堤低水巨冲之即溃，盖莫不浸淫沉没于立宪政治潮流之中。……环地球数十国，顺其潮流者强，逆其潮流者弱。能利导此潮流者，国民之政治能力必优，不能利导此潮流者，国民之政治能力必绌，而幸福因以寡。试批阅十二世纪后之各国立宪史，殆成世界之公例。④

1908年杂志上讨论国会的文章非常多，例如在《论国会为治外交之本》，作者认为若开国会可以同心敌慨、众志成城彻底解决外交问题。在《设国会之理由书》中作者则以为在立宪国家因为设有国会所以可以“明上下之权限，立是非之标准，怯壅蔽于未然，而利用舆论以申国权”。⑤ 这些文章实际上与当时政治上的国会请愿运动相表里，共同形成当时的主流意见。诚然也有一些人持反对的看法，如章炳麟在1907年写的《代议然否论》，⑥1909年侠少（笔名）在云南杂志发表的《国会问题之真相》⑦ 都对这种过度乐观的看法表示怀疑，当时可能还有不少人有同样的看法，

① 程德全，《请速开国会以救时艰片》，页605–606。

② 见王忍之等编，《辛亥革命前十年间时论选集》（北京：生活·读书·新知 三联书店，1977），卷3，页606–623。该文提出之第一论纲即为《吾国若能速开国会，可革一切贫弱之根源》。

③ 张华，《鲁迅对西方民主思想的态度》，《鲁迅研究》（北京：中国社会科学，1988），期12，页46。

④ 王忍之等编，《辛亥革命前十年间时论选集》，卷3，页112。原载《中国新报》，期9。

⑤ 王忍之等编，《辛亥革命前十年间时论选集》，卷3，页7–8，126–130。

⑥ 章炳麟，《代议然否论》，《民报》，24号（1908年10月），页1–27。

⑦ 作者指出，“专制之时代，中央则君主独裁之政治也，地方则暴官污吏之政治也，将来立宪之时代，中央则君主暨贵族专制也，地方则官吏与劣绅土豪之政治也。故吾人谓君主专制只一重之专制，而今之立宪政体反加数重之专制。世之崇拜国会论、迷信国会论者，其亦知所返耶！”侠少，《国会问题之真相》，《辛亥革命前十年间时论选集》（香港：生活·读书·新知 三联书店，1962），卷3，页458。

但在舆论界这些意见却屈居少数。

以上是清末对国会问题的看法，在对政党问题之上当时也有很多的讨论，尤其是民国以后争论更是激烈，张玉法先生曾做过相当深入的研究，① 本文认为当时对政党的讨论有二个重要的特色。第一，政党问题一直处于争论之中，虽然有人认为政党政治是实行民主的必要条件，但传统中国党争的历史经验却使许多人对之抱持疑惧的态度，吴贯因的意见很具代表性，他在《政党政治与不党政治》一文中认为：

若夫国民之政治道德其程度不高，则有党反不如无党，息唐代牛李之党，宋代蜀洛之党，皆徒以紊乱国政，无益于事，昔人讥之者众矣。今之政党，其政治道德之程度，比之牛李之党、蜀洛之党，尤远在下风焉，则欲建设政党政治，其害之中于国家者何如，不待智者而知也。②

这种对政党政治的疑惧至1930年代还很盛行，例如胡适在1935年（民国24年，国民党的训政时期）主张“从一党到无党的政治”；③ 钱穆则认为中国传统的政治理想是“公忠不党、超派超党、无派无党”，所以他主张创设“公忠不党的民主政治”。④ 胡适与钱穆对政党的意见并非因为他们支持或畏惧训政时期的国民党，二人对当时国民党的专政有直接的批评，他们的想法涉及下面第二个特色，亦即中国传统中公与私的观念。传统观念认为政治活动应该是一种环绕着“公”的理想之活动，因此“结党营私”被视为是非常坏的事，一个好的政党应“扫除私心”、追求全民的利益。孙中山在1913年（民国2年）为《国民月刊》所写的出世辞提到这样的想法，他认为：

能使国家进步、国民安乐者，乃为良政治；能有使国家进步、国民安乐之政策者，乃为良政党；谋以国家进步、国民幸福而生之主张，是谓党见；因此而生之竞争，是谓党争。非然者，为少数人之权利计，为私人之安乐计，此种主张及手段，皆不以国家为前题者也。若是之见，是为私见；若是之争，是为私争。党争可有，

---

① 请见：张玉法，《民国初年的政党》（台北：“中研院”近代史研究所，1985），第一章，《民初对政党移植的争论》，页1–35。

② 经世文社编，《民国经世文编》（台北：文星书店根据1914(民国3年)年上海经世文社石印本影印，1962），页6。

③ 胡适，《从一党到无党的政治》，《独立评论》，号171（1935），页10–12。

④ 钱穆，《中国传统政治与五权宪法》，《政学私言》（台北：台湾商务印书馆，1967），页1–14；黄克武，《钱穆的学术思想与政治见解》，见本书。

而私争不可有；党见可坚持，而私见不可坚持。①

这种想法与西方民主思想中认为政党代表团体或阶级的利益，政治是在妥协中追求平衡的观念，有很大的差距。

民国初年民主共和制度正式建立，也设立了人们企望已久的国会，但在运作过程中发生许多问题，而使人们对国会不再抱着热望。② 然而整体而言对民主制度的乐观精神仍然存在，其中对宪法的态度就是一个很好的例子，民初一个相当普遍的看法是：认为只要能够制定一部好的宪法，中国所有的问题可以立刻解决。③ 上述乐观的看法与清末对议院或国会的看法在精神上完全相同。

民国初年有关民主的言论相当多，尤其五四运动标举民主与科学，其后讨论"德先生"的风气更盛，在此无法详细讨论，然而无可否认的，其最具代表性的民主思想仍推孙中山先生的民权理论。以下本文先描述孙氏的看法，再归纳清末民初中国民主思想的特点。

孙中山的民权理论根据其民国十三（1924）年民权主义演讲稿及其他资料可以归纳为以下几点，这些看法虽不乏采自西方的一些政治程序以及孙氏个人的创见，但大致上与上述的历史脉络有密切的关系。

他将西方的democracy叫民权，但有时也叫民主或民治。他的第一个看法，也是整个理论合法化的基础是潮流史观，他认为我们为什么要实行民权主义根本的原因在于它是一个人力所无法抗拒的潮流，是大势之所趋，无法阻止也非人力所能助长。历史发展的规律是：君权一定要消灭，民权一定要兴起。他直接提到潮流二字的地方不下十几二十次。最具代表性的看法如下：

世界潮流的趋势好比长江、黄河的流水一样，水流的方向或者有许多曲折，向北流或向南流的，但是流到最后一定是向东的，无论是怎么样都阻止不住的。所以世界的潮流，由神权流到君权，由君权流到民权；现在流到了民权便没有方法可

---

① 孙中山，《孙中山全集》（北京：中华书局，1981），卷3，页64。

② 张玉法，《民国初年的国会（1912—1913）》，《"中研院"近代史研究所集刊》（台北："中研院"近代史研究所，1985），期13（1984），页168。作者认为，"主要由于党争激烈，各政党太重党派利益，缺乏有效的协调，使法案的判定多如牛毛，另一方面政府常争取舆论同情，多方对国会加以丑化，而为息事宁人，又多方对国会议员加以收买利用，在这种情形下，在清末被视为神圣的国会，到民初既有国会之后，竟被视为是非的渊薮，罪恶的泉源，国人多不再对国会抱热望。"

③ Andrew Nathan, *Peking Politics 1918—1923* (Berkeley: University of California Press, 1976), p. 22. 这种观念的形成与国人认为日本立宪之后国力增强等事亦有关。

以反抗……我们顺着潮流做去，纵然一时失败，将来一定成功，并且可以永远的成功。①

以上的陈述清楚地表示一种目的论的历史观，认为历史是一条充满动力的河流，是无法抗拒的，它会帮助并带领我们达成绝对完美的目标，亦即一个民主的时代。这种潮流观念使孙氏的民主思想带有高度乐观的精神。

第二，他认为要采取一些民主的程序，人民要有选举、罢免、创制、复决等四权，而政府要有行政、立法、司法、考试、监察等五权，用人民的四个政权管理政府的五个治权。

第三，他认为西方民主制与中国古代民本思想在精神上是一致的，民主就是公天下：

两千多年前的孔子、孟子便主张民权。孔子说："大道之行也天下为公。"便是主张民权的大同世界。又"言必称尧舜"，就是因为尧舜不是家天下。尧舜的政治，名义上虽然是用君权，实际上是行民权，所以孔子总是宗仰他们。孟子说："民为贵，社稷次之，君为轻"，又说："天视自我民视，天听自我民听"，又说："闻诛一夫纣矣，未闻弑君也"……由此可见中国人对于民权的见解，二千多年以前已经早想到了。②

第四，他认为民主的国家是一个和谐的整体，由知识与道德上具有卓越才能的精英分子来领导。这一点涉及他对个人与社会的看法。他认为世界上有三种人，一是先知先觉，一是后知后觉，三是不知不觉。而不知不觉的人占大多数（他说大多数人都像三国演义中的阿斗）。三者有如工程师、工头、工人，社会则是三种人共同努力来盖一座房子。他认为在中国民主只靠制度是不够的，如果想达到平等的理想还得依靠"服务的人生观"，亦即为别人造福的心理。③这一种看法源自传统知识分子的使命感，有强烈精英主义的意味，而与西方民主思想对个人与社会的看法以及"多数统治"的观念截然不同。孙氏对中国社会中个人与社会的另一看法是个人具有充分自由，社会是一盘散沙。由于传统社会"天高皇帝远"，专制的情况远不如西方厉害。中国人扩充过度充分的自由而使社会成为一盘散沙。这种观念影响

① 孙中山，《民权主义》，《孙中山全集》（北京：中华书局，1981），卷9，页267。

② 孙中山，《民权主义》，《孙中山全集》，卷9，页262。

③ 孙中山，《民权主义》，《孙中山全集》，卷9，页298–299。

了他对自由的看法，他的看法与梁启超的观念很类似，他认为“个人不可太过自由，国家要得完全自由”，中国革命的目的是“要打破各人的自由，结成很坚固的团体，像把士敏土参加到散沙里头，结成一块坚固石头一样”，① 其中反映出追求群体的团结与和谐的精神。

第五，他的民主思想具有转化的性格，他认为政权可以完全交到人民的手上，并能完全控制政府；而五权政府是“世界上最完全、最良善的政府。国家有了这样的纯良政府，才可以做到民有、民治、民享的国家”。② 他也认为他所设计的民主制度可以彻底解决西方民主所无法解决的问题，西方民主不够彻底所以“人民和政府日日冲突”，他的目的是“将来造成的新民国一定是要彻底，要造成彻底的新民国”，使人民有权，政府有能，解决人民与政府之间的冲突，③ 达到中国的富强。而且不但要使中国富强，还要“驾乎欧美之上”。④ 其中反映强烈的民族主义的精神，但在西方民族主义中却不一定具有这种超越他国的高远目标。上述绝对目标的拟定显示孙氏民主思想的转化性格。

第六，他的转化思想又与调适的精神结合在一起。例如他深刻体认国情不同，故需依中国状况斟酌损益，同时他主张经由军政、训政、宪政三阶段逐步实施民主。他了解在当时的情况下无法立即转化。

第七，他所反对的一些观念，他反对将个人自由放在第一优先；他反对“利益群体或政党为私利而合法竞争”的概念；他反对代议政治，因为议会与选举制度在中国实施的结果是选出猪仔议员，根本无法代表民意，所以他主张实施直接民权。同时他也反对资本主义的自由企业。

以上是孙氏民权理论的几个特点，我们可以发现其基本的视野与清末民主思想有许多类似之处。总之从 1850 年代至 1920 年代，中国知识分子在传统与西方的双面冲击下，尝试解决新时代的挑战，他们以一种深受传统的眼光来观察西方的民主政治，形成了一种本文称为“以转化为基调并充满乐观精神的民主观”。总结来说这种民主观有以下十三个特点：

1. 民主就是中国古代民本或贵民理想之实现。

---

① 孙中山，《民权主义》，《孙中山全集》，卷 9，页 281-282。
② 孙中山，《民权主义》，《孙中山全集》，卷 9，页 354。
③ 孙中山，《民权主义》，《孙中山全集》，卷 9，页 342-344。
④ 孙中山，《民权主义》，《孙中山全集》，卷 9，页 314-343。

2. 民主意指人人有“自主之权”。

3. 民主包括一些新的政治程序与制度，如议院、政党、宪法、三权分立等。

4. 民主是形成一个大公无私的政府。政府由贤人组成，可以贯彻“仁”或“大同”的道德理想，同时完全不存在私利、特权或维护既得利益。

5. 民主可以达到政治领袖与政府官员和人民之间的沟通，可以开言路、通上下之情。

6. 民主不但可以达成内部的和谐，而且形成整体的团结。所以个人的自由可以牺牲，但群体要得到完全的自由。

7. 民主与科学密切相关，民主的社会中包含了对西方科技的掌握。

8. 民主化所依据的不仅是道德理想，它也是以一个可以回答宇宙论、认识论、本体论、伦理、历史、政治等问题的整体理论（doctrine）为基础。

9. 民主理想的实现是彻底转变。将一个旧社会变为新社会。

10. 民主制度可以解决所有的问题，实现完美的理想。例如可以达到国家富强、不逊于人、天下太平、世界大同，而且可以完美地分配社会中的财富、权力与声望。

11. 民主的实现包含知识分子的使命感，要用他们所了解的正确理论来改造世界，以先觉觉后觉，要新民。

12. 民主是以一套高远、先验的理想评估现实世界，因此现实世界充满了缺陷，只要不能达到彻底的成功就是失败。

13. 潮流史观。民主是历史的潮流，只要顺此潮流，最后终将实现。

这十三个特点在清末民初民主思想的演变之中逐渐呈现，虽然无法在每一个人的思想中都看到所有的特点，而且也可以找到一些思想家反对这些想法（章炳麟是最好的例子），但至少至民国初年（1920 年代）时中国知识分子的民主思想中普遍存在这些观念。中国当代民主思想的形成与这一时期的十三个特点有相当密切的关系。

四、近代西方民主思想与清末民初民主思想之差异及其诠释

在了解清末民初民主思想之特点之后，接着要问的问题是这一套想法与西方近

代的民主思想到底有何同异？诚如在前言中所指出的，基本上本文认为二者分别存在不同的文化脉络之中，近代西方民主思想有其自身所承受的传统与当时所面临的问题；而这一套想法被引介到中国来之后，中国知识分子接受了其中一部分的想法、忽略了一部分的想法，又将一些观念用传统中国的思维方法与语汇来理解，而形成了包含上述十三个特点的新论域。另一个不可忽略的问题是观念的比重，同样一个观念往往在不同论域中具有不同的重要性，因此在倚轻倚重之间影响到整体的差异。

近代西方民主思想一方面承袭了西方文化传统，包括希腊、罗马以及基督教思想，另一方面又面临了工业革命之后的社会问题。整体的思想背景与清末民初的环境很不相同，因此除了制度层次的民主程序，中国民主思想多数承袭自西方之外，一些在西方近代民主思想中很重要的观念在中国民主思想中并不存在。试述以下三点：

第一，西方民主传统有其在人性论与知识论之上的预设，此即张灏所指出的“幽暗意识”与墨子刻所说的“悲观主义的认识论”。张灏认为西方的幽暗意识与基督教原罪观念有密切关系，因此近代的自由主义者对人类的堕落性与罪恶性有深刻的体认，他引阿克顿（Lord Acton, 1843—1902）的名言：“权力使人腐化，绝对的权力会使人绝对的腐化”；美国汉弥尔顿（Alexander Hamilton, 1755—1804）所说：“我们应该假定每个人都是会拆烂污的瘪三，他的每一个行为除了私利别无目的”；所以西方民主制度的设计就是基于这种戒慎恐惧的现实感，主张权力制衡，让社会各种团体结党营私，并在制衡中抵消自私自利的行为而实现公益。墨氏则指出“悲观主义的认识论”与西方怀疑主义的传统有关，认为知识与道德的真理很难掌握，每一个人都有偏见与私利，没有人能够公正无私地决定群体的公益。这种怀疑精神在政治上产生了对异己的容忍态度，而容忍异议在西方民主的运作中扮演相当重要的角色。

在中国思想界情况很不相同，张灏认为儒家思想影响下，仍然相信人有体现至善而成圣的可能，因此幽暗意识不彰；而圣王观念与三代史观使儒者具有乐观主义的乌托邦精神，这些想法与西方自由主义异道而驰。同时也使近代中国知识分子忽略西方民主思想中的“幽暗意识”。墨子刻认为中国传统思想倾向“乐观主义的认识论”，认为人类的心灵可以知道普遍、客观的绝对真理，可以无私地了解公益之所在。他举孙中山的政党观念为例，认为政党应关怀国家进步与全民福祉，不应追求私利。在近代中国很难找到思想家强调民主政治是“利益群体之间的竞争”的观念。① 上文对近代民主思想之特点的描述中，第四点认为民主政治应追求大公无私，政治活动是环绕着“公”的理想的活动，可以支持墨氏的论断。

第二，西方自由民主思想中主张国家与民间社会的分离，意指民主制度要在国家控制之外，建构一个可以实现公民之平等自由的社会生活空间，而在民间社会中人民具有公民权，不但可以免除政府无理的压迫，保障自由的个人、家庭、经济生活，而且具有进入政治核心的管道与由此而控制政治核心的能力。民间社会的概念虽起源较早，但显然在资本主义兴起后，这种要求变得更为强烈，黑格尔曾指出民间社会的概念与资本主义的自由市场的概念十分类似。② 这一种公民权与民间社会相结合的观念在近代中国民主思想中也是不易找到的。

这涉及中西双方国家与社会的关系。一方面来说中国传统没有“民间社会”的概念，整个社会都在国家的掌握之下（普天之下莫非王土），但同时这种掌握又不是很严密（天高皇帝远）。另一方面近代中国民主思想所面对的社会不是资本主义的市场社会，并没有自由市场的强烈需求，也不需要解决这个问题。因此当中国思想家接触到西方民主思想时对民间社会的构想并不十分重视。相对而言，近代中国知识分子认为他们所面对的是“天高皇帝远的散沙社会”，在十九世纪中叶之后又受到帝国主义国家的侵略。他们最深刻体认的问题是中国社会内部的沟通问题与整合问题，因此从清末到民初民主思想环绕着开言路、通上下之情、君臣一体、君民一体、全国的团结与整合等观念。在西方民主思想中沟通与整合诚然重要，但绝不具有这些观念在中国民主思想中的角色。这涉及中国传统政治思想要求贯通与整合的观念，事实上在鸦片战争前夕的经世思想中开言路、君臣一体、君民一体的要求十分普遍，只是当时将希望寄托在君主仁心与大臣敢言等方法之上，③ 鸦片战后知识分子发现西方的民主可以实现这个长远的理想。同时在列强侵略以及社会达尔文主义“优胜劣败”之理论的影响下，更加强了整合的要求，使知识分子从这个角度

① 张灏，《幽暗意识与民主传统》，页 3–32；Thomas A. Metzger, “Some Ancient Roots of Modern Chinese Thought: This-Worldliness, Epistemological Optimism, Doctrinality, and the Emergence of Reflexivity in the Eastern Chou,” *Early China*, 11–12(1985–1987), pp. 61–117; Thomas A. Metzger, “Confucian Thought and the Modern Chinese Quest for Moral Autonomy,”《“中研院”三民主义研究所人文及社会科学集刊》，卷 1 期 1(1988)，页 297–358。

② S. Avineri, *Hegel's Theory of the Modern State* (Cambridge: Cambridge University Press, 1972), pp. 141–154.

③ 黄克武，《〈皇朝经世文编〉学术、治体部分思想之分析》，页 128–129。

来理解民主。

因此近代西方民主思想的重点在限制国家的权力，扩充民间社会中个人的自由；在中国民主思想中却反过来限制个人自由，强调追求群体的自由。

中国民主思想重视整合与群体自由的要求也与史华慈教授在论严复一书中的论点有关。史氏认为在近代中国民主成为实现国家富强的手段，而对民主制度所要保障的自由、人权等终极价值不予重视。这个观察基本上是正确的，中国知识分子采纳民主的原因之一是它能促成中国的富强；但从上述十三个特点来看，在近代中国民主不单纯是达成富强的一个手段，它本身也是一个与其他理想相互纠结的目的，这些理想包括公天下、世界大同、不逊于欧美、民本、顺应世界潮流等；同时它还涉及对现实世界与历史的理解。史氏的论点有过度简单化之处。

第三，由于受幽暗意识与悲观主义的认识论之影响，近代西方自由民主思想倾向调适类型，在目标的拟定与方法采行上都不强调绝对性。在近代西方民主思想中较普遍的想法认为民主是一个有缺点但缺点比较少的制度，而不将之视为一个完美无缺的理想。这与西方政治思想的传统有关，从柏拉图、亚里士多德开始就对"民主政治"有深刻的批评，认为民主有陷入"暴民政治"的危险，贵族或精英政治要优于民主；一直到近代，民主都是一个有高度争议性的议题。在近代最常被人引用的话则是英国前首相丘吉尔（Winston S. Churchill, 1874—1965）的话："民主不是什么好制度，它只不过要比人类所想到的其他制度要好些"。波普（Karl. R. Popper, 1902—1994）也说："民主是最不坏的制度"。①甚至民主制最基本的想法"由人民统治"，在熊彼得与韦伯看来也是不可能的事，他们认为民主是选举精英分子出来代替人民作决策，人民的角色只是定期在选举中选出一组政治家。②这些想法明显地倾向调适思想。在近代中国也有人批判将民主视为万灵丹的想法，最有名的是章炳麟，他在《俱分进化论》一文，批评人类历史是乐观进步的想法，在《代议然否论》则批评代议制度以及当时视国会可以选出贤良之士，彻底解决中国问题的意

① 这种看法已逐渐被张灏、林毓生等人引介到中国，见张灏，《幽暗意识与民主传统》，页 159；林毓生，《中国人文的重建》，收入氏著、穆善培译；苏国勋、崔之元校，《中国意识的危机："五四"时期激烈的反传统主义》（贵阳：贵州人民出版社，1988），页 371—372。

② Joseph Schumpter, *Capticalism, Socialism, and Dmocracy* (London: Allen and Unwin, 1976). 韦伯之观点见：David Held, *Models of Democracy*, p. 143—164.

见，但这在舆论界只是少数。① 大多数人们仍倾向转化的民主观，认为民主是完美的理想，代议制度可以充分反映民意，一旦真正实行民主可以立刻解决所有的问题。这种倾向转化类型的民主观使近代中国知识分子忽略了西方民主思想中的调适精神，也直接促成乐观态度的形成。

中国转化型民主观的形成又与潮流史观有密切的关系，在下一节本文会较深入地处理这个观念的发生与演变，前文曾提及西方民主思想中也有视历史为阶段性的线性发展过程，约翰弥尔、托克维尔、马克思等人都有类似的想法，这使西方民主思想也带有乐观性，但这种想法与中国的潮流史观并不相同。中国潮流史观的特色在于它不但是必然的，具有像潮水般的推动力，同时历史发展的规则是与一些终极的理想和绝对的真理等信念结合在一起。此外在观念构成的要素方面中国潮流史观受到传统乐观思想、三代史观的乌托邦精神、公羊三世论、西方进化论等思想因素的影响；西方线性发展史观的来源则为基督教的神意史观与启蒙时代以来的进步观念，并在卢梭–黑格尔–马克思的思想中进一步地被强化。二者的思想结构很不相同。

中西民主思想的比较是一个非常复杂的课题，以上几点“点”的说明最后仍归结到这两个思想论域的系统差异，就此而言唯有个别地深入其历史处境与文化传统才能厘清这个问题。下面我们对清末民初民主思想的渊源作一考察，思考这种异于西方的“以转化为基调并充满乐观精神的民主观”是如何形成的？其中哪一部分是源自西方的新观念？而哪一部分又深受传统影响？

五、清末民初民主思想的渊源：连续性与非连续性

在现代化过程中传统文化所扮演的角色一直是一个争论不休的课题，本文拟以近代中国民主思想为例，对此问题加以检讨。上文曾提到近代中国民主思想中有许多传统的成分，但无疑地，这个思想中有一部分是超越传统的新观念。它要求对社

---

① 章炳麟，《俱分进化论》，《民报》（北京：科学出版社影印本，1957），号7(1906年9月)，页1–14。他认为：“进化之所以为进化者，非由一方直进，而必由双方并进。专举一方，惟言智识进化可尔，若以道德言，则善亦进化，恶亦进化；若以生计言，则乐亦进化，苦亦进化，如影之随行，如罔两之逐景。”张灏也注意到这一点，他认为章氏受荀学传统的影响，加上大乘佛教无明意识的震荡，曾对近代思潮中的乐观精神与乌托邦的倾向作正面的挑战，在当时思想界独树一帜。见张灏，《超越意识与幽暗意识》，收入《幽暗意识与民主传统》，页75–76。

会的重整并强调理性地适应新环境，以及从“君主的权威”转移到“人民的权威”。在西方思想传播的过程中一些重要的民主思想家如洛克、孟德斯鸠、卢梭、约翰弥尔等人的著作都发挥了相当的影响力；甚至一些二手的介绍或报章的杂文也有助于观念的传播。朱浤源在《同盟会的革命理论》一书、吕芳上在《革命之再起》一书中都有详细的介绍。① 近代中国民主思想同时受到西方民主思想中倾向转化类型的卢梭−黑格尔−马克思传统，与倾向调适类型的自由民主传统的影响，而一个重要的课题是如何调和这二者，并与传统观念结合。

因此近代中国民主思想也是一个新与旧的结合，这种新与旧思想因素相结合的结果彻底地改变了旧有观念的意义。孙中山谈到他的思想来源时说，他的思想有三个来源，一是西方的思想与学说，二是传统文化的精华，三是他自己的创见，颇可说明这种新结合的涵意。五权宪法的设计是最好的例子，它受西方三权分立思想的启发，加上中国传统的考试与监察，形成一个新的制度，正是西方传统、中国传统与个人创见三者的结合。

但有时情况不那么单纯，有许多观念思想家自己认为是源于西方，但实际经过主观诠释后，在不知不觉中表现出受传统的影响。例如梁启超解释西方民权的概念，他说：

西方之言曰，人人有自主之权，何谓自主之权？各尽其所当为之事，各得其所应有之利，公莫大焉，如此则天下平矣。

在以上的陈述中除了“权”的观念较明显的源于西方外，其他的语汇都混杂着传统的意涵，例如“自主”是新儒家思想中相当核心的概念，“尽其所当为之事”、“得其所应有之利”、“公”、“天下平”等都是具有相当深厚的传统根源，但梁氏却认为他所描述的是“西方之言”。②

① 朱浤源，《同盟会的革命理论》（台北：“中研院”近代史研究所，1985），页 112−121 ；吕芳上，《革命之再起》（台北：“中研院”近代史研究所，1989），页 175−186。有关卢梭的影响，见：林启彦，《卢骚民约论对近代中国思想界的影响》，收入氏著，《步向民主：中国知识分子与近代民主思想》（香港：中华书局，1989）。

② 梁启超，《论中国积弱由于防弊》，《饮冰室文集》，1 :96−100。梁氏观点的分析，参见张朋园，《梁启超与清季革命》（台北：“中研院”近代史研究所，1964），页 57 ；以及墨子刻，“Political Change in Taiwan Since 1945 and its Historical Background”该文于 1990 年 4 月 5−8 日，胡佛研究所（The Hoover Institution）主办之 The Conference on Culture and Polity in the Developing World Since World War Two 中提出，见稿本页 55−56。.

以下我们从上述十三个特点的思想渊源来作探讨。

一、民主是古代民本理想的实现。此点则明显受中国传统影响。从古代《尚书》中的言论到孟子、唐甄（1630–1704）、黄宗羲（1610–1695）等人的著作都发挥了很大的影响力。许多学者指出民本与民主有根本的不同，认为民本思想仍以统治者的要求为中心，有如牧羊人善待羊群，根本目的是为了牧羊人的利益。但对清末民初的思想家而言，民本与民主的原则完全相同，只是在中国一直缺乏有效的制度来实现这个理想，西方民主制度的到来提供了实现理想的方法。总之，古代民本、贵民、反专制等观念是他们相当重要的思想资源，使他们从这个角度来理解西方民主，也增加了他们对民主制度可以在中国实践的信心。①

二、民主意指人人有自主之权。这一点源于西方民主思想中个人主义的成分，但与传统新儒家追求道德自主的精神结合在一起。有关新儒家中“自主”、“自得”、“由己”等概念墨子刻、狄百瑞（William Theodore de Bary）的著作有详细的分析，② 中国民主思想中自主之权的想法与这些想法是分不开的。梁启超在《新民说》中认为自主之权就是“达己之所志”，包括自由与自治等，详细观察上述二观念可以发现此二者与宋明理学中修身、克制情欲的观念有密切的关系，他说：“吾民将来能享民权自由平等之福与否，能行立宪议会分治之制与否，一视其自治力之大小强弱定不定以为差”，而他以曾文正（1811–1872）、胡文忠（1812–1861）、李文忠（1823–1901）等人修身的经验来说明“一身之自治”的具体内涵。③ 此外王尔敏先生指出《万国公报》、《佐治刍言》（1885）亦屡言自主之权，此则受基督教“人人皆有灵魂皆有得救之权”之观念的影响。④

三、民主程序与制度，主要源于西方，但有一部分根据中国国情而被略为修改，如五权宪法，也有一部分制度受传统观念影响而具有新的意义，如反对结党营私或认为政党要为公益等观念。

四、民主是形成大公无私的政府，实现“大同”与“仁”，同时能够扫除各种

---

① 黄宗羲、唐甄等人对清末民初思想家的影响见，熊秉真，《十七世纪中国政治思想中非传统成份的分析》，《“中研院”近代史研究所集刊》，期 15 上册（1986），页 30–31。

② Thomas A. Metzger, *Escape from Predicament: neo-Confucianism and China's evolving political culture*; 狄百瑞著、李弘祺等译，《中国的自由传统》（香港：中文大学出版社，1983）。

③ 梁启超，《新民说》，页 49。

④ 王尔敏，《十九世纪中国士大夫对中西关系之理解及衍生之新观念》，收入氏著，《中国近代史思想史论》（台北：华世出版社，1977），页 36。

特权与既得利益。此点与先秦以来儒家的政治理想有密切的关系，尤其“大同”与“仁”都具有绝对理想的性质，这种高远的理想使近代中国民主思想带有乌托邦性格，康、梁、谭、孙等人的思想中都有此一特点。

五、民主可以开言路与通上下之情。如上所述，此点涉及近代中国的处境与当时对个人与社会的看法，但很明显的与鸦片战前的经世传统有直接的连续性，拙著《〈皇朝经世文编〉学术、治体思想之分析》一文中有很丰富的资料，说明鸦片战前经世思想家普遍要求君臣一体、君民一体、上下一心之目标。

六、民主可以达成内部的和谐与整体的团结。此点是开言路与通上下之情之后的结果。此目标的形成较复杂，一方面与中国传统思想中追求贯通（一体）的观念有关，此外中国受列强压迫之处境所导致的现实考虑，以及十九世纪末叶之后社会达尔文主义都促成这种观念的形成。在近代西方民主思想中追求社会整合的目标也存在，但重要性不及在中国民主思想中来得大。

七、民主与科学密切相关。此点是在中国知识分子企求西方文化的心态之下产生的，但将民主与科学的密切结合却是西方民主思想所不具有的特色。这涉及中国的处境以及知识分子对中国现代化的构想，五四时期开始“德先生”与“赛先生”成为最热门的口号，此种想法至今不衰。值得注意的是，五四时期不少知识分子对科学的看法与对民主的看法十分类似。这种看法被称为科学主义，① 他们认为科学可以解决所有的问题，一旦掌握了现代科学中国可以立即现代化。其中同样反映了高度乐观的精神。中国知识分子对民主与科学的相同态度并非偶然现象，而是同一精神在不同面向的展现。

八、民主化以绝对的道德理想与整体理论为基础。这一点可以以康有为大同思想、谭嗣同的仁学、孙中山的学说为例。此一观念与卢梭-黑格尔-马克思传统不无关系，但作者认为主要是受到中国从周代以来所形成的“乐观主义的认识论”之传统的影响。墨子刻对此有相当深入的分析。②

九、民主理想的实现是彻底转变。此点为结合目标的绝对性与方法的有效性各

---

① D. W. Y. Kwok, *Scientism in Chinese Thought, 1900—1950* (New Haven: Yale University Press, 1965); 亦见林毓生，《民初科学主义的兴起与含义——对民国十二年科学与玄学论争的省察》，收入氏著、穆善培译；苏国勋、崔之元校，《中国意识的危机：“五四”时期激烈的反传统主义》，页 300–333。

② Thomas A. Metzger, “Some Ancient Roots of Modern Chinese Thought: This-Worldliness, Epistemological Optimism, Doctrinality, and the Emergence of Reflexivity in the Eastern Chou” .

点所产生的。

十、民主可以解决所有的问题，实现完美的理想。作者认为此点亦受传统政治思想的乌托邦精神影响。其中三代史观尤其重要，这种想法认为三代是理想的治世，而三代以后衰败陵夷，由于黄金时代在历史上曾经出现，他们确信这个理想并非遥不可及，三代成为传统政治思想家所拟定的根本目标。根据作者对《皇朝经世文编》的研究显示，三代史观在鸦片战争前夕的经世思想中仍然十分普遍，作者认为这种源自传统的理想观念影响清末民初思想家在目标设定上的乐观精神。

十一、民主的实现包含了知识分子的使命感，要以先觉觉后觉，要新民。知识分子的使命感明显地源自传统，以天下国家为己任是中国士人一贯的精神，这种观念使中国民主思想带有精英主义的色彩，孙中山民主理论中“服务的人生观”主张人依其聪明才智来为他人服务是达到平等社会的根本方法，清楚地展现这种要求超越个人利害的使命感。同时这种想法影响到民主思想中“民”的概念，在中国民主思想中认为大多数的人民是“不知不觉”，落伍、退步、带有各种与现代社会相违背的恶习，需要知识分子的教导与更新，因此民主的实现是“新民”的过程。这种看法与西方民主大异其趣。

十二、民主是以一套高远、先验的理想评估现实世界，因此现实世界充满了缺陷，只要不达到彻底的成功就是失败。此点为转化类型思想的共同特点，作者认为这种看法与传统三代史观的思想模式亦有关系，在三代理想的对照下现实成为一片黑暗，同样在民主理想的对照下现有的政治也变成了一无可取。

十三、潮流史观。这一点在中国民主思想中是相当关键的特色，上文提及西方民主思想中也有类似的想法，但构成因素与近代中国的潮流史观很不相同。中国的潮流史观有一部分很可能受西方类似观念的影响，但无法完全从这个角度来解释，中国自身的思想传统、近代历史局面以及社会达尔文主义等都发挥了不同程度的影响力。在此我们要作较详细的分疏。

潮流史观在十九世纪末叶出现在中国历史舞台，在冯桂芬、王韬、郑观应的思想中仍持“三代史观”，较特殊的是他们将泰西比拟为三代，认为民主制“为中国之古法”或“得中国之古意”，不过他们并不认为历史是朝某一特定目标发展的潮流。但至迟在康有为、梁启超的著作中已出现以公羊三世说为基础的历史潮流观，同时他们并将民主作为最后发展的目标；而在 1895 年 4 月严复译介社会达尔文主义之后，康梁的思想又与受演化论的影响，将三世论与演化论相结合。然而潮流史观的产生不仅是由于三世论与演化论二因素，还必须从近代历史观之整体变迁的角度来观察。作者认为可以从以下几点来说明，潮流史观的产生是下列各因素彼此激荡的结果。

（一）传统三代史观的影响。三代史观虽渊源甚早，但至清中叶以前仍十分盛行。清初顾炎武（1613–1682）、黄宗羲、陆世仪（1611–1672）、吕留良（1629–1283）等人都有类似的看法，至 1826 年（道光六年）魏源所编的《皇朝经世文编》中文章中仍可找到许多例子。三代史观不仅在对历史发展上认为三代是理想的黄金时代，三代以后是不断堕落的衰颓之世；它也与王霸之辩中的王道观念、主张恢复封建反对实施郡县、大学八纲目、孟子“君仁莫不仁”等观念结合在一起。[①]《皇朝经世文编》所收录俞长城（康熙乙丑进士，生卒不详）的《王霸辨》一文很可以说明在鸦片战争前夕这种观点还有相当大的影响力。[②]魏源将这篇文章放在“治体”部分的第一篇。

该文基本的看法是三代行王道为治世，三代以后行霸道为“偏陂驳杂之治”或乱世。而王与霸是性质的不同而非程度的差异（其观点类似朱熹对此问题的看法，而与陈亮的主张明显不同），其关键在统治者的心，心诚则为王，心不诚则为霸。作者对王道的实行充满了信心，认为以此诚心推之天下可以大治：

> 喜怒哀惧爱恶欲王道之源，君臣父子夫妇兄弟朋友王道之纲，源深则流远，纲举则目张，故为人君者，必正其心于平居无事之时，而尽其诚于人伦日用之大，然后推之天下，礼乐刑政，莫不毕举，而王道四达。

而所谓“推”意指君王的道德影响力，作者引大学、孟子说明道德影响的必然性，其中表现出对效果的高度乐观：

> 夫格物致知诚意正心修身齐家，以至治国平天下，此自然之理而必至之势也。今而曰物不必格也，知不必致也，意不必诚，心不必正，而身不必修也，我治天下而已耳，是犹不逾跬步，而欲至千里，吾见其不能及也。……孟子曰：君仁莫不

① 见黄克武，《明清经世思想与历史观》，收入中兴大学历史系编，《第二届中西史学史研讨会论文集》（台南：久洋出版社，1988），页 223–267。

② 以下引文见，魏源，《皇朝经世文编》（台北：世界书局，1964），卷 7，页 1 上–2 上。

仁，君义莫不义，君正莫不正，一正君而国定矣。董子曰：正君心以正朝廷，正朝廷以正百官，正百官以正万民，正万民以正四方。君心正则虽节目疏阔，不害其为王，君心不正则虽治具毕张，不免于为霸。

但作者又意识到如果只强调心，而不讲求“治法”，会有人怀疑这是黄老之学。所以他指出心不只是内在的思想状况，而且与外在的具体事物相贯通：

且夫正也者，岂徒正之也哉，正心则心在身，正家则心在家，以之正国正天下，则心在国与天下，心贯万事而无有不谨，无有不实，则王也。

王道在目标上的纯净性又表现在作者将内圣外王思想与上述三代史观相结合，他认为“三代以前无霸，而三代以后无王也”，内圣外王的完美理想在三代时曾实现，而盛衰的转捩点是“周宣秦穆”。以此观点来看历史，作者对三代以后的帝王具有高度的批判性，“汉高不事诗书而霸，然光武投戈讲艺而亦霸。唐太宗闺门不肃而霸，然明太祖修女诫严宫政而亦霸。宋太祖乘势窃位而霸，然昭烈仗义讨贼而亦霸”。关键在于这些帝王心不正，所做的好事都是勉强从事，所以不能持久。

整体来看《王霸辨》一文反映出强烈的转化色彩，他标举了一个绝对完美的王道理想，这个理想在三代时曾实现，而达成这个理想的唯一方法是君主的道德修养。作者对目的的纯净性和方法的有效性有相当乐观的看法。

传统三代史观、王道思想与民主潮流观的关系很难厘清，在这里本文只能提出几个比较可能的假设。王道思想的乐观精神之基础涉及一套对个人与社会的看法，认为人是很容易受道德影响的个体，“君子之德风，小人之德草”，而社会是君主、朝廷、万民所构成的同心圆，政治权位对人民有重大的影响力。二者结合之后产生了的看法是：只要君主有仁心，则必然会有仁政，有仁政则人民必然会有所反应而向善。更何况这个理想在三代曾经实现，所以人们更有理由可以乐观。在民主潮流观中虽然并不存在内圣外王的预设，但仍有几点类似，例如目标的纯净性与方法的有效性，二者在思想内涵上虽不尽相同，但在思想形态上却很相近。其次民主潮流观的乐观精神的一个来源是这个制度已在西方完美地实现，其中呈现对“西方”的看法与王道思想中的三代的想法十分类似。极有趣的是在《王霸辨》一文中俞氏也用河流的比喻来表达他对王道实现的乐观想法：

王道之行，如黄河发源于昆仑，历积石，下龙门，达乎九州而放乎四海，分为川渎，决为浸泽，盈为沟浍，聚为井泉，其出无穷，其流不息，有本故也。七八月之雨集，来易盈而去易竭，无本故也。王之与霸亦然。

本文认为三代史观与王道思想所具有的乐观精神从周代一直延续到清代，同时并在现代化过程中发挥其影响力。传统乐观精神与现代乐观精神之间存在韦伯所谓的“选择性亲近”（elective affinity），当近代中国知识分子在观察西方民主时受到这种传统视野的影响。

（二）十九世纪中叶之后“以泰西比拟三代”的观念。关于这一点王尔敏先生在《清季维新人物的托古改制论》一文中有深入的研究，从冯桂芬、陈炽、陈虬到康有为、梁启超等人都将民主托于往古，因此追求民主也就成了复古；[①] 康有为在1896年所撰的《孔子改制考》最具代表性，他认为孔子为万世制法，他所造的《尧典》正是要寄托民主、议院的理想。[②] 既然以泰西比拟三代，就很自然地以看三代的眼光来看民主，这个转变将从前复古、往后看的观念逐渐地转移为西化、往前看，理想世界从远古的三代转移为当代的泰西，并把泰西悬为中国未来的目标。目标的转向对潮流史观的兴起有很大的影响。

（三）十九世纪中叶以后知识分子“变局感”、“过渡时代感”与“运会观”的影响。目标的转向还涉及清末士人对时局的认识与解释，王尔敏在《近代中国知识分子应变之自觉》一文中详细列出1840年代之后知识分子认为由于西方势力之东来而产生了变局感，同时并有许多人引用宋儒邵雍（1011–1077）的“运会”观念来解释这种历史的变局。[③] 变局感认为历史的发展到了一个与从前完全不同的新局面，因此要用新的方法来应变，变局感与“过渡时代”感也有关系，知识分子体认到这种变局只是一种过渡，经历过过渡时代后，历史会进入一个全新的时代。[④] 在

---

① 王尔敏，《晚清政治思想史论》，页31–50。

② 王泛森，《古史辨运动的兴起》（台北：允晨文化有限公司，1987），页204。

③ 王尔敏，《近代中国知识分子应变之自觉》，《中国近代史思想史论》，页381–439。

④ 有关清末民初“过渡时代”之观念还须进一步的研究，1901年《清议报》第82期上梁启超撰《过渡时代论》，认为“过渡时代者，希望之涌泉也……，有进步则有过渡，无过渡亦无进步。……当过渡时代，则如鲲鹏图南，九万里而一息，江汉赴海，百千折以朝宗，大风泱泱，前途堂堂，生气郁苍，雄心矞皇”。蒋维乔在1903年1月28日的日记上说“盖中国现势在过渡时代，而余之身，年方三十，亦在过渡时代，而余之学新旧交替，亦在过渡时代也。惟在过渡时代，则有动力，故余今岁之动力生平未有”，瘦山道人，《鷦居日记》，册一，原文未见，此处转引自陈匡时，《略论梁启超的新民说》，载蔡尚思等著，《论清末民初的中国社会》（上海：复旦大学出版社，1983），页80。由此可见过渡时代感与“历史动力感”的形成有密切的关系。

变局感与过渡时代感之中历史发展的方向已转向未来，而且开始具有向前的推进力。运会观念与潮流史观更有直接的关系，运会观为邵雍所创，一直到清中叶都留传有绪。这是一种时间体系，以三十年为一世，十二世（360 年）为一运，三十运（10800 年）为一会，十二会（129600 年）为一元，历史的发展是往来循环的，[①] 但在清末运会观却成了直线发展史观，知识分子用来说明变局的产生是出于天地自然的运转，人只能顺应其势，无法与之抗拒，这种看法与潮流史观对历史动力的看法完全一致。郭嵩焘在 1876 年（光绪二年）指出，从西方的火轮船与电报可以看出“天地之气机一发不可遏，中国士大夫自怙其私，以求抑遏天地之机，未有能胜者也”。[②] 这种运会观又直接影响到严复，严氏在 1895 年（光绪二十一年）《论世变之亟》一中不但引用郭氏的这段话，而且直言“夫世之变也，莫知其所以然，强而名之曰运会。运会既成，虽圣人无所为力”，如果反其道而行，“惟其遏之愈深，故以祸之发也愈烈”。[③] 严氏的观点很可能已受到社会达尔文主义的影响，但郭氏的观点则是源于中国传统。总之，在社会达尔文主义传入中国之前运会观念的出现已为潮流史观的兴起奠下了基础。

（四）公羊三世论的复兴。从康有为与梁启超的言论来看，他们的历史观是以三世论为基础的线性发展史观，而民主是发展的最后阶段也是必然的结果。公羊三世论源于汉代何休（129–182），清初庄存与（1719–1788）、刘逢禄（1776–1829）努力复兴，龚自珍（1792–1841）、魏源等人都受此学风影响。但康、梁的三世论与前人的不同在于，第一，龚、魏等人的三世论是一种循环论，但康、梁的三世论却是一进而不复退的线性发展史观；第二，在终极理想上龚自珍的目的是建立农业与宗法相结合的理想社会，魏源的理想是淳朴的太古之初；康、梁的大同世则明显受西方文化的影响，而标举出自由、平等、民权等。[④] 作者认为公羊三世论在潮流史观的兴起上有推波助澜之功。

（五）社会达尔文主义的影响。一八九五年之后由于严复翻译赫胥黎（Thomas Henry Huxley, 1825–1895）《天演论》等书后社会达尔文主义立刻弥漫、冲击中国思

① 见侯外庐等编，《宋明理学史》，（北京：人民出版社，1984），页 181–206。
② 郭嵩焘，《养知书屋文集》（出版地不详：出版者不详），卷 11，页 1。
③ 严复，《论世变之亟》，《严几道文钞》（台北：世界书局，1971），卷 1，页 1 上–5 下。
④ 王泛森，《古史辨运动的兴起》，页 117–144。

想界，康、梁都深受影响，[1] 孙中山也明言“于西学则雅癖达文之道”。[2] 社会达尔文主义的历史观认为社会变迁是不可避免的，社会会不断地进步，而演化的后期又必然较前期为优越。这种观念与上述等因素所形成的发展史观一拍即合，对潮流史观的发展有增强作用。

近代中国潮流史观的形成是一个相当复杂的问题，但基本上与上述的几个因素有密切的关系。清末民初知识分子对西方民主的理解又与整个发展交织在一起。

总之，近代中国的民主思想的主要源头是西方的制度，但在采介过程中由于思想与社会背景的影响，形成一套异于西方的民主理论，追溯其观念的形成是连续性因素与非连续性因素互相激荡的结果。

六、结论

在前言中本文提出五个问题，第三节回答第一个问题，列出了十三个清末民初中国思想的特点；第四节回答第二个问题，认为在中国民主思想中忽略了西方民主中幽暗意识、悲观主义的认识论、民间社会与公民权的观念，以及调适的倾向，它与西方自由民主思想差异较大，但与卢梭–黑格尔–马克思的民主传统则有不少类似之处；第五节则回答三、四、五个题，认为清末民初的民主思想是连续性与非连续性的结合，而中国传统文化在观念形成的过程中扮演了举足轻重的角色。

本文认为清末民初的民主思想是当代民主思想的重要基础，今日，无论在中国大陆或台湾，大多数知识分子对民主的看法仍带有转化的乐观精神，北京天安门广场与台北中正纪念堂前的学生对“西方民主”都抱持着乌托邦式的向往。上述十三项清末民初民主思想的特点所形成对民主的视野在半个世纪之后还是普遍存在。

民主与中国现代化的关系仍值得继续从事深入的探讨。我想所有的人都希望在可能的情况下，中国能建立一个促进大众福祉的政治运作方式。如果这个答案是民

---

① 有关近代中国的社会达尔文主义思想，见郭正昭，《社会达尔文主义与晚清学会运动（1895–1911）——近代科学思潮社会冲击研究之一》，《“中研院”近代史研究所集刊》，期 3 下册（1972），页 557–625；《从演化论探析严复型危机感的意理结构》，《“中研院”近代史研究所集刊》，期 7（1978），页 527–555。张朋园，《社会达尔文主义与现代化——严复、梁启超的进化观》，收入《陶希圣先生八秩荣庆论文集》（台北：食货出版社，1979），页 187–230。James Reeve Pusey, *China and Charles Darwin* (Cambridge: Havard University Press, 1983)。

② 孙中山，《复翟理斯函》，《孙中山全集》，卷 1，页 48。

主的话，我们必须进一步分析二个问题，第一，中国民主观念有何特色，与西方民主观念有何异同？这是本文所尝试努力的；第二，这样的观念是否实际，或是否需要调整？前者是一个分析的问题，后者则是一个肯定或评估的问题。如果说西方民主政治在西方社会是一个比较有效的制度，并不一定显示如果中国能完全实施“西方式的民主”一定是一个有效的方法，除非我们能证明中国社会与西方社会一致，或中国民主观念与西方民主观念一致，但历史事实证明这二者都有显著的差异。因此民主制度在中国的建立实际上是一个全新的、整体的社会文化挑战，不是一个采借西方议会政治或总统民选等制度就可以解决的问题。作者认为今日台湾的政治改革即使能够立刻实施“总统民选”或全面“国会改选”，也无法解决目前政治、社会、经济的各种问题。民主政治的建立是一个长远的文化调适过程，它绝不是一蹴可及的万灵丹。在这个过程中对自身民主观念的厘清以及如何根据文化传统与实际状况作逐步的调整是一个值得深思的问题。

近代中国转型时代的民主观念

一、前言：转型时代的词汇竞争与文化想象

中国近代思想史的转型时代（1895 至 1925 年前后）是中国思想文化由传统过渡到现代的关键时代。其中一个重要的特征是在新兴传播媒体之中，使用新的词汇与新的文体（无论是白话文、梁启超（1873–1929）文白夹杂的“新民体”，或所谓“解放的文言文”）所构成的新语言，来讨论一些大家所关心的问题，如中西文化之关系、未来国家与社会的形式、民主与自由的意义、革命与改革的途径、新时代的人格典型等，因而促成新思想论域的出现。

新词汇、新语言所形成的新论域虽然打着“新”的旗帜，却是在一个“传统思想与‘西学’交互影响的脉络”中迂回反复，逐步地推陈而出新，并非翻开崭新的一页，直接进入一个新时代。在此过程中，源于传统的思维方式，影响到国人对西方思想的认识与诠释，因而展现出中西之间一部分冲突误会，一部分交融互释的思想状态。例如在转型时期，儒家的道德理想主义与西方近代的启蒙思潮的理想主义混合为一；儒家的经世理念、天人合一的宇宙观、传统中应然与实然相结合的思维模式，则影响到人们对西方演进史观的认识。①

林纾（1852–1924）与严复（1854–1921）这两位近代翻译大家正是此一文化交融时代之产物。林纾翻译了许多西方文学名著，如小仲马（Alexandre Dumas, 1824–1895）的《巴黎茶花女遗事》；严复则介绍了西方自由主义、资本主义、演

① 张灏，《中国近代思想史的转型时代》，《时代的探索》（台北：中央研究院·联经出版事业公司，2004），页 59–60。

化理论与逻辑思想，其中赫胥黎（Thomas Henry Huxley, 1825–1895）的《天演论》、弥尔（John Stuart Mill, 1806–1873）的《群己权界论》等书影响十分深远。他们两人为福建同乡，也是好友，并且都与新兴传播媒体，如商务印书馆等关系密切，并由该馆出版了许多他们的翻译作品。在两人的译作中，均使用“富于弹性”、收容了大量新词汇的“古文”，来表达西方的思想或反映西方社会、情感的文学作品，随着两人译著的广泛流通，此一文体对当时人们发挥了不小的影响。① 两人比较不同之处是林纾是透过别人口译，② 再写成文字，严复则是留学英国，并熟稔英文与西方文化，能直接阅读英文作品。

这样一来，严复显然要比林纾更能精确地掌握外文，并从事翻译，然而即使是以严复所具备的学术背景，他在译介新思想时也面临了许多问题。其中最困难者要属“语汇不足”的困境。当时表达新观念的新语汇有两个主要的来源，一是从西方传教士的书刊中所创造的新词汇，一是当时留日学生从日本引进的日译新名词，双方或采音译，或从中国古典著作中汲取灵感来创造新词，且两者之间互有交流。值得注意的是当时许多词汇的翻译仍未固定、同一词汇的不同翻译名词在相互竞争之中，而人们对于透过新语汇所认识的新思想，拥有很大的“文化想象”空间。③

想象空间的产生与翻译时所遭遇到的困难有直接的关系。无论在中国或在日本，翻译语中“误用”、“滥用”的情况很多。④ 以日本来说，当时许多与自由、民

---

① 胡适即表示年轻时读了大量林纾与严复的翻译作品，他早年所写的古文，在叙事文方面受林纾影响，说理文则受严复、梁启超的影响。胡颂平编著，《胡适之先生晚年谈话录》（台北：联经出版事业公司，1984），页 297。

② 这种翻译方式在晚清还有一些例子。例如章炳麟在光绪二十四年七、八月《昌言报》（台北：文海出版社，1987）上所翻译的《斯宾塞尔文集》，即是“湘乡曾广诠采译，余杭章炳麟笔述”。

③ 见王中江，《中日文化关系的一个侧面：从严译术语到日译术语转换及其缘由》，《近代史研究》，1995 年第 4 期，页 141–154。王中江引用王国维的看法，认为严译术语为日译术语所取代，除了社会背景之外（如大量留日学生），亦有语言上的因素，“严复……喜用‘单字’译西学新术语……日译术语的一个重要特点，就是多用复合词表示，与单音词相比，复合词更能准确地表达术语的意义”，见页 153–154。罗志田，《抵制东瀛文体：清季围绕语言文字的思想论争》，《历史研究》，2001 年第 6 期，页 57–74。文中谈到当时官方尝试阻止日译汉语的流通。如 1903 年《奏定学堂章程》中“新定学务纲要”：“日本各种名词，其古雅确当者固多，然其与中国文字不宜者，亦复不少。近日少年习气，每喜于文字间习用外国名词谚语，如团体、国魂、膨胀、舞台、代表等字，固欠雅驯；即牺牲、社会、影响、机关、组织、冲突、运动等字，虽皆中国所习见，而取义与中国旧解迥然不同，迂曲难晓；又如报告、困难、配当、观念等字，意虽可解，然并非必需此字，而舍熟求生，徒令阅者界说参差，于办事亦多窒碍”。该段引文见《东方杂志》，卷 1 期 3（1903 年），页 64。

④ 柳父章，《翻譯とはなにか》（东京：法政大学出版社，1985），页 6–11。

主思想相关的词汇，在翻译上都遭遇到困难。例如，以“society”（社会）的翻译为例，日本启蒙思想家福泽谕吉最早将“society”一词译为“交际”、“人间交际”，却不为人们所接受；中村正直在翻译弥尔的 *On Liberty* 时则将“society”译为“仲间”、“仲间连中”，意指日本共同体中的“伙伴”、“朋友”，或一群人，但他又怕读者不了解，因此又补充说明“即是政府”。① 中村正直将“社会”等同于“政府”显示在明治初期，要了解政府之外的一个“生活空间”的概念，确实困难。将“society”译为今日通用的“社会”一词，从明治初期开始，要到明治中期以后才固定下来。② “Rights”（权利）一词的翻译也是如此。福泽谕吉将“rights”译为“通义”，但此一翻译并未被人们所接受。日人将“rights”译为“权”、“权利”要到 1868 年西周（1829–1897）翻译出版《万国公法》以后，至明治中、晚期，才逐渐地固定下来。他参阅了丁韪良（William Alexander Parsons Martin, 1827–1916）的中译本，使用“权”、“权利”来翻译“rights”，而普遍为人们所接受，并由留日学生再传回中国。③ 然而西周同时将“power”（力量）也翻译为“权”。这显示西周对基于自然法的“rights”与基于人为之法的“power”，不加区别。此种混淆一直保留在今日将“rights”与“power”翻译为读音相近的“权利”与“权力”之上。④

在此种语汇混淆的情况下，严复不但批评国人译介日译的西书（当时称为“东学”），⑤ 也对日译的汉语新词有所不满，常常企图铸造不同词汇与之竞争，但另一方面又不得不使用一些已经部分的约定俗成的日译新名词。这样的语言状况很清楚

① 柳父章，《翻譯とはなにか》，页 128–131。

② 柳父章，《翻譯とはなにか》，页 153–155。

③ 柳父章，《翻譯とはなにか》，页 78。

④ 柳父章，《翻譯とはなにか》，页 80–81。

⑤ 严复对于透过日译本译介西方学说的“东学”深表不满。例如在光绪三十一年（1905）底写给曹典球的信中大力抨击东学：“大抵翻译之事，从其原文本书下手者，已隔一尘，若数转为译，则源远益分，未必不害，故不敢也。颇怪近世人争趋东学，往往入者主之，则以谓实胜西学”。严复著，王栻编，《严复集》（北京：中华书局，1986），页 567。又如张相文于 1902 年曾翻译日人何礼之所译之法国孟德斯鸠著《万法精理》，严复不满意张相文的译本，说该书“大抵不知而作，羼以己意，误己误人”、“无条不误”，因而另译《法意》。严复著，王栻编，《严复集》，页 942。王庆成、叶文心、林载爵主编，《严复合集》（台北：财团法人辜公亮文教基金会，1998），册 5，页 47。张相文之子张星烺在为其父撰写年谱也说“此书侯官严复亦自英文译成汉文，名曰《法意》。对于日本译本及自日文译成之汉文本颇多吹毛求疵之处。文人相侵，自古通病。”见张相文，《泗阳张沌谷居士年谱》，《南园丛稿》（台北：文海出版社，1968），卷 5，页 2391–2392。

地表现在他的翻译作品中。例如，他不欣赏日人将“society”译为“社会”，另行翻译为“群”（未被人们所接受）；他不喜欢日人将“rights”译为“权利”，认为是“以霸译王”（无论“权宜”或“权谋”都具有负面的意义），①将西方一个具有正面意义的词译为一个带有负面意义的词，因此另行译为“直”，如“天直”、“民直”（亦未被人们所接受）；有趣的是他反而常将“interests”（利益）译为“权利”。再者，他接受日人以“自由”来翻译“liberty”与“freedom”，②但觉得自由之内涵乃实有所指，并非空言，因此他将“由”改为古字的“繇”（具体地指涉一种丝线），将“liberty”译为“自繇”，此一译语也没有被人们所接受。

在严复的译作中还有一个表现出词汇翻译未固定现象的是，他并不重复使用单一的词汇来翻译同一个字，而常常依据上下文来作调整。例如他将“rights and interests”合并翻译为“权利”；如上所述他又将“interests”翻译为“权利”；他也把“constituted rights”翻译为“权利”。根据笔者的考察当弥尔所称的“rights”是一种源于自然或不可让渡之意时，严复倾向于翻译为“天直”、“民直”；然而当“rights”与“interest”合用，而具有个人利益之意涵时，他则采用“权利”。③这些例子都显示在转型时期词汇翻译具有高度的不固定性，这些不固定的词汇也反映新思想在当时论域中流动、游移，并衍伸出不同的讨论方向。

这种中西交杂的语言与思想特征使我们在处理近代中国思想史之时，必须要注意西方观念与中国人所理解的西方观念之间的差异，以及差异的演变，并探索各种差异形成的可能原因。这样的差异不但表现在时代的思潮之上，如“民主”、“科学”、“进化论”、“自由主义”、“个人主义”、“社会主义”等在中国所经历“中国化”的变化，④也可以从单一的翻译词汇从创发、相互竞争、直到部分被取代，部分发展为建立稳定对等关系的语言变化中，充分地彰显出来。

---

① 刘禾研究《万国公法》的翻译指出“right”一词在国际法的实践之中本来就具有“霸”的性质，这样一来具有负面意义的“权利”一译词其实是配合 right 的意涵。Lydia H. Liu, *The Clash of Empire: The Invention of China in Modern World Making* (Cambridge, Mass.: Harvard University Press, 2004), p. 131.

② 此一翻译最早出现可能是在 1862 年堀达之助（1823–1894）所编辑的《英和对译袖珍辞书》之上，见柳父章，《翻译语成立事情》（东京：岩波书店，1982），页 180。

③ 见黄克武，《自由的所以然：严复对约翰弥尔自由思想的认识与批判》（上海：上海书店出版社，2000），页 165–167。

④ 如金观涛与刘青峰在《毛泽东思想与儒学》（台北：风云时代，2006）中即企图表明“共产党文化……在某些方面与儒学同构”，以及“传统是如何左右中国式社会主义意识型态的演变”，页 10、22。

上述从词汇翻译来了解近代中国的思想变化是近年来学术研究的一个新方向，且已有一些重要的研究成果。① 此一取向的基本观点是将语汇、思想与新知识、新学科的翻译过程历史化，它不强调由新词汇的翻译“形成”了新语言，再“构成”了新论域，而注意到新论域的出现其实是与词汇翻译、观念形成的过程密切交织在一起。换言之，翻译并非有如字典那样指涉不同语言之中词汇间单纯的对等关系，而是跨文化、跨语际、跨领域的实践，牵涉到至少两国文化、两种语文、两种文化符码的交流沟通（有时甚至是三、四种语言与文化），此一沟通过程包括理解、误会、投射、挪用等。因此只有深入地研究此一过程，才能了解新思想论域的重要内涵。

本文将以转型时代有关民主思想的译介为中心，探讨近代中国知识分子如何在中西思想中筛选、取舍而分别引介“卢梭主义”与“弥尔主义”的民主观念，再形成两种不同的近代中国民主传统。其中“高调的”卢梭主义声势浩大，并与传统观念结合为激进的革命论，成为近代中国民主思想之主流，一直到今日仍发挥强大的影响力；而从严复、梁启超开始译介的“低调的”弥尔主义，则显得与中国思想界格格不入，只能造成有限的影响。再者，严、梁所代表的中国弥尔主义传统，一方面与主流的卢梭主义有共通之处，另一方面亦批判主流观念，而有其独特的想法。本文将剖析两者交互关系、思想异同，及其在近代思想史上的意义。

二、西方两种民主传统：弥尔主义与卢梭主义

近代中国的民主思想是由西方引进，因此我们在讨论其发展之前，要讨论西方两种不同的民主传统：一是弥尔主义(Millsianism)，一是卢梭主义(Rousseauism)。② 诚如笔者所曾指出的：近代中国所引进的主流民主思想倾向于接受卢梭主义的民主观念，却与弥尔主义的民主观念格格不入，而此一取舍涉及中国传统主流的思想观

---

① 如 Lydia H. Liu, *Translingual Practice: Literature, National Culture, and Translated Modernity—China, 1900—1937* (Berkeley: University of California Press, 1996). Michael Lackner, Iwo Amelung, and Joachim Kurtz, eds., *New Terms for New Ideas: Western Knowledge and Lexical Change in Late Imperial China* (Leiden; Boston: Brill, 2001).

② 这两者即是张灏所谓的“低调的民主观”与“高调的民主观”，见张灏，《中国近代转型时期的民主观念》，《时代的探索》，页 62–65。

念与卢梭主义之间的亲近性。[①]

那么弥尔主义与卢梭主义究竟有何不同？西方学者在开始讨论民主发展时，并不加以类型化，只探讨历史上各种不同的民主观念。较早注意到民主思想内在之歧异者可能是黑格尔。根据Charles Taylor的研究，黑格尔曾敏锐地指出在西方民主思想中存有一种“功利主义的、原子式的社会工程”（utilitarian, atomistic social engineering），以及一种“经由实现共同意志达成绝对的自由”（the drive to absolute freedom through the realization of the general will）之间的对立。[②]

其后Joseph Schumpeter（1883–1946）在1943年所出版的《资本主义、社会主义与民主》（*Capitalism, Socialism and Democracy*）一书，也讨论到与弥尔主义、卢梭主义有关之概念，并批判与卢梭主义密切相关的乌托邦思想。[③]根据Schumpeter，人们所表达的政治观点不一定是理性的，也不一定形成一个表达共同福祉的统一性的意志。如他所说的：“对不同的个人与群体来说，共同福祉必定是意味着不同的东西。”[④]再者，无论在何种政治体制之下，人民并无法自己来统治自己。因此民主只是以自由选举来分配政治权力的一种方法罢了：

> 民主并不是，也不可能是指人民自己治理自己。民主只是意指人们有机会接受或拒绝将要统治他们的人。……从这一方面来看或许我们可以说民主是政治家之治。[⑤]

如果上述的观点才是民主政治实际的意涵的话，Schumpeter认为：探讨民主政治的未来走向时，必须要处理如何从此一“凄凉的”（bleak）实际状况中，获致最佳之结果。此一观点和弥尔所强调的设计一个能在最大程度上，以立法方式保障个人自由之政治体制的想法十分配合。这样一来，Schumpeter的观点有助于建立一种弥尔主义的民主传统，此一传统有别于卢梭所强调的民主，可以实现人们的共同意志与全民福祉的观念。[⑥]

---

① 黄克武，《清末民初的民主思想：意义与渊源》，收入：“中研院”近代史研究所编，《中国现代化论文集》（台北：“中研院”近代史研究所，1991），页363–398。

② Charles Taylor, *Hegel and Modern Society* (Cambridge: Cambridge University Press, 1999), p. 130.

③ Joseph Schumpeter, *Capitalism, Socialism and Democracy* (London: George Allen & Unwin Ltd., 1976).

④ Joseph Schumpeter, *Capitalism, Socialism and Democracy*, p. 251.

⑤ Joseph Schumpeter, *Capitalism, Socialism and Democracy*, pp. 284–285.

⑥ Joseph Schumpeter, *Capitalism, Socialism and Democracy*, pp. 250–268; 269–283. David Held, *Models of Democracy*（Cambridge: Polity Press, 1987）, pp. 168–185.

我们不确知罗素（Bertrand Russell , 1872–1970）是否受到 Schumpeter 的影响，但他开始区别“洛克传统”与“卢梭传统”。Jacob Leib Talmon（1916–1980）也区别了“自由民主传统”与“极权民主传统”。F. A. Hayek, Charles E. Lindblom, John Dunn, Claus Offe 与 Ulrich K. Preuss 等学者则以类似的方式，区别“英美的自由传统”与“法国的共和传统”。①

上述这些有关“美国传统”、“法国传统”或者“自由传统”与“共和传统”的区别与本文所说的弥尔主义、卢梭主义的区别是完全配合的。②弥尔主义与卢梭主义的区别可以视为是环绕着个人自由、政治权力、知识与道德，而采取不同的观点。

卢梭主义认为这四者可以融合在一起。换言之，根据此一观点，如果人们具有道德与知识，而且如果他们可以采取直接选举的方式，推举领袖，施行统治，那么统治者的政治权力就可以和人们所拥有的自由、道德与知识融合在一起，此即人民作自己的主人，而表达全民意志的民主政治。再者，如孙中山（1866–1925）所说，并在近代中国广为人们所接受的一个类似的想法是，如果一个具有道德、智慧的精英分子握有政治权力，他可保证让每一个人享有真正的自由与平等。③后者虽有较强的精英主义的色彩，然其基本精神仍源于卢梭主义。

弥尔主义的思想家，包括弥尔本身在内，认为此一融合是一个很危险的乌托邦。他们特别担心“多数的暴力”，或者少数的人（统治者）将一己之私伪装为共同福祉，来追求个人利益。在他们的眼中，此一危险尤其表现在法国大革命期间的雅各宾主义（Jacobinism）之上。因此弥尔主义的思想家不强调卢梭式融合的理想，他们所追求的是在道德阴暗的历史过程中，以渐进调适的方法，建立一个可靠、能干并对人民负责任的政府，再尽可能地以立法的方式保障范围最广的个人自由，并孕育健全的民间社会来讨论政策的得失，监督政府施政。

弥尔主义对卢梭主义融合理想的质疑主要是建立在两种悲观主义之上：人性论

① Claus Offe and Ulrich K. Preuss, “Democratic Institutions and Moral Resources,” in David Held, ed., *Political Theory Today* (Stanford: Stanford University Press, 1991), pp. 152–153.

② 在中文学界中如萧公权、李泽厚等人的作品中也谈到类似的区别。

③ 山田辰雄教授称之为“代行主义”，并认为代行主义包含了民主化的可能性。见山田辰雄，《序論——现代中國における代行主義の傳統について》，《歴史のなかの現代中國》（东京：劲草书房，1996），页 1–9。

与知识论的悲观主义。这两者不一定有逻辑上的关联，但在西方历史上却大致在同一时间出现。人性论的悲观主义即是张灏在《幽暗意识与民主传统》一书中所深入讨论的西方民主传统之中的“幽暗意识”。西方的幽暗意识与基督教“原罪”观念，以及亚里士多德（Aristotle, 384–322 B.C.）至柏克（Edmund Burke, 1729–1797）以来反乌托邦、强调政治不能道德化的保守主义的政治传统有密切的关系。亚里士多德 *Politics* 一书中将所有的政治制度分为六种，他觉得第一种与第二种最好，其他都是“错误的”。他认为：“谈到普通的国家，他们大概没有办法实行最好的宪法。”所以在该书中，亚里斯多德主要讨论如何维持或修改根本上是“错误”的政治制度。① 柏克则强调历史、文化的连续性，他认为现行的体制是在岁月中不断成长进步，而逐步成熟的一个有机体。对他来说，如果缺乏此种连续性，一个社会无法维系其整合性，并有效地追求人类普遍性的目标。以英国来说，她的社会、政治秩序中虽有一部分或有瑕疵，但在整体上却是完善的。因此柏克认为一个合理的变革方式是调适性的逐步改良，而非激烈的暴力革命，立刻建立一理想政体。他并从此一观点批判法国大革命。至于基督教原罪的观念与民主制度之关联，美国宗教思想家尼布尔（Reinhold Niebuhr, 1892–1971）在《道德的人与不道德的社会》（*Moral Man and Immoral Society*）中有很清楚的阐释。他提出“双重人性观”的看法，认为人一方面有原罪，另一方面有为善去恶的能力。民主制度即企图发展一套制度规范，来防范人们或是因为原罪，或是因为在群体生活中失去自主性的道德判断，所产生的罪恶行为。从双重人性论的角度，他指出：“人行正义的本能使得民主成为可能，人行不义的本能使得民主成为必要。”②

在此背景下，近代西方的自由主义者对人类的堕落性与罪恶性均有深刻的体认，③ 他们认为人类、尤其是统治者，倾向于自私自利，如阿克顿爵士（Lord Acton, 1834–1962）所说：“权力使人腐败，绝对的权力使人绝对的腐败”（Power

---

① Ernest Baker, tr., *The Politics of Aristotle* (Oxford: Oxford University Press, 1950), p. 181. Thomas A. Metzger, “Developmental Criteria and Indigenously Conceptualized Options: A Normative Approach to China's Modernization in Recent Times,” *Issues and Studies* 23:2(1987), pp. 19–81.

② 张灏，《时代的探索》，页 232。

③ 张灏，《幽暗意识与民主传统》（台北：联经出版事业公司，1990），页 5–18。Arthur O. Lovejoy, *Reflections on Human Nature* (Baltimore: Johns Hopkins Press, 1961). Reinhold Niebuhr, *The Children of Light and the Children of Darkness: A Vindication of Democracy and a Critique of Its Traditional Defence* (New York: Scribner's, 1944).

tends to corrupt and absolute power corrupts absolutely)，又如美国汉弥尔顿（Alexander Hamilton, 1755—1804）所说："我们应该假定每个人都是会拆烂污的瘪三，他的每一个行为除了私利别无目的。"如果让本质上很坏的人掌握政治权力，他们怎么可能具有智慧与道德，来从事政治，并追求大众共同的福祉呢？弥尔主义者因而企图以制度制衡，来抵消个人私欲，实现公益。

第二种悲观主义是"悲观主义的认识论"，认为有关道德或政治上的议题，人类很难建立客观的知识，只有相互竞争的意见。波普（Karl R. Popper, 1902—1994）或许首次使用"悲观主义的认识论"的概念。他在 1960 年代早期开始用知识论上乐观主义与悲观主义的对照，来指涉真理比较明显与真理比较不明显的观念。然而波普并不利用这组概念来描写历史上对知识的看法，而是用来做哲学评估。他认为和他所谓的"批判的理性主义"相比较，悲观主义的认识论与乐观主义的认识论都是错误的。再者，波普只将此一概念运用在西方思想之上，而并未用来分析不同文化中对知识的不同态度。①

从悲观主义认识论出发，弥尔主义思想家认为政治权力不可能与客观的公共福祉联系在一起。这样一来，民主应该将焦点放在保障个人自由，使之避免受到很可能会误用政治权力、或宣称为道德正义化身，实际上却追求一己私利之政治家的威胁。

弥尔对于人类"易犯错性"（fallibility）的强调，即反映此种悲观主义的认识论。众所周知，弥尔利用此一观念来强调容忍的必要性。②他说："在人类心灵不完美的情况之下，为了获致真理，我们需要各种不同的意见"（In an imperfect state of the human mind the interests of truth require a diversity of opinions.）③当然，在这方面弥尔并不一致，他对知识的获得也表现出乐观的一面。他看到真理的累积会促使文明世界的形成，并导致人类的进步。然而，他有关自由的根本观念，无疑的是建立在悲观主义认识论之上，亦即进步依赖知识的累积，知识的累积则依靠最大程度

① Karl R. Popper, "On the Sources of Knowledge and of Ignorance," *Conjectures and Refutations: The Growth of Scientific Knowledge* (London: Routledge and Kegan Paul, 1992[1963]), pp. 3–30.

② 除了弥尔之外，在西方有许多思想家都强调容忍与人类易犯错性（fallibility）之关联性,，例如 Nicolas of Cusa, Erasmus, Montaigne, John Locke, Voltaire, Bertrand Russell, 与 F. A. Hayek. 见 Karl R. Popper, "On the Sources of Knowledge and of Ignorance," *Conjectures and Refutations: The Growth of Scientific Knowledge*, p. 16.

③ John Stuart Mill, *On Liberty and Other Writings* (Cambridge: Cambridge University Press, 1992), p. 52.

的个人自由，因为唯有自由的辩论与不同意见之间相互的竞争，才能使人们辨明何者为真理、何者为人类易错性所导致错误的观念，再从其中追求进步。上述两种（人性论与知识论）的悲观主义，是弥尔主义中的核心概念，使之批判卢梭主义，并建立起不同的民主传统。因为此一传统特别强调个人自由，也有人称之为西方自由民主传统（liberal-democracy）。

三、两种乐观主义与近代中国民主思想的特征

如果说西方的弥尔主义民主传统是奠立在两种悲观主义之上的话，近代中国从西方所引进的民主思想之主流则倾向于奠基于两种乐观主义之上：人性论的乐观主义与知识论的乐观主义。此一倾向使国人较易于接受卢梭主义，而与弥尔主义有所隔阂。

人性论上的乐观主义也就是张灏所指出近代中国知识分子缺乏“幽暗意识”的现象。在儒家思想影响下，无论是孟子的“性善论”或荀子的“性恶论”，都乐观地坚信人有体现至善而成为圣贤、完人的可能。诚如张灏先生所指出的，从轴心时代开始，中国思想“强调人的本质（essence）与现实（reality）之间的区别，而人的本质是超越天的内化……然而，儒家并无根本恶（radical evil）的想法，它相信本质会在恶被彻底根除后朗现。”① 因此有如西方基督教传统那样“正面的透视与直接的彰显”的幽暗意识难以出现，而“圣王”与“德治”思想则十分流行。②

至于指出近代中国思想具有乐观主义认识论的特点，则是墨子刻（Thomas A. Metzger）教授的重要贡献，他的近著《太平洋风云》（*A Cloud Across the Pacific*）即是从认识论来剖析中西政治理论的差异与冲突的根源。③ 根据墨氏所谓乐观主义的认识论，是指相信人类有关道德或政治议题，可以得到客观的知识。这一种认识论是一个普遍的现象。在西方，无论是基督教、启蒙运动，或者上述卢梭主义的民主传统，都倾向乐观主义的认识论。墨氏根据 Richard H. Popkin 与 Alasdair MacIntyre 的研究指出，在西方较为独特之处是透过“认识论的大革命”，建立起一

① 张灏，《时代的探索》，页 165。

② 张灏，《幽暗意识与民主传统》，页 27。

③ Thomas A. Metzger, *A Cloud Across the Pacific: Essays on the Clash between Chinese and Western Political Theories Today* (Hong Kong: Chinese University of Hong Kong, 2005).

个悲观主义认识论或怀疑主义的传统。[①]

西方悲观主义的认识论可以追溯到希腊时期，而伴随着资本主义、工业化与民主化的发展，出现所谓“认识论的大革命”。此一革命的代表人物是笛卡尔（Rene Descartes, 1596–1650）、休谟（David Hume, 1711–1776）、康德（Immuanuel Kant, 1724–1804）、尼采（Friedrich Wilhlem Nietzsche, 1844–1900）、韦伯（Max Weber, 1864–1920）、波普等人，他们共同强调人类心灵无法获得有关宇宙本体的形上智慧，并由此导引出有关自然、历史与道德、政治实践的法则。更有甚者，任何企图将政治、道德规范奠基于客观知识的尝试，都是很成问题的。根据墨氏，在中国不曾出现此一认识论的革命，因此中国知识界的主流是乐观主义的认识论。在近代中国知识分子普遍地认为“先知先觉”的精英分子可以充分掌握有关事实与道德的原则，并将这些原则形成一个体系，然后用此一体系创造一个道德与理性的“大同”社会。

当然知识论上的乐观与悲观是一个分析性的概念，任何的知识论都夹杂了这两方面，但是中国知识分子在知识论上的乐观与西方自休谟以来的悲观主义认识论形成重要的对照，并影响到中国知识分子对西方自由、民主观念的认识。

有关知识论与政治观点之间的联系，墨氏的看法与 Charles E. Lindblom 的观点相配合。Lindblom 注意到在不同文化环境之下，不同的知识论与政治观点之间的关系。他建立出两种有关政治组织的形态：一种是共产主义社会，一种是自由民主社会。他强调两者之间根本的区别是“智识能力在社会组织上的角色”（the role of intellect in social organization）。他认为第一种类型是以知识与理想来指导社会，如共产社会即高悬平等、人道、共产的理想，作为施政方针；而第二种类型则对人类的知识能力较为悲观，就如同弥尔所说的，人类有易犯错性。如果根据单一领导所设计的施政方向，会有陷入专制社会的危险。自由民主社会的制度设计主要即是为了避免专制对个人自由的威胁。虽然 Lindblom 是从社会学而非哲学的角度所做的分析，但他的观点充分显示西方弥尔主义的自由民主传统在知识论上强调人类不易获得有关道德与政治的共识，因此自由民主制度的设计，包括民间社会的理念、充分沟通讨论、容忍异己的想法（也包括“妥协”的观念），都与知识论上的悲观倾

① Richard H. Popkin, “The Skeptical Origins of the Modern Problem of Knowledge,” in Norman S. Care and Robert H. Grim, eds., *Perception and Personal Identity* (Cleveland: The Press of Case Western Reserve University, 1969), pp. 3–24; Alasdair MacIntyre, *After Virtue: A Study in Moral Theory* (Notre Dame: University of Notre Dame Press, 1984[1981]).

向有密切的关系。①

从墨子刻与 Lindblom 的观点来看，中西民主思想之间有重要的差异。在西方卢梭主义与弥尔主义的传统都很兴盛，而两者之间互相竞争、彼此制衡。卢梭思想受到许多的批判与反省。英国学者柏林对卢梭思想的批判很有代表性。他认为在卢梭模式的民主观念中，大众决定的重要性要超过个人的愿望，这样一来，人民的主权，会很容易地摧毁个人的主权。因此对柏林来说，此一模式，最后带有专制的意涵（tyrannical implications）。②

然而在中国两种民主传统之间的竞争却不激烈，评判卢梭的观点是很例外的。更有甚者，许多中国思想家将卢梭思想与固有民本思想、革命观念结合在一起，又强调卢梭思想中"公共意志"的观念，却忽略其重视个人的一面。③这种中国式的卢梭主义获得大多数人们的认同，使二十世纪中国成为余英时所谓一个不断革命的"激进化"（radicalization）的时代。④相对而言，从严复、梁启超开始引介、建立的弥尔主义传统，一方面只得到少数人的肯定，另一方面又产生很多误会。自由民主体制在近代中国的命运，有如殷海光所说，是"先天不足，后天失调"。⑤

乐观主义认识论还影响到容忍异己的民主心态的建立。如果说在西方悲观主义认识论是论证"容忍"、"妥协"精神的重要基础的话，这种容忍精神是奠立在"我可能错，你可能对"的观点之上。相对来说，乐观主义的认识论则易于产生"黑白对立"、"你死我活"的斗争精神。

在近代中国思想界，弥尔传统的弱势与卢梭传统的兴盛，除了与人性论与知识论上的原因（缺乏幽暗意识、缺乏悲观主义认识论）有关之外，还涉及许多彼此相关的内在、外在的因素。如在救亡的危机感之下知识分子革命精神高涨，企图依赖一个有效的主义（或思想体系），推翻旧体制、建立新政府，而卢梭思想，以及后来的马克思主义，十分配合此一心态，弥尔主义所主张的渐进改良、肯定传统与现

① Charles E. Lindblom, *Politics and Markets: The World's Political-Economic System* (New York: Basic Books, c1977), pp. 247–260.

② Isaiah Berlin, *Four Essays on Liberty* (Oxford: Oxford University Press, 1969), pp. 162–164.

③ 有关卢梭思想在近代中国的接受状况与变迁，见颜德如，《梁启超、严复与卢梭社会契约思想》（长春：吉林人民出版社，2003）。

④ Ying-shih Yu, "The Radicalization of China in the Twentieth Century," *Daedalus* 122:2(1993), pp. 125–150.

⑤ 殷海光，《中国文化的展望》（香港：大通书局，1981），页 291。

状，则与此抵触。① 再者，与弥尔主义密切相关的资本主义、民间社会（或译市民社会）在中国得不到充分的肯定与发展。又诚如我在严复自由思想的研究中所指出的，严复并不完全了解弥尔环绕悲观主义认识论的推理，因而无法将弥尔有关自由理论中很细致的推理，以很有说服力的方式引介到中国来。同时他又依赖儒家、道家、墨家对群己关系的认识，来批判弥尔主义中强调个人主义的一面。这些因素都影响弥尔主义传统在中国的命运。

在上述情形之下，近代中国的民主思想表现出一些重要的特征。大约自鸦片战后至清末民初，例如十九世纪中期的思想家魏源（1794–1857）、梁廷楠、冯桂芬（1809–1874）、郑观应（1842–1922）、王韬（1828–1897），一直到何启（1859–1914）、胡礼垣（1847–1916）等，以及十九世纪后期的人物如严复、康有为、孙中山、谭嗣同（1865–1898）、梁启超等，对"民权"与"民主"的看法都表现出一些共通的认知。② 他们对民主思想的共同看法包括：

（一）民主就是中国古代"民本"或"贵民"理想之实现。

（二）民主包括一些新的政治程序与制度，如议院、政党、宪法、三权分立、地方自治等。③

（三）民主是一个道德上完美的政治、社会体系。民主不但可以"将个人从代表思想与体制桎梏的既有社会政治秩序中解放出来"，而且可以达到政治领袖与政府官员和人民之间的沟通，可以开言路、通上下之情。再者，民主不但可以达成内部的和谐，而且形成整体的团结。所以个人的自由可以牺牲，但群体要得到完全的自由。同时它可以形成一个"大公无私"的政府，此一政府由贤人组成，可以贯彻

① 这一点涉及柏克式保守主义在中国的命运。为何此一政治上的保守主义观点在近代中国不能兴盛？其原因十分复杂。其中一个可能的因素是在近代中国，保守主义政治哲学所尊重的"现状"（status quo），或说权力与财产的制度性架构，并不像英国那样，被认为是一个"庄严、宏伟的结构"（magnificent structure）。反而大多数中国人都认为当时国内正处于弊病丛生而积弊已深的悲惨状态。在此情况之下，一个肯定现状的政治哲学，很难受到人们肯定。

② 熊月之，《中国近代民主思想史》（上海：上海人民出版社，1986）。

③ 黄东兰在有关近代中国地方自治的研究中指出，源于西欧的近代地方自治制度经由明治日本传入中国的过程中，发生了一些变化，其中最大的变化是中国是从传统的"上下悬隔"、"官民悬隔"等议题所延伸关怀之上，讨论自治与官治之关系，认为自治是"在官治之外辅助官治"。在此情况之下，清末的自治绅董和地方官的关系，在很大程度上是传统官绅关系的延续。这就是下文第三个特点所讨论到以民主来"通上下之情"的问题。这样一来西方的"新"制度在引介进入中国过程中即与源于传统的视野交织在一起。黄东兰，《近代中國の地方自治と明治日本》（东京：汲古书院，2005），页363。

“仁”或“大同”的道德理想，同时完全不存在私利、特权或维护既得利益。换言之，民主所代表的道德秩序，很吊诡地具有两方面的功能，一方面使个体解放，另一方面又能结合解放的个体，塑造无私无我的人类共同体。①

（四）民主是基于对于世界的完整而可靠的认识。因此民主与科学密切相关，民主的社会中包含了对西方科技的掌握。同时民主化所依据的不仅是道德理想，它也是以一个可以回答宇宙论、认识论、本体论、伦理、历史、政治等问题的整体理论为基础。

（五）民主是历史的潮流，只要顺此潮流，最后终将实现。

（六）民主理想与政治现状有所冲突。因此民主的实现包含知识分子的使命感，要用他们所了解的正确理论来改造世界。

除了极少数的例外，二十世纪中国民主思想的主流即是上述以人性论与认识论的乐观主义为基础，并充满了转化精神与乌托邦色彩的中国式卢梭主义的民主观念。在此一观念之下，近代中国知识分子多半将民主理想化（此即张灏所谓“德先生”变成了“德菩萨”的现象）②，认为民主是完美的政治理想，代议制度可以充分反映民意，而且一旦真正实行“真正的”民主制度，可以立刻解决所有的问题。他们也主张用暴力革命的方式，推翻清朝专制，实现民主。墨子刻的研究证明二十世纪中、后期，西方民主思想和海峡两岸民主思想的根本分歧在于中国知识分子（无论是台湾的杨国枢，还是北京的李强）往往将西方的自由主义、民主观念理想化：中国自由主义者觉得民主是个绝对的目标，按照这个目标民间社会与政治核心到某种程度会分别化，民间社会与政治核心的道德水准会愈来愈高；国民会自己统治自己，而中国会完全实现富强，这个目标的来源是理性与世界历史的潮流，而诚意地实行此一目标的政治核心具有充分的能力实现此一理想，而且民主化之后，社会上不会引起道德共识或思想纷纭的危机。③总之，以两种乐观主义为基础的近代中国民主思想成为二十世纪中国乌托邦思想、革命精神的一个重要的理论支柱，也是多数知识分子的重要信念。

---

① 张灏，《时代的探索》，页206。

② 张灏，《五四运动的批判与肯定》，《幽暗意识与民主传统》，页145。

③ Thomas A. Metzger, *A Cloud Across the Pacific*.

四、近代中国民主思想与“意识本位的历史发展论”

上述的民主观无疑的是结合了儒家固有的道德理想与卢梭主义，其中将民主视为一种无法抗拒的“潮流”，以及知识分子在此过程中的关键性角色，代表了一种新的对宇宙、历史与天人关系的看法，这种看法也就是张灏先生所谓“意识本位的历史发展论”。根据此一观点，人们一方面相信历史发展有本身的动力，但另一方面“并不认为这历史潮流会排斥人的自动自发的意识与意志；相反地，他们常常认为历史潮流只有透过由人的意识产生的精神动力才能向前推进。”① 意识本位的历史发展论具有中西思想的渊源，它受到西方进步史观，以及严复在《天演论》、《社会通诠》等书中所介绍的演化史观的影响；同时又将之与中国传统思维模式结合在一起。②

首先我们应注意到西方启蒙运动影响之下出现进步史观，十八世纪之后西方学者很普遍地认为历史是一个不断进步的直线发展过程，人类文明会因累积而臻于至善。如孔德（Auguste Comte, 1798–1857）、马克思（Karl Heinrich Max, 1818–1883）、弥尔等人都肯定这种线性发展的历史观。至十九世纪中叶，达尔文（Charles Robert Darwin, 1809–1882）又提出演化史观，强调“适者生存，自然淘汰”，并演变为斯宾塞的“社会达尔文主义”，将达尔文的理论用来说明人类社会的发展。

很多人都认为严复透过《天演论》将达尔文的“物竞天择，适者生存”的进化论思想或斯宾塞的“社会达尔文主义”介绍到中国，对中国近代社会变革起了重要推动作用。这样的解释虽大致正确，然忽略了严复透过翻译在达尔文、赫胥黎、斯宾塞思想之间细致的取舍，以及同一文本的原文与译本，乃处于截然不同的文化脉络之中。赫胥黎的原书的主旨是在批判达尔文与斯宾塞的观点。赫胥黎认为，虽然自然界存在着弱肉强食的残酷现实，但在人类社会却不可以完全遵从“丛林法则”，应该依赖伦理原则“以物不竞为的”。③ 这一辩论源于十九世纪末期英国思想史中，

---

① 张灏，《中国近代思想史的转型时代》，页 60。

② 有关达尔文主义在中国发展与变化，请见 James R. Pusey, *China and Charles Darwin* (Cambridge, Mass.: Harvard University Press, 1983). 王中江，《进化主义在中国》（北京：首都师范大学出版社，2002）。

③ 这是赫胥黎在《天演论》（台北：台湾商务印书馆，1987），《导言六：人择》中的一个重要观念，严复很精确地翻译出此一想法，“天行人治，常相毁而不相成固矣。然人治之所以有功，即在反此天行之故。何以明之？天行者，以物竞为功，而人治则以使物不竞为的”，页 16。

关于伦理力量与自然法则之关系，以及“拉马克原则”是否成立、政府职能应积极推展还是消极限制、人类未来是光明还是黑暗的论争。①

《天演论》在中国的焦点则不在上述的论争，而在思索国人要如何应变、图强的现实考量，并将赫胥黎文本中悲观的倾向转为乐观的倾向。②严复同意斯宾塞所谓物竞天择适用于人类社会，而且进化是一个不可避免的一种缓慢、累积的过程，不能越级而行；③但是他觉得斯宾塞太强调自然的力量（即所谓“任天为治”），而不够重视个人自由，或者说个人意志在天演过程中所扮演的角色。他接受赫胥黎对斯宾塞的修正，以为人的能力虽源于天，个人的自由与努力实际上扮演着更重要的角色，可以突破自然的限制，与天争胜，而创造新局，因此天人之间是相互冲突的。换言之，严复同意天行与人治一方面“相反相毁”，另一方面则出于同源，所以“天行人治，同归天演”。这样的想法在吴汝纶（1840—1903）为《天演论》所写的《序》有清楚的表达：

> 赫胥黎氏起而尽变故说，以为天不可独任，要贵以人持天，以人持天，必究极乎天赋之能，使人治日即乎新，而后其国永存，而种族赖以不坠，是之谓与天争胜，而人之争天而胜天者，又皆天事之所苞，是故天行人治，同归天演……严子之译是书……盖谓赫胥黎氏以人持天，以人治之日新，卫其种族之说，其义富，其辞危，使读者怵焉知变，于国论殆有助乎？④

总之，严复在翻译此书的过程中一方面同意自然有难以抗拒的力量，另一方面则发挥了赫胥黎反对弱肉强食的丛林法则，肯定伦理原则，并进一步推演到认为“人治可以对抗天行”，最终得出了“自强保种”的结论。再经过吴汝纶序言的阐发，“自强保种”成为《天演论》的最根本意义，并在二十世纪初引发了举国疯狂的阅读潮流。

---

① 拉马克原则主张后天的形质可以遗传，斯宾塞支持此一观点，赫胥黎则征引魏斯曼（August Weismann, 1834—1914），反对此一观点。在政府职能的议题上，斯宾塞从个人主义的角度，主张限制政府职权，赫胥黎则强调“治功”，他以“花园”比喻文明，认为花园与“丛林”有所不同，必须依赖园丁的精心设计与细心照料。以上有关《天演论》的观点受到王道还先生未刊稿的启发，不敢掠美。

② Pusey, *China and Charles Darwin*, pp. 163—164.

③ 有关斯宾塞观点对严复的影响，张灏先生有精辟的分析，他指出“（严复）政治上的渐进主义与思想上的激进主义均源于他的基本的社会达尔文主义的看法，这主要是他阅读斯宾塞哲学来的”。Hao Chang, “Intellectual Change and the Reform Movement, 1890—8,” *The Cambridge History of China* (Cambridge: Cambridge University Press, 1980), Vol. 11, Part 2, p. 298.

④ 吴汝纶，《序》，《天演论》，页1—2。

然而上述中国式的天演论不但是严复在西方思想中的取舍，他也受到固有经世理念、天人合一宇宙观的影响。因而使得从他所开始引介，进而在中国发挥巨大影响的演进史观，不但不接受西方那样的“任天为治”历史决定论、肯定赫胥黎所提倡的伦理法则，而且比赫胥黎更强调人为努力在历史演变中所扮演的关键角色。

上文曾谈到民主的实现包含知识分子的使命感，这种使命感直接源于传统儒家的经世思想，认为知识分子应该有一份顾炎武所谓的“救世”情怀，投身政治，以改造污浊沉沦的世界。这是一种充满政治积极性的使命感，表现于大家常常听见的“国家兴亡，匹夫有责”、“士大夫以天下为己任”等观念之上。这种政治积极性与使命感隐含了一个对人的主观意识与精神的信念，认为人的思想与意志是改造外在世界的动力。

诚如张灏先生所说的，这种人本意识与演进史观结合，使得演进史观在中国往往含有一种特殊的历史意识，一方面他们接受历史向前直线发展的观念，因而常常有很强烈的历史潮流感；另一方面他们并不认为这历史潮流会排斥人的自动自发的意识与意志。相反地，他们常常认为历史潮流只有透过由人的意识产生的精神动力才能向前推进。

张灏先生又很敏锐地指出中国式的演进史观又与传统天人合一宇宙观，亦即相信“天的意志只有透过人心才能显现”的观念结合在一起。这样一来，“使人觉得这世界观所展现的价值与理想不只是人的主观意识的投射，而且是植基于宇宙的演化与历史潮流的推进”、“转型时代的知识分子以历史潮流代替天意，同时保留了传统对心的信念，其结果是一种近乎主观意识决定论的观念。我们可称之为意识本位的历史发展论。”①

在严复思想之中，无论是经世思想或传统天人观念对他认识历史、宇宙变化的影响都很明显。严复大量的译著都带有强烈救国、救民的使命感。严复在与梁启超讨论《原富》一书之翻译时，清楚地说明自己以翻译西书来救国的愿望：

不佞生于震旦，当十九、二十世纪之交会，目击同种阽危，剥新换故，若巨蛇之蜕蚹（生物学家言蛇蜕最苦），而未由一藉手，其所以报答四恩，对扬三世，以自了国民之天责者，区区在此，密勿勤劬，死而后已。②

① 张灏，《中国近代思想史的转型时代》，《时代的探索》，页60。

② 见严复，《与新民丛报论所译原富书》，《新民丛报》，号7（1902年），页111–112。

同时他又借用宋朝邵雍（1011–1077）所提出的“运会”观念来说明历史变局的产生是出于天地之间“气机”的运转，人类无法与之抗拒、或逆其道而行，但是能够顺势而推展，以肆应时代的变化。严复强调圣人所扮演的角色不是“转移运会”，而是“特知运会之所由趋，而逆睹其流极。唯知其所由趋，故后天而奉天时；唯逆睹其流极，故先天而天不违。”① 此种将历史潮流感与知识分子使命感结合在一起的想法，正是吴汝纶所谓“天行人治，同归天演”，表现出以人本主义反历史决定论的历史意识。

近代中国主流的民主思想不但奠基于两种乐观主义之上，也与这种具有高度人本精神的宇宙观、历史观结合在一起，因而产生了一种积极精神来彻底地转化现实世界。

五、近代中国民主观念的支流——严复、梁启超与中国式的弥尔主义

严复对民主的看法与上述受到卢梭主义影响，并具转化精神的民主观有不少的共同处。他认为民权或民主就是孟子贵民精神的展现，也是实行一些西方所采行的新制度如宪法、选举、议会、地方自治等；民主与科学的关系是严复所接受的；民主包括知识分子的使命感、新民和严复主张十分配合；严复也相信民主为一世界潮流，最后终将实现。这些地方一方面表现出严复思想与卢梭主义的亲近关系，另一方面也显示儒家思想的预设与十九世纪中叶以来知识分子的民主观对严复的影响。

但是严复的民主观念与上述的模式仍有很重要的歧异，其中最重要的是严复思想中调适的取向，以及他对种族主义、乌托邦主义的批判。虽然严复对于民主也有一些非常乐观的看法（例如民主可以使统治者“欲为不仁而不可得”；民主有可能“使五洲而有郅治之一日”等），然而他的思想显然较不具乌托邦色彩。他多半不将民主美化为能解决一切问题的万灵丹，或说一个完整的体系，也不认为民主可以立即实现国家富强、天下太平、世界大同等高远的理想；在清末维新派知识分子

① 严复，《论世变之亟》，王栻主编，《严复集》，页 1。

倡言大同之际，严复却罕言大同。① 严复也批评卢梭思想，怀疑卢梭式的国民自治与暴力革命；同时他对柏克的保守思想与英国剑桥大学自由主义传统的思想家摩利（John Morley, 1838–1923）等人的重视，在中国近代思想史上也很例外。② 在群己关系方面，严复亦较上述模式更为强调个人自由。他说民主制度的目的在保障个体自由，所以“自由为体，民主为用”。这些方面则反映出严复思想之中具有较强烈的调适性、弥尔主义的色彩，因而与近代中国主流思潮所具有以转化为基调的卢梭主义民主观念有所不同。

严复的弥尔主义的自由民主思想也表现在批判晚清革命派的种族革命与一次大战期间西方狭隘的民族主义、爱国精神之上。1904 年，严译甄克斯（Edward Jenks, 1861–1939）的《社会通诠》（*A Short History of Politics*）问世，该书将人类社会依进化程度分为“savage society”（草莽社会，严译为“蛮夷社会”）、“patriarchal society”（宗族或酋长社会，严译为“宗法社会”），与“modern（political）society”（现代社会、政治社会，严译为“国家社会”或“军国社会”）。甄氏以为人类社会是依序而进：草莽社会是古代狉獉未启之世；宗族社会是以种族（race）为基础，重视群体团结，而排斥他种；现代社会则是由于人口、财富的增加，以及军事技术的进步，因而出现以领土（territory or locality）为基础，并享有主权（sovereignty）的现代国家，在政治方面，随着法制的演进，现代社会之中国家的治权转移到国民

① 清末维新派思想家多具有“大同”思想，并将大同与西方传入的新的理想，或是民主、平等、地方自治，或是社会主义等，结合在一起，因而表现出乌托邦的理想主义。其中不但包括大家所熟知的康有为与胡礼垣，还有黄遵宪、麦孟华、唐才常、宋恕、陈虬、孙宝瑄等人。汪荣祖，《晚清变法思想析论》，《晚清变法思想论丛》（台北：联经出版事业公司，1983），页 50–57；《胡礼垣的大同思想》，《晚清变法思想论丛》（台北：联经出版事业公司，1983），页 177–194。林启彦，《清末维新派知识分子的大同思想》，《思与言》，卷 36 期 1（1998），页 39–70。

② 近代中国大多数知识分子都仰慕法国思想家卢梭，强调“天赋人权”、“公意”、打倒旧体制，但却少有人认真探究英国保守主义者柏克针对革命、反传统思潮所提出的质疑。柏克的《法国革命论》一书要到 1990 年代末期，才出现第一个中译本。中译者何兆武指出：“卢梭的天赋人权论曾经是我国民主革命的一个极重要的思想来源，这个法国大革命的先驱理论在二十世纪初期曾在我国得到大力的宣扬。相形之下，对于法国大革命持反对态度的保守派理论（例如柏克和他的《法国革命论》）却不大为人所重视，很少有人加以介绍和研究。这可以说明思想文化的移植也是有选择性的，是要适合于本国的气候和土壤的。”在此情况之下，严复批判卢梭、肯定柏克是很例外的。笔者目前正依赖北京国家图书馆发现的一本严复手批 John Morley 所著 *Burke* 一书来研究此一问题。严复在著作中多次提到 Morley，如“英人摩利之言曰：‘变法之难，在去其旧染矣，而能择其所善者而存之’”（《严复集》，页 560）、“英人摩理有言：‘政治为物，常择于两过之间’”（同前，页 633）。

之手，而有由代表组成的议院、少数服从多数的选举，与政党制度的出现。①

严复将上面的说法理解为：蛮夷社会以“图腾”来区别人我，“凡文明之所享，皆蛮夷之所乏”；宗法社会以“族群”来区别人我，“夫宗法社会，以民族主义为合群者也”，“宗法社会之籍其民也，以人而不以地”；而“军国社会”则是以“国民”来区别人我，“一切治权，义由地起，所重者邦域，而种姓为轻”、“期人人自立”、“以一身径受国家之约束法制者也”。②以此标准来看中国社会，严复说“支那固宗法之社会，而渐入于军国者。综而核之，宗法居其七，而军国居其三”。③所以他大力反驳当时革命党人所主张的排满、排外的“民族主义”，明白地说“民族主义，将遂足以强吾种乎？愚有以决其必不能者矣”；④在他看来，无论是排满或排外都是落后的宗法时代的做法，不足以“救亡”、“利国”，为了因应新时代的来临，应宣传建立“军国社会”所需要的，以“国民”观念为中心的国家认同，并实行地方自治与主权在民的民主制度。后来章炳麟（1869–1936）撰《〈社会通诠〉商兑》一文，严厉批评严复的观点。⑤严、章之分际可以视为“国民的国家主义”（civil nationalism）与“种族的国家主义”（racial nationalism）之不同。⑥

辛亥革命成功后，国内种族问题稍稍解决，革命派的观点也从反满改变为“五族共和”。然而严复仍一贯地批判狭隘的种族主义、民族主义与爱国主义。他在为何遂之欧战纪念册上所题的诗句，⑦清楚地表达从人道主义的观点，批判因狭隘的民族主义、爱国思想所导致的战争。他的诗句是：“由来爱国说男儿，权利纷争总祸基”，在诗句之后严复有一段很长的案语：

---

① Edward Jenks, *A History of Politics* (London: The Macmillan Company, 1900), pp. 70–72, 138, 151.

② 严复译述，甄克斯著，《社会通诠》（上海：商务印书馆，1935），页 59、64、108。

③ 严复译述，甄克斯著，《社会通诠》，页 15。在页 108 严复也说“中国社会，宗法而兼军国者也”。

④ 严复译述，甄克斯著，《社会通诠》，页 108。

⑤ 章炳麟，《〈社会通诠〉商兑》，《民报》，号 12（1907），页 1–24。

⑥ 此一区别源于 John Hutchinson 的 *The Dynamics of Cultural Nationalism: the Gaelic Revival and the Creation of the Irish Nation State* (London: Allen & Unwin, 1987)，该书将民族主义分为“政治的民族主义”（political nationalism）与“文化的民族主义”（cultural nationalism）。前者重视以个人权利为基础的政治认同，每个人以公民之角色作为群体之一员；后者则主要是以个人作为一个有机体之成员的义务感，来形成对群体的认同。

⑦ 何遂（1888–1968），福建闽侯人，字叙甫，也作叙父。陆军大学二期毕业，曾任黄埔军校教育长、军长、航空署长、国大代表。欧战时曾奉命观战欧陆。

自爱国之说兴，而种族之争弥烈，今之欧战其结果也。英有看护妇名迦维勒者，在比于扶裹创夷，虽仇敌不歧视，嗣缘英俘之逃之逃，以嫌疑被法，临命告监者曰："吾有一语，烦告人间。"监者曰："何语？"则曰："爱国一言，殊未足以增进人道也。"语已，受枪而死。夫爱国之义，发源于私，诚不足以增进人道……。①

严复所引述的故事是英国的 Edith Cavell 的事迹。她在欧战期间服务于比利时红十字会所主持的医院时，因协助伤患逃往中立区，被德国人判死刑，她在被枪毙之前曾说："Standing as I do in view of God and Eternity, I realise that patriotism is not enough, I must have no hatred or bitterness towards anyone."② 这一则新闻显然让严复深有所感，才写下"爱国爱国一言，殊未足以增进人道也"。然而严复虽批判狭隘的爱国主义，这并未表示他不具有爱国情怀，他只是从人道主义的角度批判"爱国"的弊端。换言之，严复一方面追求中国的富强与文明，另一方面则提醒国人狭隘的民族主义所具有的局限。很多人都指出欧战之后引起国人高度的文化自觉，如梁启超、梁漱溟（1893–1988）等人，一方面看到西方文明的缺陷，另一方面则引起对自身文化的信心。③ 严复的反省则与此种文化民族主义有所不同，他看到爱国精神引发国家与国家之间残酷的战争或内战，乃人类历史上最可悲之事；因此唯有以人道主义所具有的超越精神，才能突破狭隘的爱国意识。这样的观点与他反对种族革命，以及他所秉持的弥尔主义下"国民的国家主义"认同，以及宗教思想有直接的关系。④ 总之，在把调适性的观点与人道主义、民主理想、个人自由、国民认同等结合在一起的方面，充分显示严复倾向弥尔主义的自由民主思想在近代中国思想界是很特殊的。

梁启超的思想与严复所开创的、近代中国弥尔主义的调适传统，有不少类似之处。有关两人之间交往与思想互动，在拙著《严复与梁启超》一文有详细的叙述，

---

① 王栻主编，《严复集》，页 404。

② 试译如下："站在上帝与永恒之前，我了解到爱国主义是不够的，我必须对每个人都没有憎恨与酷烈。"

③ 丘为君，《战争与启蒙："欧战"对中国的启示》，《政治大学历史学报》，期 23（2005），页 91–146。

④ 严复的人道主义精神也受到他的科学观与宗教观之影响。严复反对物质主义与实证主义式的科学观念，并具强烈的宗教信仰。这方面的分析请见黄克武，《民国初年上海的灵学研究：以"上海灵学会"为例》，《"中研院"近代史研究所集刊》，期 55（2007），页 99–136。

在此不再赘述。[①] 无论如何，大约自 1903 年以后，梁启超的思想很清楚地表现出与严复思想的类似性。梁启超一方面受弥尔主义传统影响，强调以民主制度保障个人自由；另一方面，和严复一样，他受到传统群己观念的影响，并不认为社会秩序、国家安危与个人的自由与尊严有所冲突，这样的观点笔者称为“非弥尔主义对个人自由的强调”（non-Millsian emphasis on individual liberty）。[②]

梁启超无疑地肯定追求国家富强，以抵抗帝国主义的侵略。为了达成此一目的，中国需要具有民德、民智与民力的现代国民，实现民主制度，包括政党制度、自由选举等，再由人们组成有如“民间社会”那样监督政府的机制，并给予人们政治、经济、宗教、思想的自由。这样一来，梁启超和严复一样，强调群与己之间的“界”的观念，并以此设定个人的权利与义务，以及政府对个人管制的限度。

然而，在梁启超的眼中，以“界”为核心的制度同时规范着国家与个人。当然他和弥尔（与严复）一样，同意当处于国家危机的情况之下，国家安全要比个人自由来得重要。所以梁启超并没有将国家富强的目标置于个人自由之上，也没有将个人自由当作实现国家富强的工具。对他而言个人自由具有根本的价值与意义，他的看法与强调国家、群体至上的想法，很不相同。

梁氏的民主观无疑地也要求彻底改造国民性格，但他的思想却具有比较强烈的调适性格。这主要在于梁氏与许多近代中国知识分子不同之处在于他对人性黑暗面有深刻的体认，换言之，他比较具有张灏所说的“幽暗意识”。梁启超认为人在本性之中具有无法铲除的“恶”的一面，顺此发展必然会陷入动乱与斗争，所以在任事之时，常因所处的地位与利害关系，而在不自觉之中做出违背道德之事，尤其在从事革命运动之时，最易腐化。由于人性之中这种特质，使他了解到政党政治就是要使自私的政客能彼此竞争，而在互相制衡之中，促进群体的公益，这一种对西方政党政治的深入认识，是很特殊的。他又反对不切实际的社会福利政策（所谓的“仁政”），主张实行较为符合资本主义精神的经济制度，以提高生产动机，培养自力更生的奋斗精神，这方面的意见也与他对人类私心的体认，有密切的关系。由于社会是由充满了私欲的个人所组成，因此他认为历史是一个善恶交杂的过程，其本

① 黄克武，《严复与梁启超》，见本书。

② 黄克武，《一个被放弃的选择：梁启超调适思想之研究》（台北“中研院”近代史研究所，2006[1994]），页 32–33。

质是渐进的，至于未来是否能够实现大同的理想，梁氏抱着十分悲观的态度，他说这可能是千百年之后的事，而一旦达到大同，又会因为人类竞争的本性，“不转瞬而必复以他事起竞争于天国中”，[①] 于是大同又变为野蛮时代。梁氏从人性黑暗面的体认所形成的调适思想，可以证明近代中国思想并非完全倾向乐观，也不能说完全不具有幽暗意识。

总之，梁启超的政治思想深受弥尔主义影响，而具有调适性、保守性的性格。笔者在《梁启超的学术思想：以墨子学为中心之分析》一文曾尝试提出任公思想的九个特点，[②] 它们是：

第一、在学术上梁启超主张融合古今中外的学说，而抟成一适合国情的新思想，而在此过程中，每一个个体要从事评估与调和的工作。换言之，知识的取得是一个奋斗的过程，要“淬厉其所本有而新之”与“采补其所本无而新之”，其中没有一个现成而完美的真理体系，可以作为改变社会的绝对指南。同时，任公也自觉地了解到，自己的评估能力与知识是有限的，所以对于他人要采取开放的态度，使学术能在相互指正之下逐渐累积、进步；然而任公以其有限的评估能力，来看各种不完美的思想体系之时，却没有变成一个相对主义者，他反而将这一种对知识的看法与人文主义的理想结合在一起。

第二、知识的内涵不仅包括“科学”，也包括“非科学”的知识。

第三、人类的生活不仅有科学所处理的物质的方面，也有超越科学的精神的方面，而寻求精神生活与物质生活的协调是很重要的。

第四、宗教，尤其是佛教，不但有一套周密的本体论，可以帮助我们了解宇宙与历史，也洞悉人类精神的本质。

第五、所有这些不同的知识结合在一起，有助于澄清人类生活的目标，以及提供达成目标之方法。

第六、在追求目标的过程中，个人与群体是一样地重要，两者也应相互调和，而达到不偏于己也不偏于群。任公所强调的“个性中心之‘仁的社会’”的观念，是今日许多人会肯定的一个理想。

第七、为了让每一个人追求道德目标，避免自私自利，必须要采用不同的说

① 梁启超，《新民说》（台北：台湾中华书局，1978），页 18。
② 黄克武，《梁启超的学术思想：以墨子学为中心之分析》，见本书。

法，使之认识正确的群己关系，这些说法包括儒家的道德理想、墨子兼爱与“利人即所以利己”的观念、佛教的各种理论等，甚至也应参考日人加藤弘之（1836–1916）与英人弥尔对边沁功利主义的修正与发挥等。

第八、在文化修改与政治改革上，梁启超倾向于依据历史传统与现实状况，追求逐步的改良，而不主张以革命手段打倒一切，重新建立一个新的秩序。

第九、这也意味着一种“权”、“实”并用的态度，因此在政治上，梁启超主张追求自由与民主，但在国民程度还不到一定的水准之前，不应贸然实行民主政治；在经济上，他则倾向以资本主义的方式发展实业、奖励生产，反对在当时立即实行马克思式的共产主义。

上述纲要式的九点或许可以视为梁启超思想的特点，作者认为任公一生之中吸收了东、西方的各种知识，因而表现出复杂多变的面貌，但在多变的表层下仍展现出这些不变之处。

严复与梁启超的自由民主思想可以代表近代中国“低调的”弥尔主义的传统。然而他们两人的思想只能算是支流，在“高调的”卢梭主义盛行，或余英时所谓的激进化、不断革命的二十世纪，这两人的思想均被批评为保守、落后，成为“一个被放弃的选择”。在清末民初以来中国思想界中可以归属于（或比较接近于）弥尔主义思想系谱的学者，只有胡适、章士钊（1881–1973）、李大钊（1889–1927）、杜亚泉（1873–1933）、李剑农（1880–1963）、殷海光（1919–1969）等少数的人。①

六、结论

诚如许多学者所指出的，二十世纪中国历史的核心问题是如何建立近代的国民与国家，转型时期所译介的民主观念在此过程中扮演着重要的角色。近代中国史的一条主轴即是反抗专制、暴君、贪污、腐败，建立一个孙中山所谓民有、民治、民享的民主共和国；并完成从帝国“臣民”到民国“国民”的转变。人们相信一旦建

① 周阳山、杨肃献编，史华慈等著，《近代中国思想人物论：自由主义》（台北：时报文化出版事业有限公司，1980）。有关当代中国自由主义的发展与自由主义与新左派的辩论，见任剑涛，《中国现代思想脉络中的自由主义》（北京：北京大学出版社，2004）。

立了一个“真正的”民主制度之后，可以实现个性解放、国家富强与民族统一（或独立建国）。此一政治理想直至今日仍鼓舞着海峡两岸人们无比的热情。

本文尝试厘清西方民主观念传入中国的过程。笔者认为转型时期知识分子所译介的西方民主观念有以下几个特点。第一、当时所译介的民主思想并非单一的概念，而至少包括了两种不同的类型：一是比较高调的卢梭主义（黑格尔与马克思的民主观也属于此一类型），一是比较低调的弥尔主义。这两个类型传入中国的过程中都出现“中国化”的现象，或多或少都与一些源于传统的观念，如民本思想、大公无私、贯通观念（通上下之情）、群己关系、大同理想等交织在一起，又结合了自严复以来所传入以“意识本位的历史发展论”为基础的演化论与进步史观，认为民主发展历史潮流只有透过由人的意识产生的精神动力才能向前推进。

第二、在西方历史上卢梭主义饱受弥尔主义的批判与制衡，然而近代中国民主思想却以卢梭主义一枝独秀，弥尔主义只发挥了有限的影响，上述孙中山所谓民有、民治、民享的民主共和国就是卢梭主义的具体呈现。此一思想上的抉择与中国知识界对人性与知识的看法密切相关。西方的弥尔主义奠基于悲观主义的人性论与知识论之上，此即张灏所谓的“幽暗意识”与墨子刻所谓“悲观主义的认识论”、“怀疑主义的思想传统”；近代中国主流的民主思想却是奠基于两种乐观主义之上。这也使得近代中国所理解的民主具有乌托邦的色彩，它不是一个缺陷比较少的制度，而是一个完美的理想与历史发展的必然趋势。此一乌托邦色彩使近代中国的卢梭主义与激进的革命论一拍即合，造成二十世纪中国“激进化”的历史进程。

第三、严复与梁启超所开创的调适性的中国弥尔主义的传统受到上述主流论述的影响，但同时他们也批判卢梭主义中的乌托邦倾向与革命派所主张的激进手段和族群认同。近代中国调适性的弥尔主义传统所揭橥者乃以人道主义为核心的“国民认同”，强调以教育的方式培养具备“民德”、“民智”、“民力”的现代国民；在群己并重的前提下重视个人的价值；梁启超思想中甚至还具有某种程度的“幽暗意识”，并主张发展“民间社会”。近代中国“低调的”弥尔主义传统虽然不如“高调的”卢梭主义传统来得有影响力，然就思想内涵而言，实不容忽略。诚如张灏先生所说，“年轻时代受了五四的影响，多年来我对民主的看法常常是高调的：民主不是国家富强的良药，就是道德理想的体现。但长久在西方国家对民主运作的观察，以及看到中国近代民主道路的坎坷，已使我无法再抱持高调的民主观。……我一直深感在中国谈民主，常常需要一个低调的民主观，才能稳住我们的民主信念。”① 今日如何在中国建立一个健全的民主制度仍是人们努力追寻的目标，无论在中国大陆内部，或边缘的地区，如台湾、港澳、蒙古、西藏、新疆等地，人们都期待能借着中国的民主化，来解决长期的纷争，并消解民族主义所造成的紧张局面。在此过程中，深入地反省西方民主观念传入中国后所发生的变化，以厘清民主观念的复杂内涵，应有其意义。

① 张灏，《幽暗意识的形成与反思》，《时代的探索》，页233。

近代中国的自由主义的发展：

从严复到殷海光

一、前言

自从清末严复（1854–1921）将西方自由主义译介到中国，此后经过梁启超（1873–1929）、蔡元培（1868–1940）、胡适（1891–1962）、傅斯年（1896–1950）、殷海光（1919–1969）等人的阐述而逐渐散布，其间虽屡遭挫折，然均能屹立不摇而影响深远；“中华民国”所实施之民主、共和与宪政体制，其基础即为欧美之自由主义。二十世纪末年美国学者福山（Francis Fukuyama）曾很乐观地提出“历史的终结”，以为“西方的自由民主政体将作为人类最后的政体形式而得到普遍实现”。① 从二十世纪世界历史的走势，尤其是苏联、中国的变化，以及杭廷顿（Samuel Phillips Huntington, 1927–2008）所说“第三波”民主改革的浪潮来看，以自由主义为基础的自由民主制度（liberal democracy）不但在二十世纪下半叶成为举世之风潮，无疑地在二十一世纪中仍将扮演着非常重要的角色。②

讨论近代中国的自由主义需从近代中国自由主义之父严复开始。严复在 1900 年前后将弥尔（John Stuart Mill, 1806–1873）的 *On Liberty* 先翻译为《自繇释义》后改为《群己权界论》，他试图从“群己权界”的角度，所谓“人得自由，必以他人自由为界”，亦即“分别何者必宜自由，何者不可自由”的理念，来译介西方环绕着个人自由的政治思想。严复认为这一想法与《大学》的“恕”与“絜矩”之道相互配

---

① 福山的看法见“The End of History” *The National Interest* no. 16 (1989), pp. 3–18. Francis Fukuyama, *The End of History and the Last Man* (New York: The Free Press, 1992).

② Samuel P. Huntington, *The Third Wave: Democratization in the Late Twentieth Century* (Norman: University of Oklahoma Press, 1992).

合。同时在具体实践之时，严复指出自由的基础是一种对真理的态度，所谓："言论自由只是平实地说实话求真理。一不为古人所欺，二不为权势所屈。"严复认为朱熹（1130–1200）所谓"虽孔子所言，亦须明白讨个是非"，以及李贽（1527–1602）勇于批评纲常名教之态度，即是此一精神的展现。① 这一种尊重真理、勇于批判的精神在中国自由主义传统之中一直存在，胡适、殷海光等人均表现出此一特质。

其中有关殷海光的一段故事特别值得加以介绍。1966–67 年之际，墨子刻（Thomas A. Metzger）教授在台北学中文，他为了协助殷先生与费正清（John King Fairbank, 1907–1991）教授联系赴哈佛访问事宜，多次去温州街探访殷先生。② 他与殷先生初次见面之时，发现殷先生对他多有保留，且并不友善。但有一次他们的谈话改变了两人的关系。那一次殷先生谈到自由主义，认为一个自由的国家其政府规模应该比较小。墨先生听到了之后回答：殷教授，据我所知那是十九世纪的自由主义（可称为"Manchester liberalism"），但今日美国的自由主义主张一个能实施社会福利的大的政府。这尤其在哈佛的一位经济学者 John Galbraith 所著的 *The Affluent Society*（1958，《富裕社会》）一书中表现出来。当墨先生当面反驳殷海光的看法之后，殷先生变得对他十分友善，此后两人之间有许多有趣的对话与通信。由此可见殷海光先生保持了一个自由主义者对真理的热爱，不会为维护尊严而捍卫己见。③

本文的主旨在宏观地讨论近代中国自由主义的内涵与进程，特别关注思想家为因应中国特殊的国情，而将源于西方的自由理论做一调整，以肆应中国社会之时所做的努力，其中以严复到殷海光的中国自由主义思想为主轴，并辅以新儒家对会通儒学与自由主义所做的思考。

二、自由主义是什么？

讨论西方自由主义在近代中国的发展之时，必须先对"自由主义"作一简单的界定。本文所讨论的自由主义意指英美式的自由民主思想，其核心理念在英国学者弥尔的著作中有精要的表述，而被称为弥尔式、现代西方的自由民主传统。它不

① 严复，《译凡例》，穆勒原著、严复译述，《群己权界论》（上海：商务印书馆，1930），页 3–4。

② 有关此事之原委，参见拙著，《墨子刻的儒学观》，收入《当代儒学与西方：会通与转化》（台北："中研院"中国文哲研究所，2007），页 129–130。

③ 墨子刻致黄克武电子邮件，2011 年 9 月 27 日。

仅是一种国家学说，或有关人类政治生活的思想、意识形态，也涉及行动和制度的安排。自由主义并不是一个统一的、具有固定本质的概念，它曾经历多次变迁，且并未定型。①此一理念虽有希腊、罗马与中世纪的思想渊源，然大约从十七世纪英国洛克（John Locke, 1632–1704）开始提倡，直至十九世纪的三〇、四〇年代，“liberal”或是“liberalism”，才变成今日英文通行的字眼，并成为大致上众所认同的一个现代的政治理念。

自由主义的基本内涵是西方启蒙运动以来所建立的“现代性”，有学者甚至认为“人权、自由、公正、平等这些自由主义的根本价值，今日成为人们评价一个社会是否理想的标准……自由主义是现代社会最基本的意识形态，它为现代社会及国家的正当性提供基础。”②其内涵包括个人主义、理性主义、普遍主义、人道主义、进步观念等。在西方，公认的自由主义者有洛克、弥尔、亚当·斯密（Adam Smith, 1723–1790）、托克维尔（Alexis de Tocqueville, 1805–1859）、海耶克（F. A. Hayak, 1899–1992）、波普（Karl R. Popper, 1902–1994）、柏林（Isaiah Berlin, 1909–1997）等人。

自由主义者的观点虽有些分歧，却也有其共识，大致而言有四点。一是政治性的：强调以民主、分权与自由结社来保障个人的自由与权利，并以渐进改良，而非暴力革命的方式来达到此一目的。二是经济性的：强调私有财产，并以私有财产和市场经济为基础而设计出政治模型，此一体制肯定市场竞争，缩减国家干预（诚如上述，在这方面有些争论，亦有自由主义者主张较多的国家干预）。三是社会性的：十九世纪以后，自由主义也关注社会问题，注意到社会正义，特别是弱势族群（如少数民族、妇女、同性恋者等）生存、平等的问题。四是哲学上的：肯定个人主义（知识论的个人主义，并以个人为出发点来构组整个政治、社会秩序）、思想自由、强调容忍异己等。③

不过，此一西方概念传入中国之时，因思想、文化上的差距，经过了很艰辛的历程。在讨论二十世纪中国自由主义之内涵与进程之前，首先应厘清的是有关中文

---

① 有关自由主义的历史及其在各国的发展，参见：J. Salwyn Schapiro, *Liberalism: Its Meaning and History* (Princeton: D. Van Nostrand Company, 1958).

② 石元康，《自由主义与现代社会》，“公民社会基本政治社会观念研究”研讨会论文，2002 年 10 月 25 日–26 日，页 11。

③ 李强，《自由主义》（北京：中国社会科学出版社，1998），页 15–18。

之中“自由主义”一词的使用及其界定的问题。

在汉语语境中，日人最早使用自由主义一词，早在1882年（明治15年）东京即有《自由主义各党政谈演说神髓》一书的出版。① 明治时代“自由主义”一词已为人们所普遍使用。梁启超赴日之后受日人影响，在1899年《清议报》中的《俾士麦与格兰斯顿》一文中，首度以“自由主义”一词，来描写格兰斯顿（William Ewart Gladstone, 1809–1898）“倡议爱尔兰自治”的看法，并将之与先前之“守旧主义”相对照。② 至1903年《新民丛报》中有一则关于“俄国之自由主义”的政界时评（上海的《大陆报》也有类似的报导），认为俄皇“对于各宗派宣发上谕，许其宗教信仰之自由，且谋扩张自治制度”，将此举称为在“专制严酷之国”所发生之“自由主义”。③ 这两种用法分别指涉与守旧及专制对立的一种在宗教、政治上的宽容立场。1925年时当瞿秋白（1899–1935）在《新青年》上讨论马克思主义时，自由主义所指涉的意义有所转变，开始将之用来称呼一种资产阶级的意识形态。④ 此后自由主义一词在中文之中变得更为普遍。

十九世纪末、二十世纪初年以来，中文之中自由主义的界定约可粗略分为三种类型，可以称为：政党意识形态的界定、多元启蒙理念的界定与后设分析的界定。第一种政党意识形态的界定可以国民党与共产党两种极端相反政治立场的负面评估为代表。共产党理论中一直将自由主义之倾向称为“资产阶级自由化”，是一个要努力打击的对象。其表现即是生活散漫、追求个人纵欲与享乐（尤其是感官享乐），并和不平等与阶级间的剥削、压制结合在一起。⑤ 在国民党方面，解严

① 平井市造编，《自由主义各党政谈演说神髓》（东京：兴文社，1882）。

② 梁启超，《自由书》（台北：台湾中华书局，1979），页4。

③ 不详，《俄国之自由主义》，《新民丛报》，期24(1903年）页53。不详，《俄国之自由主义》，《大陆报》，期5（1903年），页6。

④ 瞿秋白，《列宁主义与杜洛茨基主义》，《新青年》，不定期刊第1号（1925年），页85。金观涛、刘青峰，《观念史研究：中国现代重要政治术语的形成》（香港：香港中文大学，2008），页570。

⑤ 毛泽东于1937年9月7日发表《反对自由主义》，后收入《毛泽东选集》，见毛泽东，《毛泽东选集》（北京：人民出版社，1969），卷2，页330–332。该文的背景是在抗日战争刚刚爆发，中华民族正处于生死存亡的危急关头时，中国共产党希望肩负起抗日救国的民族重任，因此主张加强团结，而毛以为存在于党内的各种非无产阶级思想，特别是思想上、政治上、组织上的“自由主义”倾向严重妨碍了党和革命团体的高度团结统一。此文分析了自由主义的表现、危害、来源和性质，指出：源于小资产阶级的自私自利性的自由主义是机会主义的一种表现，是和马克思主义根本冲突的。它使团结涣散，关系松懈，工作消极，意见分歧，影响党的政策的贯彻和执行。毛泽东号召共产党员用马克思主义的积极精神克服和反对自由主义倾向。此文可代表中国共产党对自由主义的基本观点。

之前国民党官方意识形态与马克思主义不同，然而对自由主义的看法却与上述的观点颇为类似，都以自由主义当作生活散漫、放荡的表现，呼吁国人要追求“国家自由”、摒弃个人自由。国共之间的不同之处是：国民党将自由主义扣上了“共匪的帮手”、“替共匪摇旗呐喊”等罪名。台湾在戒严时期主要媒体对自由主义这种“毒素思想”曾作过大量的猛烈抨击。总之，国共两党对自由主义的负面性评估与其国族主义的倾向，亦即强调国家生存与群体发展，反对发挥个性、追求个人利益的想法有密切的关系，其背后有宋明理学中讲究公私、利义之辨与追求大公无私的传统理想。①

中文语境中第二种所谓多元启蒙理念的界定则将自由主义视为是正面的，而与专制、束缚等相对的一种政治理念。此一观点认为中国深受专制之苦，自由主义所代表的是一种反抗专制集权、主张从旧体制中解放出来的思潮。因此中国自由主义者可以包括了许多不同类型的人，除了严复、胡适、蔡元培、张君劢（1887–1969）、周德伟（1902–1986）等较多人所承认的自由主义者之外，如唐君毅（1909–1978）、牟宗三（1909–1995）、徐复观（1904–1982）等新儒家也可以包含在内。②殷海光在《中国文化的展望》一书中有“自由主义的趋向”一章，其中只要是具有以下六种性质中的四种，就可以属于自由主义的范畴之内。这六种性质是：“一、抨孔；二、提倡科学；三、追求民主；四、好尚自由；五，倾向进步；六，用白话文。”殷海光之所以采取如此宽泛的界定是因为，“中国的自由主义迄未定型”，“严格地说，像西方自由主义者那样的自由主义者，在中国真是少之又少……中国早期的自由主义者多数只能算是‘解放者’”。殷海光认识到自由主义传入中国之初的混杂性，他只是从解放者的角度，很宽泛地来界定自由主义者。③当然，对他来说，新儒家能否算是自由主义者是有疑义的。这样一来，即使是正面而宽泛地界定，其内部还有不少歧异。

第三种后设分析的界定主要是描述性的。例如在笔者有关严复、梁启超的研究中，对自由主义下了一个比较狭窄而具描述性的定义。在书中我所问的问题是为何

① 翟志成，《宋明理学的公私之辨及其现代意涵》，收入黄克武、张哲嘉主编，《公与私：近代中国个体与群体之重建》（台北："中研院"近代史研究所，2000），页1–57。

② 例如任剑涛认为徐复观是“儒家自由主义”者，他与殷海光的西化自由主义形成对照，见任剑涛，《中国现代思想脉络中的自由主义》（北京：北京大学出版社，2004），页27。

③ 殷海光，《中国文化的展望》（香港：大通书店，1981），页291–371。

在二十世纪中国历史没有走向“自由民主”（liberal democracy）的道路。为了研究上的可操作性，我将西方自由民主思想分为“卢梭主义”（Rousseauism）与“弥尔主义”（Millsianism）两类，而把焦点置于后者。① 拙作指出许多学者都同意以约翰弥尔思想为基础的弥尔主义是西方自由哲学的主流，而此一主流在近代中国受到排斥。拙著以严复为例，探讨中国知识分子对弥尔主义的译介，笔者指出严复一方面误解了弥尔主义的内在逻辑，另一方面又以传统思想为基础批评他所理解的西方模型。严复的观点与其他接受弥尔主义的中国思想家可以构成一个中国自由主义的系谱，严复之后的梁启超、胡适、杜亚泉、高一涵（1885–1968）、傅斯年、殷海光、雷震（1897–1979）等人大致上都可归于此一系谱之内。此外，肯定自由民主理念的新儒家如唐君毅、牟宗三等追求儒家与自由主义之会通，甚至孙中山的思想，如果排除其中“以俄为师”的部分，而关注其《三民主义》之中民权主义的内涵，也可以属于此一系谱。

三、二十世纪中国自由主义之挫败

二十世纪以来自由主义在许多知识分子的努力之下，逐渐产生了一些具体的影响力，也对中国的学术教育、传播媒体与政治发展有所冲击。如北京大学在蔡元培、胡适等人的努力下，采取自由主义的教育；近代宣传自由理念的报刊有《新青年》、《独立评论》、《自由中国》等；② 此外在具体行动上则有 1912–3 中国出现“自由党”与 30 年代知识分子反对国民党一党训政以及采行法西斯路线。然而不容否认的是二十世纪中国历史的主流，虽然肯定主权国家的建立，但显然拒绝了自由主义、资本主义与民主政治相结合的模式（1949 年之后的台湾是例外），反而走向社会主义与权威主义的路子，自由主义的国家构想在现代中国的政治实践上遭到挫败。1949 年共产革命的成功尤其昭示了自由主义理想为人们所放弃。为

① 有关这两者的不同见拙作，如黄克武，《近代中国转型时代的民主观念》，收入王泛森等著，《中国近代思想史的转型时代》（台北：联经出版事业公司，2007），页 353–382。Max K. W. Huang, *The Meaning of Freedom: Yan Fu and the Origins of Chinese Liberalism* (Hong Kong: The Chinese University Press, 2008), pp. 44–51. 这两种民主思想的区别大约是从熊彼得 1943 年所著的《资本主义、社会主义与民主》一书开始，详见 *The Meaning of Freedom*, pp. 45–46.

② 参见李金铨编著，《民国知识分子与报刊》（台北：政大出版社。2008）。

什么？针对此一问题，学者们提出了不少的解释。他们所探讨的原因可以分为思想因素（intellectual causes）与非思想因素（non-intellectual causes）来说明。[①]无论如何，如果我们采取韦伯（Max Weber, 1864–1920）多原因历史解释的研究取向。近代中国的国家统治的制度选择上的“胜负”是各种思想因素与非思想因素（政治、外交、社会、经济、军事、教育、国际情势等方面的原因）所共同造成的。

在非思想性因素方面，二十世纪以来中国屡次遭到的外患与内乱，使自由主义以及他们所支持的宪政体制无法具有一个安定的环境而稳定发展。中国学者特别强调传统“封建”体制的阻力，以及当时中国缺乏政治的稳定性，包括帝国主义对国家安全之威胁所造成的影响等因素。例如李泽厚即说，帝国主义的入侵、战乱、盗匪等所引发的国内、外的危急情境，又使国人觉得民主制度无法解决“救亡”的燃眉之急，所以“救亡压倒了启蒙”。[②]

的确，民初以来，军阀混战，接着是日本帝国主义的侵略，同时中国共产党在八年对日抗战期间趁势崛起，并在 1945 至 1949 年的国共内战击败了国民党军队。这些动荡的政局使“中华民国”宪政之推行遭到严重阻碍。这样看来自由主义的挫败与国民党在政治、军事上的失败有直接的关系。目前有关 1949 年国共内战的分析，几乎都强调中共在军事上的策略与军队的纪律，与国民党军队的无能、贪腐形成强烈的对比，而认为此点是民心向背的关键。[③]此外，政治、外交的因素也很重要，余英时在为熊式辉的回忆录写序时，曾征引 1950 年 9 月 6 日胡适致傅斯年夫妇函，认为苏联的扶植是中共由败转胜的关键。胡适说：“我要人知道在这廿五年的（国共）斗争里，最初二十多年处处是共产党失败，蒋介石胜利。”其后有两个

---

① 以下的讨论请参考黄克武，《自由的所以然：严复对约翰弥尔自由思想的认识与批判》（台北：允晨文化有限公司，1998），页 10–12。

② 李泽厚，《启蒙与救亡的双重变奏》，《中国现代思想史论》（台北：风云时代出版公司，1990），页 1–54。Jerome B. Grieder, *Hu Shih and the Chinese Renaissance* (Cambridge: Harvard University Press, 1970)，也有类似的看法，Grieder 认为政治的高度不稳定以及人们缺乏共同的价值观是造成近代中国自由主义失败的主要原因，他说“自由主义的失败是因为中国正处于混乱状态，而自由主义需要秩序。它失败是因为自由主义所需要的一种共同的价值并不存在，而自由主义者无法提供建立此价值的方法……简言之，自由主义在中国的失败是因为中国人的生活充满暴力与革命，而自由主义者对这些问题并无解答”，引文见页 345。

③ 例如中国社会科学院近代史研究所的汪朝光于 2008 年 5 月 21 日在中研院近史所有关“1949 年国共政权大陆易手之研究”之演讲即持此一看法。

转捩点：第一是西安事变，保全了红军。第二是雅尔达密约，赋予史达林进军东北的特权，并支持红军壮大发展。此约改变了中国与亚洲的命运。因此胡适（以及征引该文的余英时）认为，中共的胜利绝非如其所宣称代表不可抗拒的历史潮流，而实际上主要是苏俄扶持的结果。①此一观点与陶涵（Jay Taylor）新出的英文蒋介石传《大元帅：蒋介石与近代中国的奋斗》（*The Generalissimo Chiang Kai-shek and the Struggle for Modern China*）中对蒋一生功过的论断相互配合。②

自由主义在近代中国的失败，不但受战乱的影响，也涉及中国当时缺乏一些其他的条件。有些学者如 Seymour Martin Lipset 曾讨论到在全球的、普遍的层次上，“实施民主制度所需要社会上的先决条件”，③简单地说，他强调经济现代化、政治的稳定性，以及文化与制度的发展等，是一个民主制度成功运作所需要的条件。很明显地，依此观点，实施自由民主制度所需要的这些先决条件，在十九世纪末、二十世纪初的中国并不充分存在。

这些非思想因素与思想因素是分不开的，上述危急情境所产生的“救亡”心态，使人们以为在当时情境下追求富国强兵以解救国家危亡，要比实现个人的自由与尊严（即五四运动中“启蒙”的理想）来得重要，而三民主义或马克思主义在国家富强方面，似乎是比较有效的，人们因而放弃了自由主义，并转向其他更有效的主义。

这一种思想上的选择也涉及中国知识分子的一个重要的思想预设。当时中国知识分子倾向于追求以一个清楚的思想“体系”（例如各种“主义”），渴求一个简单明了、一网打尽的答案，来实现快速而全面的变革，并希望中国能像西方那样，具有不断创造的动力精神，所以国家主义的情绪与后来社会主义的追求，是有关联的。这样一来，自由民主理念所提供的渐进而零碎的改革方案（如胡适所说的多谈“问题”、少谈“主义”），不如主张革命，并宣称借此能够“彻底解决”一切问题的

---

① 余英时，《序》，熊式辉著；洪朝辉编校，《海桑集：熊式辉回忆录 1907—1949》（香港：明镜出版社，2008），页 18—19。

② Jay Taylor, *The Generalissimo: Chiang Kai-shek and the Struggle for Modern China* (Cambridge, Mass.: Harvard University Press, 2009).

③ 有关实施民主所需要的先决条件，可参考 Seymour Martin Lipset, “The Social Requisites of Democracy Revisited,” *American Sociological Review*, Vol. 59 (1994), pp. 1—22.

马克思思想，或是能够“毕其功于一役”的三民主义等思潮，来得有吸引力。① 这一个发展也是余英时所强调的：是一个思想与行动上“激进化”过程。② 对于同一历史现象的类似诠释则指出，近代以来中国思想界有乌托邦性格，并认为此一乌托邦精神是植根于儒家思想。③

这也涉及劳思光在《中国之路向》一书中所说的近代中国的“求仙思想”，“这种想法的特色，在于同时否定中西文化的成绩，而寄望于一种新世界的幻想”，亦即企图打破原有秩序，重建一新世界（劳氏称之为“换体”）。④ 总之，共产革命的成功以及国民党与自由主义的失败是一个复杂的历史过程，其中不但有外在的因素也有内在的思想因素。然而，自 1920 年代以来，政党与学生运动的结合，导致“学生运动”变成了“运动学生”；⑤ 同时“左倾”知识分子以“民主化”为诉求，追求政治参与、平等与正义等，鼓动激进的革命风潮则是非常关键的因素。总之，中共的成功得力于以诱人的意识形态所从事的思想动员，以及党政机制所发挥高度组织力量，使之获致 1949 年革命的成功。⑥

乌托邦思想与激进化的结合使中国知识分子对“平等”的追求，以及认为平等代表社会正义的想法结合在一起。一直到今日，当多数人们乐见中国大陆因走向市

① 此一重视“体系”的观念，见余英时，《中国近代思想史上的胡适》（台北：联经出版事业公司，1984），页 61–71；张灏，《五四运动的批判与肯定》，《幽暗意识与民主传统》（台北：联经出版事业公司，1979），页 151。然而较深入地讨论近代中国思想中普遍地追寻“体系”的想法及其传统根源，见 Thomas A. Metzger, “A Confucian Kind of Modern Thought: Secularization and the Concept of the T'i-Hsi (A Deductive, Comprehensive, Correct System of Political Principle),” 收入《中国现代化论文集》（台北：“中研院”近代史研究所，1991），页 277–330；以及墨子刻为朱浤源著《同盟会的革命理论：“民报”个案研究》（台北：“中研院”近代史研究所，1995 再版）所写的《序》。

② 余英时认为自清末以来，一部中国思想史是一个不断“激进化”的过程，思想又落实到行动层面，所以知识分子的思想每激进化一步，他们的改造方案也跟着更彻底一步，至共产主义运动而登峰造极。Ying-shih Yü, “The Radicalization of China in the Twentieth Century,” *Daedalus* 122:2(1993), pp. 125–150.

③ 张灏曾指出在 1895–1925 之间，中国知识分子受传统的“未来意识”与西方历史目的论的影响，有乌托邦主义的出现，而“国家主义与道德世界主义两者都是构成救世乌托邦主义的重要因素”，他认为此期乌托邦主义的兴起是共产主义的渊源之一，见张灏，《再论中国共产主义思想的起源》，收入余英时等著，《中国历史转型时期的知识分子》（台北：联经出版事业公司，1992），页 55–62。墨子刻，《乌托邦主义与孔子思想的精神价值》，《华东师范大学学报》，2000 年第 2 期，页 18–23。

④ 劳思光，《中国之路向》（香港：尚智出版社，1981），页 27。

⑤ 吕芳上，《从学生运动到运动学生——民国八年至十八年》（台北：“中研院”近代史研究所，1994）。

⑥ Franz Schurmann, *Ideology and Organization in Communist China* (Berkeley: University of California Press, 1968).

场经济而日益繁荣之时，中国大陆“毛派”、“新左派”（如崔之元）极力对抗全球化与资本主义的浪潮，仍然具有不可忽略的影响力。这也包括了孙中山《三民主义》中的民生主义一直带有社会主义的性质，并主张追求“均富”。在中国近代史上，知识分子不仅是马克思主义者，也包含非马克思主义者，对资本主义的抗拒与对平等理想的追求是一个很值得注意的现象。

有关资本主义在近代中国的历史还需要进一步的研究。① 但大约在 1860 年代洋务运动之时，薛福成（1838–1894）、郑观应（1842–1922）、马建忠（1844–1900）等人即对资本主义颇为热衷；② 至清末梁启超与革命党诸子于《民报》与《新民丛报》上的论战，在经济层面也具有资本主义与社会主义相抗衡的意味。但随着改革派势力的失败，梁启超当时所秉持的经济理念成为弱势，知识分子之中反对资本主义的想法抬头。至 1930 年代，中国马克思主义者固然对资本主义不满，国民党（其经济取向较配合资本主义）在思想上也是排斥它的。胡秋原（1910–2004）曾说，“抗战回国后，我常主张资本主义。三十年代的朋友，都感觉奇异。国民党人尤其不以为然。” ③ 坚决反共的傅斯年是一个很好的例子，在 1944 年时，他表示自由主义是人道主义，它因为和资本主义结合而丧失了他的灵魂。换言之，作为一位五四的产儿、胡适的学生，他支持政治、思想的自由，却不接受经济上的资本市场。他说：“我平生的理想国，是社会主义与自由并发达的国土，有社会主义而无自由，我住不下去，有自由而无社会主义，我也不要住。” ④ 在反共阵营之中，傅斯年的想法并不例外（胡适、丁文江（1887–1936）都曾为苏俄社会主义的理想所吸引）。⑤ 主张民主、宪政的张君劢对于经济方面的看法也深受社会主义影响，要改良资本主义的弊病。⑥ 台湾在 1949 年之后所采取的经济政策一直偏向资本主义，并取得令人刮目相看的成长，不过即使在私有财产制与市场经济持续发展之时，反

① 有关大陆学者对此课题的看法可参考吴承明、许涤新主编，《中国资本主义发展史》（北京：人民出版社，1985）。

② 李泽厚的《十九世纪改良派变法维新思想研究》一文对此有详细的描写，收入氏著，《中国近代思想史论》（北京：人民出版社，1979），页 31–91。

③ 胡秋原，《一百三十年来中国思想史纲》（台北：学术出版社，1974），页 221。

④ 转引自焦润明，《傅斯年传》（北京：人民出版社，2002），页 304。

⑤ 罗志田，《胡适与社会主义的合离》，收入《民族主义与近代中国思想》（台北：东大图书公司，1998），页 242–255。欧阳哲生，《丁文江的“苏俄经验”与思想调整》，《福建论坛（人文社会科学版）》，2008 年 10 期，页 60–64。

⑥ 丁三青，《张君劢解读：中国史境下的自由主义话语》（南京：南京大学出版社，2009），页 197。

对资本主义、强调经济平等与社会福利的声音还是很强。① 思想上对资本主义、自由市场的排斥，亦影响到自由民主制度在中国的发展。这个情况与凯末尔（Mustafa Kemal Ataturk, 1881–1938）时代的土耳其有类似之处，当时土耳其在政治上采民主共和的体制、思想上推行“世俗化运动”，但在经济上推行国家管制的计划经济，因而影响到自由主义的发展。

总之，近代中国“自由主义–资本主义”与“极权主义–社会主义”的制度选择是一个很复杂的课题，上述各种因素只能提供我们作为解答历史疑云的参考。除此之外，近代中国自由主义的发展还受到中国思想家对西方思想之取舍的影响。

四、“三个缺失”与近代中国自由主义的复杂面貌

中西思想、文化之比较视野提供学者一个研究近代中国自由主义特征的切入点。有些学者特别指出中国民主思想中缺乏了西方自由民主传统中所强调的某些特点，因而使得英美式自由民主制度在中国的建立充满困难，而共产革命终至成功。虽有学者批评此一思路具有西方中心的“目的论式”的思考模式，然此一讨论在学界之中却是历久不衰。这三个“缺失”分别是中国自由主义：(一)、缺乏对个人自由之重视。中国自由主义思想不以追求个人自由为终极目标，而强调以自由民主来实现国家富强；换言之，个人自由是手段，国家富强才是目标。(二)、不重视“市民社会”(civil society）的观念，或误解西方市民社会之含意。(三)、具有乌托邦思想之倾向，将西方自由民主制度乐观化，因而不够强调“政治与经济的可行性”。以下分别叙述。

（一）群己价值的抉择：个人自由是手段还是目的？

第一个解释可以以史华慈（Benjamin I. Schwartz, 1916–1999）有关严复思想的诠释为代表，他以为清末民初之时中国知识分子一意追求国家的富强，在他们理解西方自由民主传统时，强调以民主制度作为追求国家富强的方法，而忽略了民主作

① 墨子刻，《二十世纪中国知识分子的自觉问题》，收入余英时等著，《中国历史转型时期的知识分子》，页 118。在这方面可以 1950 年代《自由中国》中对经济问题的讨论为例来做说明，在该刊撰稿人之中如胡适与殷海光等人较支持自由经济，但其他人如雷震、高寿昌、王希龢等人则强调经济平等，主张管制经济或社会主义。薛化元，《〈自由中国〉与民主宪政——1950 年代台湾思想史的一个考察》（台北：稻乡出版社，1996），页 198–206。

为保障个人自由的终极目的。在史华慈的笔下，严复不但强调“己轻群重”，而且在介绍斯宾塞（Herbert Spencer，1820—1903）的理论时有明显的曲解，在斯宾塞的理想中社会是以个人幸福为唯一目标，他并没有“个人自由之价值在于增进民族国家之富强”的意念。史氏又发现严复在翻译弥尔《论自由》（严氏译为《群己权界论》）时，将其重心由个人移至国家，他所强调的是个人自由的限制，以及如何以个人自由促进民德、民智、民力的发展与国家利益。因此史华慈认为严复所代表的近代中国的民主思想强调将民主与国家的集体价值（富强）结合在一起，而不像西方是以个人自由为基础。他并断言这种手段性的民主思想是相当脆弱的，因为一旦有人证明可以找到一个比民主更有效的制度来达成国家富强时，人们便会放弃民主而另外追寻这种更有效的方法。①

此一解释一方面在无形中配合了西方的汉学主流，认为中国文化具有集体主义与权威主义的特点；②另一方面也对后来的学者有所启发。例如易劳逸（Lloyd E. Eastman）在讨论三O年代的民主与独裁辩论时同样强调“手段性的民主观念”与将国家置于个人之上的想法是独裁论兴起的重要因素；③张灏认为梁启超思想的主脉为环绕着“群”之观念，而梁氏并不了解西方所谓的个人自由；④徐高阮在《严复型的权威主义及其同时代人对此型思想之批判》一文中以为梁启超在戊戌之后至老年的思想形态是“严复的思想的复现”，表面上是自由主义的先驱，但实际上他们的自由主义“与保守主义、权威主义是不可分开的东西”，他更以为梁氏的《新民说》与后来所撰“开明专制论”是一个钱币的两面。⑤这样一来，中国自由主义

① Benjamin I. Schwartz, *In Search of Wealth and Power: Yen Fu and the West* (Cambridge, Mass.: Harvard University Press, 1964), pp. 237–247.

② 有关此观念之简要讨论见 Raymond Dawson, “Western Conceptions of Chinese Civilization,” *The Legacy of China* (Oxford: Oxford University Press, 1964), pp.20–22. 此一观念与五四运动支持者合流，形成一强势论述，也对当代大陆史学有所影响。见刘晓虹，《中国近代群己观变革探析》（上海：复旦大学出版社，2001），页 15–38。

③ Lloyd E. Eastman, *The Abortive Revolution: China under Nationalist Rule, 1927—1937* (Cambridge, Mass.: Harvard University Press, 1974), p. 157. 他在文中表示他同意张灏对梁启超以及史华慈对严复的分析，以为严、梁两人肯定自由的价值主要是因为此一观念有助于形成一个有动力的社会，以及因此而产生的强大的国家；然而后来中国人看到俄国、意大利与德国发展出一个更有效的强国的方法时，自然对民主失去兴趣，并转而追求新的强国方法。

④ Hao Chang, *Liang Ch'i-ch'ao and Intellectual Transition in China, 1890—1907* (Cambridge, Mass.: Harvard University Press, 1971), p. 206.

⑤ 徐高阮，《严复型的权威主义及其同时代人对此型思想之批判》，收入周阳山编，《近代中国思想人物论：自由主义》（台北：时报文化出版事业有限公司，1980），页 153–155。

者显然不够肯定西方个人主义所最强调的“个人”所具有本体论、知识论与在政治、经济活动上的终极价值。

近代中国思想界对“群”之价值的强调也涉及欧战之后，人们对西方自由主义感到失望，因而投向能更有效实现“救国保种”的其他“主义”。如上所述，无论是国民党的“三民主义”或共产党的“马克思主义”，都批评“个人主义”、“自由主义”，转而强调以“主义、政党、军队”三位一体的组织力量，来创造新人、实现新社会。1939年刘少奇（1898–1969）所演讲的“论共产党员的修养”与1940年代罗家伦（1897–1969）所著的《新人生观》，均强调小我应为大我（或党）的奋斗而存在，实现“大公无私”的理想。① 此即上述国共两党对自由主义持负面批判的思想根源。

同时，20、30年代之后发展出来的新儒家思想，虽较同情自由民主思想，然亦批评自由主义太过环绕着“利己主义与工具性理性”，希望借助固有文化的精神资源来克服西方自由主义中过度重视“个人”的文化危机。一个有趣的例子是1940年代，支持马克思主义的杨缤，与受蒋介石欣赏而支持新儒家理念之学者如贺麟（1902–1992）、谢幼伟（1905–1976）等人，同样地主张译介美国哲学家鲁一士（Josiah Royce, 1855–1916）的《忠之哲学》(Philosophy of Loyalty)，鼓吹主义与领袖的崇拜。②

笔者在1994年有关梁启超调适思想一书中反省上述的观点，指出中国自由思想诚然有重视群体的倾向，然而也有从“群己权界”的角度肯定己的一面，此一观点与集体主义不能混为一谈。笔者认为像梁启超所代表的中国自由主义者所主张者乃“非弥尔主义式”的个人自由，这种自由观念仍是以保障个人尊严、个人权利为基础，但是因为许多个人的理想要在安定、文明与富强的环境之中才能实现，因此他们也同时强调群体价值的重要，简单地说就是拒绝个人主义，主张群己之间的平衡。③ 笔者在2008出版严复自由思想的专书，亦尝试思索中国自由主义传统有关群己问题的抉择。这一本书以严复翻译弥尔的 *On Liberty*（《论自由》）为例，说明严复一部分了解弥尔、一部分误会弥尔，同时也将固有理念投射到弥尔思想之上，并有意识地批判弥尔的某些想法。本书企图修正 Benjamin Schwartz 教授上述的诠

① 这方面我参考了本所余敏玲教授的研究，谨致谢意。

② 参见本书《蒋介石与贺麟》一文。

③ 黄克武，《一个被放弃的选择：梁启超调适思想之研究》（台北：“中研院”近代史研究所，1994），页187–188。

释。笔者不同意 Schwartz 所谓在严复思想之中个人自由是实现国家富强的手段，而不具有终极的价值。拙著强调严复深受传统“成己成物”、“明德新民”等观念的影响，是在群己平衡的前提下强调个人的价值（这是他将书名定为“群己权界”的原因所在）。这样的思想倾向显示他一方面对西方自由思想有所了解，亦有所误会，另一方面此一认识与他强烈地肯定一个植根于传统的自由社会之构想是交织在一起的。因此严复的自由理念是将儒家理想和西方自由的观念结合在一起，是思想上的一个创见，这一创见也蕴含了对西方自由主义的深刻批判。① 除了严复之外，近代中国自由主义者秉持群己平衡、群己并重的人并不在少数，例如，笔者曾指出梁启超与胡适均受传统佛道思想的影响，有“小我”、“大我”的观念，以及“不朽”的想法。② 赵席夐有关高一涵的研究也指出他主张“自利与利他的自由主义”。③ 这些诠释十分配合金耀基对中国自由民主思想的观察，他指出：东亚现代化的经验显示，中国人接受“民主”，却不完全肯定西方的个人主义，而是倾向于“从‘共同体’或‘社会的’视角出发来对个人及其权利进行界定”。④ 值得注意的是在西方自由主义向外传播的“理论的旅行”中，中国思想家较偏重群体价值的解读方式，并非特例。在 20 世纪自由主义传入俄国与土耳其、埃及等回教国家的过程中，也屈服在民族主义的情绪之下，出现“群重己轻”或“国家自由”的想法，并担心自由会导致放纵（license）。⑤

（二）市民社会的问题

第二个解释认为中国知识分子在引介西方自由民主传统时不了解或不强调“市

---

① Max K. W. Huang, *The Meaning of Freedom: Yan Fu and the Origins of Chinese Liberalism.*

② 黄克武，《胡适与赫胥黎》，见本书。。

③ 赵席夐，《自利利他的自由主义：高一涵政治思想研究》（台北：国立政治大学历史研究所硕士论文，2008）。

④ 金耀基，《中国政治与文化》（香港：牛津大学出版社，1997），页 175。

⑤ Katherina Dalacoura, *Islam, Liberalism and Human Rights* (London: I. B Tauris, 2007), pp. 57–58. 伯纳德．刘易斯，《现代土耳其的兴起》（北京：商务印书馆，1982），页 138–155。例如土耳其的 Namik Kemal（1840–1888），受到卢梭与孟德斯鸠的影响，尝试将自由主义、爱国主义与回教结合在一起。见伯纳德 · 刘易斯的书，页 151–155。埃及学者 Aḥmad Luṭfī al-Sayyid（1872–1963）深受弥尔的影响，在回教世界中强调个人的权利与自由，并反对国家过度对于个人的管制。但是他同样地关心国家自由，追求埃及的独立自主。在此脉络之下，他将自由与独立视为是同义词。http://science.jrank.org/pages/9968/Liberty-Islamic-World.html，读取时间：2009.11.30。

民社会”(civil society，或译为“民间社会”)或“公共领域”(public sphere)的观念，因而未能建立健全的市民社会，作为自由民主制度之基础。此一市民社会观念源于近代西方历史发展中“国家”(state)与“社会”(society)的分离，意指在政府直接控制之外的一个自由的活动空间，而以此一空间为基础，人们可以对执政者施加压力，强迫政府顺从民意。

西方市民社会的观念中也蕴含了一种对“市民特质”(civility)的看法。① 有些学者以为在传统中国普遍王权的控制之下，缺乏发展此一空间的社会基础，因而无法产生独立于中央的社会势力；也有些学者认为中共官方马克思主义的意识形态不容许市民社会的存在，因而不具有民主改革的契机。例如天安门事件无法成功的原因之一是没有独立于政府之外的的士人集团、教会与工会传统。讨论此一课题的学者多从政治史或社会史的角度立论，较忽略思想方面，但从此一理论的逻辑所推论出的观点是：在中国由于历史经验的缺乏，使知识分子在引进西方民主制度时忽略了“市民社会”与“公共领域”的观念，而未能建立民主制度所需的市民社会。这也涉及余英时等人所谓科举制度废除之后，近代中国知识分子丧失了文化权力与社会基础，走向“边缘化”，而无法建立“知识人社会”或士大夫为中心的“中等社会”(梁启超语)。换言之，“学统”为“政统”所取代。最后，失去社会基础的知识分子被夹在非此即彼的（国、共）党派力量之间，被迫进行政治选择。②

另一种观点认为近代中国不但有“市民社会”的萌芽，而且也在某种程度上建立了市民社会。③ 不过也有学者指出具有中国特色的市民社会其实与西方的市民社会有所不同。例如墨子刻认为，在西方传统中，“市民社会”是指某种非乌托

① 有关民间社会的定义与相关的讨论可见 David Held, *Models of Democracy* (Stanford: Stanford University Press, 1987), p.281. John Keane, ed. *Civil Society and the State* (London: Verso, 1988). Sudipta Kaviraj and Sunil Khilnani, ed., *Civil Society: History and Possibilities* (Cambridge: Cambridge University Press, 2001). 有关西方国家与社会的分离可见 Raymond Williams 对 society 一词之历史演变的讨论，见氏著 Keywords: *A Vocabulary of Culture and Society, revised edition* (New York: Oxford University Press, 1983), pp. 291–295.

② 余英时，《中国知识分子的边缘化》《中国文化与现代变迁》（台北：三民书局，1992），页 33–50。许纪霖，《重建社会重心——现代中国的“知识人社会”》，收入王泛森等著，《中国近代思想史的转型时代》，页 137–168。

③ 有些学者强调中国自清末以来已出现类似西方意义下的民间社会或公共领域，持此观点者主要为 William T. Rowe 与 Mary B. Rankin 等人，此一观点的精简论述可见 Rowe 的书评论文 “The Public Sphere in Modern China,” *Modern China* 16:3(1990), pp. 309–329. 亦见 Joan Judge, *Print and Politics: “Shibao” and the Culture of Reform in Late Qing China* (Stanford: Stanford University Press, 1996).

邦的政治秩序，在此一秩序下，道德上和知识上易错的（morally and intellectually fallible）公民自我组织起来，为了要监督“不可改正”的国家（incorrigible state），努力把国家对其生活的干预减少到最低限度。然而在中国知识分子的著述中，这种非乌托邦式的、自下而上的（bottom-up）“市民社会”的定义却被人们所忽略，代之以深植于传统的、乌托邦式的、自上而下的（top-down）理念。在他们的观念中，道德、知识上的精英——无论是不受私利蒙蔽的“政党”还是“真正的知识分子”——将掌握可驯服的国家（a corrigible state），或者至少获得国家的准许，来指导社会。这样一来，中国式的市民社会比较难以进行权力制衡。

墨子刻也指出，即使像梁启超那样肯定市民社会的重要性的人，也会从一个比较高道德标准的“公德”观念，来建立市民社会的伦理基础，而没有认识到西方市民社会中 civility 概念与公德观念之落差。那么西方的 civility 究竟有何内涵?

根据墨氏的看法，它涉及西方社会中从亚里士多德（Aristotle, 384–322 B.C.）到圣奥古斯丁（Augustinus, 354–430）所强调：“公共生活的道德水准大概不能配合最高的道德理想”，以及近代以来在世俗化过程之中对于社区社会（Gemeinschaft）理想的扬弃与结社社会（Gesellschaft）理想的肯定。① 其内涵包括：(1) 相当程度的文化同质性；(2) 公民之间虽然并不相识，却能维持一种诚恳、互信的人际关系；② (3) 公民中必须存在一些政治共识，诸如民族主义的感情；(4) 认为神圣的道德价值的实现，至少部分取决于政治核心（the political center）之表现；(5) 政治不能只是围绕着对于过去的光荣、苦难、斗争的共同回忆及目前的雄心，Robert N. Bellah 将这些称之为“记忆的共同体”（a community of memory），它也必须立基于遵循某种抽象的、内在统一的原则，比如希腊的“正义”观或儒家的“仁”之理念，如此一来，政治上的不同意见就变成了利益集团之间的争论，而不会将彼此都视为正邪集团之间的生死较量。(6) 这种原则性观念必须跟统治者对人民负责任的想法联系起来。(7) 如 Quentin Skinner 所指出，这种统治者对人民负责任的观念，

---

① 墨子刻，《20世纪中国知识分子的自觉问题——一位外国学者的看法》，《中国历史转型时期的知识分子》（台北：联经出版事业公司，1992），页 129–131。

② 这一点涉及福山所说的“诚信”（trust）的问题。他认为台湾社会和中国大陆一样，属于“低信任度”的地区，一般民众对于陌生人的态度是不信任、不合作，结社仅限于血缘与地缘等传统型态。此一特点也影响到市民社会的发展。参见顾忠华《公民社会在台湾的成形经验》，收入陈祖为、梁文韬编，《政治理论在中国》（香港：牛津大学出版社，2001），页 358。

与大约15世纪以来在西方兴起的对“合法性”的强调有关联。(8) 市民特质对于政治的合法化过程而言，是必不可少的，它使“互相竞争的诉求都得以表达，并获得正当性”，形成某种政治性市场，并与开放的知识市场及自由的经济市场鼎足而立。整体观之，西方 civility 是一种低标准理想下，自下而上的“中人的道德”。如果我们将此观念与梁启超的“公德”思想相比较，梁氏在《新民说》所提倡的观念，如自由、权利、国家思想、自治、毅力、进取、冒险等，所企望建立的却是一种高标准的，自上而下的“君子的道德”。总之，在组成市民社会之市民特质上，中国思想家所倡导的道德楷模是“君子”，而非“中人”（或乡愿），因而形成道德理想的“升级”。① 此一倾向部分源于下文所要讨论的乌托邦精神。

（三）乌托邦思想与政治可行性的问题

第三个解释认为中国知识分子在引介西方民主思想时，有意无意地忽略了自由民主传统中的一些适应与实际的倾向，亦即对政治经济方面的可行性的考虑 (political and economic practicability)。因为可行性的问题和现代化有直接的关系，现代化所努力的目标主要就是政治、经济方面的具体成就，因此如果不了解可行性的重要性，而追求过度高远的理想，乃至不切实际的乌托邦式的幻想，自然不容易达成现代化中民主与富强的目标。这些学者认为中国自由民主思想忽略了以下几个彼此相关的观念。

(1) 一元性的历史观，认为历史是善恶交杂、美丑并陈的发展过程，其中恶与丑的一面是无法完全铲除的，因此历史上没有一个像“三代”那样绝对完美的阶段。

(2) 因为历史是一元性的，所以最能帮助人们了解未来的方法是依赖以历史经验为基础的后验性（a posteriori）知识，而非依赖超越后验性知识的绝对信仰或抽象原则（a priori）。

(3) 根据历史经验所看到的人性是善恶交杂的，所以英美自由民主传统强调张灏所谓的“幽暗意识”，此一意识出于对人性黑暗面与堕落性的深刻体认，同时也相信人性中对私利的追求是无法断绝的。在此意识的影响下，民主制度被设计为用

---

① Thomas A. Metzger, “The Western Concept of the Civil Society in the Context of Chinese History,” in Sudipta Kaviraj and Sunil Khilnani eds., *Civil Society: History and Possibilities*, pp. 204–231.

权力制衡的方式来抵消私利的过度扩展。西方此一传统实际上与亚里士多德的政治理念与基督教“原罪”观念（original sin）有密切的关系。

（4）民主制度在实行上也因为上述的因素而陷入一些难以避免的困境，如韦伯所谓的官僚制度为专业的精英分子所垄断（民意无法完全表达，常常受官僚或既得利益者的歪曲与控制）、由于思考能力有限与被思考对象过于复杂使人们有认知上的缺陷，无法充分了解政治上的因果关系与复杂影响、由于花费过多时间于沟通与妥协导致缺乏效率，以及柏拉图、亚里士多德所警告的民主政治有转变为暴民政治的危险等。

（5）由于人性上的根本缺陷与知识上缺乏可靠的依据，自由民主传统所追求的是平实可行的目标，而非完全的成功或最高明的理想。例如希望社会中有合理的社会流动的管道是一平实的理想，但要求社会上财富、权力与声望的绝对平均的分配，使“每人得其所”，则为一彻底的成功。中国近代的民主思想在目标上多倾向追求像后者那种绝对的成功。

（6）这些困境也表现在墨子刻所谓的“三个市场”的观念之上，此一观念将自由社会视为一思想、政治与经济的市场，而以后验性的历史事实来了解三个市场的黑暗面，亦即是了解到资本主义的不平等、政治上私利的追求与思想上的混乱在一个开放多元的社会中是不易完全避免的。他认为最近美国的多数社会科学家都同意一个国家要追求经济现代化与民主化要将三个市场正当化（legitimize），否则不易成功。换言之，必须要实行政治、思想与经济生活的多元主义。但是这三种多元主义不但带来政治经济的发展，也同时带来不得不接受的一些“负面”的现象，例如民主政治一定带来自私自利、阴谋百出、诡诈恒施、廉耻丧尽的政客；资本主义则导致特权阶级与既得利益者对升斗小民的剥削；思想自由更难以避免出现放荡与不合旧有伦理规范的观念，以及思想的纷纭，亦即在这种社会之中法律的基础不是一种“人同此心，心同此理”的共识，而只是一些关于公理与正义的辩论，然而这些负面的现象在三个自由市场之中是合法而不易避免的。他特别强调近代中国少有知识分子完全理解并肯定三个市场，他们所追求的是大公无私与没有政客的民主、没有阶级之间的剥削与不平等的“资本主义”以及上下一心而彼此会通的思想界；当然他们也肯定多元主义，但却认定在实现真正的多元主义之后，不好的思想会自然淘汰。这样一来，中国知识分子很乐观地以为权力、知识与道德能结合为一，而追求一高明的理想。墨氏以为这一种企图以“先知先觉”所组成的政府来实现所有高明的理想，就是一种缺乏可行性的高远目标。

（7）上述三个自由市场中的思想市场也牵涉到西方很流行的“悲观主义的认识论”，此种看法认为真理不那么清楚，故需彼此辩论与相互妥协。[①] 政治科学家 Charles E. Lindblom 以为这种倾向怀疑主义的认识论是西方自由民主思想的重要基础。墨子刻也指出在认识论方面，中国知识分子受传统“乐观主义的认识论”之影响，以为人可以掌握绝对的真理，因而忽略西方民主思想中的怀疑主义的精神与容忍异己的态度。[②]

近代中国自由主义思想中因缺乏上述三个特点，尤其是其中可行性的考虑，使中国自由主义者将西方自由主义“乐观化”，而具有乌托邦思想之色彩。这是近代中国自由主义的第一个特点。这样一来，具有乌托邦色彩的近代中国自由主义认为自由民主制度不但可以完全实现“个体解放”，也可以达到“人民自己作自己的主人”，建立完全代表“民意”的理想政治，他们也相信“全民政治”与“万能政府”是可以同时实现的理想，而中国可以因此而超越欧美诸国。此一理想与马克思主义、三民主义与新儒家思想所追求的目标差距不远。

其次，中国自由主义具精英主义的色彩，这也涉及认识论上的乐观精神。中国自由主义者少有人像西方学者那样强调民主化会带来道德共识的危机。他们反而相信“君子之德风，小人之德草，草上之风必偃”（《论语·颜渊》），认为在完全自由的社会，开明的知识分子会形成“公是公非”，人们受到此一共识之影响会彻底改

---

① 有关西方认识论大革命，及其与悲观主义认识论、乐观主义认识论之关系的详细讨论见 Thomas Metzger, *A Cloud Across the Pacific* (Hong Kong: The Chinese University Press, 2005), pp. 21–50.

② 主要见墨子刻，《从约翰弥尔民主理论看台湾政治言论》，《当代》，期 24（1988），页 78–95；《二十世纪中国知识分子的自觉问题》，《当代》，期 73、74（1992），页 56–73 与页 62–79。Thomas A. Metzger, “Some Ancient Roots of Modern Chinese Thought: This-Worldliness, Epistemological Optimism, Doctrinality, and the Emergence of Reflxivity in the Eastern Chou,” *Early China*, 11–12(1985–1987), pp. 61–117. Thomas A. Metzger, “Confucian Thought and the Modern Chinese Quest for Moral Autonomy,” 《“中研院”三民主义研究所人文及社会科学集刊》，卷 1 期 1（1988），页 297–358。张灏，《幽暗意识与民主传统》（台北：联经出版事业公司，1990）。有关亚里士多德思想对幽暗意识的影响见 Thomas A. Metzger, “Developmental Criteria and Indigenously Conceptualized Options: A Normative Approach to China's Modernization in Recent Times,” *Issues and Studies*, Vol. 23, No. 2 (1987), pp. 41–44. Charles E. Lindblom 的意见见 *Politics and Markets: The World's Political-Economic System* (New Haven: Yale University Press, 1977). 韦伯之观念的简要介绍见 Anthony Giddens and David Held eds. *Classes, Power, and Conflict: Classical and Contemporary Debates* (Berkeley: University of California Press, 1982), pp. 9–10.

正他们原有的“落后”的思想，并且会透过选举来“选贤与能”。这样一来，自由理想的实现不在于依赖普通人的智慧与相互制衡，而是依靠“先知先觉”所组成的政府来实现一种高明的理想。①根据沙培德的研究孙中山民权思想之中肯定“先知先觉”的“革命先锋主义”不但适用于革命阶段，也适用于宪政时期。山田辰雄研究则指出这一种“代行主义”实际上是二十世纪中国各家思想（国民党、共产党与自由主义者）的共同点。②

第三，中国的自由主义者多半较为强调柏林所说的“积极自由”，而忽略“消极自由”的若干方面。在中国思想传统中最具自由色彩的，首称老庄。从道家思想中国人很容易可以理解不受束缚的概念，也就是前述积极自由的面向。此外佛教之中也有类似的想法，严复在《群己权界论》的序言中表示：“佛言一切众生，皆转于物，若能转物，即同如来”，严复说：“能转物者，真自繇也”，③可见中国学者对精神上的自由，不受到“缠缚驱迫”，是很容易体会的。此外从晚明王学到近代龚自珍至谭嗣同以来对于意志自主的强调（有学者称为唯意志论）都加强了此一趋势。④

然如何透过法律程序去保障个人基本自由和权利（如个人隐私、个人品位等），在中国的思想领域则未受到充分重视。一直到今日，注重个人隐私、尊重个人特异之品味的观念还没有受到国人完全的认可。在老庄、佛学传统影响之下，近代中国知识分子的自由观多强调积极自由的一面，并把一种以精英主义为基础的教育思想和对积极自由的强调结合在一起，如严复即强调应以教育培养爱国、合群的国民，在具有此种国民资格之后方能享受自由。⑤梁启超则倾向于将自由主义奠立在个人“自由意志”的观念之上，认为自由的要义在解除精神的束缚。他说“人类所以贵于万物者在有自由意志”，“现在自由二字，误解者不知多少，其实人类外界的束缚，他力的压迫，终有方法解除，最怕的是‘心为形役’，自己作自己的奴隶。佛儒都用许多的话来教人，想叫把精神方面的自缚，解放净尽，顶天立地，成一个真

① 墨子刻，《从约翰弥尔民主理论看台湾政治言论》，《当代》，期 24（1988），页 87–88。
② 山田辰雄编，《歴史のなかの現代中國》（东京：劲草书房，1996）。
③ 严复，《凡例》，穆勒原著，严复译，《群己权界论》，页 2。
④ 高瑞泉，《天命的没落：中国近代唯意志论思潮研究》（上海：上海人民出版社，1991）。
⑤ 黄克武，《自由的所以然：严复对约翰弥尔自由思想的认识与批判》（台北：允晨文化有限公司，1998），页 221–224。

正自由的人。”①

中国自由主义的第四个特点是拒绝个人主义（individualism）、强调群己平衡。相对于西方自由主义对个人主义的强调，中国自由主义者多半主张上述所谓“非弥尔主义式”的个人自由，这种自由观念仍是以保障个人尊严、个人权利为基础，但是因为许多个人的理想要在安定、文明与富强的环境之中才能实现，因此他们也同时强调群体价值的重要，简单地说就是拒绝个人主义，主张群己之间的平衡。②这也是上文所提及严复所谓“群己权界”的想法。

上述中西学界从文化比较的角度对中国自由主义特点之讨论，大致上出现在1970年代至1980年代，而延续至今日，这些讨论加深了人们对自由主义的认识，也促成了自由思想的进一步传播。

二十世纪上半叶自由主义在中国虽有挫折，然可喜的是，随着经济起飞与政治的安定，1970年代以来台湾自由主义有很大的进展，三种市场大体都已成型。其中问题比较严重的是经济市场。经济市场原是依靠自由运作机制，也就是所谓有“一只看不见的手”进行调节；然而为了一些政治因素，政府往往企图以政治力量去干预那只看不见的手。例如为了选举，政府有干预股市、汇市之举，从而形成台湾政治、经济发展的一个隐忧。至于在政治市场方面，几经争取，已达成自由民主之目标。政党轮替的出现正是政治市场开始成熟运作的一个表现。在思想市场方面，尤其是刑法一百条废除以后，人民有权利去拥护与当局意识形态不同的思想观念（包括思想上台独主张、共产主义等），又如在有线电视台我们可以听到各式各样不同的声音，宣传各种政治、宗教、艺术（包括色情）方面的理念。我想很多人会同意今日的台湾，大概是中国历史上个人政治自由、思想自由的高峰，应可期待将来会展现出更多文化上的创造力。

五、新儒家思想对自由主义的反省与批判

自由主义在近代中国的传播与新儒家的发展也有密切的关系。从1950年代开始，一群杰出的中国学者，他们多数居于香港，如张君劢、唐君毅、牟宗三、徐复

---

① 梁启超，《饮冰室文集》（台北：中华书局，1983），40–25；39–118。

② 黄克武，《一个被放弃的选择：梁启超调适思想之研究》，页188。

观等人，出版了一系列有关儒家思想的著作，并于1958年发表《中国文化与世界》之共同宣言。在这些作品之中他们指出，人们不应接受五四以来反传统主义者的观点，将儒家思想的人文主义价值与阻抑中国现代化的一些传统制度模式混淆在一起。实际上，儒家人文主义价值观，对一个不仅需要现代化，且更需要具整合性之精神生活的社会而言，仍有其意义。这一群人后来被称为“新儒家”。简单地说，新儒家的核心理念是对“儒家之普遍性意义的强调”，认为“中国文化具有超越文化本性的价值”。[①] 新儒家思想所针对的是以胡适、陈独秀、鲁迅为首，自五四运动以来所提倡的批判中国文化并主张西化的观点，不过新儒家与五四思想家之间也有共同之处，郑家栋在讨论牟宗三思想时曾指出：以唐、牟、徐为代表的一代新儒家与“五四”传统之间没有实质性的分歧，因为他们同样认为民主与科学为中国文化的现实发展之所首要和必须。牟先生所提出的问题是：民主与科学的背后是有某种精神在支援的，重要是如何把此种精神接引过来，否则的话，所谓发展民主与科学也只能是一句空话。[②]

的确，牟宗三肯定自由、民主，他希望以“曲通”的方式将西方民主与科学“接引过来”。他说：“外王是由内圣通出去，这不错。但通有直通与曲通。直通是以前的讲法，曲通是我们现在关联着科学与民主政治的讲法。我们以为曲通始能尽外王之极致。如只是直通，则只成外王之退缩。如是，从内圣到外王，在曲通之下，其中有一种转折上的突变，而不是直接推理。这即表示：从理性之运用表现直接推不出架构表现来。”[③]

诚如许多学者们所同意的，新儒家最大的贡献是：以世人能了解的说法去证明中国文化之精神价值，亦即“证明儒家对个人的尊严与自主的主张，以及儒家‘从道不从君’的超越现实政治权威的道德理想”，和“把研究儒学的焦点从‘礼教’与‘理气’的题目转移到‘生生不已’与‘工夫’的思路”。[④] 换言之，对他们来说，中国传统不是停滞而缺乏动力的，不应笼统地称之为“封建遗毒”，也不能说

① 张灏，《新儒家与当代中国的思想危机》，傅乐诗等著，《近代中国思想人物论：保守主义》（台北：时报文化出版事业有限公司，1980），页369。

② 郑家栋，《牟宗三》（台北：东大图书公司，2000），页80。

③ 牟宗三，《政道与治道》（台北：台湾书局，1991），页56。

④ 墨子刻，《道统的世界化：论牟宗三、郑家栋与追求批判意识的历程》，《社会理论学报》，卷5期1（2002），页148。

只是一种“强调礼教的权威主义”。同时，传统文化与现代化所需要的价值如民主与科学等不相矛盾，反而是具有相互配合的可能性。

在二十世纪以来的中国思想史上，新儒家不但对五四反传统思想有所反省与承接，企图以传统思想接引民主与科学，他们对于五四思想家所醉心西方自由主义亦有所批评。新儒家以为自由主义模式，乃至欧美主流思潮，太强调利己精神与工具性理性。他们尝试将自由民主与中国传统的精神资源相结合，以此克服西方现代的精神危机。这一点源于20世纪初年以来中国自由主义者如严复、梁启超等人从儒家“恕”与“絜矩”的观点出发，以“群己权界”、“群己平衡”的主张来批评西方自由主义之中过度重视“个人主义”的倾向。

严复、梁启超的想法与后来的新儒家有类似之处。张灏指出新儒家重建儒学的重要任务即是将儒家有天赋内在本性的自我概念，整合到德国人那种注重自我的道德发展概念，和康德将每一个人作为目的的观念中。张灏说：“这些自由观念所隐含的并不是五四时期那种把民主当作一种解放制度的观念，而是把民主当作一种由道德自律的个体组成的参与型共同体的观念。”①

严复、梁启超以来的中国自由主义者，以及受他们思想影响的新儒家对群己关系的构想显示他们对西方自由主义的批判。②这一思路在台湾、香港与大陆都有所发展。在台湾如周德伟既秉持儒家心性伦理，又接纳海耶克的自由经济学说，他自觉地以“中国圣学”为基础，将之与自由哲学、法治思想与功效哲学作一对话，并追求儒家与自由主义的会通。③在中国大陆则有秋风，提出“儒家宪政主义”，难怪他那么欣赏周德伟，并认为周德伟在历史定位上可与清末立宪者、张君劢、陈寅

---

① Hao Chang, “Intellectual Crisis of Contemporary China in Historical Perspective,” in Tu Wei-ming ed., *The Triadic Chord: Confucian Ethics, Industrial East Asia and Max Weber* (Singapore: The Institute of East Asian Philosophies, 1991), p. 339.

② 严复、梁启超与新儒之间有思想上的连续性，如宋志明在追溯新儒家渊源时即说：“在‘新儒家’哲学的产生阶段，东方文化派、学衡派、玄学派都起了推波助澜的作用。”宋志明，《现代新儒家研究》（北京：中国人民大学出版社，1991），页9。上述的几派都与严复、梁启超有关。竹内弘行在谈讨梁启超的阳明学时亦指出，梁启超对阳明学之阐释与新儒家之间有思想的连续性。见竹内弘行，《梁啟超陽明學說：1920年代を中心に》，《名古屋学院大学外国语学部论集》，卷9期1（1997），页69–80。唐君毅曾读过严复的作品，他在《哲学概论》中曾讨论中国思想中的阴阳理论如何可以根绝西方哲学之若干问题时，曾说阴阳的宇宙论与现代科学是相配合的，他将此一观点追溯至严复的《天演论》。见唐君毅，《哲学概论》（台北：台湾学生书局，1974），下册，页799。

③ 周德伟，《自由哲学与中国圣学》（北京：中国社会科学出版社，2005）。

恪、现代新儒家等共同归属于“现代中国的保守——宪政主义思想和政治传统”。①

类似的思路在香港的一位经济学者胡国亨的著作之中也表现得很明显。②胡国亨的看法如下：他指出自由主义依赖政治、经济与思想的三个市场，并给予人们尽可能广的自由。这样的市场导致西方社会“物质滥用、家庭危机、青少年早孕、毒品泛滥、对福利政策的过度依赖、犯罪以及教育不景气、精神疾病、个性丧失”等问题。其次，胡国亨则点明三个市场的自由竞赛导致不平等的趋向；以及具优势地位的少数精英阶层控制经济、社会，以及知识生产，而他们并不一定具有“先知先觉”的智慧。第三，自由主义一方面肯定个人自主、法律之前人人平等，并以物质进步为绝对的价值，而另一方面，受到实证主义、怀疑主义与不可知论的影响，在人与人有分歧与冲突之时，视量化或完全客观的证据为真理唯一的标准。这样一来，所谓法治完全取决于律师如何来操纵法律与解释证据，而不是社会正义。胡国亨在批评西方自由主义模式的同时，他和新儒家一样，主张以孔子思想来补救上述的缺失。胡国亨从儒家而来的观点与西方社群主义对自由主义的批判也有类似之处，他认识到“个体化的社会秩序，无疑将是未来历史的主流，而个人的基本价值将会全面为历史肯定，但以个体化为主流的社会亦渐渐意识到，只有提倡某种群体意识，加强个人之间的合作，才可让社会变得更昌盛与繁荣，也才可以缓和经济活动带来的社会矛盾与冲突。③对胡国亨来说，儒家价值在建立群体意识与加强人际合作上有所贡献。以上从新儒家到肯定孔子思想的胡国亨对西方自由主义的反省，显示儒家与自由主义接轨的可能性，并提供未来建立更合理之政治哲学的参考。

六、结论

在二十世纪末年，日裔美籍学者福山总结人类的经验，乐观地提出所谓“历史的终结”的观点，这显然是一个过度乐观的看法。自由主义不但在西方没有达到全面的胜利，在中国也一直深受批判与反省。十九世纪末叶以来，在中国知识分子引进西方自由主义的过程之中，逐渐地建立出一套具有中国特色的自由主义，具有乌

① 姚中秋（秋风），《试论周德伟的历史定位》，收入周德伟著，《落笔惊风雨：我的一生与国民党的点滴》（台北：远流出版社，2011），页38。

② 胡国亨，《独共南山守中国》（香港：中文大学出版社，1995）。

③ 胡国亨，《到富强之路》，《胡国亨文集》（兰州：兰州大学出版社，2000），页30。

托邦、精英主义色彩，以及对积极自由、群己平衡的强调。其背后的思想预设乃乐观主义的认识论与人性论。从清末民初至二十一世纪初叶，这些特点基本上一直存在。这些思想上对弥尔主义的认识（与诠释）一方面是因为中西文化上的格格不入所导致的误会，另一方面也具有深受儒家思想影响而产生的批判意识。

因此在思索中国自由主义未来走向的议题时，有两个值得注意的问题。第一，英美式和中国式的自由主义面临何种不同的挑战？第二，两者之间的差距如何帮助中国知识分子从事思想上的取舍，来形成一个更为合理的政治哲学？

英美式的自由主义最主要的问题是悲观主义认识论所导致道德相对论的问题。由于道德缺乏客观基础，人们难以形成对于道德规范的共识。在美国社会里，似乎除了法律之外，少有其他可以共同遵循的限制。但法律规范是有限的，一个社会不能完全靠法律制裁，必须加上道德共识才能更平稳地运作。如何建立更广的道德共识，并将道德共识和三个市场予以结合，是美国自由主义者所面临的问题。① 根据美国学者贝拉的看法，解决当代危机的方法是以创造性的精神回到美国文化的根本渊源，即希腊思想与圣经传统。②

中国思想界没有道德相对论的传统，所以比较不容易产生如美国自由主义所面临的问题。中国自由主义者未来所面临的挑战，是如何将三个市场制度化，这也包括建立一个能够维护个人自由与尊严，保障个人权利，以及避免权力机制过度牵制市场运作的体制。当然在肯定一个个体化社会秩序的同时，如何依赖中国固有的思想资源（如贝拉所说的文化根源），来建立合适的群己关系，一方面避免专制，另一方面避免涣散、不平等的弊病，这是新儒家思想、社群主义者，与新左派对自由主义的警告。在面对此一问题时，中国自由主义除了引用西方自由主义的思想资源之外，也应考虑固有的精神遗产；同时在西方自由主义的思想资源之中，除了引用海耶克之外，也必须思索撰写过《正义论》、《政治自由主义》等书、提出“分配正义论”甚至“矫正的正义”之呼吁的罗尔斯（John Rawls, 1921–2002）所思考的议题。

① 墨子刻，《二十一世纪中国的路向》，收入贺照田主编，《学术思想评论（第四辑）》（沈阳：辽宁大学出版社，1998），页 234。

② 这是贝拉（Robert Bellah）教授在 *Habits of the Heart: Individualism and Commitment in American Life* 所提出来的，相关的讨论请见墨子刻，《中国近代思想史研究方法上的一些问题》，收入贺照田主编，《学术思想评论（第五辑）》（沈阳：辽宁大学出版社，1999），页 411–412。

此外中国自由主义者也应该更自觉地意识到“中国特色”中的精英主义、积极自由与乌托邦主义的问题。这些面向是否构成自由主义发展的制约呢？自由主义的精神不只是以“拒绝”来表达批评与抗议；也不应该不加怀疑地以“先知先觉”的使命感来从事风化、德治，达到“风行草偃”的目标。再者，自由社会更不是一个能够完全实现“个体解放”、大公无私，并能避免压迫与剥削的理想，只能形成一个缺点较少的政治秩序。然而，指出自由主义模式的缺点并不等于说自由主义不能帮助我们形成一个比较合理（而非绝对完美）的政治体制。如何将自由主义的优点与固有的文化根源结合在一起，来建立三个自由市场所需要的规范与道德性界线？换言之，如何结合人文精神与三个市场，并避免乌托邦主义与道德相对论？今天的学者必须针对中国处境对自由主义与儒家思想作一取舍。[1] 在这方面人类的思想经验之中并未提供一个现成的、完整的体系，而仍然有待吾人创造性的努力。

---

① 上引墨子刻的《乌托邦主义与孔子思想的精神价值》一文，对于孔子思想的取舍问题有非常深入的讨论。

乙编：梁启超与近代中国思想变迁

梁启超的学术思想：

以墨子学为中心之分析

一、前言

梁启超（1873–1929）的学术兴趣非常广泛，他不但传统学问的根基十分深厚，熟稔经史子集，在旅日期间受到日本学界对东西学术思想研究的影响，又长期与留学欧美的严复（1854–1921）、张君劢（1887–1969）、丁文江（1887–1936）、胡适（1891–1962）等人往来论学，对西方学术并不隔阂。从今日他所留下来的一千四百多万字的著作来看，其论述内容包含了各种不同的领域，从政治、经济、法律、历史到文学、戏曲等，因此许多人都同意任公是近百年来中国少有的博学之士。

然而从其著作是否反映出精妙的学术论断与合理的思想内涵呢？在这方面学界并无一致的看法。其中有褒有贬，而且随着时代的推移，对其评估有所变化。① 在对任公学术思想的评估之中，一个很流行的观点认为：梁启超的学术兴趣虽然广泛，但思想肤浅、驳杂而没有清楚的脉络，也没有深入而有价值的思想内涵，所以只能算是一个宣传家，而不是一个有创见、有慧识的思想家。大陆著名的学者李泽厚，在1970年代出版的《中国近代思想史论》中，就有这样的意见，② 不少的学者也支

① 以大陆来说，从五〇、六〇年代到九〇年代，中国大陆史学界对梁氏的评价就经历了一个从“黑”到“红”，或说从否定到肯定的过程，见黄克武，《评耿云志、崔志海著〈梁启超〉》，《近代中国史研究通讯》，期21（1996），页218–220。

② 李泽厚说梁启超“不是什么重要的思想家，没有多少独创性的深刻思想成果”，见《梁启超王国维简论》，收入氏著，《中国近代思想史论》（北京：人民出版社，1979），页421–438；他在比较章炳麟与梁启超的思想时又说“梁浅、杂而多变，章则相对稳定；章构成了自己的思想体系，梁则始终没有”，见《章太炎剖析》，《中国近代思想史论》，页388–389。

持此一评估。① 最近又有些学者注意到，梁启超在旅日期间，依靠日文书籍认识西方思想，他们认为梁启超在此期发表的许多“著作”，其实几乎是全盘抄袭自日文书刊；这种说法也暗示，梁启超并不具有学术上、思想上的创造力，只不过是一个转译的“舌人”罢了。②

这样的看法对不对呢？我认为是值得商榷的。首先就日文著作的影响来说，我认为日文著作无疑地给任公带来不少新的刺激与思想创作上的素材，但似乎并不影响任公思想的根本的方向。整体而言梁启超学术兴趣诚然广泛，其所反映的思想也是变化多歧，但若掌握主脉，去其旁枝，会发现其中自有一以贯之的特点；而他的见解，不论是自身的作品，或是选择性地摘译自日文书刊，虽非皆具高度的原创性，但绝不是肤浅驳杂之论，而是相当深刻的。③ 在梁启超逝世将近一个世纪之后，随着大陆土改、大跃进、文革等惨剧真相的揭发，苏联、东欧共产世界的垮台，以及台湾在政治、经济上的长足进步等事实的呈现，证明了梁启超当时所提出的一些重要观点，例如：不以一套完整的思想体系从事文化修改、温和的渐进改革，以及以传统为基础来追求进步等主张，是深具历史睿智的，他的思想貌似肤浅而实为深刻，誉之为二十世纪的一位伟大的思想家，允为至当。

如果我们承认梁启超的思想有其一贯性，而且是深刻的，那么上述普遍性地将梁启超思想视为杂乱、肤浅的看法就不仅是一种误解，也反映批评者思想上的偏颇。在一本 1994 年出版，有关清末梁启超调适思想的书中，我曾指出：这样的误解主要出于长期以来以“革命”为正统、追求以一套完整的思想“体系”来改造中国之想法所导致，因此梁启超支持改革，又不企图建构一思想体系的想法受到贬

---

① 将梁启超的学术研究描写为“广博有余，专精不足”是一个很普遍的看法，例如耿云志、崔志海在《梁启超》（广东：广东人民出版社，1994）一书中说：“梁启超终其一生都是一位只开风气不为师的人物。在他身上，宣传家的气质远胜于学问家……其学问不尚精深，然而却流播广远”，见页 47。

② 如法国的巴斯蒂(Marianne Bastid-Bruguiere)教授就有这样的看法，日本的狭间直树教授也倾向此一评估；此外山室信一教授认为梁启超谈宪法的文章很多是抄自日籍；佐藤慎一教授也依赖宫村治雄的研究指出梁启超谈西方思想的著作主要是依靠中江兆民的《理学沿革史》，以上的意见是他们在一次学术研讨会之中所表示的。见黄克武，《欧洲思想与二十世纪初年中国的精英文化研讨会》，《近代中国史研究通讯》，期 21（1996），页 36–45。

③ 在拙文写成之后我看到罗检秋的《梁启超与近代墨学》一文，《近代史研究》，1992 年第 3 期，页 134–149，我发现他和我不约而同地提出一个类似的看法，他说“人们常说，梁启超的学术研究肤浅、驳杂。事实上，他的学术比较研究有些论述不乏出乎常人的深度”，见页 143。

抑。① 在这一篇文章中，我尝试以梁启超对墨子的看法为例，进一步地阐明他的学术思想的特点，并评估其得失。

梁启超自幼便对《墨子》深感兴趣，② 表示“极崇拜”墨子的思想，③ 他在一生之中的不同阶段，撰有多篇文章讨论墨学。我认为墨学在梁氏学术思想之中虽然不像西学、佛学、史学，尤其是近三百年学术史等那么受人重视，却是他的学术兴趣与思想表现之中非常重要的一环。任公墨学依时间先后可分为两大段落，一是1904年在《新民丛报》上所撰写的《子墨子学说》与《墨子之论理学》的一个阶段；一是1920年代所撰写、出版一系列有关墨子的文章，其中包括考证性的《墨经校释》，以及义理性的《墨子学案》和《先秦政治思想史》中的墨子部分等。这两个阶段前后相隔将近二十年，两者对墨学的讨论有无不同？如果有的话，其基本差异为何？这些差异又是因为何种原因所造成的？本文即企图对梁启超墨子学的内涵与演变作一描写，来回答这些问题，再据以分析与评估他的思想内涵。我的结论是：梁启超的思想虽然变化多端，也并非毫无缺陷，但却是前后一致地，奠基于一些宗教、道德、政治与知识论的原则之上；他的这些原则，从今天我们所普遍接受的观点来看是相当合理的；其中尤其包含了梁启超所坚持的群与己的并重。我在本文所提供的证据显示，至少自1902年以来，梁启超思想的主脉不应视为集体主义（collectivism）或国家至上主义（statism），他明显地追求一种植根于传统的群己之间的互动与平衡，而个人在此“群己连续”的间架中，是具有终极意义的。因此学界中普遍流行的，所谓梁启超思想中个人价值为国家巨灵所吞噬，所以是倾向国家至上主义，并成为毛泽东集体主义、乃至于共产中国极权主义之根源的看法，是错

① 黄克武，《一个被放弃的选择：梁启超调适思想之研究》（台北：“中研院”近代史研究所，1994），页6–14。有关近代中国思想中普遍地追寻“体系”的想法及其传统根源，见 Thomas A. Metzger, “A Confucian Kind of Modern Thought: Secularization and the Concept of the *T'i-Hsi* (A Deductive, Comprehensive, Correct System of Political Principles),” 收入“中研院”近代史研究所编，《中国现代化论文集》（台北：“中研院”近代史研究所，1991），页277–330；以及墨子刻先生为朱浤源《同盟会的革命理论：“民报”个案研究》（台北：“中研院”近代史研究所，1995）所写的序。相对而言，马克思主义在中国的成功，则与此一追求体系之想法有关，余英时曾指出五四以后马克思主义者在一切问题上打着“科学”招牌，宣称找到了历史的定律，借此可以有效地解决中国的问题，很容易给人一种“一抓就灵”的实感。余英时，《中国文化与现代变迁》（台北：三民书局，1992），页17、182。

② 在《〈墨经校释〉序》中梁启超说“启超幼而好墨”，《饮冰室专集》（台北：中华书局，1960），38:2。在《清代学术概论》（台北：中华书局，1974）梁启超也说年轻时“好《墨子》，诵说其‘兼爱’‘非攻’诸论”，页61。

③ 梁启超，《评胡适之〈中国哲学史大纲〉》，《饮冰室文集》（台北：中华书局，1983），38:67。

误的。①

二、清代墨学的复兴

在进入正题之前，先简要地叙述清中叶以来诸子学的兴起，尤其是“墨学”在沉寂了两千多年之后的再度复兴。② 为什么在清中叶之时，学者们对《墨子》会感到浓厚的兴趣呢？这必须要探讨清代汉学在乾嘉晚期，从对于儒家经典的研究，延伸到先秦诸子的转折。清中叶诸子学的兴起是一个相当复杂的课题，不但有思想的因素，也有政治、社会、经济等层面的复杂线索，仍有待深入的探讨。③简单地说，要了解此一现象，可以从考证运动的内在动力说起，④ 根据余英时的看法，清代考证学是儒学向“智识主义的转化”，企图通过文字训诂以阐明古圣先贤在六经中所蕴藏的“道”；而其主要典范的建立，则是清初儒者顾炎武（1613–1682）所提倡的“读九经自考文始，考文自知音始，以至于诸子百家之书，亦莫不然”。⑤

在此典范的指导下，清代学者对先秦古籍的研究，从群经开始，接着为辅助

① 关于学界将梁启超思想视为后来集体主义之前驱的看法见黄克武，《一个被放弃的选择：梁启超调适思想之研究》，页 23–25。最近刘纪曜在《梁启超的自由理念》，《国立台湾师范大学历史学报》，期 23（1995）一文中仍认为“梁启超坚信，全体人类有来自本体与作为终极目的的一体性……这种自由理念，可能具有鼓动道德狂热的作用，然而一旦要将此道德狂热具体化，所谓自由很容易就变成武断的权威与教条，自由成为一种强制性的义务与责任，追求自由的结果，变成专制武断的恐怖统治。梁启超一体性的道德狂热，似乎在某种程度上预告了共产主义在中国的兴起”，见页 285。

② 自秦汉到清中叶，很少人研究《墨子》，西晋鲁胜曾为墨辩作注（见《晋书》卷 49），郑樵《通志·艺文略》则载有唐代乐台注《墨子》三卷，然两者皆佚失。王尔敏很早即指出“近代墨学复兴”一论题的重要性，认为墨学虽是属于学术的范围，但表达了重要的思想动向，见《近代中国思想研究及其问题之发掘》，《中国近代思想史论》（台北：华世出版社，1977），页 528。后来其门人王文发撰成《近代的墨学复兴，1879–1937》（台北：台湾师范大学历史研究所硕士论文，1973）。北京中国社会科学院近代史研究所的罗检秋也对此论题有深入的探讨，见氏著《近代墨学复兴及其原因》，《近代史研究》，1990 年第 1 期，页 148–166。

③ 罗检秋的博士学位论文即处理此一课题，据悉将于近期出版。

④ 有关清代考证学之渊源的各种说法，请参见黄克武，《清代考证学的渊源：民初以来研究成果之评介》，《近代中国史研究通讯》，期 11（1991），页 140–154。

⑤ 余英时，《清代思想史的一个新解释》，《历史与思想》（台北：联经出版事业公司，1976），页 142；余英时，《中国哲学史大纲与史学革命》，《中国近代思想史上的胡适》（台北：联经出版事业公司，1984），页 82。

经学考证与阐扬义理，又注意到先秦诸子。① 诸子之中最先遭遇到的是儒家阵营之内的《荀子》，再探究下去则是儒家以外的“异端”，如《墨子》、《老子》、《管子》等。然而考证的根本目的是为了义理，所谓“训诂明而后义理明”，所以在对子书作过深入的整理之后，又必然导向对诸子思想的再发现与再评估。②《墨子》就是在这一个学术脉络之中被挖掘出来，而赋予了新的意义。

乾隆45年（1870）汪中（1745–1794）首先校释《墨子》（此书后佚失），并撰《墨子序》与《墨子后序》，力辩荀、孟二氏绌墨之不当，以为儒墨是表面相异，其里本同。汪中虽然还是从儒家的立场来肯定墨子，以为墨子是符合儒家精神的，但已一反孟子以来斥之为异端的说法，对墨子有较正面的评估。③

乾嘉以来的墨学虽然有一些像汪中所提出来的义理上的讨论，但基本上还是比较倾向于考证工作，其目的在于整理出一个可以解读的《墨子》版本，其中贡献较大的要推毕沅（1730–1797）的《墨子注》（刊布于乾隆48年）、苏时学的《墨子刊误》与孙诒让（1848–1908）的《墨子闲诂》等书，经过他们的努力，《墨子》一书的主要部分已可成诵。④ 但是其中《经上》、《经下》、《经说上》、《经说下》与《大取》、《小取》等六篇，虽然经过毕沅、王念孙（1744–1832）、张惠言（1761–1802）、俞樾（1821–1907）、章炳麟（1868–1936）等人的校勘，仍然不易理解，梁启超的《墨经校释》与胡适的《墨辩新诂》两书，正是继承了此一学术传承而

① 见王泛森，《章太炎的思想(1868–1919)及其对儒学传统的冲击》（台北：时报文化出版事业有限公司，1985），页26–27。

② 余英时，《中国哲学史大纲与史学革命》，页78–79。余氏引《四库全书总目提要》中《子部总叙》来证明，由于诸子学的兴起，导致学者以平等的眼光来看待儒家之外的各家思想，“儒家本六艺之支流……其余虽真伪相杂，醇疵互见，然凡能自名一家者必有一节之足以自立。即其不合于圣人者，存之亦可为鉴戒。”

③ 汪中的这两篇文章收入氏著《述学》（台北：中华书局，四部备要本，1965台一版），内篇三，页1上–4上。近人的研究见贺广如，《乾嘉墨学蠡测：汪中墨子序试析》，《中国文学研究》，期6（1992），页151–166。汪中的论点提出之后受到翁方纲(1733–1818)从儒家观点而来的严厉批评，称之为“名教之罪人”，由此可见汪中观点的突破性，见方授楚，《墨学源流》（上海：中华书局，1937），页214–215。

④ 《墨子闲诂》是公认在校释方面最为完备的本子，综合了有清十余家的研究成果。但该书也有其失误，近人吴毓江的《墨子校注》（北京：中华书局，1993，原书为1944年重庆独立出版社刊行）搜集了海内外十七个版本，补正了孙诒让校勘上的一些失误。此外李笠与马宗霍两人对孙书亦有补正，见李笠校补，《校补定本墨子闲诂》（台北：艺文印书馆，1981三版）、马宗霍，《墨子闲诂参正》（济南：齐鲁书社，1984）。

作。[①] 这是清中叶以来墨学在考证校勘方面大致上的演变。[②]

孙诒让的《墨子闲诂》是公认清末墨学研究的重要作品，梁启超曾说“自此书出，然后《墨子》人人可读，现代墨学复活，全由此书导之，古今注《墨子》者固莫能过此书，而仲容一生著述亦此书为第一也”，[③] 任公自己对墨学研究的兴趣也显然受到孙诒让的启发与鼓励，[④] 因此从这本书可以了解到当时墨学兴起的一些重要因素。《墨子闲诂》作于光绪 19 年（1893）前的十余年间（约 1877–93），当时西力冲击已成不可抗拒之势，所以该书虽为延续汉学传统而来的校勘之作，但这时对《墨子》的兴趣已受西学影响。这一点可以从俞樾为《墨子闲诂》所撰写的序文之中看出端倪，俞氏一方面赞美孙诒让在考证上的成就，指出孙氏“凡诸家之说，是者从之，非者正之，阙略者补之……旁行之文，尽还旧观，讹夺之处，咸秩无紊，盖自有墨子以来，未有此书也”；另一方面他又说：

墨子惟兼爱，是以尚同，惟尚同，是以非攻，惟非攻是以讲求备御之法，近世西学中，光学、重学，或言皆出于墨子，然则其备梯、备突、备穴诸法，或即泰西机器之权舆乎！嗟乎，今天下一大战国也，以孟子反本一言为主，而以墨子之书辅之，傥足以安内而攘外乎，勿谓仲容之为此书，穷年兀兀，徒敝精神于无用也。[⑤]

---

① 晋朝的鲁胜将《经上》、《经下》、《经说上》、《经说下》等四篇称为“墨辨”，胡适的书名由此而来，但他又加上了《大取》、《小取》，将此六篇统称为“墨辩”；至于梁启超所说的《墨经》是指《经上》、《经下》、《经说上》、《经说下》。有关这方面的讨论见水渭松，《墨子导读》（成都：巴蜀书社，1991），页 37–40。对这一部分的校刊、训诂与考订的工作，英国的汉学家 A. C. Graham 的著作，是到目前为止许多学者公认最为权威的，见 A. C. Graham, *Later Moist Logic, Ethics and Science* (Hong Kong: Chinese University Press, 1978)。

② 有关清代墨学的演变见梁启超《〈墨经通解〉叙》，《饮冰室专集》，39:83–87；梁启超，《中国近三百年学术史》（台北：中华书局，1983），页 229–231；王文发，《近代的墨学复兴，1879–1937》，页 36–40；A. C. Graham, *Later Moist Logic, Ethics and Science*, pp. 70–72；林正珍，《近代中国思想史上墨学复兴的意义》，《文史学报》，期 21 (1991)，页 143。民国初年学者对墨子仍有很浓厚的兴趣，如钱穆、唐钺、罗根泽、朱希祖、杨宽等人都撰有这方面的文章，见顾颉刚编，《古史辨》（台北：明伦出版社，1970），册 4、6。

③ 梁启超，《中国近三百年学术史》，页 230。

④ 《墨子闲诂》于光绪 19 年 (1893) 出版后，孙氏曾送给任公一部，在《中国近三百年学术史》中任公谈到，“此书初用活字版印成，承仲容先生寄我一部，我才二十三岁耳，我生平治墨学及读周秦子书之兴味，皆自此书导之，附记志感”，见页 230。1897 年孙诒让又致书任公，鼓励他研究墨学，以成“旷代盛业”，见《与梁卓如论墨子书》，收入氏著《籀庼述林》，卷 10，转引自方授楚，《墨学源流》，页 219。

⑤ 俞樾，《〈墨子闲诂〉序》，《墨子闲诂》（上海：上海书店影印版，出版时间不详）。有关俞樾、孙诒让与清末江浙学风的演变见黄克武，《诂经精舍与十九世纪中国教育、学术的变迁》，《食货月刊》，卷 13 期 5、6（1983），页 70–79。

俞序充分表现出墨学在沉寂多时之后，再度受到清末学者注目的重要原因，首先是《墨子》中有不少的部分可以与西方科技相配合。清末之时很多学者正是从“西学源于中国说”的角度，来挖掘《墨子》一书的现代意义，认为西方的数学、光学、重学等科技“我早已有之”；① 后来这种说法虽转趋式微，但随着逻辑学的引进，近代许多学者如章炳麟、胡适以及梁启超等，则是从墨子与西方逻辑学和印度因明学的异同比较，来研究此书。② 无论如何，墨学之中倾向以控制环境作为增进人生福祉的手段，墨子又以擅造巧械著名，所以有些像冯友兰（1895–1990）那样的学者，在探讨“中国何以未有科学”时，就感叹地表示，如果墨家思想能获得充分开展，中国极可能很早就有科学了。③ 这是近代墨学发展的第一个线索，注意到《墨子》与西方科学与技术的关系。

俞序除了强调《墨子》与“泰西机器”的关联，也注意到以墨子思想来补儒家之不足，以达到“安内而攘外”的效果。这一点则涉及诸子学的发展直接地促成儒家正统地位的动摇。④ 换言之，近代中国知识分子在思索中国问题时，不再固守儒

① 邹伯奇 (1819–1869) 与陈澧 (1810–1882) 是最早以西方科技来挖掘《墨子》一书之意义的学者，见梁启超，《中国近三百年学术史》，页 230，A. C. Graham, *Later Moist Logic, Ethics and Science,* pp. 71–72。又如黄遵宪（1848–1905）在《日本国志》一书中即说“余考泰西之学，其源盖出于墨子……机器之精、攻守之能，则墨子备攻、备突、削鸢能飞之绪余也；而格致之学，无不引其端于《墨子》经上下篇”，见氏著《日本国志》（台北：文海出版社，1968），学术志一，页 787。严复在 1895 年所撰《救亡决论》曾描写此说，“晚近更有一种自居名流，于西洋格致诸学，仅得诸耳剽之余，于其实际，从未讨论。意欲扬己抑人，夸张博雅，则于古书中猎取近似陈言，谓西学皆中土所已有，盖无新奇。如星气始于臾区，勾股始于隶首；浑天昉于玑衡，机器创于班墨”，见王栻主编，《严复集》（北京：中华书局，1986），页 52。有关清末的西学源于中国说的讨论见全汉升，《清末的西学源出中国说》，《岭南学报》，卷 4 期 2（1935），页 57–102；王尔敏，《中西学源流说所反映之文化心理趋向》，《“中研院”成立五十周年纪念论文集》（台北：“中研院”，1978），页 789–802。

② 梁启超曾谈到他们三人在这方面的贡献“章太炎《国故论衡》中有《原名》、《明见》诸篇，始引西方名学及心理学解墨经，其精绝处往往惊心动魄；而胡适之著《中国哲学史大纲》，惟《墨辩》一篇最精心结撰，发挥实多，适之又著《小取》篇新诂，亦主以西方名学相引证；我自己也将十年来随时札记的写定一编，名曰《墨经校释》，其间武断失解处诚不少，然亦像有一部分可供参考”，梁启超，《中国近三百年学术史》，页 231。

③ 冯友兰说“依我看来，如果中国人遵循墨子的善即有用的思想，……那就很可能早就产生了科学”，氏著，《为什么中国没有科学》，《三松堂学术文集》（北京：北京大学出版社，1984），页 41。这是 1921 年他在美国哥伦比亚大学哲学系的演讲稿。

④ 张灏，《晚清思想发展试论：几个基本论点的提出与检讨》，《“中研院”近代史研究所集刊》，期 7（1978），页 475–484。他指出晚清时所谓的“中国传统”有其发展性与复杂性，所以晚清思想不仅受西方的冲击，也受传统的冲击；因此研究晚清思想史的一个极重要的课题就是探讨这两种冲击之间的关系，看它们如何化合成新的思潮。

学的范畴，同时也从墨学中汲取营养。最极端的想法则如郭沫若（1892–1978）所说“在打倒孔家店之余，欲建立墨家店”。① 然而，这方面的演变也与西力冲击是密切相关的，中国知识分子实际上是逐渐采用西方的标准来评估中学，在这种评估之中，墨家思想因为符合新的标准，而被用来攻击儒家的一些想法。例如梁启超即将墨子与西方新的价值标准，如民约论、基督教的博爱理想、社会主义与西方经济观念等相提并论；许多人也说墨子爱无等差的观念颇合于“平等”的理想，与儒家重视阶级的观念有所不同。② 这是近代墨学发展的第二个线索，以墨子思想来比附西方的新价值与攻击儒家传统。

在上述两条线索的发展下，清末民初对墨子的研究蔚为风气，然而这时随意比附的情况也变得十分严重，陈寅恪（1890–1969）对此深表感叹，他在为冯友兰所写的《中国哲学史审查报告》一文中说：

著者于有意无意之间，往往依其自身所遭际之时代，所居处之环境，所熏染之学说，以推测古人之意志。由此之故，今日之谈中国古代哲学者，大抵即谈其今日自身之哲学也；所著之中国哲学史，即其自身之哲学史者也。其言论愈有条理统系，则去古人学说之真相愈远；此弊至今日之谈墨学而极矣。今日之墨学者，任何古书古字，绝无依据，亦可随其一时偶然兴会，而为之改移，几若善博者能呼卢成卢，喝雉成雉之比；此近日中国号称整理国故之普通状况，诚可为长叹息者也。③

---

① 郭沫若，《十批判书》（北京：科学出版社，1956），后记，页466。例如民国初年易白沙（1886–1921）一方面批判被专制君主所利用的儒家思想，另一方面则大力颂扬墨家，他说“周秦诸子之学，差可益于国人而无余毒者，殆莫如子墨子矣，其学勇于救国，赴汤蹈火，死不旋踵，精于制器，善于治守……非举全国之人，尽读墨经，家有禽子之巧，人习高何之力，不足以言救国”，更说墨子的天志、明鬼的理论可以劝善惩恶，维系群伦，比儒释道三教都来得好。见易白沙，《述墨》，《新青年》，卷1期2（1915）、卷1期5（1916）。易白沙与儒学传统的关系见 Lin Yü-sheng, *The Crisis of Chinese Consciousness: Radical Anti-traditionalism in the May Fourth Era* (Madison: The University of Wisconsin Press, 1979), p. 66.

② 如觉佛认为“我国儒家之学说，多重阶级……墨子痛之，以兼爱立教，而平等之旨昭，而阶级之制可破。……在墨子之意，以为欲打破重重之阶级，不可不提倡兼爱主义。兼爱主义者，社会主义也”，见觉佛，《墨翟之学说》，原载《觉民》，期7（1904），收入王忍之等编，《辛亥革命前十年间时论选集》（北京：三联书店，1978），卷1，下册，页866。在同盟会的《民报》创刊号（1905）卷首载有墨子画像，称之为“世界第一平等博爱主义大家”，与黄帝（世界第一之民族主义大伟人）、卢梭（世界第一之民权主义大家）、华盛顿（世界第一之共和国建设者）并列。

③ 陈寅恪，《中国哲学史审查报告》，《陈寅恪先生论文集》（台北：文理出版社，1977），页1361。研究上古史的杨宽（1914年生）也有类似的意见，他说当时研究墨经的人有“强古书以就我”之弊，见杨宽，《论晚近诸家治墨经之谬》，章太炎编，《制言半月刊》，期29（1936），页1。

这是近代墨学研究中最让人诟病之处。

总之，从清中叶到二十世纪初，学者们的兴趣从经学考证延伸到诸子学的领域，在此过程中《墨子》受到许多人的重视，而如何确定《墨子》的文字，以及如何评价墨子思想，成为学术界讨论的重要课题。在文字方面，孙诒让的《墨子闲诂》一书，基本上将传抄讹误、脱漏错乱的地方加以疏理，使《墨子》一书可以解读；然而主要讨论逻辑的部分（《经上》、《经下》、《经说上》、《经说下》、《大取》、《小取》）则要到梁启超、胡适之后，才整理出一些眉目。至于评论的问题，乾隆末年汪中开始肯定墨子思想的价值，但还是以儒家作为判断的标准；鸦片战争之后，随着中国与西方的接触，对墨子的评价受到西方价值的莫大影响，这些价值包括科技成果与社会、政治理想。质言之，近代墨学的复兴固然是与传统学术的发展，尤其是乾嘉考证之风所引起的学术兴趣，密切相关，但是其直接的动机，则是明显地出于西力冲击之下，如何设定未来中国之目标的现实关怀。梁启超就是在乾嘉以来的学术传承，以及西力冲击所产生的爱国情怀的交织下，动笔撰写有关墨子的文章。然而，梁启超在处理此一课题时，并没有把西方的价值标准绝对化，他将墨学放在世界思想的舞台上，借着将墨子思想与古今中外各种思想的比较、评估，而将各种思想会通在一起，最终的目的是希望借此能为未来中国找到一个思想上的共识。

三、《新民丛报》时期梁启超的墨子学

在了解上述的背景之后，我们可以开始探讨梁启超的墨子学。梁启超早期对墨学的研究可以发表于《新民丛报》第 49、50、51、52、53、57、58 等号（光绪 30 年 5 月至 11 月，1904）的《子墨子学说》与《墨子之论理学》两文为代表。首先我们必须了解梁启超当时的思想状况，该文发表之时，他刚刚结束将近一年的美国之行（1903.2.20–12.11），回到日本，正在撰写《新民说》最后一部分的几篇文章，如《论私德》与《论政治能力》等文。梁启超此时思想的主线已经从宣扬激烈革命，转向提倡渐进改革；从强调学习西方的“发明新道德”，转变为重视源于传统文化的“元神真火”。就学术思想来说，在西学方面，讨论西方经济思想的《生计学说沿革小史》以及论康德（Immanuel Kant, 1724–1804）、边沁（Jeremy Bentham,

1748–1832）、伯伦知理（Bluntchli Johann Caspar, 1808–1881）等文章都已发表；中学方面，因为受到赴美之行的影响，《论中国学术思想之变迁》一文在第22期（1902.12）佛学部分写完之后，就暂时停了下来。

其中1902年开始撰写的《论中国学术思想之变迁》一系列文章（其后结集为专书）和我们要讨论的题目有很密切的关系。此文综论中国古今学术发展的主要趋势，其中先秦部分即谈到墨家。梁启超指出春秋末期墨与孔、老并立，三分天下。他的分析环绕着地理因素，认为中国古代思想之中，北派重视实际，以孔子为首，南派则崇尚玄想，以老子为魁，至于墨子，他很简单地说：

墨亦北派也，顾北而稍近于南，墨子生于宋，宋南北要冲也，故其学于南北各有所采，而自成一家言。其务实际、贵力行也，实原本于北派之真精神，而其刻苦也过之；但其多言天鬼，颇及他界，肇创论法，渐阐哲理，力主兼爱，首倡平等，盖亦被南学之影响焉。①

他也谈到后来墨学分为兼爱、游侠与名理三派。在讨论先秦诸家之派别以后，梁启超本来打算接着写“论诸家学说之根据及其长短得失”一节，但是他却感觉到力不从心，所以只好暂阙，在该节标题下，他有如下的说明：“此节原为本论最要之点，但著者学殖浅薄，综合而论断之，自愧未能，尚须假以时日，悉心研究，非可以率尔操觚也”，遗憾的是这一部分后来他一直没有机会补写。在暂缺的“论诸家学说之根据及其长短得失”一节之后，梁氏撰有“先秦学派与希腊印度学派比较”，指出先秦思想的一个缺点是“论理Logic思想之缺乏”，不如印度的因明之教与亚里士多德的论理学，而《墨子》“大取”、“小取”等篇虽有名学之词句，“但其学终不成一科耳”。

以上是梁启超在《新民丛报》第7期（光绪28年4月）上对墨学的看法，可以反映：大约在1902年中期，他还没有能力处理先秦各派，包括墨子在内的思想内容，并评论其得失；而他对墨学中的逻辑部分也没有很高的评价。其后，梁启超介绍了许多西方的经济、哲学思想，又去了一趟美国，思想发生很大的变化，至1904年中叶开始，他再次回到先秦诸子的领域，而首先处理的就是《墨子》。

① 梁启超，《中国学术思想变迁之大势》（台北：中华书局，1974），页19。此处梁启超将墨子说成宋人，但是至撰写《子墨子学说》之时，他改变了意见，经过详细考订之后，他接受孙诒让的说法，认为墨子是鲁国人，见《饮冰室专集》，37:3。目前学术界多主张墨子为鲁国人。

为什么梁启超这时认为自己可以讨论《墨子》的学说根据，并评论其长短得失呢？这当然是因为他在这两年之间“悉心研究”的结果，然而其中我们不能忽略的一个重要因素是，梁启超在这期间阅读了一些日文有关中国古代思想史的书，日本人的观点刺激了他对先秦思想的重新诠释。过去我们常注意到梁启超透过日文学习西方思想，但实际上他也透过日文著作来认识中国。他在赴日前期所撰的《东籍月旦》一文中就介绍了好几本日本人所写的中国史，以为是很有参考价值。例如他说桑原骘藏（Kuwabara Jitzuz ō, 1871–1931）的《中等东洋史》“包罗诸家之所长……繁简得宜，论断有识”；田口卯吉（Taguchi Ukichi, 1855–1905）的《支那开化小史》一书，“其论则目光如炬，善能以欧美之大势，抉中国之病源，诚非吾邦詹詹小儒所能梦也，汉以前尤为精绝。”[①] 以《子墨子学说》来说，梁启超清楚地表示，文中有些地方在资料排比上是采用日人高濑武次郎（Takase Takejir ō, 1868–1950）所著《杨墨哲学》一书。(37:4)[②] 总之，不容讳言的是，日文有关中国历史与思想的著作帮助梁启超澄清了先秦思想发展脉络的一些问题，尤其是让他开始建立起对墨子学说的整体理解。

再者，梁启超透过日文而了解的西学，也对他认识先秦思想有所帮助，在《子墨子学说》中他多次将墨子与西方思想作比较，比较的对象包括柏拉图（Plato, c. 427–347 B. C.）、基督教、霍布斯（Hobbes, 1588–1679）、陆克（John Locke, 1632–1704，多译为洛克）、卢梭（Rousseau, 1712–1778，或译为卢骚）、康德、边沁、约翰弥尔（John S. Mill, 1806–1873，有时梁启超译为穆勒）、社会主义等。由此可见，当梁启超更深入地了解西方文化时，他就能更清楚地看到中西的对照，也对中国古代思想有较从前更进一步的认识。因此日本学界对中西文化的研究，刺激了梁启超重新了解他的祖国，这是不容忽略的。

---

① 梁启超，《东籍月旦》，《饮冰室文集》，4:100。此处对该书的赞美似有夸张之处。梁启超对日本东洋史（即中国史）研究之评估也有变化，在 1922 年出版的《中国历史研究法》（《饮冰室专集》册 16）中，他则很瞧不起日本人的中国史研究，他说“日本以欧化治东学，亦颇有所启发，然其业未成。其坊间之《东洋史》、《支那史》等书累累充架，率皆卤莽灭裂，不值一盼”，页 98。后来桑原骘藏在这本书的书评之中对此表示不满，他认为民国以后政治上从亲日转向排日的梁启超，在学问上也从亲日转向排日，并说梁启超这种不了解实情的批评是不足挂齿的，见氏著《梁啟超氏の‘中國歷史研究法’を讀む》，收入《桑原骘藏全集》（东京：岩波书店，1968），卷 2，页 476。

② 37:4 指《饮冰室专集》，37 :4 页，下同。高濑武次郎，《杨墨哲学》（东京：金港堂书籍株式会社，1902），日本京都大学人文科学研究所图书馆藏有此书。

《墨子之论理学》一文也与日籍有关。梁启超谈到这篇文章的撰写受到两个因素的刺激，第一是汉译西方有关logic的书，如明代李之藻（1565–1630）与清末严复有关“名学”的译作；第二是日译有关西方“论理学”（即严译所谓的名学）的著作。梁启超有关墨子论理学的研究，即尝试将这些学术的成果结合在一起，是典型的“凭借新知以商量旧学”。① 在中西论理学名词的采用上，梁启超的做法是“东译（指日译）、严译，择善而从，而采东译为多。吾中国将来之学界，必与日本学界有密切之关系，故今毋宁多采之，免使与方来之译本，生参差也”，(37:55) 由此可见在梁启超心中，日本学术的重要性。但是日本学术对他的影响，似乎只限于给他一些初步的启示，并扩展他的视野，而不是影响到他思想的基本走向。

在《墨子之论理学》一文中，梁启超从《墨子》之中最基本的逻辑术语的界定，谈到不同论证方法与推理原则，更将墨子的论理学与西方的演绎法、归纳法相印证。在将中西比较之后，梁启超指出，墨子的论理学虽然不如“今世欧美治此学者之完备”，但在二千多年前有此成就“亦足以豪也”；(37:63)“吾东方之倍根，已生于二千年以前，我学界顾熟视无睹焉，是则可慨也已”。(37:17) 由此可见他对墨学中的逻辑部分开始有很高的评价。② 总之，梁启超研究墨子的论理学的目的，在于融合中学与西学，并借此提升民族自信心，使国人能像西方，从文艺复兴创造近代文明那样，也能够从中国传统中开出新局。(37:55) ③

《子墨子学说》一文有类似的用心，不过更着眼于以墨子精神来解决当时中国社会“民德”的问题，这与他在《新民说》之中的主张，有很密切的关系。在拙著《一个被放弃的选择：梁启超调适思想之研究》中，我曾指出梁启超在《新民说》中认为：群与己应维持一个以“界”为中心的平衡关系，他一方面重视社会秩序，一方面也肯定个人自由与个性发展，而在国家危机的时刻，群要比己来得重要。他所谓的“新民”就是要人们能认识正确的群己关系，并养成公德心、国家思想、冒险进取、自由、进步、权利等现代国民的精神。④ 梁启超在《新民丛报》时期对墨

① 梁启超，《〈墨经校释〉自序》，《饮冰室专集》，38:2。

② 值得注意的是此文之中梁氏并没有谈到墨子论理学与印度因明学的比较。

③ 梁启超在该文的附言中说得非常清楚，“夫人性恒爱其所亲，而重其所经历，故使其学诚为吾古人所引端而未竟者，今表而出之，则为子孙者若有手泽之思，而研究之之心因以骤炽。故近世泰西之文明，导源于古学复兴时代，循此例也。故今者以欧西新理比附中国旧学，其非无用之业也明矣”。(37:55)

④ 黄克武，《一个被放弃的选择：梁启超调适思想之研究》。

学的探讨与“新民”的理想有直接的关系，是他对于未来中国“国家与国民之想象”的一环。①

在《子墨子学说》中梁氏强调中国人有两个严重的缺点，一是自私自利，一是“命”的观念太强，因而不知自立自强，也缺乏西方冒险进取的精神。他觉得墨子的学说可以帮助国人解决这些问题。② 首先是自私自利方面的缺点，在文章一开始梁启超就感叹地说：

> 今举中国皆杨也，有儒其言而杨其行者，有杨其言而杨其行者，甚有墨其言而杨其行者，亦有不知儒不知杨不知墨而杨其行于无意识之间者。呜呼！杨学遂亡中国，杨学遂亡中国！今欲救之，厥惟学墨。（37:1）

此处所说的杨学即杨朱之学，主张为我，拔一毛而利天下不为者，梁启超所说的“举中国皆杨”主要是指国人“知有小己而不知有国群”的毛病，亦即缺乏公德心，也缺乏国家思想。如何解决这些问题？梁启超认为墨子以兼爱为中心的“利他主义”，可以帮助国人医治自私自利的毛病，了解到正确的群己关系。他很同意墨子所说“利人即所以利己也”的说法，他指出：

> 利己者人类之普通性也，骤语以社会全体之利，则以为不亲切而膜视之，故墨子复利用此普通性，而极明利人即利己之义。……盖墨子以实利主义为兼爱主义之后援，其意谓不兼爱者则直接以利己，兼爱者则间接以利己，而直接之利，不如间接之利尤广而完而固也。（37:24–25）

他更以日人加藤弘之（Katō Hiroyuki, 1836–1916）利己主义的推理来协助说明墨子的说法，加藤氏说“人类只有爱己心，无爱他心，爱他心者，不过‘知略的爱己

① 此处之想象是借用Benedict Anderson, *Imagined Communities: Reflections on the Origin and Spread on Nationalism* (New York: Verso, 1983) 一书中所谓国家是一种“想象的社群”之用法。有关此一观念在本土研究的运用，请参考我所编的“文化想象与族国建构”专号上的各篇文章，《思与言》，卷34期3（1996）。

② 除了梁启超之外，严复也有类似的意见，希望借着发挥墨子兼爱的精神来拯救国人自私的倾向，严复在翻译孟德斯鸠《法意》（1904–1909 出版）一书有关斯多噶派“其所皇皇者，以拯救社会为唯一天职已耳”一段时，有如下的案语：“吾译此章，不觉心怦怦然，汗浃背下沾衣也。夫孟子非至仁者欤，而毁墨，墨何可毁耶，且以其兼爱为无父，又以施由亲始为二本，皆吾所至今而不通其说者也。夫天下当腐败否塞，穷极无可复之之时，非得多数人焉，如吾墨，如彼斯多噶者之用心，则熙熙攘攘者，夫孰从而救之”，见《法意》（台北：商务印书馆，1965），卷24，页11。再者上引觉佛的《墨翟之学说》一文也说该文写作的目的是“处乐利主义深中于多数人之脑筋，利己心重，公德渐消磨”，要借墨子思想“以养成公德，以收回国魂”，见王忍之等编，《辛亥革命前十年间时论选集》，卷1，下册，页866–869。

心'耳”，① 梁启超认为墨子正是专利用这种知略的爱己心，来激起人们的“利他主义”。

然而墨子的兼爱、利他的思想除了有“利人即利己”的基础之外，还奠立在一种宗教观念之上，亦即利人是上天所嘉许的行为，如《法仪》篇即有“爱人利人者天必福之，恶人贼人者天必祸之”。梁启超指出这是“功利主义”的道德说，与儒家所谓的“责任道德说”立于相反的地位。对儒家来说，道德行为是一种目的，而不是一种手段，所以只问事情本身对不对，而不问行为的结果是得祸或得福。但墨家却把道德行为当成得利的手段，是为了得福而为善、为了避祸而不为恶。梁启超敏锐地指出“儒墨之异同比较，有最明显之一语，即儒者常以仁义并称，墨者常以爱利并称是也，曰仁曰爱同一物也，而儒者以义为仁爱之附属物，墨者以利为仁爱之附属物”；简单地说，儒家言“义不义”，墨家则明“祥不祥”。

传统儒家思想多从“正其谊不谋其利，明其道不计其功”的角度批评墨家功利的想法，但是梁启超则不然，他认为这两种说法是可以互补的，关键在于传统儒家“责任道德说”只适合君子，却无法影响“中人以下”，他感叹地说：

众生自无始以来，结习既深，而天行之酷，又常迫之使不得不孳孳谋其私，于此而徒以责任道德之大义律之使行，其不掉头以去者殆希矣。孔教之不能逮下皆坐是。夫中国既舍孔教外无他宗教，而孔教之高尚而不普及也又若此，于是《太上感应篇》、《文昌帝君阴骘文》、《关帝明圣经》等，乃得乘虚而抵其缺，凡此皆以祥不祥为劝义之一手段，未足为病也，奈其所谓义不义之目的，又卑下浅薄，无以导人于向上之途，此实中国德育堕落之一重要原因哉！（37:27）

为了引导中人以下为善，而调整儒家思想者，并不始于梁启超，乃是明清经世思想家十分注意的课题，② 可以说是儒家自宋明理学强调心性修养，转为明末以来“经世实学”，同样注重内在功夫与外在事功（即当时所说的“兼内外”）的过程中，

① 梁启超在《新民丛报》第21期（1902）即详细介绍了加藤弘之的思想，见《加藤博士天则百话》，页51–61。有关加藤弘之对任公思想的影响，见 Philip C. Huang, *Liang Ch'i-ch'ao and Modern Chinese Liberalism* (Seattle: University of Washington Press, 1972), pp. 56–61.

② 此一关怀或许也可以追溯到《孟子·梁惠王篇》所说“无恒产而有恒心者，惟士为能。若民，则无恒产，因无恒心；苟无恒心，放辟邪侈，无不为已”。

儒者所希望解决的重要问题之一。① 在鸦片战争前夕，魏源（1794–1857）所编的《皇朝经世文编》之中，即有好几篇文章关心中人以下的道德问题。例如陆陇其（1630–1692）在《功行录序》说：导引君子向善不必以福祸之说诱之，因为“君子衡理不衡术”，然而就一般人而论，“言福然后足以引天下之中人，言祸然后足以惧天下之不肖”；此外李颙（1627–1705）、姜宸英（1628–1699）、彭定求（1645–1719）、方苞（1668–1749）、罗有高（1734–1779）等人的文章都肯定报应福祸之说有助于劝善。② 这样的想法一方面出于实际的需要，另一方面也明显受到佛教与民间宗教等思想（如明末袁黄）的影响。③

再者，清末康有为（1858–1927）所提倡的孔教思想、民初一度盛行的孔教运动，其实也是针对同样的问题，要使儒家具有宗教的规范力。④ 梁启超的想法与此一思路是完全一致的。梁启超指出，儒家思想在境界上是超过墨家，不过两者都有缺陷，一是不圆满中的圆满者（墨），一是圆满中的不圆满者（儒）：

若墨子所云云，则践履道德者得福，反是者得祸，若有人焉，曰我不欲得福而欲得祸，则行不道不德之事，末从禁之也（原注：参观本报前号康德学说），故墨子之道德论，非究竟圆满主义也。虽然，世之真恶福而乐祸者，实无一人，则墨子之说亦可谓不圆满中之圆满者矣。且即以道德之责任律人，而人之不认此责任而甘于自暴者，又奈之何？故孔子学说，亦有圆满中之不圆满者存也。（37:8）

所以梁启超主张将儒、墨、佛三者融合为一，对君子用实法，对小人用权法，如此可以有助于改良“民德”：

使孔子而如佛之权实并用也（自注：佛大乘法，不厌生死，不爱涅槃，此其目的也，实法也；小乘法专言生死之可怖，涅槃之可歆，此其手段也，权法也），兼取墨子祥不祥之义而调和之，则吾二千年来社会之现象，其或有以异于今日乎！

---

① 有关中国近世经世思想之演变见黄克武，《理学与经世：清初〈切问斋文钞〉学术立场之分析》，《“中研院”近代史研究所集刊》，期 16（1987），页 37–65；以及《〈皇朝经世文编〉学术、治体部分思想之分析》（台北：台湾师范大学历史研究所硕士论文，1985）。

② 见魏源编，《皇朝经世文编》（台北：世界书局，1964），卷 4“广论”的各篇文章。

③ 有关清初学者与佛学的关系请参见陆宝千《清代思想史》（台北：广文书局，1983），页 197–220。袁黄的研究见萧世勇，《袁黄的经世信念及其实践方式》（台北：台湾师范大学历史研究所硕士论文，1994）。

④ 见黄克武，《民国初年孔教问题之争论，1912–1917》，《台湾师范大学历史学报》，期 12（1984），页 197–224。

（37:27）

对梁启超来说，自私自利的一个重要表现是缺乏国家思想或爱国情操，墨家精神之中最让他感动的，其实就是由兼爱、明鬼观念而产生的“轻生死”、“忍苦痛”的精神，他认为“欲救今日之中国，舍墨学之忍苦痛则何以哉，舍墨学之轻生死则何以哉”。（37:48）换言之，在新民的理想之下，梁启超觉得传统儒家“杀身成仁”、“舍身[生]取义”的理想在实践之上有其限制性，“非学道有得者，不能切实体认，其平时养成之既甚难，其临事应用之抑亦不易，以故往往不能逮下。”（37:44）他认为如果要使每一个国民都变成儒家的君子，具备现代国家思想，必须要仰赖像墨家（与佛教）那种宗教观念，才能让人们为一个群体的道德理想而超越生死，在关键时刻敢于为国捐躯。

梁启超觉得日本人在这方面做得比中国人要好，他说“数月前，日本之运兵船常陆丸，为俄船所袭击，命之降，自将校以逮士卒，皆自湛，无一肯生降者”，然而甲午战争黄海海战中丁汝昌（死于1895）却率海军投降，他们不了解“所活者将校之躯壳，所戕者海军之精神也”，虽然丁氏后来自尽，但他只是畏罪，而不是真有殉职之心。梁启超感叹地说“世有志士，其或遇可死之机会，而迟疑于死与生之孰利于天下者”，应该仔细地想一想墨学轻生死、忍苦痛之精神给予我们的启示。（37: 47–48）

就群己关系而言，梁启超提倡墨学的目的无疑地在药治国人过度重视利己，而忽视利群的缺点，而利群的具体内涵，就是他在《新民说》之中所反复讨论的公德心与国家思想。因此对梁启超来说，他所说的公德心与国家思想并不是西方社会所特有，而是与传统思想中儒学、墨学的理想是分不开的，而造就此一新国民的方法也是包含了儒家“责任道德说”、墨家福善祸淫、明鬼，以及佛教权实并用等观念。总之，梁启超国家思想中传统的根源是不容忽略的。

再者，梁启超的群己观也不全是要求个人要为群体牺牲（当然国家危亡时应该这样做），他吸收了墨家“利人乃所以利己”的观念，认为群己是交织在一起，而两者都有本质上的重要性。① 在此要特别指出的是：梁启超并不是只重群体而不重

① 梁启超在《新民说》中《论国家思想》一节就明白指出“所谓对于一身而知有国家者何也……每发一虑，出一言，治一事，必常注意于其所谓一身以上者（自注：此兼爱主义也，虽然即谓之为为我主义亦无不可，盖非利群则不能利己，天下之公例也），苟不尔，则团体终不可得成，而人道或几乎息矣。此为国家思想之第一义”，见《新民说》（台北：台湾中华书局，1972），页16。

个人，他并不完全肯定墨子以兼爱为基础的“利他主义”。他在对兼爱思想的批评之中指出：墨家在中国的失败是有其原因的，“近世伦理学家，谓极端之利他主义，必不能为学说之基础，诚哉其然矣，墨子于此终局之结果，似有所未审也”；梁启超认为像墨子所宣传的极端利他主义，其最大的缺点就是抛弃了“自己”与“所有权”的观念，是知有群而不知有己；这种理想只可能在“如柏拉图、德麻靡里辈（原注：参观生计学沿革小史篇；按指 Plato 与 Thomas More）所虚构之共产主义”，或佛教所说“举一切众生入无余涅槃以灭度之”的情况下，才能实现，在一般的社会中是不可能的，所以他认为追求此种理想并非社会之福。(37:34) 他说：

社会学家言，人类与“非人动物”之界线多端，然其最要者，则对于外界而觉有所谓“自己”者存也，言政治、言法律、言生计者，亦往往以“所有权”之一观念，为万法之源泉，盖必“所有权”之观念定，然后“将来”之思想发生，而人人知有将来，是即社会进化之所以弥劭也。若一社会之人，悉举其自己之观念、所有权之观念而抛弃之，即使互无损于他人之独立，而举其本身应行之义务，相为无理之交换，是果为社会之福乎？质而言之，则社会之自杀而已。(37:36)

由此可见清末梁启超在《新民丛报》之上与革命党人辩论，反对土地国有，晚年又不赞成在中国实行马克思式的共产主义，是有其思想根源的，[①] 中共一味地倡导大公无私，希望人人成为雷锋，这样的共产主义思想正是梁启超所谓不重视“自己”，也不重视个人的“所有权”，梁启超喻之为“社会之自杀”，真是再正确也不过了。总之，为了公允地了解梁启超的群己观，我们必须要在“群”与“己”两方面同时观照，他不是一个集体主义者或国家至上主义者（collectivist or statist），也不是一个西方意义下的个人主义者（individualist），而是重视群己之间的互动与平衡。从此角度才能了解梁启超思想的复杂性与巧妙性。

梁启超对墨子“兼爱”、“利他”思想的另一批评，是有关“利”的观念，墨子说人们兼爱可以得利，但他所谓的“利”是指维持生存所须要的食衣住行等“必要的欲望”，所以他提倡节用、节葬，反对奢侈等。梁启超认为人类除了必要的欲望之外，还有“地位的欲望”，意指相应于国民的程度，与个人在群体中的身份，其

① 梁启超称共产主义为“死路”，说走这一条路“国家便没有希望了”，见《清华研究院茶话会演说辞》，《饮冰室文集》，43:8。张朋园对梁启超反共思想有翔实的描写，见《梁启超与民国政治》（台北：食货出版社，1978），页 200–224。亦见沈云龙，《两位反共的先驱——梁任公与曾慕韩》，收入《民国史事与人物论丛》（台北：传记文学出版社，1981）。

所谓“必要”的欲望是不同的，此一欲望也随着文明程度的提升，会有所变化。无疑地，梁启超的理想社会绝非是人人平等而仅有物质温饱的社会，而是层级性与进步性的。他坚信“欲望之一观念，实为社会进化之源泉，苟所谓必要者不随地位而转移，则幸福永无增进之日”。（37:20–21）梁启超这种对利与欲望的想法，显然较配合资本主义的经济体制，而与社会主义或共产主义不相契合。①

再者，梁启超指出墨子坚持严格的“必要”之欲望，所以“非乐”，他只知道有物质上的实利，而不知道有精神上的实利。（37:24）以娱乐一事来说，墨子只知此事废时旷业，但实际上以娱乐为目的的休闲生活，能间接地陶铸人之德性与增长人之智慧，是人生中很重要的一部分。

梁启超更将墨子的实利思想与边沁、弥尔的功利主义作一比较，指出墨子在《大取》“天之爱人”一条、《非攻中》“然而何为为之”一条、《耕柱》“大国之攻小国”一条，以及《非攻中》“饰攻战者言曰”一条，都阐明所谓“凡事利余于害者谓之利，害余于利者谓之不利”，以及“凡事利于最大多数者谓之利，利于少数者谓之不利”之原则，他的说法与边沁的“比较苦乐以为道德之标准”的说法是一致的，但是墨子专言利害问题，“边氏更推原苦乐以鹄利害，其言尤亲切有味”。后来弥尔补充边沁的说法，认为作为道德基础的苦乐不仅是量的多少的问题，也应注意到苦乐的性质，因而有“知力的快乐、思想的快乐、道德的快乐”等观念。②梁启超认为弥尔的这个观念将乐利与道德贯通在一起，在理论上是圆满无缺的。墨子的实利思想大抵来说，过重物质而忽略精神，但在《鲁问篇》“公输子谓子墨子”一条也曾发明“凡事能使吾良心泰然满足者谓之利，否则谓之不利”的观念，③梁启超认为这样的主张和弥尔一样，尝试将乐利与道德结合在一起，是很高明的说法。（37:29）

---

① 梁启超的经济思想仍值得作深入研究，李宇平曾比较梁启超与孙中山在清末民初对货币问题的看法，指出梁氏以为货币政策应尊重自由市场之机制运作，由此经济体系自发的运作来调节通货供给量；孙氏则以为国家的政治权威可超越经济发展的规律，主张由政府主动掌理货币的发行，由此亦可见梁启超经济思想的一贯性。李宇平，《试论梁启超的反通货膨胀言论》，《“中研院”近代史研究所集刊》，期20（1991），页195–199。

② 梁启超在《乐利主义泰斗边沁之学说》，《新民丛报》，号15（1902年），页11–25。对边沁与弥尔的说法有详细的介绍。

③ 梁启超所引的是《鲁问篇》“公输子谓子墨子曰，吾未得见之时，我欲得宋，自我得见之后，予我宋而不义，我不为。子墨子曰，翟之未得见之时也，子欲得宋；自翟得见子之后，予子宋而不义，子弗为，是我予子宋也。子务为义，翟又将予子天下。”

梁氏从墨学中领悟的另一个重要的观念是“非命”，这样的想法他早在1902年撰写《新民说》中《论进取冒险》一节就已经谈到，他认为国人重“命”，以为事事都是早已注定的，因而消极地自暴自弃，缺乏努力奋斗、开创新局的精神：

危乎微哉！吾中国人无进取冒险之性质，昔已然，而今日且每况愈下……所称诵法孔子者，又往往遗其大体，摭其偏言……取其“命”主义，而弃其“力”主义（自注:《列子》有《力命篇》,《论语》称子罕言命，又称子不语力，其实力命两者，皆孔子所常言，知命之训、力行之教昭昭然矣）。①

在《子墨子学说》一文中的“非命”一节，梁启超开宗明义就说“非命者，墨学与儒学反对之一要点，而亦救时最适之良药。征诸儒家言曰，孔子进以礼，退以义，得之不得曰有命，曰不知命无以为君子也，曰死生有命，富贵在天，曰莫非命也，顺受其正，曰道之将行也与，命也，道之将废也与，命也，曰吾之不遇鲁侯，天也，诸如此类，不可枚举，故命也者，实儒教中一普通之信条也”(37:12–13)，显然他要透过颂扬墨子“非命”观念，来批判所谓“儒家的命定主义”，以建立具有现代精神的“新民”，而非命也就是“力行”。②

墨子非命说的基础是经验与归纳，亦即援引“先王之前言往行”以为证，梁启超对此说法并不满意，他从天演论为非命说立下新的论据。他说：

物竞天择一语，今世稍有新智识者，类能言之矣，曰优胜劣败，曰适者生存，此其事似属于自然，谓为命之范围可也。虽然，若何而自勉为优者适者，以求免于劣败淘汰之数，此则纯在力之范围，于命丝毫无与者也。(37:14)

接着梁启超将生物区分为“自然界之物”与“灵觉界之物”，前者如草木，后者则如动物，而人类是灵觉界最高等之动物。梁启超指出自然界之物无自主力，故完全受命的支配；灵觉界则具有自主力，故命丧失其影响力。他以人的夭寿来作说明，随着医学的进步，人类平均寿命逐渐增加，“十七世纪欧洲人，平均得寿仅十三岁，十八世纪，平均得寿二十岁，十九世纪，乃骤增至平均得寿三十六岁，然则寿夭者，必非命之所制，而为力之所制，昭昭明甚矣”。(37:16)

至于国人流行的人生之富贵、贫贱归诸命的说法，梁启超也加以驳斥。他说人的贫富贱贵，往往是由于社会全体之力所凝聚成的制度所造成的，在现实世界中有

① 梁启超，《新民说》，页29。

② 梁启超将儒家描写为“命定主义”是对儒家的一种误解，下文我会仔细讨论这一点。

许多不合理的制度，使“力”得不到合理的发挥与公平的竞争，在这样的制度中，人们不能自拔，所以归之于命。实际上这些社会制度都是可以用人力来破除的，例如当时的科举制度（至1905年才废）：

取彼尽人所能为而优劣程度万不能相悬绝之八股试帖楷法策论，而限额若干名以取之，以此为全国选举之专途，其势不能不等于探筹儿戏，应举者虽有圣智，无可用其力之余地也，而一升一沉之间，求其故而不得，夫安得不仰天太息曰命也命也而已。……然此果足为有命说之根据乎？一旦以力破此制度，则皮不存而毛焉附矣！（37:16）

梁启超更以佛教因果的说法来支持墨子非命的观点，认为佛教的因果说是“有力而无命”，而退一步而言，即使有命的作用，这个命也是人类的自力所可以左右的。这一理论将梁启超思想中群己关系，以及人类历史演变的决定因素等重要的问题，从本体论的角度结合在一起，梁启超认为是“其论据精深博辩，盛水不漏”。下文是了解梁启超此时思想十分重要的一段话，值得仔细玩味：

佛说一切器世间、有情世间，皆由众生业力所造，其群业力之集合点，世界也，社会也（即器世间）；而于此集合点之中，又各各自有其特别之业力，相应焉以为差别，则个人是也（即有情世间）。故一社会今日之果，即食前此所造之因，一个人前此之因，亦即为今日所受之果。吾人今者受兹恶果，当知其受之于么匿（即本人）之恶因者若干焉，受之于拓都（即社会）之恶因者若干焉。吾人后此欲食善果，则一面须为么匿造善因，一面须为拓都造善因。（37:17）①

这样的理论将群与己从哲学层面结合在一起，使梁启超的群己并重的观点更具有说服力。

梁启超对墨子的研究不但注意到改善民德的问题，也了解到民德的改善要依赖一套新的政治架构，即国家建构的问题。这时他对卢梭所谓国家是由“公民同意所造成”的“民约论”说法仍颇为醉心，并由此来评估墨子的政治思想。他的看法是：

墨子之政术，民约论派之政术也，泰西民约主义，起于霍布斯，盛于陆克，而大成于卢梭，墨子之说则视霍布斯为优，而精密不逮陆、卢二氏。

① 梁启超在《余之死生观》，《新民丛报》，号59、60（1904年）一文对此一佛教的本体论与历史观有更详细的说明。

梁启超认为中国以前讨论国家起源时多主张“神权起源”与“家族起源”，只有墨子在《尚同》之中阐明“天下之乱生于无正长，故选择贤圣立为天子，使从事乎一同，谁明之，民明之，谁选择之，民选择之；谁立之，谁使之，民立之，民使之也”(37:38)，这是主张国家由民意所公建，是一种本土的“民约论”。① 建国之后墨子认为人民应上同于天子，梁启超说这一理论与霍布斯所说，民约建立后将公共权力交给一个专制君主的说法，是完全一致的。但是为什么梁启超又认为霍布斯的学说不如墨子呢？这是因为霍布斯主张君权无限，墨子则了解到君权不可全无限制，因而提出“以天统君”的观念，要求天子要上同于天。梁启超说墨子的思想以宗教迷信来监督政治领袖，“其术涉于空漠”，不如儒家以人民为天之代表，来得完备（即“天视自我民视”的说法），但在当时这也是无可奈何的事。(37:40) 再者，西方的民约论在霍布斯之后，经过洛克与卢梭的修正，放弃了君主专制的学说，开创出民主的路子，此点则是墨子所不及的。②

由于墨子的政治思想与宗教之间的密切关系，梁启超认为它的组织与基督教很类似，例如“钜子”的地位即有如教皇。要而论之，梁启超指出，墨子将宗教与政治结合在一起的想法，不是国家主义，而是世界主义、社会主义；墨子要求“视人国若视其国，视人家若视其家”，他的理想与儒家的“大同”是一样的。从梁启超对墨子政治思想的讨论，可以反映他的政治理想是环绕着反专制、限制君权与推崇民主；同时，他虽高倡国家主义，但在他的思想中大同的理想还是存在的，只是认为目前不宜实行罢了。

综上所述，梁启超在《新民丛报》时期对墨子思想之见解，在近代墨学史上有其特殊的意义。在他之前，清代考据学者几乎都是从章句校释的角度整理《墨子》

① 类似的想法在魏源所编《皇朝经世文编》之中也有，如余廷灿（1735–1798）在《民贵》一文中说“民萌也，有因民之萌而达之者，则曰君相……以民明民也，以民卫民也，非用民而为民用者也”(1:1b)。汪缙（1725–1792）在《绳荀上》说“元黄剖判，万物混形，血气凝动，嗜欲蠢蠢，嗜欲欲遂，不遂则争夺生，人弱物强，物害乃滋，圣人出为之驱物卫民，于是群然戴附之以为君师，故君之立，民立之也”(1:8b)。这样的看法指出统治者是出于同为人民的被统治者，与《墨子》的看法类似，或许不是直接源于墨子，而可能是受到明末黄宗羲、唐甄等人的影响。在此值得思考的是，上述的看法其实已经超过“民本”的观念，而带有一部分“民权”的想法，因此将传统观念说成是“民本”，而将“民权”说完全视为是比附西方之价值的说法是值得商榷的。

② 有关墨子与霍布斯的比较亦可参见梁启超，《霍布斯学案》，《清议报》，期96、97(1900年)。后来冯友兰在《中国哲学史》（北京：中华书局，1961）一书的墨子部分也跟着梁启超的说法，认为“墨子之政治哲学，可谓与霍布斯所说极相似”，该书页133–136。

一书，而清末像黄遵宪等主张革新之士，则是肤浅地以墨子思想来比附西学；梁启超在日人著作的启发之下，首度很详细地从义理的层面，将墨子的学说作系统化的分类整理、评论，并阐述其现实意义，这在墨学进展上是很具开创性的，所以当时才能“引起了许多人对墨学的新兴趣”，[①] 这是很重要的贡献。就梁启超墨子学的内涵而言，他以佛学、儒学，以及西学（如天演论、民约论）解墨的目的，在于融通各种不同的学术思想，企图廓清传统中国流行的错误观念，如自私自利与迷信风水、气运等，以及补足儒家思想，尤其是不能促使中人以下积极为善的缺失，激发人们休戚与共，利人即利己的道德感；而此一民德的改善也必须建立在卢梭“民约论”式的政治架构之上。总之，梁启超在《新民丛报》时期论墨虽然有“纯学术”的一面，出于他对先秦学术思想的兴趣，然而其主旨则是为现代中国国民与国家的建构，提供一个既植根于传统又符合西方学说的理论基础。进一步而言，梁氏在清末对于现代国民与国家的想象，基本上他所标举的“界限”(boundaries) 是“政治性”的，是在群己平衡的架构中，一方面强调兼爱、利他的国民精神，一方面也肯定国民作为一个“个体”所具有的政治、社会与经济权利；他的构想与当时革命党人所突出的“种族性”的、“群体性”的国家与国民想象，有很明显的不同。[②]

四、一九二〇年代梁启超的墨子学

梁启超在撰写《子墨子学说》之后开始参加与革命党人（即与《民报》诸子就民族、政治与社会民生三方面）的论战，双方更清楚地陈述了上述两种不同的国家与国民的想象。[③] 接着是辛亥革命的成功，梁启超返国投身政局，组进步党，又任财政、外交总长，并促成政府对德宣战等，至 1917 年底左右才退出政坛。1918–1919 年梁启超率团赴欧考察，此行中他看到欧战后的残破，认为是西方讲求物质文明的结果。返国之后，他回过头来对中国文化产生一种乐观而自作主宰的信心，并开始兴办文化事业与从事讲学。这时他所关怀的焦点议题，不再具有那么强的民

---

① 胡适，《〈墨经校释〉后序》，《饮冰室专集》，38:99。

② 有关清末思想界“国民”观念的讨论，见沈松侨，《族群、性别与国家：辛亥革命时期‘国民’观念中的界限问题》（未刊稿），作者感谢沈松侨在这方面的提示。

③ 双方主要的争辩见黄克武，《一个被放弃的选择：梁启超调适思想之研究》，页 2，以及拙著所征引的相关作品。

族主义的色彩，而倾向于说明未来中国作为一个政治实体，在文化上应有的特质，及其传统的根源。

从1920年开始，梁启超再次回到先秦政治思想史的领域，这一年的冬天，他应清华学校之请，讲“国学小史”，本来只打算讲十次，后来赓续至五十次以上。岁末休假期间，他将年轻时代以来阅读《墨经》的札记，比次整理，约有数万言，合为《墨经校释》一书。① 次年春天，清华学生请他将授课讲义整理印行，梁启超觉得“兹稿皆每日上堂前临时信笔所写，多不自慊，全书校定，既所未能，乃先取讲墨子之一部分，略删订”，成《墨子学案》一书。②1922年梁启超再赴北京法政专门学校及东南大学讲“先秦政治思想”，后来他又将讲义编为《先秦政治思想史》（一名《中国圣哲之人生观及其政治哲学》），其中也有一部分讨论到墨子思想。③ 以上三个作品是梁启超晚期论墨的主要著作。

梁启超这时的墨子学与《新民丛报》时期对墨子的讨论，前后相隔近二十年，两者有何异同？首先让我们看看前后相同的部分。梁启超对墨子生平与思想的叙述与分析，大致上是前后一致的；他对墨子思想的评估方面，也有一些地方并无变化，例如梁启超对于墨子“非命”的肯定、对“非乐”的批评，以及对政治思想的评论等看法与前期都是一样的。

梁启超肯定墨子非命的主张，他说非命的观念“直捣儒道两家的中坚，于社会最为有益。‘命’是儒家根本主义之一，儒说之可议处，莫过此点，我国几千年的社会，实在被这种‘命定主义’阻却无限的进化，墨子大声疾呼排斥他，真是思想界一线曙光”。(39:24) 他甚至将《子墨子学说》中从天演论讨论非命观念的一段非常长的文字，以引文的方式，放在《墨子学案》之中，并指出“墨子非命，是把死社会救活转来的学说”。(39:25–27) 至于墨子的“非乐”说，梁启超说：

墨子学说最大的缺点，莫如“非乐”，他总觉得娱乐是废时失事，却不晓得娱乐和休息，可以增加“物作的能率”。若使墨子办工厂，那“八点钟制度”他定然反对的，若使墨子办学堂，一定每天上课十二点钟，连新年也不放假，但这种办法对不对，真可以不烦言而决了。(39:20)

① 见梁启超，《〈墨经校释〉自序》，《饮冰室专集》，38:2。

② 见梁启超，《〈墨子学案〉自叙》，《饮冰室专集》，39:1。

③ 梁启超，《先秦政治思想史》（台北：中华书局，1973），《序》，页1。

这样的看法与前期完全一致。在政治思想方面，梁启超还是说把墨子放在从霍布斯到卢梭的背景中来评论，认为他的民约思想走“到霍氏那一步，还未到卢氏那一步”，因而深表惋惜。(39:29)

要讨论梁启超前后期论墨的差异，不能不注意到胡适的影响。① 根据梁启超的自白，《墨子学案》与前期论墨的不同之处，在于他采取了不少胡适的说法：

> 吾昔年曾为《子墨子学说》及《墨子之论理学》二篇，坊间有汇刻之名为《墨学微》者，今兹所讲，与少作全异其内容矣！胡君适之治墨有心得，其《中国哲学史大纲》关于墨学多创见，本书第七章，多采用其说，为讲演便利计，不及一一分别征引，谨对胡君表谢意。(39:2)

其中谈到前、后期论墨“全异其内容”，至于有什么不同，梁启超只简单地提到胡适对他的第七章“墨家之论理学及其他科学”有许多帮助，其他的不同之处他没有明言，我们将会做仔细的探讨。下面我们先回顾胡适与梁启超在墨学方面的往来。②

梁、胡两人相差十八岁，出身迥异，一为传统文人，一为新式留学生，但是在学术上却有十分密切的关系。③ 就墨学而言，胡适自称梁启超在《新民丛报》上谈墨子的文章，引发了他研究墨学的兴趣。④ 后来胡适留美归来，声名益显，对墨学有自己的心得，又回过头来影响到梁启超对墨子的看法。胡适完成《中国哲学史大纲》(1918) 之后，梁启超认为墨子（与荀子）部分讲得最好，因而将胡适的意见放在他自己讨论墨子的著作之中。由于胡适在墨学研究上的成绩，民国九年(1920)梁启超《墨经校释》完稿之后曾请胡适写序，以前辈而邀后辈写序，是很不寻常的，胡适因此很认真地批评梁启超校勘的主要的方法，又指出其中的一些缺失。后来梁启超将胡适的序文放在书末，称为后序，自己则撰写了一篇答辩的文字，称

---

① 胡适的墨学研究可参考杜蒸民，《胡适与墨学》，收入耿云志、闻黎明编，《现代学术史上的胡适》(北京：生活·读书·新知三联书店，1993)，页 10–27。

② 在这方面请参考张朋园，《胡适与梁启超：两代知识分子的亲和与排拒》，《“中研院”近代史研究所集刊》，期 15 下册 (1986)，页 81–108。

③ 根据张朋园的分析，梁胡二人在学术上至少有五个回合的往来，分别是关于梁的《清代学术概论》、墨学、梁氏评论胡著《中国哲学史大纲》、梁氏评论胡著《一个最低限度的国学书目》，与胡适评论梁著《中国历史研究法》，见前引文页 94–100。

④ 胡适，《〈墨经校释〉后序》，《饮冰室专集》，38:99。

《读墨经余记》置于卷首，回答胡适的质疑，胡适因此觉得很不高兴。① 然而梁启超《墨经校释》一书所提出的观点，又刺激了胡适《墨辩新诂》的写作。（38:99）以上是梁、胡二人在论墨上的往来。

梁启超讨论《墨子》一书之内容与思想的部分，很明显地受到胡适的影响。例如胡适将《墨子》一书分为五组，再论其史料价值，梁启超说这五组“分得甚好”，他只略作增添；（39:6）而在谈到要治《墨子》应参考的书籍时，他除了列有毕沅、孙诒让、张惠言与他自己的著作外，也列了胡适的《中国哲学史大纲》，但却没有列其他学者，例如章炳麟的著作。②

如上所述，梁、胡二氏在墨学方面较重要的往来是关于《墨经校释》。此书是梁启超二十多年来治墨的心得，该书依赖清中叶以来毕沅、张惠言、孙诒让等人的学术成果，又受到时人章炳麟、胡适等人之著作的启发而产生。③ 梁启超在序文中很清楚地铺陈了这一学术脉络，“《墨经校释》，其于毕、张、孙诸君子之说持异同者盖过半，然非诸君子勤之于前，则小子何述焉，故知学问之业，非一人一时代所能就，在善继而已矣”；“章太炎、胡适所撰述，时有征引浚发，深造盖迈先辈”。（38:2）这些纵与横的学术背景，是了解梁启超对墨经的学术兴趣时所不能忽略的。

梁、胡二人对于墨经之中讨论逻辑（即当时所说的论理学）的部分都十分感兴趣，梁启超在 1920 年代对墨子论理学方面的讨论，是深受胡适影响。他在置于《墨经校释》卷首的《读墨经余记》一文中，谈到《小取》中所说论辩的七大法则，所谓“一或、二假、三效、四辟、五侔、六援、七推”时，他就明言“以上七条，胡适哲学史大纲解释甚当（自注：余旧著《墨子论理学》一篇，亦曾释此七条，不如胡适之完密）”。（38:10）④ 在《墨子学案》中梁启超解释其中的第四条“辟”时，说“此条论譬喻的作用，胡适引《说苑》中讲惠施一段故事，解释得最好”；在解

① 见张朋园，《胡适与梁启超：两代知识分子的亲和与排拒》，页 97，胡适在日记中说“梁启超的《墨经校释》出来了。他把我的序放在书末，却把答我的序的书稿放在前面，未免太可笑了”，“我当时也有点介意，但后来我很原谅他。”

② 胡适所开的墨子（论理学）研究书目也有张惠言、孙诒让的作品，此外加上章炳麟《国故论衡》中的《原名》，却没有梁启超的著作。见胡适，《中国哲学史大纲》（上海：商务印书馆，1926），页 227。

③ 有关章炳麟的墨子学见陆宝千，《章太炎之论墨学》，《“中研院”近代史研究集刊》，期 20（1991），页 201–210。

④ 根据胡适的解释：“或”是指不能包举一切；“假”是假设；“效”是演绎法的论证，由通则推到个体；“辟”是以别的东西来说明这个东西；“侔”是用别的判断来说明这个判断；“援”是援例，即由这一个个体推知另一个个体；“推”是归纳法，由个体来推知通则。

释第五条“佴”时，说“胡适引公孙龙解释此条，甚好”。胡适引用弥尔（John S. Mill，梁启超译为弥勒或穆勒）有关归纳的五个方法，梁启超也引用这五个方法，只是约略地改变顺序，并附上英文。这些例子可以证明，上文所引梁启超的话，所谓《墨子学案》“第七章，多采用其说，为讲演便利计，不及一一分别征引，谨对胡君表谢意”，是有根据的。

梁启超与胡适对墨子也有一些不同的意见，首先是在《墨经》的文字解读之上。两人在这方面的辩论主要是关于《经说》中每句之标题与断句，梁启超以为《经说》每一段的首字是该段的标题，此标题是与经文（即《经上》、《经下》）相对应的。胡适则怀疑此一原则，以为有很多例外。① 英国汉学家 A. C. Graham 在将近半个世纪之后，再度回顾这一辩论，认为梁启超的观察是很重要的，因为此一原则提供一个客观的方法，来找出《经说》之中每一段的首字，因而解决了断句的基本问题，他并指出梁启超所说的原则已获得学者们普遍的接受。②

梁、胡之间的另一争执是墨经之年代与作者的问题。孙诒让最早指出墨经“据庄子所言，则似战国时墨家别传之学，不尽墨子本恉。毕谓墨子自著，考之未审也”；③ 胡适跟着孙诒让的说法，认为“墨辩（指《经上》、《经下》、《经说上》、《经说下》、《大取》、《小取》等六篇）诸篇若不是惠施、公孙龙作的，一定是他们同时的人作的”。胡适举出四个理由来支持他的论断：（1）与他篇文体不同；（2）与他篇理想不同；（3）《小取》篇两称“墨者”，故决不出墨子手；（4）所言与惠施公孙龙相同。总之，胡适认为墨经中的问题是惠施、公孙龙那一时代才有的哲学问题，而非墨子那一时代所能提出的。④

梁启超不同意他们的看法，认为“孙、胡说非也”。他强调这六篇虽多谈名学，但性质各异，不可并为一谈，胡适将之视为同出一人，是一个根本的错误。梁启超

① 梁启超所说的原则是“凡经说每条之首一字，必牒举所说经文此条之首一字以为标题，此字在经文中可以与下文连读成句，在经说中，决不许与下文连读成句”；但胡适觉得“他把这条公例定的太狭窄了，应用时确有许多困难，若太拘泥了，一定要发生很可指摘的穿凿傅会”，所以他觉得此一公例应改为“经说每条的起首，往往标出经文本条中的一字或一字以上”，胡适并依他新定的公例揭发梁启超书中的一些可疑之处。见胡适，《〈墨经校释〉后序》，《饮冰室专集》，38:99–104。

② 关于梁胡两人对《经说》首字的辩论与学界进一步的看法请参看 A. C. Graham, *Later Moist Logic, Ethics and Science*, pp. 95–98。

③ 孙诒让，《墨子闲诂》，卷 10，页 190。

④ 胡适，《中国哲学史大纲》，页 186–187。

认为"《经上》必为墨子自著无疑"，"《经下》或比《经上》时代稍后，其两经皆墨子著耶，抑《经下》出诸弟子手耶，未能确断。《经说》则决非出自一人，且并未必出自一时代，或经百数十年递相增益，亦未可知"，"《大取》《小取》，既不名经，自是后世墨者所记，断不能因彼篇中有'墨者'之文，而牵及经之真伪"。①至于墨经与施龙之关系，梁启超以为两人学说是从墨经中衍生出来的，不能因为他们引用墨经中的一小部分，就说"墨经为施龙辈所作"，更何况两者内容有相异之处。②墨经的时代的断定是一个很复杂的问题，目前学界虽较多人支持胡适的看法，反对梁启超的观点，但仍无法视为定论。

梁、胡两人对于墨经逻辑部分之解释，也有其他的不同，主要在于墨经逻辑与印度因明学（即佛教的逻辑学）的比较方面。梁启超在清末所撰《墨子之论理学》一文只提到西方的逻辑学，并没有谈到墨学与印度因明学的比较，但是在《墨经校释》与《墨子学案》两文中，将墨经论理学与印度因明学（以及西方逻辑学）的比较，却成为一个很重要的角度。在这方面首开其风的可能是章炳麟，③章氏思想之中佛教的唯识宗是一个重要的来源，唯识宗之中的因明学即是佛教的逻辑学。首先要说明的是，虽然梁、胡、章三人都将墨子论理学与印度因明学加以比较，但或许是因为梁启超有较强烈的民族情感，并缺乏胡适与章炳麟所有的反传统的倾向，所以他将墨子说成是世界上最早的逻辑学者，认为墨子早已了解到西方亚里士多德的逻辑学与印度因明学所提出的一些的原则，例如形式逻辑与三段论法等，而胡与章则在这方面有所保留，注意到三者的相异之处。

章炳麟在 1906 年所作的《论诸子学》一文中谈到因明学中"三支"（即宗、因、喻）的说法，此三者与西方逻辑学的三段论法颇为类似，但推论的顺序不同，宗是结论，因是小前提，喻是大前提。他举出一个实际的例子来说明三支的推论，后来胡适与梁启超都在他们的书中采用同样的例子。章炳麟说：

佛家因明之法，宗、因、喻三，分为三支。于喻之中，又有同喻、异喻。同喻

---

① 在《墨子学案》（1921）中梁启超有类似的看法，他说"经上下当是墨子自著，经说上下，当是述墨子口说，但有后学增补，大取小取是后学所著"。(39:7)

② 梁启超，《读墨经余记》，《饮冰室专集》，38:2–3。

③ 孙诒让早在 1897 年给梁启超的信中就指出比较研究的角度，他说"《墨经》楬举精理，引而不发，为周名家言之宗；窃疑其必有微言大义，如欧士亚里大得勒之演绎法，培根之归纳法，及佛氏之因明论"，但他并没有深入探讨，见《与梁卓如论墨子书》，转引自方授楚，《墨学源流》，页 219。

异喻之上，各有合离之言词，名曰喻体。即此喻语，名曰喻依。如云：声是无常（宗），所作性故（因）。凡所作者皆是无常，同喻如瓶；凡非无常者皆非所作，异喻如太空（喻）。①

其后章炳麟在 1909 年所撰《原名》一文，则以因明学三支的架构来讨论印度、西方与墨经推论方式的相异之处：

辩说之道，先见其恉，次明其柢，取譬相成，物故可形，因明所谓宗因喻也。印度之辩，初宗，次因，次喻。大秦之辩，初喻体，次因，次宗。其为三支比量一矣。墨经以因为故，其立量次第：初因，次喻体，次宗，悉异印度大秦。②

胡适对章氏的论断感到不满，他认为章太炎将墨经描写为这种三支的形式“未免太牵强了”、“以为墨家有三支式的证据，其实是大错的”，因为墨家并无发达的“法式”，这与印度的因明与欧洲的逻辑有完密繁复的“法式的逻辑”是不同的。③

梁启超在《墨子学案》中对墨经论理学与因明学的比较，很明显地是在与章炳麟和胡适辩论，他不同意章炳麟所说墨家有论理的法式，但其形态与印度、西方不同的说法，也不同意胡适所谓墨家的论理不重法式的观点。梁启超认为“引经就说”（即将《经》与《经说》配合起来）之后，可以得到有如因明三支的论理方式；甚至墨经之中也有类似西方大前提、小前提、断案的推论方式。（39:48–51）总之，梁启超在阐明墨经与印度、西方逻辑的类似性方面，其态度要较章、胡两人强烈得

---

① 朱维铮、姜义华编，《章太炎选集》（上海：上海人民出版社，1981），页 391。胡适在《中国哲学史大纲》引用到此例，“这三个辞，和三个辞的交互关系，全靠一个‘类’字。印度因明学的例，更为明显：

声是无常的（无常谓不能永远存在）………（宗）

因为声是做成的………………………………（因）

凡是做成的都是无常的，例如瓶……………（喻）

‘声’与‘瓶’同属于‘做成的’一类，‘做成的’又属于‘无常的’一类，这叫做‘以类予’”，见页 202–203。梁启超在《读墨经余记》，《饮冰室专集》，38:7 与《墨子学案》，《饮冰室专集》，39:49 都提到相同的例子。

② 章炳麟，《原名》，最早发表于 1909 年的《国粹学报》，后收入《国故论衡》，收入《章氏丛书》（台北：世界书局，1982），卷下，页 135。章氏并以例子来说明三者的不同，“如印度量，声是无常，所作性故，凡所作者皆是无常，喻如瓶。如大秦量，凡所作者皆是无常，声是所作，故声无常。如墨子量，声是所作，凡所作者皆无常，故声无常”。

③ 胡适，《中国哲学史大纲》，页 211、213、224–225。值得注意的是胡适并不以为缺乏欧洲与印度的法式是墨家名学的缺点，他反而认为因此而有其长处，“墨家的名学虽然不重法式，却能把推论的一切根本观念，如‘故’的观念、‘法’的观念、‘类’的观念、‘辩’的方法，都说得很明白透彻，有学理的基本，却没有法式的累赘”，见页 225。

多了。

我认为梁启超上述对类似性的强调，虽然是出于他的学术判断，但很可能与他思想中民族主义的倾向有关系。质言之，梁启超研究墨经逻辑学的目的，主要还是透过墨经与西方、印度的比较，将之视为“世界最古名学书之一”，[①]借此阐明：中国传统之中可以找到与西方科学相类似的东西，以此而振奋民族精神。他在谈完墨子的论理学之后，感叹地说：

以上把墨辩的七法讲完，墨家论理学的全部也算讲完了，这部名著，是出现在阿里士多德以前一百多年，陈那[②]以前九百多年，倍根、穆勒以前二千多年，他的内容价值大小，诸君把那四位的书拿来比较便知，我一字也用不着批评了，只可惜我们做子孙的没出息，把祖宗遗下的无价之宝，埋在地窖子里二千年，今天我们在世界文化民族中，算是最缺乏论理精神、缺乏科学精神的民族，我们还有面目见祖宗吗？如何才能毂一雪此耻，诸君努力啊！（39:65）[③]

由此可见，梁启超《墨子学案》中对墨子论理学的讨论，与清末时所撰《墨子之论理学》一文，其根本关怀是相连续的，都带振奋民族精神的动机。

除了以上的不同，仔细比对梁启超与胡适讨论墨子思想的著作，可以发现两者还有其他的差异。胡适论墨的主轴是强调墨子的哲学方法，他说“儒墨两家根本上不同之处，在于两家哲学的方法不同，在于两家的‘逻辑’不同”。胡适认为儒家最爱提出一个极高的理想目标，作为人生的目的，所以儒家的议论总偏向动机的一方面，而不注意行为的效果；推到极端，则如董仲舒所说的“正其谊不谋其利，明其道不计其功”，这样的看法只说这事情应该如此做，却不问为什么应该如此做。然而，胡适认为墨子却处处要问“为什么”，强调知道了为什么之后，才知道怎么做；换言之，墨子以为事事物物都有一个用处，知道事物的用处，才知道它们的是非善恶，由此导引出实利主义的原则。胡适即依此主轴讨论墨子思想。[④]

---

① 梁启超，《〈墨经校释〉自序》，《饮冰室专集》，38:1。

② 陈那为 Dignaga 之音译，为西元六世纪印度佛教因明学者，著有《因明正理门论》，将印度五段式的推论法改三段式的“三支”。有关此人的传记可见巫寿康、巫白慧，《陈那评传》，《佛学研究》，1993年第 2 期。

③ 在此要说明的是梁启超将墨子论理学说成是发明于“阿里士多德以前一百多年”是自我矛盾的，诚如前述，他在《读墨经余记》之中曾说，他认为除了《经上》是墨子所著，其他的部分很可能是“或经百数十年递相增益”。

④ 胡适，《中国哲学史大纲》，页 144–175。

梁启超显然同意古代哲学中认识论的重要性，他说胡适“评各家学术，从他的名学上见出他治学的方术”，“真是绝大的眼光”，尤其是关于墨子与墨经两篇“都是好极了，我除了赞叹之外，几乎没有别的说”。① 但是他自己的论墨之作，并没有环绕着胡适所说的哲学方法，他有他自己所关怀的议题。

梁启超在 1920 年代论墨的中心议题是什么呢？我认为他主要关怀的是中国作为中国，未来应有的文化特质及其传统根源，而不那么强调清末时从政治角度对国家与国民所做的想象，具体来说有以下三项：社会生活之中个体与群体的关系应该如何安排，精神生活与物质生活应该如何调和，以及宗教与科学、人生应有何种的关系等，这些在 1920 年代是许多中国知识分子所关心的论题；这些论题与后来所爆发的“科学与人生观”论战有直接的关系。② 下面我将从这个角度讨论梁启超前后期墨学的异同。

第一，《新民丛报》时期正处于清末国家危机的关键时刻，所以梁启超特别强调墨子“轻生死”、“忍苦痛”，呼吁国人要放弃自私自利的想法，能够为国捐躯，这种强烈“国家主义”的情绪在晚期已不复存在。这时梁启超思想中群己并重，尤其是保障个性与个人自由的想法抬头。他转而批评墨家“以社会吞灭个性”、“非惟不许人民行动言论之自由，乃并其意念之自由而干涉之”的说法，而此一观点与儒家传统是相关的：

> 要而论之，墨家只承认社会，不承认个人，据彼宗所见，则个人惟以“组成社会一分子”之资格而存在耳，离却社会，则其存在更无何等意义，此义也，不能不谓含有一部分真理，然彼宗太趋极端，诚有如庄子所谓“为之太过已之太顺”者（原注:《天下篇》评墨家语），结果能令个人全为社会所吞没，个性消尽，千人万人同铸一型，此又得为社会之福矣乎？荀子讥其“有见于齐无见于畸”（原注：见上），盖谓此也。③

这种着重点的转变并非毫无脉络可寻，我在前文即已指出，梁启超自《新民说》以

① 梁启超，《评胡适之〈中国哲学史大纲〉》，《饮冰室文集》，38:66。他对胡适论墨的批评有以下几点，第一，胡适将墨经从墨子手中剥夺了，认为此一部分若不是惠施、公孙龙所作的，则是他们同时代的人的作品，梁启超为墨子抱不平；第二，胡适在分析墨学消灭的原因时不周延，梁启超特别指出其“诡辩太诡”，以及《庄子·天下篇》所说“其行难为也……反天下之心，天下不堪，墨子虽能独任，奈天下何”，页 66–67。

② 前两点梁启超在《先秦政治思想史》一书的结论部分有清楚的说明，见页 182–184。

③ 梁启超，《先秦政治思想史》，页 131。

来的群己观，就环绕着群与己之间以“界”为中心的平衡关系，而（他和约翰弥尔一样）主张在国家危机的时刻要较偏于群。前文也谈到梁启超十分强调“自己”与“所有权”的观念。至1920年代，他似乎不再具有清末那种亡国的迫切感，因此很自然地转回到群己并重，并认为个人与个性有本质上的重要性，不应为社会所吞没。他在《先秦政治思想史》的结论部分，特别表示对“个性与社会性之调和问题”的关心，他清楚地说明，他的理想是建立“个性中心之仁的社会”：

宇宙曾无不受社会性之影响束缚而能超然存在的个人，亦曾无不借个性之缫演推荡而能块然具存的社会，而两者之间，互相矛盾互相妨碍之现象，亦所恒有，于是对此问题态度，当然有两派起焉：个人力大耶？社会力大耶？必先改造个人方能改造社会耶？必先改造社会方能改造个人耶？认社会为个人而存在耶？认个人为社会而存在耶？据吾侪所信，宇宙进化之轨则，全由各个人常出其活的心力，改造其所欲至之环境，然后生活于自己所造的环境之下，儒家所谓“欲立立人，欲达达人”、“能尽其性则能尽人之性”，全属此旨，此为合理的生活，毫无所疑。墨法两家之主张以机械的整齐个人使同冶一炉、同铸一型，结果至个性尽被社会性吞灭，此吾侪所断不能赞同者也。……今后社会日趋扩大、日趋复杂，又为不可逃避之事实，如何而能使此日扩日复之社会不变为机械的，使个性中心之“仁的社会”能与时势骈进而时时实现，此又吾侪对于本国乃至全人类之一大责任也。①

由此可见梁启超在1920年代群己观中对于群己平衡以及个人与个性的重视。

梁启超在这一时期批评墨子思想中过度重视群体的倾向，也受到时代环境的影响，尤其是1917年俄国革命给他的刺激。他觉得墨子思想在许多地方与俄国革命后所实施的社会主义制度，在精神上是相通的。他说“俄国劳农政府治下的人民，确是实行墨子‘兼以易别’的理想之一部分”；又说在经济方面，他认为俄国人民的食住“都由政府干涉，任凭你很多钱，要奢侈也奢侈不来，墨子的节用主义，真做到彻底了”，(39:18) 墨家“其奖厉劳作之程度，至于‘日夜不以自苦为极’，真可谓过量的承当矣……专重筋肉劳力而屏其它(现俄国劳农政府之见解即如此)”。②简言之，无论墨子的新社会，还是1917年之后俄国的劳农政府，梁启超认为其缺点是太重群体与平等的理想，而忽略个人自由：

---

① 梁启超，《先秦政治思想史》，页184。

② 梁启超，《先秦政治思想史》，页121。

墨子的新社会，可谓之平等而不自由的社会，揣想起来，和现在俄国的劳农政府，很有点相同，劳农政府治下的人民，平等算平等极了，不自由也不自由极了。章太炎很不佩服墨子，他说，墨学若行，一定闹到教会专制，杀人流血，这话虽然太过，但墨子主张“上之所是，必皆是之，上之所非必皆非之”，却不免干涉思想自由太过，不如孔子讲的“道并行而不相悖”了！（39:30）

上面的看法显示，俄国共产革命的经验，使梁启超对过度强调平等忽略自由，与强调群体忽略个性的政治理想感到怀疑，而关于这一点，他的意见与章炳麟很类似。

1920年代梁启超论墨的第二个特点是注意到“唯心”、“唯物”之论题与“精神”、“物质”两者的配合问题。此时他大力批评墨家“唯物论色彩太重”，而过于“自苦”的精神。此一态度不但与他对“非乐”的评估一致，也与上述他对马克思思想的看法有关。他说“墨子是个小基督，从别方面说，墨子又是个大马克斯，马克斯的共产主义，是在‘唯物观’的基础上建设出来；墨子的‘唯物观’，比马克斯还要极端，他讲的有用无用、有利无利，专拿眼前现实生活做标准，拿人类生存必要之最低限度做标准，所以常常生出流弊”。（39:20）

梁启超的看法是“非‘唯’”，他不认为人类的历史可以化约到一个最关键性的原因，① 就精神物质的课题来说，他强调两者的调和，他说“人类精神生活不能离却物质生活而独自存在，吾侪又确信人类之物质生活，应以不妨害精神生活之发展为限度”。②

此一态度的形成要追溯到梁启超游欧归来之后的思想变迁，他看到西方随着科学的勃兴，导致物质上的畸形发展，甚至压迫精神。梁启超觉得欧战后西方文化的危机与“纯物质、纯机械的人生观”有密切的关系，因此他特别突显精神生活与物质生活之调和的重要性。③1923年之后，梁启超加入“科学与人生观论战”，他的基本立场其实早已形成，难怪他说“人生问题，有大部分是可以——而且必要用科学方法来解决，却有一小部分——或者还是最重要的部分是超科学的”，而他所说

---

① 梁启超在《非“唯”》一文中说得很清楚，“真理是不能用‘唯’字表现的，凡讲‘唯什么’的都不是真理”，见《饮冰室文集》，41:82。

② 梁启超，《先秦政治思想史》，页182。

③ 梁启超当时“欧洲物质主义破产”的观念受到欧洲一些倾向反机械论之唯心主义的哲学家，如柏格森（Henri Bergson）、倭伊铿（Hans Eucken）、杜里舒（Hans Driesch）等人的影响，见张朋园，《梁启超与民国政治》，页186–187。

的一小部分正是所谓个人的自由意志、情感、直觉等精神方面。①

1920年代梁启超论墨的第三个特点是对墨子的宗教思想采取批判的态度。前面曾谈到，清末梁启超释墨时十分肯定墨子以天志、明鬼之观念来导引中人以下为善，他认为借此可以解决儒家"不能逮下"的问题。但此时他既不那么强调人民要为国捐躯，也不谈以福善祸淫来导引中人以下为善的想法。他仍与前期一样，将墨子定位为"宗教家"，指出墨家以天的意志为衡量一切事物之标准，因此与基督教的性质最接近，例如墨家的领袖"钜子"产生的方式与"基督教之罗马法王极相类"。所以他认为"故墨教若行，其势且成为欧洲中世之教会政治，此足为理想的政治组织耶，是殆不烦言而决矣"，② 显然他对墨子宗教思想的批评与前述章炳麟所谓"教会专制"是相关的。梁启超更批评"天志"的说法"罅漏百出，所论证多半陷于'循环论理'"，本身难以成立。至于"明鬼"，他也说墨子只在很粗浅的经验论之中来解答"鬼神有无"的问题，实在没什么价值。他的结论是：

墨子这种宗教思想，纯是太古的遗物……这种思想，对于他的学说的后援力，其实也很薄弱，徒然奖励"非理智的迷信"，我们不能不为墨子可惜了！（39:23）

在此必须要检讨梁启超将墨子宗教思想贬为"迷信"的背景，五四运动以后许多中国知识分子挟着科学的优势，认定宗教是过时的，不能存在于现实世界（如陈独秀就有这样的看法），1920年北京少年中国学会的执行委员会，甚至决定禁止有任何宗教信仰的人成为会员。③ 这样普遍性的对科学的崇拜很可能影响梁启超对宗教的态度。然而诚如上述，梁启超不是唯物主义者，也不是科学主义者，他对于宗教对人类精神提升所产生的价值，有很深的体会，因此梁启超将墨子思想斥为迷信的基础，虽然立足于"科学"，却不完全是"科学"。

例如墨子说凡是做了天所不欲之事者，会受到疾病的惩罚，梁启超驳斥说，近世科学昌明之后，知道疾病不由天做主，"墨子立论的基础，便完全破坏"，这是从科学角度批评墨子的宗教思想。然而梁启超视墨子宗教思想为迷信的另一原因，则是将墨子的想法与高级宗教如基督教与佛教对比的结果。例如他说基督教有"灵魂"、"他界"的观念，墨子却没有，因此墨子思想缺乏对人们行为的制裁与心灵上

① 梁启超，《人生观与科学：对于张丁论战的批评》，《饮冰室文集》，40:23。

② 梁启超，《先秦政治思想史》，页130。

③ 叶嘉炽，《宗教与中国民族主义：民初知识分子反教思想的学理基础》，《中国现代史论集》（台北：联经出版事业公司，1981），辑8，页99–121。

的安慰，其理论不如基督教完整；至于佛教，梁启超一直对之有很高的评价，“启超确信佛教为最崇贵最圆满之宗教，其大乘教理尤为人类最高文化之产物”，① “佛教之信仰乃智信而非迷信”，② 而其因果轮回的本体论的理论是非常周密的，相较之下，墨子的宗教思想，自然只能算源于初民社会的“迷信”了。

以上我从三方面来看 1920 年代梁启超论墨的特点，及其所反映出对未来中国文化的看法，简单地说，第一，梁启超强调群己并重，而个人与个性在此关系中有根本的价值，因此他批评墨子过度重视群体、强调平等，而忽略个人自由的想法，也反对教会专制与共产主义式的集体主义；第二，梁启超主张精神生活与物质生活的调和，因此他批评墨子过重物质、忽略精神的观念，也抨击马克思主义的唯物主张；第三，梁启超受现代科学影响，怀疑墨子从简单的经验论角度讨论“明鬼”；又从基督教“灵魂”说与佛教“因果轮回”观等高级宗教的观点，将理论不完善的墨子宗教思想斥为迷信。这三点结合起来，可见梁启超思想环绕着“自我”，他强调此一自我一方面不应受政治、经济与思想势力的绝对宰制，另一方面则是对各种精神与物质的价值是开放的。

总之，1920 年代梁启超的思想有了新的变化，此一变化与当时中国的情境，以及 1917 年俄国的共产革命，和他在 1918–9 年赴欧之旅等，有密切的关系。这时他不复表现出他所说的“褊狭”的国家主义，③ 或持“畸形爱国论”，④ 所以梁启超不再宣传重视群体，尤其是在危机时刻要为国牺牲的观念，他也不再借用墨子宗教思想来导引中下之人为善；他转而强调，不应“只承认社会，不承认个人”，主张尊重个人自由、肯定发挥个性。不过在此要特别指出的是，梁启超虽有强调重点的转移，但是我认为他的群己观一直是奠基于佛家因果论与儒家己立立人的观念之上，又受到西方自由主义的影响，他一贯主张群己之间互动与平衡，而“己”有莫大的重要性。所以他在清末一方面有在危机时人们应为国捐躯的想法，另一方面则强调“界”的重要性，认为在界之内人人有权享有自由，⑤ 又说社会中要保存“自

① 丁文江，《梁启超先生年谱长编》（台北：世界书局，1972），页 635。

② 梁启超，《论佛教与群治之关系》，《新民丛报》，第 23 号 (1902)，页 46。

③ 梁启超从世界主义（儒家天下主义）的角度批评褊狭的国家主义见《先秦政治思想史》，页 194。

④ 梁启超从墨子兼爱、非攻的立场批评为了国家利益可以不择手段的说法，他说“此论［指非攻］真足为近代褊狭的爱国主义当头一棒，其用严密论理层层剖释，益足证明此种‘畸形爱国论’为非理性的产物也”，《先秦政治思想史》，页 118。

⑤ 有关“界”的讨论见黄克武，《一个被放弃的选择：梁启超调适思想之研究》，页 73–74。

己”与“所有权”的观念；在民初他一方面强调保存个性，另一方面又说儒家“仁的社会”中所谓“欲立立人，欲达达人”与“能尽其性则能尽人之性”的说法和保存个性是相互配合的。此一重视个人的观念又与他肯定精神价值与宗教情操是结合在一起的。质言之，以佛、儒思想以及英国式自由民主理念为基础的群己观，是梁启超思想变迁之底层的不变因素。

在此值得讨论的是，1920 年左右，正是五四运动的时代，许多知识分子在救亡的迫切感之下，从批判儒家传统，走向拥抱马克思主义，①而梁启超却与此相反，逆其道而行，他肯定儒家传统，并认为像马克思主义那种激烈的社会主义、唯物思想，不适合当时的中国。②为什么他会采取此一逆主流的思想路径？我认为从他对墨子研究所反映的根本看法，亦即主张“个性与社会性之调和”、“精神生活与物质生活之调和”，以及“宗教与科学并重”等看法是很关键的，梁启超依赖这些思想资源独树一帜，并驳斥当时“最时髦”的马克思主义。

五、梁启超学术思想的特点与评估——代结论

在描写梁启超前后两个阶段对墨学的意见之后，我们可以进而讨论梁启超学术思想的特点与评价问题。然而在评估之前，作者要特别强调的是，此处所做的只是一个初步而尝试性的工作，因为要评估一个像梁启超这样重要的思想家，要先对他的思想内涵作彻底的描写，并仔细地讨论评估标准的问题，这是一个十分重要，而学界还没有充分处理的课题，当然这也不是我在这篇短文之内所能做得到的。我所做的只是以梁启超思想世界中的一小部分——他对墨学的研究——为例，尝试性地一窥其学术思想的优、缺点。

首先要指出的是，从今日史学的标准来看，梁启超的学术研究或许有一些无可避免的缺点。第一是将现实价值投射到历史之上的问题，前举陈寅恪尝指出，今人

① 这一过程就是李泽厚所强调中国近现代思想史上“救亡压倒启蒙”的主旋律，然而梁启超显然不配合此一模式。见李泽厚，《启蒙与救亡的双重变奏》，《中国现代思想史论》（台北：风云时代出版公司，1990），页 1–47。

② 梁启超拒绝马克思主义施行于中国有相当多的原因，除了思想因素之外，还涉及他对中国情势的估计，例如他认为当务之急是发展实业，而不是像西方要解决劳资对立。见张朋园，《梁启超与民国政治》，页 200–224。

“依其自身所遭际之时代，所居处之环境，所熏染之学说，以推测古人之意志。由此之故，今日之谈中国古代哲学者，大抵即谈其今日自身之哲学”之弊。在《新民丛报》时期，梁启超的墨学亦蹈此病，他是抱持着强烈爱国主义的情操来谈墨子。这在当时是很流行的一种学术气氛，梁启超似不能免俗。他早在光绪22年（1896）所写的《古议院考》一文就说“议院之名，古虽无之，若其意则在昔哲王所恃以均天下也”，并从《易经》、《周官》、《孟子》等书找出不少证据来支持他的说法。①后来严复批评他的观点，认为中国以前根本没有像西方那样的议院，梁启超在回信中辩称：

《古议院考》乃数年前读史时偶有札记，游戏之作，彼时归粤，倚装匆匆，不能作文，故以此塞责，实则启超生平最恶人引中国古事以证西政，谓彼之所长，皆我所有，此实吾国虚憍之结习，初不欲蹈之，然在报中为中等人说法，又往往自不免。得先生此论以权为断，因证中国历古之无是物，益自知其说之讹谬矣。②

由此可见他有时会因为“为中等人说法”，而将现实价值投射到历史之上。无论如何，要如何解开历史与现实的纠结，是梁启超一直面临的难题。到了民初以后，他更清楚地意识到这个缺点，在1915年《国风报》上，梁启超说：

摭古书片词单语以傅会今义，最易发生两种流弊：一、倘所印证之义，其表里适相吻合，善已；若稍有牵合附会，则最易导国民以不正确之观念，而缘“郢书燕说”以滋弊……二、劝人行此制，告之曰，吾先哲所尝行也；劝人治此学，告之曰，吾先哲所尝治也，其势较易入，固也。然频以此相诏，则人于先哲未尝行之制，辄疑其不可行；于先哲未尝治之学，辄疑其不当治。无形之中，恒足以增其故见自满之习，而障其择善服从之明。③

在1922年《先秦政治思想史》的序论部分梁启超也表示，“吾侪既以治史为业，宜常保持极冷静的头脑，专务忠实介绍古代思想之真相，而不以丝毫自己之好恶夹杂其间，批评愈少愈妙，必不得已而用，亦仅采引申说明的态度……尤不容以名实不相副之解释，致读者起幻弊……吾少作犯此屡矣，今虽力自振拔，而结习殊不易

① 梁启超，《古议院考》，《饮冰室文集》，1:94–96。
② 梁启超，《与严幼陵先生书》，《饮冰室文集》，1:108。
③ 转引自梁启超，《清代学术概论》，页64。

尽”。① 由此可见，梁启超对自身学术的缺点有很强的反省能力，他已经意识到他早年（少作）的作品常有这方面的缺点。无论如何，此一尽量追求学术上之客观的精神，成为现代历史学的中心课题，尤其是将“描写”与“评估”尽可能地分开来，而在评估时要自觉地注意到评估标准的问题，更成为西方史学界中，不少人强调的一个规范。梁启超早年倾向以现实价值投射到墨子思想之中，晚年强调多做描写，批评愈少愈好的观点，在今天看来，可以说是代表着逐渐地追求一种更客观的历史研究的过程，也显示梁启超早期论学的一个缺点。有关学术工作中价值判断的问题，我认为似乎没有人能完全避免价值判断，因此问题不在于如何避免价值判断，而是讨论何种判断合理，何种判断不合理。在这方面 Richard J. Bernstein 从哲学的角度所提出的思索是很值得考虑的。②

第二，以现实价值投射于历史时，较常见的方式是运用历史来建立民族自信心或建构民族国家认同，这虽然是一个非常普遍的做法，也并非完全不可取，但是要警惕的是，此举很容易产生流弊。原因在于，这种做法往往会陷于将学术变为政治的工具，或为某一特定目标服务，使学术失去了自主性，甚至歪曲了历史。我认为梁启超论墨似乎带有太强的民族主义色彩，而影响其判断（见下文第三点）。而在此种民族主义的目标之下，学术研究即使不被误用，如果将民族尊严奠基于像梁启超所说“我们比外国人更早发明某个东西或学问”的观念，其呈现的似乎也只是一种不很成熟的民族主义。

第三，学术论述之精确性的问题，在这方面梁启超的墨学之中有两点论断是有争议性的。首先是《墨子》一书各部分年代断定的问题，梁启超将讨论逻辑的部分，尤其是《经上》，断定为是春秋末期的墨子所作，《经下》是墨子所作，或出于弟子

① 梁启超，《先秦政治思想史》，页 12–13。梁启超此处的反省也有历史的背景，民国初年以来西方史学方法传入，十九世纪实证主义方法论（如德国的兰克史学）在五四以后颇为流行，史学家更为注意追求历史研究的客观性的问题。例如傅斯年在《历史语言研究所工作之旨趣》(1928) 一文即说“那些把传统的或自造的‘仁义礼智’和其他主观，同历史学和语言学混在一气的人，绝对不是我们的同志”，见杜维运、黄进兴编，《中国史学史论文选集》（台北：华世出版社，1976），页 979。对梁启超“客观之史学”一观念的分析与评估可参考汪荣祖，《梁启超新史学试论》，《中国史学史论文选集》，页 960–961。

② Richard J. Bernstein, *Beyond Objectivism and Relativism: Science, Hermeneutics, and Praxis* (Philadelphia: University of Pennsylvania Press, 1991). 我在《“五四话语”之反省的再反省：当代大陆思潮与顾昕的〈中国启蒙的历史图景〉》一文曾较深入地讨论此一课题，载《近代中国史研究通讯》，期 17（1994），页 52–53。

之手，① 所以他说墨子的论理学要早于“阿里士多德以前一百多年，陈那以前九百多年，倍根穆勒前二千多年”，他并批评胡适将《经上》、《经下》等六篇说成是惠施（380–305 B. C.？）、公孙龙（380 B. C.？生）那一时代的人所作的说法，要为墨子“抱不平”。这一观点显然是出于梁启超学术上的判断，而有一些学者也同意他的看法。② 但这一论断受到不少人的质疑，从清朝的汪中、孙诒让开始，就有学者怀疑《墨经》是战国时期墨家后学所作，其后胡适、冯友兰、方授楚、沈有鼎，与西方汉学家 A. C. Graham 等人的研究都显示，从这六篇作品所问的哲学问题来看，应是战国后期（西元前四至三世纪左右，惠施那一时代）的著作，这样一来，其成书可能要晚于亚里士多德（384–322 B. C.）。③ 为什么梁启超会坚持《墨经》中一部分为墨子所作，而不接受胡适等人的看法？这是一个很难解答的问题，我认为这固然涉及个人的学术判断，但有一个可能是因为他受到民族主义之情怀的影响，要把墨子说成超越西方（与印度）的一个伟人。总之，墨经断代的问题虽为一难以解决的疑案，但梁启超的说法与目前学界不少人的判断有所不同则是不争的事实。

另一个例子是梁启超赞成墨子“非命”的主张，并将儒家对“命”的看法说成是具有负面意义的“命定主义”（fatalism）。他引用《论语》中“道之将行也与，命也；道之将废也与，命也”等话来证明“命实非孔子所罕言”（37:13）；又说“‘命’是儒家根本主义之一，儒说之可议处，莫过此点，我国几千年的社会，实在被这种‘命定主义’阻却无限的进化”。（39:24）此处梁启超接受墨子对儒家的攻击，将儒家对“命”的看法，整体地说成是命定主义，是“安于命而弛于力”，我认为这样的看法是对儒家“天命”思想的一种不当的诠释。孔子对命的看法虽然有

① 梁启超在《墨子学案》中推测墨子生于 468–459B. C.，卒于 390–382B. C.。钱穆则以为生卒是“至迟在元王之世，不出孔子卒后十年。其卒当在安王十年左右，不出孟子生前十年”，大约是 480–390B. C.，见《先秦诸子系年》（台北：联经出版事业公司，1994[1956]），页 103、694。

② 例如栾调甫的《墨子要略》，收入《墨子研究论文集》（北京：人民出版社，1957）以为“经上下篇，为墨子所著”，页 116；高亨，《墨经校诠》（北京：科学出版社，1958）指出“墨经初本是墨子自作，所以墨徒都读它，而称它做经。但是墨经两篇也有墨徒增补的文字，至于经说两篇大概都出于墨徒之手了”，页 1；詹剑峰，《墨家的形式逻辑》（湖北：湖北人民出版社，1956）主张“这部经大体是墨子自著，但其中不无墨家后学增益和引申的部分”，页 229。作者感谢集刊审查人在这方面的提示。

③ 胡适，《中国哲学史大纲》，页 186–187；冯友兰，《中国哲学史》，页 110；方授楚，《墨学源流》，页 50–51；沈有鼎，《墨经的逻辑学》（北京：中国社会科学出版社，1980），页 2。A. C. Graham, *Later Moist Logic, Ethics and Science*, p. 70.

其复杂性，也很可能有一个发展的过程，[①] 但先秦儒家，以及宋明以后的理学家所主张的“乐天知命”的观念，其实是相当积极的，例如孔子说“不怨天，不尤人，下学而上达，知我者其天乎”，就是要我们尽可能地努力，而即使结果得不到我们所期望的声望与财富，也不要有怨尤之心。[②] 后来宋儒，如朱熹，对“命”的讨论也都是环绕着“修德行仁，则天命在我”的想法，其中没有消极认命的意涵；[③] 而宋明以来从儒学传统所产生的“经世”思想家，如顾炎武、黄宗羲、龚自珍、魏源等人，更是主张从制度层面来改造政治组织与分配稀有资源，这都与梁启超（与墨子）所指控“命定主义”的想法截然不同。[④] 总之，儒家的乐天知命之说，是尽人事而后听天命，是积极进取的，梁启超接受墨子对儒家的攻击，而此一攻击其实是“稻草人式”（a straw man）的攻击。

第四，从《新民说》到对墨学的讨论，梁启超显然是希望建构出一种理想的“国民”，但深究其国民内涵，梁启超所谓的“公德”不仅包括权利、义务、自由、进步等源于西方自由民主理念的观念，也包含了儒家仁的观念、墨子兼爱的想法与佛教对宇宙与人生的态度；最特殊的是在清末他从墨子思想中取出了“轻生死”，或说勇于为国捐躯的豪情，作为国民的一个条件，而这一点很可能是受到孟子“舍生取义”与日本人“武士道”精神的双重影响。如果将梁启超对“公德”的看法与西方许多学者讨论“civility”（公民精神）的观念加以比较，两者显然有不少重叠的地方，但是西方公民精神主要是多种观念的混合体，其中包括追求自我利益（self-interests），以及基于所有公民对建构一个“德善社会”（good society）所凝聚的共同感（sense of fellowship or cordiality），并在特殊的时刻能为群体牺牲。因此

---

① 文章原发表处的集刊的一位审查人指出早期儒家存在着命定思想，如《雍也》篇孔子问伯牛之疾，称“命矣夫，斯人也而有斯疾也”、子夏谓“死生有命，富贵在天，君子敬而无失，与人恭而有礼，四海之内皆兄弟也，君子何患乎无兄弟”（《颜渊》）。我不太同意这样的看法，我认为《论语》中对“命”的看法，虽然有些句子似乎有命定主义的色彩，但背后都带有“乐天知命”的意涵。即使退一步说，孔子对命的看法有从命定主义到天命思想的发展过程，此一过程也早在墨子发表非命观点之前就完成了；因此将早期儒家的“命定主义”当成儒家的中心观念，显然是不当的。无论如何，即使是审查者也同意《论语》中有天命思想的成分，所以梁启超“整体地”将儒家思想视为命定主义，无疑的是带有对儒家“命”观念的误会。

② 钱穆就从积极的角度来讨论儒家对天命的看法，见氏著，《中国思想通俗讲话》（台北：国民出版社，1956），页 28–29。

③ 钱穆，《朱子论命》，《朱子新学案》（台北：三民书局，1971），册 1，页 481。

④ 有关清初经世思想家政治与经济方面的革新方案见陆宝千，《清代思想史》，页 1–117。

我们可以说西方公民精神虽包含，却不那么凸出像日本神风特攻队那种无私“殉国”的精神。当然我们很难说两者有绝对的是非，而中外或许有历史背景与情境上的差异。① 无论如何，梁启超前期所强调的“公德”与西方的 civility 有所差异，而梁启超在后期所作的调整，标举出群己平衡的看法，则是一个更接近西方（尤其是社区主义者 communitarian）对 civility 的想法。

第五，梁启超上述对命定主义的看法似乎显示，他将一般人民对命的看法与儒家“天命”思想混为一谈，并假设儒家的想法影响到一般人的价值观念，这样的想法是他没有将 John Dunn 所说的“官方与专业者的理论”与“业余者（即一般老百姓）的理论”加以区别；② 换言之，他不将“思想”（thought）与“民间文化”（popular culture）加以区别。同样情形也表现在梁启超所谓“现代社会，本由多世遗传共业所构成，此种共业之集积完成，半缘制度，半缘思想，而思想又为制度之源泉”的想法，③ 在上文之中他只提到“制度”与“思想”，却忽略了后来十分流行的“文化”的观念，或者说他把知识分子的思想等同为一般老百姓的文化。这在分析上是含混模糊的，也假设只要改正知识分子的思想，就可以移风易俗，变更一般人们心灵的习惯。这种“风行草偃”的看法虽然是在中国思想传统中相当流行的观点，也有人认为在传统社会有其适用性，但是似乎是一个过度乐观的想法。

梁启超的学术思想从今日的学术标准来考察，或许有以上的瑕疵，那么我们还能够说他的思想是“有其一贯性，而且是深刻的”吗？下面我尝试从其墨学研究，以及我对他的思想的分析，④ 综论梁启超思想的特色，最后再讨论评价的问题。我认为任公思想有以下九个特点。

第一、在学术上梁启超主张融合古今中外，而抟成一适合国情的新思想，而在此过程中，每一个个体要从事评估与调和的工作；换言之，知识的取得是一个奋斗

---

① 有关西方学者对此课题的讨论，尤其是 civility 一概念的内涵见 Thomas A. Metzger, “The Western Concept of the Civil Society in the Context of Chinese History,” in Sudipta Kaviraj and Sunil Khilnani eds., *Civil Society: History and Possibilities* (Cambridge: Cambridge University Press, 2001).

② John Dunn 将评估性的思想或“社会理论”(social theory) 分成三种：官方理论 (official social theory)、专业者的理论 (professional social theory)，以及业余者的理论 (amateur social theory)。见 John Dunn, *Rethinking Western Political Theory* (Cambridge: Cambridge University Press, 1985).

③ 梁启超，《先秦政治思想史》，页 6。

④ 在这方面我主要依靠拙著《一个被放弃的选择：梁启超调适思想之研究》一书。

的过程，要“淬厉其所本有而新之”与“采补其所本无而新之”，[①] 其中没有一个现成而完美的真理体系，可以作为改变社会的绝对指南。这样的观念也显示，所有思想或思想家都是部分正确，部分错误，因此梁启超不认为有完全可靠的“经典”，也不认为有某些地方人们已经彻底地掌握了世界的真理。例如，他虽说佛教本体论是“盛水不漏”，可是佛教没有处理很多实际性的问题，而在这些方面，儒家、墨家与西学之中，则有很多有价值的观点。同时，他也自觉地了解到，自己的评估能力是有限的，所以对于别的学者要采取开放的态度，使学术能在相互指正之下逐渐累积、进步；然而梁启超以其有限的评估能力，来看各种不完美的思想体系之时，却没有变成一个相对主义者，他反而将这一种知识论与一种人文主义的理想结合在一起。

第二、对梁启超来说，知识的内涵不仅包括“科学”，也包括非科学的知识。

第三、这也显示他认为人类的生活不仅有科学所处理的物质的方面，也有超越科学的精神的方面，而寻求这两者的协调是很重要的事。所以他批评墨子与马克思倾向唯物论的主张，而欣赏弥尔所谓快乐不仅有比较具体性、物质性的快乐，也有“知力的快乐、思想的快乐、道德的快乐”。

第四、宗教，尤其是佛教，不但有一套周密的本体论，可以帮助我们了解宇宙与历史，也洞悉人类精神的特质。

第五、所有这些不同的知识结合在一起，有助于澄清人类生活的目标，以及提供达成目标之方法。这也包括使人们了解文化创新的动力。

第六、在追求目标的过程中，个人与群体是一样重要的，两者也应相互调和。具体地说，梁启超一方面肯定个人与个性，另一方面也要求发挥儒家仁的精神，做到“己立立人，己达达人”。梁启超从许多方面说明个人的重要性，包括他一再强调的：个人在知识与精神生活的追求有本质性的意义，亦即是说个人是这种追求的唯一的执行者（agent），是具有“主观能动性”（借用中国大陆马克思主义的词）与创造性的个体。因此将梁启超说成是集体主义者，或有集体主义的萌芽，是错误的。他的“个性中心之‘仁的社会’”的观念，是今日许多人会肯定的一个理想。

第七、梁启超认为为了让个人追求道德目标，而避免出现自私自利情形，必须要采用不同的说法，使人们认识正确的群己关系，这些说法包括儒家的道德理想、

---

① 梁启超，《新民说》，页5。

墨子兼爱与“利人即所以利己”的观念、佛教的各种理论等，甚至也应参考日人加藤弘之与英人弥尔对边沁功利主义的修正与发挥；再者，梁启超也要人们认识本身群体光辉的历史，并对于个人不能在此基础之上继续进步感到惭愧。

第八、在文化修改与政治改革上，梁启超倾向于依据历史传统与现实状况，追求逐步的改良，而不主张以革命手段打倒一切，重新建立一个新的秩序。

第九、这也意味着一种保守与尊重现况的态度，因此在政治上，梁启超主张在国民程度还不到一定的水准之前，不应贸然实行民主政治；在经济上，他则倾向以资本主义的方式发展实业、奖励生产，反对在当时立即实行马克思式的共产主义。

我认为上述纲要式的九点或许可以视为梁启超思想的特点，他一生的思想虽然复杂多变，但在多变的底层仍表现出不变之处，而且这一贯性的九点主张之间是有相互的关系，例如梁启超保守渐进的观念与尊重历史传统的精神，以及他在知识上所揭橥的不追求体系的调和主张，都是相互配合的；又如梁启超肯定个人的想法与重视精神生活、宗教价值，与反对马克思主义又是息息相关。

接下来要讨论的是上述梁启超思想的一贯特点是否是“深刻的”呢？或是否可以成为今日中国规范性的指导原则呢？我愈来愈觉得梁启超的想法配合当前的智慧。例如第一点与第七点，现在是一个很普遍的想法，我们应从古今中外学说中吸取智慧，而其中有些说法可以有助于道德实践。又如，今天许多人会肯定追求个人与社会调和，并尊重个人价值的想法（第六点）；再者，以循序渐进而非革命手段追求进步，似乎也十分配合二十世纪以来历史的发展（第八、九点）。

至于人类知识除了科学知识之外，也有非科学知识的问题（第二点），今日许多学者都加以肯定，最明显的例子当然是唐君毅、牟宗三等人所代表的新儒家思想，但是即使是一位像李泽厚那样的马克思主义者，在反省“科学与人生观”论战时也说：

> 玄学派所提出的问题和所作的某些（只是某些）基本论断，例如认为科学并不能解决人生问题，价值判断与事实判断有根本区别，心理、生物特别是历史、社会领域和无机世界的因果领域有性质的不同，以及对非理性因素的重视和强调等等，比起科学派虽乐观却简单的决定论的论点论证要远为深刻，它更符合于二十世纪的思潮。①

在西方也是如此，有许多学者从人文主义的角度来批评科学主义。例如英国学

① 李泽厚，《记中国现代三次学术论战》，《中国现代思想史论》，页64–65。

者 John Dunn 的著作即显示，西方人文主义者驳斥那些完全以自然科学的方法来研究人类存在的主张。①

梁启超思想的第四个特点，强调宗教，尤其是佛教的重要性，此点虽然可能会引起争论，但是现在尊敬宗教的观念在西方学术界也很流行。例如社会学家 Robert N. Bellah 即强调美国当代文化中圣经传统的重要性。②在这方面最重要的一本有关肯定宗教经验著作，是心理学家与实用主义者，同时也被认为是美国的一位伟大的哲学家，William James 所写的 *The Varieties of Religious Experience*。③至于第三点，梁启超认为人类生活有物质方面也有精神方面，这一观点配合韦伯对马克思论点的挑战，以及韦伯对人历史因果关系所采取的“多原因”(multi-causal) 的看法。

如果我们借用英国学者 Benedict Anderson 的观念，认为“国家”与“文化”虽可能有各种抟成的因素，但更重要的是依赖对共同体的“想象”，以界定其范围；称之为想象，是因为在同一群体内的各个人不可能彼此完全认识，也不可能亲自去过所有的地方，或参与所有的事件，但是透过一种共同体的信念，可以“构造”出具有凝聚力（如同胞感与爱国心）的政治组织与文化群体。就此而言，梁启超正是借着对墨子思想的诠释而建构新国家、新文化的认同，企图在传统的根基之上思索中国的未来。④无论梁启超在清末高唱“政治性”的国家与国民想象，或是在民初表现出中国作为中国的“文化”想象，虽然相对于清末革命党的建国理念、五四时代反传统的主张，与二十世纪以来蔚为风潮的中国马克思主义来说，不幸皆成为“被放弃的选择”，但今天看来，却是很有价值的。

以上对梁启超学术思想的评估只是一个粗浅的尝试，在这方面还须要作更多的努力。从以上的讨论可以了解，梁启超对墨子的研究，乃至于在学术、思想上的努力，虽有一些瑕疵，但也有许多优点，经得起时代的考验。总之，我们不宜将他一生在学术上与思想上努力的成果视为肤浅、驳杂而不够深刻，我认为梁启超论墨之作表现出他个人的学术风格，以及思想的一贯性，在二十世纪人类历史上，他绝对算得上一个既博学又敏锐的思想家。

---

① John Dunn, *Rethinking Modern Political Thought*.

② 如 Robert N. Bellah, et al., *Habits of the Heart: Individualism and Commitment in American Life* (Berkeley: University of California Press, 1985).

③ William James, *The Varieties of Religious Experience* (New York: Penguin Books, 1984).

④ 见 Benedict Anderson, *Imagined Communities: Reflections on the Origin and Spread on Nationalism*.

梁启超与儒家传统延续与断裂：

以清末王学为中心之考察

一、前言

梁启超在1903年访美前后思想发生重大变化，在访美之前，他企图“发明一新道德”，以西方思想来改造国人，访美之后，转而强调“欲以一新道德易国民，必非徒以区区泰西之学说所能为力也”，而必需依赖“原神真火”，亦即“吾祖宗遗传固有之旧道德”，为驱病之原。他乃提倡以传统修身的方法来成就私德，以解决因新学青年主张“一切破坏”，所可能导致之弊病。① 在《新民说·论私德》一文（作于1904年上半年），任公特别指出“王子及其门下所言”（主要是刘宗周与黄宗羲）的正本、慎独、谨小三项，为“安身立命之大原”。② 后来为了进一步表达他的看法，1905年再出版《德育鉴》与《节本明儒学案》，在前书中他节录儒家典籍之中，“治心治身之要”，以协助“有志之士……从事修养以成伟大之人格”。③ 后者则是黄宗羲《明儒学案》的删节本，在该书中他删除了有关理气性命等形上学的讨论与辟佛的言论，节录“平易切实”的“入道之门”，“供我辈受用”。④ 以上的几个例子显示：任公在1904–1905年之间，大力宣扬传统道德（尤其是王学），这也是他思想转向的重要标志。⑤

---

① 梁启超，《新民说》（台北：台湾中华书局，1978），页131。

② 梁启超，《新民说》，页137–142。

③ 梁启超，《德育鉴》（台北：台湾中华书局，1979）。

④ 梁启超，《节本明儒学案》（东京：新民社，1905）。

⑤ 此外任公于1904年冬天完成《中国武士道》，该文延续《新民说》中《论尚武》一节，“采春秋战国以迄汉初，我先民之武德，足为子孙模范者……以发挥其精神。”1906年二月，任公再录日本阳明学者吉田松阴（1830–1859）之作品，完成《松阴文钞》，以助国人探求“事业学问之本原者”。这两个作品也与任公所提倡的王学有关，限于篇幅，将另行撰文探讨。

对于此一现象，在1960–80年代，学界曾指出其思想转变的原因包括：康梁师生关系与财务问题、与革命党感情日坏、加藤弘之（1836–1916）、伯伦知理（1808–1881）、James Bryce（1838–1922）与黄遵宪（1848–1905）等人思想的影响、旅美期间看到海外华人表现出民族的劣根性等。①近年来日本京都大学的退休教授狭间直树又提出的一个非常重要的诠释，认为任公主要是受到日本学术界的影响。

狭间先生指出：任公表面上是回归传统道德，实际上受到日本"大和魂"、"武士道"观念之启发，以及如吉本襄、井上哲次郎（1855–1944）等学者所强调，以阳明学"作为明治日本的国民道德之重要组成部分"，"正是基于这样一种可作借鉴的背景，才有了梁启超对王学的称颂"。②"因此，尽管梁口头上称颂'固有之旧道德'，但他并非为了复古，而在于纠正邪误的风潮以实现中国的维新"，上述"邪误的风潮"主要是指革命派所主张的破坏主义。③

狭间先生的文章也涉及任公思想的变化与儒家传统的连续性与非连续性。狭间氏显然认为任公所提倡的固有道德，是以日本"大和魂"、"武士道"为模范的国民精神，换言之，在肯定儒家传统、反对"瞎闹派"破坏固有道德的同时，已在某种程度上背离了传统。狭间的解释与王泛森的看法有相配合之处。王泛森认为在《德育鉴》中，任公"巧妙地将理学工具化，并将原来宋明儒的价值的部分转换为对现代国家富强的追求"，其终极目标是"想养成爱国合群的现代公民"。所以对任公来说，"立志"是"立真志爱国"，而任公讲良知，也是以爱国为良知，"这是王阳明以来所不曾如此强调的"。④

其实早在狭间与王泛森文章发表之前，刘纪曜已经提出了这一个角度的阐释。他分析《德育鉴》一书的内涵，认为对任公来说儒家思想是工具性的：

梁启超是想借儒家的成德修养功夫，以达成现代的非儒家的目的，主要即"国

---

① 黄克武，《一个被放弃的选择：梁启超调适思想之研究》（台北："中研院"近代史研究所，1994），页29–31。张朋园，《社会达尔文主义与现代化》，《陶希圣先生八秩荣庆论文集》（台北：食货出版社，1979），页208。

② 狭间直树，《关于梁启超称颂'王学'问题》，《历史研究》，1998年第5期，页40–46。

③ 狭间直树，《〈新民说〉略论》，《梁启超·明治日本·西方：日本京都大学人文科学研究所共同研究报告》（北京：社会科学文献出版社，2001），页89。

④ 王泛森，《中国近代思想中的传统因素：兼论思想的本质与思想的功能》，《学人》，辑12（1997），页14–17。

民资格”的养成，以完成建国救国的理想。从《德育鉴》中有关先儒语录或文字的选录……可知梁启超对儒家成德工夫的强调，虽然比较倾向王阳明的心学，然而其所以如此，主要乃因王学简易直捷，而非儒学传统中的宗派门户之见使然。梁启超显然已经跳出儒学传统中的宗派门户之争，虽然亦有所主，然而亦颇能兼容并蓄，杂取各家之长……梁启超因此超越了儒家传统，但是却不忘利用儒家传统。①

刘纪曜“工具性”或“利用儒家传统”的说法，也和他所谓在任公的思想之中，儒家有关心性的论证与“内圣外王”的理想，都已经被抛弃了，所以任公所接受的儒家思想，“都只具形式意义，而无实质意义”的说法一致。② 换言之，儒家成德的努力在实质上只是为了造就“国民资格”，以“建国救国”，不具终极价值。以上的说法均偏向任公与儒家传统的非连续性的一面，强调任公借着宣扬传统儒家道德来建立“国民”所需要的精神基础，以接引“近代的民族国家”，亦即一种环绕资本主义与自由民主之政治、经济架构。从这个角度来看，他在清末的“传统转向”是突破儒学传统的。

拙见以为以上的观点一方面过度突出任公思想与中国传统的非连续性，亦即不够认识任公思想与传统的连续性，同时在非连续性的方面，又没有细究任公透过阳明学所提倡的“国民资格”，与“西方近代文明”中自由民主体制之下的“公民精神”(civility)，有没有重要的不同。本文尝试从以上几个方面审视此一问题，以就教方家。③

二、任公思想的内在逻辑

在思考为什么任公在1903年前后会“从发明新道德到回复旧传统”之时，我们不能忽略任公在去日本之前长期沉浸于中国传统的学术世界，他对儒家典籍深有

① 刘纪曜，《梁启超与儒家传统》（台北：台湾师范大学历史研究所博士论文，1985），页164。

② 刘纪曜，《梁启超与儒家传统》，页348。

③ 本文的焦点是任公在1903–5之间对王学的提倡。1920年代之后任公再度提倡阳明学，撰有《儒家哲学》、《王阳明知行合一之教》等文，此时与清末有截然不同的思想背景，涉及任公与孙文学、马克思主义，以及实用主义与功利主义的对话，详见竹内弘行，《梁啟超陽明學說：1920年代を中心に》，《名古屋学院大学外国语学部论集》，卷9号1（1997），页69–80。

体会，并且对日本学界的情况与政局发展，也已经有初步的认识。①拙著《一个被放弃的选择》曾从思想“内在逻辑”的角度指出，1903年前后的思想变迁有其内在的动因，其主轴乃任公新民思想之中从先哲“因材而笃与变化气质”所引申出来的“淬砺”与“采补”、“保守”与“进取”并重的精神。拙著认为：“就《新民说》与其后思想之发展来说，有许多保守与调适的取向在有些人所谓的‘最激烈’的《新民说》时期已经存在，因此美国之行一方面是一个新的刺激，让他重新思索中国未来的发展，但另一方面似乎并未改变他的思想的根本取向，只是证验与强化了他原有的调适观点。”②

拙作并进一步地提出任公调适思想的九个特点：

第一、在学术上梁启超主张融合古今中外的学说，而抟成一适合国情的新思想，而在此过程中，每一个个体要从事评估与调和的工作。换言之，知识的取得是一个奋斗的过程，要“淬厉”与“采补”并重，其中没有一个完美的体系，可以作为改变社会的绝对指南。同时，任公也自觉地了解到，个人的知识与评估能力是有限的，所以对于他人要采取开放的态度，使学术能在相互指正之下逐渐累积、进步；然而任公以其有限的能力，来评估各种不完美的思想体系之时，却没有变成一个相对主义者，他反而将这一种对知识的看法与人文主义的理想结合在一起。

第二、知识的内涵不仅包括“科学”，也包括“非科学”的知识。

第三、人类的生活不仅有科学所处理的物质面向，也有超越科学的精神面向，而寻求精神生活与物质生活的协调是很重要的。

第四、宗教，尤其是佛教，不但有一套周密的本体论，可以帮助我们了解宇宙与历史，也洞悉人类精神的本质。

---

① 康有为所主持的“万木草堂”非常注意日本学界的情况，他撰有《日本明治变政考》（始于1886，完成于1896），编有《日本书目志》（1897年印行），见萧公权著、汪荣祖译，《康有为思想研究》（台北：联经出版事业公司，1988），页313。万木草堂的学生不但阅读如吉田松阴的《幽室文稿》，也接触中江兆民汉译的《民约论》与《佛国独立史》。同时，康有为命长女同薇编辑《日本变法由游侠义愤考》（大同书局，1898），介绍幕末日本国内外情势与志士的救国活动。所以任公早在去日本之前，即对日本阳明学者的作品有所接触。任公在写给品川弥二郎（1843—1900，当时之内务大臣，也是吉田松阴“松下村塾”之弟子）的信中说：“启超昔在震旦，游于南海康先生之门，南海之为教也，凡入塾者皆授以《幽室文稿》。曰：苟士气稍有衰弱，辄读此书，胜于暮鼓晨钟也。仆既受此书，因日与松阴先生相对晤。”郭连友，《梁啟超と吉田松陰》，《季刊日本思想史》，号60（2002）“近代日本と東アジア”专号，页70—71。

② 黄克武，《一个被放弃的选择：梁启超调适思想之研究》，页36—37。

第五、所有这些不同的知识结合在一起，有助于澄清人类生活的目标，以及提供达成目标之方法。

第六、在追求目标的过程中，个人与群体的角色同样重要，两者也应相互调和，而达到不偏于己，也不偏于群。此即任公所强调的“个性中心之‘仁的社会’”。

第七、为了让每一个人追求道德目标，避免自私自利，必须要采用不同的学说，使之认识正确的群己关系。这些说法包括儒家的道德理想（如“我欲仁，斯仁至矣”）、墨子兼爱与“利人即所以利己”的观念、佛教“自度”、“度人”的理论等，甚至也应参考日人加藤弘之与英人弥尔对边沁功利主义的修正与发挥等。

第八、在文化修改与政治改革上，梁启超倾向于依据历史传统与现实状况，追求逐步的改良，而不主张以革命手段打倒一切，重新建立一个新的秩序。

第九、这也意味着一种“权”、“实”并用的态度。在道德方面，君子适合“责任道德说”，中人以下则依赖“福善祸淫”的宗教观念；政治方面，任公主张在国民程度还不到一定的水准之前，不应贸然实行民主政治；在经济方面，他则倾向以资本主义的方式发展实业、奖励生产，反对在当时立即实行马克思式的共产主义。

上述纲要式的九点或许可以视为梁启超思想的特点，笔者认为任公一生之中吸收了东、西方的各种知识，因而表现出复杂多变的面貌，或激进或保守，但在多变的表层之下仍展现出具“调适”精神的特点。①

如果将任公 1903 年之后转向阳明学为中心的传统道德，放在以上的脉络来观察的话，任公所从事的正是“淬砺其所固有”。诚如他在《新民说》中《释新民之义》（1902）所说：

> 凡一国之能立于世界，必有其国民独具之特质。上自道德法律，下至风俗习惯文学美术，皆有一种独立之精神。祖父传之，子孙继之；然后群乃结，国乃成；斯实民族主义之根柢源泉也。我同胞能数千年立国于亚洲大陆，必其所具特质，有宏大高尚完美，厘然异于群族者。吾人所当保存之而勿失坠也。②

在 1904–5 年之间，他借着王学所要传达的即是上述中国所独具的一种精神特质。这也是他在 1899 年在《清议报》上大声疾呼“中国魂安在乎？”，③1902 年由

---

① 见本书《梁启超的学术思想：以墨子学为中心之分析》一文。

② 梁启超，《新民说》，页 6。

③ 梁启超，《中国魂安在乎》，《清议报》，期 33（光绪 25 年 11 月 21 日），页 2b–3a。

上海广智书局编辑出版《中国魂》，企图“舒中国之症结，凿中国之沌窍，延中国之血脉，提中国之精神”的延续发展。①

任公将“中国魂”与阳明学联系在一起和他成长的经历密切相关。他自幼即沉浸于宋明理学的思想氛围之中。明中叶与王阳明同为理学大师的陈献章（1428–1500）即是广东新会人，离任公的住家“不过十余里”。②他很可能从小就受到耳濡目染，而熟读陈白沙的诗文。③梁启超从1890年万木草堂时代开始，又在康有为的指导下系统地研习“陆王心学，而并及史学、西学之梗概”。④在长期的阅读、思索之中，他越来越亲近王学，也将理学应用到实际生活，以从事修养个人身心。1900年，他在写给好友麦孟华（孺博，1874–1915）、罗普（孝高，1876–1949）等人的信中，谈到以克己、诚意、主敬、习劳、有恒等条目来自我要求，也觉悟到“非学道之人，不足以任大事”：

弟日来颇自克厉，因偶读《曾文正家书》，猛然自省，觉得非学道之人，不足以任大事。自顾数年以来，外学颇进，而去道日远，随处与曾文正比较，觉不如甚远。……养心立身之道，断断不可不讲，去年长者来书，责以不敬诚……至今回思，诚乃狗彘不如，惭汗无极，其大病又在不能慎独戒欺，不能制气质之累也。故弟近日以五事自课……

在同一时间任公写给康有为的信中，也多次提到此次因读《曾文正家书》，而猛然自省的经验。⑤任公并仿效曾国藩，以日记的方式来作自省，也希望好友能“勤攻其过”：

近设日记，以曾文正之法，凡身过、口过、意过皆记之，而每日记意过者，乃至十分之上，甚矣！其堕落之可畏也！弟自此洗心涤虑，愿别为一人（原注：乃另起头），不敢有迂视讲学之心，不敢有轻视前辈之意，惟欲复为长兴时之功课而已。诸兄弟若爱我者，幸勤攻其过，弟亦愿诸兄弟鉴于弟之堕落，而亟亟猛醒，思所以

① 饮冰室主人编辑，《中国魂》（上海：广智书局，1902），序。

② 梁启超，《儒家哲学》（台北：台湾中华书局，1980），页50。

③ 任公在《新民说》与《德育鉴》上都引用陈白沙的诗句，“镌功奇石张宏范，不是胡儿是汉儿！”、“吾道有宗主，千秋朱紫阳，说敬不离口，示我入德方”，可见他对白沙的作品颇为熟习。《新民说》，页20；《德育鉴》，页58–59。

④ 竹内弘行，《关于梁启超师从康有为的问题》，《梁启超·明治日本·西方：日本京都大学人文科学研究所共同研究报告》，页3。

⑤ 丁文江，《梁任公年谱长编》（台北：世界书局，1972），页206。

进德修业，不胜大望。①

以检阅日记并公之师友的修身方式，在明清书院之中有不少的先例，在晚清时也仍然盛行。② 上述任公的作法显然是延续此一传统。

任公不但以理学来修身，并与朋友规过、砥砺，也认识到理学与国民教育之关系。1901 年他感叹地说“学者求新知识，固属要事，然于当前陈腐之事物，决不可轻看而吐弃之。吾今日每读中国理学家之书，常觉其于国民教育上有一大部分之关系”。③

任公所编辑的《节本明儒学案》即是此一精神的展现，在该书《例言》中他说“启超自学于万木草堂，即受《明儒学案》，十年来以为常课……”。丁文江《梁任公年谱长编》也持此一说法：“《节本明儒学案》……是先生十年来读《明儒学案》时节钞之有得部分，多属治心治身之要”。④ 对任公而言，宋明理学所教导的内容不是客观的知识，而是与生命的处境密切相关的人生智慧。在任公成长的过程之中，《明儒学案》（以及佛经）一直给予他心灵上的安慰，尤其是在心情恶劣之时，可以帮助他恢复平静。《梁任公年谱长编》中有一封 1904 年的致蒋观云函，信中谈到与任公相依为命的姊姊亡故，使他“痛澈心骨”，并直接促使他编辑《节本明儒学案》：“仆于十日前有姊之丧……心绪恶劣，不能自胜。……日来惟读《明儒学案》，稍得安心处，拟节钞之印行，公谓如何？”⑤ 这样一来，任公 1903 年之后转向王学有一个长远的背景，“梁启超在十几年的时间里对王学的钦敬和研习，为他 1905 年前后阐扬王学提供了知识准备和思想基础”，⑥ 这也可以说是他多年来依赖儒家（与佛教）典籍以安顿身心的经验分享。

从内在逻辑的角度来看，拙见以为梁启超的思想一方面固然在某种程度上离开了儒家传统，接受源于西方的新观念，但是另一方面，在 1903 年之后，任公思想

① 丁文江，《梁任公年谱长编》，页 121。

② 王泛森，《近代中国私人领域的政治化》，收入氏著，《中国近代思想与学术的系谱》（台北：联经出版事业公司，2003），页 167–169。作者提到在 1899 年，张謇（1851–1926）在拟《金陵文正书院西学堂章程》时，仍规定院生月终时应将日记“送诸生父兄鉴阅”。

③ 梁启超，《机埃的格言》，《清议报》，期 100（光绪 27 年 11 月 11 日），页 2b。

④ 丁文江，《梁任公年谱长编》，页 206。梁启超，《节本明儒学案》，页 1。

⑤ 丁文江，《梁任公年谱长编》，页 198。

⑥ 吴义雄，《〈节本明儒学案〉与梁启超的新民学说》，香港浸会大学，“二十世纪中国之再诠释”会议论文（2001 年 6 月）。

与传统之间仍然有很强的连续性，此一连续性又和他的“淬砺采补”、“继往开来”之精神是相贯通的。笔者认为：

第一、梁氏仍然强调在个人道德方面彻底改造的精神，亦即在人的改造方面是以道德优先，认为“惟德最难”，这与宋明理学的修身传统，强调“自得”、“求诸己”、“为己之学”的精神是一致的。

第二、任公虽然重新定义了道德的范围，将“公德”也纳入个人修养的项目之内；但此一想法实际出于“私德公德本为一体”、“群己平衡”的观念，并与《大学》修齐治平的想法、“絜矩之道”，《中庸》“成己……成物”的理想之间，有很强的连续性。这也是任公为何要反复解释，“为己之学”并非独善其身，而是“欲度人而先自度也”、“为己之说正与成物不能相离而已”。①

第三、他对宋明理学中道德形上学的部分虽讨论得较少，但在他的思想中良知的本体论与其他的修身工夫是紧密相关的，不能说他已放弃了所谓的“玄学”。这个看法和他的知识论也很配合，他虽然重视科学，但也强调科学以外的学问（特别是美感与宗教经验）。

第四、任公延续了清中叶以来经世传统，企图解决“兼内外”的核心议题，亦即结合内在道德、知识的追求与外在事功上的成就。② 用王阳明的话来说即是追求“静处体悟”与“事上磨炼”的结合。③ 他并进一步将内外问题与中西接融问题结合为一，从事“会通中西”的努力。唐君毅（1909—1978）、牟宗三（1909—1995）等新儒家都继承了任公此一志业。

同时，由于受到连续性因素的影响，任公所宣扬的现代国民的精神与西方所谓“公民精神”也有很重要的不同。墨子刻（Thomas A. Metzger）认为在西方自由传统之中，受到亚里士多德（Aristotle, B.C.384—B.C.322）与柏克（Edmund Burke, 1729—1797）保守主义传统之影响，强调张灏所谓的“幽暗意识”，因而认为人类的政治行为不可能太理想。④ 在此传统之下，国民道德的尺度有一特殊的形态，例如一个好国民可以自私，但不能说谎，应尊重契约，维持卫生习惯等。此一道德可

① 梁启超，《德育鉴》，页 12。

② 黄克武，《〈皇朝经世文编〉学术、治体部分思想之分析》（台北：台湾师范大学历史研究所硕士论文，1985）。

③ 梁启超，《德育鉴》，页 39。

④ 张灏，《幽暗意识与民主传统》（台北：联经出版事业公司，1990）。

谓“乡愿的道德”。这样的尺度亦给予个人自由较广的范围。同时在此情况之下，政治冲突不是君子、小人之争，而是各自代表利害关系的“中人”之间的冲突。西方民主传统中的容忍精神部分源于此一理念。

相对来说，中国知识分子在引进西方自由传统时，由于受到知识与人性方面两种乐观主义的影响，他们不肯定“乡愿”或“中人”的道德，也不强调每个人可以追寻“既合理又合法的自我利益”(legitimate self-interest)。墨子刻认为梁启超新民思想所企求的即是高标准的“君子的道德”，而不是“乡愿的道德”，这也显示出任公思想与儒家传统中“君子之德风”、“君仁则莫不仁”等观念之间的连续性。①

笔者对任公晚清（1904）墨子学的研究亦可以印证上述的想法。在该文中我指出任公显然希望建构出一种理想的“国民”，但深究其国民内涵，梁启超所谓的“公德”不仅包括权利、义务、自由、进步等源于西方自由民主理念的观念，也包含了儒家仁的理念与“责任道德说”、墨子兼爱和明鬼的想法，与佛教对宇宙与人生的态度；最特殊的是在清末他从墨子思想中取出了“轻生死”，或说勇于为国捐躯的豪情，作为国民的一个条件，这一点很可能是受到孟子“舍生取义”与日本“武士道”精神的双重影响。梁启超对“公德”的看法与上述西方“civility”（公民精神）的观念相比较的话，两者显然有不少重叠的地方，但是西方公民精神主要是多种观念的混合体，其中包括追求自我利益（self-interests），以及基于所有公民对建构一个“德善社会”（good society）所凝聚的共同感（sense of fellowship or cordiality），并在特殊的时刻能为群体牺牲（例如在战争期间英国人也鼓励、推崇为国捐躯的精神）。因此我们可以说西方公民精神虽包含，却不那么突出像日本武士道那种“尊皇”、无私的“殉国”精神。②这样一来，梁启超所强调的“国民道德”与西方的civility在群己权界方面有所差异，而差异的产生主要源于任公对君

① 有关西方自由民主体系之中需要培养的公民精神（civility），及其与中国现代主流思想的差异请见 Thomas A. Metzger, “The Western Concept of the Civil Society in the Context of Chinese History," in SudiptaKaviraj, Sunil Khilnani, eds.,*Civil Society: History and Possibilities* (Cambridge, England: Cambridge University Press, 2001), pp. 207–214.

② 源于阳明思想的日本武士道精神所具有的修己治人、成己成物、体用兼备的责任感，与中国儒者是相同的，但是他们将“忠”作为一切道德的判准，并且将忠奠定在本土神道的宗教意识之上，因而将“尊皇”视为一绝对价值，这与主张“从道不从君”的中国儒者有所不同。参见张昆将，《德川日本“忠”“孝”概念的形成与发展——以兵学与阳明学为中心》（台北：喜玛拉雅研究发展基金会，2003）。有关中日阳明思想的异同，笔者拟另行撰文探讨。

子道德与群体凝聚的双重强调，因而对民德有较高的期许。①

《德育鉴》一书也显示任公将“国民道德”等同于君子的道德，因而具有精英主义（elitism）的特点。对他来说，国民精神的一个重要特质是使每一个人具有知识分子以天下为己任的使命感、明公私义利之辨，要能像王阳明与曾国藩那样，“转移习俗而陶铸一世之人”、“以身为教，因以养成一世之风尚，造出所谓时代的精神者”。②同时，任公也引王阳明、江左王门学者王畿（号龙溪，1498–1583）与江右王门学者钱一本（号启新，1546–1617）的话，以为乡愿不足取：“乡愿惟以媚世为心，全体精神，尽从外面照管，故自以为是，而不可与入尧舜之道”、“圣门教人，无甚高远，只是要人不坏心术……乡原 [愿] 是全坏心术者。”③

任公的新民观念与西方公民精神的差距显示中西自由传统对道德问题处理上的重大差异。此一差距不能简单地视为任公误解西学之精义。墨子刻先生很敏锐地指出梁启超对德育的想法也反映近代知识分子在面对西方自由主义、个人主义时的批判意识，这一批判意识与严复、新儒家，甚至金耀基、胡国亨等人的想法是一脉相承的。④如果以上的说法可以立足，那么我们还可不可以说，儒家思想（或阳明学）对任公只有“工具性”或只具有“形式”上，而无“实质”上的意义呢？

三、心有所主而兼容并蓄：阳明学与任公思想的取舍问题

在儒学传统之中任公显然偏向阳明学派，“称颂王学”。但是值得注意的是对他来说，王学是他对中国、日本、西方众多思想资源选择、取舍的一环，这些选择共同构成任公学术思想的核心。再者，任公在取舍的同时，也有某种程度的宽容态度，因而表现出兼容并蓄的精神。

在此理念之下，任公对各种学术思想进行评比的工作。他认为理论最完善的是佛学。佛学提供了超越现实世界的根本原理或所谓“出世间”方面的探索，也揭示

① 见本书《梁启超的学术思想：以墨子学为中心之分析》。

② 梁启超，《德育鉴》，页 101–102。

③ 梁启超，《德育鉴》，页 3、8–9。

④ 墨子刻，《墨子刻序》，《胡国亨文集》（兰州：兰州大学出版社，2000），页 1–8。胡国亨，《独共南山守中国》（香港：中文大学出版社，1995）。金耀基，《中国政治与文化》（香港：牛津大学出版社，1997）。

了具体可行的道德原则。其次是儒家中的阳明学说与西方学者康德的理论；再次才是程朱理学，以及其他的思想观念。从以上的评比，我们可以更清楚地了解任公对阳明学的看法。兹分以下数点来说明。

（一）阳明学之地位在佛学之下

在儒释道三教的选择上，任公肯定儒释，而高度批评道家思想。任公认为老子"雌柔无动之旨"与"不为天下先"的精神，和阳明学者如吉田松阴所代表的进取、尚武精神迥异，因而感叹"老氏之学之毒天下，未有艾也"。①在儒释之中，任公认为佛学地位较高。这样一来，儒学中阳明学的地位在佛学之下。这主要是因为在本体论方面，阳明学说不如佛理那么深入。首先，任公不满意宋明理学有关阴阳、理气的说法。②在节录《明儒学案》时，任公说：

明儒……其学说之一大部分，则又理也、气也、性也、命也、太极也、阴阳也，或探造物之原理，或语心体之现象。凡此皆所谓心的科学也，其于学道之功，本已无与。况吾辈苟欲，治此种科学则有今泰西最新之学说在，而诸儒所言，直刍狗之可耳。故以读科学书之心眼以读宋明语录，直谓之无一毫价值可也。③

由此可见任公清楚地放弃了阴阳的宇宙观，而在某种程度上接受西方科学（如进化论、物理学、心理学）对宇宙、人生的看法。

但任公绝非一个科学主义者，他也没有完全放弃理学的本体论。在理学的理论之中，他接受王阳明"致良知"的说法，认为"吾人心中一点灵明，便是真阳种子，原是生生不息之机"。④对王学左派"提挈本体太重，而几忘有致字"、"终日谈本体不说功夫，才拈功夫，便指为外道"，他则感到不满。⑤对王阳明之后所出现的左右两派，他同意每人因禀性不同，"无论从何门入，而皆可以致道"，但任公自己较偏向重功夫的一派：

致良知之教，本已盛水不漏，而学者受之，而往往学焉而得其性之所近。故王子既没，而门下支派生焉，纷纷论辨，几成聚讼。语其大别，不出两派：一曰趋重

① 梁启超，《新民说》，页112－113。梁启超，《自由书》（台北：台湾中华书局，1979），页3。
② 梁启超，《德育鉴》，页73。
③ 梁启超，《例言》，《节本明儒学案》，页2。
④ 梁启超，《德育鉴》，页30。
⑤ 梁启超，《德育鉴》，页46、34。梁启超，《新民说》，页140。

本体者（即注重良字）王龙溪、王心斋一派是也；一曰趋重功夫者（即注重致字）聂双江、罗念庵一派是也，要之皆王子之教也。……若启超则服膺双江、念庵派者。①

任公对功夫的强调并不表示他完全不谈本体问题。他是将王学中的致良知本体论与佛教的说法结合在一起，而使之相互发明。例如王学的说法，可以用禅宗的概念来理解：

昔禅宗五祖将传衣钵，令及门自言得力。首座神秀说偈曰：心似菩提树，意如明镜台，时时勤拂拭，勿使惹尘埃。五祖未契。六祖乃说偈云：菩提本无树，明镜亦非台，本来无一物，何处惹尘埃。遂受衣钵。今略比附之则双江、念庵一派，时时勤拂拭之说也。龙溪、心斋一派，本来无一物之说也。如近溪所谓以不屑凑泊为工夫，以不依畔岸为胸次，是可谓禅宗之尽头语。上等根器人，得此把柄入手，真能无罣碍、无恐怖，任天下之大，若行所无事。②

任公又说"近溪所谓迷心为觉，觉心为迷，即楞伽经迷智为识，转识成智之义"。③

任公更直接地以佛学中"真如"、"无明"的理论，和王学中"良知"的说法相贯通。他认为佛教所说的"真如"就是王学中的良知与康德思想中的"真我"，或朱熹所说的"义理之性"；"无明"则是康德所说的"现象之我"与朱熹所说的"气质之性"。他不但在《德育鉴》中谈到这一点，在1903–4年所写的《近世第一大哲康德之学说》也反复讨论：④

孔子言性相近，习相远。以佛语解释之，则人性本有真如与无明二原子，自无始以来，即便相缘。……宋明儒者，孟氏之忠仆也，然已不得不迁延其说，谓有义理之性，有气质之性（义理之性即真如，气质之性即无明）。⑤

佛说有所谓"真如"，真如者即康德所谓真我，有自由性者也；有所谓"无明"，无明者即康德所谓现象之我，为不可避免之理所束缚，无自由性者也。佛说以为吾人自无始以来，即有真如无明之两种子，含于性海识藏之中而互相熏。夫以无明熏

---

① 梁启超，《德育鉴》，页29–30。

② 梁启超，《德育鉴》，页32。

③ 梁启超，《德育鉴》，页32。

④ 该文刊于《新民丛报》，号25、26、28(1903年)，以及号46–48(合刊号，1904年)，其间因任公访美而中断。以下有关康德的部分见本书《梁启超与康德》一文。

⑤ 梁启超，《德育鉴》，页76。

真如，故迷智为识，学道者复以真如熏无明，故转识成智。宋儒欲用此义例以组织中国哲学。故朱子分出义理之性与气质之性，其注《大学》云，明德者，人之所得乎天，而虚灵不昧以受众理而应万事者也（案即佛所谓真如也，康德所谓真我也），但为气禀所拘，人欲所蔽，则有时而昏（案即佛所谓无明也，康德所谓现象之我也）。①

阳明之良知，即康德之真我，其学说之基础全同。②

总之，任公在本体论方面是以佛家的理论来统摄阳明学说。他舍弃了宋明理学家有关阴阳、理气的说法，而保留王学之中良知的本体论；再将此一理论与佛教的观点结合在一起，以此作为功夫论之基础。

任公将儒佛思想相结合，其实也是延续宋明理学的传统。所以他对理学家一方面吸收佛学思想，另一方面又辟佛的观点，难以苟同：

宋明儒者，以辨佛为一大事，成为习气，即梨洲亦不免。夫佛固不可谤，谤之无伤于日月，不俟论矣。抑宋明哲学，何以能放一异彩，其从佛学转手之迹，显然共见……刘念台亦云：莫悬虚勘三教异同，且当下辨人禽两路。诚知本之言。③

任公似乎没有意识到，当他将佛教真如、无明的本体论与王学致良知相结合之时，因而在根本的心性问题上采取了一个与孟子或王阳明很不同的观点，他的看法反而较接近朱熹“义理之性”与“气质之性”的说法。我们姑且不论这是否是从儒家的“一元论”到佛家的“二元论”。④一个更值得注意的议题是，在“无明”观念的影响之下，任公对人性中恶的一面有更深刻的体认，对他而言，人性中的恶不但是“自造的”，也是“先天的”。他所谓的先天有三方面的意义：第一是“器世间”的影响，“一切众生，自无始来，即以种种因缘，造成此器世间（即社会）。此器世间实为彼‘无明’所集合之结晶体。”第二是“民族全体之习”。第三是“血统遗传之习”。在此状况之下，任何人都不能保持纯粹的“真如”，无所掺杂。⑤这很可能影响到他的思想中“幽暗意识”的一面，而让他与西方自由主义更容易接

① 梁启超，《近世第一大哲康德之学说》，《新民丛报》，26:16–17。

② 梁启超，《近世第一大哲康德之学说》，《新民丛报》，46–48:57。

③ 梁启超，《例言》，《节本明儒学案》，页 2。

④ 刘纪曜曾指出此一转变是从儒家的“一元论”到佛家的“二元论”。刘纪曜，《梁启超与儒家传统》，页 160。

⑤ 梁启超，《德育鉴》，页 76。

轨。①

（二）阳明学说与康德思想若合符契

在佛学之下，任公认为最值得注意的哲学理论是阳明学说与康德思想。任公在《新民说》与《德育鉴》都提到阳明学说与康德思想“桴鼓相应”：

以良知为本体，以慎独为致之之功，此在泰东之姚江，泰西之康德，前后百余年间，桴鼓相应，若合符节。斯所谓东海西海有圣人，此心同此理同，而求道之方，片言居要，彻上彻下，真我辈所终身由之而不能尽者也。②

泰西古代之梭格拉第，近世之康德、比圭黎（或译作黑智儿），皆以知行合一为教，与阳明桴鼓相应，若合符契。陆子所谓东海西海有圣人出焉，此心同也，此理同也。③

在上述的引文之中，任公只简单地说康德与阳明均强调致良知与知行合一。然而在《近世第一大哲康德之学说》一文，他则清楚地说明他对两者的肯定在于双方均从良心之自由来论证道德责任感。任公说康德的道德学说即以真我与现象之我的对照而指出：个人肉体的生命虽然会因为疲劳而休息、饥饿而进食，不得不依循“不可避之理”，但是真我则是超越时间与空间的，因而有道德自主的能力，所谓“欲为善人欲为恶人皆由我所自择”、“道德之责任，生于良心之自由”。④任公对于这样的看法颇为激赏，以为康德思想会通了佛教的真如说与阳明的良知说，也配合孔子所谓“我欲仁，斯仁至矣”的道理：

王阳明曰“一点良知，是汝自家的准则，汝意念着处，他是便知是，他非便知非。更瞒他些子不得，汝只要实实落落依着他做，善便存恶便去”，是亦以良知为命令的，以服从良知为道德的责任也。⑤

康氏此论实兼佛教之真如说与王阳明之良知说而会通之者也。阳明曰，未能知

---

① 有关任公思想中的“幽暗意识”，见黄克武，《一个被放弃的选择：梁启超调适思想之研究》，页180–181。

② 梁启超，《新民说》，页139。

③ 梁启超，《德育鉴》，页38。任公在晚年写《儒家哲学》时仍然表示阳明的“致良知”，“拿现在的话解释，就是服从良心的第一命令，很有点像康德的学说。”《儒家哲学》，页52。

④ 梁启超，《近世第一大哲康德之学说》，《新民丛报》，号26（1903年），页16；号46–48（合刊号，1904年），56。

⑤ 梁启超，《近世第一大哲康德之学说》，《新民丛报》，号46–48（合刊号，1904年），页57。

说甚行，盖以为非知则不能行也。康德之言，则以为既知则必能行。人人皆能知，故人人皆能行也。其下手功夫，则阳明似更有把握；其鞭辟近里，则康德似更为直捷……其言各自之灵魂，各有责任以统治各自之躯壳，与孔子所谓我欲仁斯仁至矣之理相一贯，其言尤为亲切有味也。康氏所以能挽功利主义之狂澜，卓然为万世师者，以此而已。①

诚如笔者在讨论任公墨子学时所指出的，任公以为“责任道德说”仅适合君子，对于“不认此责任而甘于自暴者”，无可奈何，因此他认为“中人以下”，只能以功利主义的道德说（即福善祸淫），来加以规劝，任公甚至以弥尔对边沁功利主义的修正来补充说明：“真苦真乐，必不存于躯壳，而存于心魂”。②无论如何，对任公而言，从理论的圆满度来说，儒墨均有缺陷，但儒家的境界要超过墨家。任公并以佛教的“权实并用”，来统摄儒墨二家，作为道德理论的最高原则。这样一来，康德与阳明学说对人们认识个人道德自主性来说，是有价值的，然其缺陷则是不如佛家那样认识到以权实并用，分别处理具有道德自主性的君子与关心功利的“中人以下”，而能兼儒墨之长。

（三）服膺阳明而不非薄程朱

在儒家传统之内，任公面对程朱与陆王的进一步选择，他明显地以为陆王思想要比程朱高明，“王子提出致良知为唯一之头脑，是千古学脉，超凡入圣不二法门”；而且在方法上“简易直切”，能切中时弊，所以任公说“窃以为惟王学为今日学界独一无二之良药”。③但任公却不非薄程朱，认为程朱之学亦有其价值。这牵涉到任公对知识的看法。他将知识分为两大类，一是“智”，一是“德”；有时他则称为“科学”与“道学”。④智方面又包括“物的科学”与“心的科学”，德方面则为道德知识（这与中国传统“尊德性”与“道问学”的区别密切相关）。他对科学的界定是较广泛的，无论是理化、工程、法律、生计等都属于“物的科学”；而哲学、伦理学与心理学则属于“心的科学”。对任公来说两者有时有重叠之处，所以有些哲学问题，例如宇宙论方面，会受到物的科学之影响。

① 梁启超，《近世第一大哲康德之学说》，《新民丛报》，号 28（1903 年），页 12。
② 梁启超，《德育鉴》，页 54。
③ 梁启超，《德育鉴》，页 24。
④ 梁启超，《节本明儒学案》，页 1。

在智育范围之外，任公认为还有涉及道德修养的“道学”，对他来说，这方面的知识与哲学上对伦理思想的客观了解截然不同，前者是对一知识客体的客观研究，不一定涉及行为层面；而后者则会对人类自身的道德行为产生直接影响。由于智育与德育的差异，知识的追求不但不会带来道德的提升，有时甚至是有害的。任公说：

象山所谓田地不洁净，则读书为借寇兵资盗粮。阳明所谓投衣食于波涛，只重其溺。……盖学问为滋养品，而滋养得病根，则诚不如不滋养之为愈。①

就获取知识的难易程度来说，梁启超和严复一样，认为智识的取得较为容易，而道德修养则比较困难。他认为道德教育要透过个人的切实修养，要“其心得也甚深，而身体力行也甚笃”，不能以学习智识的客观了解的方式来获得，否则只是“所谓闻人谈食，终不能饱，所谓贫子说金，无有是处”。换言之，人民道德修养的完成不能依赖西方科学，而是基于一种传统中国式的一种直觉式的学习，而任公以为这是最困难的，也是当时中国人最需要面对的挑战。总之，在他的思想中为了达到目标，不但要吸收西方科学与其他知识以提升“民智”，同样重要的是必须要依靠传统学术以培养“民德”，而后者远较前者困难。②

由于对德、智的区别，以及对道德追求较为困难的认定，任公批评程朱“即物穷理”的理论是“研究科学之一法门”，在探求“身心之学”方面用处不大：“朱子之大失，则误以智育之方法，为德育之方法，而不知两者之界说，适成反比例，而丝毫不容混也”。③ 他更引用陆九渊对朱熹的批评，“易简功夫终久大，支离事业竟浮沉”，认为朱熹的修身方法过于支离，“头痛灸头，脚痛灸脚，终日忙个不了，疲精敝神，治于此仍发于彼，奈何！”。④ 根据任公，朱熹晚年对此亦有所反省，认为“学道之不可以不知本”。任公认为朱熹所谓的“本”，就是上述阳明所说的“致良知”：

苟肯返诸最初之一念，则真是真非，未有不能知者，即如我辈，生于学绝道丧之今日，为结习熏染，可谓至极，然苟返诸最初之一念，真是真非，卒亦未尝不有一隙之明……致良知三字，真是呕心呕血研究出来，增减不得……真所谓放之四海而皆准，俟诸百世而不惑者也。⑤

① 梁启超，《德育鉴》，页 5。
② 黄克武，《一个被放弃的选择：梁启超调适思想之研究》，页 102–103。
③ 梁启超，《德育鉴》，页 23。
④ 梁启超，《德育鉴》，页 25。
⑤ 梁启超，《德育鉴》，页 27。

任公虽然崇尚陆王，批判程朱，但他也不以为朱子之言一无可取，他说：“吾虽服膺王学，而于朱子万不敢非薄，盖朱子所言，有益于学者修养之用者，兹多矣……未敢有门户之见存也。”① 在《德育鉴》一书中，任公也收入十余条程朱的说法，认为有益身心修养。尤其值得注意的是，任公非常推崇支持程朱学派的曾国藩（1811–1872）、罗泽南（1808–1856）。②

曾国藩的思想其实与任公有不合之处，相对于任公主张王阳明的“致良知”之说，曾氏崇尚程朱的修养功夫，主张“居敬穷理”，“以仁为体，以礼为用”。他认为：一昧地从“尽心养性”的道体上下工夫，已不周世用，“修齐治平”的功业，唯有从研习古人“治礼”的实学上去努力，方为征实有效。③ 曾氏继承清中叶以来凌廷堪（1755–1809）“以礼代理”的学术趋向，④ 提出“理学即礼学”的纲领。再者，相对于任公所采取尊孟抑荀的立场，曾氏则大力推崇荀子“隆礼”思想。

除了以上的差异，曾氏平息门户之争、重视经世致用，并成就具体之事功，尤其是平定太平天国之乱，挽救中国文化之沉沦，则与任公思想合拍，并深受任公肯定。⑤ 在《新民说》与《德育鉴》中任公对曾国藩砥砺道德修养，并进而移风易俗，扭转时代风尚，成就伟大事业，赞誉有加。《德育鉴》一书以曾国藩《原才篇》“风俗之厚薄奚自乎，自乎一二人之心之所向而已”结尾，任公并写了一段按语称颂曾、罗两人“以道自任”的使命感，此一处理方式，实寓有深意：

> 曾文正生雍乾后，举国风习之坏，几达极点，而与罗罗山诸子，独能讲举世不讲之学，以道自任，卒乃排万险冒万难以成功名，而其泽且至今未斩……由是言之，曾文正所谓转移习俗而陶铸一世之人者，非必不可至之业。⑥

这也显示任公一方面心有所主，心仪陆王之学，另一方面却又能兼容并蓄，肯定程朱思想的学术精神。

---

① 梁启超，《德育鉴》，页 24。

② 梁启超，《德育鉴》，页 102。罗泽南属程朱一系，曾著有《姚江学辨》，抨击阳明甚力。见陆宝千，《论罗泽南的经世思想》，《中央研究院近代史研究所集刊》，期 15 下册（1986），页 76。

③ 叶瑞昕，《从曾氏理学到梁氏心学——清末五十年间儒家伦理思想的传承与转化》，http://www.confucius2000.com/confucian/czslxdlsxx.htm。

④ 张寿安，《以礼代理：凌廷堪与清中叶儒学思想之转变》（台北：“中研院”近代史研究所，1994）。

⑤ 黄克武，《一个被放弃的选择：梁启超调适思想之研究》，页 128–129。

⑥ 梁启超，《德育鉴》，页 102。

四、结论

许多学者都认为阳明学是任公思想的核心。例如，严复（1854–1921）在探索任公思想渊源之时，即强调任公“宋学主陆王”，因此“凭随时之良知行之”，发出“偏宕之谈，惊奇可喜之论”。① 贺麟（1902–1991）也强调任公“全部思想的主要骨干，仍为陆王……在他去世前两三年，我们尚曾读到他一篇斥朱子支离，发挥阳明良知之学的文章”。② 总之，阳明学乃任公思想之核心，也是我们认识任公思想的一个重要的切入点。

然而值得注意的是在中国近代学术史上，任公并不以“阳明学者”自居。他在1920年代写了两本有关清代学术史的书，一是《清代学术概论》，一是《中国近三百年学术史》，这两本书都强调清代思潮的主轴是“对于宋明理学之一大反动”。③ 因此他认为入清之后，无论程朱或陆王都渐渐衰息，汉学考证转而勃兴。对于其中的阳明学派，任公指出在刘宗周之后有孙夏峰、李二曲、黄宗羲三人。其后“邵念鲁、全谢山结浙中王学之局，李穆堂结江右王学之局，这个伟大学派便仅成为历史上名词了。”④ 对于清中叶以后的学术发展，任公谈到考证、今文学、佛学与西学，甚至也提到道咸之交罗泽南、曾国藩以“宋学”相砥砺，造成宋学的复兴。然而他从来没有将他自己放在宋明理学（乃至清代阳明学）的“系谱”之内。对他来说，李穆堂之后，清代的阳明学派已不复存在。

在清代学术的脉络之内，任公一方面强调他与康有为的关系，提到开始时他接受今文学，其后“不慊于其师之武断”，绝口不谈“伪经”与“改制”。在儒学传统之内，他转而致力于“绌荀申孟”。另一方面任公则强调他在输入西学上的成就，认为他自己扮演着“新思想界之陈涉”的角色。以上的学术定位充分显示：任公已自觉地脱离了宋明儒学的脉络，开始一条近代中国发现、拥抱现代西方文明之路。简言之，他以建设现代国家与国民为自己的首要任务。

那么在此过程中任公思想之中的阳明学究竟扮演着何种角色呢？笔者认为在

① 严复，王栻主编，《严复集》（北京：中华书局，1986），册3，页648。
② 贺麟，《当代中国哲学》（南京：胜利出版社，1945），页4。
③ 梁启超，《清代学术概论》（台北：中华书局，1974），页3。
④ 梁启超，《中国近三百年学术史》（台北：中华书局，1983），页52。

“淬砺”、“采补”并重的精神指导之下，任公的阳明思想同时展现了他与儒家传统延续与断裂，成为他建构融贯中西之“新民学说”的重要的一环。这涉及刘纪曜所提出的一个重要论断，“梁启超显然已经跳出儒学传统中的宗派门户之争，虽然亦有所主，然而亦颇能兼容并蓄，杂取各家之长”。①

这可以分以下方面来说明。首先任公在1903年访美归来之后所提倡的王学，虽受日本阳明学的影响，但也具有本土学术脉络，是多年沉浸于中国学术传统之后所做的选择。在中国儒释道三教的传统之中，任公选择了儒释两者，而不那么重视道家，他甚至反复批评老子，养成柔弱、退让的精神。他进而将佛教“真如”、“无明”的本体论与阳明的“致良知”之说，和儒家各派的道德修养功夫结合在一起。至于儒家阴阳理论与理气心性等学说，任公则将之抛弃。其次在儒家思想的范围之内，他尊宋学而对汉学考证有正负交织的复杂看法。再次，在宋学之中，他采取尊陆王而斥程朱的思想选择；而在王学之内，他则偏向重功夫的江右王学。总之，如果将儒家思想的尊德行、道问学与经世的三方面来看，他肯定尊德行与经世，而将道问学视为是比较次要的。

由此可见任公阳明学与中国传统学术之间的连续性，此一连续性也影响到他对西方公民精神的引介。他所建构的民德不是具有普遍精神的“乡愿的道德”，而是具有精英主义色彩的“君子的道德”。

拙见以为上述任公对儒家思想的看法，不能视为是“工具性”的。上文曾指出儒家思想在任公“痛澈心骨”之时，具有抚慰的力量。在《德育鉴》一书，他更开宗明义地点出“为己”之学、“求诸己”的想法，坚持“我欲仁，斯仁至矣”的道德自主信念，这些观点都具有终极性的价值。对任公而言，这些儒家传统的道德信念，与佛学、墨学、西方科学，以及康德所代表西方伦理哲学的传统，可以融洽地结合在一起，并帮助人们接受进取冒险、权利、自由、自治、进步、合群、尚武等新价值，培育出新时代所需要的新国民。

简言之，任公在清末转向“称颂王学”的历史意义在于，他企图依赖传统的精神资源来会通中西，以建立现代国家所需要的道德基础。在这个意义上，同样倾向陆王、批判程朱，又肯定佛学与康德思想的新儒家无疑地继承了任公的志业，共同抗拒五四反传统思想，开创出中国传统与西方现代性如何接轨的严肃议题。

---

① 刘纪曜，《梁启超与儒家传统》，页164。

魂归何处？

梁启超与儒教中国及其现代命运的再思考

一、前言：从列文森“儒教已死”的辩论谈起

在美国汉学界已故的加州大学柏克莱分校教授列文森（Joseph R. Levenson, 1920–1969）有“莫扎特式的史学家”之美名，他于1950–60年代出版了一系列的作品，探讨近代中国知识分子的思想特征，并由此而反省“儒教中国及其现代命运”的重要课题。① 他的作品企图描写近代中国知识分子如何肆应中国从“天下”转变为“国家”，书中环绕着“儒教已死”的观点，提出了三个比较重要论点。首先，他认为近代中国知识分子呈现理智与情感的断裂，一方面在情感上依恋传统，另一方面则认识到，传统文化只具有“博物馆”中的典藏价值（有如埃及的木乃伊），因而在理智上全心拥抱西方文明。这样一来，在“历史”与“价值”的张力之下，近代中国知识分子内心表现出强烈的撕裂感以及认同危机。他认为中国知识分子在内心深处感到：“我们所熟悉的正是我们决定抛弃又不忍抛弃的，而我们极生疏的又是我们刻意获取但却无法获取的”，所以两方面都落空而感到躁动不安。②

列文森以张之洞与梁启超两人对儒家传统的态度来说明此一变迁。他认为张之

① Joseph R. Levenson, *Liang Ch'i-ch'ao and the Mind of Modern China* (Cambridge: Harvard University Press, 1965 [1953]). 中译本：列文森著，刘伟、刘丽、姜铁军译，《梁启超与中国近代思想》（成都：四川人民出版社，1986）。Joseph R. Levenson, *Confucian China and Its Modern Fate: A Trilogy* (Berkeley: University of California Press, 1965 [1958]). 中译本：列文森著，郑大华、任菁译，《儒教中国及其现代命运》（北京：中国社会科学出版社，2000）。Maurice Meisner and Rhoads Murphey, eds., *The Mozartian Historian: Essays on the Works of Joseph R. Levenson* (Berkeley: University of California Press, 1976).

② 杜维明，《儒教中国及其现代命运》，《现代精神与儒家传统》（台北：联经出版事业公司，1995），页297。

洞的“中体西用”论显示他是一个绝对主义者，深信儒学的普遍价值，可以借此来安身立命，并吸纳西方科技，为体所用；然而其后的知识分子，如梁启超在民国初年于《大中华》上提出“坚守国性，国家不亡”，却是从文化相对主义与浪漫主义的原则，来肯定传统。后者的肯定“不是对儒学的基本信仰，而是对承认信仰之需要的信仰”。[①] 换言之，对他们来说传统只剩下手段与情感上的意义，成为连结自己与其同胞的纽带，从而为实现民族存在的终极意义而服务。

其次，上述的论点是奠基于对东西文化的此消彼长，传统儒教文明将为具普遍价值的西方现代文明所吞噬的一种悲观想象之上。列文森受到韦伯（Max Weber, 1864–1920）的影响，认为现代文明是一个专业化、理性化、以科技为主的文明，这一个以西方、工具性理性为主的价值，终将取代具有人文精神的儒家传统。所以中国儒教如西方的基督教、犹太教等精神文明一样，将逐渐被人遗忘，并随着工具性理性的极度发展，被卷入一个试图宰制环境却终至丧失个人自主性的“铁牢笼”。[②] 对他来说，儒家的现代命运是一个逐渐步向死亡，而成为博物馆展览品的悲剧。在列文森有关梁启超思想一书的结论部分，他说梁启超在情感上牵系传统，但在理智上却疏远传统，中国传统最终是因为他们这一代知识分子的疏离，而走向覆亡。[③]

第三，列文森上述对儒教中国现代命运悲观的描述和中国知识分子一种乐观、高远的文化理想交织在一起。他指出中国国家主义的特殊性在于它所环绕的问题不完全是民族危亡，而是中国在世界上遭到“边缘化”的命运。中国知识分子不但希望与西方分庭抗礼，而且要求“驾于欧美之上”，而无法忍受中国不再居于世界文明的核心地位。他非常犀利地看到近代中国的意识形态与自身国际地位之间的关联。的确，二十世纪中国思想界的一个共识是认为“天下”应该是一个贤人在位的世界，而中国必须是世界核心的一个部分。如此一来，近代中国的国家主义与二十世纪植根于传统的乌托邦思想有所关联。[④] 事实上，二十世纪许多中国知识分子，

---

① Joseph R. Levenson, *Confucian China and Its Modern Fate*, p. 106.

② 杜维明曾敏锐地指出列文森的犹太教的背景，使他将危机感投射到中国，因而更深沉感受到儒教覆亡的命运。杜维明，《现代精神与儒家传统》，页 300–301。

③ Joseph R. Levenson, *Liang Ch'i-ch'ao and the Mind of Modern China*, p. 219.

④ 墨子刻，《序》，黄克武，《自由的所以然：严复对约翰弥尔自由思想的认识与批判》（台北：允晨文化有限公司，1998），页 iv。

后来接受马克思主义，即出于此一信念，他们相信马克思主义可以使他们一方面卑屈地学习西方，同时又可以超越西方具有局限性的“现代”。列文森在这方面的贡献不应受到忽略。①

列文森的观点与1950、60年代的时代背景有密切的关系。他不但直接受到韦伯式现代化理论的启发，而且与五四反传统思想家如胡适（1891–1962）、鲁迅（1881–1936）、陈独秀（1879–1942）等人的看法血脉相连。诚如罗志田所指出的：列文森有关博物馆的比喻很可能受到清末民初，尤其是五四运动至北伐前后，中国知识分子如吴稚晖（1865–1953）、钱玄同（1887–1939）等人“把中国传统送进博物院”之“主观愿望”的影响。②然而不容忽略的是清末民初知识分子激烈地扬弃传统的主观愿望，并未实现。尤有甚者，根据唐君毅的自述与林毓生与王泛森的分析，这种愿望本身也具有传统的根源。③如此一来，列文森只把历史人物的主观愿望投射为一种“客观”的历史解释，而没有体认到传统与反传统之间的复杂而纠结的关系，以及传统文化所具有的深刻影响。

列文森的观点一方面与五四反传统思想相呼应，另一方面则与较温和、保守的知识分子，如萧公权（1897–1981）的看法截然不同。1964年萧公权在为张朋园著《梁启超与清季革命》一书写序时认为列文森上述的看法乃“捕风捉影、弄巧成拙”。④这可能是中国学界对列文森理论最有名，也是最严厉的一个批评。萧公权没有详细地说他为何反对列文森，但这无疑地牵涉到他对五四反传统运动的反感。余英时曾引用萧著《问学谏往录》的史料指出：“萧公权的父母早逝，却受大家族

① 同上。Thomas A. Metzger, "'Transcending the West': Mao's Vision of Socialism and the Legitimization of Teng Hsiao-p'ing's Modernization Program," part of the series Hoover Essays, published by The Hoover Institution on War, Revolution and Peace, 1996.

② 见罗志田,《送进博物院：清季民初士人从‘现代’里驱除‘古代’的倾向》,《裂变中的传承》（北京：中华书局，2003），页91–130。

③ 唐君毅在描写民初学风的时候,注意到五四反传统思想与晚清今古文学派之间的连续性,他说胡适、钱玄同与陈独秀“初看起来好像是由新文化运动来的，其实都不是，是从清末章太炎、康有为来的。他们一方面推崇孔子，尊重中国从前的经书，另一方面是开始了后来的怀疑经书，反对孔子的思想”,《民国初年的学风与我学哲学的经过》《生命的奋进》（台北：时报文化出版事业有限公司，1984），页40。林毓生，《中国意识的危机》（贵州：贵州人民出版社，1988）；王泛森，《古史辨运动的兴起》（台北：时报文化出版事业有限公司，1987）。

④ 萧公权，《萧公权先生序》，张朋园，《梁启超与清季革命》（台北：“中研院”近代史研究所，1964）。

制度之惠，由伯父母等抚育成人，他当然不能赞同‘打倒孔家店’的偏激论调”。①再者，如果我们比较列文森有关梁启超思想的书与萧公权《中国政治思想史》中梁启超一章，可以很清楚地了解到萧公权对梁任公的描述与列文森截然不同。萧公权认为任公是一位“开明之爱国者，温和之民治主义者，稳健之自由主义者”，“其对近代西洋民治理论之阐发，则不乏真知灼见”；任公对于中国传统也有真切的体认，并抱持批判的态度，所以萧公权说：

梁氏认为孔子为中国文明之代表。“吾国民二千年来所以能抟控为一体而维持于不弊，实赖孔子为无形之枢轴。今后教育社会之方针必仍当以孔子教义为中坚。”然而尊孔子者非迷信孔子之谓。以今日之眼光观之，“孔子之言亦有不切实而不适宜者。”吾人当分别精粗，择善而从，然后孔教之发扬光大可预期也。②

这一观点与萧公权本身对孔子思想乃至固有文化所采取的态度十分类似。③所以对萧氏来说，梁任公对传统的态度不是对“一个僵死文明的情绪性反应”，而是理性反省下的明智抉择。因此无论是他个人的经验或他从阅读梁启超所认识到中国近代的思想变迁，都与列文森所述不合。

除了萧公权之外，1970年代以来批评韦伯式的现代化理论与“五四话语”，因而不同意列文森的人越来越多。④柯文（Paul Cohen）在《从中国发现历史》一书中将之与Mary Wright、Albert Feuerwerker等人同样归于“传统-现代”二元对立的模式，并精简地陈述美国汉学界如何超越此一模式。⑤大致上，从1970年代开始，列文森的理论受到多方面的批判与反省。相对于列文森所看到西力的冲击、传统与现代的断裂，以及中国传统只具有博物馆的价值，而历史文化传统终将被人所遗忘，从张灏的《梁启超与近代中国思想的过度》与墨子刻（Thomas A. Metzger）的《摆脱困境》以来，有越来越多的学者注意到中国传统中连续性的一面，并反

① 余英时，《现代儒学论》（上海：上海人民出版社，1998），页4。

② 萧公权，《中国政治思想史》（台北：联经出版事业公司，1982），页803, 821-822。

③ 萧公权，《孔子政治学说的现代意义》，《迹园文存》（台北：环宇出版社，1970）。他亦说“我相信中国文化和西洋文化都有优点和缺点。我们要用虚心的批判态度同时去检讨中西文化”，《问学谏往录》（台北：传记文学出版社，1972），页70。

④ 学界有关“五四话语”之反省见：顾昕，《中国启蒙的历史图景：五四反思与当代中国的意识型态之争》（香港：牛津大学出版社，1992）。黄克武，《“五四话语”之反省的再反省：当代大陆思潮与顾昕的〈中国启蒙的历史图景〉》，《近代中国史研究通讯》，期17（1994），页44-55。

⑤ Paul Cohen, *Discovering History in China: American Historical Writing on the Recent Chinese Past*(New York: Columbia University Press, 1984).

驳列文森所说的不连续性。[①] 张灏以为梁氏肯定传统不完全是因为情感的因素，而且也是由于他认为固有文化有其价值，例如梁启超仍然肯定来自儒家传统的私德。墨子刻在《摆脱困境》一书则更深入讨论现代中国动力的起源问题，他不同意儒家已死，也不认为近代中国革新的动力源自于中国模仿西方的“普罗米修斯精神”（Promethean spirit），他强调此一动力与儒家传统的一些根本预设有密切关联。近代中国思想的一个主轴是以西方的新方法来实现植根于传统而长期以来未能实现的目标，以摆脱长期存在的困境。“中国人之所以接受西洋方式，并非因其乃是与儒家传统矛盾的东西才接受。他们之所以热心的采行西洋方式，主要乃因他们将西洋方式视作在达到传统目标而久受挫折的奋斗中，能够预示一种突破的新手段。”墨氏指出早期现代化提倡者并非全盘接受西方思想，而是对中西均有所取舍。他们所拒绝的西方思想主要是与固有共同体理想相冲突的个人主义，以及与传统绝对道德信仰相冲突的西方哲学上的怀疑论。[②]

在中文学界也有学者呼应他们的观点。例如吕实强与王尔敏都强调近代中国自强、维新思想的动力主要来自儒家传统。[③] 又如王泛森从晚清思潮的内部变动，特别是汉学的瓦解，所导引出汉宋调和论与今文学的兴起，以及新学术典范的出现，来看中国传统内在的肌理如何与外在刺激冲撞、交融，因而衍生出波澜壮阔的变化。再者，王泛森认为近代中国知识分子也不再如列文森所述具有“精神分裂”般的断裂，而是依赖对中西思想资源的重新诠释，或是经世济民，或是努力建立“学问之独立王国”，以脱离政治的束缚，并解决精神世界之危机。这样一来，在近代中国儒家文化不是一个僵硬而垂死的整体，它不但具有地域、阶层、流派的多元性，也各自以强劲的生命力，历经曲折而蜿蜒的发展。[④] 深受儒家文化熏陶的知识分子也都认识到“中国与西方并非两个互相排斥的整体，而是各代表着一个思想上

---

① Hao Chang,*Liang Ch'i-ch'ao and Intellectual Transition in China, 1890—1907* (Cambridge, Mass.: Harvard University Press, 1971). Thomas Metzger, *Escape from Predicament: Neo-Confucianism and China's Evolving Political Culture* (New York: Columbia University Press, 1977).

② 墨子刻、马若孟合著，刘纪曜、温振华合译，《汉学的阴影：美国现代中国研究近况》，《食货月刊》，卷 10 期 10（1981），页 449。黄克武，《墨子刻先生学述》，《清华大学学报（哲学社会科学版）》，卷 16 期 6（2001），页 67–70。

③ 吕实强讲、教育部社会教育司编，《儒家传统与维新》（台北：教育部社会教育司，1976）。王尔敏，《晚清政治思想史论》（台北：华世出版社，1976）。

④ 王泛森，《中国近代思想与学术的系谱》（台北：联经出版事业公司，2003）。

复杂的选择机会”，[①] 在此一选择之中，不少中国知识分子乐观地相信，以儒家思想为核心的中国绝不会灭亡，而且未来中国人有机会可以结合中西的优点，而再创造出一个新的文明。总之，人们逐渐认识到传统中国中儒家的价值不是停滞或死亡的，不是集体主义的与权威主义的，也不必然与科学精神、民主制度或对个人自由与尊严的尊重背道而驰。上述这种“列文森”与“反列文森”之间的论辩，可以帮助我们重新审视中国近代的思想变迁，特别有关国民性与国族主义等议题，并思索何谓“启蒙”。

二、“方死方生”抑或“更生之变”？

上述 1950、60 年代以来中西学界对儒家文化的讨论，并非空穴来风，而是民初以来思想史上“五四”与“反五四”论争的延续发展，如果再往前推到晚清思想界，诚如拙著《一个被放弃的选择》与《自由的所以然》两书所企图勾勒的，谭嗣同与严复、梁启超的思想分别代表当时思想光谱中转化与调适的不同的类型。谭嗣同“冲决网罗”的想法是近代激烈主义的鼻祖；而严、梁的继往开来的观点则是保守、渐进思想之原型。[②]

在此要对拙著曾提到的“转化”（transformative approach）与“调适”（accommodative approach）作一说明。转化与调适的分析架构是由墨子刻所提出，他所谓的转化类型接近 Ernst Troeltsch 所说的“宗派型”（sect type）与钱穆所说的“经术派”的想法；而调适类型则倾向 Ernst Troeltsch 所说的“教会型”（church type）与钱穆所说的“史学派”的观点。近代中国的革命派倾向“转化类型”，主张以一套高远的理想彻底改造现实世界，以达到“拔本塞源”的目的，他们多以为历史有两个阶段，一为完全成功的将来或当代的欧美社会，一为彻底失败的当代中国，而历史上成功的例子使他们乐观地相信理想终将实现。改革派则倾向所谓的“调适类型”，以为不可只看理想而不顾现实，因此他们主张小规模的局部调整或阶

① Philip C. Huang, *Liang Ch'i-ch'ao and Modern Chinese Liberalism* (Seattle: University of Washington Press, 1972), p.161.

② 黄克武,《一个被放弃的选择：梁启超调适思想之研究》（台北：中央研究院近代史研究所，1994）。黄克武，《自由的所以然：严复对约翰弥尔自由思想的认识与批判》。

段性的渐进革新，并反对不切实际的全面变革。①

转化与调适两个思想类型不但可以剖析晚清思想界，也可以帮助我们了解清末民初至二十世纪末叶以来中国思想界的主要变化。随着帝国主义的侵略与社会达尔文主义在中国的传播，近代中国知识分子反复地讨论的几个问题包括："东西文化孰得孰失，孰优孰劣？"、"中国究竟会不会亡国？"以及"国人应如何救国保种？"等。②

对于上述的问题，清末以来的思想界有两种主要的答案，一类是转化式的看法，认为"方死方生"，中国人只有抛弃旧传统、拥抱新文明，中国国家、文化才能获得新生。陈独秀认为中西之间是对立的，接受西方就得唾弃中国。这时放弃传统仍是一个尚未完成的目标（即上文所说"主观愿望"）。至 1933 年，胡适在芝加哥大学演讲"儒教的使命"（"The Task of Confucianism"）时曾说："何铎斯博士在演说的末尾说：'儒教已经死了，儒教万岁！'，我听了这两个宣告，才渐渐明白——儒教已死了——我现在大概是一个儒教徒了"。他所要强调的是儒学已亡，而儒学的死亡是使儒学具有新生命的开始。③ 平心而论，这还是一种主观愿望，但对胡适来说，儒教的死亡显然已经不是目标，而是"事实"。此一中国近代思想史上的转化路向，钱穆描写得最好。他说：这些学者"好为概括的断制。见一事之弊，一习之陋，则曰吾四万万国民之根性然也，一制之坏，一说之误，则曰吾二千年民族思想积叠然也"，④ "于是转而疑及于我全民族数千年文化本源，而惟求全变故常以为快"。⑤ 反传统主义者、全盘西化论者与科学主义者多半抱持这种观点。此一观点也配合上述列文森的解释。

第二类答案则是调适性的"继往开来"，或称为"更生之变"的主张。他们也看到中国文化缺失，却希望从传统之中，去芜存菁，融入西方文化的优点，走出一

① 有关墨子刻"转化与调适"之分析架构散见该氏的著作，尤其见 Thomas A. Metzger, *The Internal Organization of Ch'ing Bureaucracy: Legal, Normative, and Communication Aspects* (Cambridge, Mass.: Harvard University Press, 1973); *Escape from Predicament: Neo-Confucianism and China's Evolving Political Culture*.

② Frank Dikotter, *The Discourse of Race in Modern China* (Stanford: Stanford University Press, 1992), p. 70.

③ 何铎斯博士是 Dr. Hodons，胡颂平编著，《胡适之先生年谱长编初稿》（台北：联经出版事业公司，1984），册 4，页 1165。余英时，《现代儒学的困境》，收入《现代儒学论》，页 233。

④ 钱穆，《国学概论》（台北：商务印书馆，1983），页 188。

⑤ 钱穆，《国史大纲》（台北：商务印书馆，1975），页 29。

条再造文明的路。清末民初采取“调适性”思路的知识分子，与转化型学者一样，面对民族、文化存亡的生死战，而企望有所作为。如果借用余英时描写钱穆思想时所用的字眼，他们一方面相信传统文化不死，而且即使如反传统者所宣称的传统已经衰亡，他们则锲而不舍地要“为故国招魂”，并期盼让“旧魂引生新魂”。① 这一思路源于晚清梁启超求索“中国魂”，与《新民说》中“采补”、“淬厉”并重的想法，以及严复“会通中西”的理论，尝试将儒、释、道的生活哲学，与西方自由、民主的生活方式与进化论的宇宙观、历史观等结合在一起。

值得注意的是针对中西文化分歧、合流的历史处境与会通中西的目标，严复、梁启超等调适型学者的思想在理论层面并不具有“两面性”（史华慈在《寻求富强：严复与西方》中所说的“Janus-faced”）②，这个两面无论是指中与西、体与用、形上与形下、“价值理性”与“工具性理性”（韦伯意义之下），或科学与哲学。他们肯定中国伦理价值与涉及“不可思议”和“幽冥之端”的形上世界，同时也接受西方有关追求富强与民主的技术和制度安排。对他而言，这几方面可以互补、融合，也都是建立一个理想的自由国度所不可或缺的。此一会通的信念也使他们不具有列文森所强调的理智与情感的分裂或所谓精神迷失、茫无归着。

上述“会通”的思路从清末士人追索“国魂”开始，至民国初年发展为学界挖掘“国性”、“国粹”、“立国精神”或“民族精神”，并追求中国的精神文明与西方物质文明的结合。在一次大战之后，梁看到西方文明的危机，出版《欧游心影录》，而奠定此一观念之基础。任公所揭橥的新方案是：“我们国家有个绝大责任横在前途。什么责任呢？是拿西洋的文明，来扩充我的文明，又拿我的文明去补助西洋的文明，叫他化合起来成一种新文明”。③ 其具体的内涵是梁启超在《先秦政治思想史》结论部分所说的：他“确信”以先哲之理念为基础，可调和“精神生活与物质生活”与“个性与社会性”，由此而“拔现代人生之黑暗痛苦以致诸高明”。④

钱穆同样地看到近代中国学术界的核心议题是融通会合“民族精神”与“物质

---

① 余英时，《钱穆与中国文化》（上海：上海远东出版社，1994），页 19–29。

② Benjamin I. Schwartz, *In Search of Wealth and Power: Yen Fu and the West* (Cambridge, Mass.: The Belknap Press of Harvard University Press, 1979 [1964]), p. 105.

③ 梁启超，《欧游心影录》（台北：中华书局，1978），页 35。（《饮冰室专集》册 10）

④ 梁启超，《先秦政治思想史》（台北：中华书局，1973），页 182–184。

科学”。[1] 他将这种变化称为“更生之变”：“所谓更生之变者，非徒于外面为涂饰模拟，矫揉造作之谓，乃国家民族内部自身一种新生命力之发舒与成长。而牖启此种力量之发舒与成长者，自觉之精神，较之效法他人之诚挚为尤要”。[2] 余英时对此一思路的阐释则是：“面对西方文化的挑战，中国文化自不能不进行调整和更新，但是调整和更新的动力必须来自中国文化系统的内部。易言之，此文化系统将因吸收外来的新因子而变化，却不能被另一系统（西方）所完全取代”。[3] 总之，在任公登高一呼之后，质疑反传统与科学主义（即科学万能说）的人越来越多，科玄论战中的“玄学派”、学衡派与孙中山的三民主义都配合此一思路。

从晚清到五四，调适性知识分子都以会通精神来阐释在西方文化的冲击之下，传统所具有的价值，也表明中国必定不亡的信念，然而其论证的基础却经历了一个重要的变化。在晚清主要是以“国民”来铸造“国魂”；至五四前后则强调“国性”、“国粹”、“立国精神”与“民族精神”。换言之，前者可以说是“政治民族主义”，后者则是“文化民族主义”。不过这两者只是侧重点上的区别，并非截然不同的两个阶段。反而，我们应视之为近代中国知识分子“为故国招魂”的延续性的发展，而且他们的想法一直具有影响力。拙见以为，1949 年之后，源于港台并进一步扩散到中国大陆乃至世界各地（如美国波士顿有 Boston Confucianism）[4] 的新儒家思想，正是结合以上的两个阶段的思路，进一步地从“尽心知性知天”或“内在超越”等哲学性的内圣功夫，来证成民主、科学体制下的“新外王”。新儒的努力不一定成功，但是他们给五四反传统思想与马克思主义的挑战则不容低估。尤其值得注意的是，这几个路向其实都可以在清末民初梁启超的思想之中找到原初性的探索，而形塑了二十世纪思想界知识分子对“传统文化的现代意义”之讨论的基本方向。这样一来，任公在《清议报》、《新民丛报》与《国风报》上的言论，一方面带起了像胡适那样新学青年的革命精神，另一方面同时也为后来调适性知识分子继往开来的精神开拓了宽广的思路。

---

① 钱穆，《国学概论》，页 189。

② 钱穆，《国史大纲》，页 29。

③ 余英时，《现代儒学论》，页 179。

④ Robert Cummings Neville, *Boston Confucianism: Portable Tradition in the Late-Modern World* (New York: State University of New York Press, 2000).

三、铸造“国魂”：晚清时期梁启超的“国民”思想

近代中国知识分子“为故国招魂”的志向，可以追溯到晚清戊戌变法失败后，中国思想界的发展。由于政治革新的幻灭，知识分子开始采取思想救国的路子。梁启超在戊戌政变之后流亡日本，创办《清议报》。诚如张佛泉所指出的，在这时期任公思想最重要的发展是在德国政治学者伯伦知理（Johann Caspar Bluntschli, 1808–1881）的影响下，形成了“国家”与“国民”的观念。①1899 年梁启超在《清议报》第 33 期发表了两篇文章，一篇是《国民十大元气论（一名文明之精神）》，一篇是《中国魂安在乎》。在这两篇文章，任公开始触及所谓现代国家之精神基础的问题。简单地说，任公追问中国在建立现代国家时，需要具有何种精神品质的现代“国民”。任公将此基础分别称为“国民之元气”与“中国魂”。他认为文明有“形质”面与“精神”面：“衣食器械者，可谓形质之形质，而政治法律者，可谓形质之精神，若夫国民元气……是之谓精神之精神”。任公指出“精神既具，形质自生”，“求文明而从精神入，如导大川，一清其源，则千里直泻，沛然莫之能御”。在这一篇文章之中，任公本来想写国民所需要的十大元气，后来只写了“独立论第一”，其他的部分则不了了之。任公说“独立者何？不借他力之扶助，而屹然自立于世界者也”。具有独立精神的是“国民”或“公民”，不具者则是“奴隶”。② 他后来所写的《十种德行相反相成义》，谈到独立与合群、自由与制裁、自信与虚心、利己与爱他、破坏与成立，很可能与“十大元气”的论旨有关。③

在同一期，任公又写了《中国魂安在乎》，这一篇和同期“自由书”专栏中前一篇《祈战死》相关，该文的主旨在歌颂日本军人的“武士道”，亦即为国捐躯的尚武精神。任公发觉日本人的尚武精神源于“人民之爱国心与自爱心”。他乃呼吁：

今日所最要者，则制中国魂是也。中国魂者何？兵魂是也，有有魂之兵，斯为

---

① 张佛泉指出根据伯氏的理论国家与国民乃一物之两面，相辅相成，不可或缺，均指人人参与其间，共同建立的政治共同体。因此国民乃一集体名词，与“国家”乃一而二与二而一之关系。张佛泉，《梁启超国家观念之形成》，《政治学报》，期 1（1971）。亦参见沈松侨，《国权与民权：晚清的“国民”论述，1895–1911》，《“中研院”历史语言研究所集刊》第 73 本第 4 分（2002），页 685–734。郑匡民，《梁启超启蒙思想的东学背景》（上海：上海书店出版社，2003）。

② 梁启超，《饮冰室文集》（台北：中华书局，1983），3：61–65。

③ 梁启超，《饮冰室文集》，5：42–51。

有魂之国，夫所谓爱国心与自爱心者，则兵之魂也，而将欲制造之，则不可无其药料与其机器，人民以国家为己之国家，则制造国魂之药料也，使国家成为人民国家，则制造国魂之机器也。①

这两篇文章大致上触及了任公国民思想的两个面向，亦即独立自主的精神与为国捐躯的爱国心。对任公来说，这两方面是未来中国所需要的“国魂”中的重要组成部分，简单地说就是现代国民对国家的认同。

1902 年任公在编辑《清议报》、《新民丛报》上他的文章，如《少年中国说》、《中国积弱溯源论》、《论国家思想》、《论进取冒险》等，加上伤心人（麦孟华，孺博，1874–1915）的《论中国今日当以竞争求和平》与《排外平议》两文，由上海冯镜如（1844–1913）所经营的广智书局出版，名为《中国魂》。这本书尤其凸显了任公“招魂”的志向。在该书序文之中，任公说：这一本书是为了“舒中国之症结，凿中国之沌窍，延中国之血脉，提中国之精神。他日钗拿人雄飞大地，即此其原动力也”，又说“乌呼！大和魂既翔于东方矣，中国如待招也。吾将起灵均于九原”。② 值得注意的是，此书之中的“中国魂”一方面是以“新民德”为宗旨，因此包括《新民说》（如《论国家思想》、《论进取冒险》）上的文章，但也包括“开民智”的部分，亦即提供国民所需要的基本知识，如当时中国的人种、人数、宗教、地理状况、经济建设与对外关系等“中外大势”。

例如任公所“想象”的中国人种有（似乎也只有）以下的八种：汉种、通古斯种（即满种）、蒙古种、高加索种、马来种、土耳古种、西藏种、苗种。再者，书中列出的中国的宗教则有以下九种：儒教（以“忠恕”为宗旨）、道教（以“制欲养心”为宗旨）、佛教（以“脱俗离欲”为宗旨）、白莲教（以“激发民心，谋为不轨”为宗旨）、喇嘛教（以“结众联盟”为宗旨）、回回教（以“求长生说天道”为宗旨）、天主教（以“造世界”为宗旨）、耶稣教（以“救众生”为宗旨）、拜物教（以“崇拜自然物”为宗旨）。总之，全中国四万万人作为一个有魂的人种，即是由

① 梁启超，《自由书》（台北：中华书局，1979），页 39。

② 饮冰室主人编辑，《中国魂》（上海：广智书局，1902），序。“钗拿”即中国，任公或许想避免使用“支那”。根据 Stefan Tanaka 的研究，甲午战争爆发后，日本人好用含贬义的“支那”一名，“表示中国是保守不能自拔的扰乱之区，与作为现代亚洲国家的日本形成鲜明对照”，见 Stefan Tanaka, *Japan's Orient: Rendering Pasts into History* (Berkeley: University of California Press, 1993), pp. 3–4. 孙隆基，《清季民族主义与黄帝崇拜之发明》，《历史研究》，2000 年第 3 期，页 79。“灵均”乃屈原。

不同种族与宗教之人群所组成。①

其中最值得注意的是任公在思索“中国魂”时也提到其所需要的物质基础，他和后来的孙中山一样，非常强调铁路的重要性。他拟定了十多条铁路路线，并说“铁路者中国之血轮也，未有血轮已涸，而灵魂尚能依附者。此哀时客所谓铁路时代也”。这样一来，中国魂所代表的不但具有“魂”之比喻所具有的抽象意涵，也和凝聚此一精神的经济建设密不可分。

在铁路表之后，任公还附上了“历代革命军及割据国所凭借地理表”，列了陈胜、吴广以降七十余领袖的姓名与根据地。这或许显示在1902年中国魂的想象之中，任公还欲掩弥彰地插入了“革命思想”，这与他在访美之前所主张的“破坏主义”相互呼应。

其后，1902–3年在《新民说》，尤其是其中的《论尚武》一文，以及1904年在他所编辑的《中国之武士道》一书，任公又延续探索上述《中国魂安在乎》一文中所提出的问题。但这时他不再感叹中国缺乏武士道精神，他反而在中国传统之中找寻“尚武”精神的渊源。在《论尚武》一文，任公说“孔子固非专以懦缓为教者也，见义不为，谓之无勇，战阵无勇，斥为非孝，曷尝不以刚强剽劲耸发民气哉”。② 在《中国之武士道》的凡例中任公又表示：“武士道者，日本名词，日人所自称大和魂，即此物也，以其名雅驯，且含义甚渊浩，故用之”，“本编采集春秋战国以迄汉初，我先民之武德，足为子孙模范者，以列传体叙次之，加以论评，以发挥其精神”。任公并希望这一本书可以成为青年学子的教科书。③

任公国民观念无疑地源于西方citizenship观念与日本明治之后国家主义之国民观。他的想法不但受伯伦知理之启发，也受到中村正直（1832–1891）所译英国斯迈尔斯氏（Samuel Smiles, 1812–1904）所著《西国立志篇》（*Self-help : With Illustrations of Conduct and Perseverance*）与弥尔（John. Stuart. Mill, 1806–1873）《自由之理》（*On Liberty*），④ 以及日本以吉田松阴为代表的“大和魂”、“武士道”的影

① 值得注意的是任公也看到各宗教之间有内部的冲突，有些并与现实政权之间有矛盾（如白莲教）。

② 梁启超，《新民说》（台北：中华书局，1978），页112–113。此一观点受康有为启发，所谓“孔教乃强立主义，非文弱主义”，至少可以追溯到《论支那宗教改革》，《清议报》，期20（1899年），页4下。

③ 梁启超，《凡例》，《中国之武士道》（台北：中华书局，1978），页1–2。

④ 郑匡民，《梁启超启蒙思想的东学背景》，页102–121。

响。他的国民观念不但强调国家认同的“形式的公民权”之层面，也具有重视国民应具有何种政治社会之权利的“实质的公民权”之层面。①

那么中国所需要铸造的国魂是否全由西方与日本引进呢？任公当然不以为然。诚如上述，对他来说中国所需要的爱国精神就是屈原与墨子的精神，而武士道在中国也有悠远的传统。② 在谈国民的独立精神的时候，他说“独立者实行之谓也”，也就是实现王阳明所谓的“知行合一”。再者，独立也指奋斗不懈，其实就是儒家所谓的“舍我其谁”：

> 独立云者，日日以孤军冲突于重围之中者也。故能与旧风气战而终胜之。孔子曰，天下有道，丘不与易。孟子曰：当今之势，舍我其谁。独立之谓也，自助之谓也。③

由此可见任公借国民观念而铸造的中国魂，其中包含了来自西方的文明精神，同时也包含了固有的精神资源，而两者之间可相辅相成。

这样的想法一直贯穿于任公思想之中。在上述两篇文章出版之前，1897 年，任公撰有《论中国之将强》（流亡日本之前，刊《时务报》册 31），认为中国物产富饶、人才充足、智力优越、勤劳朴实、擅长移民海外，他因此大声疾呼“中国无可亡之理，而有必强之道”。④1899 年中，任公又撰写《论中国人种之将来》（《清议报》，期 19），该文针对当时有人提出的“中国必亡论”与“保全中国”论，提出他的看法。任公乐观地说“二十世纪，我中国人必为世界上最有势力之人种”。这是因为中国人种有以下四个特质：“富于自治力”、“有冒险独立之性质”、“长于学问，思想易发达”、“民人众多，物产沃衍，善经商而工价廉，将握全世界商工之大权”。⑤

---

① 这是借用西方学者 Rogers Brubaker 所谓 formal citizenship 与 substantive citizenship 的区别。前者关心的焦点是国家认同的问题，后者则强调一个政治社群之成员所应享有之权利。引自沈松侨，《国权与民权：晚清的“国民”论述，1895–1911》，页 700。

② 任公十分仰慕屈原，他在 1922 年曾于东南大学演讲“屈原研究”，其中便赞美屈原“光荣的自杀”，认为他的行为与作品“成就万劫不磨的生命，永远和我们相摩相荡”。梁启超，《饮冰室文集》，39：67。

③ 梁启超，《国民十大元气论（一名文明之精神）》，《清议报》，期 33（1899 年），页 2 下。

④ 梁启超，《论中国之将强》，《时务报》，册 31，页 2 上–4 上。

⑤ 本文乃应日本《大帝国》杂志之邀而作，部分是针对日本读者。在此文之中任公对中国未来的乐观与希望和他对日本人与中日合作的期望有关。他同时也批评日人的排华思想。梁世佑，《从种族到民族：梁启超民族主义思想之研究，1895–1903》（中坜：台湾中央大学历史研究所硕士论文，2003），页 76–79。

在1903年之后，任公对墨子学说与阳明思想的反复探究，也都是为了挖掘中国固有精神资源，找寻源于传统文化的“元神真火”。在1903年自美返国之后，在他所撰写的《论私德》中，提出正本、慎独、谨小等王学的德目，来铸造新民，正是《新民说》所揭橥“采补”与“淬厉”并重的具体展现。①接着在1904年的《子墨子学说》中梁氏则强调中国人有两个严重的缺点，一是自私自利，一是“命”的观念太强，因而不知自立自强，也缺乏西方冒险进取的精神。他觉得墨子的学说可以帮助国人解决这些问题。梁启超认为墨子以兼爱为中心的“利他主义”，可以帮助国人医治自私自利的毛病，了解到正确的群己关系。而墨家精神之中最让他感动的，就是由兼爱、明鬼观念而产生的“轻生死”、“忍苦痛”的精神，他认为“欲救今日之中国，舍墨学之忍苦痛则何以哉，舍墨学之轻生死则何以哉”。②换言之，在“新民”的理想之下，梁启超觉得传统儒家“杀身成仁”、“舍身[生]取义”的理想在实践之上有其限制性，“非学道有得者，不能切实体认，其平时养成之既甚难，其临事应用之抑亦不易，以故往往不能逮下”。③他认为如果要使每一个国民都变成儒家的君子，具备现代国家思想，至少必须也要仰赖像墨家那种宗教观念，才能让人们为一个群体的道德理想而超越生死，在关键时刻敢于为国捐躯。④总之，在《清议报》、《新民丛报》时期，任公努力地会通中西思想资源，以国民来建构国魂、充实中国人种，希望借此能使国人能屹然强力于天演界，而免于亡国与灭种的威胁。

四、“中国不亡论”与“国性”说：梁启超的“文化民族主义”及其影响

如果我们借用英国学者Benedict Anderson的观念，认为“国家”与“文化”虽可能有各种抟成的因素，但更重要的是依赖对共同体的“想象”，以界定其范围；他将此一现象称为想象，是因为在同一群体内的各个人不可能彼此完全认识，也不可能亲自去过所有的地方，或参与所有的事件，但是透过一种共同体的信念，可以

① 见本书《梁启超与儒家传统延续与断裂：以清末王学为中心之考察》一文。

② 梁启超，《饮冰室文集》，37:48。

③ 梁启超，《饮冰室文集》，37:44。

④ 见本书，《梁启超的学术思想：以墨子学为中心之分析》。

“构造”出具有凝聚力（如同胞感与爱国心）的政治组织与文化群体。① 就此而言，诚如上述，梁启超从晚清到民初经历了一个重要的变迁。梁启超在清末强调的是一种“政治性”的“国民想象”，他借着结合中西思想，而建构以现代国民所形成的一个现代国家，企图在传统的根基之上思索中国作为政治体的未来。然而在民初，他更为强调中国之所以成为中国的“文化”想象，可称之为“文化民族主义”。他所提出的“中国不亡论”与“国性”的想法，都出于此一想象。②

诚如上节所述，任公在《时务报》与《清议报》阶段即曾提出“中国不亡论”，但当时他的重点主要在于中国的“四万万同胞”之“人种”的不亡，此一人种的概念，与政治性的国家的概念是重叠的，同时也与他所提出来亚洲黄种人相依对外的“亚洲主义”结合在一起。然而，至 1901–2 年之后，尤其是从《新民丛报》开始，任公转而强调“民族”一词,对他来说“民族”是“种族”加上“文化”。③ 由“民族”一词又进而产生“民族主义”的观念。梁启超从“人种论”转向以文化为中心的“民族主义”和法国社会心理学家吕邦（Gustave Le Bon, 1841–1931）的国民心理学理论有关。吕邦等国民心理学家认为：民族国家必具共同的历史背景和国民心理，它的组成分子是所谓“心理的品种”而不是生物的品种。④ 如此一来，构成民族的重要成分不再是血统性的种族，而是历史与文化所构成的心理因素。

在《新民说》中，任公解释他所谓“民族主义”，其中已透露出人种不是唯一的标准：

> 自十六世纪以来（约三百年前），欧洲所以发达，世界所以进步，皆由“民族主义”（Nationalism）所磅礴冲激而成。民族主义者何？各地同种族，同言语，同宗教，同习俗之人，相视如同胞，务独立自治，组织完备之政府，以谋公益而御他族是也。⑤

---

① 见 Benedict Anderson, *Imagined Communities: Reflections on the Origin and Spread on Nationalism* (New York: Verso, 1983).

② 在近代中国“国性”的讨论后来衍生为“国民性”与“改造国民论”等议题，见 Lydia H Liu, “Translating National Character: Lu Xun and Arthur Smith,” *Translingual Practice: Literature, National Culture, and Translated Modernity——China, 1900—1937* (Berkeley: University of California Press, 1996), pp. 45–76. 潘光哲，《近现代中国“改造国民”论的讨论》，《近代中国史研究通讯》，期 19（1995），页 68–79。

③ 梁世佑，《从种族到民族：梁启超民族主义思想之研究，1895–1903》，页 94–100。

④ Lung-kee Sun, “Social Psychology in the Late Qing Period,” *Modern China* 18:3 (1990), pp. 235–262.

⑤ 梁启超，《新民说》，页 3–4。

任公认为民族主义之根源是一种“其国民独具之特质”，亦即是一种精神上、心理上的特质：

凡一国之能立于世界，必有其国民独具之特质。上自道德法律，下至风俗习惯文学美术，皆有一种独立之精神。祖父传之，子孙继之；然后群乃结，国乃成；斯实民族主义之根柢源泉也。①

对任公来说中国民族之所以长久存在，即是因为此一民族之特质：

我同胞能数千年立国于亚洲大陆，必其所具特质，有宏大高尚完美，厘然异于群族者。吾人所当保存之而勿失坠也。②

大约从1902年开始，任公开始多方面地阐释此一中国“特质”的具体内涵，并相信该特质可以与西方文化的优点结合在一起，从而保证中国不亡。他在1911年《国风报》（该年三至五月）上发表的《中国前途之希望与国民责任》，正是此一心态的反映。③ 这一篇文章是任公与友人汤睿（觉顿、明水，1878–1916）的对谈。该年二月任公与汤睿及长女令娴游台湾，在旅途之中两人日夜相对，讨论国事，此文应是当时谈话的纪录。在该文之首，有一段“著者识”：

春寒索居，俯仰多感，三边烽燧，一日数惊。日唯与吾友明水先生围炉相对，慷慨论天下事。刿心怵目，长喟累欷，辄达旦不能休。

这一篇对谈主要是针对晚清时流行的“中国必亡”的说法。由明水来陈述此一中国必亡论，再由任公（沧江）加以辨析，而表明中国不亡。根据明水的陈述，当时不少的人在社会达尔文思想的冲击之下，认为：一、列强虎视眈眈，企图瓜分中国，中国可能步朝鲜之后尘而亡国；二：中国政府财政窘困，入不敷出，加上国民生计出现危机，很可能不久之后“全国破产”。三、政府失职，无力处理当前危机；四、国民具劣根性，一国风俗颓坏，人心腐败。

任公不以为然，他认为国人所具有的“浑融统一之国民性，即我国家亿万年不亡之券”。任公的谈话与他在台湾旅行的经验有关系，他发现即使在日本殖民统治之下的台湾，“其男女曾无一肯与日人杂婚者，避地内渡岁不绝”，“台湾且然，况乃中原”。此外任公很具体地谈到中国国民性之长短，在优良的方面：一、中国社

① 梁启超，《新民说》，页6。

② 梁启超，《新民说》，页6。

③ 梁启超，《饮冰室文集》，26：1–40。

会实现四民平等之理想。二，国民具有自营自助之精神。三、国民常能以自力同化他族，不但能自保，且能吸收他种文明。

至于国民性的短处，明水指出国人缺乏科学观念、尚武精神、无爱国心、无政治能力等任公曾在《新民说》中所反复陈述的观点。任公认为并不尽然，如在尚武精神方面，他曾写《中国武士道》，举证“我国古代尚武之风本甚盛”，至秦汉之后才渐削弱，但是“其根器之受自先民者，终不失坠，有所触而辄见也”。① 其他方面也是如此。任公的想法无疑地具有王学与佛教“唯心论”的色彩，也和上述“国民心理学”有直接的关联。任公说卢般（即吕邦）认为国民心理中有“潜伏之特性”，在时势急需之时，“磨荡而挑拨之，不期而同时并发”。任公显然相信中国国民性中这些潜伏的正面的因子，会如弱女那样在危急的情况之下施展出来，“拯所爱于焚溺”。总之，任公企图指出：

持中国必亡论者，即亡中国之人也。是故吾辈当常立一决心以自誓曰：中国之存亡，全系乎吾一人之身。吾欲亡之，斯竟亡矣，吾欲不亡之，斯竟不亡矣。②

这一篇文章刊出之后曾引起许多回响，我们可以举钱穆（1895–1990）和左舜生（1893–1969）为例。钱穆当时16岁，就读常州府中学堂。他读了这一篇文章之后深受任公的“中国不亡论”所感动，从此萌发爱国思想与民族文化意识。他后来在香港新亚书院演讲的时候，多次提到任公这一篇文章“在他少年的心灵上激起巨大的震动”。③ 诚如余英时所述“他深深为梁启超的历史论证所吸引，希望更深入地在中国史上寻找中国不会亡的根据。钱先生以下八十年的历史研究也可以说全是为此一念所驱使”。④ 左舜生也是如此，当时他18岁，在湖南长沙在长邑高等小学肄业，与同学易克嶷成为好友。他们非常喜爱阅读《国风报》上的文章，当其他学生均已就寝之后，他们两人还在自修室讨论。尤其是“梁任公、汤觉顿辩‘中国究竟会不会亡’的问题。把我们两个青年简直弄得热泪长流”。⑤

任公在这一篇文章之中虽然比较广泛地讨论中国前途与国民责任，然而其中心论旨是在说明中国因为具有优良的国民性，可以使之“与天地长久”：

---

① 梁启超，《饮冰室文集》，26：18。

② 梁启超，《饮冰室文集》，26：35。

③ 余英时，《钱穆与中国文化》，页20。

④ 余英时，《钱穆与中国文化》，页21。

⑤ 陈正茂编著，《左舜生年谱》（台北：国史馆，1998），页22–23。

我国乃有天幸，借先民之灵，相洽以为一体……宗教同、语言文字同、礼俗同，无地方部落之相残，无门第阶级之互阋……夫我之有此浑融统一完全具足之国民性，此及其国家所以恃以与天地长久也。①

任公对中国国民性的信心，至民国以后，并未消减，1912 年他在《庸言》所发表的《国性篇》、《中国道德之大原》，乃至 1915 年《大中华发刊辞》等文，都反复地从"国性"，亦即"继继绳绳……一种善美之精神"，来论证中国不亡，并勉励国人"发扬淬厉"此一优良传统。②

从上述"发扬淬厉"的观念可见任公"国性"的想法一方面源于历史的积淀所产生的文化、心理特征，另一方面也具有包容性与创造性，"我国民于他社会之文明，非徒吸受也，且能咀嚼融化，而顺应于我国民性以别有所建设"，③此即上文所述会通中西的精神。在任公 1920 年的《欧游心影录》更充分地表现出"会通"精神的延续发展。这时欧战所显现西方文明的弊端使他更为坚信中国文明的价值。他引用伯格森（Henri Bergson, 1859–1941）的老师蒲陀罗（E. Boutroux, 1845–1921）的话："一个国民，最要紧的是把本国文化，发挥光大……因为他总有他的特质，把他的特质和别人的特质化合，自然会产出第三种更好的特质来"，任公说此即是中国人对于世界文明之大责任。任公同时也呼吁国人要有"中国不亡"的信心，而且"我们只管兴会淋漓的做去便了"，"不可着急"。④

梁启超在清末民初以"文化想象"为中心所提出的"民族主义"具有重要的历史意义。当时有不少的人们在类似的信念之下，努力地寻找国家的精神基础，以证明中国不亡。如严复（1854–1921）也同样地提倡"国性"说，在 1913 年的演讲中，他说：

大凡一国存立，必以其国性为之基。国性国各不同，而皆成于特别之教化，往往经数千年之渐摩浸渍，而后大著。但使国性长存，则虽被他种之制服，其国尚非真亡。⑤

1914 年严复在参政院提出《导扬中华民国立国精神议》，该议案不但抽象地

① 梁启超，《饮冰室文集》，26：10。
② 梁启超，《饮冰室文集》，28：12–20、29：83–86、33：79–90。
③ 梁启超，《饮冰室文集》，26：15。
④ 梁启超，《欧游心影录》，页 35–36、23–24。
⑤ 王栻主编，《严复集》（北京：中华书局，1986），页 330。

指出“忠孝节义”的等作为“立国精神”之价值，也提出具体的导扬此一精神的制度安排。包括将中外先贤、名人的言行编入学校教科书，并以通俗歌曲、戏剧、图画的形式或祭典、庙会的方法广泛宣传。① 在同一年，严复又翻译了卫西琴（Alfred Westharp）所著《中国教育议》（原名为 *Chinese Education: How East and West Meet*），该书的主旨也是结合中西，而回归中国传统。该文刊登于任公所主办的《庸言》之上。② 事实上，严复不但在主张“国性”、“中国不亡”等观念上与任公一致，他也追求中西学术的会通。陈宝琛（1848–1935）评严复学术曾说：“君于学无所不窥，举中外治术学理，弥不究极原委，抉其得失，证明而会通之”。③ 上文中的“会通”二字，正是严复学术思想的核心。他一身即结合了中学与西学、传统与现代，以及科学与宗教、伦理等。

除了严复之外，任公的思想也带起清末民初中国士人从历史文化来探讨中国不亡的各种根据，有关“国魂”、“国粹”、“国学”、“国故”的探究纷纷兴起，④“有人以为此‘魂’寄托于历史，有人以为哲学（儒家与诸子）即是‘魂’，也有人以为文学才是‘魂’的凝聚之地”。⑤ 钱穆所谓“治国史之第一任务，在能于国家民族之内部自身，求得其独特精神之所在”，⑥ 与任公所开创的思路便有直接的关系。难怪钱穆在写给余英时的信中就说“近人对梁氏书似多失持平之论，实则在五四运动后梁氏论学各书各文均有一读之价值也”。⑦

然而从梁任公、严复到钱穆的以“会通”思想为核心的“文化民族主义”，在清末民初的思想界并非共识，它至少与两种观点针锋相对。第一是以陈独秀为代表的“新文化运动”之西化论者，认为中国文化与科学、民主不相容，要肯定德先生与赛先生，就要反对“国粹和旧文学”。(《新青年罪案之答辩书》，载《新青年》卷6号1，1919）第二种观点是梁漱溟（1893–1988）在《东西文化及其哲学》所提

① 王栻主编，《严复集》，页 342–345。

② 王栻主编，《严复集》，页 341。

③ 王栻主编，《严复集》，页 1542。

④ 有关国粹派的研究见郑师渠，《晚清国粹派》（北京：北京师范大学，1993）。又桑兵指出“国学”在近代中国的使用大约是始于 1902 年，如梁启超曾于该年夏秋间提议创办《国学报》，惜议而未成，见桑兵，《晚清民国时期的国学研究与西学》，《历史研究》，1996 年第 5 期，页 30–45。

⑤ 余英时，《钱穆与中国文化》，页 22。

⑥ 钱穆，《国史大纲》，页 10。

⑦ 余英时，《钱穆与中国文化》，页 230。

出“中国化与西方化根本不同之说”，他在人生思想上归结到儒家的人生，并指出世界未来将是中国文化的复兴。钱穆非常敏锐地指出，梁漱溟虽然要反对陈独秀等人的新文化运动，亦对新文化运动的缺失有“补偏救弊”的作用，可是他实际上受陈氏议论的影响太深，“此种论调，完全受陈独秀派独断论之遗毒，殊无历史上细密的证据”。①

对钱穆来说，陈独秀与梁漱溟的想法都不够注意到传统文化的延续性价值以及返本开新的文化潜力。钱氏发愤作《国史大纲》，就是希望国人能对以往历史有一真实之了解，再进而“为未来精神尽其一部份孕育与向导之责”。②事实上，钱穆一生的写作、教学工作都环绕着此一“为故国招魂”的宏愿。自 1949 年至 1965 年，钱穆客居香港，从事高等教育事业，专注人文道德教育工作，创办新亚书院及新亚研究所，默默耕耘，以新亚书院为发扬、保存中国文化之所。③

除了钱穆之外，当时在香港抱持着相同志向的还有大家所熟知的唐君毅（1909—1978）与牟宗三（1909—1995）等新儒家。他们不但和任公一样，在传统思想倾向上具有肯定陆王、批判程朱，又接受佛学的哲学立场，而且主张以渐进改革、继往开来的精神，会通中西文化，企图将传统精神资源与西方的自由民主思想和资本主义结合在一起，以建立一个新文明。难怪有学者认为任公所开创出的思想视角为牟宗三、唐君毅所继承、开展，而可以定位为“现代新儒家的第一开拓者”。④

钱穆与新儒家虽然立场不尽相同，但他们均一方面深入中国传统“寻找中国不会灭亡的根据”，并认为此一根据主要是中国历史文化独有的“精神”价值；另一方面则苦心孤诣批判西方的现代性，并接引民主与科学的制度设计与精神价值，“本中国内圣之学解决外王问题”，以“重建儒家与生活世界的关系”。⑤以新儒家来说，他们虽然多半是从“本体论”的层面，来解决中西之冲突，并为中国文化找寻出路，希望以儒家内圣功夫确认主体与宇宙的关联，来保障主体道德的超越性与自主性，并作为自由制度的哲学基础。其主要精神还是跟着严复、梁

① 钱穆，《国学概论》，页 167。

② 钱穆，《国史大纲》，页 2。

③ 有关钱穆与新亚书院可参考区志坚，《以边缘成为传播中外文化的新核心：从新亚的发展（1949—1965）看钱穆先生的办学宏愿及实践》（未刊稿）。

④ 竹内弘行，《梁启超与阳明学》，收入广东康梁研究会编，《戊戌后康梁维新派研究论集》（广州：广东人民出版社，1994），页 259。

⑤ 郑家栋，《牟宗三》（台北：东大图书公司，2000），页 37、235。

启超以来的基本“会通中西”的立场。例如牟宗三先生所提出的问题是：民主与科学的背后是有某种精神在支援的，重要的是“如何把精神接引过来…”。牟氏讨论本体论而采用黑格尔环绕“精神”的历史观，就是为了了解“如何把精神接引过来”，而以这个“精神”去“发动文化的力量，教育的力量”，宣扬“生命的学问”。① 这一思想系谱展现近代中国在激进反传统主义与张之洞乃至梁漱溟的保守思想之间，另有一“中间道路”，他们所想象的中国不但是一个在自由民主体制之下以国民精神为中心的政治共同体，也是一个民族文化的共同体。这样的志气德行与事业文章一直到今日仍然发挥莫大的鼓舞作用。

五、余论：“游魂说”与“新启蒙”

严复、梁启超所开创的新的“调适”典范是结合了内在精神价值的创造性与外在自由理想的新人生观，从而与革命派、五四反传统思想与中国马克思主义的“转化”构想有所不同，也与守旧不变的态度异趣。很多人都认为在五四以后梁启超落伍了，也不再对社会发生影响，这其实是以转化为正统之偏见，所做的错误归类。诚如上述，在近代激烈化的历史潮流之中，此一调适性的思路不绝如缕，主要表现在港台的新儒家的如唐君毅、牟宗三等人，乃至刘师培（1884–1919）、钱穆、陈寅恪（1890–1969）、贺麟（1902–1992）等人的思想之上（这也与台湾当局所推动的“中国文化复兴运动”枹鼓相应）。

然而从另一个方面来看，从严复所说的“立国精神”、梁启超所揭示的“中国魂”、“国性”，钱穆所说的民族文化之“生原”，到新儒（与余英时）所提出的“内在超越”，儒家传统中所萃取的“中国文化的精神价值”在西方现代科学与新的政治经济架构的冲击之下，无疑地已经经历了不可逆转的蜕变。二十世纪中叶之后，儒家思想在海峡两岸，也不如任公、钱穆与新儒所期望的那样，继续发挥重大的影响力，能够建立起儒学与生活世界的密切关系。

郑家栋有关牟宗三思想的研究是对此一课题的严肃反省。他在《牟宗三》一书中以牟氏思想为例指出现代新儒家遭遇到“走出历史”的困境。他认为牟氏哲学与

---

① 墨子刻，《道统的世界化：论牟宗三、郑家栋与追求批判意识的历程》，《社会理论学报》，卷5期1（2002），页79–152。

儒学最大的差异在于牟氏没有实现固有的“知行合一”的理想。他的思想“与历史……不断分离”，而“转化为某种与实际的历史过程相疏离的，纯粹观念形态的儒学”，即变成一种“走出历史”的，被“哲学化”的，被“边缘化”的，而“与历史上知行合一的，生活化的儒学，已经不能同日而语”的儒学。所以牟氏在“‘制礼作乐’”方面没有贡献，而“可以说与所有重要的历史事件无关”。简言之，郑家栋认为牟氏没有成功地会通中西哲学的基本原因是：他越将中国哲学理性化，他越离开儒学环绕实践与知行合一的精神，因而陷入坐而论道的陷阱。① 郑氏的观点与列文森的理论十分契合，难怪他在为《儒教中国及其现代命运》一书的中文版写序的时候称赞此书“视野广阔，慧思独运，在揭示儒家文化内在特质方面着力甚深……包含了某种真知灼见”，“列文森的中国研究突出地表现出哲学与思想的魅力”。② 此一赞美并非偶然。

郑家栋的看法与余英时“游魂”的观点十分类似。余英时深受钱穆影响，他说“我可以说，如果我没有遇到钱先生，我以后四十年的生命必然是另外一个样子。这就是说：这五年中，钱先生的生命进入了我的生命，而发生了塑造的绝大作用”。③ 他和钱穆一样肯定传统在中国现代文化形成之中所扮演的关键意义，他尤其肯定新儒所提出的“内在超越”。④ 然而他却已经不具有像钱穆那样对儒家思想，乃至民族精神必定“不亡”的乐观信念。在《现代儒学的困境》一文指出在现代的处境之下儒学已成“游魂”。他认为传统儒学是一套安排人间秩序的思想体系，“在两千多年中，通过政治、社会、经济、教育种种制度的建立，儒学已一步步进入百姓的日常生活的每一角落”。然而十九世纪中叶以来，中国社会在西力冲击之下，开始走上一个“长期而全面的解体过程”，在此过程之中，儒学和制度之间的关系中断了。“一方面儒学已越来越成为知识分子的一种论说（discourse），另一方面，儒家的价值却和现代的‘人伦日用’越来越疏远了。这是我用‘游魂’描述儒学现况的主要根据”。余英时提出“游魂”说主要是为了凸显儒家的现代困

① 郑家栋，《牟宗三》。墨子刻不同意这样的看法，他认为与其说新儒“走出历史”，不如说在新的历史阶段与架构中，他们企图寻找改造实践和历史的思路。墨子刻，《道统的世界化：论牟宗三、郑家栋与追求批判意识的历程》。本文有关郑家栋著《牟宗三》之描述与反省，皆依赖墨子刻文，谨致谢忱。

② 郑家栋，《列文森与〈儒教中国及其现代命运〉——代译序》，列文森著，郑大华、任菁译，《儒教中国及其现代命运》，页 1–19。

③ 余英时，《钱穆与中国文化》，页 16。

④ 余英时，《从价值系统看中国文化的现代意义》（台北：时报文化出版事业有限公司，1984）。

境。他更进一步追问，“如果儒学不甘仅为‘游魂’而仍想‘借尸还魂’，那么何处去找这个尸？”对于这个问题，他没有提出答案，甚至认为“未必有答案”。①这样的看法其实与列文森儒家已寿终正寝的观点与郑家栋“走出历史”的看法没有很大的差距。

这样看来，列文森与其五四先驱对儒家文化及其现代命运的看法，显然不完全是错误的。这也意味着钱穆、牟宗三等人对五四的批判与对传统文化的期望，似乎也不完全是正确的。

那么今天我们应该如何看待近百年来五四与反五四的争论呢？我想很多人会承认，五四运动对扫除传统文化中负面的部分与批判精神的建立有其贡献，而且如果没有五四学者激烈的理念与行径，反五四阵营也不一定走得出“返本开新”的路。在这方面贺麟（1902–1991）说得很好。他认为五四新文化运动促成了儒家思想发展的一大转机。“新文化运动之最大贡献，在破坏扫除儒家的僵化部分的躯壳的形式末节，和束缚个性的传统腐化部分。他们并没有打倒孔孟的真精神，真意思，真学术。反而因他们洗刷扫除的工夫，使得孔孟程朱的真面目更是显露出来”。同样地贺麟认为五四学者所仰慕的西洋文化也是“使儒家思想得新发展的一大动力”：

假如儒家思想能够把握，吸收，融会，转化西洋文化，以充实自身，则儒家思想便生存，复活，而有新的开展。如不能经过此试验，度过此关头，就会死亡，消灭，沉沦，永不能翻身。②

的确，五四学者对中国传统的质疑，以及列文森等人儒教已死的宣称并非无的放矢，在中国近代思想的研究上，他所点出中国知识分子具有多重的内在紧张与躁动不安（例如中与西、理念与实践、爱国与维护传统）的观点也有一定解释性与持续的影响力。过去我们习惯于将五四视为“启蒙”，近十多年来学界已逐渐地认识到我们不能只考虑到“陈独秀及其创办的《新青年》为代表的主流启蒙传统”，或说“转化性的启蒙传统”，还需要考虑到杜亚泉（1873–1933）、张君劢（1887–1969）、张东荪（1886–1973）等以《东方杂志》、《解放与改造》、《晨报》副刊等

① 余英时，《现代儒学的困境》，《现代儒学论》，页 229–235。

② 贺麟，《儒家思想的新开展》，收入贺麟等著，《儒家思想新论》（台北：正中书局，1978），页 1–18。

刊物为阵地的调适性的“启蒙传统”。① 上述观点虽突破了旧有五四中心观的藩篱，然还是倾向于把“启蒙”视为是“人类的普遍性理想与真理”，而不够注意到所谓“真理”与“意识形态”之间的界线往往不是泾渭分明的。如果我们接受这种与西方怀疑主义传统密切相观的认识论的挑战，亦即肯定“一个人的主观心理跟这个人所依赖的‘历史性话域’，或‘知识谱系’有密切的关系”，并相信：

〔任何一个人〕在思考时所依赖的规矩，是历史过程的产物。这样一来，决定一个命题有没有道理之时，人们关于道理的定义，不可能完全配合普遍性的真理、逻辑、理性或道德，而要看在他们主观的认知中，有哪些从历史背景中继承而来的思想预设。这些从历史背景继承而来的预设，不但包括从文化来的、根深蒂固的思想模式或价值取向，也包括时代的意识形态。

那么我们不得不承认墨子刻所指出的“思想本质的悖论性”：

观念化道理之时，人类的思想规矩结合了从历史某一个时代、某一个文化继承的范畴，与一种针对普遍性问题的思考能力。这个悖论可能是人类最后能够把握的实在或本体。②

如此一来，我们与其争辩说五四是启蒙，或说新儒等反五四的思想是启蒙，或是认为启蒙具有内在的冲突与张力，还不如说“张力”的本身，亦即五四与反五四两方面的辩论，让思想界所产生创造性的对话场域与自觉反省的精神，才是现代中国的启蒙。③

---

① 这是上海华东师范大学许纪霖的观点，《现代中国启蒙思想的内在紧张》（未刊稿）。高力克也有类似的看法，他以为杜亚泉的思想代表了“调适的启蒙传统”：“作为启蒙时代的思想家，杜的调和论思想代表了五四新文化运动主流之外另一种温和的启蒙传统”，高力克，《调适的启蒙传统》，《二十一世纪》，期 59（2000），页 156–158。

② 墨子刻，《道统的世界化：论牟宗三、郑家栋与追求批判意识的历程》，页 80–82。

③ 有关“自觉”问题，请参考墨子刻，《二十世纪中国知识分子的自觉问题》，收入余英时等著，《中国历史转型时期的知识分子》（台北：联经出版事业公司，1992），页 83–138。

梁启超与中国现代史学之追寻

一、前言

清末民初中国学术界有两个具有导向作用并相互影响的潮流，一为中西的接触与交融，一为经史易位，或说经学的边缘化与史学的中心化。[①] 这两个趋势体现在清季的“史界革命”或“新史学运动”之上，因而开创出二十世纪中国现代史学。当时中国的学者或是（透过日文书刊）译介西方史学理论与方法，或是以新观点编撰“中国通史”、“中国历史”、“中国历史教科书”等著作，来参与新史学的建设。其中自命为“新史氏”的梁启超大力呼吁：“呜呼！史界革命不起，则吾国遂不可救，悠悠万事，唯此为大”，[②] 成为新史学运动的代表人物之一。

梁启超在1901年发表的《中国史叙论》、1902年发表的《新史学》，及其后所撰写的《中国历史研究法》（1921–1922）、《什么是文化》（1922.12）、《研究文化史的几个重要问题》（1922.12）、《中国历史研究法（补篇）》（1926–1927）等文，标志着中国传统史学向现代史学的转型。有关梁启超的“新史学”与中国史学的现代转向等课题，已有不少学者做过研究。[③] 许多学者都指出任公新史学的重要意

① 罗志田，《清季民初经学的边缘化与史学的走向中心》，收入氏著，《权势转移：近代中国的思想、社会与学术》（武汉：湖北人民出版社，1999），页302–341。

② 梁启超，《新史学》，《饮冰室文集》（台北：台湾中华书局，1978），9：7。

③ 如汪荣祖，《梁启超新史学试论》，《“中研院”近代史研究所集刊》，期2(1971)，页227–236。杜维运，《梁著“中国历史研究法”探原》，《“中研院”历史语言研究所集刊》，第51本第2分(1980)，页315–323。黄进兴，《中国近代史学的双重危机：试论“新史学”诞生及其所面临的困境》，《中国文化研究所学报》，新期6(1997)，页263–285。许冠三，《新史学九十年，1900–》（台北：唐山出版社，1996）。Xiaobing Tang, *Global Space and the Nationalist Discourse of Modernity: The Historical Thinking of Liang Qichao* (Stanford: Stanford University Press, 1996); Q. Edward Wang, *Inventing China through History: The May Fourth Approach to Historiography* (Albany NY: State University of New York Press, 2001).

义，一方面是批评传统史学的缺失（知有朝廷而不知有国家、知有个人而不知有群体、书法与正统的历史书写、缺乏科学方法等），另一方面也积极提出两点主张：一是澄清了史料的性质，并扩大了史料的范围；二是重新界定史学与其他学科之关系。①

再者，亦有学者指出任公史学思想经历了一个重要的变迁。在《新史学》的阶段，任公运用西方启蒙运动以来单线进化的框架与“文明”的视点，建立起具有政治意涵的“国民史学”，就此而言，新史学与他的“新民思想”、“国家观念”是相互配合的；②至晚年成熟期的史学，受到欧战后西方对物质进步、科学万能等价值之质疑，任公放弃单线进化的观点，注意到文化的多样性，也更为肯定本土文化的意义。换言之，在这一个强调多元发展的新世界史观之下，中国不再是一个不如西方的落后者，而是一个有价值的、平等的参与者。③这也意味着任公思想之中国家主义与世界主义的调和，他指出“人人皆以国民一分子之资格立于国中，又以人类一分子之资格立于世界；共感于过去的智识之万不可缺，然后史之需求生焉。”这样一来，历史可为“国民的资治通鉴”与“人类的资治通鉴”。④

任公无疑地在“带领着中国史学步上近代史学的正轨”的过程中，扮演着重要的角色，他主张以科学、实证的方法作为获得客观的、正确的历史知识之保证，成

---

① 黄进兴，《中国近代史学的双重危机：试论“新史学”诞生及其所面临的困境》，页 269。值得注意的是，“史料”一词汇的普及，在中文世界“史料”一语曾出现但不普遍，如明万历年间王世贞撰、董复表编有《弇州史料》一书，但此处的史料是指汇编而成的各种文字资料；近代以后，或许是日本学者将此词汇用来翻译“历史研究之材料”的概念，因而造成一个崭新词汇的出现。此后史料不但指文字纪录，也包括实迹、古物与口碑。见浮田和民，《史学通论》（东京：东京专门学校文学科第二回第一年级讲义录，1898），页 137–139。任公在《新史学》阶段还没有意识到“史料”概念的重要性，至《中国历史研究法》才辟专章讨论。

② 黄敏兰，《梁启超〈新史学〉的真实意义及历史学的误解》，《近代史研究》，1994 年第 2 期，页 219–235。黄克武，《一个被放弃的选择：梁启超调适思想之研究》（台北：“中研院”近代史研究所，1994）。王泛森，《晚清的政治概念与“新史学”》，收入氏著，《中国近代思想与学术的系谱》（石家庄：河北教育出版社，2001），页 165–196。石川祯浩，《梁启超与文明的视点》，收入狭间直树编，《梁启超·明治日本·西方：日本京都大学人文科学研究所共同研究报告》（北京：社会科学文献出版社，2001），页 95–119。

③ Q. Edward Wang, *Inventing China through History*, pp. 110–111. 石川祯浩，《梁启超与文明的视点》，页 100–109。用唐小兵的话来说，任公的转变是从“认同的全球想象”(global imaginary of identity) 到“差异的全球想象”(global imaginary of difference)，也是从注重普遍的时间 (universal time) 到强调不一致的空间 (incongruous space)。Xiaobing Tang, *Global Space and the Nationalist Discourse of Modernity*, pp. 7–9。

④ 梁启超，《中国历史研究法》（台北：台湾中华书局，1978），页 3。

为近代中国的“科学史学”、“实证史学”、“客观史学”的先驱之一。① 他的这些见解是如何产生的呢？多数学者都强调他的史学思想，在早期受今文学的刺激而接受进化史观，并受到日本学者福泽谕吉（1834–1901）、浮田和民（1859–1935）等人的影响，乃奠基于进步思想、民族主义与科学方法之上，② 至1920年代，成熟期的想法则主要源自西方兰克史学。关于后者，杜维运说得最清楚，他认为《中国历史研究法》对于史料的分类、阐释与史迹之论次，都有独特的看法，能言数千年来中国史家所未及言。然任公的突破性言论并非“全出新创”，而是大半出于法国史家朗格诺瓦（Charles Victor Langlois, 1863–1929）与瑟诺博司（Charles Seignobos, 1854–1942）在1897年所著 *Introduction aux etudes historiques*（《史学原论》），以及德国学者伯伦汉（Ernst Bernheim, 1850–1922）在1905年刊行的 *Einleitung in die Geschichtswissenschaft*（《史学入门》）等书的影响。③

伯伦汉与朗格诺瓦等人均为兰克史学的代表学者，强调对事实的考证与批判，以恢复历史的本来面目，④ 这些观点都表现在任公晚期的史学思想之中。然任公所引介的兰克学派的史学，受到十九世纪下半叶“史学科学化”风潮，以及民国初年“科学主义”的影响，突出其实证主义的面向，亦即兰克作为“科学历史之父”的角色，而忽略其受到历史主义 (historicism)、国家主义与基督教之影响的面向，例如兰克所谓“国家是历史的目的，国家对个人有绝对的权力，个人唯有在国家的

① 如王晴佳即指出任公的新史学在本质上是科学史学，见氏著，《台湾史学50年》（台北：麦田出版社，2002），页8。

② 王晴佳，《台湾史学50年》，页1–2。蒋俊，《梁启超早期史学思想与浮田和民的〈史学通论〉》，《文史哲》，1993年第5期，页28–32。周予同指出，任公的好友夏曾佑可能受到那珂通世 (1851–1908) 的汉文著作《支那通史》及其书罗振玉序之影响，因而撰写《中国古代史》，“夏氏这部书，于开端几节，述种族，论分期，以及以下分章分节的编制，大体与《支那通史》一书相近，而内容精审过之”。见周予同，《五十年来中国之新史学》，收入杜维运、陈锦忠编，《中国史学史论文选集（三）》（台北：华世出版社，1980），页390–391。那珂之书原刊于1891年，1899年在上海出版，那珂氏的著作及罗振玉的观点很可能也影响到任公的《新史学》。其中一个证据是罗振玉在《重刻支那通史原序》(1899) 上说：中国传统史籍的缺点之一是多为帝王家谱，“信如斯宾塞氏，东家产猫之喻，事非不实，其不关体要，亦已甚矣”，任公在《新史学》上也引到邻猫生子的例子，并批评二十四史乃二十四姓之家谱。见梁启超，《新史学》，页5。罗振玉的序收入那珂通世，《增补支那通史》（出版地不详：文学图书公司，1904）。作者感谢一位匿名审查人提示此一资料。

③ 杜维运，《梁著“中国历史研究法”探原》，页322–323。前书有中译本：郎格诺瓦、瑟诺博司著，李思纯译，《史学原论》（上海：商务印书馆，1926）。

④ 有关伯伦汉与兰克的关系，以及伯伦汉著作传入日本与中国的经过，可参考苏世杰，《历史叙述中的兰克印象：兰克与台湾史学发展》，《当代》，期163（2001），页51–55。作者认为“随着伯伦汉的史学方法著作的传播，属于伯伦汉的‘科学的’兰克印象也随着是书传到各地”。

组织之中才有真正的自由可言”、“人类历史是上帝意志的实践”等观点均不受重视。① 诚如 Georg G. Iggers 所指出的，这样的误会在十九世纪末、二十世纪初期的美国学界很有代表性，“在美国他被片面地理解为实证研究倾向的先祖”。② 此外，实证面向的兰克史学与清代考证学有一定程度的契合，也促成兰克“科学”史学的东渐。③

近代中国其他的历史学者在引介兰克史学时，也多半与任公类似，把兰克学派视为是实证史学的代表。例如，留学德国的姚从吾 (1894–1970) 就说兰克“批评史料的方法对于近代史学的贡献，异常伟大，不愧是当年应用科学方法研究历史的开创人。”④ 傅斯年 (1896–1950) 史学思想亦有兰克的影子，但是他所强调的也是实证的部分，而不是受到德国哲学传统影响的历史主义的部分。⑤

任公史学思想的渊源除了实证主义面向的兰克史学与进步观念之外，亦有其他的西方知识。孙隆基指出，任公在《新史学》阶段受到法国心理学者吕邦（Gustave Le Bon, 1841–1931）的国民心理学与维尔康特（Alfred Vierkandt, 1867–1953）的“自然种族和历史种族”说之影响；在 1920 年代史学思想的渊源则有西方哲学、心理学的背景：

梁启超历史哲学中很重要的“心力”概念，很明显的便是来自柏格孙 (Henri Bergson)〔按：任公译为柏格森〕——在此哲学体系里，以时间为形式的意识流是创造的泉源，创造出来的成果僵化成制度才是流于“空间化”。梁氏从史迹中看出

① 黄进兴，《历史主义与历史理论》（台北：允晨文化有限公司，1993），页 62–63。

② Georg G. Iggers, “The Image of Ranke in American and German Historical Thought,” *History and Theory* 2:1 (1962), p. 18. 王晴佳引用 Georg G. Iggers 的看法，对兰克史学与实证史学的关系也说得很清楚：“由于兰克推崇历史事实，他的史学常常被视为实证主义史学的代表。但实际上兰克有着深厚的历史主义观念”，然而在十九世纪下半叶，西方实证主义史学风行一时，西方史家“把兰克的名言‘如实直书’挑出来作为他们治史的圭臬，从而误解了兰克的历史主义史学”。见王晴佳，《西方的历史观念：从古希腊到现在》（台北：允晨文化有限公司，1998），页 208、217–218。

③ 余英时，《史学、史家与时代》，《历史与思想》（台北：联经出版事业公司，1976），页 250。值得注意的是，十九世纪末年，日本在引进西方实证主义史学之时，也是将清代的考据学与兰克史学结合在一起。见沈仁安，《译序》，坂本太郎著，沈仁安、林铁森译，《日本的修史与史学》（北京：北京大学出版社，1991），页 3。

④ 姚从吾，《近代欧洲历史方法论的起源》，收入杜维运、黄俊杰编，《史学方法论文选集》（台北：华世出版社，1979），页 182。有关姚从吾的生平与史学思想，见 Q. Edward Wang, *Inventing China through History*, pp. 89–99。

⑤ Fan-shen Wang, *Fu Ssu-nien: A Life in Chinese History and Politics* (Cambridge: Cambridge University Press, 2000), p. 90.

“人格”作用，亦有詹姆士 (William James) 心理学的影响。①

在《研究文化史的几个重要问题》一文，任公又提及他受到以立卡儿特（Heinrich Rickert, 1863–1936）为代表的新康德主义哲学与德国历史主义之影响，质疑历史之中是否有因果律。他因而相信历史判断，亦即“把许多‘不共相’堆叠起来……成为一种有组织的学问……什有九要从直觉得来，不是什么归纳演绎的问题。”② 他又受到杜里舒（Hans Driesch, 1867–1941）的刺激，“重新修正进化的范围”。③ 总之，许多学者似乎都同意黄进兴的一个论断：任公史学思想中“西方史学概念林林总总，丰富异常”，而且“终其一生，梁氏的史学虽时有变化，惟总缘西学而发。”④

不过有少数学者也注意到任公史学不但受西方影响，也具有传统学术的根基。最早提到这一点是日本学者桑原骘藏（1870–1931），他认为梁著虽援引西方史学，但征引许多中国史例，值得专攻中国史的学者多加注意。⑤ 杜维运与黄进兴进一步阐发此观点，杜维运认为任公不是以西方理论配合中国事例来谈史学方法，而是将中西史学方法作“极和谐的综合”；⑥ 黄进兴则说，任公成功之处是“能令中外学问水乳交融……将西方史学与国史知识溶〔熔〕铸一炉。”⑦ 王晴佳也注意到，任公肯定中国史学传统中刘知几（661–721）与章学诚（1738–1801）有关史德、史

---

① 孙隆基，《Global Space and the Nationalist Discourse of Modernity: The Historical Thinking of Liang Qichao, by Xiaobing Tang》，《“中研院”近代史研究所集刊》，期 27（1997），页 283–286。然而不容忽略的是，“心力”的概念也受到佛学中“一心”、“真如”等看法之影响。“空间化”是唐小兵的用语，用来形容任公后期史学之特点。

② 梁启超，《研究文化史的几个重要问题》，《饮冰室文集》，40 :1。晋荣东，《李凯尔特与梁启超史学理论的转型》，《天津社会科学》，2003 年第 3 期，页 133–137。作者指出李凯尔特（即任公所谓的立卡儿特）的《文化科学和自然科学》一书，在 1920 年代不但影响任公，也对李大钊史学理论的形成有所启发，见氏著，《李大钊哲学研究》（上海：华东师范大学出版社，2000），页 173–176。任公对立卡儿特的认识或许是透过张君劢。1920 年代初期，张君劢在研究倭伊铿、柏格森思想的同时，也探究立卡儿特的学说，阅读他所写的《认识之所对》、《自然科学概念构成之限界》与《现代哲学时貌学说之陈述与批判》等。见张君劢，《新儒家哲学之基本范畴》，收入《中西印哲学文集》（台北：台湾学生书局，1981），页 518。

③ 梁启超，《研究文化史的几个重要问题》，页 6。

④ 黄进兴，《中国近代史学的双重危机：试论“新史学”诞生及其所面临的困境》，页 268–269。

⑤ 桑原骘藏，《梁啟超氏の‘中國歷史研究法’を讀む》，收入《桑原骘藏全集》（东京：岩波书店，1968），卷 2，页 469。

⑥ 杜维运，《梁著“中国历史研究法”探原》，页 323。

⑦ 黄进兴，《中国近代史学的双重危机：试论“新史学”诞生及其所面临的困境》，页 268。

学、史识、史才的观点。① 陈平原则指出任公对“史才”的强调，显示“史界革命”与“文界革命”是相互沟通的，在这方面，任公与司马迁（145 B. C. 生）、全祖望（1705–1755）等人述学文字的传统，颇有渊源。②

上述的观点都可以帮助我们了解，任公的新史学在中西交融与经史易位的过程中所扮演的关键角色。然而整体观之，多数学者似乎都比较强调西方史学影响的一面，而没有详细地考察任公史学思想的传统渊源，以及他如何将中西知识融洽地结合在一起。显然，任公史学思想中，中西学术如何接轨、融合，还是一个有待澄清的课题。

本文尝试从任公与中国佛学与儒家传统的关联性来说明任公所建立的中国现代史学，不仅是引进西方观念，也是将西方思想与传统学术融洽地结合在一起。此一史学路径和任公毕生对“现代”学术的追寻是密不可分的。笔者同意上述“镕铸一炉”的看法，本文强调：任公史学思想不应单纯地视为他单方面“学习、吸收西学的过程”，也不应该说“他的历史理论中斑驳杂糅、相互矛盾……漏洞百出”。③ 拙见以为，在绍述西方科学史学的同时，他也批判科学主义的、实证主义的史学，并企图将科学方法与一种儒家人文主义的情怀与一种受佛教影响的宇宙观、人生观结合在一起。他批判的基础虽部分受到西学的影响（如柏格森、立卡儿特等人），但主要还是源于中国儒家与佛教的思想背景。换言之，任公的史学思想与他的学术思想是相互呼应的，笔者认为唯有宏观地了解任公一生在学术思想上的探索，以及任公的“人生观”，才能比较清楚地了解任公史学思想的特点，并给予较为公允的评估。

二、实证史学、道德知识与形上世界

在中国近代史学发展过程之中，梁启超首开其例，“以科学方法复兴古学，重振中国”，并“从进化论的观点出发，重新解释中国历史的演变”，④ 开创出后来胡

① Q. Edward Wang, *Inventing China through History*, pp. 110–111.

② 陈平原,《“元气淋漓”与“绝大文字”——梁启超及“史界革命”的另一面》,《古今论衡》，期 9(2003)，页 3–22。

③ 朱发建,《梁启超晚年对历史理论的探索及困惑》,《湘潭大学社会科学学报》，卷 25 期 5(2001)，页 97。

④ 王晴佳,《钱穆与科学史学之离合关系—— 1926–1950》,《台大历史学报》，期 26(2000)，页 127。

适、傅斯年、顾颉刚等科学史学、批判史学的传统。但是诚如上述，任公的史学思想也带有对科学史学的批判，这种批判的态度在1920年代以后表现得最为明显。要深入了解任公史学思想的特色，必须注意到他既肯定又批判科学史学的复杂态度。此一现象与民国初年科学主义的过度发展，与科玄论战中任公倾向玄学派的思想背景有直接的关系。这样一来，任公既是近代中国科学史学的首倡者，又是实证史学的批判者。

近代西方实证主义史学、科学史学主要是奠定在西方与怀疑主义传统密切相关的“悲观主义的认识论”之上，实证主义的历史学者“避免回答世界的本原等本体论问题，而只研究实在、有用东西的知识。”[①] 梁启超的新史学与此不同。他虽然肯定以科学方法来审查史料，却进一步地将此一方法与一种源于传统的道德理念及形上学说结合在一起，因而在知识追求的范围上展现出比较乐观的信念，亦即倾向“乐观主义的认识论”。

在此要对“悲观主义的认识论”与“乐观主义的认识论”作一较详细的说明。[②] 悲观主义的认识论（即“不可知论”），意指西方认识论大革命之后所建立起对知识的一种看法。Alasdair MacIntyre 在 *After Virtue*（《德性之后》）一书曾深入描写这个革命，此一革命的代表人物包括：笛卡尔（Rene Descartes, 1596–1650）、休谟（David Hume, 1711–1776）、康德（Immanuel Kant, 1724–1804）、尼采（Friedrich Nietzsche, 1844–1900）、韦伯（Max Weber, 1864–1920）、维特根斯坦（Ludwig Wittgenstein, 1889–1951）、波普（Karl R. Popper, 1902–1994）和柏林（Isaiah Berlin, 1909–1997）等。以波普的“三个世界”论为例，根据此一看法，知识的范围只限于“第三个世界”，即能以实验来证明或反驳的命题所构成的世界；而关于宇宙本体或“天道”（第一个世界），以及实践规范或“人道”（第二个世界），人类无法获得知识，只有个人主观的看法。[③] 梁启超采取不同的立场。他受到中国哲学主流要求“达到与天地合其德的人生境界”之影响，倾向

---

① 王晴佳，《西方的历史观念：从古希腊到现在》，页211。

② 有关此二认识论的详细讨论，请见拙著，《自由的所以然：严复对约翰弥尔自由思想的认识与批判》（台北：允晨文化有限公司，1998），页27–30。本书亦有简体字版，上海：上海书店出版社，2000。

③ Alasdair MacIntyre, *After Virtue: A Study in Moral Theory* (Notre Dame: University of Notre Dame Press, 1981). 墨子刻，《道统的世界化：论牟宗三、郑家栋与追求批判意识的历程》，《社会理论学报》（香港），卷5期1（2002）， 页79–152；Thomas A. Metzger, “Western Philosophy on the Defensive,” *Philosophy Now*, vol. 26 (April/May 2000), pp. 30–32。

于拒绝西方这种结合实证论与怀疑主义的思潮，并强调波普所谓的三个世界都是知识的对象。① 对他而言，历史知识不但是奠立在科学实证之上，也是以对道德知识与形上世界的确切理解为基础。

无疑地，梁启超的史学思想肯定科学方法的意义。在他的思想中，科学是指“根据经验的事实分析综合求出一个近真的公例以推论同类事物”，② 科学方法包括以归纳法、统计学探索事实真相与事件之间的关联性，在《新史学》与《中国历史研究法》之中，他一贯地认为此一关联性意指“因果关系”与“人群进化”，其后则转而较保留地强调史家难以掌握自然科学那样的因果关系，只能求得“共相”、“观其大较”。③ 总之，任公详尽地阐述了科学史学在史料考订与掌握“的确如此如此”方面的应用，终其一生，他一直肯定科学方法对历史研究的重要性。

另一方面，他则认为科学方法“是有限制的”，④ 科学方法有助于“求真”、“实事求是”，但无法完全解释历史现象“为什么如此”，或者知道“历史其物”。首先，任公指出历史、文化现象与自然科学现象之间的区别：

其一，自然科学的事项，常为反复的，完成的；历史事项反是，常为一度的，不完成的……其二，自然科学的事项，常为普遍的；历史事项反是，常为个性的……其三，自然科学的事项，为超时间空间的；历史事项反是，恒以时间空间关系为主要基件。⑤

他又说：

自然系是因果法则所支配的领土，文化系是自由意志所支配的领土……这种创造的意志和力量……是绝对不受任何因果律之束缚限制……人类能对于自然界宣告独立，开拓出所谓文化领域者，全靠这一点创造的概念。⑥

① 有关近代中国如何面对实证论与形上学的关系，请见郁振华，《形上的智慧如何可能？——中国现代哲学的沉思》（上海：华东师范大学出版社，2000）。郁氏强调1923年科玄论战之后，“大多数哲学家肯定了形上学的合法性”，亦即以为形上的智慧是可能的，这样一来，问题在于“如何可能？”该书之焦点即在分析“中国现代哲学关于形上智慧之可能性话语”。墨子刻对此书之议题有深入的剖析，见墨子刻，《形上思维与历史性的思想规矩：论郁振华教授的〈形上的智慧如何可能？——中国现代哲学的沉思〉》，《清华大学学报（哲学社会科学版）》，卷16期6（2001），页57–66。

② 梁启超，《人生观与科学》，《饮冰室文集》，40：23。

③ 梁启超，《历史统计学》，《饮冰室文集》，39：80。

④ 梁启超，《研究文化史的几个重要问题》，页1。

⑤ 梁启超，《中国历史研究法》，页111–113。

⑥ 梁启超，《什么是文化》，《饮冰室文集》，39：99–100。

凡自然的东西，都可以用呆板的因果律去支配。历史由人类活动组织而成，因果律支配不来。有时逆料这个时代这个环境应该发生某种现象，但是因为特殊人物的发生，另自开辟一个新局面。凡自然界的现象，总是回头的、循环的。九月穿夹衣，十月穿棉袍，我们可以断定。然而历史没有重复的时代，没有绝对相同的事实。因为人类自由意志的活动，可以发生非常现象。①

总之，历史文化现象的独特性是由于个人"自由意志"在历史中所起的作用。由于有自由意志的因素，历史不完全受因果律的支配，②也无法完全依靠归纳法来加以研究。再者，整体观之，历史发展并非一致性的单线前进，而是部分进化、部分循环（这一观点在1920年代的史学思想中表现得最为明显）。③

第二，科学史学有见树不见林的缺点。任公同意在科学史学的影响之下，近年来中国史家对于史料的搜辑、校勘、辑佚、别择等花了不少的工夫，"自然是很好的工作"，但是却忘记了"成一家之言"与"资鉴"等"更大的工作"。他说：

事实之叙录与考证，不过以树史之躯干，而非能尽史之神理。④

推求以上诸风气，或者因受科学的影响，科学家对于某种科学特别喜欢，弄得窄，有似显微镜看原始动物。……一般学者为成小小的名誉的方便起见，大家都往这方面发展。这固然比没有人研究好。但老往这条捷径走，史学永无发展。我们不能够从千真万确方面发展，去整理史事，自成一家之言，给我们自己和社会为人处事作资治的通鉴，反从小方面发展，去作第二步的事，真是可惜。⑤

第三，科学知识只是人类智识的一部分，在肯定科学方法的同时，不应将其他的知识排斥到人类智识范围以外：

科学规定事物和事物间的关系，是先以一切事物已经存在为前提，事物是否存在，怎样的会存在，我们为什么能知道他存在……这些问题，科学家只能安放在常识的假定之上，还他个"存而不论"。夫专门研究一科学，其态度只能如此，且应该如此。这是我们所绝对承认的。然而人类的智识欲，决不能以此自甘，而真理最

---

① 梁启超，《中国历史研究法（补编）》，《饮冰室专集》（台北：中华书局，1978），1：21–22。

② 梁启超，《研究文化史的几个重要问题》，页3。任公对"自由意志"的强调显示他对个人价值的肯定，此一概念与"国家主义"或"集体主义"有所矛盾。

③ 梁启超，《研究文化史的几个重要问题》，页6–7。

④ 梁启超，《中国历史研究法》，页34。

⑤ 梁启超，《中国历史研究法（补编）》，页168。

高的泉源，亦不能不更求诸向上一步。①

任公所谓的“向上一步”以求得“真理最高的泉源”，至少包含了两个层面的意义，一是获得道德方面的知识（即任公所谓“人之所以为道”），一是掌握本体论方面的知识（即任公所谓“天之道”）。② 这两方面的知识虽属哲学范畴，却与历史知识有非常密切的关系，构成任公史学思想的哲学基础。上述所谓历史工作中“成一家之言”与“资鉴”的思想预设，即是人类透过历史真相的认识，可以得到有关道德与本体的知识，作为人生的指南。

那么要如何获得这些知识呢？任公认为文献的学问需要用科学方法来研究，道德与形上的学问则应采用内省、直觉、“自证”与躬行等办法。③ 在这方面，任公深受传统思维（尤其是宋明理学中陆王学派）的影响，他认为人类的精神生活是以“内省自觉”为基础，所以“变化流转之权，操之在我”，或者说宇宙的生灭变化“都是人类自由意识发动的结果”，这也是孔子所谓：“人能弘道，非道弘人”。④ 有时他也用“自由意志”或源于佛教与柏格森哲学的“心力”、“心能”等概念来说明个人精神力量的自主性。

其次，道德知识的获得亦涉及人我关系之界定。任公受到儒家“仁”、“毋我”、已立立人，已达达人，以及佛教“无我”观念之影响，认为在实然与应然的层次，个人不是单独存在，而是“人与人相通”。首先，在实然的层面，他说人与人不但是现世相通、古今亦相通：

知乎人与人相通，所以我的好恶，即是人的好恶，我的精神中，同时也含有人的精神。不徒是现世的人为然，即如孔孟远在二千年前，他的精神，亦浸润在国民脑中不少，可见彼我相通，虽历百世不变。⑤

任公所谓“彼我相通”之基础不但是儒家思想，也是佛教。在1923年的《东南大学课毕告别辞》，他表示信仰“人类无我”之说，此说“佛家讲得最精……并非论理学的认识，〔而是〕实在如此”。⑥ 在1925年所撰写的《说无我》一文，他从“五

① 梁启超，《自鉴序》，《饮冰室文集》，41：1。
② 梁启超，《治国学的两条大路》，《饮冰室文集》，39：114。
③ 梁启超，《治国学的两条大路》，《饮冰室文集》，39：110。
④ 梁启超，《治国学的两条大路》，《饮冰室文集》，39：116–117。
⑤ 梁启超，《治国学的两条大路》，《饮冰室文集》，39：118。
⑥ 梁启超，《东南大学课毕告别辞》，《饮冰室文集》，40：14–15。

蕴皆空说”来论证“无我”的哲学意涵：

佛说法五十年……一言以蔽之，曰“无我”……其所施设以教吾人者，则脱离纯主观的独断论，专用科学的分析法，说明“我”之决不存在。质言之，则谓吾人所认为我者，不过心理过程上一种幻影，求其实体，了不可得。更质言之，则此“无我”之断案，实建设于极隐实，极致密的认识论之上。其义云何？即有名之“五蕴皆空说”是已。①

任公此一论点，若对照1904–1905年所发表的《余之死生观》一文则更为清晰，在该文中，他以佛教“羯磨”（梵文karma之音译，或译为“业”）的观点，说明人我的关系：

我现在有所行为，此行为者，语其现象，虽复乍起即灭，若无所留，而其性格常住不灭，因果相续，为我一身及我同类，将来生活一切基础。世界之中，有人有畜，乃至更有其他一切众生。人类之中，有彼此国，有彼此家，有彼此族，有彼此社会，所以者何？皆缘羯磨相集相熏，组织而成。是故今日我辈一举一动，一言一话，一感一想，而其影象，直刻入此羯磨总体之中，永不消灭。将来我身及我同类其受影响，而食果报。②

总之，对任公而言，无论个人还是家、国、社会等群体，都是“羯磨相集相熏，组织而成”，因此在本体论方面，人类没有单独的存在，个人的一举一动，均透过因缘果报而与他人交互影响。

其次，在应然的层面，任公受到“毋我”与“无我”观念的影响，主张建立一个群己平衡、群己并重的理想社会。用他的话来说就是“立人达人”、“个性中心之‘仁的社会’”，这也呼应大乘佛教“一众生不成佛，我誓不成佛”的入世理想。③难怪他说道德的目的不外二者：“一发展个性；二发展群性……能够如此，才算是有了高尚的道德。”④凡此陈述可见，在任公的思想中，个人与群体、人生与宇宙是不可分的。

此外，任公的本体论思想还受到《易经》的影响，而有“宇宙未济”的主张：

① 梁启超，《说无我》，《佛学研究十八篇》，《饮冰室专集》，7：27–28。

② 梁启超，《余之死生观》，《新民丛报》，号59（1904年），页4。

③ 梁启超，《东南大学课毕告别辞》，页14。梁启超，《治国学的两条大路》，页119。梁启超，《先秦政治思想史》（台北：台湾中华书局，1973），页184。

④ 梁启超，《教育应用的道德公准》，《饮冰室文集》，39：32–33。

> 宇宙的进化，全基于人类努力的创造，所以《易经》曰："天行健，君子以自强不息"。又看得宇宙永无圆满之时，故易卦六十四，始"乾"而以"未济"终。宇宙"既济"，则乾坤已息，还复有何人类？吾人在此未圆满的宇宙中，只有努力的向前创造。①

简单地说，任公所揭橥的道德观与本体论就是"人类无我"、"宇宙未济"，而宇宙、人生演变之基础是"羯磨相集相熏"，这些与西方演化理论不同，而且又无法实证的哲学与宗教信念，和任公的史学思想相互呼应。他的主要观点如下：

第一、历史由人类共业之"展转递增，展转递蜕"所构成。②任公认为文化是"人类心能所开积出来之有价值的共业"，其内容包含"人类物质精神两面的业种、业果而言"，③而且"文化共业"具有累积性，会"一天比一天扩大"；④历史则是"合各部分文化国之人类所积共业而成"。⑤他进一步解释，"业"乃是佛家术语，意指人类一切的身心活动，每一次的活动，其"魂影"永远留在宇宙间，不能磨灭，此一魂影对本人之今生、他生或他的子孙的影响，称之"别业"；还有一部分"像细雾一般霏洒在他所属的社会，乃至全宇宙"，谓之"共业"。⑥文化即是有价值的共业。任公又说"种"与"果"也是佛家的比喻，业与业之关系有如种子与果实，果实之中含有种子，种子遇着机会，又发生出新的创造力，而源源不绝、相生相长。⑦

第二，因为业力乃由人类的"心能"所开出，所以"历史为人类心力所造成"。⑧对任公而言，由心能所创造的业，有很复杂的运作方式，心力的发动也是极自由的，"凡众生所造业……辄留一不可拂拭之痕迹以诒诸后。但是有时为他种

① 梁启超，《治国学的两条大路》，页 116。

② 梁启超，《中国历史研究法》，页 2、7。

③ 梁启超，《什么是文化》，页 98、102。

④ 梁启超，《研究文化史的几个重要问题》，页 7。

⑤ 梁启超，《中国历史研究法》，页 104。

⑥ 任公在《佛陀时代及原始佛教教理纲要》一文也阐述了"自分别业"与"同分共业"的意涵。他说"一个人的活动，势必影响到别人，而且跑得像电子一般快，立刻波荡到他所属的社会及人类全体活动留下来的魂影，本人渍得最深，大部分遗传到他的今生，他生或他的子孙，是之谓'自分别业'。还有一部分，像细雾一般，霏洒在他所属的社会，乃至全宇宙，也是永不磨灭，是之谓'同分共业'。"梁启超，《佛陀时代及原始佛教教理纲要》，《佛学研究十八篇》，《饮冰室专集》，7：16。

⑦ 梁启超，《什么是文化》，页 98–104。

⑧ 梁启超，《中国历史研究法》，页 111。

势力所遮抑，其迹全隐，浅见者谓为已灭，不知其乃在磅礴郁积中，一遇机缘，则勃发不能复制”，所以历史不受“物理的或数理的因果律所能完全支配”。[①]不过人类自由意志的运作并非绝对，而受到环境的影响，“无论心力如何伟大，总要受物的限制，而且限制的方面很多，力量很不弱”、[②]“无论若何固定之社会，其内界之物质的基件,终不能不有所蜕变；变焉而影响遂必波及于心理。”[③]因此历史研究必须探究一史迹“心之基件”、“物之基件”，并“量度心物两方面可能性之极限”。[④]就哲学上唯心、唯物的议题来说，深受佛教影响的任公无疑地倾向唯心，但他也不忽略心灵运作的物质基础，他说“吾侪又确信人类精神生活不能离却物质生活而独自存在”。[⑤]他更积极地强调“非唯”，“人生是最复杂的，最矛盾的，真理即在复杂矛盾的中间。换句话说，真理是不能用一‘唯’字表现，凡讲‘唯什么’的都不是真理。”[⑥]这样的观点与马克思主义的历史唯物论大异其趣,反而和韦伯所谓历史演变复杂多元，其中并无单一主宰因素的主张，较为接近。

第三，历史是创造与模仿两种“心能”交织而成的过程。任公指出，在创造之后，“熏感到别人，被熏感的人，把那新创造的吸收到他的‘识阈’中，形成他的心能之一部分，加工协造”，历史乃延绵不绝。[⑦]

第四，历史现象乃“互缘”而非科学性的因果关系。[⑧]任公因此主张研究历史要掌握史迹之“因缘果报”，亦即“因缘生果，果复为因”。[⑨]史家透过对于因缘果报的剖析，能挖掘出历史中所具有“鉴往知来”的作用。

第五，历史知识无可避免地带有主观性，史家虽然力求客观，但是只能追求“一近于客观性质的历史”。这样一来，历史工作是一个自觉与反省的过程，“对于从前过失，或者自觉，或由旁人指出，一点不爱惜，立刻改正，虽把十年的工作完全毁掉，亦所不惜。”[⑩]同时，历史工作是一个自觉与觉人交织为一的过程。史家一

---

① 梁启超，《中国历史研究法》，页 116、111。
② 梁启超，《非“唯”》，《饮冰室文集》，41：82。
③ 梁启超，《中国历史研究法》，页 116。
④ 梁启超，《中国历史研究法》，页 120–123。
⑤ 梁启超，《先秦政治思想史》，页 182。
⑥ 梁启超，《非“唯”》，页 82。
⑦ 梁启超，《什么是文化》，页 102。
⑧ 梁启超，《研究文化史的几个重要问题》，页 4。
⑨ 梁启超，《中国历史研究法》，页 126。
⑩ 梁启超，《中国历史研究法（补编）》，页 23。

方面以历史著作“促国民之自觉”；另一方面要不断地对于自己的主观偏见有所警惕：“良史固所以促国民之自觉，然真自觉者绝不自欺，欲以自觉觉人者，尤不宜相蒙。”① 这一点显示任公史学思想虽倾向乐观主义认识论，但却不缺乏悲观主义认识论的因子。

从以上的几点看来，任公史学思想虽然具有引进西方科学方法，以改进传统史学之缺失的特点，但是他同时也将科学方法主要限制在事实的考证方面；至于第二步的工作，亦即分析、解释、综合以成一家之言的层次，或者说在“对于此事运吾思想，骋吾批判”的层次，② 任公不完全依赖科学方法。分析的工作或有关智识议题的部分，科学方法仍有其意义，但是有关人生之中的情意面，其中“不可思议的神秘性”，③ 或综合性的工作，他或是主张依靠“直觉”，或是主张以佛家“业”的理论为基础，探究历史现象的精神与物质基础，而厘清“因缘果报”。这也涉及任公在《中国历史研究法（补编）》所说的“史德”与“史识”。前者意指忠实的精神，避免夸大、附会、武断；后者则是培养一种细密敏锐的观察力，“旁人所不能观察的，我可以观察得出来。”④ 整体来看，他的史学思想呈现出较强烈的“乐观主义的认识论”色彩，人类可知的范围不但是以科学为基础的历史事实，也包括透过直觉、自证而体验到对人生与宇宙的认识。相对于傅斯年所强调的“证而不疏”、反对道德判断、“史料即史学”的立场，任公重视解释、综合的功夫，并讲究历史资鉴的功能，充分反映出他与民国初年声势浩大的科学史学派分道扬镳。⑤ 这样的观点与钱穆所主张的“考史”、“著史”，以及力图从历史演变过程之中，发现“精神”、“意义”的观点，反而比较接近。⑥

---

① 梁启超，《中国历史研究法》，页 32。

② 梁启超，《中国历史研究法》，页 99。

③ 梁启超，《非“唯”》，页 82。

④ 梁启超，《中国历史研究法（补编）》，页 14–16、20。

⑤ 有关梁启超与傅斯年史学观念的差异，许松源有很清楚的分析，他认为任公在《中国历史研究法》一书中，除了谈史料的搜集方法之外，也谈如何将史料所得的孤立现象联系起来，求出对一时代状况的活泼理解。因此任公不坚持“史实自明”的信念，他认为史料是探讨过去时首要厘正的基础，而认知中的理解、解释的思维活动才是史学建构的主体。许松源，《梁启超对历史的理解及其思考方式》（新竹：清华大学历史研究所硕士论文，1998），页 67–69。

⑥ 钱穆非常肯定任公晚期的思想与论学、考据文字，他在 1960 年写给余英时的信中表示：“五四运动后，梁氏论学各书各文均有一读之价值也”。余英时，《钱穆与中国文化》（上海：上海远东出版社，1994），页 230。

三、镕铸一炉——新康德主义与佛儒思想会通下的新史学

从1902年到1920年代之间，任公逐渐地建立上述的“新史学”，从一个肯定进化论、因果观念、科学史学的立场，转变为既接受、又批判科学史学，他不但质疑因果律，也修正了他以往对于单线进化的观念。此一史学观念的变化是如何产生的呢？1918–1920年的欧洲之行，任公受到唯心主义的哲学家，如柏格森、倭伊铿（Rudolf Christoph Eucken, 1846–1926）、蒲陀罗（Étienne Émile Boutroux, 1845–1921）等人的影响，感受到欧洲物质文明的破产，指出“科学万能的梦破碎了”。①后来在科玄论战中，他批评丁文江（1887–1936）等人，而同情张君劢（1887–1969），宣称“人生关涉理智方面的事项，绝对要用科学方法来解决，关涉情感方面的事项，绝对的超科学。”②这一立场无疑地影响到他对史学的看法。

其次，曾如上述，德国新康德主义哲学家立卡儿特著作的影响也不容忽略。任公表示：

> 我去年著的《中国历史研究法》内中所下历史定义，便有“求得因果关系”一语。我近来细读立卡儿特著作，加以自己深入反复研究，已经发觉这句话完全错了。我前回说过“宇宙事物，可中分为自然人文两系，自然系是因果律的领土，文化系是自由意志的领土”（看《什么是文化》）。两系现象，各有所依，正如鳞潜羽藏，不能相易，亦不必相羡。历史为文化现象复写品，何必把自然科学所用的工具，扯来装自己门面。非惟不必，亦且不可。因为如此便是自乱法相，必至进退失据。③

由此可见，立卡儿特著作启发了任公对因果关系的思考，并使他“深入反复研究”此一课题。

有关任公史学思想与立卡儿特等人之新康德主义的关系，当代德国学者史耐

---

① 张朋园，《梁启超与民国政治》（台北：食货出版社，1978），页186–187。倭伊铿是张君劢的老师，任公对倭伊铿、柏格森思想的认识多通过张君劢。任公访欧之时，亦曾与张君劢同访倭伊铿、柏格森。见同书，页268；江日新，《“民族复兴之学术基础”的寻求——张君劢的科学概念与研究政策》，收入刘述先主编，《儒家思想与现代世界》（台北：“中研院”中国文哲研究所筹备处，1997），页221–254。

② 梁启超，《人生观与科学》，页26。

③ 梁启超，《研究文化史的几个重要问题》，页2–3。

德（Axel Schneider）有深入的研究。他指出梁启超在放弃了国家主义的、演化的历史观之后，他和十九、二十世纪新康德思想家共同面对一个类似的两难困境：一方面尊重历史文化的独特性，另一方面要避免陷入历史相对主义。史氏认为新康德哲学的核心理念是物质世界，包括历史在内，都是混乱的和无意义的，他们同时批判实证主义的自然科学对普遍律则的看法，以及历史主义哲学家对历史中具有内在意义的信仰。新康德主义哲学家回归到康德的先验哲学，并将之转变为一个“先验价值的哲学”。对他们而言，这些先验价值没有现实的基础、并不存在，但却是正当的（valid）。这样一来，历史文化实体除非能够与先验价值发生关联，否则只是个别的、无意义的现象。依靠先验价值的哲学，新康德主义学者建立起自然科学（Naturwissenschaften）与文化科学（Kulturwissenschaften）的区别。

史耐德指出，如果将任公晚期的史学思想与新康德主义哲学比较的话，任公虽然提到一些新康德哲学家的名字与他们所用的语汇，但两者的哲学基础却有明显的不同。任公仍然找寻内在的价值，并尝试以永久的价值提供观念上的整合。对他而言，价值是永恒而超越时空的，换言之，是超越的（transcendent），而非先验的（transcendental）。① 与此相关的是，任公有关自然与文化的区别乃基于不同的分科，或不同的知识类型，并非先验的与价值哲学上的区别。这样的想法与狄尔泰（Wilheim Dilthey, 1833—1911）类似，而与新康德哲学家不同。

史氏认为这样的差异不宜简单地归诸任公对德国哲学的误解，而应注意到他所面对的思想环境。任公对于他早期所秉持的国民史学中决定论的、演化式的目的论有所不满，也不同意五四反传统思想家所宣传的实证主义、科学主义。这两方面的论敌都倾向于将中国纳入源于西方的普遍概念之下，并忽略历史之特殊性是建立历史文化认同的一个可能的基础。②

史耐德有关任公与新康德哲学的差异是一个很敏锐的观察，然而笔者认为他对于任公思想为何与立卡儿特等人的看法有所歧异的解释，却是不足的。的确，任公一方面批判西方实证主义，有走向相对主义的危险（亦即客观价值茫无归着的失落

① “超越的”意指超越现实经验，如上帝或灵魂等概念；“先验的”则具有康德哲学独特的意义，指“先于经验而作用于经验”。

② 以上的观点根据Axel Schneider在2002年美国AAS年会上所发表的论文：“World History and the Problem of Historical Relativism: Liang Ch’i-ch’ao’s Historiography after 1919”，作者感谢沙培德教授惠示此文及史耐德教授同意笔者征引该文。

感、人成为“消耗面包的机器”），也不认为西方环绕着“上帝”观念的形上学与宗教，可以帮助我们了解宇宙与人生。① 这一批判的基础是他“从佛经及儒书中领略得来”，所谓“我自己的人生观”。在这方面我们不能忽略任公本身的思想脉络，尤其是他从佛学与儒家思想的角度对康德哲学所作的批判。

在《梁启超与康德》一文，笔者曾指出任公认为康德的先验哲学“不像佛、儒思想那样对于本体界有深入的认识，而且本体的内涵包括由‘小我’结合成的‘大我’，以及由此实然的一体之相引申出普度众生的道德原则。”② 换言之，任公的思想与康德哲学之间早已存在重要的歧异，这是在他接触新康德主义哲学之前就已经存在的。这些思想的源头至少可以追溯到1904年以后任公撰写《余之死生观》与《近世第一大哲康德之学说》等文之后所建立起的哲学视野。难怪任公在提到翁特（Wilhelm Wundt, 1832–1920）与立卡儿特所倡立的“文化”概念时，认为这些西方学者“只怕还没有讨论到彻底哩”，他不急着与他们辩论，只径自提出“文化者，人类心能所开积出来之有价值的共业也”的看法。这样一来，任公并非误解翁特与立卡儿特对文化的看法，而是在他们观念的启发之下，自觉地提出不同的观点。③

任公在1920年代以“文化”观念为核心所建立的史学，其根基实为佛教的本体论。任公对佛学的兴趣源于清末，以及流亡日本时期所建立的“应用佛学”。④1911年返国之后忙于政治活动，至1918年秋天，任公重新燃起了对佛学的兴趣。这一年的8、9月，他因著述过勤患了呕血病，病愈之后，“转而好读佛书”。在1918年9月、10月，任公多次致书林宰平（志钧，1880–1959）讨论应该阅读哪些佛学经典。⑤1920年从欧洲返国之后，他有出版中国佛教史的计划，因而撰写了十二篇佛教方面的文章。⑥1921年又撰有《佛教之初输入》、《说四阿含》、《读〈异部宗轮论〉述记》等文。1922年10月任公完成《大乘起信论考证》。在自序中，

① 梁启超，《治国学的两条大路》，页115。梁启超，《东南大学课毕告别辞》，页12–13。

② 见本书《梁启超与康德》。

③ 梁启超，《什么是文化》，页98。

④ 参阅森纪子，《梁启超的佛学与日本》，收入狭间直树编，《梁启超·明治日本·西方：日本京都大学人文科学研究所共同研究报告》，页184–217。李春远，《略论梁启超的“应用佛学”》，《福建论坛·人文社会科学版》，2001年第4期，页96–100。

⑤ 丁文江，《梁任公年谱长编》（台北：世界书局，1972），页546–547。

⑥ 丁文江，《梁任公年谱长编》，页593。

他谈到从9月26日到10月7日之间，专心此事，“此十二日之中尽废百事矣”。[①]书成之后，他还写信给张菊生（元济，1867—1959）与高梦旦（1869—1936），表示“此文颇极得意”，他还计划再作“楞严经考证”一篇与“常识丛书之‘释迦’一部”。[②]10月底任公赴南京东南大学讲学，在这期间每周有三日赴支那内学院听欧阳竟无（1871—1943）讲佛学，“每来复一、三、五从早上七点半起至九点半（最苦是这一件，因为六点钟就要起来），我自己到支那内学院上课，听欧阳竟无先生讲佛学”、“吾日日往听”、“在此日听欧阳竟无讲唯识，方知有真佛学”。[③]1923年初，他从南京北返，仍醉心于佛典，他在写给女儿思顺的信里即表示：“我现在托病杜门谢客，号称静养，却是静而不养。每日读极深奥的《成唯识论》，用尽心思，一日读三四页，还是勉强读得一点罢了。”[④]

由上面的描述可知，1918—1923年之间，在任公的学术生活中，佛学扮演非常重要的角色。这时他的兴趣主要环绕在“因缘论和轮回说、无我说”。[⑤]在这种学术气氛之下，他撰写了《中国历史研究法》、《什么是文化》、《研究文化史的几个重要问题》、《为学与做人》（1922.12.27）、《治国学的两条大路》（1923.1.9）、《东南大学课毕告别辞》（1923.1.13）。这些讨论历史、人生哲学的文章中，不但反复出现“因缘”、“无我”的观念，还宣称“佛教是全世界文化的最高产品”、“佛家讲得最精”，[⑥]自然是不足为怪的。

总之，任公晚期史学思想的变化，固然受到“从翁特和立卡儿特以后”所提出的“文化”概念，以及欧洲唯心哲学之影响，但是他却以源于佛学的“心能”、“共业”、“业种”、“业果”、“熏感”、“识阈”、“互缘”等概念，“业力周遍不灭”的原则，以及儒家“既济未济”、“立人达人”的想法，说明科学现象与人文现象，亦即自然系与文化系的区别，以及历史文化现象的独特性，和人类的自由意志、主体抉择，在历史演变过程中的关键地位。在表面上，这个区别与新康德主义哲学家的自然科学与文化科学的区别很类似，但背后的论证基础却截然不同。两者的差异不能

① 丁文江，《梁任公年谱长编》，页621。
② 丁文江，《梁任公年谱长编》，页622。
③ 丁文江，《梁任公年谱长编》，页623—624。
④ 梁启超，《致梁思顺》，《梁启超家书》（北京：中国文联出版社，1999），页311。
⑤ 森纪子，《梁启超的佛学与日本》，页217。
⑥ 梁启超，《治国学的两条大路》，页119。梁启超，《东南大学课毕告别辞》，页14。

简单地说任公误解西方思想，或为了针对当时的论敌，或看到西方观念的缺陷，而作辩护；更重要的任公自觉地建立一套融合中西的历史文化理论。这一套理论是从任公学术思想的脉络里面所自然衍生的，与他一生的学术关怀若合符节。①

四、任公史学思想的评估——代结论

在近代中国史学发展的过程之中，任公的史学思想无疑是非常重要的一个思想遗产，我们要如何评估他的想法呢？首先，单纯地将之描写为“唯心主义思想体系”，因而“无法正确说明人类历史的真相”，显然是一个过于简单的论断。②其次，任公的史学思想深受佛教本体论（与儒家道德哲学）的影响，如果我们因为不接受佛教的理论，就认为任公的史学观念不足为取，这也有辩论的余地。更何况即使在科学昌明的廿一世纪，宗教价值还受到不少人的肯定。佛教在中国（甚至世界各地）的兴盛发展，尤其显示此一文化传承有一定的智慧。

除了以上两个角度的评估之外，我们还可以怎样看待任公的史学思想呢？拙见以为，要评估梁启超的史学或许可以注意到以下几个方面：

（一）任公的史学思想受限于时代，有其缺点。诚如他在《清代学术概论》中的自我批评，“启超务广而荒……其所述著，多模糊影响笼统之谈，甚者纯然错误。”③譬如在考证、辨伪方面，他的不少论断已为后人所超越。④任公之后，中西史学界有许多新的发展变化，其内容远远超过任公当时的构想。再者，有些学者注意到任公思想“流质多变”，因此他的史学理论在整合程度方面也有所不足。如果我们将任公所揭橥的史学研究观念与他所撰写诸多历史著作合而观之，可以发现两者之间仍有差距（例如任公不少的著作都有他所批评的“附会”之缺点）。这样一来，任公的史学的理论与实践未能合拍。⑤

① 有关任公一生学术思想的特点，请见黄克武，《梁启超与康德》，页 142–143；以及《如何评估梁启超的思想？——回应赖建诚教授》，《近代中国史研究通讯》，期 34（2002），页 87–94。

② 朱发建，《梁启超晚年对历史理论的探索及困惑》，页 97。

③ 梁启超，《清代学术概论》（台北：台湾中华书局，1974），页 65。

④ 可参阅廖名春，《梁启超古书辨伪方法的再认识》，《汉学研究》，卷 16 期 1(1998)，页 353–372。

⑤ 许松源，《梁启超对历史的理解及其思考方式》，页 71。赖建诚所指出任公经济思想史研究的一些缺陷，也可视为此一落差的表现。见赖建诚，《梁启超论墨子的经济见解》，《近代中国史研究通讯》，期 34（2002），页 75–86。

（二）任公的史学思想奠定二十世纪中国史学的基本规模。任公提倡科学方法，主张“炯眼拔识”，“务求得正确之史料以作自己思想批评之基础”，[①] 可与胡适、傅斯年以来中国近代史学中“史料学派”的开创者同列并驱。另一方面，任公主张探求进化之原则，或历史演变的通则与规律，这种认知观点则为马克思主义史家所继承。与此相关的是，任公主张史学与其他学科的结合，以探索历史演变之规律，开创出以科际整合来治史的路向。因是，二十世纪以来中国史学发展的整体趋向，和任公的思路颇为同调。

（三）任公对近代中国科学史学、实证史学的反省。任公之后，钱穆主张“民族主义史学”，弘扬经世精神、抵抗西化浪潮，他批评科学史学（他称为“考订派”）“往往割裂史实，为局部狭窄之研究。以活的人事，换为死的材料。”[②] 陈寅恪（1890–1969）强调在考证之后要能“综合贯通，成一有系统之论述。”[③] 余英时也延续此一路向，呼吁在审慎鉴别史实的基础之上，“也应有一个综合的观念”，应注意到历史与人生的关系，并自觉到自己的主观性。[④] 在近代中国史学发展上，学者们持续地对主张“史料即史学”之科学史学加以批判，形成一个不容忽略的发展趋向，任公的史学思想是这一思路的重要源头。今日历史工作之中，除了考辨事实之外，也应分析综合、寻求意义，并反省到自我的主观性与局限性等观点，已经是不少史家的共识。

（四）批判西方历史理论，并建立中国历史文化的主体性。任公不但在引介西方理论方面跨出重要的一步，更重要的是，他的思想活动也形构一个近代中国批判西方主流文化的传统。在思考这一个问题时，我们不能仅注意到任公史学思想，更应整体考量他的学术思想。任公不但对西方科学实证主义不满，也不赞成西方环绕着上帝的形上学传统。他甚至批评（也带有一部分的误解）康德乃至新康德学派的先验哲学。任公企图结合古今中外的理论，特别是植根于儒家与佛教的精神遗产，为国人打造一个统合性的观点，来面对历史、宇宙与人生。在他晚年的思想之中，他突破启蒙运动以来，西方中心的线性进化观点，一方面肯定文化的多样性与本土

---

① 梁启超，《中国历史研究法》，页 50、99。

② 钱穆，《引论》，《国史大纲》（台北：台湾商务印书馆，1975），页 3。王晴佳，《钱穆与科学史学之离合关系—— 1926–1950》，页 138–147。

③ 陈寅恪，《重刻元西域人华化考序》，《陈寅恪先生论文集》（台北：九思出版社，1977），页 683。

④ 余英时，《史学、史家与时代》，页 257–260。

文化的价值，但却又不陷入相对主义，能将多元文化与以“乐观主义的认识论”为基础的价值信念结合在一起。更重要的是，任公在倾向乐观主义的认识论之中，还具有悲观主义的认识论的成分，他不认为自己所提出的观点是一个定论，从宇宙未济、人类无我的想法出发，他了解到这一种追求需要累积相续，而可能是永无止境的。这样一来，无论是“流质多变”或不够整合的缺失，与任公思想之中强调“自觉”、自我批判的精神乃一体两面。

在任公提倡新史学运动之后，中国史学走出一条迂回曲折的道路。1980 年代中期以来，海峡两岸的中国史学界先后出现了“史学危机”的呼声。部分的大陆史学工作者发现在应用马克思主义解释中国历史时，往往发生教条化的倾向，故发出危机的呼吁，希望能解决历史研究的相关问题，包括如何引进与借鉴外国史学方法、如何结合史料和理论、如何调整历史和现实的关系等。[①] 台湾史学界的危机感则与史学及其他学科之结合，导致历史学科丧失主体地位有关。尤其是“后现代史学”、“后殖民论述”、“语言的转向”等带来的挑战，质疑史学的客观性，使一些学者认为“虚构与史实最终竟无甚差别”，并陷入“知识的相对论与虚无主义”。[②] 这一股后现代的浪潮也在 90 年代以后冲击大陆史学界。

任公的史学思想有没有办法帮助我们面对海峡两岸所面临的“史学危机”呢？在思考这一个问题时，不禁令人想起在中国历史的领域之内，人们不但感觉到史学在危机之中，也普遍地觉得中国历史在危机 (crisis) 之中。[③] 当然这也不完全限于中国的问题，也有不少的西方史家认为西方史学在危机之中。荷兰历史学家赫伊津哈（Johan Huizinga, 1872–1945）就说：“对于历史而言，问题永远是：往何处

---

① 例如逯耀东，《史学危机的呼声》（台北：联经出版事业公司，1987）。北京大学的牛大勇教授认为，所谓“史学危机”主要表现为：史学人才大量流失、史学论著难以出版、史学理论趋于僵化、正统史观遭受质疑等。见牛大勇，《“史学危机”与近年来北京大学史学教育的改革》，“历史教学的危机与转机研讨会”会议论文。台北：东吴大学，2001 年 11 月 9–10 日。

② 黄进兴，《中国近代史学的双重危机：试论“新史学”诞生及其所面临的困境》，页 263–285。黄进兴，《“文本”(text) 与“真实”(truth)：试论德希达 (Derrida) 对传统史学的冲击》，《新史学》，卷 13 期 3（2002），页 43–77。

③ Ping-ti Ho and Tang Tsou, eds., *China in Crisis* (Chicago: Chicago University Press, 1968).Yü-sheng Lin, *The Crisis of Chinese Consciousness: Radical Antitraditionalism in the May Fourth Era* (Madison: University of Wisconsin Press, 1978). Hao Chang, *Chinese Intellectuals in Crisis: Search for Order and Meaning, 1890—1911*(Berkeley: University of California Press, 1987); 余英时，《历史人物与文化危机》（台北：东大图书公司，1995）。

去？”① 这样一来，危机感似乎是所有历史学者必然的命运。

由于时空的差距，任公的史学思想显然无法完全解决廿一世纪海峡两岸的史学危机，但深入地了解并评估他的思想遗产，应该可以帮助我们认识史学危机的性质，并有助于找寻未来的路向。在这方面有两点值得思考：第一，任公史学思想可以帮助我们思索唯心、唯物的议题，他的史学思想展现了唯物史观之外的另一种选择，也有助于厘清精神与物质因素在历史演变中的意义；第二，任公的史学发展并非如唐小兵所谓是从现代主义朝后现代主义、后殖民主义演变的思想历程，② 深受佛教思想影响的梁启超之“新史学”绝非后现代史学的先驱，但是他所提出的一方面避免西方中心、单线演进的观点，另一方面避免相对主义，并肯定多元文化的立场，无疑是我们今日面对“后现代挑战”时值得思索、借鉴的一条道路。

---

① 转引自《发刊词》，《西洋史研究通讯——历史：理论与文化》，期（1998），页 1。

② Xiaobing Tang, *Global Space and the Nationalist Discourse of Modernity: The Historical Thinking of Liang Qichao.* 亦可参考汪荣祖在 *TheJournal of Asian Studies* 56:3(Aug. 1997), pp. 786–788 与 Joan Judge 在 *TheAmerican Historical Review* 103:1(Feb. 1998), pp. 254–255 上的书评。

梁启超与康德

一、楔子：梁启超著作中的康德

梁启超在旅日前期（1898–1903）于《清议报》与《新民丛报》之上发表了一系列有关西洋思想家的论述，介绍亚里士多德（Aristotle, 384–322 B.C.）、培根（Francis Bacon, 1561–1626）、霍布斯（Thomas Hobbes, 1588–1679）、笛卡尔（Descartes, 1596–1650）、斯宾诺莎（Benedict Spinoza, 1632–1677）、孟德斯鸠（Montesquieu, 1689–1755）、卢梭（Rousseau, 1712–1778）、亚当·斯密（Adam Smith, 1723–1790）、康德（Immanuel Kant, 1724–1804）、边沁（Jeremy Bentham, 1748–1832）、伯伦知理（Johana Caspar Bluntschli, 1808–1881）、达尔文（Charles Darwin, 1809–1882）和颉德（Benjamin Kidd, 1858–1916）等人的生平与思想。这样广泛地涉猎西洋知识无疑地与任公在治学上的习性有关，如他所述“平素主张，谓须将世界学说为无限制的尽量输入……务广而荒，每一学稍涉其樊，便加论列”、“启超‘学问欲’极炽，其所嗜之种类亦繁杂。每治一业，则沉溺焉，集中精力，尽抛其他；历若干时日，移于他业。以集中精力故，故常有所得；以移时而抛故，故入焉而不深”。[①] 其中所谓“务广而荒”，以及“常有所得”却“入焉而不深”，颇能反映任公此期治西学的特色。

在以上各文中较受当时读者与后代史家重视的是卢梭、伯伦知理、孟德斯鸠、边沁等人的政治理论，以及达尔文、颉德之进化论，而任公介绍十八世纪德国哲学

---

① 梁启超，《清代学术概论》（台北：中华书局，1974），页 65–66。

家康德的作品并不那么引人注目。[①]这很可能是因为在任公著作之中康德的地位并不突出所致。任公介绍康德的作品除了大家所熟知的《近世第一大哲康德之学说》(1903–4)之外,[②]在《新民丛报》第一号的《论学术之势力左右世界》一文,任公详细地谈到欧洲近世以“一二人之力左右世界”之“荦荦大者”,它们分别是:哥白尼之天文学、培根与笛卡尔之哲学、孟德斯鸠的《万法精理》、卢梭之倡天赋人权、富兰克林之电学与瓦特之汽机学、亚当·斯密之理财学、伯伦知理之国家学、达尔文之进化论;文中仅简单地谈到“康德Kant(德国人生于一七二四年卒于一八零四年)之开纯全哲学”,其地位显然不如以上十贤。[③]此外,《新民丛报》第五号(1902)载有“哲学大家德儒康德”的照片一张。(附图一)

在深受读者欢迎的《自由书》与《新民说》等书任公亦提及康德。《自由书》之中康德出现了两次,一次是在《论强权》(1899),任公引康德的观点来说明“野蛮之国,惟统治者得有自由……今日之文明国,则一切人民皆得有自由”;另一次则是引康德为例谈“不婚之伟人”(1902)。[④]《新民说》之中则有两篇文章谈到康德:《论自由》(1902)一文引康德等人开创近世泰西文明,说明他们具有“勿为古

① 有关清末人们对任公思想的反应,如黄尊三、胡汉民、章炳麟、胡适、毛泽东等人的反应,请参见拙著《一个被放弃的选择:梁启超调适思想之研究》(台北:“中研院”近代史研究所,1994),页52–60。其中《新民说》、进化论等受到许多人的注意,但康德却少有人提及,下一节会讨论到少数几个人的看法。当代有关梁启超的书,如张朋园、张灏、黄宗智的著作,都没有讨论到任公译介康德之事。唐小兵的书也只是在三个地方简单地提到梁与康德之关联,Xingbing Tang, *Global Space and the Nationalist Discourse of Modernity: The Historical Thinking of Liang Qichao* (Stanford: Stanford University Press, 1996), pp. 31, 135, 147. 倒是较早的Joseph Levenson提到《近世第一大哲康德之学说》一文,他将该文视为是任公思想新旧交杂、前后不一致的表现。他说任公一方面接受了社会达尔文主义式的国家主义,另一方面又肯定康德将战争当作是“野蛮时代之恶习”,不容于文明之世,因而带有1890年代大同思想之遗绪,Joseph Levenson, *Liang Ch'i-ch'ao and the Mind of Modern China* (Cambridge: Harvard University Press, 1953), p. 129。在清末除了任公之外严复也阅读、介绍康德。在南京大学图书馆仍存有严复于1906年时亲手批注的康德《纯粹理性批判》的英译本,Immanuel Kant, *Critique of Pure Reason*, trans. J. M. D. Meiklejohn (New York: The Colonial Press, 1900). 见Li Qiang, "The Social and Political Thought of Yen Fu" (Ph.D. diss., University of London, 1993), p. 131. 有关严复对康德的介绍见氏著《述黑格儿惟心论》,王栻主编,《严复集》(北京:中华书局,1986),页217。

② 该文刊于《新民丛报》,号25、26、28(1903年),以及号46–48(合刊号,1904年),其间因任公访美而中断,关于《新民丛报》的出版时间,作者依赖京都大学人文科学研究所森时彦教授根据1894至1914年于东京出版的《东邦协会会报》“受赠书目栏”之记载,所考证出的实际刊行时间。上述连载的各文后来被收入《饮冰室文集》(台北:中华书局,1983),3:47–66,然而编者却漏掉了在号28之中的“申论道学可以证自由”一节,读者在使用时请注意。

③ 《新民丛报》,号1(1902年),页69–77。

④ 见梁启超,《自由书》(台北:中华书局,1979),页31、88。

人之奴隶”的自由精神；《论私德》（1903）一文则三度谈到康德，主要是将康德的道德学说与王阳明的致良知理论相提并论，认为两人皆提倡“以良知为本体，以慎独为致之之功……所谓东海西海有圣人，此心同，此理同”。①

任公在1904年发表《近世第一大哲康德之学说》一文的最后一部分之后，显然没有机会再研究这一课题，所以在任公后期的著作之中康德出现得甚少。其中的一个例子是在1927年的《儒家哲学》一书，任公一方面说西方认识论的研究“发生最晚，至康德以后才算完全成立”；另一方面仍是将阳明的“致良知”比拟为康德那样“服从良心的第一命令”。② 这些叙述都颇为浮泛，似乎可以推断仍是依赖早年对康德的认识。换言之，任公晚年对康德的了解可谓全无进展，而康德哲学所涉及的一些重要问题没有变成任公思想的焦点之一。

以上是任公著作之中康德出现的大概情况。任公如何来译介康德？又如何透过对康德的批判来建立自身的学术思想？人们对于他的译介有何评估？再者，在中国思想界康德哲学后来受到唐君毅（1909–1978）、牟宗三（1909–1995）等新儒家的大力尊崇，因此任公对康德的讨论可以让我们对他与新儒家之间的关系，尤其是两者在思想史上的连续性与非连续性等课题有所认识。③ 本文将针对这些问题提出一些个人的看法。当然，近代中国知识分子对康德哲学的反应并不限于梁启超与新儒家的看法，还有其他学者的意见。例如王国维（1877–1927）、张东荪（1886–1973）、金岳霖（1895–1984）、冯契、李泽厚等。然而这一篇文章并不企图全面处理中国知识分子对康德思想的认识与评估，以及对于与康德思想密切相关的近代欧洲“认识论的危机”（epistemological crisis）的看法。

---

① 见梁启超，《新民说》（台北：中华书局，1978），页47、131、139、142。

② 见梁启超，《儒家哲学》（台北：中华书局，1980），页2、52。

③ 以下的作品都注意到任公与新儒家之关联性。日本学者竹内弘行在《梁启超与阳明学》（收入广东康梁研究会编，《戊戌后康梁维新派研究论集》，广州：广东人民出版社，1994）一文曾谈到任公与新儒家之间的关系，他说“此后出现的被称之为‘新儒家’的儒教研究者们，其很大一部分是以阳明学为依据来发展他们的学说的。由此，我们可以把梁启超定位于现代新儒家的第一开拓者”（页259）。再者拙著从肯定传统、继往开来的角度指出任公的调适思想“和辛亥革命与五四运动是针锋相对的，而与反对五四运动的新儒思想有较深的关系”，《一个被放弃的选择：梁启超调适思想之研究》，页195。此外上海社科院的罗义俊则指出从梁启超到张君劢、唐君毅、牟宗三、徐复观的《中国文化宣言》之间追求民主政体的思想史脉络，见《当代新儒家的自我定位与其政治学的现代展开》，刘述先编，《儒家思想与现代世界》（台北：“中研院”中国文哲研究所筹备处，1997），页180–187。

二、学者对梁启超译介康德之评估

梁启超可能是中国近代史上第一位以中文介绍康德思想的学者，读者对他的文章有何反应呢？在探讨这个问题之前我们不能忽略任公的自我评估，在《近世第一大哲康德之学说》一文，任公坦承他对康德的译介“虽用力颇劬，而终觉不能信达”。① 不少的读者似乎有相同的感受，觉得这一篇文章不够精确（信），也不易懂（达）。最早评论此文的学者是王国维。王国维对康德下过很深的功夫，他对康德的认识也是在日本，不过他不但透过日文著作来了解康德，也能够直接阅读其他的外文书籍。王国维曾经四度研读康德的《纯粹理性批判》，根据王氏表示他读通康德是透过叔本华（Arthur Schopenhauer, 1788–1860）对康德的批判而来，因此从王国维比较严格的学术标准来看，任公的作品可以说是完全不及格。② 他说：

庚辛以还，各种杂志接踵而起，其执笔者非喜事之学生，则亡命之逋臣也，此等杂志本不知学问为何物，而但有政治上之目的，虽时有学术上之议论，不但剽窃灭裂而已，如《新民丛报》中之汗德 [即康德] 哲学，其纰缪十且八九也。③

王氏指出该文“剽窃灭裂”，又带有以学术来为政治服务的缺点，因而“纰缪十且八九”。他虽然没有具体地谈到有哪些“纰缪”之处，但是这样的评估显然有其缘由。一方面王国维比较了解康德认识论方面的问题，而他似乎觉得任公在这方面十分外行；另一方面王国维认为学术有其独立而神圣的价值，不应将之视为实现其他目的之手段。他引用康德的话来支持此一观点：

故欲学术之发达必视学术为目的而不视为手段而后可，汗德伦理学之格言曰“当视人人为一目的，不可视为手段”，岂特人之对人当如是而已乎，对学术亦何独

---

① 《新民丛报》，号 25（1903 年），页 15。

② 有关王国维与康德哲学请参考 Joey Bonner, *Wang Kuo-wei, An Intellectual Biography* (Cambridge, Mass.: Harvard University Press, 1986), 57–69, 90–91. 当然我并不认为王国维对康德有完全“正确”的理解，有些学者强调他从叔本华的角度来认识与批判康德表现出另一种偏见，如贺麟认为王国维“提高叔本华贬低康德的说法表明王国维对康德哲学的认识是不够的，正因为这，最后他走上了叔本华的悲观主义道路”，见贺麟，《康德黑格尔哲学东渐记：兼谈我对介绍康德黑格尔哲学的回顾》，中国哲学编辑部编，《中国哲学》，辑 2（1980），页 356。

③ 王国维，《论近年之学术界》，《静庵文集》，收入《王国维遗书》（上海：上海古籍书店，1983），册 3，页 95 上。

不然？然则彼等言政治则言政治已耳，而必欲渎哲学、文学之神圣，此则大不可解者也。①

贺麟（1902–1991）也比较了解德国的近代哲学传统，他对任公谈康德的文章同样地感到不满。在1940年代的作品中，他同意在中国介绍西洋哲学要从介绍古典的哲学家着手，所以任公作“西儒学案”，“算走上正轨，惜甚简浅而未继续深造”。对贺麟来说，任公的缺点除了简略、肤浅之外，还有就是“用他不十分懂的佛学去解释他更不甚懂得的康德”，因而免不了零散、笼统、附会与错误等毛病。②

至1980年的《康德黑格尔哲学东渐记》一文，贺麟更深入地讨论“梁启超与康德哲学”一课题，他指出《近世第一大哲康德之学说》是我国第一篇系统介绍康德生活及其思想的文章，任公将康德哲学与佛学糅合在一起，并以王阳明主观唯心论的心学来渗透康德学说。贺麟也和王国维一样强调任公对康德的介绍为“政治活动所牵率”，因而特别介绍自由与服从的关系，认为正如同个人要服从自我之良心，国民要服从国家的主权。整体而言，贺麟的看法是：

梁启超那篇文章……与其说是客观介绍康德，无宁说是和他所了解的佛学唯识混在一起，康德在他那里完全被佛学、王阳明良知说所曲解，可以说不是德国的康德而是中国化的康德。③

贺麟之后注意到梁启超与康德的还有余英时与黄进兴。1983年余氏为《胡适之先生年谱长编初稿》撰一长序，分析清末民初思想界对西学的引介。他认为梁启超将康德的“真我”与王阳明的“良知”和佛家的“真如”相提并论，以为“若合符节”，是有开风气之功的；他也同意贺麟的看法，以为梁启超无法深入了解康德，这是“由于中国当时的思想界尚未成熟到可以接受康德的学说”。余英时特别注意到中西双方哲学背景的差异，他指出因为康德哲学是以西方哲学主流的知识论为中心，而“逻辑–知识论则恰好是中国思想传统中最薄弱的一环”，这成为国人在认识西方上的一大障碍。余英时说：

康德的知识论是以数学和牛顿的物理学为基础的，他讲“上帝”、“灵魂不灭”、“意志自由”三大问题则以基督教神学及传统形上学为背景。梁启超、王国维都不

① 王国维，《论近年之学术界》，页95下。

② 贺麟，《康德名词的解释和学说的大旨》，《近代唯心论简释》（重庆：独立出版社，1944），页182；贺麟，《当代中国哲学》（南京：胜利出版社，1944），页28。

③ 贺麟，《康德黑格尔哲学东渐记：兼谈我对介绍康德黑格尔哲学的回顾》，页352–355、359。

具备了解康德所需要的背景知识。①

黄进兴很同意余英时的看法。他在《所谓“道德自主性”：以西方观念解释中国思想史之限制的例证》一文首先追溯康德思想传入中国的经过，并进而指出近代以来国人吸收西方思想一则出于功利之企图，将之作为追求国家富强之工具，一则借以重新“理解、评估中国传统文化的现代意义”。梁启超对康德的译介反映出这两方面的特色。黄进兴说任公一方面将康德说成是“以康德哲学唤醒德意志民族之自觉力”，因而是“百世之师”与“黑暗时代之救世祖”；另一方面则以佛学名词“真如”、“无明”比附康德的哲学观念，又企图会通王阳明的良知说与康德的伦理思想。黄进兴的综评是：任公对康德的介绍“只是零星片段，难免失之浮光掠影”；而他会通中西的尝试则反映“当时中国语文在语言及概念两个层次皆不足以介绍陌生的思想体系”。

按照黄氏的看法近代以来国人认识康德“道德自主性”一概念时往往忽略康德后期所主张的“道德唯理观”，亦即“每一个道德概念都是先验的，理性是它唯一的基础与来源”，这一观点与西方学者如赫京生（Francis Hutcheson, 1694–1746）所主张“人类的道德实基于内心的道德情感”有所不同，与儒家将道德的基础建立在如“四端”的主张也截然互异。黄氏指出对康德来说赫京生依赖道德情感与儒家依赖四端而建立的道德概念都是“道德它律”（moral heteronomy），而非道德自律。黄进兴认为康德和休谟（David Hume, 1711–1776）一样，强调实然的感官世界不能导出应然的命题；康德由此“二元论”的逻辑因而导引出：道德来自“思维界”的“绝对要求”，亦即先验性的实践理性，而非感官经验中的道德情感。② 按照这样的观点，任公将康德与王阳明会通为一的做法显然忽略了两人道德理论上的一个根本的差异，换言之，用儒家来解释康德，或用康德的观念来谈儒家都是“与康德原意相悖”。作者除了批评任公之外，更针对牟宗三及其弟子以康德伦理概念来阐

① 余英时，《中国近代思想史上的胡适》（台北：联经出版事业公司，1984），页 56–57。

② 休谟与康德一样坚持实然的感官世界不能导出应然的命题，但休谟从这一逻辑却指出人们认识实然的世界要依靠理性，要肯定应然的道德原则则只能依靠道德情感。由此可见康德与休谟对应然的道德原则有不同的想法。同时，把赫京生的“道德情感”说与儒家的“四端”说相比较也牵涉到很多问题，因为两者有所差异。比方说赫京生与休谟 moral sentiment 的观念是源于经验主义的观点，而儒家的四端说却无此特色。

释孟子思想与宋明理学而有所回应。①

以上王国维、贺麟，余英时与黄进兴的评估显示梁译康德起码有以下的缺陷。首先，梁译有经世的动机，尤其是以“新民”来追求富强的企图，因而影响到材料的选择。其次，任公对康德认识的不足除了政治方面的因素以外，还有知识上的原因，他并不了解康德知识的基础是建立在西方的数学、牛顿的物理学、基督教神学与西方传统形上学等学问之上，所以在内容方面梁译是零星片段的，没有掌握到康德思想脉络与全貌，并以中国哲学的概念来附会康德的说法。黄进兴特别指出认识论与伦理学方面问题，认为康德（在后期所说）的道德自主性是奠基于“道德唯理观”之上，并非像儒家那样依赖“四端”，而其基础是认识论上的二元论。梁启超显然没有注意到这些观念上或预设上细腻的差异，因而误会了康德。而且假如我们注意到中国近代哲学与欧洲近代认识论危机之关系，任公对康德的误会还牵涉到其他的认识论方面的问题，下文将对此有所讨论。②

他们四人的评估也有一个共同的基本假设：认为任公所理解的康德与康德思想之间有所差距，所以此一译介在“信”方面有是缺陷的。然而以上的中国学者没有特别注意到任公是透过日文书刊来认识康德，因此也没有人指出任公所理解（或误解）的康德与当时日本学者译介西洋思想之间的关联。

在这方面日本学者宫村志雄的《梁啓超の西洋思想家論》最值得注意，他明确地指出梁启超的西洋思想家论与日本语文献之间的对应关系，而其中最重要的一个思想来源是中江兆民所译フイエ（Alfred Jules Émile Fouillée, 1838–1912）《理学沿

① 黄进兴，《所谓“道德自主性”：以西方观念解释中国思想史之限制的例证》，该文原刊于《食货月刊》，卷 14 期 7、8（1984），后收入氏著，《优入圣域：权力、信仰与正当性》（台北：允晨文化有限公司，1994），页 3–30。黄进兴的观点受到李明辉的反驳，见李明辉，《儒家与自律道德》，《鹅湖学志》期 1（1988），页 1–32；《孟子与康德的自律伦理学》，《鹅湖月刊》，期 155（1988），页 5–16。黄氏的回应则见上引书页 40–43。此一论辩在哲学界仍在持续发展之中，如杨泽波承认很受黄进兴观点的启发，但“既不完全同意黄进兴的看法，也不赞成李明辉的反驳”，杨祖汉则批评杨泽波而肯定李明辉。见杨泽波，《孟子性善论研究》（北京：中国社会科学出版社，1995）页 294；杨祖汉，《牟宗三先生对儒家的诠释：回应杨泽波的评议》，《儒家思想的现代诠释》（台北：“中研院”中国文哲研究所筹备处，1997），页 176–184。牟氏援用康德来谈中国哲学的书有《心体与性体》、《智的直觉与中国哲学》、《从陆象山到刘蕺山》等书。

② 中国学者对康德思想有无误会，如果有的话有何种误会，这些问题都值得做进一步的探究。我同意梁启超对康德有所误会，但牟宗三与唐君毅等人有无误会则需要做更多的研究。例如墨子刻教授认为唐君毅、金岳霖、李泽厚等哲学家不一定对康德什么基本上的误会。

革史》(*Histoire de philosophie*, 1879)。① 他的证据之一就是任公在《近世第一大哲康德之学说》一文中所说：

康德学说，条理繁赜，意义幽邃，各国硕学译之，犹以为难，况浅学如余者。兹篇据日人中江笃介所译阿勿雷托之《理学沿革史》为蓝本，复参考英人、东人所著书十余种汇译而成。

宫村认为任公有关康德一文所依据的主要文本是:《理学沿革史》第四篇"近代ノ學"第八章"第十八紀日耳曼理學カント"，也就是目前《中江兆民全集》第6册,《理学沿革史（三)》，页161–204的部分。②

宫村也指出任公在解读之中带有批判性，或是在"按文"，或是在"本文"之中"加笔"，浮现出真正的心声。因此任公透过东学所认识到的近代西方来批判中国传统，并进一步地在"勿为中国旧学之奴隶"与"勿为西人新学之奴隶"原则下，追寻自身思想的主体性。③

遗憾的是宫村志雄并没有仔细地讨论任公如何透过《理学沿革史》来译介康德，也没有深入分析任公在该文之中所做的评论，以及这些评论与任公学术思想的关联。拙文在这些方面将有所补充。

从以上的讨论我们可以了解：任公译介康德一事反映出近代西学东渐的一条漫漫长路，以此例而言其主脉至少包括了以下几次的解读与诠释：第一是法人 Alfred Fouillée 对德国哲学家康德的解读；第二是日人中江兆民对 Alfred Fouillée 作品的解读；④ 第三是任公对中江兆民译作的解读；第四是《新民丛报》的读者们对任公作品的解读。由于个人学养的限制，拙文不拟全面审视这四次解读之间环环相扣的复杂关系，下文仅将焦点放在上述的第三个环节。

① 此书完整的出版资料如下 Alfred Fouillée, *Histoire de la Philosophie*(Paris: Librairie Ch. Delagrave, 1875). 中江兆民所采用的是 1879 年所刊行的第二版，于 1886 年译出，在东京出版。该书不但有中江兆民的日译本，还有 1893 年 P. Nikolaev 的俄文译本与以下的西班牙文译本：F. Gallach Pales, *Historia General de la Filosofia* (Buenos Aires, Argentina: Ediciones Anaconda, 1943).

② 中江笃介，《中江兆民全集》（东京：岩波书店，1985）。

③ 宫村志雄,《梁啓超の西洋思想家論——その"东學"との關聯において－》,《中國——社會と文化》，号 5（1990 年），页 205–225。

④ 有关中江兆民对西方文明的译介可参考井田进也的研究,《中江兆民のフランス革命》,《思想》，号 782（1989），页 97–119。

三、从カント到康德：梁启超对康德中国图像的建构

任公到底如何“遇到”康德，而决定透过日文著作来了解康德思想呢？根据《论学日本文之益》，任公“既旅日本数月，肄日本之文，读日本之书，畴昔所未见之籍，纷触于目，畴昔所未穷之理，腾跃于脑”，① 而他与罗普（孝高）共同编辑的《和文汉读法》是在1899年春天于箱根完成的，② 因此我们可以推测他开始接触到和书中的康德大约是1899年夏天以后的事。

任公读过哪些书呢？诚如前述他除了参考《理学沿革史》之外，还依赖“英人、东人所著书十余种汇译而成”。在《东籍月旦》之中任公谈到初抵日本时他所阅读的书籍，其中直接与康德有关的是：由石川荣司编，育成会所出版的一套共有十二册的丛书《伦理学书解说》，该书“取欧美古今斯学名家之书，译其意而解释之”，其中第七册即为《康德伦理学》。③ 此外间接相关的书，伦理学方面有野口援太郎译，英国麦恳治著，《伦理学精义》；山边知春与太田秀穗译，英国士焦域著，《伦理学说批判》；西晋一郎译，英国格里安著，《格里安伦理学》等书。历史方面则有美国棣亚著《近世泰西通鉴》与永峰秀树译，法国基梭著，《欧罗巴文明史》等。其他有关的书籍可能还有纲岛梁川著《西洋伦理学史》、田中治六译编的《西洋近世哲学者略传》、中岛力造的《列传体西洋哲学小史》、杉山藤次郎著《泰西政治学者列传》等。另外特别值得注意的是1887年以来由东京哲学会所刊行的《哲学杂志》，在1901–1903年之间该杂志刊登了不少日本学者有关会通东西哲学的作品，其中也涉及讨论儒学、佛学与康德之关系的议题。④ 上述这些书是任公认识康德时的参考读物，也提供任公撰写《近世第一大哲康德之学说》一文的灵感。⑤

任公不但阅读日文书籍来了解康德，他在生活经验之中也曾经“遇到”康德，

① 梁启超，《论学日本文之益》，《饮冰室文集》，4：80。

② 丁文江，《梁任公先生年谱长编初稿》（台北：世界书局，1971），页86。

③ 梁启超，《东籍月旦》，《饮冰室文集》，4：89。

④ 作者感谢巴斯蒂教授提供此一讯息。

⑤ 见森时彦编《〈饮冰室文集〉引用和书目录》初稿（未刊），及巴斯蒂，《梁启超与宗教问题》，《东方学报》，册70（1998），页341。

而刺激他深入探索康德的学说：

吾昔见日本哲学馆，有所谓四圣祀典者，吾骇焉！稽其名，则一释迦、二孔子、三苏格拉底、四康德也，其比拟之果伦与否，吾不敢言，即其不伦，而康德在数千年学界中之位置，亦可想见矣！作康德学说。①

此处所说的哲学馆是由佛教哲学的研究者、也是哲学会会员的井上圆了（Inoue Enryo, 1858—1919）于1887年在东京本乡所创立的，该馆倡导“护国爱理”，讲解东洋哲学以及各种相关学科。哲学馆于1903年改称哲学馆大学、1906年又改称东洋大学，至今仍然存在。② 井上为了将哲学（与佛教）传布到一般民众，在哲学馆举行任公所谓的四圣祀典，此一做法也带有折衷、融合佛教、儒家与西方哲学的意味。③ 井上与任公的结识可能是在1899年，该年5月13日任公受东京大学教授姉崎正治（Anezaki Masaharu, 1873—1949）之推荐，在哲学会的大会上演讲《论支那宗教改革》，④ 井上参加了此次演讲，或许因此结识任公，并邀请他参观哲学馆，因而使任公进一步认识到康德在学界中的重要性。

在任公所参考有关康德的日文资料之中，中江兆民所译的《理学沿革史》无疑地扮演最重要的角色。因此一个很迷人的问题是中江书中的カント一章与任公的《近世第一大哲康德之学说》一文究竟有何异同？换言之，任公是如何将“カント”转变成国人能读得懂的“康德”？在转换过程之中他是否经过一些加工？而加工之后是否因而导致误会或扭曲？这些问题都有待澄清。

根据我所做的文本对照，任公在不少地方大致上都跟着《理学沿革史》，兹举在本文与按语中的几个例子来做说明。

---

① 《新民丛报》，号25（1903年），页11。

② 有关井上圆了的传记资料收藏最完备之处是位于东京文京区白山的“井上圆了记念馆”。

③ 见田中琢、宇野俊一、朝尾直弘等编，《角川新版日本史辞典》（东京：角川书店，1996），页80、750。亦见 Carol Gluck, *Japan's Modern Myths: Ideology in the Late Meiji Period* (Princeton: Princeton University Press, 1985), pp. 138, 348. 有关四圣祀典最详细的考察请见森纪子，《清末における梁啓超の佛學と近代日本》，“The Role of Japan in the Reception of Modern Western Thought in China: The Case of Liang Qichao”研讨会会议论文，页8。森纪子并从《图录东洋大学百年史》之上找到当时的“四圣画像”。

④ 梁启超，《论支那宗教改革》，《清议报》，册19(1899年)，页1231。巴斯蒂，《梁启超与宗教问题》，页338、341。有关姉崎正治的思想请考巴斯蒂文页348。

康德以为欲明智慧之诸作用，宜先将外物之相区为二种，其一曰现象，其二曰本相。现象者，与吾六根相接而呈现于吾前者，举凡吾所触所受之色声香味皆是也。本相者，吾所触所受之外，彼物别有其固有之性质存，故吾所知，仅为现象，若云本相吾具知之，无有是处。（25:17）①	カント以為ラク、智慧ノ諸作用ヲ點檢セント欲セバ宜ク首ニ外物ノ相ヲ區別シテ二個ト為ス可シ、其一ハ現象ニシテ其一ハ本相ナリ、現象トハ吾人ノ五官ニ呈スル所ノ采色聲音形貌ノ謂ニシテ、本相トハ吾人ノ五官ヲ外ニシテ物ノ固有スル所ノ性質ノ謂ナリ、而シテカントノ意ニ在リテハ吾人ノ智慧ハ獨リ物ノ現象ヲ知ルコトヲ得、若夫レ其本相ハ之レヲ知ルコトヲ得ルノ道無シ、（页 165）②

又如：

康德以为吾人智慧所以总彼众感觉而使就秩序者，其作用有三，一曰视听作用（案此实兼眼耳鼻舌身所受者而言，举一例余耳），二曰考察作用，三曰推理作用。（25:19）	カント以為ラク、吾人ノ智慧ノ彼ノ眾感覺ヲ總合シテ次序ニ就カシムルニ於テ其作用蓋シ三有リ、曰ク視聽ニ係ル作用ナリ、曰ク考察ニ係ル作用ナリ、曰ク推理ニ係ル作用ナリ、（页 168）

在按语中任公也引用《理学沿革史》之上的观点：

案康德之说甚深微妙，学者或苦索解。法儒阿勿雷脱尝为一譬以释之云，譬有一光线于此，本单纯无杂者也，一旦以一凸凹无数之透光物置于其前，此光线透过此物而接于吾眼帘也，则发种种彩色，为圆锥形，而无量数之部位乃生。空间时间之有许多部位，即同此理。故苟精算者，则能取其圆锥形之相，及其众多之部位，一一算之，不爽铢黍。何也？以其落于现象，既循不可避之理也，至其所以发此彩色者，由光线之本体使然，光线本体，固极自由，谓其必循不可避之理则非也。（26:17–18）	爰ニ一線ノ光輝有リ、所謂單純無雜ナル者ナリ、然ルニ中央一隔凸凹無數ナル物ヲ透過スルニ及ビ、種種ノ彩色發シ來リ以テ圓錐形ヲ為ス、是ニ於テ眾多ノ部位生出シテ猶ホ宇宙ト永劫トノ眾多ノ部位有ルガ如シ、然レドモ當初一線ノ光輝ト中央ノ一隔ト一タビ知ルコトヲ得ルトキハ、彼ノ圓錐形ノ處ト眾多ノ部位トモ亦固ヨリ詳ニ之ヲ算スルコトヲ得可シ、 此一譬ニ在リテ所謂一線ノ光輝ハカントノ所謂真我ノ生ナリ、中間種種ノ彩色ハ其所謂現象ノ生ナリ、圓錐形及ビ眾多ノ部位皆予メ算スルコトヲ得キハ可其所謂避ク可ラザルノ理ナリ、是ニ於テ譬喻ヨリ本論ニ入リテ言フトキハ、所謂真我ハ或ハ自由ニシテ撰擇スル所有ルコトヲ得可シ、故ニカント以為ラク、現象ノ生ニ於テ吾人一ニ夫ノ避ク可ラザルノ理ニ循フモ、未ダ遽ニ真我ノ生ヲ並セテ自由ナラズト為ス可ラズト、（页 182–183）

从以上的对照我们可以了解任公并非逐字逐句地翻译，而是择要地摘译中江的大意。他解读日文的方法基本上都配合《和文汉读法》一书所揭示的原则，例如将ナリ译为“也”、可ラザル译为“不可”等。③ 上述的摘译大致上都能掌握中江译

① 此处是指《新民丛报》，号 25（1903 年），页 17，下同。

② 此一页码指《中江兆民全集》册 6，《理学沿革史（三）》之中的页数，下同。

③ 见京都大学图书馆藏《和文汉读法》，该书无出版资料，书尾有“梦花卢氏增刊”、“每本三角”、“翻刻必究”字样。ザル、ナリ之解释见页 7、12。

文的要点。

然而任公的摘译也有不少“加工”之处，因而使他的文章与中江书中的カント一章有所不同。兹将较重要的差异列举如下：

一、名词的更动。任公将一些日文中以汉字所写的词改为中文之中较常用、任公较惯用、或较新的一些词。如“宇宙ト永劫”译为“空间时间”；①“次序”译为“秩序”；“精神”译为“魂”；将“意欲ノ自由”译为“良知之自由”。②又如将“理学”译为“哲学”，将“庶物原理ノ学”译为“庶物原理之学（即哲学）”等，这可能是因为中江在1886年翻译该书之时日本学界以“哲学”来翻译法文的philosophie或英文的philosophy一词尚未流行所致。③

再者任公将中江的“点检派”改为中文之中较为适当的“检点派”，又在上引25:17的文中将“五官”改为具有佛教意味的“六根”等，这两个例子值得作较深入的讨论。

以“点检”和“检点”来说，此二词是为了翻译德文的“kritik”或法文的“critique”。④“点检”和“检点”两个名词在中文之中都存在，然而为什么任公要作此更动呢？这可能涉及以下的原因。首先在日文常用词汇之中只有“点检”，而无“检点”，因此中江的翻译很自然地就使用“点检”。在中文之中“点检”一词大约是唐代以后才出现的，《北史》有“点检百官”、杜甫、白居易的诗句中也用过这个词，五代至宋初又出现“殿前都点检”的官名，此后至宋、明时代此一名词一直存在。“检点”一词也是唐至五代时出现的，梁末帝曾将点检的官名改为检点，至清代检点一词仍普遍地为人们所用，它一方面是官名，另一方面也指检查、验证、反省等。极有趣的是在《朱子语类》中点检与检点两词都有，也带有“检点自家身命”、“若能一日时二辰点检自己”的伦理意涵，⑤然而至《红楼梦》之中只有“检

① 任公在按语中曾说明文章之中不适合用“单字”，所以才作此一变动，“时间空间佛典通用译语也，空间以横言，时间以竖言。佛经又常言横尽虚空，竖尽永劫，即其义也。依中国古名则当曰宇曰宙，以单字不适于用，故循今名”，《新民丛报》，号25（1903年），页20。

② “良知”一词的翻译显然与任公阳明学的背景有关。

③ 中江译文之中“理学”是用来翻译philosophie，“庶物原理学”则是翻译metaphysique。但是任公在中文之中却不作区别，两者皆译为“哲学”。

④ 当时“kritik”一字的另一译法是“批判”。

⑤ 见“中研院”全文检索系统《朱子语类》“点检”有69例，“检点”则有21例。

点”而没有“点检”了。[1] 这样一来我们似乎可以推断任公所较熟悉、常用的语汇是检点，所以他才把中江的“点检派”改为“检点派”。

将“五官”改为“六根”也颇值得琢磨。“五官”是一个很早就出现的名词，在《庄子》与《荀子》之中即有，指耳、目、鼻、口、心等五种官能。六根一语在《庄子·外物》也已有，如“夫六根无壅，故彻”，但佛教传入之后六根则是指《般若经》所谓的“眼、耳、鼻、舌、身、意根”，又作六情，指六种感觉器官，或认识能力；即眼根（视觉器官及其能力）、耳根（听觉器官及其能力）、鼻根（嗅觉器官及其能力）、舌根（味觉器官及其能力）、身根（触觉器官及其能力）、意根（思维器官及其能力）。为何任公要作此更动呢？我认为这可能是因为他描写康德的观念时发现“是故当知我之接物，由我五官及我智慧两相结构，而生知觉，非我随物，乃物随我”，任公并在此句之后下一按语“五官者，《楞伽经》所谓前五识也；智慧者，所谓第六识也”。[2] 这样一来任公显然以为在上引 25:17 的文中，“六根”较中江所用的“五官”更适合用来说明康德的观念。这显示当任公尝试了解西方哲学之时，他在中国思想中的经验（尤其是佛教方面的经验），从语言层次开始就影响到他的认知。[3] 任公在评语之中多方以佛教“真如”、“无明”等观念来阐释康德也表现出同样的心态。

二、比喻的更动。任公将外国的比喻改为国人较熟悉的中国的典故，如在解释康德所谓道德之责任时，任公说：“挟泰山以超北海，此其事不可以责诸人者也，故不得以之为责任；为长者折枝，此其事可以责诸人人者也，故得以之为责任”，在其下任公加一按语表示：“案原文引喻不尔尔，今译其意，取易解耳”。这是采用《孟子》之中的典故来解释康德的想法。[4]

三、表达方式的更动。任公将康德的观念用论理学中的三段论式来表达。例如：

---

① 见“中研院”历史语言研究所《红楼梦》资料库，该书无“点检”一词，“检点”则出现 11 次，如“诸事检点些”、“昨儿失于检点”等。

② 《新民丛报》，号 25（1903），页 17–18。

③ 另外一个类似的例子是“根尘”，任公在正文中有所谓“大小轻重坚脆，幢幢纷投，入吾根尘，而皆可为学问资料”（《新民丛报》，号 25，页 18），但“根尘”一词在中江原文中并没有（见页 167）。此词出于佛典，指眼、耳、鼻、舌、身、意等六根，以及与之相对的色、声、香、味、触、法等六尘。

④ “挟泰山以超北海”与“为长者折枝”是出自《孟子·梁惠王上》之中的典故。该段与日文之间的对应关系不很明显，不过可以断定是出于《理学沿革史（三）》，页 184–185。

夫责任之理与自由之理常相倚而不可离者也。以论理学明之，则其式当云：

不能自由者不足以为责任也

真我者有道德之责任也

故真我者常自由也

此康德以道学证自由说之大概也。[1]

在中江的译文之中与上文直接对应的句子是："夫ノ真我ノ見ル所ニ由レバ吾人本ト自由ノ理有ルコトヲ得レバナリ、他無シ、苟モ責任ト云フトキハ自由ノ理ハ其中ニ存スレバナリ"（中译是：依真我之见，吾人本可得到自由之理，此无他，若言及责任，自由之理即存于其中）。[2] 比较上述两者可见：三段论法的表达方式是任公自行增加的。任公在 1903、1904 年之际对"论理学"（即 Logic，严复译为"名学"）非常感兴趣，因而透过日文书籍与严复的翻译来钻研此学。1904 年他在《墨子之论理学》一文中就曾经仔细地介绍三段论法在推论上的八个基本原则，并将墨子的理论以类似的方式演为层层相叠的三段论法。[3] 此处所作的更动无疑是任公当时沉浸于论理学的一个反映。

四、文章结构的更动。任公除了做一些文字与表达方式的变动之外，对文章的结构也有所调整，下表是两文章节标题的对照：

任公《近世第一大哲康德之学说》大纲	中江《理學沿革史》カント部分大綱
发端及其略传	緒論
学界上康德之位置	カントノ理學ノ方法
康德之"检点"学派	本論
论纯智（即纯性智慧）	純然智慧ノ點検
一、学术之本原	第一、學術ノ本原
智慧之第一作用（即视听作用）	視聽ノ作用
智慧之第二作用（即考察作用）	察ノ作用
二、庶物原理学（即哲学）之基础	第二、庶物原理ノ學ノ根基
智慧之第三作用（即推理作用）	推理ノ力
论道学为哲学之本	精神、世界、神等三大問題
申论道学可以证自由	實行ノ智慧ノ點検 道學
论自由与道德法律之关系	第四文藝[2]

① 《新民丛报》，号 28（1903 年），页 10—11。

② 《理学沿革史（三）》，页 185。

③ 梁启超，《墨子之论理学》，《新民丛报》，号 49（1904 年），页 85—96；号 50（1904 年），页 59—62。

④ 中江的标题与法文原版是一致的，原文也没有第三，然后就是第四文艺"IV. –L'ART"。

从以上的对比可以发现：任公的译介在结构上是高度选择性的，甚至是非常随意的。最初的两节“发端及其略传”、“学界上康德之位置”并不是从《理学沿革史》而来，应是采自上述《西洋近世哲学者略传》之类的书。然而从“康德之‘检点’学派”至“论自由与道德法律之关系”则明显是摘译自《理学沿革史》。不过任公没有翻译绪论中“康德哲学之方法”（“méthode de Kant”）的一节与最后有关“文艺”（“l'art”）的一节，由此可推测这两部分并非任公兴趣之所在。

即使在文章中间介绍康德哲学的部分，任公也不跟着《理学沿革史》的大纲，将康德哲学分为“纯然智慧ノ点检”与“实行ノ智慧ノ点检”。任公仅接受前者，所以从“论纯智（即纯性智慧）”到“论道学为哲学之本”，基本上是遵循《理学沿革史》的脉络。但是写到一半他遭遇到困难，这主要是在“庶物原理ノ学ノ根基”一节中讨论“神”的部分，在这方面任公仅简单地谈道：

所谓本原之旨义者何？曰是有三，一曰魂，吾心中诸现象皆自之出者也；二曰世界，凡有形庶物之整体也；三曰神，魂与世界皆出于神，故神亦名本原之本原。魂也、神也、世界也，皆无限无倚，不可思议，非复视听考察之两作用所得实验，惟恃推理力以窥测之而已。（26:10）	所謂本原ノ旨義トハ何ゾヤ、曰ク是レ三有リ、其一ハ精神是レナリ、凡ソ吾人心中諸種ノ現象ハ皆之ヨリ出ヅ、故ニ之ヲ一個ノ本原ノ旨義ト曰フ、其二ハ世界是レナリ、凡ソ有形庶物ノ全體ナリ、故ニ亦之ヲ一個ノ本原ノ旨義ト曰フ、其三ハ神是レナリ、精神ナリ世界ナリ皆神ヨリ出ヅ、故ニ神ヲ號シテ最上本原ノ旨義ト曰フ、夫レ精神ヤ世界ヤ神ヤ此三者ハ無限無倚不可思議ノ旨義ニシテ、複タ視聽ノ作用及ビ實驗ニ賴リテ考察スルノ作用ノ與カル所ニ非ズシテ、唯推理ノ作用ヲ以テ之ヲ窺測スルコトヲ得ルノミ、（页 175–176）

在其下的按语任公则补充说明“所谓神者，景教之言造化主也，下文自详”。然而因为不久之后任公有美国之行，因此《近世第一大哲康德之学说》在《新民丛报》第 28 号“申论道学可以证自由”一节之后就暂时中断了。而后来有关神的讨论却被任公略过，上述他对读者所说“下文自详”的许诺也因此而落空。

任公从美国回来之后继续完成此文，他坦诚地表示：

前号本篇记康氏所提三大问题，一曰魂，二曰世界，三曰神，前二端既经译，惟神之一问题，涉于宗教家言，泰西所争论最剧者，而吾东方不甚注重，且康氏亦未下判断，不过为推度之辞耳，故今阙之，续以本论。译者识。（46–48:55）

任公对康德思想之中神的观念之忽略或许也因为他对基督教并不感兴趣。在

《中国学术思想变迁之大势》一书任公曾比较佛、耶二教，而将基督教说成是“哲理浅薄”的“迷信”：

佛耶两宗，并以外教入中国，而佛氏大盛，耶氏不能大盛者何？耶教惟以迷信为主，其哲理浅薄，不足以餍中国士君子之心也。佛说本有宗教与哲学之两方面，其证道之究竟也在觉悟（觉悟者正迷信之反对），其入道之法门也在智慧（耶教以为人之智力极有限，不能与全知全能之造化主比），其修道之得力也在自力（耶教日事祈祷，所谓借他力也）。①

从以上的看法可见巴斯蒂下面的论断是正确的，亦即任公对于宗教问题“终其一生，有一点是一贯的，这就是他对于基督教有一种深深的内在轻视。对基督教，他从来只是略有一些极其粗浅的二手知识”。② 然而如果进一步深究任公轻视基督教之渊源，我认为除了个人思想上的选择以外，很可能与当时日本思想界反基督教的言论，以及他与日本佛学、宗教研究者如井上圆了、姉崎正治等人过从较密等因素不无关系。③

从美国返回日本之后，任公继续完成《近世第一大哲康德之学说》，然而他的整个思绪似乎都联系不上了，任公接下来的讨论不采取《理学沿革史》中“實行ノ智慧ノ點檢”的标题，而仅摘译其中的一部份，再将标题改为“论自由与道德法律之关系”，然后整篇文章就戛然而止。这样的做法可以显示任公对康德哲学只有相当零散的了解，他仅仅是选择性地翻译他所感兴趣，而又看得懂的部分，因而该文所呈现的图像并没有掌握到中江译文的整体脉络。

五、现实关怀之影响。从以上两文结构的对照我们也可以发现任公在翻译上的选择和他对政治（或实用）方面的兴趣有关。即使像康德这样的哲学家，任公也非常希望能从其中汲取经世之资源，以“进国民之道德”。④ 在讨论康德的历史地位

① 梁启超，《中国学术思想变迁之大势》（台北：中华书局，1974），页76。该文原刊于《新民丛报》，号22（1902年），页30–31。

② 见巴斯蒂，《梁启超与宗教问题》，页364。

③ Carol Gluck, *Japan's Modern Myths: Ideology in the Late Meiji Period* 曾谈到在1890年代初期日本学界有关基督教是否忠于国家的问题有许多的辩论，而不少的哲学家（如井上哲次郎）与佛教徒对基督教采取一种批判的态度，见该书页133–134。

④ 带着爱国主义的情操与现实关怀来谈学术思想是清末之时任公思想的一个重要特征。有时他甚至因此而将现实价值投射到历史人物的思想之上，而作过度的引申、发挥，任公的《古议院考》及有关墨子的研究即反映此一特点。但是民初以后他意识到这个缺点，在1915年的《国风报》与1921年《先秦政治思想史》的《序论》上曾有所反省，请参考本书《梁启超的学术思想：以墨子学为中心之分析》一文。

时，任公有以下的话：

浅见者或以为哲学之理论，于政治上毫无关系，而不知其能进国民之道德，牖国民之智慧，使国民憬然自觉我族之能力精神至伟且大，其以间接力影响于全国者，实不可思议。虽谓有康德然后有今之德意志焉可也。（25:14）

由于经世的企图，任公特别突出康德思想的两个面向，一是伦理学说，一是政治理念。

在伦理学说方面任公深入介绍康德有关自由与道德的论证，以鼓励人们道德实践的勇气，并“挽功利主义之狂澜”（28:12）：

十八世纪之末叶，所谓伪维新思想者，风靡一世，若直觉主义，若快乐主义，滔滔然遍被天下，道念扫地，骄奢淫泆放纵悖戾之恶德，横行泛滥，自真挚谨严之康德出，以良知说本性，以义务说伦理，然后砥柱狂澜，使万众知所趋向。（25:14）

这一部分也涉及到任公对佛学、宋明理学与康德思想的会通与评估，下一节会有较多的讨论。

经世的企图也使任公以较多的篇幅翻译康德的政治理论，尤其注意到康德与卢梭之关系：

其政论则与卢梭出入，而为世界保障自由。（25:15）

康氏之政治论，殆与卢梭民约之旨全同，而更以法学原理证之……此等理想殆皆祖述卢梭而加以引申发明而已。（46–48:61）①

稍早在讨论卢梭思想时，任公也不忘记呼应康德的主张：

卢梭民约之真意，德国大儒康德解之最明，康氏曰民约之义，非立国之实事，而立国之理论也。此可谓一言居要者矣。②

任公更是非常详细地将《理学沿革史》之中介绍民主国、国际公法与“永世太平论”的部分翻译出来，请看以下的对照：

① 后一句是从《理学沿革史》来的，“カント此等ノ論ハ全クルーソーヲ祖述スト謂フ可シ”，见《中江兆民全集》，册 6，页 202。

② 梁启超，《民约论巨子卢梭之学说》，《新民丛报》，号 11（1902 年），页 18–19。

故康德推论道学之极则，谓宜合全世界以建设一“自由的善意之民主国”，夫然，故各国皆互以他人之行为为目的，而莫或以为手段。若是者亦名之曰“众目的之民主国”，众目的之民主国，各人有互相崇重，无互相利用者也。即卢梭所谓人人皆立法者、皆守法者，人人皆君主、皆臣从也。（46–48:63）	是故ニカントノ道學極則ト為ス所ハ自由ニシテ義理ニ合スル眾意欲ノ民主國ヲ建ツルニ在リ、此ノ如クナルトキハ各人皆眾人ヲ以テ其行為ノ目的ト為シテ、決シテ其手段ト為スコト無ケレバナリ、カント之ヲ名ケテ眾目的ノ民主國ト曰フ、 所謂眾目的ノ民主國トハ各人皆自由ニ皆自主ニシテ、他人ヲ以テ其行為ノ目的ト為シテ之ヲ敬重シ、其行為ノ手段ト為シテ之ヲ利用スルコト無シ、然ルガ若キ者ハ正サニ曩ニルーソーノ所謂眾人皆立法者ニ皆施法者ニ皆君主ニ皆臣從ナル者ナリ、（页 199）

康德又谓今之所谓国际公法者，其起原全与民法同。盖国与国之交涉，人与人之交涉，其道一耳。国国皆自由自主，而莫或服属于他国，甲国毋得以乙国为自利之一手段，是国家独立自尊之大义。（46–48:62）	カント以為ラク、世ノ所謂萬國公法ハ其本原トスル所ノ旨義全ク民法ト同ジ、蓋シ眾邦相交ハルノ道ハ即チ個人相交ハルノ道ニシテ、乃チ各邦皆自ラ主ト為リテ他ニ役屬スル所有ルノ理無シ、所謂各邦獨立自尊ノ大義ナリ、（页 203）

永世太平论之纲要，凡五大端： （一）凡邦国无论大小，不得以侵略手段或交易割让买卖等名义，以合并于他国。 （二）诸邦不得置常备军，如现时之积习。 （三）一国之中有内讧，而他国以兵力干预之者，在所必禁。 （四）各国皆采民主立宪制度，以此制最合于最初民约之旨。且可以巩固全国人自由平等之权理。 （五）各独立国相倚以组成一大联邦，各国国民相辑和于国际法之范围内，若有龃龉，则联邦议会审判之，如瑞士联邦现行之例。（46–48:62–63）	永世太平論ノ書綱要トスル所ノ條項蓋シ五有リ、即チ一ニ曰ク、凡ソ邦國其大小ニ論無ク、侵略ニ由リ若クハ交易ノ名義ニ由リ讓與ノ名義ニ由リ賣買ノ約若クハ嗣統ノ約等ニ由リテ他邦ニ合併スルコト有ルコト得ズ、 二ニ曰ク、諸邦常備軍ヲ置クノ習當サニ時ヲ以テ之ヲ廢ス可シ、三ニ曰ク、凡ソ一邦ノ中内訌有ルニ及ビ、他ノ一邦ヨリ干戈ヲ操リ入レテ之ヲ治ムルコトハ嚴ニ之ヲ禁ズルコト要ス、 四ニ曰ク、各邦ノ制度皆正サニ民主ノ制ニ循フ可シ、是レ最モ當初民約ノ旨趣ニ合スト為シテ、且ツ國人ノ自由權及ビ平等ノ義ヲ鞏固ニスルニ於テ獨リ適當ト為スヲ以テナリ、 五ニ曰ク、眾獨立ノ邦相倚リテ以テ一大聯邦ヲ擁立シ、諸國ノ民相共ニ好ヲ修メテ以テ萬國公法ノ下ニ相輯和スルコトヲ要ス、若シ諸國ノ中相和セザルコト有ルトキハ、聯邦ノ議院之レ曲直ヲ斷ズルコト猶ホ瑞西聯邦ノ現ニ之ヲ行フガ如クス可シ、（页 203–204）

以上的三段与原文并无太大的歧异，但是接着上文的下一段文字则与原文有所出入：

或难康氏曰，兹事美则美矣，然实行之日终可得望乎？康氏曰，此则非以强力所能致者，惟民德与民智两者日进于光明，可以得之。（46–48:63）	人或ハ曰ク、此ノ如クニシテ全ク干戈ノ患ヲ弭ムルコトハ美ハ則チ美ナリ、顧フニ憑空ノ論ニシテ竟ニ行フ可ラザルコト無キ乎、カント答ヘテ曰ク、然ラズ、其事ノ大義ニ合シテ人人ノ當サニ務ム可キ所ナルヲ以テナリ、人又曰ク、此事果シテ漸ヲ以テ實行スルコトヲ得ル乎、カント答ヘテ曰ク、然リ、此事獨リ理義ノ論ノ益進闡スルガ為メニシテ行ハル可キノミナラズ亦眾邦ノ利益為メニシテ行ハル可シ、更ニ之ヲ言ヘバ、各邦財利ノ政早晩必ズ戰爭ヲシテ跡ヲ絕タシムルニ至ラン、（页 204）

以上中江的文字译为中文的话是：有人说如此完全消弭干戈之患的事，美则美也，回顾地看，凭空之论不至于有不能付诸实行的道理吧！康德回答说，不然，如果此事合于大义，则人人应当去实行。有人又说，此事到底能否以渐进的方式来实行呢？康德回答说，是的，此事不仅光是为了阐明理义之论的好处，也应该为了众邦之利益而实行；进而言之，各邦的财利政治迟早一定会发展到终结战争的地步。

任公的摘译没有将中江译文所谓各邦财利政治会消除战争而臻至“永世太平”的观点翻译出来，他转而强调“惟民德与民智两者日进于光明，可以得之”，而这一点显然不是中江这一段译文所企图传达的讯息。在此任公似乎是将严复翻译斯宾塞（Herbert Spencer, 1820–1903）以“社会有机体论”（social organism）为基础而提出民德、民智（以及民力）的说法，投射到中江所描写的康德思想之上。①

在经世情怀影响之下，另一个值得注意的倾向是任公从美国回来以后企图将康德思想与德国国家学说的主权论，以及英国自由主义者将自由当成一终极目的，并

① 严复在 1895 年所作的《原强》一文提出“民智之何以开，民力之何以厚，民德之何以明”，王栻主编，《严复集》（北京：中华书店，1986），页 15。任公的《新民说》深受其启发，他反复地表示“若以今日之民德、民智、民力，吾知虽有贤君相，而亦无以善其后也”（页 2）、“民力、民智、民德三者既进，则其民自能自认其天职，自主张其权利”（页 148）。

以法律保障个人自由的观点联系在一起。前者表现出任公强调个人对国家之责任，后者则显示任公在肯定国家主权的前提之下，也认识到个人在“界”之内的自由是具有终极价值的。这可以反映任公带着群己平衡、群己并重的思想架构来认识康德，并尝试着将康德思想与他从其他来源所得到的西方知识联系成一比较圆融的经世的构想。(下文将更详细地讨论此点)

任公在介绍康德的“良心说”，亦即“道德之责任，生于良心之自由”，而良心之自由是“超空间越时间……无一物可与比其价值者”之后，下一按语：

> 大抵康氏良心说与国家论者之主权说绝相类。主权者，绝对者也，无上者也，命令的而非受命的者也，凡人民之自由皆以是为原泉。人民皆自由于国家主权所赋与之自由范围内，而不可不服从主权。(46–48:56)

这种对主权的看法无疑地与任公在《新民丛报》第38、39期（1904.2）所介绍伯伦知理的主权说（并批评卢梭的主权论）是相配合的。① 任公进一步地将国家主权的绝对性与个人良心的绝对性结合在一起，来讨论个人自由的意义，对任公来说“良心”与“主权”是个人自由的基础，而主权的具体表现则是法律。换言之，对于伯伦知理国家学的接纳并没有使任公忽略个人自由所具有的终极意义，而康德的思想帮助他厘清了主权（法律）、个人自由与良心之间的关系：

> 吾人自由之权理所以能成立者，恃良心故、恃真我故，故不可不服从良心、服从真我。服从主权，则个人对于国家之责任所从出也；服从良心，则躯壳之我对于真我之责任所从出也。故字之曰道德之责任。由是言之，则自由必与服从为缘，国民不服从主权，必将丧失夫主权所赋与我之自由；人而不服从良心，则是我所固有之绝对无上的命令，不能行于我，此正我丧我之自由也。(46–48:56–57)

任公反复地强调对康德来说个人自由是一目的，而非手段，而且此一观点不但是道德的基础，也是法律之本原。在下面的翻译之中，任公加了一句中江译文之中所没有的“所谓人人自由，而以不侵人之自由为界”，来彰显个人自由之意义：

---

① 梁启超，《政治学大家伯伦知理之学说》，《新民丛报》，号38、39(1904年)，页49–51。任公根据伯伦知理而说“主权者，独立不羁，而无或服从于他种权力者也”、“主权既不独属君主，亦不独属社会，不在国家之上，亦不出国家之外。国家现存及其所制定之宪法，即主权所从出也”。

康德又言，尊重人身而无或以之供我之手段，是不特为道德之基础而已，亦制度法律之本原也。盖法律有二种，一曰制之于中者，则道德是也；二曰制之于外者，则寻常所谓法律是也。寻常法律之所目的，凡一切责任非在身外者（案谓人与人之交涉也），则不干预之，何也，身内之责任，非以他力所能强制者也。而推原权理之所由立，罔不起于尊重自由之一要义，两者相互之间，而各皆欲保全其自由勿使放弃，此法律上之权理所由生也。故康德关于权理之学说，复有一格言曰，“汝当循法律上所定者，以使汝之自由与他人之自由相调谐”，即所谓人人自由，而以不侵人之自由为界也。（46–48:60）	カント以為ラク、人身ヲ鄭重ニシテ之ヲ手段視スルコト無キコトハ、獨リ道徳ノ務ノ根基ナルノミナラズ亦制度法律ノ本原ナリ、蓋シ法律ハ二種有リ、一ハ之ヲ中ニ制シ、一ハ之ヲ外ニ制ス、其之ヲ中ニ制スル者ハ所謂道德ニシテ、其之ヲ外ニ制スル者ハ尋常所謂法律ナリ、是レ即チ道德ト尋常法律トノ別ヲ為ス所以ナリ、是故ニ世ノ所謂權理ハ民法及ビ政法ノ目的トスル所ニシテ、一切身外ニ係ル責任ノ類ノ外預知スル所無シ、他ニ非ズ、身外ニ係ル責任ニ非ザルヨリハ力ニ藉リテ之ヲ強フルノ道無ケレバシナリ、 夫レ權理此ノ如ク見來ルトキハ、兩意欲相對スルノ間發作スル所ノ交際ノ様式タルニ外ナラズシテ、兩意欲ヲシテ皆身外ノ自由ヲ保ツコトヲ得セシムルコトヲ主トスル者ナリ、更ニ之ヲ言ヘバ、權理トハ相互ニ其自由ヲ鄭重ニシテ敢テ或ハ犯スコト無キヲ謂フ是レナリ、カントハ是ニ於テ乎凡ソ權理ノ類ニ相通ズル所ノ格言有リ、曰ク、凡ソ身外ノ事ニ係リ汝當ニ務テ法律ノ定ムル所ニ循ヒ、汝ノ自由ヲシテ他人ノ自由ト調諧セシムルコトヲ求ム可シ、（页 201）

“人人自由，而以不侵人之自由为界”的想法虽然与康德的思想是相配合的，但是不容忽略的是这一想法在任公思想之中是与英国自由主义和社会达尔文主义等思潮密切相关。早在 1899 年任公接触康德思想之前，他在《自由书》的《放弃自由之罪》一文，就以“界”来谈个人自由，而其推理的基础是“物竞天择”的“天演学之公例”：

夫物竞天择，优胜劣败（此二语群学之通语，严侯官译为物竞天择适者生存……）此天演学之公例也。人人各务求自存则务求胜，务求胜则务为优者，务为优者，则扩充己之自由权而不知厌足，不知厌则侵人自由必矣。言自由者必曰，人人自由而以他人之自由为界。夫自由何以有界，譬之有两人于此，各务求胜，各务为优者，各扩充已之自由权而不知厌足，其力线各向外而伸张，伸张不已，而两线相遇，而两力各不相下，于是界出焉。故自由之有界也，自人人自由始也。①

任公于 1901 年所写的《十种德性相反相成义》一文则是从文明与法治的观点来讨论界：

吾尝观万国之成例，凡最尊自由权之民族，恒即为最富于制裁力之民族，其故何哉？自由之公例曰，人人自由而以不侵人之自由为界。制裁者，制此界也；服从

① 梁启超，《放弃自由之罪》，《清议报》，册 30（1899 年），页 1929。

者，服此界也。故真自由之国民，其常要服从之点有三，一曰服从公理；二曰服从本群所自定之法律；三曰服从多数之决议。是故文明人最自由，野蛮人亦最自由，自由等也，而文野之别，全在其有制裁力与否。①

在《新民说》的《论自由》一文他也谈到："自由之界说曰，人人自由而以不侵人之自由为界……文明自由者，自由于法律之下"。② 我认为任公此种对权界的看法很可能深受严复的影响。严复在 1895 年《天演论》按语之中曾说"太平公例曰，人得自由，而以他人之自由为界"、"道在无扰而持公道，其为公之界说曰，各得自由而以他人之自由为域"。③ 在 1903 年《群己权界论》的《译凡例》中严复也表示"我自繇者人亦自繇，使无限制约束，便入强权世界，而相冲突，故曰人得自繇，而必以他人之自繇为界"。④ 无论如何，梁启超在接触康德思想之前已经经由阅读英国自由主义与社会达尔文主义的论述而认识到"界"的观念，此一观念影响到他对康德自由观念的译介与诠释。

以上分别从用字、文句、文章结构、思想内涵等方面来观察任公如何以中江的《理学沿革史》为蓝本，将康德的思想介绍到中文的世界。从任公的"加工"我们可以了解他的译介无论在文字，还是思想内涵的层面，都具有高度的选择性。他不翻译康德的哲学方法与文艺观念，对康德讨论神的部分则是轻描淡写、点到为止。在康德思想之中他特别关心伦理思想与政治理念两方面，并将康德哲学与他从其他来源所得的西方知识作一对话。任公指出康德的政治理论与卢梭相同；康德的伦理学说是对功利主义的批判；而康德对良心、自由、责任、法律的看法则可以配合德国国家学说的主权论与英国自由主义者将自由视为终极价值，并受法律保障的观点。总之，任公对康德中国形象的建构展现出一个高度选择性的视角，他仅仅将他看得懂又感兴趣的部分译介出来罢了，在内容上可以说不及中江的译文来得完整与深入。

上面的分析大致上可以回答中江《理学沿革史》中的カント与任公笔下之康德的差异，然而这样的回答还忽略的一个重点，亦即任公文章与中江译文的一个非常重要的不同是任公译介康德不仅是为了介绍西方的理念，他更受到当时日本哲学界的影响（特别是上述《哲学杂志》之中的文章）企图作一东西的对话，并借此而建

---

① 梁启超，《十种德性相反相成义》，《清议报》，册 82（1901 年），页 5156。

② 《新民丛报》，号 7（1902 年），页 7–8。

③ 严复译，《天演论》（上海：商务印书馆，1930），上页 34、下页 44。

④ 穆勒原著、严复译述，《译凡例》，《群己权界论》（上海：商务印书馆，1930），页 1。

立自身的学术思想。下面我们将环绕着任公的《近世第一大哲康德之学说》一文的按语部分，来思考这个问题。

四、梁启超对康德思想的阐释与评估

梁启超有关康德的文章一方面选择性地摘译自中江的译文，另一方面也提出他对康德思想的阐释与评估。① 这些评估有些是较一般性的，例如任公认为康德思想微妙精深、“条理烦赜，意义幽远”、“康德之说甚深微妙，学者或苦索解”；或是指出康德在历史上的崇高地位，“康德者，非德国人而世界之人也，非十八世纪之人，而百世之人也”、他是“空前绝后一大哲”；所以国人“有志新学者终不可不悉心研究之，反复熟玩焉”等。(25:15)

然而在绝大部分的按语之中，任公尝试将康德与他较为熟悉的中国思想，如佛学、王阳明的心学，与朱熹、张载的思想作一比较，并评估其得失。整体观之，任公以为理论最完善的是佛学，其次是阳明学，再其次是朱熹的理学，而他将康德的学说放在与阳明学相当的地位；换言之康德哲学不及佛学、类似阳明学，而较朱熹、张载的学说来得高明。以下分别从认识论、本体论与道德论等方面来作说明。

任公对于抽象的、超越现实世界的根本“原理”非常感兴趣。② 他将康德的认识论与佛学相比较，指出“康氏哲学，大近佛学”、“其言空理也似释迦”，所谓的空理主要是指康德从内在“直搜讨诸智慧之本原，穷其性质及作用也”，任公以为这样的取向和“佛教唯识之义……穷一切理，必先以本识为根柢”可以相互印证。(25:16)

任公了解康德有关现象和本相的区别，以及人类所能知道的部分是现象，而非本相：

---

① 任公不但在按语之中，有时甚至在正文之中也加入自己的意见。如“道德ノ學ヲ以テ根基ト爲シテ然後始テ與ニ庶物原理ノ學ヲ言フ可キノミ（176）”被任公摘译为“故必以道学为之本，然后哲学有所附丽。此实康氏卓绝千古之识，而其有功于人道者，亦莫此为巨。(26:11)”。最后的一段话即为中江原文所无。

② 如任公说培根“其重别理而轻原理，此其所以有逊色于康德、斯宾塞诸贤也”（《新民丛报》，1:16）；而边沁的思想有缺陷因为他“不言魂学，故其所谓乐，只在世间而不及出世间”（《新民丛报》，15:20），由此可见任公颇为注重“原理”与“出世间”方面的探索。这一观点也可以帮助我们了解第一次世界大战后任公对欧洲文化危机的分析，他似乎认为欧洲的“科学”文明忽略了出世间的探索，而这是一条错误的路径。任公不像后来的金岳霖、唐君毅等人那样，注意到休谟、康德等人所导引出欧洲认识论的革命造成客观知识与主观意见之间的割裂，阻碍了欧洲人对出世间的追寻。

康德以为欲明智慧之诸作用，宜先将外物之相区为二种，其一曰现象，其二曰本相。现象者，与吾六根相接而呈现于吾前者，举凡所受之色声香味皆是也；本相者吾所触所受之外，彼物别有其固有之性质存。故吾所知，仅为现象，若云本相吾具知之，无有是处。（25:17）

而康德谈到人们在观察现象之时：

吾人所见之色，特就其呈于吾目者，自我名之而已。使吾有目疾，覆视此物，则不复能如平时。（25:17）

任公马上想到佛经中一个类似的比喻："《楞严经》云，譬彼病目，见空中华，空实无华，由目病故，是故云有，即其义也"。① 而康德说"是故当知我之接物，由我五官及我智慧两相结构，而生知觉，非我随物，乃物随我"，任公在此句之后的按语表示"五官者，《楞伽经》所谓前五识也；智慧者，所谓第六识也"。（25:18）②

康德指出人们对于现象界的了解除了透过视听作用外，要依赖考察作用，亦即"观察庶物之现象，而求得其常循不易之公例"，而公例之求得要根据三大原理：

一曰条理满足之理，谓甲之现象，其原因必存于乙现象之中，彼此因果互相连属也。二曰庶物调和之理，谓凡百现象，恒相谐相接，未有突如其来，与他现象无交涉者也。三曰势力不灭之理，谓凡现象中所有之力，常不增不减也。（25:22）

任公也将之与佛典之说相提并论：

案此三大原理者……其义与华严宗之佛理绝相类，所谓条理满足者，即主伴重重十方齐唱之义也；所谓庶物调和者，即事理无碍相即相入之义也；所谓势力不灭者，即性海圆满不增减之义也。（25:22）③

---

① 这里所引的应该是《楞严经》卷第二的一个典故，"云何名为别业妄见？阿难，如世间人目有赤眚，夜见灯光别有圆影，五色重叠，于意云何？此夜灯明所现圆光，为是灯色？为当见色？阿难，此若灯色，则非眚人何不同见？"见北京社科院宗教研究所编，《白话佛教经典（二）：大佛顶首楞严经》（台北：博远出版有限公司，1993），页 56。

② 有关《楞严经》中谈到眼识、耳识、鼻识、舌识、身识、意识等，见北京社科院宗教研究所编，《白话佛教经典（二）：大佛顶首楞严经》，页 80–88。

③ 这里所谈的涉及华严宗教义，"华严宗以十玄门与六相圆融之说为根本教理，历来并称'十玄六相'，二者会通而构成法界缘起之中心内容。此即从十方面说明四法界中事事无碍法界之相，表示现象与现象相互一体化（相即），互相涉入而不碍（相入），如网目般结合，以契合事物之自性，即以十门表示法界缘起之深义"；而十玄门的第十门即是"主伴圆明具德门"，意指主体（主）与从属（伴）之间的密切关系，比喻"如来所说圆教之法，理无孤起，必有眷属随生。故十方诸佛菩萨互为主伴，重重交参，同时顿唱圆教法门"。见《佛光大辞典》（高雄：佛光出版社，1988），页 416，"十玄门"；页 1533，"主伴圆明具德门"。

同时任公注意到康德有关视听、考察、推理的说法与朱子格致说的类似处，但他却觉得朱子之说不如康德之说那么博深切明，“未示以穷理之界说，与穷理之法门”。康德的想法是：

视听考察两作用，能整理事物之纷扰，定其次序，使之由复杂渐入于单纯……推理力者，能检点所序列之事物，自一理进入他理，自一例进入他例，如是层累而升，以求达于极致之处。（26:9）

任公的评论则是：

案朱子补格致传谓即凡天下之物，莫不因其已知之理而益穷之，以求至乎其极，至于用力之久，而一旦豁然贯通焉，则众物之表里精粗无不到，而吾心之全体大用无不明，与康德此论颇相类。惟朱子教人穷理，而未示以穷理之界说，与穷理之法门，不如康氏之博深切明耳。（26:9–10）

以上任公所下的按语都是尝试以佛经、朱熹思想中的概念或比喻来帮助说明康德的想法，这些印证多半是相当零散与肤浅，仅仅看到一些点的类似性，而不注意到概念或比喻之后基本预设上差别。其中最值得注意的是康德和休谟一样在认识论上具有怀疑主义的色彩，用墨子刻（Thomas A. Metzger）与拙著的话来说倾向“悲观主义的认识论”，所以康德才会反复地强调“本相”是不可知的，可知的只是现象。然而任公所提及的各种中国思想史之中的想法，无论是佛学、朱子的理学，以及任公自己的观点，在认识论方面的预设则倾向“乐观主义的认识论”，认为真理正道是很容易掌握的，人心不但可以了解现象，也可以了解事物的本体以及历史的规律（本相），例如朱子所谓“一旦豁然贯通焉，则众物之表里精粗无不到，而吾心之全体大用无不明”，这一想法当然显示“一旦豁然贯通”之后，人心是无所不知的。换言之，任公运用中国传统中以乐观主义认识论为前提的一些想法来阐释康德奠基于悲观主义认识论的观念，任公在讨论这些课题时似乎并没有非常清楚地意识到双方在认识论上的格格不入。①

然而任公与康德在认识论方面的差异却直接地影响到两人对本体论与道德论的看法，并使任公从佛学的立场来批判康德。

在本体论方面，任公也将康德的想法与固有的观念相印证。康德认为：

① 有关悲观主义的认识论与乐观主义的认识论之对照请见黄克武，《自由的所以然：严复对约翰弥尔自由思想的认识与批判》（台北：允晨文化有限公司，1998），页24–31。

由是以观察一切，则见夫樊然殽乱之庶物，实皆相联相倚，成为一体。譬诸一大网罟，其孔千万，实皆相属，一无或离，世界大势，如是如是。(25:22)

任公将康德“一体”的想法与佛教、张载（1020—1077），与谭嗣同（1865—1898）的观念相比较，他认为康德的观点与佛教和谭嗣同《仁学》的看法类似，与张载《西铭》之中的想法也很接近，但任公以为张载的观念过“虚”，不如康德哲学能“征诸实验”：

华严以帝网喻法界，[①] 康德所谓世界庶物如大网罟然，正同此意。考求物理者，必至此乃为具足焉。康氏谓樊然殽乱之庶物，实相倚而成一体，此所以欲自度者必先度众生，众生垢而我不能独净，众生苦而我不能独乐也。何也？一体故也。横渠同胞同与之旨，犹近虚言，此则征诸实验，哲学之所以有益于人事也。浏阳《仁学》，亦专发此义而已。(25:22–23)

康德此处所说的一体其实是指现象界皆遵循“不可避之理”，而相互之间有所联系，他所说的一体是指现象界而不包括本相，和佛教、张载、谭嗣同的想法其实有根本的不同，而且康德的一体也不包括群己之间的合一，或任公所谓“欲自度者先度众生”的道德意涵。任公没有注意到这些问题，因而有不恰当的比附，这也显示上面所谈到的格格不入。但是下文讨论道德论、群己观等问题时，任公则发现康德与佛教（及张载、谭嗣同）“一体”思想的重大差异，并因此而批评康德。

康德的本体论与他对伦理道德的看法密切相关。任公说康德将上述现象与本相的划分应用到对于个人道德本原的理解：

康德曰：物之现象，其变者也，物之本质，其不变者也……凡物皆然，而吾侪侪类亦其一也。人之生命，盖有二种，其一则五官肉体之生命，被画于一方域一时代，而与空间时间相倚者也，其有所动作，亦不过一现象与凡百庶物之现象同，皆有不可避之理而不能自肆。虽然，吾人于此下等生命之外，复有其高等生命者存。高等生命者即本质也，即真我也。此真我者常超然立于时间空间之外，为自由活泼之一物，而非他物所能牵缚。故曰自由之理与不可避之理，常并存而不悖者此也。(26:13–14)

任公对上述的话作了非常详细的讨论。

---

① 《华严经·探玄记》卷二有“此重重帝网之处，表示所说亦重重无尽”，《佛光大辞典》，页3983。

首先任公肯定康德以现象、本质的说法来贯穿自然界与人伦界，并且非常佩服康德由此而对个人自由与不自由乃并行不悖者，提出哲理上说明，而誉之为“华严圆教之上乘”：

其划然分出本质现象之二者，按诸百事百物，而皆一以贯之，可谓抉经心而握圣权者矣。康氏以自由为一切学术人道之本，以此言自由，而知其与所谓不自由者并行不悖，实华严圆教之上乘也。呜呼，圣矣！（26:14）

任公并以佛教的真如、无明和朱熹理学中义理之性与气质之性等中国思想界之中类似的想法，来阐释康德所说的真我与现象之我：

佛说有所谓“真如”，真如者即康德所谓真我，有自由性者也；有所谓“无明”，无明者即康德所谓现象之我，为不可避免之理所束缚，无自由性者也。佛说以为吾人自无始以来，即有真如无明之两种子，含于性海识藏之中而互相熏。夫以无明熏真如，故迷智为识，学道者复以真如熏无明，故转识成智。宋儒欲用此义例以组织中国哲学。故朱子分出义理之性与气质之性，其注《大学》云，明德者，人之所得乎天，而虚灵不昧以受众理而应万事者也（案即佛所谓真如也，康德所谓真我也），但为气禀所拘，人欲所蔽，则有时而昏（案即佛所谓无明也，康德所谓现象之我也）。（26:16–17）

任公又说阳明所说的良知，即是康德所说的真我，“阳明之良知，即康德之真我，其学说之基础全同”。（46–48:57）① 任公用佛教的真如、朱子的义理之性与阳明的良知来阐释康德的真我之说似乎显示他认为对于本体界的讨论，中国儒释二家的说法与康德是一致的，而佛学中的一些想法则较康德哲学更为细致、圆熟。

任公上述会通式的说法值得作进一步的分析。第一，许多人或许会同意任公将康德的真我与王阳明的良知等中国思想中的观念等同为一的想法忽略了两者的基础并不“全同”，例如对康德来说道德的基础是先验的范畴，这一范畴是不可知的；但是对王阳明来说道德的基础是从宇宙而来的天理，亦即是良知，是属于可知的，这样一来，任公对康德有所误会。第二，任公接受佛学有关本体论的解释似乎显示

① 任公赞成陆王学派的立场在1905年所编写的《德育鉴》（台北：中华书局，1979）中表现得更为明显。贺麟即强调任公“全部思想的主要骨干，仍为陆王……在他去世前两三年，我们尚曾读到他一篇斥朱子支离，发挥阳明良知之学的文章”，《当代中国哲学》，页4。有关任公对阳明良知说的讨论请见 Hao Chang, *Liang Ch'i-ch'ao and Intellectual Transition in China, 1890–1907* (Cambridge, Mass.: Harvard University Press, 1971), pp. 284–288.

他同意有关本体界的知识，包括康德所谓的真我在内，并非不可知，这一观点蕴含了对康德思想的批判。这一批判实际上可以说是从乐观主义认识论的立场反驳悲观主义认识论的看法。在此暂且不论任公的反驳可否立足，但这一角度在后来中国的思想界一直存在，而在唐君毅的思想之中尤其明显（下详）。

任公对康德认识论、本体论的批判是比较隐含的，但对于与之密切相关的道德论方面的批判则是直截了当。康德的道德学说即以真我与现象之我的对照而指出：个人肉体的生命虽然会因为疲劳而休息、饥饿而进食，不得不依循“不可避之理”，但是真我则是超越时间与空间的，因而有道德自主的能力，所谓“欲为善人欲为恶人皆由我所自择”（26:16）、“道德之责任，生于良心之自由”（46–48:56）。任公对于这样的看法颇为激赏，以为它会通了佛教的真如说与阳明的良知说，也配合孔子所谓“我欲仁，斯仁至矣”的道理：

王阳明曰“一点良知，是汝自家的准则，汝意念着处，他是便知是，他非便知非。更瞒他些子不得，汝只要实实落落依着他做，善便存恶便去”，是亦以良知为命令的，以服从良知为道德的责任也。（46–48:57）①

康氏此论实兼佛教之真如说与王阳明之良知说而会通之者也。阳明曰，未能知说甚行，盖以为非知则不能行也。康德之言，则以为既知则必能行。人人皆能知，故人人皆能行也。其下手功夫，则阳明似更有把握；其鞭辟近里，则康德似更为直捷……其言各自之灵魂，各有责任以统治各自之躯壳，与孔子所谓我欲仁斯仁至矣之理相一贯，其言尤为亲切有味也。康氏所以能挽功利主义之狂澜，卓然为万世师者，以此而已。（28:12）

但是任公也指出康德的理论不如佛理那么完美。任公虽然并没有清楚地表达他的看法，但综上所述他的言论环绕着两点。其一是佛理对于本体界与道德原则提供非常可靠的知识；其二本体的内容除了康德所承认的上帝与灵魂之外，还有其他的部分，特别是有关“大我”，以及“大我”与“小我”的关系。这牵涉到上述“一体”的想法，也反映出任公对于群己关系的一个很根本的体认。他不认为群己之间可以截然划分，任公和严复一样，以为在实然与应然的两个层次上，群己是交织互动的，所以任公既没有将己置于群之上，也没有将群置于己之上，他主张建立一群

① 任公在《新民说》中《论私德》一文也引用阳明的这一段话，并说“以良知为本体，以慎独为致之之功，此在泰东之姚江，泰西之康德，前后百余年间，桴鼓相应，若合符节”，《新民说》，页139。

己平衡、群己并重的理想社会，并对个人价值有本质性的尊重。①梁启超群己并重的想法不但有儒家思想的渊源、②配合上述他将德国的国家学说与英国的自由主义结合起来的观点，也深受佛学的影响，他从这个立场来批评康德的观念。任公指出康德的道德学说几乎达到了佛教的理想，但还是有所不足，这主要是康德的真我是个人所有（即“各自之灵魂”），与他人不相关联，因而看不到大我与小我之间的关系，任公反复地谈到这一点：

佛说此真如者，一切众生所公有之体，非一人各有一真如也。而康德谓人皆自有一真我，此其所以为异也。(26:17)

佛氏言真如以为众生本同一体，由妄生分别故有迷惑，有迷惑故有恶业。故佛氏所谓真我者，指众生之灵魂之集合体言也。康氏所谓真我，则指众生各自之灵魂而已。其理论自不能如佛氏之圆满。(28:12)

[康氏]此论精矣尽矣，几于佛矣。其未达一间者，则佛说此真我者实为大我，一切众生皆同此体，无分别相，而康氏所论未及是，通观全书，似仍以为人人各自有一真我，而与他人之真我不相属也。(26:14)

再者康德的理论也不像佛学那样，由“众生业识”、“业种相熏，果报互异”来说明现象之所从出。③

总之，从本体论联系到道德观，任公批评康德的真我限于个人，所以没有认识到佛教所说的普度众生之义：“佛说有一众生不成佛，则我不能成佛，为其体之为一也，此其于普度之义较博深切明”。(26:17)

然而任公以为康德的说法虽不如佛理之完满，却比朱子的理论要来得高明，这主要在于康德看到真我所具有绝对的自主性，朱熹却以为“义理之性”会为“气禀所拘，人欲所蔽”：

康德谓我苟欲为善人，斯为善人，为其体之自由也。此其于修养之义亦较切实而易入。若朱子之说明德，既未能指其为一体之相，是所以不逮佛也。又说此明德者为

① 有关严复对群己的看法请见黄克武，《自由的所以然：严复对约翰弥尔自由思想的认识与批判》。

② 群己并重也就是任公在《先秦政治思想史》所说的“个性与社会性之调和问题”，任公受到儒家“欲立立人，欲达达人”、“能尽其性则能尽人之性”之影响，提出“个性中心之‘仁的社会’”，见梁启超，《先秦政治思想史》（台北：中华书局，1973），页184。

③ 任公在这方面的看法请参考他的《余之死生观》一文，他说“一切众生自无始来，有‘真如’、‘无明’之两种性，在于识藏，而此无明相熏相习，其业力总体演为器世间，是即世界也。其个体演为有情世间，即人类及其他六道众生也”，《新民丛报》，号59（1904年），页2–3。

气禀所拘，人欲所蔽，其于自由之真我，与不自由之现象我，界限未能分明，是所以不逮康德也。康德之意谓真我者决非他物所能拘能蔽也，能拘蔽则是不自由也。(26:17)

从以上任公对康德思想的评估与阐释，我们可以看到任公一方面透过日文作品学习西方知识，另一方面他又将他所获得的西方知识放在他原有的知识架构之中，并以他个人的判断来评估西方的观点。任公所肯定的思想是佛学、阳明学与谭嗣同《仁学》中的观念，而他批评朱熹与张载。因此对他来说，康德思想的优点在于它与佛教的真如说、阳明的良知说与谭嗣同《仁学》的一体观相同，一方面将哲学与道学贯穿为一，一方面又揭橥真我的超越性、自主性，有助于人们了解“我欲仁，斯仁至矣”的理想，因此康德哲学较朱熹理学来得完善，也较张载思想来得实际。然而任公指出康德思想的缺点则是他只见到个人所有的真我，却看不到真我（即“小我”）与“大我”的联系，或说己与群之间的交织互动，以及由此而生出的普度众生之义，因而有欠“圆满”。这一评估表现出康德与任公对群己观、道德观之差异，然而不容忽略的是这一差异也联系到双方认识论、本体论上的格格不入。康德的悲观主义认识论使他怀疑有关“本相”与上帝之知识的可能性，可是任公所依赖的乐观主义认识论则使他主张人们不但可以了解现象界，而且佛教有关本体界的知识也十分可靠，因而能够洞悉小我与大我在本质上的一体性，并能揭橥普度众生之义。何况“大我”与“上帝”的涵义不同，而“大我”甚至在康德所说的不可知的境界也不占有一席之地。总之，任公对康德的阐释与评估可以概括为两个要点，第一他将真我与良知等观念等同为一的想法忽略了两者之间的差异，也反映出他在某种程度上误会了康德思想；第二，任公有意识地批评康德，认为康德思想有所不足，不像佛、儒思想那样对于本体界有深入的认识，而且本体的内涵包括由“小我”结合成的“大我”，以及由此实然的一体之相引申出普度众生的道德原则。

五、结论

近年来梁启超研究的一个重大的突破是注意到“日本”在任公思想形成的过程中所发生的影响。[①] 狭间直树所撰的《梁启超研究与“日本”》以及巴斯蒂所撰的

① 此处所说的“日本”是采狭间直树在《梁启超研究与“日本”》一文中的用法，主要指任公在日本“所涉及的精神生活领域”。

《中国近代国家观念溯源：关于伯伦知理〈国家论〉的翻译》、《梁启超与宗教问题》等文充分显示：在比较深入地掌握日本因素之后，任公思想中的一些来源问题变得豁然开朗。① 然而除了思想来源的澄清之外，日本因素的提出到底对我们了解梁启超思想的内涵与变迁有何意义呢？狭间直树很强调日本学术界对梁氏的影响：

日本的翻译和著作对梁氏的影响要远超过一般的想象。这种影响并非只是作为一个中间环节，而是深入到了梁启超思想基础的"知层"。所谓"知层"，是与"地层"相类似的造语，它所要表达的意思是：西洋、日本、中国这几个层次（或者说板块、要素）并不是整齐划一地迭加着，而是非均衡地相互嵌合着的。②

本文深入地探究梁启超译介康德思想一事也正是企图了解西洋、日本、中国这几个"知层"在任公思想之中是如何"非均衡地相互嵌合着的"，因而展现出其特殊的面貌。任公笔下的康德不但有康德、Alfred Fouillée、中江兆民等人的身影，也混杂了英国自由主义、德国国家学说、社会达尔文主义、社会有机体论，以及佛家、儒家等思想因素，因而呈现出各种理念交杂、互释的"嵌合"景象。

然而本文所展现的这种"嵌合"方式显然与巴斯蒂与狭间直树所谈到任公透过吾妻兵治的汉文译本《国家论》来了解一个"被'日本化'"伯伦知理，介绍"国权优先于民权"的国家学；③ 透过日本佛教界"广为流行的一种话语的陈辞滥调加以归纳概括"，而对佛教做"理智主义和科学主义的解说"；④ 或如拙作所说透过高濑武次郎的《杨墨哲学》一书研究墨子思想等例之中的"嵌合"方式有所不同。⑤ 这牵涉到任公赴日之前已经对墨学、佛学有一些了解，但他对伯伦知理与康德则并无认识，所以日本知识土壤其实在不同领域对任公造成了不同的影响。换言之，梁启超以日本为中介来接受新知识的过程并不是表现出单一的形态，而是有各种不同的类型。其中一种型态是译介与吸收新知的比例较重，批判与发挥的比例较轻，《清议报》之中的《国家论》一文是比较典型的例子。另一种形态则如本文所分析的《近世第一大哲康德之学说》，任公一方面透过译介日籍而传播新知，另一方面

① 狭间直树文刊于"中研院"近代史研究所编，《近代中国史研究通讯》，期24（1997），页44–53。巴斯蒂的第一篇文章刊于中国社会科学院近代史研究所编，《近代史研究》，1997年第4期，页221–232；第二篇见上引注26。

② 狭间直树，《梁启超研究与"日本"》，页53。

③ 狭间直树，《梁启超研究与"日本"》，页45–49、53。

④ 巴斯蒂，《梁启超与宗教问题》，页351。

⑤ 见本书《梁启超的学术思想：以墨子学为中心之分析》。

则尝试将这些新知整合到他原有的思想脉络之中，并以他所设定的标准来评估“西方”理论。这样一来狭间直树所谓作为“中间环节”的“‘日本化’了的西洋的存在”有时是深刻地影响任公思想的取向，有时却只是支离破碎的片段，提供任公思想发挥的素材，有时则是居于两者之间。如何进一步厘清不同的“嵌合”方式而认识到任公思想的复杂面貌，将是未来梁启超研究所面临的重要课题。

然而任公思想在复杂多变的外貌之下到底有没有一些一以贯之的想法呢？换言之，他能否能将各种来源互异的思想因子整合成一个较圆融的构想呢？作者在《梁启超的学术思想：以墨子学为中心之分析》一文曾尝试提出任公思想的九个特点，它们是：

第一、在学术上梁启超主张融合古今中外的学说，而抟成一适合国情的新思想，而在此过程中，每一个个体要从事评估与调和的工作。换言之，知识的取得是一个奋斗的过程，要“淬厉其所本有而新之”与“采补其所本无而新之”，① 其中没有一个现成而完美的真理体系，可以作为改变社会的绝对指南。同时，任公也自觉地了解到，自己的评估能力与知识是有限的，所以对于他人要采取开放的态度，使学术能在相互指正之下逐渐累积、进步；然而任公以其有限的评估能力，来看各种不完美的思想体系之时，却没有变成一个相对主义者，他反而将这一种对知识的看法与人文主义的理想结合在一起。

第二、知识的内涵不仅包括“科学”，也包括“非科学”的知识。②

第三、人类的生活不仅有科学所处理的物质的方面，也有超越科学的精神的方面，而寻求精神生活与物质生活的协调是很重要的。

第四、宗教，尤其是佛教，不但有一套周密的本体论，可以帮助我们了解宇宙与历史，也洞悉人类精神的本质。

第五、所有这些不同的知识结合在一起，有助于澄清人类生活的目标，以及提供达成目标之方法。

第六、在追求目标的过程中，个人与群体是一样地重要，两者也应相互调和，

① 梁启超，《新民说》，页 5。

② 任公对“科学”的看法与民初科玄论战的时代背景有关，他同意张君劢的观点，以为“科学”不能解决人生问题。见梁启超，《人生观与科学：对于张丁论战的批评》，《饮冰室文集》，40:21–27。有关科玄论战的讨论见叶其忠，《1923：“科玄论战”：评价之评价》，《“中研院”近代史研究所集刊》，期 26（1996），页 181–234。

而达到不偏于己也不偏于群。任公所强调的“个性中心之‘仁的社会’”的观念，是今日许多人会肯定的一个理想。

第七、为了让每一个人追求道德目标，避免自私自利，必须要采用不同的说法，使之认识正确的群己关系，这些说法包括儒家的道德理想、墨子兼爱与“利人即所以利己”的观念、佛教的各种理论等，甚至也应参考日人加藤弘之与英人弥尔对边沁功利主义的修正与发挥等。

第八、在文化修改与政治改革上，梁启超倾向于依据历史传统与现实状况，追求逐步的改良，而不主张以革命手段打倒一切，重新建立一个新的秩序。

第九、这也意味着一种“权”、“实”并用的态度，因此在政治上，梁启超主张在国民程度还不到一定的水准之前，不应贸然实行民主政治；在经济上，他则倾向以资本主义的方式发展实业、奖励生产，反对在当时立即实行马克思式的共产主义。

上述纲要式的九点或许可以视为梁启超思想的特点，作者认为任公一生之中吸收了东、西方的各种知识，因而表现出复杂多变的面貌，但在多变的表层下仍展现出这些不变之处。① 本文所讨论任公对康德思想的评介虽然没有完全触及这九个特点，但基本的思想取向与此是相配合的，而特别让我们对第一点融合古今中外的知识、第四点佛教的突出地位（尤其是有关本体界之知识）、第六点群己并重、第七点利用不同的理论来提升道德、改善社会等，有更深入的认识。

我们尤其不能忽略第六点任公对群己关系的看法，以往有一种很流行的主张认为任公思想倾向集体主义，但是任公对康德思想的讨论进一步地反驳了此一观点，比方说，任公认为朱熹“不逮康德”主要是因为康德对个人自由与自主性的肯定那么清楚，而任公很欣赏康德在这方面的看法。

在中国近代思想史上梁启超（以及严复）所代表的调适思想主张以渐进改革、继往开来的精神，会通中西文化，企图将传统精神资源与西方的自由民主思想和资本主义结合在一起，以建立一个现代国家，这样的取向虽然与清末的革命党人、民国以后五四运动支持者和马克思主义者所揭橥的革命、反传统与社会主义为主轴的转化主张有所不同，因而受到多数人的排斥，但是他们的想法跟现在海峡两岸思想

---

① 见本书《梁启超的学术思想：以墨子学为中心之分析》。

界的一些重要思潮距离不远。①

然而梁氏关于康德的想法与中国后来思想界对康德的反应之间究竟有何关系，仍然有待研究。这些关系不限于新儒，可是新儒在这方面的思考很重要。关于任公与新儒家在思想上的关联以往已经有学者谈到阳明学的面向，以及中国传统与自由民主接轨的议题；② 而康德也是一个重要的联系点。这一点与任公和新儒家均具有倾向陆王、批判程朱，又肯定佛学的哲学立场有密切的关系，难怪唐君毅、牟宗三等都对康德有浓厚的兴趣。而任公与新儒家观察康德的视角在某些方面颇为类似，譬如说牟宗三也是一方面欣赏康德，一方面批判康德：

若论超悟神解，以中国学问的标准说，康德是不甚特显的，亦不甚圆熟。但他有严格而精明的思辨，有宏大而深远的识度，有严肃而崇高的道德感与神圣感。这三者形成康德哲学的规模，以及其规模之正大。③

康德顺西方的传统，名此真我为灵魂不灭的灵魂，因此，只说它的实体性，单纯性，自同性，以及离开外物（包括身体）的永恒自存性，但很难说它的普遍性。吾人以为这只是为传统所限，不是这真我底理念本自如此。这真我亦可以是灵魂独体；亦可以是本心仁体，性体，良知，乃至自由意志；亦可以是心斋，灵府；亦可以是如来藏自性清净心。它并非耶教传统所能独占与制限，而且只以不灭的灵魂说真我，未达真我之极境。这真我在儒家如何说，在道家如何说，在佛家如何说，这只要看他们的系统即可了解。大要以儒家为最正大而充其极。④

牟宗三对康德的认识无疑地要超过任公，但在此我暂且不讨论牟宗三是否和任公一样对康德有所误会，而仅注意到评估的角度。牟氏的说法以儒家为“最正大而

① 根据我的观察近年来大陆思想界逐渐地浮现以下的共识：一、肯定改革、反对革命；二、支持市场经济；三、肯定自由主义但反对个人主义；四、肯定中国传统；五、肯定爱国主义；六、强调基于平等的国际秩序；七、反对乌托邦思想。这七点主张与梁启超的调适思想距离不远。见黄克武，《论李泽厚思想的新动向：兼谈近年来对李泽厚思想的讨论》，《“中研院”近代史研究所集刊》，期 25（1996），页 425–460；黄克武，《严复研究的新趋向：记近年来三次有关严复的研讨会》，《近代中国史研究通讯》，期 25（1998），页 1–18。至于近年来台湾倾向调适思想的路子请参考墨子刻与马若孟的分析，Thomas A. Metzger and Ramon H. Myers, "Introduction: Two Diverging Societies," in Ramon H. Myers ed., *Two Societies in Opposition: The Republic of China and the People's Republic of China after Forty Years* (Stanford: Hoover Institution Press, 1991), pp. xiii-xlv.

② 见本书 241 页注 ③。

③ 牟宗三，《序》，劳思光，《康德知识论要义》（九龙：友联出版社，1976），页 1。

④ 牟宗三，《智的直觉与中国哲学》（台北：台湾商务印书馆，1974），页 183。

充其极”与任公最为肯定佛家的说法略有差异，但牟宗三扣紧了所谓“自存性”与“普遍性”，以及“灵魂独体”与“本心仁体”的对照来批判康德，这一点与任公所谓康德只看到真我的超越性，却没有看到小我与大我的联系是很类似的。总之，两人皆以为中国传统对本体界的说法要较康德来得圆满，尤其对于“普遍性”与群己合一等方面的认识是康德所不及。唐君毅则是很自觉地从乐观主义的认识论的立场来评估西方悲观主义的认识论的想法。① 回顾此一曲折之路，任公所开创出的这一种评估性的视角为牟宗三、唐君毅所继承、开展，而可以定位为“现代新儒家的第一开拓者”。② 而且诚如前述，任公在肯定人文主义与中国传统儒、释、道三教的精神价值，以及会通中西等方面和新儒家十分类似。

然而任公与新儒家也有十分重要的歧异。这主要在于任公避免新儒家的乌托邦思想与追求“体系”的想法，亦即避免主张：人类在实然与应然方面所需要的知识能够从一个有系统的哲学体系中引导出来，并倡导以此一抽象的哲学体系来彻底改造社会。用英国学者柏林（Isaiah Berlin）的说法，任公较像“狐狸”，新儒则是“刺猬”。③ 在避免建立体系与反对追求乌托邦理想的同时，任公十分关注中国的实际条件与政策上具体的需求，并以渐进的方式来实现其理想。这样一来我认为任公比新儒家更能够将义理之学与经世之学、哲学思索与现实需求结合在一起，而表现出“始则转俗成真，终则回真向俗”的特色，而“向俗”的一面则是新儒家所不及的。④ 如果以上的分析可以立足，那么我们在思索二十一世纪中国所需要的“新启蒙”之时，梁启超的思想应有其启示性的意义。

---

① 墨子刻指出唐君毅拒绝对西方环绕着悲观主义认识论的现代文化，Thomas A. Metzger, “T'angChün-i and the Transformative Thinking in Contemporary China,” *The American Asian Review*, 3.1 (1985), pp. 1–47. 以及“T'angChün-i's Rejection of Western Modernity ”(unpublished paper). 有关唐君毅对康德的看法散见氏著各书，例如可参见《生命存在与心灵境界》（台北：学生书局，1978）。

② 竹内弘行，《梁启超与阳明学》，页 259。

③ 此一说法见 Isaiah Berlin, *The Hedgehog and the Fox, An Essay on Tolstoy's View of History*，余英时将之用于中国思想史的分析，刺猬型的人“喜欢把所有的东西都贯穿在一个单一的中心见解之内，他们的所知、所思、所感最后全都归结到一个一贯而明确的系统”；狐狸型的人则是“从事于多方面的追逐，而不必有一个一贯的中心系统”，见余英时，《论戴震与章学诚》（台北：华世出版社，1977），页 69–70。

④ 有关任公与新儒家的差异作者参考墨子刻，《二十一世纪中国的路向：必然的趋势与自由的范围》，《当代》，期 119（1997），页 119。“始则转俗成真，终则回真向俗”是章太炎在《菿汉微言》中的话，在此我是借墨子刻教授的用法，意指在文化修改的过程中一方面不能忽略韦伯所谓工具理性的现实需要（即俗的一面），另一方面则要将现实需求与作为文化社会基础的道德语言或人文主义的精神（即真的一面）结合起来。新儒家似乎过于看重“真”的一面，任公则能“回真向俗”。请参阅墨子刻，《二十世纪中国知识分子的自觉问题》，收入余英时等著，《中国历史转型时期的知识分子》（台北：联经出版事业公司，1992），页 88。

严复与梁启超

一、前言

近代中国知识分子之间的交谊是思想史研究的重要课题，在这方面已有不少的研究成果。以严复（1854–1921）研究来说，严复与郭嵩焘（1818–1891）、吴汝纶（1840–1903）、陈宝琛（1848–1935）、熊育锡（纯如）、吕碧城（1883–1943）等，都有学者做过专题研究；① 在梁启超（1873–1929）研究方面，梁启超与康有为（1858–1927）、黄遵宪（1848–1905）、汪康年（1860–1911）、蒋方震（1882–1938）、张君劢（1887–1969）、张东荪（1886–1973）、胡适（1891–1962）、徐志摩（1897–1931）等的师友关系，也深受学者关注。②

严、梁相差近 20 岁，两人在中国近代思想界均为引领风骚的英雄人物，他们之间的交往情况究竟如何？严复在光绪 5 年（1879）自英返国之后沉寂了一段很长的时间，甲午战后才以数篇警世文章引起人们的注意。受到战败的刺激，严复在天津《直报》发表《论世变之亟》、《原强》、《辟韩》、《救亡决论》等文，鼓励变法维

---

① 梁义群，《严复与吴汝纶》，《严复与中国近代化学术研讨会论文集》（福州：海峡文艺出版社，1998），页 567–577。林伟功，《严复与陈宝琛的交谊初探》，《93 年严复国际学术研讨会论文集》（福州：海峡文艺出版社，1995），页 509–516。汪荣祖，《激赏严又陵》，《走向世界的挫折：郭嵩焘与道咸同光时代》（台北：东大图书公司，1993），页 269–281。薛隆基，《熊育锡与严复》，《江西方志》，1991 年第 1 期。黄克武，《严复的异性情缘与思想境界》，《思想、政权与社会力量：第三届汉学会议论文集》（台北："中研院"近代史研究所，2002），页 97–135。

② 例如张朋园，《梁启超与民国政治》（台北：食货出版社，1978），页 254–276；张朋园，《胡适与梁启超——两代知识分子的亲和与排拒》，《中央研究院近代史研究所集刊》，期 15 下册（1986），页 81–108。

新，倡导提升民德、民智、民力，以追求富强。[①] 接着他又翻译了《天演论》、《原富》、《群己权界论》、《穆勒名学》等，成为引介西学的先驱。梁启超也大约在同时崛起，他不但积极参与其师康有为所号召的维新变法，而且在思想言论方面，以感人的笔调、丰富的内容，和大量的作品，讨论中西学术、品评时事，因而感动了无数的读者。尤其是在戊戌变法失败之后，任公流亡日本，这时他所主持的《清议报》、《新民丛报》成为许多年轻朋友最喜爱的读物。严复与梁启超都是一方面沉浸于传统学术，另一方面对西学有深入的认识，成为近代中国致力于会通中西文化的代表人物。然而严复传统学术的根基是师承吴汝纶的桐城派；任公则是源于康有为的今文经学与陆王心学。再者，严复留学英国，能透过英文直接引介西学；任公则无法阅读西文，他主要依赖日本学术界（即“东学”）来认识西方文明，因此在西方知识来源上，严梁亦分属不同的知识传统。

有关严复与梁启超的研究非常丰富，然而有趣的是还没有学者对两人的交往过程做过较为细致的分疏。这或许是因为两人思想上相关，私交却不亲密所致。诚如史华慈（Benjamin I. Schwartz, 1916–1999）所说：

> 严复对于梁启超后来发展的影响远比其师康有为对他［梁启超］的影响来得深刻。但是康有为和他的追随者毕竟是通过科举考试而晋升仕途，而且这一群人十分注意将他们的思想放在传统的脉络之中。他们形成了一个不折不扣的儒家士大夫派系，而严复不属于这个圈子。[②]

张灏也说，“严复不是梁的密友，他们之间的交谊主要是在思想方面”。[③] 两人在思想上的交会，最早是任公接受了严复所宣扬的社会达尔文主义。张灏说“早在1896年，梁便已接触了后来在他个人思想发展中起了重要作用的社会达尔文主义”；[④] 张朋园也指出，“严译《天演论》及所撰四篇传诵一时的文章，对‘笔端常带感情’的梁启超有所影响，后来梁氏在日本广泛接触此一学说，其个人所撰文

① 《直报》是严复等人创办《国闻报》之前，天津唯一的报纸，光绪21年（1895）1月由德国人汉纳根创办，杨荫庭任编辑。见史和、姚福申、叶翠娣编，《中国近代报刊名录》（福州：福建人民出版社，1991），页208–209；上海图书馆编，《汪康年师友书札》（上海：上海古籍出版社，1986），页1350。

② Benjamin I. Schwartz, *In Search of Wealth and Power: Yen Fu and the West* (Cambridge, Mass.: The Belknap Press of Harvard University Press, 1979 [1964]), p. 83.

③ Hao Chang, *Liang Ch'i-ch'ao and Intellectual Transition in China, 1890–1907* (Cambridge, Mass.: Harvard University Press, 1971), p.64.

④ Hao Chang, *Liang Ch'i-ch'ao and Intellectual Transition in China, 1890–190,* p.64.

字，多以进化论为理论架构，社会达尔文主义才在中国社会发生了重大的影响”。①

此外，严复将社会达尔文主义、英国自由主义与对传统的尊重结合起来的调适性的思想架构，强调群己权界、己群并重，反驳个人主义，以及肯定传统、会通中西的精神，也对任公有所影响。②就思想发展的轨迹来说，严复、梁启超都经历了从激进到稳健、保守的过程。严复的转向较早，甲午战后他的思想最为激烈，至光绪28–9年（1902–3），他陆续发表《主客平议》、《与〈外交报〉主人书》等文，出版《群己权界论》与《群学肄言》等译作时，调适性思想模式已经形成。任公则是在光绪29年（1903）访美之后，思想发生重大变化，其变迁的主要方向其实就是向调适型的“严复模式”靠拢，企图建立一种“非弥尔式”、具有中国特色之自由主义的现代国家。总之，严、梁代表了中国近代思想史上的“调适传统”（accommodative tradition），他们与当时社会主流主张激烈变革、暴力革命的“转化传统”（transformative tradition）相抗衡，却不幸地在近代史上成为“一个被放弃的选择”，至1980年代中国大陆“改革开放”之后，才逐渐受到新的肯定。③

然而值得注意的是，诚如前述，严复与梁启超在思想上虽契合，在现实生活中却有些疏离。从史料方面来看，两人之间的书信，或提及对方的文字，数量均不多，似乎印证两人之间不存在着任公和康有为、谭嗣同、黄遵宪、麦孟华、夏曾佑那样思想上与私交上的亲密关系。④而且以现存史料而言，民国之后，梁启超的文字之中几乎看不到严复的踪迹；严复在与友人通信中提及任公时，则全为严厉批评，由此可以窥见两人之私人交谊，可能相当淡薄。

本文主要将依赖严复与梁启超之著作、书札中提及对方的史料与相关文献，来厘清双方之友谊，并以此一个案反省近代中国知识分子之间的交往、互动。

---

① 张朋园，《社会达尔文主义与现代化：严复、梁启超的进化观》，食货月刊社编辑委员会编，《陶希圣先生八秩荣庆论文集》（台北：食货出版社，1979），页193–194。

② 例如梁受到严的影响，倾向于从群己权“界”的概念来思索个人自由的意义，见本书《梁启超与康德》一文。

③ 请见黄克武，《一个被放弃的选择：梁启超调适思想之研究》（台北：“中研院”近代史研究所，1994）。黄克武，《论李泽厚思想的新动向：兼谈近年来对李泽厚思想的讨论》，《“中研院”近代史研究所集刊》，期25（1996），页425–460。黄克武，《自由的所以然：严复对约翰弥尔自由思想的认识与批判》（台北：允晨文化有限公司，1998）。

④ 在最近出版的《严复合集》中有三封严复致梁启超函，然此三封信的内容疑点重重，疑为伪作，故本文不拟引用。见王庆成、叶文心、林载爵主编，《严复合集》（台北：财团法人辜公亮文教基金会，1998），册5，页88–90。笔者将另行撰文，对此三封信详加考证。

二、严梁之初识：戊戌变法前夕

严复与梁启超的相识是在光绪22年（1896）夏、秋之际。[①] 在此之前梁启超已读过严复于光绪21年（1895）在天津《直报》所发表的《原强》、《辟韩》等文，却未曾谋面。光绪22年（1896）3月，因强学会被查禁，梁启超离开北京前往上海，开始与黄遵宪、马良（相伯，1840–1939）、马建忠（眉叔，1845–1900）兄弟等人交往，7月任公与汪康年、黄遵宪、吴德潇（1848–1897）、邹凌瀚等创办《时务报》。[②]

严、梁订交的牵线者之一是黄遵宪。黄遵宪与严复相识大约是光绪21年（1895）7月，黄赴北京参加强学会之后的事，[③] 光绪22年（1896）夏末，黄遵宪赴天津，将他与任公在上海创办《时务报》之事详细地告诉严复，也趁机寻求严复的支持。该年8月18日，严复写了一封信给汪康年与梁启超，从信中"穰卿进士、卓如孝廉均鉴"的称谓，以及"前寄一函，想经伟照"的内容，可以推想此时两人初识，且已有书信上的联系。在此封信中严复表示愿以具体行动支持《时务报》：

> 昨公度观察抵津，稔大报一时风行……使中国而终无维新之机，则亦已矣；苟二千年来申韩斯高之法，熄于此时，则《时务报》其嚆矢也。甚盛！甚盛！寄上汇票百元，到时乞与察入，附据。区区不足道，聊表不佞乐于观成此事之心云尔。[④]

《时务报》馆后来收到了严复捐赠的100银元，在光绪22年（1896）9月初一出版的《时务报》第7册，刊登"严幼陵观察助银一百元"的消息。[⑤]

严梁订交的另一个牵线人是严复的好友马良、马建忠兄弟。光绪3年（1877）严复赴英留学之时，马建忠因李鸿章（1823–1901）选派，以随员兼法文翻译身份同行，与严同船赴欧，马建忠后进入巴黎政治学堂，修习国际法与外交，光绪6年（1880）3月返国。[⑥] 在欧期间严复与马建忠，因为郭嵩焘与李凤苞（1834–1887）

---

① 本文之年月日，依历史情景，在清季用阴历，民国之后用阳历。中国纪年之后再附西元纪年。

② 李喜所、元青，《梁启超传》（北京：人民出版社，1995），页53。

③ 《黄公度先生年谱》，收入黄遵宪著，钱仲联笺注，《人境庐诗草笺注》（香港：中华书局，1973），页50。

④ 王栻主编，《严复集》（北京：中华书局，1986），页505。

⑤ 时务报馆编，《时务报》（台北：文海出版社，1987），册7（1896年），页479。

⑥ 陈三井，《略论马建忠的外交思想》，《"中研院"近代史研究所集刊》，期3下册（1972），页544–546。

的关系，也曾偶尔见面。① 马良与马建忠均熟悉西方语文与洋务，并与李鸿章关系密切。② 丁文江所编任公年谱长编引《时务报时代之梁任公》一文，即记载任公因马氏兄弟的介绍，认识了当时在天津北洋水师学堂教书的严复：

丙申七月，《时务报》出版，报馆在英租界四马路石路，任兄住宅在跑马厅泥城桥西新马路梅福里，马相伯先生与其弟眉叔先生同居，住宅在新马路口，相隔甚近，晨夕相过从。麦孺博于是年之冬亦由广东到上海，与任兄及弟三人，每日晚间辄过马先生处习拉丁文。徐仲虎建寅、盛杏孙、严幼陵、陈季同及江南制造局、汉阳铁厂诸公，与乎当时之所谓洋务诸名公，皆因马先生兄弟而相识。③

严梁初识之后双方继有书信往还。光绪 22 年 9 月 2 日梁启超在写给严复的信中十分称赞严著《原强》一文，也告诉严复他正跟马建忠学拉丁文，并希望严复能挑选几篇稿子交《时务报》发表。④ 严复则在回信中予以勉励，“从马兄眉叔习拉丁诸文，甚感甚感！……以中年而从事西学者，非绝有忍力人，必不能也。在他人，仆固未尝怂恿之，至于足下，则深愿此业之就”，并在同一封信表示《天演论》手稿已完成，寄请任公指正，而《原强》一文“自觉不成一物……拟更删益成篇，容十许日后续呈法鉴”。⑤ 后来不知何故《时务报》没有刊登《原强》，仅于 23 册（光绪 23 年 3 月 11 日发行）转载了《辟韩》一文，还引起了激烈的论辩。⑥

光绪 23 年（1897）2 月，严复又写了一封长达 21 页的信给任公，对他在《时

---

① 郭嵩焘，《伦敦与巴黎日记》（长沙：岳麓书社，1984），页 659。光绪 4 年（1878）6 月 19 日，严复随李凤苞赴巴黎时，曾与马建忠一起参加李凤苞的晚宴。

② 朱维铮，《近代中国的历史见证——百岁政治家马相伯》，收入氏著，《求索真文明：晚清学术史论》（上海：上海古籍出版社，1996），页 391–447。

③ 丁文江，《梁任公年谱长编》（台北：世界书局，1972），页 33。

④ 王栻主编，《严复集》，页 513–4。

⑤ 王栻主编，《严复集》，页 515。《原强修订稿》后收入光绪 27 年出版、熊季廉编《侯官严氏丛刻》之中，确定撰写时间不详，见《严复集》，页 15–32。

⑥ 有一些史料记载《时务报》刊登了《原强》一文，如严璩，《侯官严先生年谱》，1896 年之下记载：“梁卓如、汪穰卿两先生创办《时务报》于上海，《原强》、《辟韩》等篇均又刊入”，王栻主编，《严复集》，页 1548。此一记载是错误的，《时务报》仅转载《辟韩》。张之洞读到《辟韩》之后大怒，令屠仁守撰文反驳。有关《辟韩》与《孝感屠梅君侍御辨辟韩书》之间的争论，可参见梁一模，《自由と公私—清末における日本經由の“自由”論以前の“自由”論》，《中国哲学研究》，号 10（1996），页 22–24。王宪明，《解读“辟韩”——兼论戊戌时期严复与李鸿章张之洞之关系》，《历史研究》1999 年第 4 期，页 113–128。

务报》的言论，[1] 特别是《变法通义》的主张提出批评，这封信原件不存，我们只能从任公的回信中约略地了解其内涵。他认为任公不当的言论将会对社会大众产生重大的影响，“毫厘之差，流入众生识田，将成千里之谬”，而且“苟所学自今以往继续光明，则视今之言必多可悔”。这一封信在严梁关系上是一个重要的转折，在此之前严复对任公多为赞赏、鼓励，此后则转为多所批评。

梁启超收到来信之后，没有立刻回复，至3、4月之间任公才写了一封信给严复，该信即是后来收录到《饮冰室文集》中的《与严幼陵先生书》。[2] 从这一封信我们可以了解《时务报》时期任公思想状态，以及严梁思想上的交会。

梁启超对严复在信中的批评深表感激，“知天下之爱我者，舍父师之外，无如严先生；天下之知我，而能教我者，舍父师之外，无如严先生”。但对于严复的批评，他提出了不少的辩驳。他也向康有为禀告此事，“严幼陵有来书，相规甚至，其所规者，皆启超所知也，然此人之学实精深，彼书中言，有感动超之脑气筋者”，[3] 信中“所规者，皆启超所知”之语气，似乎显示任公企图向康表示严复的来信并没有动摇他原有的思想路向。

其实这时任公思想已经在康、严之间游移，从他此时所写的《说群序》明白可见：他一方面跟随康有为的“以群为体，以变为用”的观念，另一方面任公觉得康有为没有将“群”的概念说得十分透彻，直到他读了谭嗣同的《仁学》与严复的《天演论》，才“犁然有当于其心”。任公因而想将康有为的想法与《仁学》和《天演论》之观点结合在一起，建立一个有关于群的理论。[4] 任公后来思想的发展与他在康、谭与严之间的取舍有密切的关系。

首先要指出的是，《与严幼陵先生书》中严复与任公之差异，代表了戊戌变法前夕两种对文化修改的看法。在目标方面，任公揭橥者乃康有为式的、奠基于孔子改制，并环绕着政治核心全面改组的激烈变革。诚如日本学者村尾进的研究所指出：

---

① 任公在《时务报》上所发表的文章多达60篇，详细的篇名与期数可参阅李喜所、元青，《梁启超传》，页54–56。

② 梁启超，《与严幼陵先生书》，《饮冰室文集》（台北：台湾中华书局，1978），1：106–111。

③ 光绪23年（1897）3月3日致康有为函，丁文江、赵丰田，《梁启超年谱长编》（上海：上海人民出版社，1983），页77。梁启超在信中也表示要与康有为作进一步的质商，“欲质之先生，其词太长，今夕不能罄之，下次续陈”，可见此时康梁在思想上还保持密切的关系。

④ 对《说群序》一文的分析请见张朋园，《社会达尔文主义与现代化：严复、梁启超的进化观》，页202。

任公“一再主张废科举兴学校的《变法通议》，其实际所企图的，并非在普及西洋方式的学校教育，而是在扩大以共同拥有基于孔子改制的解读方法为起始的康学的讲学之场所。要将康学的方法通过报刊，在不知不觉中渗透进读者的脑中以养成风气”。① 在方法方面，任公所宣扬的变法是以“陈胜吴广”揭竿起义的精神，从各方面抨击现况、强调变革的重要性，因此缺乏全盘规划，也没有分清楚各项改革的缓急先后。在思想风格上，此时康梁均倾向于彻底改造的转化思想。

严复对此很不满意，他不但批评任公立言草率，而且认为任公以康学为中心思想的改革方案具有“西学源于中国说”的特色，亦即“引中国古事以证西政，为彼之所长，皆我所有”，任公所撰《古议院考》，所谓“议院之名，古虽无之，若其意则在昔哲王所恃以均天下也”的说法，即为一例。② 严复认为这样的方案无法认识到中国的病根与西方的优势：“黄种之所以衰，虽千因万缘，皆可归狱于君主”、“中国历古无民主，而西国有之”。③

这一封信对任公思想产生不小的影响，当时他虽然还是“康学”的支持者，仍处在康阵营之内，但已种下后来思想变化的种子。根据蒋广学的分析，这封信拉开了梁启超与今文经学传统的距离，促成后来梁与康的分道扬镳，并破除了“中华中心”论，使任公更积极地引介西学。此后任公对中西文化的看法产生变化，他不再像康有为那样，对西学的赞赏只以合于孔子的言论为限。具体而言，在历史观方面，任公开始不全然肯定“三世之义”、“孔子改制”，而从历史进程的本身与自由精神的伸展，追索人类进化的规律，这也划分三世说与演化论的界线。④

其中最明显的一个征兆是有关“保教”的问题。保教一说源于康有为，在受到

① 村尾进，《〈时务报〉时期的梁启超及其周围的情况》，狭间直树编，《梁启超·明治日本·西方：日本京都大学人文科学研究所共同研究报告》（北京：社科文献出版社，2001），页 58。

② 梁启超，《饮冰室文集》，1：94。

③ 这一议题的辩论后来延续到次年 9 月任公发表的《论君政民政相嬗之理》（《时务报》，第 41 期），严复说“泰西有今日之民主，则当夏商时含有种子以为起点，而专行君政之国，虽演之亿万年，不能由君而入民”，任公以为“子之言未为当也”，他较乐观地认为“民政不必待数千年前之起点明矣。盖地球之运将入太平，固非泰西之所得专，亦非震旦之所得避”，梁启超，《饮冰室文集》，2：10。任公的论点有矛盾之处，他的《古议院考》无疑有寻找中国民主之胚胎的意涵，而严复有时亦偏向任公的观点，他将西方自由民主与絜矩之道、老庄思想相提并论（见《自由的所以然》，页 211–220），因此两人观点其实有共通之处。然而诚如张朋园先生的分析，《论君政民政相嬗之理》中两人的交锋显示任公在推理上仍偏向三世论，但严复则明显立于进化论的立场。张朋园，《社会达尔文主义与现代化：严复、梁启超的进化观》，页 200–202。

④ 蒋广学，《梁启超和中国古代学术的终结》（南京：江苏教育出版社，1998），页 1–22。

严复（以及黄遵宪）的质疑之后，[①] 梁启超开始反对此一说法。光绪 28 年（1902）任公在《新民丛报》第 2 期所撰《保教非所以尊孔论》，批评康有为之说，肯定思想自由的价值，即源于严复在信中所谓："教不可保，而亦不必保……保教而进，则又非所保之本教"。难怪严复读到这一篇文章之后非常称许，认为"凡此皆非囿习拘虚者所能道其单词片义者也"。[②] 后来任公在《清代学术概论》之中，清楚地叙述他在 26–30 岁之间（1899–1903）逐渐质疑康有为学说的过程：

启超治伪经考，时复不慊于其师之武断，后遂置不复道，其师好引纬书，以神秘性说孔子，启超亦不谓然。

启超自三十以后，已绝口不谈"伪经"，亦不甚谈"改制"，而其师康有为大倡设孔教会定国教祀天配孔诸义，国中附和不乏，启超不谓然，屡起驳之。[③]

张朋园先生曾指出梁启超在 1903 年言论转变的过程中，黄遵宪扮演相当重要的角色，[④] 然而我们也不应忽略严复所起的作用。

从整体的思潮趋向来观察，光绪 23 年（1897）严复与梁启超书信的往来其实不只是两人之间的事，而是代表了在戊戌变法前夕，天津、上海两地维新人士之间的交往。严梁两人之关系要放在此一框架来理解。上海的维新人士以《时务报》为核心，天津则以严复为首，再加上王修植（1860–1900，天津北洋大学堂总办）、夏曾佑（1863–1924，天津育才学堂总办）、杭辛斋（1869–1924）等人。[⑤] 严复写给梁启超的信，寄出之前，也曾给王、夏等人过目。上文提及严复致梁启超的 21 页长信寄出之后，任公没有立刻回答，在这期间王修植写了一封信给汪康年，希望

① 丁文江，《梁任公年谱长编》，页 42。张朋园，《黄遵宪的政治思想及其对梁启超的影响》，《"中研院"近代史研究所集刊》，期 1（1969），页 217–237。

② 王栻主编，《严复集》，页 515–516。

③ 梁启超，《清代学术概论》（台北：中华书局，1974），页 61、63。

④ 张朋园，《梁启超与清季革命》（台北："中研院"近代史研究所，1999 二版），页 129。张朋园，《黄遵宪的政治思想及其对梁启超的影响》。黄梁关系与严梁关系形成一个有趣的对比，黄严均批评梁过于激烈，但手法不同。诚如张朋园先生所指出的梁视黄为师友，他以正面的鼓励、婉转的劝阻，影响梁改变态度，使他从激进变为渐进。严则以梁的长辈自居，他对梁的谴责较为直接，这也影响到两人之间的关系。

⑤ 夏曾佑在光绪 22 年冬天至天津，与严复成为密友，"到津之后，幸遇又陵，衡宇相接，夜辄过谈，谈辄竟夜，微言妙旨，往往而遇"；"弟在津与又陵、志梁、菀生、慕韩诸公建一学会，专译西人新学之书，不作别事，不立名目……明年开会"，上海图书馆编，《汪康年师友书札》，页 1324–1325。夏与梁启超、谭嗣同、汪康年均为好友，是津沪士人相互联系的关键人物。杭辛斋参与《国闻报》一事见王栻主编，《严复集》，页 356。

任公对“吾党切磋之意”早做回复，而且“当论是非，不当争胜负”：

卓如近复何往？前者又陵先生贻书相规，此亦吾党切磋之意，不可久不报。弟谓吾党建一业、白一议，但当论是非，不当争胜负。论是非者，文明之事；争胜负者，土蛮之习也。

这一封信注明为“十五日”，可能是光绪23年（1897）3月15日。①不久，任公回信寄达严复之手，严复也将此信与天津友人分享。王修植再度写了一封信给汪康年，又谈到“但宜论是非，不宜争胜负”，而且强调，以此精神为基础，双方才能够“同舟共济”：

卓如与又陵书，弟等均读过。其苦心高谊，亦为同志所谅，然其持论，亦仍不免有主张之处。弟以为吾党但宜论是非，不宜争胜负，持此宗旨，方是同舟共济之谊也。②

从信中“然其持论，亦仍不免有主张之处”似乎透露天津的这一批人对于任公的回应不甚满意。但双方的关系仍然继续维系，在同一封信中王修植和汪康年谈到将在天津创办《国闻日报》与《国闻汇编》，希望能与《时务报》的代表相磋商：

前奉手示，知从者将次来津，是以未及奉复，以何因缘又复迟迟？……弟日来与又陵、穗卿商，拟在津门亦开一馆，一切体例略依尊处，稍微变通，急待从者之至，相与斟酌。③

我们不确定《时务报》是否立刻有人来津洽谈，仅知道在戊戌变法之前，上海、天津之间维新人士，因为合作办报纸，一直维持密切的关系。例如《时务报》在创刊之初就曾将宣传文案《时务报启》二十本，交王修植，请他转发同仁。④《时务报》在天津的经理人后来即由王修植的表兄弟“西学官书局陆汲甫茂才”担任，陆氏定期将天津所收到的《时务报》“报资”寄交上海。王还向汪康年表示此人“甚为可靠”。⑤王修植与严复也承诺将不计稿酬，为《时务报》撰写论说：

贵馆论说如有应付不及之处，尽可由敝处每月寄数次。弟等当与严又老勉力为

① 上海图书馆编，《汪康年师友书札》，页78。
② 上海图书馆编，《汪康年师友书札》，页78–79。
③ 上海图书馆编，《汪康年师友书札》，页78。
④ 上海图书馆编，《汪康年师友书札》，页77。
⑤ 上海图书馆编，《汪康年师友书札》，页80。

之，以副雅属。至每文给值若干，大可不必，此非市道交也。①

总之，天津的《国闻日报》与《国闻汇编》就在津沪士人合作的气氛之下，于光绪23年（1897）10月初一创刊。在创刊之前（7月25日），严复、夏曾佑与王修植又联名写了一封信给汪康年、梁启超与麦孟华（孺博），希望在《时务报》上刊登《国闻报启》，并请求《时务报》馆能协助《国闻报》在南方各省的发行工作，这时黄遵宪也时常往来津沪，从事双方之间的沟通工作：

上月托公度观察袖呈《国闻报启》一通，求登贵报，俾我下乘，附骥而行，谅荷垂察。……现在资本已集，印机已购，开办之期即在来月；伏乞将前寄启文赶为登录。将来出报之后，南中各省埠，尚拟依附贵馆派报处代为分送；素纫公谊，当亦乐观其成也。②

8月初一汪康年收到信之后，立刻有所行动，并在8月11日出版的《时务报》第38期中刊登"本期附送天津国闻报馆启"。然而令人讶异的是《时务报》却没有协助《国闻报》的发行工作。根据光绪24年（1898）2月初7，王修植致汪康年函，《国闻报》去年在上海委托《新闻报》馆代销，津沪双方之间的合作似乎不那么顺利。③

无论如何《国闻报》在光绪23年（1897）10月初1正式出刊，在《国闻报缘起》一文，编者表示该报仿英国《泰晤士报》之例，宗旨为"通上下之情"与"通中外之故"，而其缘起则受到《时务报》等报纸的鼓励：

自上年今大冢宰孙公奏设《官书局汇报》于京师，而黄公度观察、梁卓如孝廉、汪穰卿进士继之以《时务报》，于是海内人士，似稍稍明于当世之务，知四国之为矣。踵事而起者，乃有若《知新报》、《集成报》、《求是报》、《经世报》、《萃报》、《苏学》、《湘学》等报……虽复体例各殊，宗旨互异，其于求通之道则一也。④

至光绪24年（1898）初，《国闻报》的发行遭遇困难，其中的一个原因是缺乏采访人才，导致新闻来源不足。王修植说"《国闻》访事人亦无好手，均系敷衍角

① 上海图书馆编，《汪康年师友书札》，页82。
② 王栻主编，《严复集》，页506。
③ 上海图书馆编，《汪康年师友书札》，页82。
④ 王栻主编，《严复集》，页453。

色。京中时有重大新闻，或系得自西人，或系得之交好，亦无一定也”。① 另一个问题是缺乏翻译西文的好手。严复透露：“《国闻报》馆曾将原文西报分与此地学生教习等翻译，而其中须重行删改者，十人而七八”，可见学生翻译的文章最后还需偏劳严复再作校阅。② 总之，光绪 24 年（1898）初《国闻汇编》停刊，《国闻日报》则继续发行，每天的销路只有 1500 张，此一数字远远不如《时务报》上万份的发行量。③ 这时王修植只好请求汪康年协助“推广销路”：

《国闻》馆所求于左右者，不在帮助资本，而在设法推广销路。….能如此，则《国闻》受施多多矣。④

王修植甚至请汪康年帮忙，希望请求张之洞模仿《时务报》、《知新报》之前例，“通饬各属士商看报”，信尾还表示“严复附笔致候”。⑤

这些请求几乎都落空了，⑥ 这显然是因为当时《时务报》内部发生纷争，梁启超与汪康年意见不合、梁启超、麦孟华与章炳麟也“辄如冰炭”，黄遵宪则“几与汪穰卿决裂”；光绪 23 年（1897）秋天，黄遵宪、梁启超乃先后赴湖南推行新政，倡办南学会、时务学堂。⑦ 简言之，光绪 24 年（1898）初《时务报》方面自顾不暇，并无余力协助天津的朋友。⑧

这时《国闻报》不但得不到上海方面的援助，还受到政府的压力。光绪 24 年（1898）2 月 29 日王修植致汪康年函中，沮丧地表示“日来心绪恶劣”，因为“此间馆事颇发阻力，总署已具稿，将奏请北洋封禁”。在这同时，夏曾佑写给汪康年的信也提到，2 月底、3 月初之时，《国闻报》馆受到各种压力，因此只好将报馆

---

① 根据汪大燮至汪康年函，“《国闻报》请人法最妙，所请即《泰晤士报》馆所请之人…”，上海图书馆编，《汪康年师友书札》，页 784。

② 王栻主编，《严复集》，页 528。

③ 在光绪 22 年（1896）底，《时务报》销售 7000 份，至 23 年 8 月增至 12000 份，年底略减，但还有 10000 份。丁文江，《梁任公年谱长编》，页 38。蔡乐苏、张勇、王宪明，《戊戌变法史述论稿》（北京：清华大学出版社，2001），页 407。有关《时务报》发行量，可参阅闾小波，《中国早期现代化中的传播媒介》（上海：上海三联书店，1995），页 87–92。

④ 上海图书馆编，《汪康年师友书札》，页 82。光绪 24 年 2 月初 7 函。

⑤ 上海图书馆编，《汪康年师友书札》，页 82–83。

⑥ 24 年 3 月 21 日出版的《时务报》57 期刊出《国闻报》启事，通告设立上海分馆，位于《时务报》馆之内，这或许是严复等人所得到的唯一的帮助。

⑦ 《黄公度先生年谱》，收入黄遵宪著，钱仲联笺注，《人境庐诗草笺注》，页 56。

⑧ 廖梅，《汪康年：从民权论到文化保守主义》（上海：上海古籍出版社，2001），页 181–183。

卖给日本人，“与东邻矢野［文雄］君相商，借作外援，使得保全自主”。[1]3月6日起，《国闻报》改由日人西村博接办，加印“明治”年号。[2]夏曾佑并表示《时务报》所需要的文章，“严老近无暇，弟亦无暇，菀生方作之，日内想可寄上”。[3]

夏曾佑所说“严老近无暇”，主要是因为当时《国闻报》馆正承受“政府阻力”，严复被人指控“与外人勾串”，光绪亦得知此事。[4]闰3月13日，上谕指示北洋大臣直隶总督王文韶（1830–1908）调查《国闻报》馆现办情形。4月19日王文韶调查之后禀告“查无其事”，但仍“谕斥严复并学堂学生等，嗣后不得再有只字附登馆报，以自取戾”。[5]后来严复在7月29日蒙光绪召见，光绪还问他与《国闻报》之关系，严复轻描淡写地回答：“臣非该馆主笔，不过时有议论，交于该馆登报耳”。[6]

当《国闻报》被人指控之时，康有为在京师发起保国会。闰3月15日，任公写信给夏曾佑，一方面谈到保国会受人参劾，另一方面则请夏将《保国会章程》刊登于《国闻报》之上。闰3月17日，《国闻报》登出《保国会章程》三十条，由此可见天津士人对康梁改革主张的支持。[7]其后《国闻报》对保国会的活动，作持续的报导。[8]严复也撰写《有如三保》、《保教余义》、《保种余义》等文与之呼应。[9]

因为津沪士人相互合作的关系，在这期间严复等人密切地注意《时务报》内部的纷争，6月3日严复在写给汪康年的信中说到自身的处境，并关心内斗对汪的打击：“《国闻报》被劾事已解矣。近闻御史宋伯鲁奏请以《时务报》改为官报事已交孙五先生议矣，据有人言此举乃报复，意欲使公不得主其局，不知曾闻否？”[10]严

---

① 上海图书馆编，《汪康年师友书札》，页1329–1330。

② 李斌，《严复与〈国闻报〉》，《严复与中国近代化学术研讨会论文集》，页544。

③ 上海图书馆编，《汪康年师友书札》，页1239。

④ 夏曾佑写给汪康年的信中表示弹劾者是李木斋（盛铎，1858–1935），“敝处……近日又为李木斋所劾，其折中劾报馆一层，不过陪笔，而实则劾又陵”，同上，页1334。严复在写给熊纯如信中也提到此事：“《国闻日报》见于戊戌，……李木斋当日不知受何人之嗾，乃以白简相加，复于召见时，清德宗尚以此为问也”，《严复集》，页653。

⑤ 清华大学历史系编，《戊戌变法文献资料系日》（上海：上海书店出版社，1998），页677。

⑥ 王栻主编，《严复集》，页61。

⑦ 丁文江，《梁任公年谱长编》，页50。

⑧ 李斌，《严复与〈国闻报〉》，页550。

⑨ 王栻主编，《严复集》，页79–88。这三篇文章刊登于《国闻报》光绪24年4月15–16日、19–20日与23–24日。

⑩ 王栻主编，《严复集》，页507，此处系年有误，应为6月3日，非5月3日。

复所说的心存报复之人很可能是指任公。这时《国闻报》发表了汪康年、黄遵宪与梁启超相互攻击的启事。① 光绪 24 年（1898）7 月 10 日，《国闻报》又登出严复所撰写的《〈时务报〉各告白书后》。当时曾捐 100 两银元赞助《时务报》的严复，深深感叹上海维新之士无法合作。对于此事，严复较同情汪康年，而批判梁启超、黄遵宪，认为他们奏请改为官报之举是"借贵位尊势以劫制天下"，与任公平日强调"凭公理以悦服人心"的论调不符：

公义捐款至万余金，《时务报》为公事，非私事矣，则何人实畀梁君以全权，使之以众人之捐款为一家之芹献，辄奏改公立民报为官报乎？……乃一旦志得，遂挟天子之诏，以令钱唐一布衣，非所谓变本加厉者耶？②

这一件事情后来无疑地影响到严复对梁启超的评价，也使两人关系益为疏远。③ 总之，光绪 24 年（1898）6 月《时务报》停刊，《国闻报》则早在同年 3 月起归日人经营，风格转变。④ 不久发生百日维新与戊戌政变，任公流亡日本。严复在事变之中行事低调，幸免于难。严梁关系至此暂时终止。

陈寅恪曾指出同光年间的维新变法有两个源头，一派以郭嵩焘、张之洞及陈寅恪的祖父陈宝箴、父亲陈三立为代表。另一派以康有为为代表。前者主张渐进改革，后者则激烈地"附会孔子改制以言变法"。⑤ 戊戌变法前夕是否有这两源引起学界的一些讨论。

从近世中国经世传统来看，经世思想可以依赖两组观念，区分为四种类型，第一组是要求彻底改变而达到完全成功的"转化思想"；以及主张逐步改善而肯定等级性成就的"调适思想"。第二组是主张"政治核心的改革"（包括中央与地方政府）；以及强调"政治核心之外的社会性行动"。拙文曾指出 17 世纪顾炎武、黄宗羲等人的经世思想为主张彻底改造政治核心的转化思想；至 18 世纪因清人入主与

① 《上海时务昌言报馆告白》，《国闻报》，光绪 24 年 6 月 24 日；《上海时务报馆告白》，《国闻报》，光绪 24 年 7 月 1 日。

② 王栻主编，《严复集》，页 494。

③ 见严复致张元济书，严复感叹道"如此人尚可与共事耶？"王栻主编，《严复集》，页 533。

④ 光绪 24 年 11 月夏曾佑致汪康年函提到"报馆王严均拟暂停，已有成议。（日人尚不甚愿）"，见上海图书馆编，《汪康年师友书札》，页 1338。25 年 1 月 18 日夏曾佑致汪康年函，谈到《国闻报》卖给日本人之后的转变，"国闻报馆已认真卖与日人……而我辈昔日之地狱，一转移间而为天堂，俯而思之，不觉大笑"，上海图书馆编，《汪康年师友书札》，页 1338。

⑤ 陈寅恪，《读吴其昌撰梁启超传书后》，《寒柳堂集》（台北：里仁书局，1985），页 148–150。王焱，《陈寅恪政治史研究发微》，《自由与社群》（北京：三联书店，1998），页 348。

人口增加，促使经世思想家关怀地方性、社会性事务，偏向政治核心之外的调适性行动；至19世纪，清政府逐渐衰微，环绕政治核心之改革的经世思想又逐渐抬头，至戊戌变法而达到高峰。①

戊戌变法前夕中国思想界主要即是主张“政治核心的转化思想”与主张“政治核心的调适思想”盛行的时期。陈寅恪所说的两源可以配合这两类型的经世思想。康有为在中央所发动的全面性的组织改造无疑地属于前者，②而长沙与天津等地人士所从事的渐进性的改革，如陈宝箴父子推行的新政与严复在《国闻报》所揭橥的改革理念，则属于后者。此外，童学琦（1868–1939）、宋恕（1862–1910）等人以《经世报》为中心的浙江变法士人也可以归于强调“政治核心的调适思想”。③至于梁启超在《时务报》与湖南新政时期，显然较倾向康有为模式，但在这其间他与长沙、天津（以及杭州）等地士人的交往，则埋下了东渡之后思想变迁的种子，终而导致脱离康有为转化路线，亲近严复的调适模式。

三、严梁“交锋”：戊戌之后

从戊戌变法失败、康梁流亡日本，一直到民国初年，严复与梁启超之间有断断续续的来往。在这段期间严复对任公抱持一贯的批判态度，认为从《时务报》到《清议报》与《新民丛报》，他的思想风格、论政态度所引起的革命精神，是造成中国乱象的重要根源。从任公方面来看，光绪29年（1903）访美归来之后思想丕变，开始认真考虑激烈化言行所带来的负面效果，也看到中国传统与中西会通的正面意义。但严复显然认为任公的个人改变无济于事，因为他所带起的革命风潮已经铸成了大错。

在《清议报》阶段，严梁并无交涉，严复仅在与友人书信之中单方面地批判任公的观点与作为。至《新民丛报》时期，双方再度接触，关系略为和缓，两人对于

① 请参见黄克武，《理学与经世：清初〈切问斋文钞〉学术立场之分析》，《“中研院”近代史研究所集刊》，期16（1987），页37–56。

② 墨子刻指出戊戌时期康有为的维新思想，突破了明清时期的温和实在论（moderate realism），回复到明末清初，如黄宗羲等所倡导的改造政治核心的转化思想。Thomas A. Metzger, *Escape from Predicament: Neo-Confucianism and China's Evolving Political Culture*(New York: Columbia University Press, 1977), pp. 190, 219–220.

③ 杨际开，《宋恕变法理论与清末政治思想》，《思与言》，卷39期4（2001），页151。

西书翻译问题，特别是《原富》、《群学肄言》有所讨论。

此外，在任公返国之前两人间有一些间接的交涉。如严复有关《老子》的言论，虽未明言，其矛头其实指向在日本的任公。这样的批评延续到民国初年，严复在民国1–10年（1912–1921）年间写给他的学生熊纯如的信函之中仍然多次批评任公。这些言论本来是私密性的，严复过世之后，熊纯如将信交给学衡派的胡先骕（1894–1968），胡将其中的80封刊登于《学衡》第6至12期（1922–1923），严复这些想法才广为人知。任公或许也读到了这些文字，但很可惜我们无法得知他内心的反应。再者，在这期间两人也有一些诗文上的应酬。

（一）《清议报》阶段

戊戌变法失败之后，任公亡命日本，该年12月创办《清议报》，主旨是“广民智，振民气”，这时任公对清廷极力抨击，讲破坏、谈革命。① 《清议报》馆位于日本横滨，报纸在日本发行，然仍能透过各种管道传入国内。②

任公东渡日本之初期，因为政治上的禁忌，严梁之间并无联系。戊戌政变后严复虽未受影响，却深感“自危”。③ 他曾撰写《戊戌八月感事》，感叹六君子之遭遇，因为担心触犯时忌，不敢公开发表，仅传抄于亲友之间，另外还有《哭林晚翠》、《古意》两首，追念戊戌死难者林旭（1875–1898）。④ 光绪26年（1900）严复写给张元济（1866–1959）的一封信即透露此一顾忌。严复听说任公主编之《清议报》刊登夏曾佑的“吊六君子诸诗”，而且还署名，他很为当时担任安徽祁门知县的夏担心：

窃谓穗兄晓人，决不当所为矛盾如是，身为州县，名在禁书之中，有是理耶？不然，则出报者有意嫁祸穗兄而后出此；又不似，则斯言奚宜至哉？望台从就近一

---

① 李喜所、元青，《梁启超传》，页140。

② 如夏曾佑多次写信给汪康年，请他秘密地邮寄《清议报》。“《清议报》尚出否？若出，望源源寄来，然须缜密”（光绪26年2月28日）；“《清议报》望陆续（卅三起）寄来，然须封固，急须一看”（光绪26年4月20日收到）；“《清议报》补买二十二、二十七二本，以后从三十五起定长年。其三十七最要，望早寄来”。上海图书馆编，《汪康年师友书札》，页1356、1357、1961。

③ 光绪25年正月18日，夏曾佑致汪康年函，提到“又陵甚自危”，上海图书馆编，《汪康年师友书札》，页1339。

④ 王栻主编，《严复集》，页414、362–363。《戊戌八月感事》一诗也曾传给任公，在《新民丛报》第4期（1902）登载《饮冰室诗话》，其中提及“严又陵哲学大家，人多知之，至其诗才之渊懿，或罕知者。余记其《戊戌八月感事》一首……又绿珠词（按即《古意》）一首…盖哭林晚翠也”，页101。

查，若果有此事，即宜驰书切戒穗卿，并属其设法速止；徒祸身家，于时无毫末之益，即以正道言之，亦为违反也。①

严复所说的可能是指《清议报》第30期上所刊登的《吊六君子文》，这一篇文章其实并没有署名，报上只写"录天津国闻报"。② 然而从严复对这一则传闻的态度，可以想象当时他刻意地与任公保持距离。

严复与任公的疏远不仅是因为政治因素，也因为他对《时务报》时期以来任公轻率、躁进的作风有所不满。在百日维新期间，严复在写给汪康年的信中就谈到任公这方面的缺点，他说："梁卓如……英华发露太早，正坐苏子瞻《稼说》所指病痛"，此处所引的文章是苏轼的《稼说送张琥》一文：

曷尝观于富人之稼乎？其田美而多，其食足而有余。其田美而多，则可以更休，而地力得完。其食足而有余，则种之常不后时，而敛之常及其熟。故富人之稼常美，少秕而多实，久藏而不腐。今吾十口之家，而共百亩之田，寸寸而取之，日夜以望之，锄耰铚艾，相寻于其上者如鱼鳞，而地力竭矣。种之常不及时，而敛之常不待其熟，此岂能复有美稼哉？……呜呼！吾子其去此而务学也哉！博观而约取，厚积而薄发，吾告子止于此矣。③

严复的意思很清楚，任公的缺点是"种之常不及时，而敛之常不待其熟"，因此他对任公的期许是"博观约取"、"厚积薄发"。④

同样的观点也表现在严复写给张元济的一封信中。严复说任公在《清议报》上论点"令人意恶"：

京津稍复静谧，无新闻可道者。每次见《清议报》，令人意恶。梁卓如于已破之甑，尚复哓哓，真成无益。平心而论，中国时局果使不可挽回，未必非对山（按指康有为）等之罪过也。轻举妄动，虑事不周，上负其君，下累其友，康梁辈虽喙三尺，未由解此十六字考注语；况杂以营私揽权之意，则其罪愈上通于天矣。近闻在东洋又与王小航（按王照）辈不睦；前者穰卿（按汪康年），后者小航，如此人

---

① 王栻主编，《严复集》，页538。

② 《清议报》，第30期（1901年），页1961–1962。

③ 苏轼，《稼说送张琥》，《苏轼文集》（北京：中华书局，1990），页339–340。

④ 王栻主编，《严复集》，页508。

尚可与共事耶！①

严复也明白表示他对康有为的言行均不苟同："穗卿（夏曾佑）极祖对山（康有为），弟则自知有此人以来，未尝心是其所举动"。② 上述的批评可以代表严复对康梁一贯的评价，民国以后他与熊纯如的通信之中，反复地提到这些看法。

（二）《新民丛报》时期

光绪 27 年（1901）11 月《清议报》停刊，任公再办《新民丛报》，于光绪 28 年（1902）正月出版。《新民丛报》和《清议报》一样，也是透过各种管道流传国内。③ 这一阶段严梁之间有较多的交往。兹分以下三方面叙述。

1.《新民丛报》中对《原富》与《群学肄言》的评介

《新民丛报》出版之后，任公将第一至三期寄请严复指正。严复收到之后，仔细阅读，对于任公又萌生了一些正面的观感。他在回信中很高兴地表示：任公的作品"辞意恳恻，于祖国若孝子事亲，不忘几谏，尤征游学以来进德之猛"。严复特别欣赏第一期之《新史学》，第二期之《保教非所以尊孔论》与第三期的《论中国学术思想变迁之大势》等文。④ 他甚至说《新史学》一文"尤为石破天惊之作，为近世治此学者所不可不知"。⑤

严复在赞许任公之余，也针对梁启超在《新民丛报》上一篇评介严译亚当·斯密《原富》（Adam Smith, *An Inquiry into the Nature and Causes of the Wealth of Nations*，1776）的短文作一回应。严复的文章以《与〈新民丛报〉论所译〈原富〉书》为题，登于《新民丛报》第 7 期。两人的讨论涉及文言与白话之争，以及语言

① 王栻主编，《严复集》，页 533（光绪 25 年 8 月 20 日）。有关汪康年与梁启超在《时务报》时的争执可参见廖梅前引书，与蔡乐苏、张勇、王宪明，《戊戌变法史述论稿》，页 408–450。王照（1859–1933），字小航，光绪 20 年进士，戊戌政变之际亡命日本。有关王照与康梁的冲突陈少白曾经目睹，1898 年时王照曾向陈少白抗议康有为的傲慢与专横，萧公权，《康有为思想研究》（台北：联经出版事业公司，1988），页 23。

② 有关"对山"一称呼的考证，请见蔡乐苏，《严复拒卢梭意在讽康、梁》，《近代史研究》，1998 年第 5 期，页 34。

③ 任公在《清代学术概论》说"《新民丛报》、《新小说》等诸杂志……清廷虽严禁，不能遏，每一册出，内地翻刻本辄十数"，页 62。

④ 王栻主编，《严复集》，页 515。

⑤ 王栻主编，《严复集》，页 551。

与“开民智”之关系等课题。宣称“夙不喜桐城派古文”的梁启超,[1] 在文中表示,《原富》一书美中不足之处是严氏的译笔太过渊雅，刻意模仿先秦文体，而所译的内容又是“理学邃赜”，所以严复所宣传的“文明思想”不易为一般的“学僮”或“国民”所了解。严复回答说文字是表达思想与情感的工具，“理之精者不能载以粗犷之词，而情之正者不可达以鄙倍之气”，而中国历史上司马迁（145B.C.–？）与韩愈（768–824）的文字最为优美，梁氏也常说战国、隋、唐是中国学术最为灿烂的时代，所以严复觉得用此时之文体从事翻译最为合适。严复并强调，此种学理邃赜之书，不可能让每一个人都了解，他所期望的读者不是一般学僮，而是熟读古书的士人，如果因为不通古文而有所抱怨，那么问题在于读者，而不是译者。[2]

严复显然非常坚持以文言来开民智的观点，他在写给张元济的信中还谈到此事,“《丛报》于拙作《原富》颇有微词……顾言者日久当自知吾说之无以易耳”。[3] 总之，任公的批评没有带来任何的改变，严复后来出版的几本译著，仍继续维持以桐城古文翻译西书的风格。

光绪 29 年（1903）《新民丛报》中又刊登了一篇介绍严复译作的文章，这是在第 40、41 期中有关《群学肄言》的短文。此篇未署名的文章很可能是出自任公的手笔。文中征引了严复在该书自序中的一段话：

> 乃窃念近者吾国，以世变之殷，凡吾民前者所造因，皆将于此食其报。而浅谫剽疾之士，不悟其所从来如是之大且久也。辄攘臂疾走，谓以旦暮之更张，将可以起衰，而以与胜我抗也。不能得，又搪撞号呼，欲率一世之人，与盲进以为破坏之事。顾破坏宜矣，而所建设者，又未必其果有合也。则何如稍审重，而先咨于学之为愈乎。

接着作者表示：

> 其言之所以箴吾党者至矣。虽或不尽适于今日之事势，而苟以爱国自勖者，亦乌可不三复也。……此其言诚切中人人通病，论学论事之有瞀误，罔不由此。[4]

此文刊出时，任公已访美归来，思想发生变化。这一篇文章正可以表现笔者在前文所谓任公“向严复模式靠拢”的现象。在《新民丛报》第 38、39 号，任公登出

① 梁启超,《清代学术概论》，页 62。
② 王栻主编,《严复集》，页 516。
③ 王栻主编,《严复集》，页 551。
④ 《新民丛报》，期 40–41，页 150–151。

《论私德》与《政治学大家伯伦知理之学说》，接着在40、41又刊登了《论私德之续》，这一系列作品象征着任公对先前激进的言行有所反省。难怪在同一期中介绍《群学肄言》的文章，他对于严复批评“浅谫剽疾”的用心，表示同感。

在同一期还刊登了任公的《答飞生》一文，也显示出同样的思考发展的方向。飞生是蒋百里（1888–1938）的笔名，他在《浙江潮》之上发表《近时二大学说之评论》，批评任公的《新民说》，他主张先鼓动民气，推翻当时的满人政权，再图新民，他认为“自事实上言，则必有新政府而后可得新民也”。蒋百里并援引甲午战后严复《原强》中的观点，强调以“一震”鼓动“民气”以求革新：

夫变俗之事，亦未始不可期，虽然有其道焉，则有一震撼雷霆之举，足以使沉睡之脑一震而耳目能一新是也。善夫严子《原强》之言也，归其本于智、德、力，而救急则归于一震；盖深知智、德、力之进之有道，而救时之要道在是也。新民氏之宗旨与严氏同，而于篇末一节未有留意焉，所以言焉而不免有病也。①

上文所谓“新民氏之宗旨与严氏同”是一个很敏锐的观察，显示严复与梁启超均致力于“救急”与“归本”。但蒋百里与任公对严复的观点有不同的认识，蒋百里偏向先救急之后再归本（这或许较接近严复早期的观点）。任公此时则对于“救急”与“归本”有新的思索。他认为两者各有其作用，应用之时要谨慎小心。任公说：“吾向者固亦最主张‘鼓气’主义，乃最近数月间，几经试验，而觉气之未尽可以恃”。他同意鼓气主义可偶尔用之，但觉得更为关键的是提升人民的智德力：

气虽扬上，而智德力三者不能与之相应，则不旋踵而瘪矣……今日欲改造我国家，终不得不于民智、民德、民力三者有所培养，苟非尔者，非惟建设不可期，即破坏亦不可得也，而偏持鼓气主义，其结果也，则往往于养成德智力三者之事业，无端而生出许多魔障。②

任公这一段话所针对的不只是蒋百里，还包括当时在日本“专以鼓气为唯一法门”的革命党人，也标志着任公从转化转向调适的思想变迁。此一观点与严复所揭橥的调适性的立场已经非常类似了。

2. 严复批判东学

严梁之间有关翻译的讨论也涉及清末民初两种不同的翻译工作。如前所述，严

① 张枬、王忍之编，《辛亥革命前十年间时论选集》（北京：三联书店，1960），卷1下，页520。
② 《新民丛报》，号40–41合刊（合刊号，1903年），页161–162。

复系直接翻译西书，任公等人则透过日本学术界，间接来认识西方。后者即严复所谓的“东学”。

严复对于梁启超式的“东学”深表不满。在这一时期写给门生熊季廉的信中多次表达此一观点：

至一切新学，则不求诸西而求于东。东人之子来者如鲫；而大抵皆滥竽高门，志在求食者也。吾不知张南皮辈率天下以从事于东文，究竟舍吴敬恒、孙揆陶［钧］等之骄嚣有何所得也？①

须知今日天下汹汹，皆持东学；日本人相助以扇其焰……往者高丽之事起于东学，中国为之续矣。可悲也夫！复愿季廉必无以东学自误也……上海所卖新翻东文书，猥聚如粪壤。但立新名于报端，作数行告白，在可解不可解间，便得利市三倍。此支那学界近状也。②

严复在光绪31年（1905）底写给曹典球的信中也是大力抨击东学，他说：

大抵翻译之事，从其原文本书下手者，已隔一尘，若数转为译，则源远益分，未必不害，故不敢也。颇怪近世人争趋东学，往往入者主之，则以谓实胜西学。通商大埠广告所列，大抵皆从东文来。夫以华人而从东文求西学，谓之慰情胜无，犹有说也；至谓胜其原本之睹，此何异睹西子于图画，而以为美于真形者乎？俗说之悖常如此矣！③

这几封信显示严复将中国走向“激烈化”的原因，一方面归咎于《时务报》以来康梁的鼓动，另一方面也是由于张之洞等人所鼓励的“东学”，再加上日本人“相助以扇其焰”所造成的。他感叹地说以“东学”为“新学”的结果只是造就了一些像吴敬恒、孙揆钧等闹学潮的学生，以及“轻佻浮伪，无缜密诚实之根”的学风。严复对东学的批评也间接指向任公。简言之，他认为任公的缺失与当时“东学”所导致偏颇学风有密切的关系。

① 王庆成、叶文心、林载爵主编，《严复合集》，册5，页19。（光绪28年8月12日）孙揆陶应为孙揆钧（一作均，1856–1930）之误，此处所指的是1902年成城学校入学事件，吴敬恒与孙揆钧纠众向驻日公使蔡钧请愿，后被遣送回国。见黄福庆，《清末留日学生》（台北：“中研院”近代史研究所，1975），页20–22。

② 王庆成、叶文心、林载爵主编，《严复合集》，册5，页21–22。（光绪29年1月3日）

③ 王栻主编，《严复集》，页567。

3. 严复评点《老子》以暗讽任公

庚子事变之后严复离开天津，避难上海。是年秋天熊季廉在好友陈三立的鼓励之下“先以书自通，继而执贽造吾庐，求得著籍为弟子”。① 从光绪 26 年（1900）至 32 年（1906）熊去世为止，严熊之间有非常密切的来往。熊季廉对严复的仰慕其实有迹可寻，他早年“好桐城方氏、湘乡曾氏所为书”，② 后来熊又受陈三立影响（三立与其父宝箴均与郭嵩焘往来密切），思想倾向与严复非常接近。③

熊季廉与严复的论学中有一部分是关于《老子》，其内容于光绪 31 年（1905）在东京出版，名为《侯官严氏评点老子》。根据最近的研究，此书的目的之一，即针对任公对老子学说的看法。④

光绪 29 年（1903）底、30 年（1904）初严复与熊季廉的书信多次提及《老子》。严复是在熊季廉的请求之下，在熊所批注王弼注《老子》之上再做批注，后来数量日益增多，而成为严氏评点。不过在目前的刊本之中，还保留了不少熊季廉的看法，可窥见其雏形。⑤ 严复说：

> 前者在都，蒙以《道德经》示读，客中批览，辄妄加眉评。我辈结习，初何足道。乃执事持示义宁（按指陈三立），以为得未曾有。遂复邮寄，嘱便卒业。春夏之交，南奔猝猝，无须臾之闲。近者乃践此诺，碌碌无异人者。然公等嗜痂，兹持寄赵。义宁如有所教，乞告我也。⑥

以上的叙述和熊季廉为《侯官严氏评点老子》所写的序文，颇为符合。此一序文在出版之前曾由严复仔细增删。⑦

根据蔡乐苏的分析，严复评点老子所针对者乃当时人们对老子与自由思想的双

---

① 王栻主编，《严复集》，页 273。严复与陈三立有许多共同的师友，如郭嵩焘与陈宝琛，但严陈双方一直不曾见面，光绪 29 年（1903）1 月 3 日，他写给熊季廉的信中说：“义宁公子，复夙所钦迟，而缘悭一面，其节操真足令人敬叹”，王庆成、叶文心、林载爵主编，《严复合集》，页 22—23。

② 陈三立，《南昌熊季廉墓志铭》，《散原精舍文集》（沈阳：辽宁教育出版社，1998），页 90。

③ 陈三立乡试时的座师为严复同乡陈宝琛。再者，陈三立很欣赏严复的翻译，他在读过严译《群己权界论》、《社会通诠》之后，曾赋诗记事。潘光哲，《陈三立传》，《大陆杂志》，卷 93 期 3（1996），页 2、22。

④ 蔡乐苏，《严复为何评点〈老子〉》与戚学民，《严复译著与梁启超思想之关系》，《科学与爱国：严复思想新探》（北京：清华大学出版社，2001），页 212—234、269—290。

⑤ 见王栻主编，《严复集》，页 1085、1090、1096、1097。

⑥ 王庆成、叶文心、林载爵主编，《严复合集》，册 5，页 47。

⑦ 王庆成、叶文心、林载爵主编，《严复合集》，册 5，页 49—50。

重误解。首先有些人将中国的衰落归咎于老子："憬时之士，恫宗国颠危，求其故而不得，则一归咎于老子"；[①] 再者"近世新学之士，一边于西国自由之说，深表同情；一边于本国黄老之谈，痛加诋毁，以矛陷盾，杳不自知。笃而论之，此等论家，于两义均无所知而已"。[②] 如果比对当时思想界，一方面同情自由学说，另一方面批评老子思想的人，梁启超乃是其中之一。

在《自由书》中，任公说明该书的主旨在肯定自由，"西儒约翰弥勒曰，人群之进化，莫要于思想自由、言论自由、出版自由。三大自由，皆备于我焉"。在同书之中，任公又大肆批评老子。"老子曰，不为天下先。盖为天下先者，未有不败者也。然天下人人皆畏败而惮先，天下遂以腐败不可收拾……然后叹老氏之学之毒天下，未有艾也"。[③] 在《论中国学术思想变迁之大势》，任公也说"老学之毒天下，不在其厌世主义，而在其私利主义。魏晋崇老，其必至率天下而禽兽……老学之毒，虽不止魏晋六朝，即自唐以后至今日，其风犹未息"。[④] 由此可见对任公来说，西方自由的概念与老子"不为天下先"与"私利主义"的学说是截然相对的。前者代表"雄奇进取"，积极争取自我权益，并能以独立自主的精神，不侵人之自由，也不放弃自身之自由；[⑤] 后者则是畏惧退缩，只顾自身的利害关系。任公一方面批评老子思想与西方自由、权利观念的差异，另一方面也认为孟子的民本思想是"保民"、"牧民"，与西方的民主政治有本质上的不同，"以保民牧民比之于暴民者，其手段与用心虽不同，然其为侵民自由权则一也"。[⑥] 总之，任公一方面强调西方自由民主观念的独特性，另一方面则批判中国传统中缺乏自由、民主的严重缺失。

严复对上述的观点提出批评，在《老子》评点之中，他认为老子思想不是消极无为，而是具有积极努力的精神。在上篇第 33 章，"强行者有志"之上，他说："惟强行者为有志，亦惟有志者，能强行"。"强行者"即是目前中国所需要的"志士"。[⑦] 严复还认为黄老之道配合民主，"夫黄老之道，民主之国之所用也，故能长

---

① 《熊元锷序》，王栻主编，《严复集》，页 1102。
② 王栻主编，《严复集》，页 1279。
③ 梁启超，《自由书》（台北：中华书局，1979），页 1–3。
④ 梁启超，《论中国学术思想变迁之大势》（台北：中华书局，1974），页 59–62。
⑤ 梁启超，《自由书》，页 40。
⑥ 梁启超，《自由书》，页 40–41。
⑦ 严复，《严几道先生评点老子道德经》（台北：广文书局，1961），页 33。

而不宰，无为而无不为”。① 他又说老子所谓“小国寡民”的境界，“君不甚尊，民不甚贱”，正是孟德斯鸠《法意》所说的民主。② 对严复来说道家思想与西方“自繇”也是相配合的，他认为老子所说的“执大象，天下往，往而不害，安平太”中的“安”即是“自由”；③ 庄子、杨朱的学说是西方的“个人主义”。④ 简言之，严复认为老子思想配合西方自由民主，因此中国传统中的一些部分与现代西方不相矛盾。

如果将严复评点老子的观点与光绪 23 年（1897）严梁有关《古议院考》的讨论联系起来看的话，我们可以看到一个很有意义的对照。在光绪 23 年（1897）的通信之中，任公强调西方民主与中国古代制度的关联性；这一观点受到严复“中国历古无民主，而西国有之”的批评。任公受到严复的指正之后，思想逐渐改变，放弃了《古议院考》那样的观点。然而有趣的是，至光绪 31 年（1905），严复却又采取了一个类似任公早期的观点，看到中西之间类似之处，再由此批评任公在《自由书》与《论中国学术思想变迁之大势》中对道家与西方自由学说的认识。这时他不满任公批判传统的立场，转而强调中国传统之中存有与西方价值相契合、相发明之处。⑤ 这一次思想的交锋再次地显示，严复是从调适性、会通中西的立场，来批评任公（1903 年之前），以及其他更激烈的革命派，所抱持较为转化性的，以西法来转变中国的观点。这也显示严复一方面不够自觉到前后论述的差异，另一方面他又不理会光绪 29 年（1903）之后任公转向调适的思想变迁。难怪当时人在东京的任公无言以对。

（三）辛亥革命之后严梁的交往

辛亥革命之后任公结束了流亡生活，返回中国。严复则受到袁世凯的任命，于

---

① 王栻主编，《严复集》，页 1079。

② 王栻主编，《严复集》，页 1091。

③ 王栻主编，《严复集》，页 1090。

④ 严复对杨朱的看法与任公的观点其实有相近之处。任公说杨朱所谓“人人不损一毫，抑亦权利之保障也”，但任公又批评杨朱“彼知权利当保守而勿失，而不知权利以进取而始生。放佚也、偷乐也、任运也、厌世也，皆杀权利之刽子手也”，梁启超，《新民说》（台北：中华书局，1978），页 36。严复的观点请见黄克武，《自由的所以然》，页 211–220。

⑤ 有关严复对老子的观点，请见黄克武，《严复晚年思想的一个侧面：道家思想与自由主义之会通》，《思与言》，卷 34 期 3（1996 年），页 19–44。

民国元年2月出任京师大学堂总监督，5月再改为北京大学校长。民国元年（1912）12月任公主编《庸言报》，次年五月，进步党成立之后，此报成为进步党的机关报。① 民国2年（1913）年间，任公写信请严复为《庸言》写文章，严复乃撰《民约平议》一文，登于民国3年（1914）2月，《庸言》25、26期合刊之上。② 这篇文章在论点上延续了光绪32年（1906）所写的《政治讲义》一文中的观点，③ 代表了严复对辛亥革命与民初政局的看法，也暗藏了对任公思想中激烈面的针砭。

严复对卢梭思想一直抱持着批判的态度，认为这一想法促成辛亥革命与共和初期的动乱，“自卢梭《民约》风行，社会被其影响不少，不惜喋血捐生以从其法，然实无济于治”。④ 诚如笔者在《自由的所以然》书所做的分析，在西方民主传统上，严复选择的是英国弥尔式的调适思想，而反对以民约论为基础的法国卢梭式的转化思想。⑤ 严复为《庸言》写这一篇文章自然有其一贯的用意，他认为卢梭思想的流行与康、梁等人的宣传有密切的关系。在这方面严复没有公开地说，只在他写给熊纯如的信之中，忿忿不平地指出：

康梁生长粤东，为中国沾染欧风最早之地，粤人赴美者多，赴欧者少，其所捆载而归者，大抵皆十七、八世纪革命独立之旧义，其中如洛克、米勒登、卢梭诸公学说，骤然观之，而不细勘以东西历史、人群结合开化之事实，有百利而无一害者也。而孰意其大谬不然乎？⑥

梁任公笔下大有魔力，而实有左右社会之能，故言破坏，则人人以破坏为天经；倡暗杀，则党党以暗杀为地义。溯自甲午东事败衄之后，梁所主任之《时务报》，戊戌政变后之《清议报》、《新民丛报》及最后之《国风报》，何一非与清政府

① 张玉法，《民国初年的政党》（台北：“中研院”近代史研究所，1985），页207。

② 严复在写给曹典球的信中谈到感谢宪法研究会同仁邀稿，“昨承损书，谕以宪法研究会同仁拟辑杂志，不以复为固陋，令其有所撰述……曩为《平报》社所嬲，略有着笔，竟不知更成何语。至于《庸言报》，则于任公虽有诺责，终无所就，恐足下虽载酒相过，亦不能使槁木死灰复行牙桥”，显示在撰写此信时，《民约平议》一文，尚未完成，故此信应为1913–1914年所撰，《严复集》编者误为1917年。该信中所谈到的“宪法研究会”应为成立于1913年的宪法研究会（亦称“研究宪法委员会”），而非1916年8月研究系所成立的宪法研究会。《与曹典球书》见王栻主编，《严复集》，页575。

③ 《政治讲义》，光绪32年（1906）商务印书馆出版，收入王栻主编，《严复集》，页1241–1316。严复在《政治讲义》中对卢梭思想的批评，请见黄克武，《自由的所以然》，页276–290。

④ 王栻主编，《严复集》，页614。

⑤ 黄克武，《自由的所以然》，页278–289。

⑥ 王栻主编，《严复集》，页648。

为难乎？指为穷凶恶极，不可一日复容存立。于是头脑简单之少年，醉心民约之洋学生，至于自命时髦之旧官僚，乃群起而为汤武顺天应人之事。①

严复与熊纯如通信中，梁启超出现十余次，他的形象几乎都是负面性的。②在严复的记忆之中，任公早在《时务报》阶段就已经误入歧途，严复在光绪23年（1897）写给他的信，即针对这种激烈化、躁进轻浮的思想模式有所批评，可惜任公却无法接受他的“逆耳之言”。民国5年（1916）9月22日，在写给熊纯如的信中，严复惋惜任公当时没有接受他的规劝，因而导致国家动乱，不可收拾：

任公文笔，原自畅遂，其自甲午以后，于报章文字，成绩为多，一纸风行海内，观听为之一耸。又其时赴东学子，盈万累千，名为求学，而大抵皆为日本之所利用。当上海《时务报》之初出也，复尝寓书戒之，劝其无易由言，致成他日之海[悔]，闻当日得书，颇为意动，而转念乃云：吾将凭随时之良知行之。（任公宋学主陆王，此极危险）由是所言，皆偏宕之谈，惊奇可喜之论。至学识稍增，自知过当，则曰：吾不惜与自己前言宣战。然革命、暗杀、破坏诸主张，并不为悔艾者留余地也。③

这一封信可以视为严复对清末民初任公思想的总评。这与任公的自我批判在某种程度上是符合的，上文曾谈到任公接受严复在《群学肄言》中的警告，在《清代学术概论》中，他也说“启超之在思想界，其破坏力确不小，而建设则未有闻，晚清思想界之粗率浅薄，启超与有罪焉”。④

民国初年除了上述严复单方面对任公的批评之外，两人还有一些交往与见面的机会。首先是有关宪法问题的讨论。民国2年（1913）起草宪法的过程之中，成立“研究宪法委员会”（亦称宪法研究会），由国务院与各省都督、将军延聘人才组成。严复受地方推荐成为该委员会的成员。⑤此会的会长为杨度，副会长马良。在民国2年（1913）3月至5月，严复多次与会。任公虽不在此一委员会之中，但当时他

① 王栻主编，《严复集》，页645–646。

② 最早注意到严复在与熊纯如函中批判任公为“祸魁”的人是周振甫，他在民国25年（1936）所撰写的《严复思想述评》（台北：中华书局，1987）一书，仔细地描写了这些批评，见页279–287。蔡乐苏，《严复拒卢梭意在讽康、梁》一文也曾详细分析严复书信之中对任公的不同评价，见该文，页29–31。

③ 王栻主编，《严复集》，页648。

④ 梁启超，《清代学术概论》，页65。

⑤ 张玉法，《民国初年的政党》，页411–414。

非常关注宪法问题，而且该会“大体维护总统的权力”的立场，与国民党维护国会的观点相左，而与共和、民主、统一三党的立场相同，① 任公应该十分注意此一委员会的动向。

民国 4 年（1915），在袁世凯发动帝制之前，严梁终于有共事的机会。该年 7 月 6 日，袁世凯任命 10 人组成“宪法起草委员会”，除了严复、梁启超之外，还包括马良、杨度、李家驹、汪荣宝、达寿、施愚、王世微、曾彝进等人。严梁在此一委员会中共同开过几次会，至 8 月 14 日杨度等组织筹安会推动帝制之后，委员会才不再运作。② 对于袁氏的帝制，严复感到矛盾、彷徨，一方面被动地列名筹安会发起人之一，另一方面内心虽不赞成帝制，又不愿表态；任公则公开反对，撰写《异哉所谓国体问题者》大肆攻击，严梁立场明显不同。据说袁世凯曾以四万金请严复撰文反驳任公，严复表示：“梁氏之议，吾诚有以驳之”，但认为以自己身居政府顾问的立场，所写的文章无裨于事，袁氏只好改命孙毓筠（1869–1926，筹安会副会长）反驳任公。③

民国初年严梁均为政治、文化界的名人，除了上述与宪法有关的接触之外，两人也曾共同参加一些文化性的聚会。如在上述研究宪法委员运作期间，任公曾邀请包括严复在内的名士四十余人仿兰亭之会，修禊于京师万生园。④ 任公作“癸丑三日邀群贤修禊万生园拈兰亭序分韵得激字”；⑤ 严复则作“癸丑上巳梁任公禊集万生园，分韵流觞曲水四首”。⑥ 又如民国 2 年（1913）9 月，孔教会在北京国子监举行祭孔典礼，祭典结束之后请三位人士讲经，一位是大总统袁世凯的代表梁士诒讲“道之以德，齐之以礼”，严复讲“民可使由之不可使知之”，接着是任公讲“君子之德风，小人之德草，草上之风必偃”，严梁同台演出。⑦

---

① 张玉法，《民国初年的政党》，页 414。

② 任公在家书中多次谈到参与此会，“宪法起草会闻下来复三开第一次会或须一来耳”（1915.7.29）；“今日杨皙子来，知来复六乃开会议，来复五开车来也”（1915.7）；“吾来复五晚车或入京，再诣起草会一次。但风潮正急，又欲托病”（1915.7）；“吾此后拟仍出席于起草会，（若不出席反有嫌疑）”，《致梁思顺》，收入张品兴编，《梁启超家书》（北京：中国文联出版社，2000），页 205、206、208、210。

③ 王蘧常，《严几道年谱》（台北：商务印书馆，1977[1935]），页 98–99。

④ 修禊为古时一种濯除不洁的节日。于阴历三月上巳日，临水洗濯，借以祓除不祥。晋王羲之《三月三日兰亭诗序》：“暮春之初，会于会稽山阴之兰亭，修禊事也”。

⑤ 梁启超，《饮冰室文集》，45 下：70。

⑥ 王栻主编，《严复集》，页 381。

⑦ 见本书，《民国初年孔教问题之争论 (1913–1917)》一文。

严梁之间也有一些诗文的往来。如民国 4 年（1915）2 月任公的同学、挚友麦孟华去世，3 月 14 日（农历正月 29 日）于法源寺公祭，严复曾前往凭吊，并应任公与罗惇融（1871–1924）之邀，赋诗三首。① 同年四月下旬，任公的父亲 70 大寿，农历 3 月 16 日（阳历 4 月 29 日）在家庆祝，“十八日在省城庆寿，全城官绅商咸集，共谓为空前之盛会”。② 严复再应任公之邀，撰写“三月十六日寿梁卓如尊甫七十”一诗：

荣坑先生谁与俦，至隐不减陈太丘。生儿声名能九州，高年天星七十周。伯安之翁宜优游，老松偃亩为民庥。一乡讼争泯乾猴，蕴崇鹦粟焚篝骰。梁上君子惊自投，团保守望勤霄掫。不劳吏为援鼓枪，持己不竟 [竞] 亦不絿。乃覆闾井如红帱，戊己之际罹百忧。刊章名捕钩党钩，携孥乘桴天东头。二方愉愉亲厕牏，长公学圃利锄耰。次公簦屐穷遐搜，国论有获皆野谋。新运以之司舌喉，惜哉嫠纬恕陨周。先生太息望松楸，归里还狎凫与鸥。康强加昔扶灵鸠，季春海屋今添筹。乡人畀酒炙肥牛，令子南向称千秋。满堂宾客皆胜流，贱子隅坐衣亲抠。四座莫喧吾请讴，先生为进一觞不。③

这一首诗明显为一应酬之作，严复很客气地恭维梁父“生儿声名能九州”；其子任公“新运以之司舌喉，惜哉嫠纬恕陨周”。“嫠纬”指“嫠纬之忧”或“嫠忧宗周”典出《左传·昭公 24 年》，指寡妇不忧愁自己纺织的纬纱，而担心周王朝的宗庙社稷。此处比喻任公虽忧国而忘身，可惜清朝却难逃覆亡之运。

在任公的诗作之中与严复有关者有两首。最早于光绪 28 年（1902），《新民丛报》第 3 号之上所写“广诗中八贤歌”称道严复的诗，“哲学初祖天演严，远贩欧铅搀亚椠，合与莎米为鲽鹣，夺我曹席太不廉”。④ 另一首则是民国 2 年（1913）1 月 16 日（农历 12 月 10 日），严复 60 大寿时，任公以“寿严几道先生”为题，所做的贺诗，“近愧真长怀少日，更惭支遁别多时……相看老凤携雏凤，愿采霜花进一卮”。⑤

从以上的叙述可见，严复与梁启超在清末民初虽屡有接触，却并无非常深厚的

① 王栻主编，《严复集》，页 391。
② 丁文江，《梁任公年谱长编》，页 451。
③ 王庆成、叶文心、林载爵主编，《严复合集》，册 5，页 119。
④ 梁启超，《饮冰室文集》，45 下：13。
⑤ 梁启超，《饮冰室文集》，45 下：69。

交谊。袁氏帝制运动失败之后，严复从此远离政界，任公则在段内阁受任为财政总长。此后严梁之间不再有直接的交涉。民国6年（1917）严复以笔名地雷在段系人物主办的《公言报》上发表了多篇文章，解释德国必败的原因，亦申明中国参战之利。① 此一观点与任公的看法是一致的，也是后来北洋所采取的决策。这一种契合应系英雄所见略同，其间可能没有互相的影响。

民国7年（1918）年之后严复气喘变得更为严重，三年之后再度发病，9月，在福州过世。任公则在民国7年（1918）年底，以巴黎和会中国代表团会外顾问的资格赴欧洲，至民国9年（1920）3月才回国。返国之后任公从事文化、教育事业。民国10年（1921）秋天，他应天津南开大学之聘，主讲中国文化史。这一年他还撰写了《清代学术概论》、《墨子学案》与《中国历史研究法》等。严复过世时任公没有公开发表任何凭吊的文字。②《清代学术概论》中有一段叙述，可以代表任公对严复一生的论断。他指出严复以西洋留学生的身份翻译西书，有其贡献；然可惜大多数其他的留学生未能像严复那样致力于“晚清西洋思想之运动”，因而无法建立“健实之基础”，深入认识西方文明。晚清民初大多数之西洋留学生实愧对国家、愧对时代：

> 独有侯官严复，先后译赫胥黎《天演论》、斯密亚丹《原富》、穆勒约翰《名学》、《群己权界论》、孟德斯鸠《法意》、斯宾塞尔《群学肄言》等数种，皆名著也。虽半属旧籍，去时势颇远，然西洋留学生与本国思想界发生关系者，复其首也。……晚清西洋思想之运动最大不幸者一事焉。盖西洋留学生殆全体未尝参加于此运动，运动之原动力及其中坚，乃在不通西洋语言文字之人，坐此为能力所限，而稗贩、破碎、笼统、肤浅、错误诸弊，皆不能免。故运动垂二十年，卒不能得一健实之基础，旋起旋落，为社会所轻。就此点论，则畴昔之西洋留学生，深有负于国家也。③

① 王宪明，《严复佚文15篇考释》，《清华大学学报（哲学社会科学版）》，2001年第2期，页86–94。林启彦，《第一次世界大战期间严复的国际政治观》，《科学与爱国：严复思想新探》，页302–318。

② 民国16年（1927）康有为过世时，任公撰有《公祭康南海先生文》，见梁启超，《饮冰室文集》，44上：29–31。

③ 梁启超，《清代学术概论》，页72。

四、结论

严复与梁启超相差近 20 岁，分属于两个时代的知识分子。他们是近代中国政治、学术活动的领袖人物，清末以来直至“五四”，新兴知识分子的思想或多或少都受其影响。无论是胡适还是毛泽东，严梁都是他们思想启蒙的导师。胡适说严复所译的《天演论》，“风行全国，竟做了中学生的读物了……几年之中，这种思想像野火一样，延烧着许多少年的心和血”。任公对胡适的影响更大，“梁先生的文章，明白晓畅之中，带着浓挚的热情，使读的人不能不跟着他走，不能不跟着他想……他引起了我们的好奇心，指着一个未知的世界叫我们自己去探寻”。[①] 毛泽东也肯定严复与梁启超。他认为严复和洪秀全、康有为、孙中山是“向西方寻找真理的一派人物”。任公在《新民丛报》上的文字，对毛深具吸引力，“读了又读，直到可以背出来”。[②]

由此观之，严复、梁启超奠定了五四以后中国思想发展的重要基础。然而诚如前述，严梁在思想上亲和，在私交上却颇为疏离。根据以上的讨论，任公深受严复译作之影响，但奇特的是两人之间主要的交会不在学术讨论，而在诗文酬和，以及严复单方面地抨击任公的政治立场。严复从戊戌前夕到他过世之前，一贯地在公私场合批评任公在言行上的激烈、躁进，造成中国的乱象。他完全抹煞任公在光绪 29 年（1903）之后言论上从激进到保守的重大转变。

作为后辈的任公则默默地接受严复的批评，除了光绪 23 年（1897）所写的《与严幼陵先生书》之外，我们看不到任何的反驳。民国初年，在严复激烈抨击任公的时候，任公一方面赋诗祝贺严复六十大寿，另一方面邀请严复修禊于京师万生园，又请他为好友麦孟华的逝世与父亲的七十大寿赋诗数首。

严梁之间的关系，和梁启超、胡适之间的关系有非常明显的不同，其间反映出时代的变迁。梁胡之间有更多学术上的讨论，少有政治辩论，而没有诗文酬和。相对于严复对任公激进、革命的批评，胡适却以为任公最大的贡献在“指摘中国文化

① 胡适，《四十自述》（台北：远东图书公司，1966），页 49–50。

② 胡适、毛泽东与任公思想的关系请见，黄克武，《一个被放弃的选择：梁启超调适思想之研究》，页 55–57。

的缺点，颂扬西洋的美德”；最大的缺点是“他晚年的见解颇为一般天资低下的人所误，竟走上卫道的路上去”，他所谓“天资低下”者是指欧阳竟无、林宰平与张君劢等。[①] 胡适或许没有想到已经过世的，一方面好用桐城古文那种“死文字”，另一方面比任公还要“卫道”的严复，但无疑地严复、梁启超对他来说都是“过气”的英雄。严复与胡适对任公评价的差异，显示中国激烈化的走向日盛一日。严复对任公以及整个时代的逆耳之言，在《学衡》杂志上披露出来，[②] 但对五四新青年来说，这些想法仅仅象征着“封建遗毒”所做垂死的挣扎，最后终将为时代所淘汰。严复、梁启超均曾掀起时代求变的狂潮，然而在死后，却被深受他们影响的新青年们视为是保守、落后的“卫道”之士，这或许为两人始料所不及。

严复与梁启超的交往也让我们反省中国知识分子之间的合作关系。严梁均为现代中国引介自由主义的先驱人物，但在彼此交往时却缺乏自由主义所特别强调的容忍精神，因而无法捐弃成见，相互合作。严复不断地批评梁启超，又不理会任公思想在 1903 年之后的重大变迁，梁则默默地接受前辈的批评。两人对于学术、政治的关键议题，无法进行合理的对话，仅于诗文酬和之中维系一般的友谊。（比较而言，严复与梁启超之间的对话，远远不如黄遵宪与梁启超之间的对话所具有的建设性）总之，严梁的交往关系与西方市民社会中的“公民精神”（civility）不相配合。Sunil Khilnani 在一篇讨论市民社会的文章中指出：市民社会需要一种特殊形态的自我观念，此一自我受到“文明的自我利益”（civilized self-interest）之引导，因而能对他人想法具开放的心胸，而且了解到自身的利益不是既定不移的。[③] 这样一来，自己的立场不一定是道德或正义的化身。在此情况之下，人与人之间的交往，不需要完全同意对方所有的想法，而只追求扼要地找到彼此间达成团结合作的共识与信任。作为中国自由主义者的先驱人物，严复与梁启超显然都不够了解西方市民社会中的“公民精神”，更谈不上以此为基础来相互合作。严梁交往的这一段历史经验，透露出中国知识分子面临的一个难题，以及自由主义在中国发展的严重障碍。

---

① 张朋园，《胡适与梁启超——两代知识分子的亲和与排拒》，页 106—108。

② 有关学衡派对五四新文化运动的批判，见沈松侨，《学衡派与五四时期的反新文化运动》（台北：台湾大学文史丛刊，1984）。学衡派借着刊登严复致熊纯如的信，来表达对新文化运动的不满。

③ Sunil Khilnani, “The Development of Civil Society,” Sudipta Kaviraj and Sunil Khilnani eds., *Civil Society: History and Possibilities* (Cambridge: Cambridge University Press, 2001), p. 28.

丙编：民国人物与思想

民国初年孔教问题之争论

（1912–1917）

一、前言

民国初年是一个充满争论的时期，辛亥革命不仅使中国政治体制由专制转变为民主，也促成思想和社会的激烈变动。由于观念上的差距产生对问题的不同看法，因此在报纸和杂志上知识分子常激烈地争辩许多问题，如孔教问题、女子解放问题、贞操问题、礼教问题、婚姻问题、父子问题，以及较晚的东西文化论战与科玄论战等等。这些争论不仅是新与旧或激烈与保守之争，其中大多数的问题更涉及儒家传统与中国现代化的基本疑难，即儒家传统是否适合民国建立之后的新环境？其中孔教争论正是直接反省这个问题而出现的激烈论战。

孔教思想渊源于清末，由康有为（1858–1927）在戊戌变法时正式提出，但是激烈的辩论则出现于民国初年。支持者认为儒家思想长久以来即存于中国社会，它可以维系人心，奖励风俗，因此提倡儒家思想可以解决当前道德堕落的问题，同时有鉴于基督教在西方世界的重要功能，他们要求把儒家改造为一种宗教，并建立为国教。反对者则认为儒家不是宗教，为避免妨碍信仰自由不应订为国教，此外儒家是专制社会的产物，不适合现代社会，尊孔的结果必然导致专制与复辟，如果想将中国从衰弱之中拯救起来，必须完全放弃这种长期的意识形态与生活方式。双方起先只是在报章上争论，接着战场蔓延到宪法起草会议，同时并将思想落实为具体的政治和社会行动。民国六年初制宪会议中“立孔教为国教”的议案没有通过，七月张勋（1854–1923）、康有为发动之“复辟事件”失败，此后孔教运动遭受到重大的打击，而陈独秀（1879–1942）等人反孔教的言论却渐获知识分子的支持，至五四前夕由反孔而形成全面性的反传统思潮，孔教运动几乎是全军覆没。本文即拟以民国元年至六年双方的争论为主要研究范围。

对于民初孔教问题的研究，到目前为止似乎还没有专书作深入探讨，陈荣捷先生《现代中国的宗教趋势》第一章以及周策纵先生《民国初年的反儒运动》一文皆曾对这个论战作简明的叙述与初步的分析；萧公权先生与陆宝千先生则分别研究过康有为的孔教思想；此外中国大陆学者也曾发表一些著作，多半为批林批孔运动下的产品，资料搜集不少，历史解释则有浓厚的政治色彩。①

以上的研究成果显示孔教问题的探讨还在起步阶段，很多历史事实仍待厘清，思想内涵的分析也不够彻底。因此本文希望从思想和行为两层次从事初步研究，首先企图了解康有为孔教思想之渊源、内涵及其在近代思想史上的意义，其次厘清由思想而产生的具体行动，如孔教会的建立、组织、请愿活动等，同时扣紧孔教争论中三个主要的论题：儒家是否为宗教？孔教应否定为国教？孔教活动与专制复辟有何关系？呈现双方的不同见解。孔教争论的研究将有助于我们了解：（1）民国初年儒家传统之转变历程及其遭遇之困难。（2）五四运动之前知识分子对儒家传统不同态度的形成。（3）儒家传统是否不利于中国现代化？

二、康有为之孔教思想

在中国历史上儒家一向被视为一种学术思想或道德系统而不是宗教，中国民间曾出现儒、释、道三教合一的说法，将儒家与佛教和道教并立，但这出自下层民众，一般的儒生并不谈这类问题。然而就儒家思想的内涵而言，它除了具有高度的人文色彩，也带有宗教的倾向，例如对“天”和“命”的看法，认为天是超自然、人格化的神，统御着人类的命运，人类为了获致成功而避免失败，必须要“知命”、

① Wing-tsit Chan, *Religion Trend in Modern China*(New York: Columbia University Press, 1953); Tse-Tsung Chow, “The Anti-Confucian Movement in Early Republican China,” in Arthur F. Wright ed.,*The Confucian Persuasion*(Stanford : Stanford University Press, 1960)；Kung-Chuan Hsiao, *A Modern China and A new World: Kang Yu-Wei, Reformer and Utopia, 1858–1927*(Seattle: University of Washington Press, 1975)；陆宝千，《民国初年康有为之孔教运动》，《“中研院”近代史研究所集刊》（台北：“中研院”近代史研究所，1983），期 12（1983），页 81–94；中国学者之作品如刘望龄，《辛亥革命后帝制复辟和反复辟斗争》（北京：人民出版社，1975）；章开沅，《孔家店与张勋复辟》，《文物》（北京：文物出版社，1950），1974 年第 5 期，页 44–48。

"知天"，如何才能知天、命，则开启了儒家与超自然之间的联系。其次，儒家强调祭祀，上香、焚箔、祈祷等祭祀活动使人们在敬穆的态度中感受到超自然的力量，一般人也希望去世亲属的灵魂会降福于生者。以上的观点与仪式都类似宗教，因此儒家与宗教的结合在理论上有些可能。①

康有为的孔教思想基本上与儒家之宗教倾向有关，但是还受到许多其他因素的影响。光绪二十四年六月，康有为上奏皇帝《请尊孔圣为国教立教部以孔子纪年而废淫祀折》，正式提出他对孔教的看法。②

他认为从前上奏所强调的只是"治术"，未谈及"教旨"，而一个强盛的国家除了有良好的政治之外还应重视教化，两者如双轮并驰，相反而相成。目前中国为多神信仰，人民信奉的对象包括城隍、财神、张仙、龙王、牛王，甚至"木石一片，亦有无穷求福之人"，这些信仰对风俗人心并无帮助。因此他主张罢弃上述之"淫祀"，各地独立孔子庙，以孔子配天，让人民前往祭祀；并组织孔教会，推举精通四书五经的人为讲生，负责圣庙的祭祀洒扫，每隔七日则集合男女宣讲圣经。每乡（数百人或一千人）设孔庙一座，立一讲生，再由讲生公选若干讲师，每县设大讲师，每省则立大宗师，各省大宗师公举祭酒老师担任孔教会会长，再由朝廷任命为教部尚书。此外世界各国皆以教主纪年，建议采孔子纪年法。

我们尝试从奏折分析康有为孔教思潮的渊源。首先孔教虽然主张恢复传统，但却深受欧美文化的影响，一方面他感叹西方宗教势力的入侵，另一方面他又羡慕西方教会制度之优良。因此孔教的主张实际上带有"师夷长技以制夷"的意味，孔教会仿自基督教会，单一信仰和七日讲经与基督教相同，孔子纪年之立意源于耶稣纪年，而讲生、讲师、宗师、大宗师、祭酒即基督教会神父、主教、大主教、教皇的翻版。因此在制度和仪式的层次，孔教的构想除了部分源于传统的祭孔和祭天之外，其他几乎完全仿自基督教。

第二，孔教思想是一种文化的民族主义，在西方势力冲击下，他强调对儒家传统的尊重，虽然康有为所提倡的儒家传统已经经过主观的改造，但无疑地，儒家思想仍然是一个重要的渊源。康有为十九岁始从朱次琦（1807–1882）学，朱次琦对他

① 杨庆堃著、段昌国译，《儒家思想与中国宗教之间的功能关系》，收入张永堂、段昌国、刘纫尼译，《中国思想与制度论集》（台北：联经出版事业公司，1976），页 325–334。

② 该奏折收入康有为撰、麦仲华编，《南海先生戊戌奏稿》（台北：文海出版社，1975），页 63–75。

最重要的影响是“扫去汉宋门户，而归宗于孔子”，此后孔子在康有为思想中一直扮演重要的角色，在光绪17年至23年间（1891–1897），他先后撰写《新学伪经考》、《春秋董氏学》和《孔子改制考》三部书，使孔子由一个单纯的思想家转变为改制的圣王教主。① 为了提供他本身改革的理论依据，他认为孔子的著作都是为政治上的需要而作，他想要革新时敝，因此假托三代的盛世而创作六经。这种看法与西汉经学（今文经）探求微言大义而着眼于用世的精神有密切的关系，从《纬书》② 之中我们可以看到直接的关联，在《孔子改制考》一书之内康有为所引用的资料除了经书、子书之外，还包括孝经纬、春秋纬等多种纬书，在序中他说“天既衰大地生人之多艰，黑帝乃降精而救民患，为神明，为圣王，为万世作师，为万民作保，为大地教主”。③ 将孔子神化为上天黑帝所诞生，并且为汉制法的说法都源于纬书，这也是孔教思想中将孔子神化为教主之渊源。此外在宋明学理之中康有为独好陆王学，而陆王学在儒家传统中强调“尊德性”的一面，因此康有为对道德和心性特别注重。据梁启超的记载，康有为主持之万木草堂，教育内容德育居十之七、智育居十之三。④ 孔教思想中大力提倡儒家人伦道德与此背景不无关系。

第三，孔教思想为康有为改革思想的一部分，立宪与开国会为政治制度之维新，孔教则为思想的维新，两者密切配合不可分离，而改革思想之根本动力则源自强烈的经世动机。康有为的经世思想一方面承受儒家传统，感念民生之艰难，慨然以经营天下为志。⑤ 另外一个更重要的思想来源则为佛教的华严宗。他曾说：“吾之来于世也，专为救众生而已，无毁无誉，无丧无得。不愿居天国而愿入地狱，不投净土而愿来浊世，不为帝王将相，而愿为布衣，不自洁，不独乐，不自尊，而愿与众生相亲，亲诸天无尽，即心是佛，故愿日日以救国救人为事”，⑥ 而在横逆困苦的时候，佛教思想也为他带来力量，“故每遇横逆困苦之境，辄自提醒曰，吾发愿固当如是，吾本弃乐而就苦，本舍净土而往地狱，本为众生迷惑烦恼故入此世以拯

① 对于以上三书内容之简要介绍见宇野精一主编，洪顺隆译，《中国思想之研究——儒家思想》，（台北：幼狮文化事业公司，1979），页194–197；以及 Kung-Chuan Hsiao, *A Modern China and A new World: Kang Yu-Wei, Reformer and Utopia, 1858—1927*.

② 纬书是西汉末假托经义言符箓瑞应之书，西汉今文经学与这些书有密切关系。

③ 康有为，《考叙》，《孔子改制考》（台北：台湾商务印书馆，1968），页5。

④ 梁启超，《南海康先生传》，收入氏著，《饮冰室文集》（台北：台湾中华书局，1960），3：65。

⑤ 康有为，《康南海自编年谱》（台北：文海出版社，1972），页11。

⑥ 康有为，《序》，《万木草堂遗稿》（台北：成文出版社，1978），页3。

之，吾但当愍众生之未觉，吾但当求法力之精进，吾何为瞋恚，吾何为退转，以此自课，神明俱泰，勇猛益加”，① 由于内心这股强烈的经世动机，使他毅然提倡“制度与思想一体维新”② 的救国政策。

总之，康有为孔教思想是许多因素融合而成的产物，它的来源包括儒家传统、基督教与佛教等因素。

戊戌变法失败，立孔教为国教的意见也随之流产，康有为流亡海外，光绪二十九年做《官制议》，仍主张设教部教会、罢淫祀、立孔教为国教，③ 同时他并在海外华埠创设孔教会。辛亥革命成功之后，康有为继续宣扬孔教，命弟子办《不忍杂志》，④ 其中刊载的文章如《中华救国论》、《拟中华民国宪法草案》、《孔教会序》、《以孔教为国教配天议》都讨论到孔教的问题。

在上列的文章之中康有为孔教思想进一步地形成，首先康氏表现出强烈的道德危机感，“今以人心之败坏，风俗之衰敝，廉耻丧尽，气节靡薾，盖秦五代之不若，实数千年未有之厉”，⑤ 他说从前人争夺富贵，最多只是贿赂或诈取，现在则变为以手枪劫制、谩骂诟辱和仇恨相戮；从前的贪官污吏是择肥而噬，现在则为席卷而逃；从前士大夫沉迷于诗文金石古董，“今则消昼夜于麻雀，合官僚以狎邪，耳不闻道德之经，口不讲政治之学，情类乞丐，形同劫盗”。⑥ 至于道德败坏的原因，第一是由于民国成立以来，“革皇清之命，乃至革中国数千年礼乐典章风化之命”，“凡昔遗风余俗，稍有留存，则必斩刈斵削之，务使荡弃绝尽”，⑦ 第二则因为“全法欧美而尽弃国粹”，认为只要是欧美的东西都好，只要是中国的东西都应革除，结果是放荡邪敝而无所不至。

为了解决道德堕落的问题，他认为最重要的关键不是政治而是教化，并屡次引

---

① 梁启超，《南海康先生传》，页 70。

② 萧公权，《问学谏往录》（台北：传记文学出版社，1972），页 217。

③ 康有为，《康南海官制议》（台北：文海出版社，1975），页 216。

④ 命名不忍的原因是因为“睹民生之多艰吾不能忍也，哀国土之沦丧无不能忍也，痛人心之隳落吾不能忍也，嗟纪纲之亡绝吾不能忍也，视政治之窳败吾不能忍也，伤教化之陵夷吾不能忍也，见法律之蹂躏吾不能忍也，睹政党之争乱吾不能忍也，慨国粹之丧失吾不能忍也，惧国命之分亡吾不能忍也”，见康有为撰，《序》，《不忍杂志汇编》（台北：华文书局，1968），页 9。

⑤ 康有为，《以孔教为国教配天议》，收入经世文社编，《民国经世文编》（台北：文海出版社，1970），页 5072。

⑥ 康有为，《以孔教为国教配天议》，收入经世文社编，《民国经世文编》，页 5077。

⑦ 康有为撰，《中国不能逃中南美之形势》，《不忍杂志汇编》，集 2，页 566。

用美人勃拉士的话“共和之要在物质与道德，而不在政治”。[①] 但是当时大多数人却认为政治结构的问题最重要，政治结构的问题能解决则一切问题都能解决。康氏认为这种看法太肤浅，因为“专以法律为治，则民作奸于法律之中，但倚政治为治，则民腐败于政治之内”，[②] 实际上中国只要讲求物质，重视教化，无论实行什么政体都可富强，而欧美之所以强盛，也是因为在政治之外有教化作为风俗人心的根本。因此他的结论是：文明的国家必须要有“教”，无“教”则如逸居之禽兽，所以中国应有“教”，但是历史文化有其绵延性，所以最适合中国的教，不是基督教、佛教，而是“孔教”。

由此显示出康氏有机渐进的文化观，这和他反对革命、反对共和的一贯主张相配合。他深刻地体认到文化的绵延发展性，中国一切的改良，一切的进步，都必须从中国自有的文明精神中产生出来。以别人的根本或他国的精神做基础，虽然表面上可能是进步，内部必然分崩离析。他承认欧美也有一部分的东西值得学习，但仅限于物质层次，至于精神和教化方面，“因中国历史习惯而利导之”，孔教最适合中国人。

康氏又表示，实际上二千多年来孔教早就是中国的国教，只是在世局激烈的变化下，中国人“抛弃自家无尽藏，沿门托钵效贫儿”，检讨其原因是由于“孔教昔者以范围宽大，不强人为仪式之信仰，今当大变，人人虽皆孔教，而反无信教奉教”。[③] 因此康有为提倡孔教会，就是希望把控制松散的儒家思想加上制度和仪式，而规范人类行为。就此而言康有为的孔教思想触及了中国文化一个长久的难题，即儒家思想内没有死后的永生、没有鬼神的恐惧，仅仅依赖性善的信念。如何要求道德行为的实践？康有为对于上述的问题感到悲观，他认为“无所欲而为善，无所畏而不为恶，天下一人而已”，至于一般人“有耳目心思之用，则有情欲好恶之感，若无道教以范之，幽无天鬼之畏，明无礼纪之防，则暴乱恣睢，何所不至？”。[④] 孔教的制度与仪式就是针对此点而设计，它希望透过外在的仪式与各种象征的符号而激发出内在的尊信畏敬之情，这是对儒家传统的重大改造，所以梁启超说“先生者，孔教之

---

① 文中勃拉士的名字之后并未附英文。康有为，《孔教会序》，收入经世文编社编，《民国经世文编》，页 5117。

② 康有为，《孔教会序》，收入经世文社编，《民国经世文编》，页 5112。

③ 康有为，《孔教会序》，收入经世文社编，《民国经世文编》，页 5110。

④ 康有为，《孔教会序》，收入经世文社编，《民国经世文编》，页 5112。

马丁路德也”。[1] 如果我们把康有为和马丁路德（Martin Luther, 1483–1546）的改革思想作一比较，发现他们同样的面临道德堕落的难题，也同样的要求约束力的加强，不同的是马丁路德的改革是抛弃教会仪式，使人以真诚的信仰直接面对上帝，康氏的改革则是借着外在的仪式而激发内心的信仰。很多人认为康氏的孔教运动似乎太过于强调外在形式，实际上他觉得儒家传统中内在精神层次已经谈得十分深入，最缺乏的部分就是外在的制度和仪式，所以他才特别强调这一点。

康氏孔教思想之中也有一些缺陷。首先他提倡儒家传统反对西化，但孔教思想的本身却十分西化；他强调外在仪式，并假设由外在可以逼入内心，然而在儒家思想中这样的设计是否有效，值得怀疑；他要求以孔子为教主，要人民在祭拜之中产生敬畏而不敢为恶，但孔子无赏罚之制裁力，不具有使人敬畏的性格；他主张以孔子配天，但天的性质如何？是一人格神？还是哲学上的设准？它与孔子有何关系？这些问题在孔教思想中都不清楚。

因此康氏将儒家改进为一宗教的企图并不成功，正如周策纵所指出的一点：孔教思想带有浓厚的功利色彩，[2] 他亟于追求道德净化的效果，但思想上并不严密。

最后我们将孔教思想放在近代思想史的脉络之中来观察：

一、清中叶以来中国思想界的主流是经世思想，孔教思想是这个潮流中的一部分，但清季经世思想主要是强调军事、经济或政治制度的改革，康有为则指出道德与思想的重要性，认为物质、政治、教化应三足鼎立，密切配合。康氏对现代化的三个层次有清晰的体认，他虽然强调道德，但与清代倭仁（1804 生，1829 年进士，1871 年亡）主张的“立国之道尚礼义不尚权谋，根本之图在人心不在技艺”[3] 已有明显的不同。

二、就道德问题的解决而言，传统的政治思想为“内圣外王”，认为只要政治领导者将自己修养成道德的楷模，社会和人民就自然地归趋于善。[4] 因此帝王即圣人，治与教合一，道德问题的解决是君王示范而产生道德感化的结果。孔教思想则

① 梁启超，《南海康先生传》，页 67。

② Tse-Tsung Chow, “The Anti-Confucian Movement in Early Republican China,” in Arthur F. Wright ed.,*The Confucian Persuasion* p. 297.

③ 见文庆等纂，《筹办夷务始末〈同治朝〉》（台北：文海出版社，1971），卷 47，页 24。

④ 陈弱水，《内圣外王观念的原始纠结与儒家政治思想的根本疑难》，《史学评论》（台北：成文出版社），期 3（1981），页 91。

认为治与教要分离，并设计一套制度和仪式规范每一个人的道德行为，这一套制度脱离了传统“内圣外王”的格局，而且带来很多新的观念——如“宣讲圣经，男女皆听”蕴含男女平等的观念；教职人员由大众选举，再由政府任命隐含着民主的精神；更重要的是政与教的分离，使教化权从君主手中独立出来，有助于中国从君主专制转移到虚君共和。

三、从人性论的角度来看，孔教思想以性恶论为其基础而偏离了儒家“性善论”的传统。他不认为每个人都会自觉地行善，大多数人必须有所敬畏才会行善。性恶论的根源可能是由于对现实世界的观察，又受到其他宗教影响的结果。

以上我们尝试分析康氏孔教思想之渊源、内涵及其与儒家传统不同之处，为了实践以上的理想，康有为及其弟子积极致力于孔教运动的展开，也激起一连串的辩论。

三、孔教运动之展开及儒家是否为宗教之辩论

戊戌变法失败后康有为逃亡海外，曾于海外华埠建立孔教会，光绪 33 年（1907）门人陈焕章（1881–1931）又于美国纽约发起昌教会，陈焕章是康氏弟子中对孔教运动最热心的人，曾中进士，后赴美国留学，取得哥伦比亚大学博士学位。① 民国元年返国，在当年孔子诞辰纪念日，于上海成立孔教总会。

孔教会以“倡明孔教，救济社会”为宗旨，会址设于上海海宁路 1798 号。成立以后各地纷纷响应，一年以内在中国、日本、香港、曼谷等地成立了 130 个分会。② 当时的发起人共有十三位：③

陈焕章（广东人，进士，留美博士）

麦孟华（广东人，康氏弟子）

梁鼎芬（广东人，张之洞幕友，曾任湖北提学使，后参与复辟）

---

① 陈焕章博士论文为《孔门理财学》，主旨阐明欧美最新的理财学说，早在二千多年前中国人已经了解。见邬庆书，《陈重远先生传》，《国立中山大学文史学研究所月刊》，卷 3 期 1（1934），页 159。

② 见《孔教会杂志》，卷 1 期 1（1913 年 2 月），页 2。转引自 Wing-tsit Chan, *Religion Trend in Modern China*, p. 7。

③ 下面有关孔教会组织之数据皆见：东亚同文会调查编纂部编，《革命に於ける宗教的團體の勃興》，《支那》，(二)，卷 4 号 20（1913 年 10 月），页 13–15。

王人文（云南人，进士，曾代理四川总督）

朱祖谋（浙江人，进士，曾任直隶布政使）

陈三立（江西人，江西巡抚陈宝箴之子）

沈曾植（浙江人，进士，曾任安徽布政使，大力支持复辟运动）

张振勋（广东人，曾任奉天提学使）

沈守廉（浙江人，曾任四川布政使）

姚文栋（江苏南翔之豪家）

陈作霖（江西人，曾任上海商务总会总理）

姚丙然（号菊坡）

沈思挂（江苏嘉善县人）

会务最初由陈焕章、姚文栋等人主持，会员人数约二、三百人，入会费每年一元，一次交百元以上，即依章程规定成为永久会员。①

当时支持孔教会的人多为上海活跃的名人或遗老，上述十三位发起人中，除陈、麦为康氏弟子之外，其他多半中过进士，或在清朝当过官，部分人与张之洞关系密切，身受“中体西用”思想之影响。就政治态度而言，除王人文等少数人外，其他多不满共和政体，希望行君主政体；就党政关系而言，孔教会与民主党较接近，民主党的汤化龙，孙洪伊都对之颇有好感。当时孔教会特别致力于吸收年轻人、农人、工人、商人、女人为会员，并重视乡村地区的发展。此外，也有一些外国人支持孔教运动。②

孔教会设讲习和推广两部，讲习部着重儒家知识的传授，下分经学、理学、政学、文学四类，推行部则重视教义的实践与推广，下分敷教“讲道化民”、养正“拜孔孟与读经”、执礼“考礼正俗”、济众“仁民爱物”四类。此外每年在孔子圣诞之前三日召开全国大会，并发行《孔教会杂志》。③

民国元年10月孔教会为政府批准，正式立案，部批“该会阐明孔教，力挽狂澜，以忧时之念为卫道之谋，苦心孤诣，殊堪嘉许”，④不久孔教总会迁往北京。

---

① 东亚同文会调查编纂部编，《革命に於ける宗教的團體の勃興》，頁14。

② 如俄人盖令沙、美人李佳白、德人魏礼贤等。东亚同文会调查编纂部编，《革命に於ける宗教的團體の勃興》，页14。

③ 东亚同文会调查编纂部编，《革命に於ける宗教的團體の勃興》，页15。

④ 引自刘望龄，《辛亥革命后帝制复辟和反复辟斗争》（北京：人民出版社，1975），页23。

民国2年9月，孔教会在北京国子监举行盛大的奉祀孔子典礼，据记载当天参加者约有数千人，多数穿着长袍马褂。上午九时致祭，主祭者为大总统代表梁士诒、众议院议长汤化龙、广东民政长陈昭常。祭毕随即开始讲经，梁士诒讲《道之以德，齐之以礼》，严复讲《民可使由之，不可使知之》，梁启超讲《君子之德风，小人之德草，草上之风必偃》。最后摄影而散。这次祭孔是民国成立后首度举办，因此在奏乐之时，甚至有人感动得流下眼泪。① 孔教会企图借外在仪式而唤起内在精神，似乎并非全无效果。

当时提倡尊孔的社团除了孔教会之外，还有孔社、孔道会、尊孔文社、读经会、孔孟礼教会等。②

在思想方面，孔教会诸人的见解不出康有为的思想范围，同时由于孔教运动的积极推展，声势日大，也引起部分人士的反感，而提出批驳。双方的辩论首先集中于“儒家是否为宗教”的论题。

孔教的支持者认为，宗教一词源于日本，日本则译自英文 Religion，一般人以为宗教之义为神道，实际上 Religion 的含义不仅是神道，只因为大家囿于基督教的形式，而认为“非神无教”。因此方误认孔教不属宗教。他们认为只要有人就有教，太古时代草莽尚鬼，以神教为尊，近世文明重人，则人道为重，人道之教是从神道之教进步而来，两者皆为宗教。③

其次他们认为宗教的定义各家说法不同，有人偏于仪式，有人偏于玄理认为是对最高力量的崇拜，有人则强调道德，亦有人认为宗教是一种信仰。就仪式而言，孔教有各种祭典；就玄理而言，孔子虽不谈鬼神，但所称之天道或命即为玄理；就道德而言，孔子毕生的著述都是道德教训；就信仰而言，孔教虽不如其他宗教强烈，但自孟子以降，儒者都极力排斥异端，而对儒家思想有坚定的信仰。从以上四个角度的观察，他们认为孔教是宗教，不容置疑。④ 而对于以上的意见有些人不太满意，提出反驳的主要为梁启超与章炳麟。⑤

① 宪法新闻社编、张玉法主编，《宪史》、《丁纪盛典纪略》，《宪法新闻》（台北：经世书局，1985），期17（1913），页21。

② 胡平生，《复辟派在民国》（台北：台湾大学历史研究所博士论文，1983），页65。

③ 康有为，《孔教会序》，页5116–5117。

④ 参考张东荪，《余之孔教观》，收入经世文社编，《民国经世文编》，页5036–5038。

⑤ 梁氏与章氏之论点内容广泛，此处仅讨论其中有关儒家是否为宗教之部分。

梁启超是康有为的学生，从梁氏发表的文章之中我们明显地看到反对孔教的立场，但民国二年他曾参加孔教会祭孔大典，会中并发表演说，在孔教会请立孔教为国教的请愿书上也列有他的名字，思想与行为之间似乎有矛盾，其中原委值得进一步探索。

梁氏反对孔教始于光绪28年（1902），他在《新民丛报》上发表《保教非所以尊孔》，① 认为宗教是“以灵魂为根据，以礼拜为仪式，以脱离尘世为目的，以涅槃天国为究竟，以来世祸福为法门”，以此标准来看，孔子是哲学家、经世家、教育家，而非宗教家。孔教支持者以新学理附会于孔子，认为两千年前的孔子完全知道两千年后的各种学说，他们所爱的是孔子，而不是真理。民国四年，他在《大中华杂志》发表《孔子教义实际裨益于今日国民者何在欲昌明之道何由》，② 继续指出有些人鉴于世界各宗教多有教会党徒传播教义，因此想仿效此形式而建立孔教，卫道之心良苦，但是儒家传统与宗教不同，即使强迫国人遍立孔庙，日日膜拜孔子，也无法普及孔子之教。教会是西方历史的产物，中国没有这种历史环境，“突起而仿效之，譬诸本无胎妊而欲抟土以成人，安见其可”，模仿西人教会的形式来推崇孔子，必定劳而无功。梁氏表示：今日昌明孔子之教，应忠实于孔子，不可夹杂诸说，混淆视听。孔子教义真正有益之处，是以儒家立身处世之道，透过教育的方式，培养“君子人格”。

第二位大力抨击孔教的是章炳麟。康有为把孔子捧为教主，章氏却视孔子为哲学家和史学家。而且在内心深处章氏并不认同于儒家，因此他上课时往往夹杂一些对孔子不太尊敬的论调。③

民国2年冬天，章氏在北京开国学会，据顾颉刚的记载，他去听讲时看到壁上黏着一张通告：④

余主讲国学会，踵门来学之士亦云不少。本会以开通智识，昌大国性为宗，与宗教绝对不能相混。其已入孔教会而愿复入本会者，须先脱离孔教会，庶免熏莸杂

① 收入梁启超，《饮冰室文集》，4：50-59。

② 梁启超，《大中华杂志》（上海：大中华书局，1915），卷1期2（1915），页245-255。

③ 见余英时，《五四运动与中国传统》收入氏著，《史学与传统》（台北：时报文化出版事业有限公司，1982），页99-100。加上说文解字一课，解释“尼，从后近之也”时，拉扯上颜氏祷于尼丘得孔子的故事。

④ 顾颉刚，《自序》，《古史辨》，页24。

猱之病。章炳麟白。

会中章炳麟指出“大抵孔子乃春秋时一政客，其七十子之徒，不过其政党中之党员耳”，① 又说现在提倡孔教的人是别有用心。顾颉刚听完之后“真气极了”，他说“想不到今文家竟是这类的妄人”。②

民国 2 年 12 月，章氏又发表《驳建立孔教议》，首先表示对宗教不怀好感，他认为中国一般人民关心的是政事日用、工商耕稼，而非飘渺的死后世界，这是中国文化卓越之处。现在有些人模仿西法建立孔教，“犹素无创痍，无故灼以成瘢，乃徒师其鄙”。他说孔子之所以伟大，不在其为神圣之教主，而是因为“制历史、布文籍、振学术、平阶级”等具体事迹。因此“学校瞻礼，事在当行，树为宗教，杜智慧之门，乱清宁之纪，其事不便”。③

以上为“儒家是否为宗教”之辩论。双方对宗教一词有不同的界定，孔教运动的支持者采较广义的看法，认为儒家是宗教，反对者则认为宗教有特殊的定义，如信仰神祇、祈求保佑、脱离尘世等等，儒家与此并不相同。但双方的根本差异是对儒家性质有不同的认定，康有为等人代表今文学派的观点，重视经典的微言大义与实际应用，并将孔子神化为教主；章炳麟则代表古文学派的观点，重视经典的训诂考证，谨守朴质踏实的精神，视孔子为一学者。就此而言，“儒家是否为宗教”的辩论是清代今古文之争的继续发展。

总之，民国元年的孔教会建立，使孔教思想落实，借着分会的设置，势力逐渐扩张，但反对势力也渐兴起，双方的争论起于儒家是否为宗教？结果各持己见，互不相让，在这同时另一个更针锋相对的论题是“宪法之中应否立孔教为国教”。

四、国教问题之争论

民国 2 年康有为在《不忍杂志》发表《拟中华民国宪法草案》，第九十六条提议“凡国民苟不扰治安，不害善俗，不妨民事政事之义务者，许其信教自由，而以

① 引自刘望龄，《辛亥革命后帝制复辟和反复辟斗争》，页 45。

② 顾颉刚，《自序》，《古史辨》，页 24。

③ 章炳麟，《驳建立孔教议》，收入氏著，《太炎文录初编》（台北：新陆书局，1970），卷 2，页 55 下-59 下。

孔教为国教，惟蒙藏则兼以佛教为国教”。[①] 此外陈焕章撰《明定原有之国教为国教并不碍于信教自由之新名词》；袁世凯之日籍顾问有贺长雄（1860–1921）则写《宪法须规定明文以孔教为国家风教之大本》。[②] 这几篇文章都大力鼓吹立孔教为国教。

民国2年7月，宪法起草委员会组成，准备草拟宪法，孔教会为贯彻上述理想，全体代表陈焕章、严复、夏曾佑、梁启超、王式通等人上书，请定孔教为国教，并许信教自由。请愿书中表示：从汉武帝罢黜百家，孔教即为中国国教，在混乱的五代和异族掌政的辽金元清均承此传统，共和国体以民意为主，更应定为国教。其次定国教与信仰自由，在中国实行数千年，并不抵触。如果准许人民信教自由而不立国教，则放任太过；只立国教又不准许信教自由，则干涉太甚；折衷之道即确立国教，但准许人民信教自由。意大利、普鲁士、阿根廷、丹麦、土耳其的宪法正是如此。最后他们感叹地表示：今日国体初更，群言混淆，以信教自由为毁教自由，导致民情惶恐，国本动摇，“定孔教为国教，然后世道人心，方有所维系，政治法律方有可施行”。[③]

孔教会请愿书发出之后，立刻引起热烈的回响，从民国2年8月至10月，赞成以孔教为国教的电文，从四面八方送到宪法起草委员会。下面是初步搜集到的资料：[④]

姓名	现职	出身
1. 朱瑞	浙江都督	秀才，日本士官学校
2. 田文烈	山东民政长	廪贡生。早年毕业于北洋武备学堂
3. 靳云鹏	山东都督	武备学堂
4. 黎元洪	副总统	曾入北洋水师学堂
5. 李纯	江西护军使	天京北洋武备学堂
6. 毕桂芳	黑龙江都督兼民政长	同文馆俄文学生，留学俄国高等师范学校毕业
7. 张镇芳	河南都督	袁世凯之姻亲，进士

① 康有为撰，《不忍杂志汇编》，集1，页205。

② 陈焕章，《明定原有之国教为国教并不碍于信教自由之新名词》、有贺长雄，《宪法须规定明文以孔教为国教之大本》，两文皆收入经世文社编，《民国经世文编》，页5054–5063、5094–5098。

③ 经世文社编，《孔教会请愿书》，《民国经世文编》，页5126。

④ 见：宪法新闻社编、张玉法主编，《宪史》，《宪法新闻》，期19，页4–12；期21，页6–11。参与成员出身查自，田原天南编，《清末民初中国官绅人名录》（台北：文海出版社，1973），页72、95–96、148–149、257、367、377、455、468、491、508、624、662、715。

姓名	现职	出身
8. 张凤台	河南民政长	举人
9. 陆荣廷	广西都督	军功起家
10. 夏寿康	湖北民政长	进士
11. 倪嗣中	安徽都督兼民政长	军功起家
12. 孟恩远	吉林护军使	出身猥贱，军功起家
13. 刘次源	福建民政长	举人

以上的资料显示：

一、电文的来源范围广大，南至广西、福建，北至吉林、黑龙江，形成一股全国的风潮。

二、通电者除黎元洪外皆为地方军政首长，他们的出身背景差异很大。有人是举人、进士，有人是军事学堂毕业，亦有人完全为军功起家，在背景上无共同的特点。

三、电文的内容多半重申孔教会的主张，强调立孔教为国教的重要性，他们似乎认为只要定孔教为国教则问题立刻可以解决。这个观念显示他们对宪法的性质与功能并不了解，或许在潜意识中他们将宪法类比为皇帝的敕令。

四、就发电文的动机而言，除了单纯的支持孔教运动之外，可能还受其他因素影响。例如附庸风雅，因为当时电文除了送宪法起草委员会，还附带通知其他的机构，如国务院、参众两院、各部长、各省都督和民政长、省议会，最后还转告各报馆，这是一个打知名度的好方法，也使自己博得维护传统文化的美名。另一个可能则出自于政治因素，尤其是较晚发出的几封电文，都表示自己接到副总统和其他人的电文之后，“玩绎斯旨，实获我心”，因此借着通电联络感情或表示立场。

在全国舆论大力支持国教运动的时候，亦有人请愿反对立孔教为国教，主要有下列各文：①

许世英《反对孔教为国教呈》

艾知命《上国务院暨参众两院信教自由不立国教请愿书》

丁义华《教祸其将发现于中国乎》

《天主教全体公民之请愿书》

曾有澜《论中国宪法不当规定孔教》

① 下列各文见：《宪史》、《宪论》，《宪法新闻》，期 21，页 11–19；及《民国经世文编》，页 1–5。

段世垣《再论宪法上不宜定孔教为国教》

反对的力量主要来自宗教界，此外一般的知识分子亦有人反对。上列各文除了重申孔教不是宗教之外，还有以下几点。

一、在对外关系方面：中国自基督教传入以来，教案不时发生，国教问题提出后，教会纷纷抗议，因此设立国教可能造成人民排外，亦促使外教排孔，“异时各主一宗，各扶国力，恐宗教战端，再现中国”。①

二、在对内关系方面：中国各地宗教歧异，如蒙古信黄教、西藏信佛教、回部信回教已历时甚久，现突然以“素不相识”的孔子为其教主，“必起而反抗，甚至兵戎相见，血流满地”。②其次中国各省亦有其特殊之信仰，如江西信真君、广东信关帝、福建信天后等，树立国教后必须禁止这些信仰，结果一定是困难重重。因此定国教不但破坏五族共和，亦使汉族分裂。

三、就宪法性质而言：宗教信仰与社会道德不是法律问题而是社会问题，不当列入宪法。宪法是规定国家组织与人民之权利义务之根本大法，不应将之视为改良社会的工具。它没有法律的效果，但具有政治的作用，因此定为国教后，如果厉行此法，则政治势力渗入宗教之中，不厉行此法则宪法规定徒成具文，两者均不恰当。

以上是双方的不同意见，不久事端就蔓延到宪法起草委员会。③

民国2年9月23日，赵炳麟议员提议立孔教为国教，表决之后列入议题。27日继续讨论，陈铭鉴、汪荣宝等人表示赞成，他们认为孔教在中国相传甚久，早已是不成文宪法，若不定为国教人民会误会信仰自由的涵义，而对孔教产生轻蔑之心；其次孔子学说有为一时立法之言，亦有为万世立法之言，如大同、选贤与能与共和政体并不违背。至于蒙藏归顺与否主要决定于政治力量，与国教问题无关，更何况定孔教为国教之外并准许信仰自由。

何雯与伍朝枢等人则表示反对，意见与上述反对定孔教为国教之请愿书大致相同。

双方争执不下，又有人提出折衷的看法：以孔子之道为风化之大本。

---

① 经世文社编，《民国经世文编》，页5141。

② 《宪论》、《宪法新闻》，期21，页3。

③ 下面资料皆见《宪法起草委员会会议纪录》，第二十二、二十三次会议纪录。

10月13日下午议案付诸表决，出席者共四十人，首先表决“宪法之中应规定孔教为国教”，赞成者仅八人；其次表决“中华民国以孔教为人伦风化之大本”，赞成者十五人；第三次表决“中华民国以孔教为人伦风化之大本，但其他宗教不害公安，人民得自由信仰”，赞成者十一人。当时议案须超过三分之二方能成立，因此以上三案全部取消。

10月28日，天坛宪草二读会已过，汪荣宝又动议于十九条第一项之后加“国民教育以孔子之道为伦理之大本”，又引起热烈争辩，多人起立修正，后黄云鹏提议“国民教育以孔子之道为修身之大本”，付诸表决，陆续起立者共三十一人，此案通过。

以上是孔教案在宪法起草委员会中的曲折经过。我们把会议纪录中曾对此案表示支持或反对之议员列成下表：

支持孔教案之议员	编号	1	2	3	4	5	6	7	8	9	
	姓名	陈铭鉴	汪荣宝	向乃祺	朱兆莘	黄赞元	王敬芳	黄云鹏	陈善	赵炳麟	
	年龄	36	36	29	32	32	37	30	38	40	
	党籍	进步党	进步党	国民党	国民党	国民党	进步党	共和党	进步党	国民党	
	出身	中华大学	拔贡，日本法政大学	生员，日本法政大学	华侨，生员，京师大学堂，美国哥伦比亚大学	日本法政大学	留学日本	日本早稻田大学	法政专门学堂	进士	
反对孔教案之议员	编号	1	2	3	4	5	6	7	8	9	10
	姓名	何雯	徐镜心	李庆芳	伍朝枢	汪彭年	卢天游	谷钟秀	段世垣	张耀曾	吴宗慈
	年龄	32	39	35	27	33	34	36	32	32	31
	党籍	共和党	国民党	进步党	国民党	进步党	国民党	国民党	国民党	国民党	共和党
	出身	举人，日本法政学堂	日本早稻田大学	日本大学	荫生，留学英国	日本法政大学，上海神州日本主笔	日本法政大学	生员，日本早稻田大学	不详	留学日本	优贡生，游学日本，创北京醒华报社

就党籍而言，九位支持者之中四位进步党、四位国民党、一位共和党；十位反对者中六位国民党、二位进步党、二位共和党。支持孔教之议员似乎无党派色彩，

而反对者则以国民党籍居多。

就年龄而言，支持者平均 34.4 岁，反对者平均 33.1 岁，两者相差 1.3 岁，反对者稍年轻。

就学历而言，支持者九人之中有传统功名者四人，留学国外者六人，国内新式教育两人；反对者九人（一人不详），有传统功名者四人，留学外国者九人。反对者之中接受新式教育的人较多。

以上分析之结果显示：支持者与反对者在党派、出身、年龄之上并没有十分显著的差异，他们支持或反对的动机可能思想上的因素比上述的背景因素更重要。有人认为天坛宪草通过尊孔条文是由于袁世凯在背后指使，亦有人认为孔教案为国民党支持，袁世凯手下与部分进步党反对。① 但是从宪法起草的过程来看，这些看法值得商榷，支持者之中有不少为国民党籍的议员，反对者亦有进步党议员参预其中。

国教问题在民国 2 年，随着宪法起草委员会的成立而出现激烈的辩论，支持者的声势十分浩大，包括黎元洪、康有为、各省都督与民政长及孔教会人士，但反对者亦不甘示弱，联合宗教界人士全力反攻。最后由宪法起草委员会投票决定，结果立孔教为国教的议案遭否决。后来双方又彼此妥协，通过“国民教育以孔子之道为修身之大本”。这个结果显然与孔教会的要求相差甚远，国教运动可以说是彻底失败。

五、帝制、复辟与孔教运动之衰微

除了上述儒家是否为宗教与孔教应否为国教的两个问题，另一个争论的焦点是帝制、复辟与孔教运动之间的关系。

目前多数史家对此问题的看法可表述成下列的因果关系：袁世凯企图专制、张勋和康有为企图复辟，而儒家思想与专制政体有密切的关系，因此他们大力支持孔教活动，目的是先做意识形态上的工作，培养人民恢复专制时代的心态，为帝制、

① 前者如陈独秀，《宪法与孔教》，《新青年》，卷 2 号 3（1916 年 11 月），页 235；后者见 Tse-tsung Chow, “The Anti-Confucian Movement in Early Republican China,” in Arthur F. Wright ed., *The Confucian Persuasion*, p. 291.

复辟运动铺路，最后则悍然地实施帝制与复辟。

上述的看法虽然前提与结论都正确，但是推论的过程之中却隐藏了许多问题。例如儒家学说与专制政体是否有密切的关系？思想上的尊孔是否必然导致政治上的帝制与复辟？他们是否有意地利用尊孔作为“思想的前哨战”？①还是尊孔别有动机？这些问题的答案都不单纯，下面我们先讨论儒家传统与专制政体之关联，再分析帝制、复辟与孔教运动的关系。

孔教运动的支持者提出儒家思想与专制政体没有必然的关联，它虽然产生于专制时代，学说之中有一部分受时代的限制，但也有一部分超脱时代限制历久而弥新。如忠君和男女不平等属于前者，今日不宜提倡；然而忠的观念可以转移为忠于国家与忠于职守。此外儒家思想中的道德教训如：父慈子孝、兄友弟恭、仁民爱物、礼义廉耻，这些道德项目都是永恒不变的。他们还举出儒家传统中的民本思想，如：《尚书》“天视自我民视，天听自我民听”；《孟子》“民为贵，社稷次之，君为轻”、“君之视臣如土芥，则臣视君如寇雠”。认为辛亥革命能轻易推翻专制就是由于人民深受儒家思想影响的结果。②他们并不否认有人利用儒家思想维护专制，但与“纯粹”的儒家学说绝不相同。

反对者则指出为何维护专制都是利用儒家而不利用其他各家，就是因为儒家思想的本身有问题。如孔子的君权论漫无限制易演成独夫专制、孔子教学有信仰而无怀疑易演成思想专制，而汉武帝罢黜百家独尊儒术，正是利用孔子为傀儡垄断天下之思想。他们认为孔教运动是一种“董仲舒式”的运动。③

以上的辩论牵涉到思想与意识形态的区别，如果我们说“思想”是指对一切“现象”或“实在”（reality）进行原则性、基本性与系统性的研究与思考所获得的一切成果，“意识形态”则为统治阶级制造出来的观念系统，目的是为了维护本阶级的利益，并对一般人发挥说服力而导向共同的社会行为。④儒家传统之中无疑地同时包含了这二部份，如先秦儒家经典、汉代经学、宋明理学式思想，这些思想通俗化之后则成为意识形态。先秦儒学一方面为官方意识形态提供思想的资料，另一方面也为非官方的、批判性的意识形态提供理论的基础。如汉代的“三纲五常”、

① “前哨战”一词为中国学者之用语，意指先在思想上作斗争工作，再导向政治上的专制与复辟。

② 见《宪法起草委员会会议纪录》，页 14。

③ 章太炎，《驳建立孔教议》，页 57 下。

④ 余英时，《意识型态与中国现代思想史》，《中国时报》（1983 年 8 月 11 日–8 月 16 日）。

宋代的“天理人欲”、“饿死事小、失节事大”等为官方的意识形态，汉代“贬天子”、“禅让说”与宋代“理存乎欲”、“理尊于势”则为批判的意识形态。

因此就儒家传统与专制的关系而言，儒家“思想”应与专制无关；至于“意识形态”方面，批判性的意识形态与专制政体针锋相对，官方的意识形态则一部分是专制社会的君臣伦理，另一部分则为普遍性的人伦规范，只有前一部分才与专制有密切关系。① 但是由于在历史上君臣伦理与普遍性人伦规范往往混合为一（忠孝的混同是最显著的例子）因此问题就变得比较复杂，所以有人认为当提倡儒家人伦规范时会使人们在潜意识中恢复君臣伦理，这是持“儒家与专制有密切关系”之论点的人思想上的立足点。但孔教运动的支持者之中则有人认为儒家人伦规范与君臣伦理可以清楚划分。以上的论点是造成双方争论的关键之处。下面我们直接从帝制、复辟与孔教运动之关联来反省这个问题。

袁世凯从就任大总统开始就对尊孔活动十分热心，主要有下列事情：②

民国元年九月“通令国民遵崇伦常文”。

民国二年六月“通令尊崇孔圣文”。

民国三年一月袁世凯向政治会议提出祭天祀孔案，此案立刻通过。二月公布“崇圣典例”，详细规定曲阜孔庙之组织和制度。四月公布五项礼目，孔子祭典属于“吉礼”，吉礼之内第一项为祭天，其次则祭孔子。九月依政治会议的决定举行祭孔大典。

民国四年三月举行祀孔典礼。

上述的资料之中显示：袁氏认为孔子之学博大精微，与世推移，“以正君臣为小康，以天下为公为大同”，从前人只取小康之说巩固君权，不知孔子亦有大同、共和、选贤举能之义。此外他所提倡的儒家道德包括“忠信笃敬”、“孝弟忠信礼义

① 萧公权先生对此问题有十分深刻地分析，他认为不应过度强调儒家思想与专制政体的关系，法家思想亦是构成帝制的不可忽略之因素。历代君王多为表面上尊重儒术，但暗中施行法家治术，只有当他们体认到仅依赖武力与法律无法维系庞大帝国时，才企图依赖儒家道德来控制臣民的内心。因此儒家思想只是法家专制措施的辅助工具。同时历代君主对儒家思想的采行都是有选择性的，他们都有意地忽视不能与专制政体基本目标相调和的儒家学说。见萧公权，《法家思想与专制政体》，原刊于《清华学报》，新卷 4 期 2（1964），现收入《迹园文录》（台北：联经出版公司，1983），《萧公权先生全集》，册 9。

② 见：陆纯编，《袁大总统书牍汇编》（台北：文星书店，1962）；郭廷以编著，《中华民国史事日志》（台北：“中研院”近代史研究所，1979）；东亚同盟会调查编纂部，《尊孔问题》，《支那》（东京：东亚同文会调查编纂部，1912），卷 6 号 1（1915）。

廉耻”等，他并且特别解释“忠”是指忠于一国，而非忠于一人。我们发现袁氏的言论之中非但没有强调传统的君臣伦理，而且还仔细的解释这些道德项目与专制时代的教条绝不相同，专制时代已经过时，不适合现代中国，孔子学说与共和思想并不冲突。

以上的言论虽然可能只是表面文章，但是这些文告的教育作用显然对帝制运动的推行不利。下面我们再观察袁氏集团在帝制进行过程中所表达的看法是否与儒家传统有关？或者他们是否借儒家的观念作为“帝制推行合法化”的理论根据？

支持袁氏称帝的文字包括古德诺（Frank Johnson Goodnow, 1859—1939）《共和与君主论》、《筹安会宣言》；杨度（1875—1931）《君宪救国论》、《请愿职合会宣言》，与袁氏承认地位之申令。[①] 这些文章认为：[②]

一、君主立宪较民主共和更适合中国，民国建立以来中国仍然动荡不安，主要是因为人民教育程度太低，习于专制，骤然推行共和并不适合。由中南美（如墨西哥）的历史经验显示，中国必导致竞争大总统之战乱，使国家永无安宁之日。而实行君主立宪则可避免这问题。

二、袁氏对国家有重大的贡献。

三、国体决定于民意，如果人民决定实行君主立宪，国体应立即更改。

我们发现，帝制运动与儒家传统并没有直接的关系，他们最重要的理论基础不是儒家，而是来自民主社会的假定：政事取决于民意。

由上述的资料我们认为：袁氏尊孔与帝制之关系值得商榷，或许他只是想借着尊孔而恢复一种保守的心态，这种心态可能有助于帝制的推行。但是就结果而言，当时的知识分子并没有人因为袁氏的尊孔而支持他的帝制，而广大的芸芸众生也仍然在沉睡之中，他们对这些争论一无所知，对袁氏的所作所为也是采取不理不睬、漠不关心的态度。因此我们推断袁氏尊孔的根本动机，不是为实行帝制而铺路，而是企图依赖传统道德价值而维系社会秩序。辛亥革命时，兴起激烈的革命思想，民国成立以后这种革命的精神仍然存在，有些人因此对旧传统不怀好感，袁氏认为这些行为都破坏社会的安定与和谐，因此他借着尊孔，一方面收揽保守派的人心，巩

① 上述之文章收入：白蕉，《袁世凯与中华民国》（台北：文海出版社，1966）。

② 以上看法，综合自陆纯编，《袁大总统书牍汇编》、白蕉，《袁世凯与中华民国》、东亚同盟会调查编纂部，《尊孔问题》。

固自己的统治，另一方面则缓和激烈分子的革命态度，而达到维系社会秩序的目的。

其次我们分析孔教运动与袁氏之间的关系，袁氏提倡尊孔应无疑问，但尊孔与支持孔教运动并不完全相同。

民国元年孔教会成立，不久政府即批准；民国二年孔教会举行祭孔大典，袁氏曾派亲信梁士诒代表参加，并由梁担任主祭。由于袁氏一向热心尊孔，因此一般人多认为袁氏支持孔教运动，如民国 2 年 11 月 15 日《顺天时报》记载“大总统欲订孔教为国教，以约束人心，前曾表示其意见，现因宪法起草委员会未定国教，故日来各省行政长官纷纷来电，请定孔教为国教，并痛诋反对之人，与大总统同一主张”。但民国 2 年 11 月 26 日的大总统令记载“孔子之道如日月经天，江河行地，树万世之师表，亘百代而常新”；民国 3 年 2 月 7 日的大总统令又记载“信教自由为万国之通例，我中华民国本由汉满蒙回藏五大族组织而成，其历史习惯各有不同，斯宗教信仰亦难一致，自未便特定国教，致戾群情，至先圣先贤岁时祭飨，载在前清典制，无关宗教问题……自应赓续旧章”。① 前一令使用之名词为“孔子之道”而非“孔教”，后一令则明白表示定立国教妨碍信教自由。

史家对此问题的看法亦不同，周策纵认为“袁世凯成为孔教运动的热烈赞助者”，② 研究袁世凯的杨格（Ernest P. Young）则认为这是一项误解，因为袁氏明白地拒绝了孔教会立国教的主要要求。③ 我们认为杨格的看法可能较为正确，如果孔教会的主张包括恢复儒家道德以维系社会秩序和立孔教为国教，袁氏可能支持前者但反对后者。

接着我们讨论孔教会的成员对袁氏帝制运动的态度。康有为大力反对并动员自己的学生积极讨伐，在劝袁氏退位书中他认为：共和立宪帝制就像药方，没有好坏之别，只要能治病就是良方，如果实行帝制能使中国富强，人民一定支持，但是袁氏称帝的结果却使天下滔滔，生灵涂炭，因此他要求袁氏退位，最后并表示如果当

① 皆载于《政府公报》，前者见 1913 年 11 月 27 日，第 563 号；后者见 1914 年 2 月 8 日，第 631 号。

② Tse-tsung Chow, “The Anti-Confucian Movement in Early Republican China,” in Arthur F. Wright ed.,*The Confucian Persuasion,* p.291.

③ 杨格（Ernest P. Young）著，李孝悌译，《现代的保守主义者——洪宪帝制》，收入傅乐诗、周阳山等编，《近代中国思想人物论——保守主义》（台北：时报文化出版事业有限公司，1980），页 238。

初依他的主张实行虚君共和就不会造成今日的惨况！① 陈焕章亦不赞成帝制，据记载袁氏曾暗示陈焕章劝进，并派人监视他，然而焕章始终不为所动。② 至于严复虽然名列筹安会六君子，但并非自愿，而是为人强迫，实际上他并未参与筹安会的任何活动，后来袁氏以四万金币的代价请严复撰文反驳梁启超《异哉所谓国体问题者》，严氏亦不肯答应。③ 此外部分的会员较支持复辟，对袁氏的称帝深表痛恨。总之孔教会的成员大多数都不支持袁氏称帝。

最后我们对袁氏帝制与孔教运动的关系作一归纳：

一、就帝制与尊孔的关系而言，袁氏帝制运动并没企图诉诸民众的情绪，他们的理论基础虽然是政事取决于民意，但他们深信民意可以轻易地制造出来，因此他们似乎不是有意地以尊孔作为“思想的前哨战”，袁氏尊孔的动机主要是为了以传统道德维系社会秩序。

二、袁氏提倡尊孔应无疑问，但他并不完全支持孔教运动，孔教会的成员也不支持他的帝制运动，因此“袁氏利用孔教会以推行帝制”的说法实属谬误。

袁世凯死后黎元洪继任大总统，段祺瑞为国务总理，国会重开。民国 5 年底，康有为撰《致黎大总统段总理书》④ 再度提议立孔教为国教。文章发表之后立刻受到陈独秀的激烈批评，从民国 5 年 10 月到 6 年 1 月，《新青年》连续刊登陈氏的《驳康有为致总统总理书》、《宪法与孔教》、《孔子之道与现代生活》、《再论孔教问题》，文中将康有为的论点批判得体无完肤，他的看法除了主张儒家不是宗教、孔子只是中国文化的一部分、国教违背思想与信仰自由、道德不是永恒的等论点之外，特别强调宗教没有存在的必要，人类逐渐进化，宗教将被科学所取代，将来一切的问题都可以由科学解决。字里行间透露出浓厚的“科学主义”心态。

对于这些批评，孔教会没有提出反驳意见，《新青年》只有在读者通信栏中偶尔偶有几位青年学生表示怀疑，但在答复信上都被陈独秀痛斥一顿。

在《新青年》大力反孔的同时，孔教会正积极的从事另一次请愿行动。国会重

---

① 该文收入白蕉，《袁世凯与中华民国》，页 365–384。康有为对袁世凯的不满可能牵涉到戊戌政变以来双方的私人恩怨。

② 邬庆书，《陈重远先生传》，《中山大学文史学研究所月刊》，页 160。

③ 王蘧常，《严几道年谱》，收入沈云龙主编，《近代中国史料丛刊续辑》（台北：文海出版社，1981），页 95–99。

④ 康有为著、蒋贵麟辑，《万木草堂遗稿外编 · 续集》（台北：成文出版社，1983），页 614–616。

开之后制宪会议继续进行，孔教问题再度成为焦点，陈焕章等人联合全国尊孔社团组“各省公民尊孔联合会”共同请愿。① 在会议之中两派的议员又发生争辩，投票数次均无结果，最后双方互让，废去天坛宪草“国民教育以孔子之道为修身之大本”，而代以“中华民国人民有尊崇孔子及信仰宗教之自由，非依法律不受限制”。② 对于这一条条文正反双方皆感不满，这时由于一件重大的政治事件，使孔教运动卷入一场风暴。

民国 6 年 7 月 1 日，张勋、康有为等人拥立清帝溥仪称帝，结果各方反对，在短短的十二天之后复辟失败。由于这次事件康有为是主要策划人，而不少孔教会的支持者也曾参与，因此事件失败后，孔教会再度遭人围剿。反对者主要的观点认为尊孔与复辟有不可离散之关系，“复辟需要尊孔，尊孔为了复辟”。代表性的文章是陈独秀《复辟与尊孔》一文，③ 他认为孔教与共和绝不相容，提倡孔教必定破坏共和，而信仰共和也一定排斥孔教，“主张尊孔势必立君，主张立君势必复辟”。④

从五四时代的陈独秀到今日中共史家莫不接受上述的看法，这种看法的主要依据有下列二点：

一、张勋和康有为是复辟的主谋，也是孔教运动的推动者，张勋曾多次致电国会，请立孔教为国教。⑤ 康有为在代溥仪复辟所草的诏书中有一条是立孔教为国教。

二、孔教会的支持者之中有不少人参与复辟，他们包括梁鼎芬、沈曾植、劳乃宣、宋育仁、郑孝胥、麦孟华等人。⑥

上述的论点显示对思想与行为之关联性的深刻观察。我们也承认孔教会之中分子十分复杂，其中不乏逊清遗老隐身其间从事复辟运动。但下列几点也值得我们考虑：

一、孔教会之中有一些人参与复辟，但是也有一部分人与复辟事件并无关系，甚至还有一些人反对复辟。他们尊孔的动机只是单纯地为了维护儒家传统，挽救道德堕落。

---

① 引自：刘望龄，《辛亥革命后帝制复辟和反复辟斗争》，页 77。

② 杨幼炯，《近代中国立法史》（台北：台湾商务印书馆，1966，台增订一版），页 230—231。

③ 陈独秀，《复辟与尊孔》，《新青年》，卷 3 号 6（1917 年 8 月），页 1—4。

④ 陈独秀，《复辟与尊孔》，《新青年》，页 4。

⑤ 如民国 5 年 10 月张勋曾通电请订孔教为国教，见郭廷以，《中华民国史事日志》，页 264。

⑥ 见胡平生，《复辟派在民国》。

二、张勋系行伍出身，没有受过学校教育，而且头脑简单，为人鲁直，易受他人影响而意志动摇。袁氏称帝时，起初他电请早日登基，后来又与李纯、朱瑞等人联名要求取消帝制；复辟运动策划中，他也曾意志动摇。因此从教育程度与个性上来看，我们怀疑张勋会想“利用尊孔而为复辟制造理论根据”。或许张勋尊孔的动机大部分只是由于心理的补偿作用，借尊孔显示他深具文化素养。而他复辟的行为则主要是为了权力的争夺，而不是尊孔的结果。

三、康有为的情况比较复杂，首先我们要指出康氏在复辟时要求实行的政体是虚君共和，而不是君主专制，并非一般人所谓“把大清皇帝请出来，让中国永存帝制”。事实上实行孔教和虚君共和是康氏自清末以来的一贯主张，前者为思想维新，后者为制度维新，两者密切配合，构成其救国政策的核心。他从事复辟主要是因为长期以来对共和和革命的反感，民初实行共和之后一直动荡不安，使他觉得实行共和“不能逃于中南美之形势”，必定由于争总统而导致长期混乱，① 袁氏的帝制更印证了他的看法，因此他认为虚君共和才能解决这个问题，而年幼的溥仪（1906–1967）正是虚君的最佳人选。我们认为康氏思想的根本关键是“谋求一个大帝国从专制转移到宪政的适当途径”，而不是为了报答清帝的知遇之恩。② 同时为了配合制度改革，他提出精神建设方案——立孔教为国教，努力挽回现代过程中价值崩溃的问题。因此就康氏而言尊孔与复辟之间的确有关联，但是不像陈独秀等人讲得这么单纯。在多数人讥为复辟丑剧的背后，实际上存着忧国忧民的伟大情操。

当然康有为绝非全无缺点，他提出的方法很多都不切实际，例如孔教计划之中有不少缺点，推行复辟时他没有仔细考虑人民仇满的情绪等，他最大的失策之处则是与一群毫无理想的官僚政客相结合来实践他的理想，最后理想完全破灭，中国仍然在苦难之中。

对于复辟与孔教运动的关系我们尝试对以往的观念作一修正。如果我们把复辟分子分为宗社党、旧官僚、康有为师生以及逊清遗老四部分，宗社党与孔教运动并无关系，张勋等旧官僚尊孔与复辟各有原因，康有为等人则另有一番高远之理想，只有一部分逊清遗老可能尝试借着尊孔活动而唤起传统的君臣伦理，作为复辟的思

① 见康有为撰，《不忍杂志汇编》，集 2，页 566–569。

② 徐高阮，《戊戌后的康有为》，《大陆杂志》，卷 42 期 7（1971），页 211。

想依据。

总之民国初年共和肇建，人民在价值观念上对专制深感痛恨，同时由于中国历史上官方所提倡儒家传统中普遍的人伦规范与君臣伦理密切结合，因此当有一些人提倡儒家道德之时，立刻有人敏感地联想到他企图恢复专制，尤其是孔教运动支持者部分是大家所厌恶的军阀，更增加了心理上的反感，所以孔教运动被认为与帝制、复辟有密切的关系。① 但是本文的研究却显示：袁氏帝制并未以儒家传统作为理论根据，他尊孔的主要动机不在为帝制铺路，而是利用传统道德规范维系社会秩序；复辟与尊孔之间没有必然的关系，尊孔的人不一定复辟，复辟的人也不是全部尊孔。

但是当时帝制和复辟却增加了人们对孔教运动的反感，在《新青年》上陈独秀、吴虞等人发表了一系列的文章，从反对专制和孔教开始，进而激烈地批评所有的儒家传统，五四时代全面性反传统思潮由此产生，他们将群众对专制的厌恶情绪转移成对传统文化的不满。儒家思想面临了一个更严格的考验。这时康有为和陈焕章等人仍然到处奔走，继续提倡孔教②，然而他们的声音却愈来愈微弱，在五四青年的眼中，孔教是保守和顽固的象征，也是中国进步的严重障碍。

六、结论

孔教思想源于清末，它是康有为为了融合儒家传统、佛教、基督教而提出的一种新的看法，他企图将儒家思想加上类似西方教会的制度与仪式而改造成宗教，希望借此能有效地解决道德堕落的问题。民国元年，康氏弟子陈焕章在上海成立孔教总会，积极推行孔教运动，先后建立了一百多个分会，声势日大，也刺激了反对势

---

① 以上的初步推论并不构成分析的终点，我们还应继续探究陈独秀等人将孔教与帝制、复辟结合在思想上的立场。林毓生先生近年来对五四时期反传统思想的研究可以提供较深入的思考线索，他认为：中国知识分子深受传统一元论思想模式的影响，所以在思想层面上，把事情看得太浅、太简单，陷入形状主义的谬误而不自知，未对实质问题仔细考察而武断地认为头脑中演绎逻辑的建构事实有所指，因此无可避免地把具体事实简单化或扭曲化。陈独秀等人对孔教与专制、复辟关系的误解可以印证上述的看法。林毓生对一元论思想模式的分析见林毓生，《五四时代激烈反传统思想与中国自由主义的前途》等文，收入氏著，《思想与人物》（台北：联经出版公司，1983）。

② 陈焕章之资料见邬庆书，《陈重远先生传》；康有为在民国 12 年 11 月应陕西各界邀请演讲，第二次演讲之主题即谈孔教，见：康有为，《康南海长安演说集》（台北：文海出版社，1971）。

力的兴起。孔教运动支持者主要是康氏及其弟子、清朝遗老、各地军政首长等；而反对者包括宗教人士、梁启超、章炳麟及新青年杂志的一些年轻人如陈独秀、吴虞等人。从民国元年到民国六年双方激烈地争辩：（1）儒家是否为宗教？（2）宪法之中应否立孔教为国教？（3）孔教运动与帝制、复辟有无关系？

支持者反映当时保守、复古的心态，他们认为进步的国家一定有“教”，所以中国也必须有教，最适合中国的教是长久以来为大家尊崇的“孔教”。一般人不了解宗教的涵义，认为“非神无教”，实际上孔教的“人道之教”是从“神道之教”进步而来，属于一种更高级的宗教。其次民国以来，部分人误解信教自由的意义，而轻蔑孔教，导致民情惶恐，国本动摇，因此要求在宪法上定孔教为国教，但准许信仰自由。他们并发动多次请愿，但结果没有成功。第三个争论较复杂，大致上他们认为儒家思想有超脱时代限制的部分，如儒家的伦理道德多数不会随时代而改变，而选贤与能、世界大同等观念与民主共和不相违背。至于有些人攻击他们支持帝制与复辟，但本文研究显示这只限于部分参与复辟的逊清遗老。

反对者则表现出激烈、革新的观念，孔教的教是教化而非宗教，孔子是单纯的哲学家、教育家，而非全能的教主。陈独秀甚至认为人类逐渐退化，将来科学会取代宗教。其次定孔教为国教绝不适合，会妨碍思想与信仰自由，导致宗族战争，五族分裂，而且宪法有其特殊的性质，不是改良社会的工具。第三，儒家思想与专制政体有密切的关系，尊孔必定立君，立君则必定走向专制与复辟。而袁世凯的尊孔与孔教会人士参与复辟就是最好的例子。

虽然帝制、复辟与孔教运动的关系不像反对者说得那么简单而直接，但帝制与复辟却造成人们对孔教运动的反感，加上孔教思想本身的缺陷，反对者的声势愈来愈大，终于由反对孔教而反省儒家传统，最后形成全面性的反传统思想，孔教运动完全失败。

孔教运动的失败显示：（1）儒家思想不是宗教，康有为将儒家改造为宗教的企图有其内在的限制。（2）儒家的复兴不能以宗教的形态，至于现代化过程中道德堕落的问题，或许只有透过教育才是切实可行的解决之道。（3）孔教运动虽然失败了，但思想的论战并没有停止，接着下来发生了科玄论战、中西文化论战、中国本位文化建设问题论战等，这些论战不断地反省中国传统与西洋文化的调适问题，在精神上都顺着孔教争论的思想脉络而发展。[①]（4）孔教运动的失败并不代表儒家传统与中国现代化的冲突，它只象征着儒家传统在近代的转变，然而在这转变过程中所发生的争辩却使人们更清晰地了解儒家思想的内涵及其对现代化的正、负面影响；四十年代以后，儒家的复兴正是在此基础之上扫除了僵化的形式末节，而赋予儒家传统新的生命。

① 见郭湛波，《近代中国思想史》（香港：龙门书店，1973）。是书第二十篇关于思想论战，对论战之内容有详细的介绍。

钱穆的学术思想与政治见解

一、前言

钱穆先生是现代中国史学界中一位杰出的史家，他没有受过正式的学院训练，但是却秉持着中国读书人的本色，“外绝声华，内无假借”，①以不顾天不顾地的读书精神奋力向学，尤其可贵的是，钱先生在民国以来反传统浪潮之下，毅然挺身呼吁对传统文化的温情与敬意，他认为绝没有任何一国一族相率鄙弃传统的历史与文化，而可以长存于天地间的，这等气魄正如佛家所谓发海潮音，作狮子吼！

钱先生生于一八九五年，今年适满九十二岁，②这九十多年间，中国一直处于内忧外患，而钱先生的学问亦在忧患之中成长，他深刻地体认到时代的苦难，一发而为悲天悯人的责任感，借着强烈的民族情操，他将史学与时代绾合为一体。

因此钱先生的著作都是有所为而为，有目的而发。例如《刘向歆父子年谱》一文，表面上看起来是纯考证的著作，但主要是批评康有为的《新学伪经考》，以及由此而产生顾颉刚等人疑古与辨伪之学风；《中国近三百年学术史》则是针对梁启超等人对清代学术史的见解，说明清初学风有其宋明之渊源，以矫正当时推尊清儒而贬抑宋明之偏见，并探究为何循此清学的余波，终不能开出中国学术的新机运；《国史大纲》一书更是气魄雄浑的民族史诗，直就数千年中华民族之生命历程着眼，剖析内在生机之所在与致病之渊源。

钱穆的许多著作中都显示出学术与时代的紧密关联，治史与论世一以贯之的态

① 唐君毅，《钱宾四先生还历纪念》，《民主评论》，卷5期23（1953），页2。

② 本文作于1987年——编者注。

度。但是钱穆的卓越之处不仅在于上述两者的结合，更在于他能警觉到学术有其独立的尊严，不应成为现实服务的工具，因此他不但关心时代，更能批导时代。

本文不拟全面探讨钱穆的思想，只企图研究他的学术思想与政治见解，而焦点则置于两者交光互影之处。首先本文尝试了解钱氏对中国历史上政治与学术之关系的分析，我们发现钱氏的分析方式特别强调政治主张与学术思想之间的关联，颇能洞察传统文化之特色；因此我们借用这种思考方式，来分析深受传统影响的钱穆先生。探讨他在学术思想上的倾向，以及与此看法相贯连的政治见解，最后并对胡昌智先生在《钱穆的〈国史大纲〉与德国历史主义》①一文中的部分论点提出商榷。

本文使用的基本材料为钱穆先生从早年到晚年所撰写的有关作品，由于文中所处理的观念前后期并无重大变化，因此本文采取横切面的研究，不特别从事变迁的分析。钱先生的作品一直是年轻朋友治学过程中的导师，我们愿以此文表达内心的敬意。

二、钱穆史学中的政治与学术

钱穆认为在中国传统中政治与学术绝非断为两橛，因此讨论学术时认为中国学术精神乃以社会人群的实际措施为主要关怀对象，讨论政治时则表示中国历代所制定、实行的一切制度，背后都隐伏着一套思想理论。②从这个角度观察，钱穆在中国历史中发现一种一贯发展的理想趋向，这个理想是：

> 由政治来领导社会，由学术来领导政治，而学术则起于社会下层，不受政府之控制。在此一上一下循环贯通之活泼机体之组织下，遂使中国历史能稳步向前，以日臻于光明之境。③

由此可见钱穆对中国历代政治与学术的基本看法，因此研究中国历史时，他特别注意三个重点：(1) 学术领导政治；(2) 政府由学术界组成；(3) 政治改革主张的背后有学术思想背景。而以上三者彼此又互有关联。

由于强调学术领导政治，所以钱穆认为，由学术界与教育界所形成的“道统”

① 胡昌智，《钱穆的〈国史大纲〉与德国历史主义》，《史学评论》，期 6（1983），页 28、37。
② 钱穆，《中国历史研究法》（台北：三民书局，1969），页 65、28。
③ 钱穆，《中国历史研究法》，页 64。

地位，应在政府所形成的“治统”之上。他在民国34年与1977年先后撰写《道统与治统》和《治统与道统》”两文表达这种看法，此点经余英时先生扩充之后，成为中国知识阶层史的核心观念。① 钱穆同意汉代刘歆与清代章学诚对中国古史的见解，认为三代以上治教合一，故尧、舜、禹、汤、文、武、周公之时，治统即是道统，学术掌于王官；孔子之后治与教分离，治教分离的直接影响是当时的学术在“王官学”之外，另有一种由社会底层浮现之“百家言”出现。孔子的《春秋》是一个重要的转捩点，它一方面继承王官学的传统，另一方面则开创百家言的新风气。② 此后诸子百家蠭出并作，竞相表达出他们的政治理想，而为政者亦尊重他们的理想。

对于治教分离之后的中国历史，钱穆特别强调能表现出道统尊于治统的制度与行为，而对于治统压迫道统的事迹则给予负面的评价。他指出中国传统政治机构中多设有学术机构，这些机构并不负有行政责任，只主持一切学术文化事业的保存、扩大与流传。这种制度源于战国时代尚贤养士之风，最著名的是齐国不治而议论的稷下先生，至秦代演变为官僚系统中的博士官，他们所代表的是社会下层平民学者的势力，政府对他们的尊重正表示治统尊重道统。而秦始皇采纳李斯的建议，罢黜不符朝廷旨意的博士官，并规定以吏为师，使治统凌驾道统，秦朝因而迅速灭亡。③

汉武帝罢黜百家独尊儒术，在钱穆看来也具有同样的意义，五经博士官代表道统，汉王室代表治统。政府行事要依经义，五经博士虽不参加实际政务，但常参与各种政务会议，因而对政治发生重大影响，扭转了秦人以吏为师之风，使政治渐受学术的指导。④ 这是汉朝成为盛世的重要因素。

---

① 钱穆撰《道统与治统》，《东方杂志》，卷41期15（1945年8月），页4–8，后收入氏著，《政学私言》（台北：台湾商务印书馆，1967），页64–73；1977年钱穆应“中研院”之邀，以《治统与道统——从中国文化来看国父与故总统孙、蒋二公及当前之学术界》为题，作专题演讲，后收为中央研究院三民主义研究所编，《“中研院”三民主义研究专题选刊》（台北：“中研院”三民主义研究所，1977），期7，页1–7。两文篇名虽略有不同，但主旨却一致。余英时的研究主要有《道统与统政之间》与《中国知识分子的古代传统》等文，收入氏著，《史学与传统》（台北：时报文化出版事业有限公司，1982），页71–92。

② 参见：钱穆，《道统与治统》，页64–65；以及《孔子与春秋》，原文著作于1953，后收入氏著，《两汉经学今古文平议》（台北：东大图书公司，1971），页248–249。

③ 钱穆，《治统与道统——从中国文化来看国父与故总统孙、蒋二公及当前之学术界》，页2。

④ 钱穆，《国史大纲》（台北：台湾商务印书馆，1975），上册，页106。

魏晋南北朝为衰世，道统与治统分离，唐代的复盛，则将道统治统重新绾合，唐太宗的纳谏与翰林学士制度的出现，即为此种精神表现。对于宋朝，钱穆盛赞太祖不杀士大夫之家训以及经筵坐讲的主张；对于明清，他则认为翰林院及庶吉士之制寓有崇文尚学的用心，是培植人才的好制度。这些看法都与学术领导政治的观念一致，也是钱穆认为中国历史别有一种理性精神为之指导的原因。

学术与政治结合的另一表现为政府由学术界组成，此集钱穆所谓“士人政府”或“学人政治”。他认为士人政府始于汉代，武帝时所设五经博士除了预闻政务会议之外，还负责教授弟子，博士弟子毕业之后，甲等可充当皇帝的侍卫，乙等以下则派为地方政府的吏属，将来此种吏属服务有成绩又可以选送中央，充当侍卫：

> 如此则皇帝近身的侍卫，也渐渐变成全是些大学青年了。依照当时惯例，中央与地方的各及官吏，多半由皇帝侍卫选任，因有这一制度，从前由皇帝宗亲与军人贵族合组的政府，在现在不久以后，便完全变成由国家大学校教育及国家法定考选下的人才来充任。因此我们说，到汉武帝时代而始完成了中国史上文治政府之出现。……这个转变的后面，显见有一种思想之指导。有秦始皇到汉武帝，大体上多少跟着这历史大潮流而趋。中国此下的政府便全依此种意义与规模而演进。①

唐代的科举考试制度也是有此理想而衍生的，所以钱穆认为汉代的选举是由封建贵族中开放政权的一条路，唐代的科举则是由门第特殊阶级中开放政权的一条路，开放的对象都是受过教育的知识分子。因此汉以下的传统政府是由学术界组成，学术界的目标是转入政治界以实现其所学，政治界的条件是不脱离学术界而自行其所是。

政府既由学术界组成，故钱氏强调历代政治改革的主张多有学术思想的渊源。“历史有上层，有下层，我们当知历史不是一平面，像一条水，有其浮面，有其底

---

① 钱穆，《中国文化史导论》(台北：正中书局，1974)，页 84。极有趣的是同样一个历史现象在徐复观的眼中却成为“一人专制”的象征，“皇帝的警备室，又成了吸收人才，储备人才的总站……仕进之途，由皇帝的警备室握其咽喉；一切臣工，皆出自皇帝的卫士；这样才可以保证他的忠诚，这样才可更可以显出皇帝地位的崇高伟大，以摧抑由知识、人格来的志气，使其非先接受这一专制模型的陶范不可。鼎盛期的大一统一人专治的形象，通过光禄勋这一机构而始完全刻划了出来”。见氏著，《两汉思想史》(台北：学生书局，1978)，卷 1，页 219。徐氏与钱氏史学观念的差异可见徐复观，《良知的迷惘——钱穆先生的史学》，《华侨日报》(香港：1978 年 12 月 16 日)，后收入徐复观著，萧欣义编，《儒家政治思想与民主自由人权》(台北：八十年代出版社，1979)，页 171-182。

层，浮面易见，底层不易见”，[①] 如果我们说政治主张为上层浮面，学术渊源则为底层的浮流，这是钱穆论史的精卓之处。

基本上钱穆认为中国政治改革思想有两个趋向，一为经术派，一为史学派。[②] 这种分别渊源甚早，但至宋朝以后特别明显。

经术派偏于理想，在政治上主张彻底改革。这种性格与经典的性质有密切的关系，因为经所代表的是“常”，是不随时间变化的永恒真理，历史的演变会不断地印证真理的永恒性，因此当面对不合此标准的现实世界时，他们自然产生一种以理想来提升现实的信心与勇气。由于重理想，所以论史时一方面推尊孟子；另一方面主张王霸之辨，认为唐虞三代是王道，秦汉隋唐是霸道，当法三代而不法汉唐。同时由于他们认为自己掌握是具有绝对尊严的常道，因此要求学术凌于政治，道统高于政统，在现实态度上则偏向尊师重教。

史学派偏于现实，在政治上主张逐步改良。从学术渊源上来看，史学主要是观“变”，每一个时代都是新与旧激荡推移的结果，有其历史的脉络，绝非突然出现。因此他们倾向就实际状况着想，不树立一鲜明理想，仅只就事论事，对现实带有妥协性。他们不喜孟子，亦不主王霸之辨，认为三代与汉唐并非绝异。在政治态度上，史学派尊重现实的政治权威，偏向尊君重治。

钱穆在讨论中国历代政治改革思想时不断地运用经史两派的对照来作说明，然而在钱氏史学思想中“经术派”与“史学派”并非指具体的学术派别，而是一种分析工具，借着两者的对照而突显思想特色。这与英人柏林（Isaiah Berlin, 1909–1997）所谓的“刺猬与狐狸”的区别有异曲同工之效。[③]

例如钱穆认为南朝重史，北朝重经，“史胜者似文而实质，以其自沉溺于当世之事变，不能超越现代而游情于古昔。经胜者似质而实文，以其上穷往古，可举以与当世现实相绳核，而有以见当世之不尽是，有所想望参比，而求有以一变当身之

① 钱穆，《中国文化丛谈》（台北：三民书局，1969），页 138。

② 下面叙述主要依据，钱穆，《国史大纲》，页 444；《孔子与春秋》，页 271–277；《经学与史学》，页 120–137。《经学与史学》原刊于《民主评论》，卷 3 期 20（1952），页 518–523；后收入杜维运、黄进兴编，《中国史学史论文选集》（台北：华世出版社，1976），册一，页 120–137。

③ 见 Isaiah Berlin, *The Hedgehog and the Fox: An Essay on Tolstoy's View of History*(Elephant Paperback ed. originally published by George Weidenfield& Nicolson Ltd., 1953)；中文介绍见余英时，《论戴震与章学诚——清代中期学术思想史研究》（台北：华世出版社，1977），页 85–87。

卑近”。[①] 唐代贞观诸贤之争议只是就事论事，故有史学而不能有经学，有政事而不能有教化。[②]

在讨论宋代之变法与党争时，钱穆将此观念发挥淋漓尽致。王安石颁《三经新义》为经术派，行新法而要求彻底改革；司马光著《资治通鉴》为史学派，重守旧而主张逐步改良。钱穆又敏锐地观察到新党与旧党中之洛派在政治立场上虽然相对立，但由于同为经术派，故同主彻底改革、王霸之辨与尊师重治，在政见上反而十分接近，只是新党重法，洛派重人，造成两者分歧。而旧党中的洛派与朔派，因一为经术派，一为史学派，虽然同样反对新法，在政见上却有很大的差异。[③]

对朱熹与吕祖谦和陈亮之同异，钱穆亦扣紧了经史之分际而立说，朱熹偏向经术派，吕祖谦和陈亮则偏向史学派。尊经则偏于理，重史则偏于事，故朱熹等理学家带有革命性，要讲出一个最高原理；吕祖谦和陈亮则只是就事论事，“没有革命的一股劲”。[④]

至于清代的儒者，钱穆认为章学诚与龚自珍偏向史学派，清末的康有为则偏向经术派。[⑤] 章氏提出“六经皆史”论主要是针对当时的经学，他企图以史学代替经学，但钱氏认为他陷于只知史学实事而不懂经学大义，故只见现实没有理想，顺此发展必然走向秦代以吏为师一途。倪文孙（David Nivison）对章学诚的研究也与钱氏的见解互相呼应，他指出章学诚有权威主义的心态，尤其对校雠学的看法与当时文字狱的精神完全一致，这个看法可能受钱穆的启发。[⑥] 钱穆又指出龚自珍虽然号称承接当时经学传统，并为道咸以后公羊今文学之先驱，但实际上深受章氏影响，所以龚氏“一反当时经学家媚古之习，而留情于当代治教，于是盱衡时局而首唱变

---

① 钱穆，《经学与史学》，页 126。

② 钱穆，《经学与史学》，页 126。

③ 钱穆，《国史大纲》，下册，页 442–447。

④ 钱穆，《宋明理学概述》（台北：学生书局，1977），页 200。

⑤ 钱穆，《孔子与春秋》，页 267–276。

⑥ 章学诚认为政府应将收集书籍与编撰书目当作例行的工作，这样做不仅可以保存书籍亦可防止邪说的流传。倪氏认为章学诚的建议虽非为乾隆时文字狱而立说，但却与文字狱精神一致。此外倪氏在书目中表示钱穆《中国近三百年学术史》中章学诚一章对章氏思想的分析十分深刻。见 David S. Nivison, *The Life and Thought of changHsüeh-ch'eng* (Stanford: Stanford University Press, 1966), pp.80,319.

法之论”,[1]这个看法透露出的重要线索是：龚氏影响下的近代经世思想之渊源除了一般所强调的今文经学外，章学诚一系史学派的看法——就实际利害而逐步改良的精神——实为重要的支柱。[2]至于康有为，钱穆认为他“看重了经学大义而忽略了史学之实迹”,[3]以为制度的改革可以全不必理会现实的状况与历史传统，故只见理想而不见现实。戊戌变法时他上书德宗“守旧不可，必当变法，缓变不可，必当速变，小变不可，必当全变”,[4]要求速变、全变的看法正是经术派以理想彻底改造现实的心态。

对于民初五四时代的反传统思想，钱氏亦就此而立说，认为“反传统”思想渊源于传统“经术派”的思考模式。他认为五四时代以来怀疑传统和崇拜西方主张，与程朱理学和康有为的经学观点十分相像：

近代人一面看不起程朱的理学，一面却仍抱着程朱的旧态度，他们认为只有近代西洋才是充满着光明，一切是天理，而中国自秦以下，便真如（陈）亮所谓架漏过时、牵补度日了，天地则一片漆黑，世界则通体图涂涴。[5]

近代中国学术界又有与康氏另一种相像的想法，似乎他们认为一切礼乐文物、政法制度之改革可以全不理会到现实的情况，与夫历史之传统，有了经可以没有史。[6]

由于钱氏具备对传统的深刻理解，故能透视现代思想的传统根源，他指出近代中国虽然求新求变向往西化，实际上思考模式仍来自传统，只不过把三代换为西洋，内

---

① 钱穆,《中国近三百年学术史》（台北：台湾商务印书馆，1983），下册，页537。

② 例如:《礼记》中《乐记》篇中强调时代变迁的句子:“五帝殊时，不相沿乐；三王异世，不相袭礼”，为章学诚所强调，亦为清中叶的魏源和民国初年《民国经史文编》的编者引用。见章学诚，《易教》上，《文史通义》，卷一；魏源，《默觚》下，治篇五，收入氏著，《魏源集》（台北：鼎文书局，1975），页48-49；《民国经世文篇》的编者在叙言中表示:“记曰三王异制不相袭礼，五帝殊尚不相沿乐，盖时势有所变迁，政局有递嬗，而经世之具亦月异而岁不同。”经世文社编，《叙言》，《民国经世文编》（台北：文星书店，1962），无页码。

③ 钱穆,《孔子与春秋》，页275。

④ 钱穆,《变与滥》，收入氏著,《中国文化丛谈》，页202。

⑤ 钱穆,《宋明理学概述》,页214。钱穆在“中研院”演讲时亦提及一类似的论点,认为五四反传统思想受道统观念影响，“认为礼教吃人，提出打倒孔家店之口号，而实则历史长时期所传之道统观念，乃依然仍留存在当时学人之脑际，特认为真道统应在西洋，不在中国。惟民主与科学，‘德先生’与‘赛先生’乃足当之”。引自《治统与道统——从中国文化来看国父与故总统孙、蒋两公及当前之学术界》，页5。

⑥ 钱穆,《孔子与春秋》，页276。

圣外王换为科学与民主。[①]

钱穆将经史二派之学术渊源与政治思想相贯通的治史方式，展现出他在史学上之通识与创见，也对后来史学界有所启发。例如墨子刻（Thomas A. Metzger）教授在《清代官僚的内在组织》一书中提出中国历代政治改革思想存在着激烈论（Radicalism）与温和实在论（Moderate Realism）的对立，而且认为前者强调经典的有效性，后者则重视历史。这种看法不但来自西方“保守主义”与“乌托邦思想”的对立，也深受钱穆“经术派”与“史学派”之区分的影响。[②]

最后我们再做一简单综述：钱穆认为中国历史中有一种一贯发展的理想趋向，即政治领导社会、学术领导政治，而学术又起于社会下层。因此他在研究中国历史时特别注意到三个重点，一，学术领导政治，亦即“道统”高于“治统”。二，政府由学术界组成，故传统中国没有专制，传统政府是“士人政府”，传统政治是“学人政治”。三，历代政治改革主张多其具有学术思想的渊源，大致而言“经术派”偏于理想，主张彻底改革；“史学派”偏于现实，主张逐步改良，尤其可贵的是他对五四运动的思想渊源提出一种相当深刻的见解。

在了解钱穆史学中的政治与学术之后，让我们把焦点由钱穆眼中的中国历史转移到钱穆本身。让人极感兴趣的是：如果以钱穆对中国历史的分析方式来分析钱穆，他的学术思想是属于经术派还是史学派？而这种学术思想下的政治倾向如何与他的政治见解相配合？下面我们尝试探讨这两个问题。

三、钱穆的学术思想——经学与史学合一

对于钱穆的学术思想，我们不拟直接讨论他的学术渊源与著作类别，而尝试间

---

① 钱穆的彗识可能对余英时先生《五四运动与中国传统》一文有所启发，收入氏著，《史学与传统》，页 93–107；另一方面亦与林毓生所谓：五四反传统思想是思想内容的变迁与传统儒家一元论思考模式交互作用的产物之论点十分类似。林毓生的观点见《五四时代的激烈反传统思想与中国自由主义的前途》，原文写于 1969 年，后收入氏著，《思想与人物》（台北：联经出版事业公司，1983），页 170–172。然而林氏所谓一元论的思考模式，似乎较笼统，而且带有西方哲学意味；钱穆的“经术派思考模式”则直接从传统学术流变之中透露出来，似乎更为贴切。

② Thomas A. Metzger, *The Internal Organization of Ch'ing Bureaucracy: Legal, Normative, and Communication Aspects*(Cambridge, Mass.: Harvard University Press, 1973). pp. 74–79. 文中举出多种双方对立的观念，并认为清代官僚为温和实在论著。其中页 76 注 47 引用钱穆《国史大纲》下册讨论宋代变法的部分。

接地从他对历史事实的评价之上了解他的看法。我们从上述经术派与史学派的分析中找出一些判断的指标，借着钱穆对这些指标所作的评价来反映他的思想。

（一）就常与变的观念而言：经术派重“常”，史学派重“变”，钱穆似乎较倾向于后者。他十分强调时代的变化以及历史的个别性与独特性，认为：历史的伏流自过去渗入当代，它是昔日制度改革的动力，也是未来发展的动力。① 他指出：

过去者未过去，未来者早已来……一切过去都该能保留在未来中，不要认为过去的已过去了，当知过去可以永远保留，未来的可以早侵入到过去，过去的也可早控制着未来。②

他在《国史大纲》的序文中说明他观察国史用的是个别性的原则，因为每个文化有他自己的特色，有他发展的理想，用一个假想出的“放之四海皆准”的标准发展模式看历史，看不清一个文化的真面目。③ 他对人生的看法也是如此，一方面积存，一方面变化，“一天天新生命加入，便一天天在积存中发生变化，永远积存，永远变化”。④ 钱穆一生对新与旧之间的关联所抱持的看法更足以反映此观念，他认为“新与旧两不能废，我们只能在旧的中间来求新”，“那新的中该有那旧的存在着，……一线相承，还是那一总体”。⑤ 我们可以发觉钱穆对时间的变迁有深刻的感受，他觉得自己站在历史的洪流中，意识到过去、现在和未来是一个不可分割的综合体。这种看法倾向史学派。

（二）对王霸之辨的看法：经术派认为三代是王道，汉唐是霸道，他们悬一三代的高远理想，视汉唐以下为衰败陵夷，而当代更是一片黑暗；史学派则不主此说，将三代、汉唐一体看待，认为每一个时代都有成功与失败。至民国时期王霸问题虽然已不再是学术界辩论的议题，但钱氏的看法无疑地较倾向后者。从《国史大纲》中我们可以找到一些线索。他认为“唐虞时代的情形，决不能如尚书尧典所记之美盛……否则唐虞时中国政制已如此完美，何以两千年后至秦汉之际，转倒退乃尔。大抵尧舜虞之禅让，只是一种君位推选制。经后人之传述而理想化”。⑥ 他承

① 胡昌智，《钱穆的〈国史大纲〉与德国历史主义》，页 36。

② 钱穆，《史学导言》（台北：中央日报社，1970），页 45–47。

③ 胡昌智，《钱穆的〈国史大纲〉与德国历史主义》，页 24。

④ 胡昌智，《钱穆的〈国史大纲〉与德国历史主义》，页 48。

⑤ 钱穆，《灵魂与心》（台北：联经出版事业公司，1976），页 179，以及《从中国历史来看中国民族性及中国文化》（台北：联经出版公司，1979），页 77。

⑥ 钱穆，《国史大纲》，上册，页 7–8。

认周代有很高的文化，但指出并非突然产生或一个人创造，而是夏商两代经千年传承孕育而成。① 三代以下的秦汉隋唐一向为传统经术派的学者所贬抑，但钱穆却积极肯定这些朝代的意义。他认为秦代是统一政府的出现，对版图之确立、民族之抟成、政治制度之创建，学术思想之奠定有重大的贡献。汉代武帝以后的政府是代表一般平民社会的有教育有智识的士人政府。所以秦汉时代中国历史"正在不断进步的路程上"。② 对于唐代，钱穆更是极力称赞，"唐代的租庸调制，奠定了全国农民的生活。唐代府兵制度，建立起健全的武装。唐代的进士制，开放政权，消融阶段，促进了全社会的文化。唐代的政府组织，又把一个创古未有的大国家，在完密而伟大的系统之下匀称的合理的凝造起来"。③ 总之，钱穆对三代汉唐的看法是依据史料踏实叙述，他不认为三代是理想与完美的代表，也不认为汉唐诸朝一无可取。这种看法亦近于史学派。

（三）对孟子的评价：经术派主张推尊孟子，他们的主张与孟子所谓的"法先王"的精神很接近；史学派则反对孟子，他们的精神毋宁较接近荀子所谓的"法后王"。钱穆的看法较倾向前者，他认为"孟子比较注重古代，迹近理想主义，荀子比较重现代，迹近经验主义，但讲现代仍须探本于古代，讲现实仍须归宿到理想，此乃荀子之不如孟子处"。④ 他亦曾直接地批评荀子思想"过激与褊狭"，所以传到韩非、李斯渐倾向法家，出现了政府统制学术的主张，"其弊有不可胜言者"。⑤ 故从对孟子的评价来看，钱穆较倾向于理想主义的经术派。

（四）尊君与尊师：经术派主张尊师，要求学术超驾于君权之上；史学派则主张尊君，拥护现实政权。钱穆的看法明显地属于经术派，他屡次地强调"政府不为举世之至贵，犹有尊于从政者，人道之大端仍在师统非军统"，"帝王亦当师傅……天子必当尊师向学……其有反此道而行者，必为众诽所萃"，上节之中所述"道统尊于治统"的观念，⑥ 不仅为钱穆眼中中国历史的特色，亦为钱穆一生所抱持之理想。

① 钱穆，《国史大纲》，上册，页 23。
② 钱穆，《国史大纲》，上册，页 83、85–87、109。
③ 钱穆，《国史大纲》，上册，页 314。
④ 钱穆，《中国学术通义》（台北：学生书局，1982），页 53。
⑤ 钱穆，《中国文化史导论》，页 81；《经学与史学》，页 123。
⑥ 钱穆，《政学私言》，页 70–71。

以上我们列举了常与变的观念、王霸之变、对孟子的评价、尊师与尊君等四项指标来分析钱穆的思想。这种分析方式在方法论上有所缺陷，因为钱穆的学术思想在许多地方不是以经术派与史学派的照对方法来做分析所能阐明，这个对照钱穆认为适合分析传统中国的政治思想，但不一定适合我们来分析钱穆的思想，上述粗略的探讨只是希望能了解钱穆学术思想在这方面的倾向。就前二项而言钱穆近于史学派，就后二项而言钱穆则倾向经学派。我们发现钱穆思想中由于强烈的时间观念使他“知变”，由于道统尊于政统的理想使他“见常”，因此他将变与常共同结合在一起，亦将经学与史学会归为一。因此我们认为钱穆学术思想的特色是经学于史学的合一。①

钱穆经史合一的思想与传统的见解并不相同，例如章学诚亦会主通经史而有六经皆史的主张，但章学诚是从史学的立场来看经史关系，他的目的是将史学的地位提升至经学之上，带有“尊史抑经”的意味。② 钱穆不赞成这种态度，他认为章学诚重史过于重经，不能摆脱后代经学史学分疆划界的旧观念。③

钱穆对经史合一的看法毋宁是较近于朱熹，在《朱子新学案》一书中他对朱熹治经必及于史的精神大力推崇，例如，他认为“理学家论义理，须讨论一至善。史学家论事，该讨论一恰好，朱子每以恰好说至善，理事兼到，故其于理学史学，皆卓绝特出，旷世无俦”，④“（朱子）以经学配合史学，通常达变，知进知守，非一般言史者所能及”。⑤ 所以钱穆认为朱子治史上通经术，旁通理学，是此下治史者之最高准绳。

但朱熹的经史合一是先经后史，从经学的观点来会通经史，他主王霸之辨，将汉唐诸儒摒弃于道统之外，认为心中应先立一理，再依此理而论事，此点又与钱穆有所不同。钱穆的理想可说是经学即史学，不偏于经亦不偏于史，两者融为一体，“顾就本原论之，经学实史学也，偏陷于近代，偏陷于现实，虽曰是史学之恒趋，实非史学之上乘。偏陷于古典，偏陷于旧经，虽曰是经学共向，亦非经学之真际”。⑥“凡事必

① 何佑森先生在《钱宾四先生的学术》一文中亦指出，钱氏学术的特色就是贯通经学与史学，见《中华文化复兴月刊》，卷7期7（1974），页9。

② 余英时，《论戴震与章学诚——清代中期学术思想史研究》，页52。

③ 钱穆认为章学诚与龚自珍尊君重治的观念，使我们更深切地了解到清儒学术之阴暗面。钱穆，《孔子与春秋》，页267、274。

④ 钱穆，《朱子新学案》（台北：三民书局，1971），册五，页13。

⑤ 钱穆，《朱子新学案》，页109。

⑥ 钱穆，《经学与史学》，页127。

以理为断，理则必由事而见，不能悬空执一理而弃事于不顾……故知有理不知有事，与知有事不知有理乃同失之也”。① 我们发现钱穆思想与朱熹思想的差异之处在于朱熹认为理是由内心之中自然流出，钱穆则认为理是在具体的事之中透露出来。就此而言钱穆的观点与章学诚所谓“不离事而言理”的精神倒十分接近。

总之，钱穆关心的对象是人文社会的整体，在这整体之中变与常同时存在，一相而两显，因此由变可以见常，由常亦可识变。也就可是说时代虽然不断地积存变化，但在积变之中可以寻绎出一贯永恒的常道。这种常变一体的观念使钱穆认为道同时具有变迁性与永恒性，也使经学与史学能够会通为一。

经学与史学的合一在现实政治之上则表现为理想与现实的交融，下面我们由学术渊源出发，再观察与此相关的政治见解。

四、钱穆的政治见解——理想与现实的交融

经术派重理想，史学派重现实，钱穆经史合一的看法在政治上则衍为理想与现实的交融。本节的讨论以钱穆的政治见解为主，但因为政治是文化的一部分，故亦涉及他对文化的看法。

从史学的观点来看，钱穆强调新旧之间绵延相继的关系，因此在政治上他支持改革而反对革命。宋代史学派的司马光曾说“治天下譬之居室，敝则修之，非大坏不更造”，② 钱穆也有十分类似的比喻，“这房子雨漏需补，风吹须修，那里坏了，我们便该注意到那里，但不该把这所房子一并打倒”。③ 他对革命的效果表示怀疑，认为“从前种种譬如昨日死，以后种种譬如今日生”的话靠不住，政治、文化的变革不像房中的一盏灯，只要有人一按开关便可使整室大放光明。④

他对政治制度的看法也是如此，古今中外绝无十全十美的制度，每一制度都必须针对现实，时时刻刻地追求变动适应。再者每个制度皆有其历史渊源，亦有其传统精神，所以中国的传统制度仍在无形之中支配当前之中国，他认为我们不应将传统制度一笔抹杀，而专向外邦模仿抄袭。钱穆所著《中国历代政治得失》一书的主

① 钱穆，《朱子新学案》，册五，页 4–5。

② 钱穆，《国史大纲》，下册，页 444。

③ 钱穆，《史学导论》，页 60。

④ 钱穆，《中国历史精神》（台北：东大图书公司，1976），页 20；与钱穆，《史学导言》，页 89。

要论点，一方面认为不应将秦以后的政治传统称为专制，因为历代制度不断变动，有得有失；另一方面则强调制度应就现实状况而调整，任何新的制度应与本国传统融合沟通，才能发生相当的效力。① 在这些观点的背后，正是史学派强烈的变迁观念与根据实际状况逐步改良的政治态度。

钱穆对民主政治的看法也与此有关，他认为民主政治的精神在于能确切表达国民之公意，要使民主政治在中国生根，必须使之与民族文化传统发生关联。中国所实行的民主不必与西方完全相同，只要能表达到国民公意之精神即为民主。② 首先他反对在中国实行政党政治，因为民主政治可以为政党政治，但不一定必为政党政治。中国人对政党兴趣淡薄，因为中国传统的政治理念是一种“公忠不党超派超党无派无党”的政治，所以为了适合国情，应创设一“公忠不党的民主政治”。其次他主张直接民权与贤能代表。因为中国传统政制，政府由民众组成，政府与民众结为一体，故不须另有代表民意之机构，只要由人民之中选拔贤者即能代表民意。因次中国的民主应顺此传统，先行考试制度选拔贤者参与政治，然后在众贤之中服从多数。钱穆指出这种从“学人政治”传统而来的民主比西方的民主更合理，也更适合中国。③

钱穆认为最能与上述政治见解相配合的制度是孙中山先生的五权宪法，因为此制“能于旧机构中发现新生命，在浇沃以当前之新潮流”，④ 亦即以西方民主政治的三权加上旧制度中考试与监察成五权，在于其上除去一王室，其下增加一国会，形成了配合世界潮流，适合传统国情制度。此制之中行政权以外的四权都要求超然于党派之外，只有行政院随政党而进退，但行政院用人仍须先经考试院之考试，故政党活动减轻了重要性，循此演进即为公忠不党无派无党的民主政治。同时五权宪法中之考试制度，使旧制度具有新生命，直接民权与贤能代表的理想亦得以实践。故中国政治之出路，惟有切实推行五权宪法。⑤

上述钱氏对政治改革、制度变迁与民主政治的意见都与他思想中“史学派”的

① 钱穆，《中国历代政治得失》（台北，三民书局，1976），页 1。

② 见钱穆，《中国传统政制与五权宪法》，收入氏著，《政学私言》，页 2–3。

③ 钱穆，《中国传统政制与五权宪法》，页 1–14 ；亦见钱穆，《从中国历史来看中国民族性及中国文化》，页 135。

④ 钱穆，《中国传统政制与五权宪法》，页 9。

⑤ 钱穆，《中国传统政制与五权宪法》，页 14。

特质有关。

其次我们从经术派的观点来看，钱穆的政治思想有其理想与超越的一面，这个理想的根源来自对“道统尊于治统”的高度肯定。因此他一方面强调政府并非居于最尊贵的地位，另一方面则要求学术自由与教育独立。

在《人民与真理》一文中，钱穆希望政府不要自居为一个代表真理的政府，应切实作一个代表民众的政府。政府若自认为代表真理很容易变成独裁的法西斯、纳粹与共产党。[①] 在钱穆眼中，政府只是治统，它本身不是真理的终极来源，而是别受另一种理性力量之指导。

真理的终极来源在教育界与学术界。学术应独立于政治之外，不受政治之干预与支配，学术有自由然后政治有向导，学术是政治的灵魂而非政治的工具。教育为学术的延续，故也不应由政府操纵掌握。民国25年的五五宪草曾规定“全国公私立之教育机关，一律受国家之监督，并推行国家所定教育政策之义务”，钱穆对此条深感不满，因为如此使学统隶于治统，教育属于政治，而教育乃百年大计，国家政策却是因势推移，两者不当并为一谈；教育所探讨的是人生的真理，根本无政策可言。如果以政策来办教育，虽然可以收目前之速效，但终将贻后来无穷之隐祸。钱穆也批评将教育宗旨定为“发扬民族精神与造成健全国民”的条文，因为人类教育的宗旨应超越造成健全的国民之上，若专以造成健全的国民为目的，必定随国家政策来制定教育方针，终至陷于狭隘的国家主义。[②]

钱穆甚至批评人们对中山先生的过度崇拜，因“言中华民国之政统，必推中山先生为不祧之祖，若言中华民族之道统与教统，则中山先生亦一孝子顺孙耳，岂得同样奉为不祧之祖乎？今全国大小各级学校，若逢中山先生诞辰与其逝世纪念日及国庆大节，尽崇仰追思之理，此亦礼之宜然，若今每七日有纪念周，每逢学校有典礼，必先对中山先生遗像行礼致敬，是以尊中山先生于政统者而一体尊之于道统。若细籀中山先生民族主义之遗教，此等崇拜，恐亦非中山先生所乐受”。[③]

---

① 钱穆，《人民与真理》，《民主评论》，卷5期13（1954），页394–395。

② 钱穆《道统与治统》，收入钱穆，《政学私言》，页69–74。

③ 钱穆，《道统与治统》，页75。《道统与治统》一文写于1945年，当时钱穆认为中山先生为治统，至晚年却转而认为“中山先生之三民主义，乃属长期之建国纲领。而非一时之施政方针，故当归道统，不属治统”，见《中国文化传统中之士》，收入钱穆，《宋代理学三书随札》（台北：东大图书公司，1983），页196。这种转变所代表的意义颇耐人寻味。

钱穆本身的行为亦反映此观念，他一生都在教育界与学术界之中，从没有直接参与政治活动。在北大教书时，张君劢有意组一新党，曾邀请钱穆参加，钱穆表示“政治活动非性所长，恕难追随”。[①] 后来钱穆曾有机会可以当教育部长，他亦推辞。或许有人会怀疑为何钱穆积极地主张知识分子的参政，本身却不参政，岂不矛盾！我们发现钱穆所谓的参政可分为两个层次，一个层次是直接参加政治活动，另一层次是站在教育界与学术界批评政治并指导政治，两者皆为参与，但两者之间亦有高下的区别，他认为“作一大官绝不能如当一大师之受人尊敬，做一大官仍随时事，当一大师乃千古事”。[②] 知识分子做大官与当大师都为钱穆所称许，但基于道统尊于政统的观念，钱穆所向往的目标无疑的是作一大师而非当一大官。

以上我们分别从史学派和经术派以及与之相关的政治见解来观察钱穆。从现实的一面来看，他强调传统的延续、新旧的一体，故支持就实际立论的改革主张，反对推翻传统的革命态度。对于民主政治亦力求能配合旧制度，与传统接头，而中山先生的五权宪法正符合这种看法。从理想的一面来看，他认为道统尊于治统，政府不居最尊贵之地位，另受学术与教育之指导，学术、教育亦应独立于政治之外，而钱穆本身对现实政治的评论亦为学术领导政治的表现。我们发现钱穆的政治见解一方面极为保守，一方面又带有批判性格，而批判的对象一为不合保守标准的革命态度，一为不合理的现实主张。这种见解可说是理想与现实的交融，唯有透过学术背景的厘清我们才能掌握这种政治见解的基本成因。

下面我们以这种看法为基础来检讨胡昌智对钱穆思想的解释。

胡昌智在《钱穆的〈国史大纲〉与德国的历史主义》一文中认为：

（1）钱穆对国民党代替人民行使行政、立法权的训政制度表示同情与支持。他的历史工作是替当时实行的制度建立它的历史根据。（2）钱穆憧憬以知识分子为中心的训政制度，因此《国史大纲》代表知识分子急欲参政，而又与当时政权能妥协、合作的政治心态。[③]

从方法论的角度来看，胡昌智的解释是采取“思想史”（intellectual history）而非“观念史”（history of idea）的研究途径。思想史研究法注意思想与环境的互动

① 钱穆，《八十忆双亲、师友杂忆合刊》（台北：东大图书公司，1983），页160。

② 钱穆，《治统与道统——从中国文化来看国父与故总统孙、蒋二公及当前之学术界》，页4。

③ 胡昌智，《钱穆的〈国史大纲〉与德国历史主义》，页25、28。

关系，认为“存在决定思维”，思想的产生受外在客观环境的制约。它的优点是可以厘清思想与史实之间的关系，寻找思想的社会根源；缺点则为易于忽略思想家的主动性与超越性。① 胡昌智的解释最易引起争论的是他将钱穆看成是时代制约下的产物。

胡昌智认为钱穆思想与训政政制之间的主要关联在于两者皆主张“精英主义”。钱穆主张知识分子参政，代替社会行使决策的功能，而训政政制是国民党代替人民行使行政、立法权，故胡昌智认为钱穆支持当时实行的训政制度。这种看法颇值得商榷，首先当时实行的训政与孙中山先生的理想中的训政并不相同，虽然两者同样主张“精英主义”，但当时实施的训政主要指以国民党的“精英”代替人民行使权力，因此，最重要的特色为“党治”，即一党专政。② 探讨钱穆对训政的态度时，不能忽略他对党治的看法，在上文中我们已经提到钱穆的理想是一种“公忠不党、超派超党、无派无党的民主政治”，这个理想无疑地与当时实行的训政制度之间有很大的出入。事实上昌胡智也指出胡适所谓“从一党到无党的政治”是许多知识分子的理想，而胡适这篇文章的主旨正是“放弃党治，开放政权”。③ 钱穆显然支持开放政权，他在提及汉代选举与唐以来的科举制度时，认为这是中国政治的理想，并把它当成中国不是专制政治的一个证据。④ 如果胡昌智同意“放弃党治，开放政权”也是钱穆的政治理想，就应该同意钱穆并不支持当时实行的训政。钱穆主张的是以知识分子为中心的“精英主义”，而不是以“国民党”为中心的“精英主义”。而且我们可以找到史料证明钱穆曾经直接地批判训政时期的一党专制，他认为这是

---

① 黄俊杰，《思想史方法论的两个侧面》，收入杜维运、黄俊杰编，《史学方法论文选集》，页 407–425。

② 如民国 17 年中国国民党中央执行委员会通过之“训政纲领”，第一条即为“中华民国于训政期间由国民党全国代表大会，代表国民大会，领导国民行使政权”。在“确定训政时期党、政府、人民、政权、治权之分际其略案”中规定：“中国人民需服从并拥护中国国民党……始得享受中华民国国民之权利”。转引自张玉法，《中国现代史》（台北：东华书局，1980），页 452；以及李时友，《中国国民党训政的经过与检讨》，原刊于《东方杂志》，卷 44 号 2（1948 年 2 月），现收入张玉法编，《中国现代史论集》（台北：联经出版事业公司，1982），辑 8，《十年建国》，页 16。

③ 胡文中认为：绝少数人把持政治的权利是永不会使民众得着现代政治的训练的。最有效的政治训练是逐步开放政权，使人民亲身参加政治里得到一点政治训练。胡适，《从一党到无党的政治》，《独立评论》，号 171（1935 年 10 月）。

④ 钱穆，《中国历代政治得失》，页 18。

“政府要革社会的命……这叫社会如何能放心此政府？”。①

其次钱穆重视知识分子的角色，呼吁新中国的创兴要由中层知识分子的负起责任，这种看法主要是来自他对中国历史的认识，不一定受到训政时期之背景的影响。在中国历史之中，钱穆看到政府由学术界组成，而知识分子对社会大群体的关心是政治社会进步的原动力。钱穆将这个目标悬为一生的理想，不仅三十年代《国史大纲》一书提倡这个理想，就是晚年所写的《从中国历史来看中国民族性及中国文化》以及《中国文化传统中之士》等文，仍然提倡这个理想。

再次，如果我们说钱穆的历史工作是为某项政制主张寻找历史的根据，则钱穆所支持的政制与其说是当时实行的训政，不如说是孙中山先生的五权宪法。如上述国民党当时所实行的训政与孙中山建国计划中的训政并不一致，② 而钱穆也曾批评当时训政制度不符合孙中山先生的理想。③ 上文中我们曾说过五权宪法最符合他的政治见解，他除了称赞来自传统的考试与监察两权之外，对于立法院之外别有国会，不负实际责任，亦十分赞赏，钱穆并认为这在传统政制之中可寻得痕迹，即秦汉时代博士官“不负责政府实际行政责任，而仅为一种学术性质之顾问与参议”的精神。④ 总之，钱穆所做的工作是为孙中山先生的政治理论建立更坚实的历史依据，他指出这个制度一方面吸收西方政治优点，一方面也保存了传统政制的精义，是外顺潮流，内适国情的创制。⑤

上面我们尝试讨论胡昌智对钱穆思想的解释，我们认为钱穆并不支持当时实行

① 钱穆原文写于1951年，认为：孙中山先生在北京临终时遗嘱所云革命尚未成功，在当时是真实的。待到国民革命军北伐胜利，组织了国民政府，全国大体上统一了，那时的国民党，却仍诵总理遗嘱，仍说革命尚未成功，那岂不形势颠倒，变成了要由政府来革社会的命吗？政府要革社会之命，这一政府，必然会变成一党专政之政府……社会成为政府革命之对象，这叫社会如何能放心此政府？无怪那时的中国共产党，要乘机再以在野革命的姿态而出现。钱穆，《革命与政党》，收入氏著，《历史与文化论丛》（台北：东大图书公司，1979）页166–167。

② 当时《独立评论》与《国闻周报》的许多文章都指出这一点，如胡适在《从一党到无党的政治》中就说：我个人观察这七八年的党治，不能不感觉今日的党治制度绝不是孙中山先生的本意……五权宪法的精神是‘无党政治’的精神。张佛泉表示“国民政府在实际上所施行的‘训政’与中山先生在理论上所计划的训政，有一最大的分别在。中山先生的训政论，虽然没有极详细的说明，但我们可以推定，他绝没有不容许国民党外的政党之存在与滋生。”原文载《国闻周报》，卷11期26（1934年7月），页3。

③ 钱先生云：“然五权宪法就与一党训政不同，而在今日国人之心目中，乃若五权宪法与一党主政，其间并无甚大之出入，此在中山先生之初意，绝不如是。”钱穆，《中国传统政制与五权宪法》，页13。

④ 钱穆，《中国传统政制与五权宪法》，页11。

⑤ 1987年6月9日钱穆在告别杏坛的最后一堂课时还表示：“我一生中最佩服的人，就是孙中山先生。”见方怡人，《访钱穆谈中国之前途》，《联合月刊》，期60（1986年7月），页30。

的训政，知识分子参政是钱穆在国史之中观察到的特色，亦是钱穆一生的理想，如果说钱穆为某项制度寻找历史的根据，则此项制度应为孙中山先生的五权宪法而非国民党所实行的训政。我们承认钱穆思想中承认现实的部分，但亦有批判现实以及以理想提升现实的一面，胡昌智似乎过度强调前者而忽略了后者，以致对前者的认识亦有偏差。胡昌智的文章将《国史大纲》与德国历史主义作一比较，指出钱穆为“演化式的历史意识”的确甚有见地；但是认为钱穆支持训政，以及《国史大纲》反应知识分子急于参政并与当时政权合作妥协的心态，则不无商榷的余地。

五、结论

钱穆深受传统影响，是一位具有强烈经世倾向的学者，他的政治见解一方面有其内在的学术根源，另一方面亦受外在环境刺激。本文的分析偏向于学术根源的探讨，但绝不否认外在环境的影响，只是认为学术渊源是他受到外在环境影响的基础，我们必须进入这个层面才能了解钱穆。

以上的研究中我们发现，钱穆一生在学术上努力的目标，是为了达到长久以来中国学术史上“经史合一”的理想，希望在永恒与变迁的平衡之中求得一个安身立命之处，而钱穆在这方面的确有超越前人的成就。由经史合一产生的政治见解是理想与现实的交融，因此他能关怀时代，站在中国本土文化的立场来思考问题，但并不流于为现实政权服务，且能高瞻远瞩地批导时代。余英时先生曾反省现阶段中国史学界的发展，认为史料学派的缺点是：史学与时代脱节，历史著作只是为学术而学术；史观学派的缺点则为史学与时代绾合的过分密切，使史学为现实服务，为政治运动寻找历史的根据。① 我们认为钱穆先生治史的态度正是医治以上缺点的良方。

钱穆史学受人批评之处颇多，但批评的人多半不能深入了解钱穆。我们对钱穆先生的推崇并不代表我们将钱穆的境界悬为最高的理想，也不代表我们完全接受钱穆所有的论点，我们只是希望带着温情与敬意进入钱穆的著作之中来了解钱穆，我们相信唯有能够先继承钱穆在史学上的贡献，再反省其限制，才能开创出中国史学的新局面。

---

① 余英时，《中国史学的现阶段：反省与展望——‘代发刊辞’》，《史学评论》，期 1(1979)，页 1–5。

胡适与赫胥黎

一、前言

胡适在《介绍我自己的思想》一文中，有一段人们耳熟能详的话："我的思想受两个人的影响最大：一个是赫胥黎，一个是杜威先生。赫胥黎教我怎样怀疑，教我不信任一切没有充分证据的东西。杜威先生教我怎样思想，教我处处顾到当前的问题，教我把一切学说理想都看作待证的假设，教我处处顾到思想的结果。这两个人使我明了科学方法的性质与功用。"① 由此可见赫胥黎（Thomas Henry Huxley, 1825–1895）与杜威（John Dewey, 1859–1952）是胡适科学思想的主要的源头，也是认识胡适思想的关键人物。但是有趣的是，后来学者在研究胡适思想时多半偏重他所说的"杜威先生"，而忽略了"赫胥黎"。在胡适研究之中，探讨胡适与杜威的专书、博士论文就有好几本，② 其他有关胡、杜关系的文章更是不少；③ 而处理胡适与赫胥黎的文章却不多见，在几本重要的胡适思想研究的专书（如 Jerome B.

---

① 胡适，《胡适文选》（台北：远流出版社，1989），页 2。

② Moying Li, "Hu Shi and His Deweyan Reconstruction of Chinese History," (Ph.D. diss., Boston University, 1990); Xiao-ming Yu, "The Encounter between John Dewey and the Modern Chinese Intellectuals: The Case of the 1922 Education Reform," (Ph. D. diss., University of Virginia, 1991);QizhangKuang, "Pragmatism in China: The Deweyan Influence," (Ph.D. diss., Michigan State University, 1994);Ching-Sze Wang, "John Dewey in China: To Teach and to Learn," (Ph.D. diss., Indiana University, 2005); 顾红亮，《实用主义的误读——杜威哲学对中国现代哲学的影响》（上海：华东师范大学出版社，2000）。

③ 例如杨贞德，《胡适科学方法观论析》，《中国文哲研究所集刊》，期 5(1994)，页 129–154；Han-liang Chang, "Hu Shih and John Dewey: 'Scientific Method' in the May Fourth Era-China 1919 and After," *Comparative Criticism* 22(2000), pp. 91–103.

Grieder, Chou Ming-chih 等）中都没有仔细探究胡适与赫胥黎的关系，少数的研究者只是在谈胡适与达尔文生物进化论或胡适与整理国故之时，方触及此一议题（如 James Reeve Pusey 的书）。①

为何有上述的现象？这很可能是因为杜威在学术界的影响力要远远超过赫胥黎，一直到今日杜威思想在美国哲学界、教育界仍扮演十分重要的角色，例如罗蒂（Richard Rorty, 1931—2007）的哲学即受杜威实用主义（pragmatism）的影响。②再者，胡适与杜威的关系十分深厚。杜威是胡适在美国哥伦比亚大学的老师，所以上文中他尊称杜威为“先生”，对赫胥黎则直呼其名。众所周知，杜威曾来中国访问、讲学，时间长达两年多，其演讲共百余场，主要即由胡适担任翻译，③胡适还把自己的小儿子名为“思杜”（思念杜威），以表示其对恩师的感谢与怀念。胡适甚至透过杜威的介绍，认识了后来成为杜威夫人的 Roberta Lowitz（罗慰慈），两人之间有一段不为人知的情缘，“罗慰慈的放浪、幽默、调情、俏皮，弄得胡适神魂颠倒”。④

相对来说，赫胥黎虽然在十九世纪末、二十世纪初是一个有名的生物学家与休谟主义者，他主要是作为达尔文进化论的阐释者而著名，如胡适所描述的，“赫胥黎是达尔文的作战先锋（因为达尔文身体多病，不喜欢纷争）”。⑤然而至二十世纪中叶之后，达尔文之名仍为人们所熟知，而赫胥黎则已逐渐为人们所遗忘，他的名字多半只存在于学术史的教科书之中，此一情况与他的朋友斯宾塞（Herbert Spencer, 1820—1903）颇为类似。两人都是在世时享有盛名，过世后名声日益衰微。

---

① Jerome B. Grieder, *Hu Shih and the Chinese Renaissance: Liberalism in the Chinese Revolution, 1917—1937* (Cambridge, Mass.: Harvard University Press, 1970); Ming-chih Chou, *Hu Shih and Intellectual Choice in Modern China* (Ann Arbor: University of Michigan Press, 1984); James Reeve Pusey, *China and Charles Darwin* (Cambridge, Mass.: Council on East Asian Studies, Harvard University, 1983).

② 见网络资源：http://en.wikipedia.org/wiki/Richard_Rorty. 罗蒂结合了美国本土的实用主义哲学与欧陆后现代主义理论，有人曾指出罗蒂是“今日美国最有影响力的当代哲学家”，见 L. S. Kleep, “Every Man a Philosophy-King,” *New York Times Magazine*, Dec. 2, 1990, p. 656.

③ 胡适，《杜威先生与中国》，《胡适文选》，页 9—11；沈益洪编，《杜威谈中国》（杭州：浙江文艺出版社，2001）。

④ 江勇振，《星星、月亮、太阳：胡适的情感世界》（台北：联经出版事业公司，2007），页 376。

⑤ 胡适，《演化论与存疑主义》，《胡适文选》，页 8。

胡适与赫胥黎（死于1895年，胡适当时年仅4岁）没有亲身接触的机会，根据胡适日记，他在1926年10月2日，于英国伦敦大英博物馆看禅宗史资料时，曾在朋友家中见过赫胥黎的儿子 Leonard Huxley (1860–1933)，“四点半到 Dr. C. Delirle [Delisle] Burns 家里吃茶。遇见 Y. A. Hobson，又遇见 Huxley 的儿子 Lonard [Leonard] Huxley。”① 胡适在这一次旅行中，有一天也因为“晚上不能睡”，读过 Leonard Huxley 为他父亲所写的传记：*Thomas Henry Huxley, A Character Sketch*。②1926年10月17日，他又在 Dr. Burns 的家中见到赫胥黎的孙子，日记中写到“遇见 Julian Huxley，是 T. H. Huxley 的孙子；Huxley 的子孙只有他继续科学方面的遗风，他在〔伦敦大学的〕King's College 教生物学。”③ 上文中的 Julian Sorell Huxley (1887–1975) 是 Leonard Huxley 的儿子，此外 Julian Sorell Huxley 的弟弟 Aldous Huxley(1894–1963) 也是一位有名小说家与评论家，著有《美丽新世界》(Brave New World) 与《自由教育论》（“Education” in Ends and Means，潘光旦译）等书，他的中文译名也是赫胥黎，所以不少人把孙子与祖父混为一谈。④

胡适一生曾两度购买《赫胥黎论文集》。第一次是在1940年。根据1940年8月22日的日记记载，当时任驻美大使的胡适在华盛顿 DC 一家很有名的旧书店 Lowdermilk（现已歇业）买了：

Burton: Arabian Nights 十七本

Huxley (T. H.)《全集》十一本

---

① 胡适，《胡适日记全集》（台北：联经出版事业公司，2004），册4，页486。Cecil Delisle Burns (1879–1942) 为一位历史学家，著作很多，如 *Greek Ideals: A Study of Social Life*(1919)。

② 胡适，《胡适日记全集》，册4，页596。胡适的记载如下：“晚上不能睡。把电灯开了，读 Huxley 略传。是他儿子作的。三点钟才睡。”这一本书是胡适在1926年12月8日的日记中所提到 Life Stories of Famous Men Series 中的第一册，1920年由 London 的 Watts & Co. 出版，全书计120页。见胡适，《胡适日记全集》，册4，页584。

③ 胡适，《胡适日记全集》，册4，页514。

④ 早在1940年代，潘光旦在翻译 Aldous Huxley《自由教育论》时即说：“这赫胥黎不是写《天演论与伦理》的赫胥黎；那是汤姆斯·赫胥黎 (Thomas Huxley)，而这是阿尔杜斯·赫胥黎 (Aldous Huxley)；不过两人有很密切的关系，一是祖父，一是孙子。”见潘光旦，《潘光旦文集》（北京：北京大学出版社，2000），册13，页5。马英九于2006年五月为纪念五四运动，在报纸上所写的一篇文章，《开创理性社会的新时代——纪念“五四”87周年》即把胡适所欣赏的赫胥黎 (Thomas Henry Huxley) 误认为他的孙子 Aldous Huxley。见《联合报》，2006年5月4日。

Morley: On Compromise[1]

共花三十元！[2]

这一套书现存北京大学图书馆。根据整理此套藏书的邹新明表示，目前在北大的《赫胥黎论文集》共 12 本（并非日记所写的 11 本）。该套书显然是在旧书店凑齐的，书扉页上有原拥有人 Benjamin Thaw, Jr 的签名，出版社为 New York 的 D. Appleton and Company，出版日期是 1986 与 1897 年。全套书共 9 册，其中第 1 至第 3 册各有一复本。在第一册书末有胡适填写的日期：August 25, 1940，此外在好几册的扉页，有胡适手书“赫胥黎论文”（见图一）。[3]

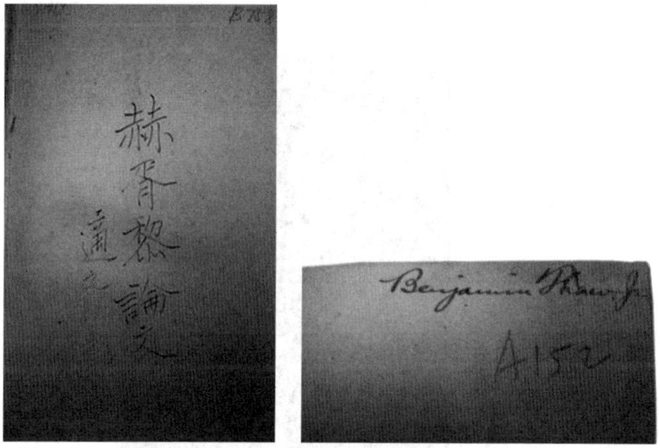

图一

1948 年底，胡适将此一套书留在北京东厂胡同的家中。1952 年，他在普林斯

① Morley的*On Compromise*是韦莲司在1914年介绍给胡适，并曾借给他阅读的一本书，对胡适来说意义非凡。该书让胡适对弥尔 (John Stuart Mill) 的自由主义有更深入的认识。在胡适写给韦莲司的信中多次提到毛莱（即摩利）的《姑息论》（此一译名颇堪玩味，笔者正在研究近代中国 compromise 一概念的翻译，严复将之译为“得半”，五四时代章士钊、杜亚泉等人将之译为“调和”，至 1920 年代国人才从日本引进“妥协”的翻译）。如 1914 年 11 月 26 日，胡适写到“我利用余暇读毛莱的《姑息论》(*On Compromise*)，我非常喜欢……” 1914 年 12 月 7 日的信又说：“我最近读的书，很少像毛莱这本书给我如此大的乐趣。我得衷心的感谢你，带给我如许的乐趣”。周质平编译，《不思量自难忘：胡适给韦莲司的信》（台北：联经出版事业公司，1999），页 7、11。胡适在日记之中也多次摘录毛莱的文字，认为“其言甚透彻”、“读之不忍释手，……手抄数节”。见《胡适日记全集》，册 1，页 532–534、556–558。

② 胡适，《胡适日记全集》，册 8，页 63。

③ 邹新明致黄克武函，2007 年 4 月 20 日。

顿大学任职期间又买了一套 Thomas Henry Huxley 的 Collected Essays。1952 年 1 月 15 日，他在日记中提到："T. H. Huxley 晚年（1893 正月–1894 七月）编定他的《文集》(Essays)，共九册……Huxley (1825–1895) 说理述学，都特别清楚明白。我生平最喜欢他的散文，上月决心托书店替我觅购全部。今天送来。我很高兴。(此是美国 D. Appleton & Co. 1904 年的初排本)。" ① 这一套书后来被运回台北，目前藏于南港中研院胡适故居的客厅，放在靠餐桌旁书柜中层一个很醒目的地方。因为岁月的关系，馆藏这一套书的书皮，部分有所剥落，该书卷首有胡适的朱笔题字（见图二），内文上面则有不少胡适阅读后所留下的痕迹，或是画线、夹纸，或是加上手批。这是一份胡适与赫胥黎思想交涉的重要史料。

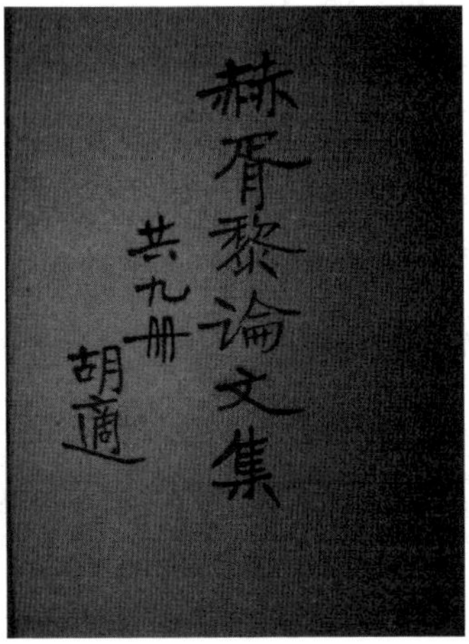

图二

总之，赫胥黎的思想无疑地是胡适学问中的一个重要支柱，难怪有人说胡适"旧学不过乾嘉，新学止于赫胥黎"。② 在这一篇文章中，我尝试环绕着胡适与赫胥黎思想上的交涉，处理以下几个议题：第一，清理胡适认识赫胥黎的过程。第二，探讨胡适对赫胥黎思想的认识与解读（日文称为"受容"），并指出胡适与赫胥黎思想之间的差异。第三，解释差异产生的原因。笔者认为差异的产生主要由于胡适受

① 胡适，《胡适日记全集》，册 8，页 698

② 金岳霖与唐德刚都有类似的说法。唐德刚，《胡适杂忆》（台北：传记文学出版社，1981），页 24。

传统儒、佛思想内容（如佛教的宇宙观与儒家对群己关系的看法）与思维方式的影响，从墨子刻（Thomas A. Metzger）所谓“乐观主义的认识论”的角度，误读了深受笛卡耳（René Descartes, 1596–1650）、康德（Immanuel Kant, 1724–1804）、休谟（David Hume, 1711–1776）思想影响，具“悲观主义的认识论”倾向的赫胥黎。虽然胡适宣称他肯定赫胥黎的 Agnosticism（“不可知论”，胡适称为“存疑主义”），但对胡适来说，知识上“可知”的范围要超过赫胥黎，其中一个最明显的例子是胡适认为从“实然”可以导引出“应然”的伦理价值与形上智慧（如“不朽”观念与“社会宗教”）。第四，拙文指出胡适对赫胥黎的解读与严复、梁启超非常类似，他们均受儒家、佛教观念的影响，且都强调中国式进化论（肯定人为努力的意义，并对未来具乐观信念）、和谐的群己关系（胡适称为“健全的个人主义”），以及后来英国学者柏林（Isaiah Berlin, 1909–1997）所说的“积极自由”（positive freedom），因而主张透过教育方式培养具有民德、民智、民力的新国民。从此我们可以建构一套中国近代自由主义的思想系谱。

二、以人治对抗天行：胡适初遇赫胥黎

胡适与赫胥黎思想的接触，要从他年轻的时候受到严复译作的影响谈起。在近代中国严复并不是第一位译介赫胥黎的人，在他翻译、出版《天演论》之前的10年（1886），赫胥黎所著的《科学导论》（*Science Primers*, MacMillian Co., 1880）即有两个中文译本。一本是由英国传教士、汉学家艾约瑟（Joseph Edkins, 1823–1905）所译，[①] 名为《格致总学启蒙》，由北京海关总税务司署出版（出版时并未注明原书著者）；另一本则由英国人罗亨利（Henry Loch, 1827–1900）与国人瞿昂来两人合译，名为《格致小引》（两书封面请见图三），[②] 其上注明“英国化学师赫施赉著”，由江南制造局出版。这两部书影响都不大，很多人甚至不知道两书的作者即是严复笔下的赫胥黎。[③] 这固然是因为 Huxley 的中文名字之译名不一致，但另

---

① 艾约瑟曾参与创建墨海书馆，从事大量的翻译工作，并主张“中学西源论”。见雷中行，《明清的西学中源论争议》（新竹：清华大学历史研究所硕士论文，2007），页 79–82；邹振环，《西方传教士与晚清西史东渐》（上海：上海古籍出版社，2007），页 218–268。

② 《格致小引》之图版为熊月之先生所提供，敬表谢意。

③ 王扬宗，《赫胥黎〈科学导论〉的两个中译本》，《中国科技史料》，卷 21 期 3(2000)，页 207–221。

一个可能的原因则是这两本书译笔不佳所致。《格致总学启蒙》后收入《西学启蒙十六种》之中，梁启超对它的评价是“译笔甚劣，繁芜佶屈，几不可读”。①

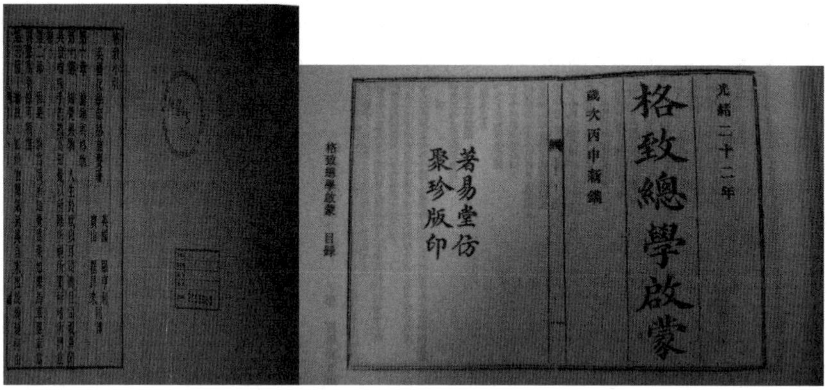

图三

赫胥黎的思想在中国发生普遍的影响力，要到严复在《直报》上撰写文章介绍，② 并以典雅的桐城派古文翻译《天演论》之后才开始。胡适在《四十自述》写道：1905 年，十五岁就读于上海澄衷学堂时，阅读《吴京卿节本天演论》，这一本书是吴汝纶（1840–1903）将严复所译赫胥黎《天演论》节录出来，便于学生阅读的一个本子，对于《天演论》的传播贡献很大。③ 胡适说：

澄衷的教员中，我受杨千里（天骥）的影响最大……后来我在东二斋和西一斋，他都做过国文教员。有一次，他教我们班上买吴汝纶删节的严复译本《天演论》来做读本。这是我第一次读《天演论》，高兴的很。他出的作文题目也很特别，有一次的题目是“物竞天择，适者生存，试伸其义”。……这个题目自然不是我们十几岁小孩子能发挥，但读《天演论》，做“物竞天择”的文章，都可以代表那个时代的风气。

---

① 梁启超，《读西学书法》，收入夏晓虹辑，《饮冰室合集集外文》（北京：北京大学出版社，2005），下册，页 1167。

② 严复在 1890 年代中期撰有《原强修订稿》介绍赫胥黎的实证精神，他说：“赫胥黎曰：读书得智，是第二手事，唯能以宇宙为我简编，民物为我文字者，斯真学耳。”严复著，王栻主编，《严复集》（北京：中华书局，1986），页 29。

③ 黄克武，《走向翻译之路：北洋水师学堂时期的严复》，《“中研院”近代史研究所集刊》，期 49（2005），页 1–40。

《天演论》出版之后，不上几年，便风行到全国，竟做了中学生的读物了。读这书的人，很少能了解赫胥黎在科学史和思想史上的贡献。他们能了解的只是那“优胜劣败”的公式在国际政治的意义。……几年之中，这种思想像野火一样，延烧着许多少年的心和血。①

胡适在1906年所写的作文“物竞天择，适者生存，试伸其义”，幸运地被保存下来。从这一篇文章，可见胡适从阅读严复译作所得到的主要讯息是：世界历史演变的规律是“物竞”、“天择”，但是背后根本的原因则是人为的努力，而非上天的爱憎。他说：“物与物并立必相竞，不竞无以生存也，是曰物竞。竞矣，优胜矣，劣败矣，其因虽皆由于人治，而自其表面观之，壹若天之有所爱憎也，是曰天择。”他借此鼓励国人“投袂奋兴”，以免于“灭亡”。② 这是胡适与赫胥黎第一次思想的接触，他所感受到的是严复所阐释的赫胥黎，亦即突出“物竞天择”、“适者生存”的救亡意识，而完全没有注意到后来他所强调“思想方法”的面向（这方面的想法是胡适受到杜威思想影响之后，才重新挖掘赫胥黎思想中科学方法的重要性，下详）。

那么严复《天演论》中所呈现的赫胥黎与赫胥黎思想有何差异呢？很多人都认为严复透过《天演论》将达尔文的“物竞天择，适者生存”的进化论思想或斯宾塞的“社会达尔文主义”介绍到中国，对中国近代社会变革起了重要推动作用。这样的解释虽大致正确，然忽略了严复透过翻译，在达尔文、赫胥黎、斯宾塞思想之间细致的取舍，以及同一文本的原文与译本，乃处于截然不同的文化脉络之中。赫胥黎原书的主旨在批判达尔文与斯宾塞的观点。赫胥黎认为，自然界存在着弱肉强食的残酷现实，然在人类社会却不可以完全遵从“丛林法则”，而应依赖伦理原则“以物不竞为的”。③ 这一辩论源于十九世纪末期英国思想史中，关于伦理力量与自然法则之关系，以及“拉马克原则”（Lamarckian principle）是否成立、政府职能应积极推展还是消极限制、人类未来是光明还是黑暗的种种论争。④

---

① 胡适，《四十自述》（台北：远东图书公司，1966），页49。

② 周质平主编，《胡适早年文存》（台北：远流出版社，1995），页433。

③ 这是赫胥黎在《天演论》（台北：台湾商务印书馆，1987），《导言六：人择》中的一个重要观念，严复很精确地翻译出此一想法，“天行人治，常相毁而不相成固矣。然人治之所以有功，即在反此天行之故。何以明之？天行者，以物竞为功，而人治则以使物不竞为的”，页16。

④ 参见中研院史语所王道还有关《天演论》的重要研究：王道还、彭小妍，《严复译〈天演论〉》，发表于“文本翻译与文化脉络：晚明以降的中国、日本与西方”日本爱知国际学术研讨会，2005年7月25–27日；王道还，《〈天演论〉研究（之二）》，史语所讲论会，2005年12月12日。

严译《天演论》在中国思想界的焦点则不在上述的论争，而在思索国人要如何应变、图强的现实考量，并将赫胥黎文本中悲观的倾向转变为乐观的倾向。① 严复同意斯宾塞所谓物竞天择适用于人类社会，而且进化是一个不可避免的缓慢、累积的过程，不能越级而行；但是他觉得斯宾塞太过于强调自然的力量（即所谓“任天为治”），而不够重视个人自由，或者说个人意志在天演过程中所扮演的角色。他接受赫胥黎对斯宾塞的修正，以为人的能力虽源于天，个人的自由与努力实际上扮演着更重要的角色，可以突破自然的限制，与天争胜，而创造新局，因此天人之间是相互冲突的。② 换言之，严复同意天行与人治一方面“相反相毁”，另一方面则出于同源，所以“天行人治，同归天演”。这样的想法在吴汝纶为《天演论》所写的《序》有清楚的表达：

赫胥黎氏起而尽变故说，以为天下不可独任，要贵以人持天。以人持天，必究极乎天赋之能，使人治日即乎新，而后其国永存，而种族赖以不坠，是之谓与天争胜；而人之争天而胜天者，又皆天事之所苞，是故天行人治，同归天演。……严子之译是书……盖谓赫胥黎氏以人持天，以人治之日新，卫其种族之说，其义富，其辞危，使读者怵焉知变，于国论殆有助乎？③

总之，严复在翻译此书的过程中，一方面同意自然有难以抗拒的力量，另一方面则发挥了赫胥黎反对弱肉强食的丛林法则，肯定伦理原则，并进一步推演到认为“人治可以对抗天行”，最终得出了“自强保种”的结论。再经过吴汝纶序言的阐发，“自强保种”成为《天演论》的最根本意义，并在二十世纪初引发了可谓举国疯狂的阅读潮流。

然而上述中国式的天演论，不但是严复在西方思想中的取舍，他也受到固有经

① Pusey, *China and Charles Darwin*, pp. 163–164. 赫胥黎在 *Evolution and Ethics* 一书中对社会的进步感到悲观，他认为演化不会助长人类对至福千年的预期，“只要世界存在一天，伦理的天性恐怕就得跟顽强有力的敌人（宇宙历程）周旋一天。”这不是很例外的观点。Franklin Baumer 即指出，并不是所有的演化论者都是进步论者，“有些社会达尔文主义者，特地把演化与进步分开，指出变化并不必然向更好的境地变。少数几位甚至还对演化产生怀疑。”参见 Franklin Baumer 著，李日章译，《西方近代思想史》（台北：联经出版事业公司，1988），页 429。

② 张灏曾分析斯宾塞观点对严复的影响，他指出：“（严复）政治上的渐进主义与思想上的激进主义均源于他的基本的社会达尔文主义的看法，这主要是他阅读斯宾塞哲学来的。” Hao Chang, “Intellectual Change and the Reform Movement, 1890–8,” *The Cambridge History of China* (Cambridge: Cambridge University Press, 1980), Vol. 11, Part 2, p. 298.

③ 吴汝纶，《序》，收入赫胥黎，《天演论》，页 1–2。

世理念、天人合一宇宙观的影响。因而使得从他所开始引介，进而在中国发挥巨大影响的演进史观，不但不接受西方“任天为治”的历史决定论、反倒肯定赫胥黎所提倡的伦理法则，而且比赫胥黎更为强调人为努力在历史演变中所扮演的关键角色。

严复在《天演论》中对“人治”的强调，受到传统知识分子使命感的影响。这种使命感直接源于传统儒家的经世思想，认为知识分子应该有顾炎武（1613–1682）所谓的“救世”情怀，投身政治，以改造污浊沉沦的世界。这是一种充满政治积极性的使命感，表现于大家常常听见的“国家兴亡，匹夫有责”、“士大夫以天下为己任”等观念之上。这种政治积极性与使命感隐含了一个对人的主观意识与精神的信念，认为人的思想与意志是改造外在世界的动力。诚如张灏所指出的，这种人本意识与演进史观结合，使得演进史观在中国往往含有一种特殊的历史意识，一方面他们接受历史向前直线发展的观念，因而常常有很强烈的历史潮流感；另一方面，他们并不认为这历史潮流会排斥人的自动自发的意识与意志。相反地，他们常常认为历史潮流只有透过由人的意识产生的精神动力才能向前推进。

张灏又指出，中国式的演进史观又与传统天人合一宇宙观，相信“天的意志只有透过人心才能显现”的观念结合在一起。这样一来，“使人觉得这世界观所展现的价值与理想不只是人的主观意识的投射，而且是植基于宇宙的演化与历史潮流的推进”、“转型时代的知识分子以历史潮流代替天意，同时保留了传统对心的信念，其结果是一种近乎主观意识决定论的观念。我们可称之为意识本位的历史发展论。”① 这就是上述严复与胡适所阐释“物竞”、“天择”，而其决定因素在于“人治”的思想背景。

三、作为方法的赫胥黎：萨迪法则与清代考据学的会通

严译《天演论》开启了胡适对于达尔文生物演化学说的认识，为他带来了一个崭新的宇宙观与历史观，同时这一种新的观念也具有“科学方法”上的意义。胡适借着达尔文的进化论，确立了“科学”与“玄学”的分野，使他进一步走向杜威

① 张灏，《中国近代思想史的转型时代》，《时代的探索》（台北：“中研院”·联经出版事业公司，2004），页37–60。亦请参见黄克武，《近代中国转型时代的民主观念》，收入王泛森等著，《中国近代思想史的转型时代》（台北：联经出版事业公司，2007），页353–382。

与实验主义的思想路向。然而在此过程中，传统思想背景所发挥的作用很值得注意。胡适在《四十自述》提到，他在澄衷学堂时，不但阅读《天演论》，也阅读朱子的《近思录》。他对于其中程伊川（1033–1107）所说的"学原于思"四个字印象深刻，[①]认为"这区区四个字简直是千古至言"，让他感到不应"随波逐流，随声附和。"他说："我后来的思想走上了赫胥黎和杜威的路上去，也正是因为我从十几岁时就那样十分看重思想的方法了。"[②]由此可见，在胡适的眼中，一般人认为属于传统思想的理学，其中具有"科学思维"，可以接引到西方的科学方法。他后来强调赫胥黎方法论与考据方法的会通即延续此一思路。

无论如何，我们不确知胡适在赴美留学期间是否深入地研究过赫胥黎，但显然地胡适在1915年转学到哥伦比亚大学哲学系之后，他摒弃了在康乃尔大学哲学系以黑格尔派哲学中流变出来的"新唯心主义"，正式投向杜威的实验主义，再由杜威思想上溯至赫胥黎，建立起一套系统的思想方法。[③]

胡适后来与陈独秀等马克思主义者的分歧即从此处开始。胡适认为在方法论上，"实验主义"与"唯物辩证法"是两种"根本不相容"的方法，一为科学，一为玄学，而以达尔文主义做为分界线：

辩证法出于海格尔的哲学，是生物进化论成立以前的玄学方法。实验主义是生物进化论出世以后的科学方法。这两种方法所以根本不相容，只是因为中间隔了一层达尔文主义。达尔文的生物演化学说给了我们一个大教训：就是教我们明了生物进化，无论是自然的演变，或是人为的选择，都由于一点一滴的变异，所以是一种很复杂的现象，决没有一个简单的目的地可以一步跳到，更不会有一步跳到之后可以一成不变。[④]

---

① "伊川曰：学原于思"一语出自朱熹编，《近思录》（台北：台湾商务印书馆，1974），卷3，页92。胡适在1922年2月24日的日记之中又提到这四个字，他说："我讲程颐，注重他的'致知'一方面。他的格物说，指出知为行之明证，指出思想如源泉，愈汲则愈清，指出'学原于思'，指出'怀疑'的重要，指出格物的范围，——这都是的他特别贡献。"见胡适，《胡适日记全集》，册3，页445。

② 胡适，《四十自述》，页66。余英时很强调传统面向对胡适接纳西学的影响，他指出："胡适在正式归宗于杜威的实验主义之前，早已形成自己的学术观点和思想倾向。这些观点和倾向大体上来自王充《论衡》的批判态度，张载、朱熹注重'学则需疑'的精神，特别是清代考证学所强调的'证据'观念，……但是这些观念最初只是零碎的，直到他细读杜威的著作之后才构成一种有系统的思想。"见余英时，《中国近代思想史上的胡适》（台北：联经出版事业公司，1984），页44–45。

③ 胡适，《胡适口述自传》（台北：传记文学出版社，1983），页91–92。

④ 胡适，《介绍我自己的思想》，《胡适文选》，页3。

上述强调“渐变”与点滴改革（亦即 piecemeal reform）的观念，也与胡适其他的政治、文化理念，例如他所主张的“多研究些问题，少谈些主义”、“一切主义，一切学理，都该研究，但只可认作一些假设的〔待证的〕见解，不可认作天经地义的信条”是相互配合的。①

大力宣扬达尔文思想的赫胥黎，在科学方法上最让胡适欣赏的一句话是：“拿证据来！”这也是胡适最强调的科学精神与科学方法，“大胆的假设，小心的求证”、“撇开成见，搁起感情，只认得事实，只跟着证据走”。② 同时在寻找证据之时，“他打破了那求‘最后之因’的方法，使我们从实证的方面去解决生物界的根本问题”。③ 对胡适来说，“主义”、“最后之因”都在追求“毫无‘辩证讨论’余地的‘终极真理’”，具有“一元论”的特质。至于实验主义者则是“走一步，算一步，不谈什么‘终极真理’的”。④

胡适征引赫胥黎所撰达尔文《物种由来》书评的结语，即充分表现出此种精神。他要人们老老实实地搜求例证，要避免“最后之因……设下的陷人坑”。此段翻译十分精彩：

达尔文先生最忌空想，就同自然最怕虚空一样（“自然最怕虚空”Nature abhors a vacuum，乃是谚语）。他搜求事例的殷勤，就同一个法学者搜求例案一样。他提出的原则，都可以用观察与实验来证明的。他要我们跟着走的路，不是一条用理想的蜘蛛网丝织成的云路，乃是一条用事实砌成的大桥。那么，这条桥可以使我渡过许多知识界的陷坑；可以引我们到一个所在，那个所在没有那些虽妖艳动人而不生育的魔女——叫做最后之因的——设下的陷人坑。古代寓言里说一个老人最后吩咐他的儿子的话是：“我的儿子，你们在这葡萄园里掘罢。”他们依着老人的话，把园子都掘遍了；他们虽不曾寻着窖藏的金，却把园地锄遍了，所以那年的葡萄大熟，他们也发财了。⑤

以下是原文：

① 胡适，《介绍我自己的思想》，《胡适文选》，页 5。

② 胡适，《介绍我自己的思想》，《胡适文选》，页 17。

③ 胡适，《演化论与存疑主义》，《胡适文选》，页 3。

④ 胡适，《胡适口述自传》，页 112–115。

⑤ 胡适，《演化论与存疑主义》，《胡适文选》，页 2。亦见胡适，《五十年来之世界哲学》，《五十年来中国之文学》（台北：远流出版社，1986），页 162–163。胡适在征引该文时把页数写错了（也可能是排版的错误，将二〇误为一一〇），原书在页 20–21。

Mr. Darwin abhors mere speculation as nature abhors a vacuum. He is as greedy of cases and precedents as any constitutional lawyer, and all the principles he lays down are capable of being brought to the test of observation and experiment. The path he bids us follow professes to be, not a mere airy track, fabricated of ideal cobwebs, but a solid and broad bridge of facts. If it be so, it will carry us safely over many a chasm in our knowledge, and lead us to a region free from the snares of those fascinating but barren Virgins, the Final Causes, against whom a high authority has so justly warned us. "My sons, dig in the vineyard," were the last words of the old man in the fable; and, though the sons found no treasure, they made their fortunes by the grapes.①

两者对照之后，可以发现胡适虽有所引申，然基本上是忠于原文的。

胡适也很喜爱引用赫胥黎治古生物学所用的"萨迪法则"(Zadig Method)，来说明科学研究的基本方法，这主要是因为古生物学的方法与胡适所关注的"历史方法"有相通之处。② 在台北胡适故居所藏《赫胥黎论文集》第四册 *Science and Hebrew Tradition* 中有一篇谈"萨迪法则"的文章"On the Method of Zadig"(1880)，在这一篇文章之上有许多胡适读后所画的线与批注，显示他曾细读此文。此外在这一篇之后"The Rise and Progress of Palaeontology"(1881,《古生物学的兴起与进步》)，也很受胡适喜爱，上面亦有许多阅读时的标记。在晚年《胡适口述自传》中，他很仔细地说明此一原则：

我近年来每每欢喜在演讲时向中国听众介绍赫胥黎（Thomas H. Huxley）治古生物学 (Paleontology) 的法则，他叫做"萨迪法则"(Zadig Method)。萨迪是〔欧洲文艺复兴大师〕弗尔泰尔（Voltaire,1694—1778）小说里《萨迪》的主角。萨迪被描写成一个古巴比伦的一位哲学家。他能用他的常识去解释沙滩上和岩石上所发现的痕迹，或者林木里枝叶脱落的迹象。观察了这些痕迹之后，他就可推断有跑马或走狗曾道经此地；并可说出狗马的大小。这种循果以推因的办法，便是治古生物学、地质学、考古学……以及一切历史科学的法则。这就是"萨迪法则"人类;〔

① Thomas Henry Huxley, "The Darwinian Hypothesis [1859]," in *Collected Essays of T. H. Huxley* (London: Macmillian And Co., 1893), Vol. 2, pp. 20–21.

② 余英时，《中国近代思想史上的胡适》，页 44。

> 所发明而专用之〕的法则。①

萨迪的故事原名为 Zadig, ou La Destinée（英译 Zadig, or The Book of Fate）是法国思想家伏尔泰在 1747 年所写的一部具侦探性质的小说，其受欢迎的程度仅次于 Candide（《憨第德》），有不少年轻读者也喜爱阅读这一本书。该书的主角是古代巴比伦一位很聪明的哲学家萨迪，他常帮国王解决问题。这一部小说具有浓厚的哲学意涵，书中将人类生活描写为被命运所控制，同时伏尔泰也批判宗教与形上学的正统观念。赫胥黎其实只是利用萨迪故事中的一个例子，来说明“回顾性的预言作为科学的功能”（retrospective prophecy as a function of science），胡适在该文眉批上（见图四）称之为“由果知因”的方法。

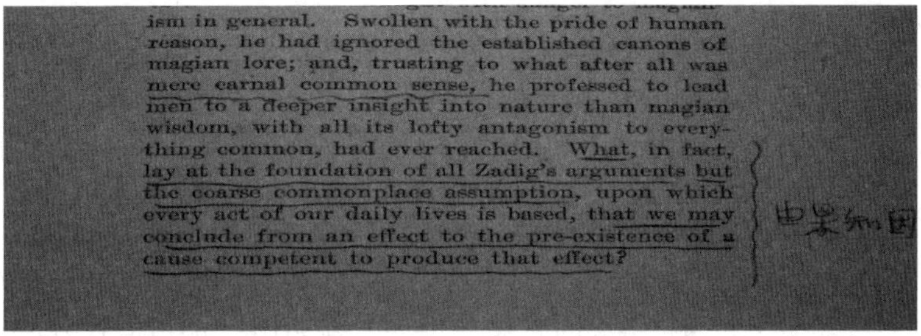
ism in general. Swollen with the pride of human reason, he had ignored the established canons of magian lore; and, trusting to what after all was mere carnal common sense, he professed to lead men to a deeper insight into nature than magian wisdom, with all its lofty antagonism to everything common, had ever reached. What, in fact, lay at the foundation of all Zadig's arguments but the coarse commonplace assumption, upon which every act of our daily lives is based, that we may conclude from an effect to the pre-existence of a cause competent to produce that effect?

由果知因

图四

从赫胥黎到杜威所提出的科学方法，不但对胡适产生重大的影响，也帮助他重新认识中国近三百年的考据学，把实验主义与中国考证学传统结合在一起。胡适说：“一切所谓‘历史的科学’，如历史学本身，如考古学，如天文学，如地质学，如古生物学，他们用的方法，都可以叫做‘沙迪的方法’。这就是中国最近三百年中的朴学家所谓‘考据’或‘考证’的方法。”② 在《胡适口述自传》中他也说：

> 〔杜威〕也帮助了我对我国近千年来——尤其是近三百年来——古典学术和史学家治学的方法，诸如“考据学”、“考证学”等等。〔这些传统的治学方法〕我把

① 胡适，《胡适口述自传》，页 96–97。胡适在 1955 年所撰写的一篇手稿《四十年来中国文艺复兴运动留下的抗暴消毒力量——中国共产党清算胡适思想的历史意义》，《胡适手稿》（台北：胡适纪念馆，1970），集 9，卷 3，页 548–549，又提到此一方法，不过他将之翻译为“沙迪的方法”。

② 胡适，《四十年来中国文艺复兴运动留下的抗暴消毒力量——中国共产党清算胡适思想的历史意义》，《胡适手稿》，集 9，卷 3，页 549。

它们英译为 evidential investigation（有证据的探讨），也就是根据证据的探讨，〔无征不信〕。在那个时候，很少人（甚至根本没有人）曾想到现代的科学法则和我国古代的考据学、考证学，在方法上有其相通之处。我是第一个说这句话的人。①

北京大学教授胡军对此有所分析，他指出胡适在接触到实验主义的思想方法之前，对中国传统的考据学已有相当的了解，而他对赫胥黎、杜威实证方法与精神的理解是“自觉和不自觉地以中国传统的考据学作为背景的”。胡适结合两者的方式是“引用赫胥黎、杜威的思想方法来充实和丰富传统考据学，使考据学这一门学问在胡适手里具有了系统的方法论。”② 余英时认为“这是他的思想能够发生重大影响的主要原因之一”。③

胡适上述“我是第一个说这句话的人”的宣称有一定的基础。他在《清代学者的治学方法》（1921）、《戴东原的哲学》（1925）、《治学的方法与材料》（1928）等文都反复地说明清代考证学者重视证据的态度与赫胥黎到杜威的科学方法是一致的，而“双方之所以有其基本上相同之点，就是因为彼此都是从人类的常识出发的”。④ 丘为君在《清代思想史“研究典范”的形成、特质与义涵》一文对此有深入的讨论，他说：“胡适……最引人注意之处……在于他将清代学者注重证据的态度（即一种经验主义）与科学等同起来。”他进一步指出：“胡适借着当时由他自己所推动的具有‘科学万能’意味的实证主义思潮，赋予了清代考据学一个具有近代西方‘科学’内涵的积极意象”。⑤

然而我们不能忽略胡适上述的“第一”宣称显然抹煞了梁启超的贡献，其实第一位认为清代考证学具有类似西方近代的科学精神、科学方法的人应该是梁启超。早在 1904 年《新民丛报》第 54 号之上，任公所撰《论中国学术思想变迁之大势》（出版时改为《中国学术思想变迁之大势》）中第八章《近世之学术》，他就说：“本朝学者以实事求是为学鹄，颇饶有科学的精神……所谓科学精神何也？善怀疑、善询问、不肯妄徇古人之成说与一己之臆见，而必力求真是真非之所在……凡此诸

① 胡适，《胡适口述自传》，页 96。

② 胡军，《分析哲学在中国》（北京：首都师范大学出版社，2002），页 57。

③ 余英时，《中国近代思想史上的胡适》，页 52。

④ 胡适，《胡适口述自传》，页 97。

⑤ 丘为君，《清代思想史“研究典范”的形成、特质与义涵》，《清华学报》，卷 24 期 4(1994)，页 461–463。

端，……本朝之汉学家皆备之。故曰，其精神近于科学。”①胡适在《四十自述》中承认他深受此书影响，“给我开辟了一个新世界”。②再者，梁启超在1920年10月所撰写、1921年初所出版的《清代学术概论》更深入地阐释“清代学术研究，饶有科学精神……轻主观而重客观，贱演绎而尊归纳，……治学之正轨存焉。”③这些作品都早于胡适的《清代学者的治学方法》一文。但胡适显然不愿意承认梁任公的贡献，他在1922年2月15日的日记之中私下批判梁任公。文中指出两点：第一，“任公对于清代学术的见解，本没有定见”，尤其是在《新民说》中“痛诋汉学”。后来又曾在《中国学术思想变迁之大势》出版时，删去该书第8章。第二，近年来因为胡适开始对汉学大加颂扬，梁启超才把他早年的东西再搬出来“自夸”。④其中反映出胡适与先辈学者之间复杂的瑜亮情节，他似乎认为任公不够尊重他的成就，因而有意地抹煞任公的观点，要争“第一”。⑤

胡适（与梁启超）将考证学与西方科学方法会通为一的想法，受到不少人的肯定。例如，钱穆虽然不同意清代学术是理学的反动，提出“每转益进说”。⑥他从“继承–发展”的角度，主张“不知宋学，则不能知汉学，更无以平汉宋之是非”。⑦但是钱穆认为胡适所引介杜威之“实验主义”有其价值，“新文化运动之经过中，有功于社会者，皆能明了此实验主义而不背焉者也”；⑧而且钱穆在讨论清代考据学时，也介绍了胡适、梁启超的观点。他说：“乾嘉诸儒以下，其治学方法之精密，

---

① 《新民丛报》，期54（1904年），页60。

② 胡适，《四十自述》，页52。

③ 梁启超，《清代学术概论》（台北：台湾中华书局，1974），页76–77。

④ 《胡适日记全集》，册3，页433–434。胡适所说删去第8章的书不确定是哪一个版本，可能类似于梁任公于1926年出版的《中国古代学术思想变迁史》（上海：群众图书公司，1926），本书共分六章，自总论至佛学时代，没有收录“近世之学术”。

⑤ 梁任公将胡适为《墨经校释》所写的序置于篇尾，也让胡适很不高兴。1922年4月30日的日记中胡适说：“梁任公的《墨经校释》出来了。他把我的序放在书末，却把他答我的序的书稿放在前面，未免太可笑了。”《胡适日记全集》，册3，页550。有关胡适与梁启超之间的“亲和与排拒”，见张朋园，《胡适与梁启超——两代知识分子的亲和与排拒》，《“中研院”近代史研究所集刊》，期15下册（1986），页81–108。

⑥ 钱穆与胡适对于先秦哲学与中国文学上的许多问题均“大相违异”，且钱穆认为“以双方各具主观，殊难相辩也。”见钱穆，《八十忆双亲·师友杂忆》（台北：东大图书公司，1986），页143–145。不过有趣的是钱穆似乎同意胡适是首先将乾嘉学风说成是科学方法的一位学者，而梁启超则在其后提出此一观点。

⑦ 丘为君，《清代思想史“研究典范”的形成、特质与义涵》，《清华学报》，页464–467。

⑧ 钱穆，《国学概论》（台北：台湾商务印书馆，1983[1928]），页157–158。

则实有足多者。近人胡适盛称以为合于科学的精神。《胡适文存》卷二《清代学者的治学方法》：'中国旧有学术，只清代的朴学，确有科学精神'……梁启超著《清代学术概论》，亦推极其学风之美。”①

金岳霖（1895–1984）、徐复观（1904–1982）与唐德刚（1920–2009）则持不同的看法。金岳霖很笼统地指出：“西洋哲学与名学又非胡先生之所长，所以在他兼论中西学说的时候，就不免牵强附会。”② 徐复观在《清代汉学衡论》（1957）中表示：从梁启超到胡适，认为乾嘉学风与近世科学研究方法极相近的观点，“对近数十年来有关人文方面的研究，发生了坏的影响”，因为完全误会了清代汉学的特质：

清代汉学家，完全把研究对象限定在古典注释的范围之内，他们不是从思想史的角度去把握古典，乃是把古典当作压伏他人的偶像。而这种偶像的形成，并非他们在古典上真正得到了什么有价值的启发，仅出于争名好胜之心。在他们的研究中，完全与现实的自然、社会、人生绝缘。他们所研究的历算，也限定在书本上的历算。可以说，他们把中国学术进到近代之路隔断了。③

唐德刚则认为胡适不了解西方的科学方法，他所说的“科学方法”，“事实上是我国最传统的训诂学、校勘学和考据学的老方法，……〔他〕受了时代的局限，未能推陈出新”。唐德刚语带讥讽地说：杜威后来转向新兴的行为科学，“他底东方第一大弟子胡适却大开其倒车——到处宣传早已与时代脱了节的，停滞在‘训诂’、‘校勘’阶段的‘治学方法’；他自己虽然是满口‘自由、民主’，而每日灯下埋头钻研的却是一部支离破碎的《水经注》！”④

胡适当然不会同意上述的质疑与指控，他在《〈国学季刊〉发刊宣言》指出清代学术受限于时代，有不少缺点：“这三百年的古学研究，在今估计，还有许多缺点：（一）研究范围太狭……（二）太注重功力，而忽略理解。……这三百年中，几乎只有经师而无思想家。只有校史者而无史家。只有校著而无著作。（三）缺乏参考比较的材料。……清朝的学者始终脱不了一个陋字。”由此可见胡适了解考据

① 钱穆，《国学概论》，页 129–130。
② 金岳霖，《审查报告二》（1930），收入冯友兰，《中国哲学史》（北京：中华书局，1961），页 7。
③ 徐复观，《清代汉学衡论》，《两汉思想史》（台北：台湾学生书局，1979），卷 3，页 616–617。
④ 胡适，《胡适口述自传》，页 136–139。

学者的限制。[①] 换言之，他的学术工作已脱离了传统的训诂、考证，而具有新的成分。不过当胡适刻意强调“朴学，确有科学精神”之时，他仍然模糊了两者的界线与根本的区别，亦即余英时先生所指出的“清代考证学者的典范是通过文字训诂以明古圣贤在六经中所蕴藏的‘道’”，而胡适借着《中国哲学史大纲》所开创的新典范，一方面“截断众流，从老子、孔子讲起”，另一方面则持平等的眼光，“把儒家以外的，甚至反儒非儒的思想家，如墨子，与孔子并列”。[②] 总之，两者乃在不同的典范之下，从事性质相异的学术工作。这也显示胡适对赫胥黎到杜威的科学方法有某种程度的误会，把中国传统的考证法投射到西方科学方法之上。难怪余英时要说：“胡适的学术基地自始即在中国的考证学，实验主义和科学方法对于他的成学而言都只有缘助的作用，不是决定性的因素。……事实上，远在他接触杜威以前，新典范的种子已在他的心中发芽了。”[③]

四、存疑主义、科学主义与知识的范围

赫胥黎思想中的科学方法与他所提出的 Agnosticism 一观念有密切的关系，此一观念对胡适产生了重大的影响。Agnosticism 一词是赫胥黎于 1869 年时所创造出来的，用来反对 Gnosticism（意指“超出自然法则的神秘知识”），[④] 所以 Agnosticism 是指 without knowledge（没有知识）或 unknowable（不可知）。对赫胥黎来说，他一方面对基督教神学表示怀疑，另一方面又无意主张无神论，从而借此概念把上帝是否存在等问题搁置起来。在哲学上，不可知论是指对于某些宣称（这些宣称包括形上学、死后的生活与神的存在等）在真理上的价值是不可知的。简言之，不可知论者断言人的认识能力不能超出感觉经验或现象的范围，也不能认识事物的本质及其规律。

---

① 梁启超也很了解考据学者之方法虽有科学精神，亦有其限制，“支离破碎汩没性灵，……其方法……不用诸开而用诸闭，不用诸实而用诸虚，不用诸新而用诸陈。”见《新民丛报》，期 54(1904 年)，页 60–61。

② 余英时，《〈中国哲学史大纲〉与史学革命》，《中国近代思想史上的胡适》，页 83、87。

③ 余英时，《〈中国哲学史大纲〉与史学革命》，《中国近代思想史上的胡适》，页 89。

④ Gnosticism 是融合各种信仰的一种宗教，它采用希伯来与基督教经籍，并用解释隐喻的方式来阐发其教义。他们重视“灵知”，认为由此可以得到关于宇宙起源的终极真理。参见郁振华，《论赫胥黎的不可知论和第一代实证主义》，《学术界》，期 44(1994)，页 6。

在近代中国较早注意到 Agnosticism 一概念的还有严复，他在讨论宗教信仰与灵学时，都注意到对于“科学”无法解释的领域曾产生过很多争论。他说：“人生阅历，实有许多不可纯以科学通者，更不敢将幽冥之端，一概抹杀。迷信者言其必如是，固差，不迷信者言其必不如是，亦无证据。故哲学大师赫胥黎、斯宾塞诸公，皆于此事谓之 Unknowable，而自称 Agnostic。盖人生智识，至此而穷，不得不置其事于不论不议之列，而各行心之所安而已。”① 在上文中严复直接引用英文，而未附翻译，不过严复有时则用源于佛经的“不可思议”来讨论这方面的议题。② 严复在晚年显然不接受赫胥黎的“不可知论”，他不但有虔诚的宗教信仰，也肯定“灵学”研究的价值。③

胡适的看法与严复不同，他肯定赫胥黎的想法，以及赫胥黎对宗教的态度。④ 他在 1922 年《五十年来之世界哲学》一文中很详细地介绍此一观念之渊源及其内涵。胡适指出，1888、1889 年时，有许多卫道的宗教家攻击破坏宗教的“邪说”，赫胥黎当时写了四篇文章与之辩论。它们分别是：一、《论存疑主义》（“Agnosticism,” 1889）；二、《再论存疑主义》（“Agnosticism: A Rejoinder,” 1889）；三、《存疑主义与基督教》（“Agnosticism and Christianity,” 1889）；四、《关于灵异事迹的证据的价值》（“The Value of Witness to the Miraculous,” 1889）。这四篇文章都收入《文集》第五册，《科学与基督教传说》（Science and Christian Tradition，见图五）一书中。胡适说：“这些文章在当日思想界很有廓清摧陷的大功劳……这一场大战的结果，——证据战胜了传说，——遂使科学方法的精神大白于世。”⑤

---

① 这是在 1921 年严复写给儿女的信中所提到的话，《严复集》，页 825。

② 严复说：“谈理见极时，乃必至不可思议之一境，既不可谓谬，而理又难知，此则真佛书所谓：‘不可思议’。”见《严复集》，页 1380–1381。

③ 黄克武，《民国初年上海的灵学研究：以“上海灵学会”为例》，《“中研院”近代史研究所集刊》，期 55（2007），页 99–136。

④ 胡适对宗教的看法亦受杜威影响，他肯定杜威的宗教观，也同意杜威对另一位实验主义大师威廉·詹姆士（William James）的批评。他说：“他〔杜威〕对我之所以具有那样的吸引力，可能也是因为他是那些实验主义大师之中，对宗教的看法是比较最理性化的了。杜威对威廉·詹姆士的批评甚为严厉。老实说我也不欢喜读詹氏的名著《信仰的意志》（*The Will to Believe*）。我本人就是缺少这种‘信仰的意志’的众生之一。”参见胡适，《胡适口述自传》，页 92–93。

⑤ 胡适，《五十年来之世界哲学》，《五十年来中国之文学》，页 168–169。值得注意的是胡适将 tradition 一字译为“传说”，而非惯用的“传统”，显然要强调“传说”的不可信，所以下文才会有“证据战胜了传说”。

图五

胡适把 Agnosticism 翻译为“存疑主义”（而非当时中国思想界较多人所采用的“不可知论”），他认为此一观念与孔子想法相配合，即是承认自己的无知。他说：“达尔文与赫胥黎在哲学方法上最重要的贡献，在于他们的‘存疑主义’（Agnosticism）。存疑主义这个名词，是赫胥黎造出来的，直译为‘不知主义’。孔丘说，‘知之为知之，不知为不知，是知也。’这话确是‘存疑主义’的一个好解说。”①

其次，胡适说赫胥黎认为在承认无知之后，要进一步确认“怎么样的知，才可以算是无疑的知？”赫胥黎的答案是：“只有证据充分的知识，方才可以信仰，凡没有充分证据的，只可存疑，不当信仰”。换言之，“严格的不信任一切没有充分证据的东西”。

从此出发，胡适表达出他对宗教上的种种问题，即采取“不否认，也不承认”的“存疑”态度。胡适多次征引 1860 年 9 月赫胥黎丧子之后他的朋友金司莱（Charles Kingsley, 1919–1875）写给他的一封信。胡适只提到金司莱是“英国文学家，很注意社会的改良，他的人格是极可敬的”，实际上金司莱曾是 Hampshire 的一位牧师（rector），具有宗教的背景，是基督教社会主义者，1860 年被任命为

① 胡适，《五十年来之世界哲学》，《五十年来中国之文学》，页 165–166。

剑桥大学现代史的教授。金司莱写给赫胥黎的信，讨论到人生的归宿与灵魂的不朽，显然希望借此来抚慰赫胥黎的丧子之痛。但赫胥黎却不领情。他回信之中表示他对灵魂不朽之说采取存疑的态度。虽很多人会因此而说他是一个“无神主义者”(Atheist)，他却愿意冒此危险（当时此一词具有很强烈的负面意义），而不愿做一个说谎的人。在1926年胡适所撰写的《我们对于西洋近代文明的态度》一文，他再度引用赫胥黎这封信中的话，来说明近世宗教的理智化：

古代的人因为想求得感情上的安慰，不惜牺牲理智上的要求，专靠信心(Faith)，不问证据，于是信鬼，信神，信上帝，信天堂，信净土，信地狱。近世科学便不能这样专靠信心了。科学并不菲薄情感上的安慰；科学只要求一切须〔需〕要禁得起理智的评判，须〔需〕要有充分的证据。凡没有充分证据的，只可存疑，不足信仰。①

胡适强调现代人需要建立这种理性的、个人自主的信念，“信任天不如信任人，靠上帝不如靠自己。我们现在不妄想什么天堂天国了，我们要在这个世界上建造‘人的乐国’。”②

胡适借着赫胥黎这一封信来宣扬理性的科学精神，因而影响了许多的人。例如，殷海光（1919–1969）即深受此一精神所感动。殷海光说胡适思想是存疑的与实证的：“胡适先生底思想与治学，常常不忘‘疑’字。他早年致力介绍赫胥黎底思想。赫胥黎致金司莱的信，经胡适先生底摘译，早已为人熟知了……”③

胡适在这方面的态度是坚定不移的。1926年12月22日，胡适在英国友人家喝茶，见到一位英国历史学家G. Lowes Dickinson（1862–1932）时，两人曾讨论到当时在英国很盛行的“灵学”研究，胡适再度坚定表达他完全不介意死后“灵魂灭否”的问题：

下午到Dr. Burns家吃茶，会见G. Loues [Lowes] Dickinson，谈甚久……他早年作Religion一书，攻击旧宗教。但我今早车上读Sir Oliver Lodge's Survival of Man，开篇引他在Harvard的讲演中语，似他那时颇信“灵学”的话，我颇诧异。今天吃茶后，他同我同出门，我们同到Russell Square，路上谈起。他说，前时颇

① 胡适，《我们对于西洋近代文明的态度》，《胡适文选》，页107。

② 胡适，《我们对于西洋近代文明的态度》，《胡适文选》，页109。

③ 殷海光，《胡适思想与中国前途》（1957），收入《殷海光全集（卷十一）政治与社会（上）》（台北：桂冠书局，1990），页442。

关心死后灵魂灭否的问题，现在更老了，反不觉得此问题的重要了。他问我，我说，全不愁此事。即使我深信死后全归于尽，我决不介意；我只深信一生所作为总留下永永不灭的痕迹：善亦不朽，恶亦不朽。①

这样一来，胡适显然从实证、科学的角度来面对宗教问题。这一个态度也非常配合他幼年时代受范缜（约450—510）“神灭论”影响，秉持“很不迟疑的无神论”，并努力“破除迷信，开通民智”的主张。②

那么同样主张“存疑主义”，强调“只有那证据充分的知识，方才可以信仰，凡没有充分证据的，只可存疑，不当信仰”的赫胥黎与胡适，在立场上是否完全一致呢？换言之，当胡适将赫胥黎的观念“翻译”至中国时，翻译研究学者所说的“主方语言”（如胡适的中文）与“客方语言”（如赫胥黎的英文）的关系如何？是否产生“主方语言被客方语言转型”、“共谋关系”，或“主方语言在翻译过程中，违背、取代和篡夺客方语言的权威性”的现象呢？③

在本文中，我将注意到传统文化的连续性对胡适译介工作的影响。拙见以为胡适与赫胥黎虽同样主张“存疑主义”，然而两人对于“知识”的范围有不同的构想。本文所谓的“知识”是最广义的，是指有道理而配合真理的信念（justified true belief），包括金岳霖的学生冯契（1915—1995）所说的“知识”与“智慧”。④ 无论一个信念是依赖感觉、逻辑、思辨、直觉或其他的手段而获得，都可以作为一种知识。反之，假如一个观念是虚构的、独断的，或仅是一个历史人物或历史群体的构想的话，都不算知识，仅是意见（opinion）。⑤ 我认为赫胥黎所主张知识的范围，要比胡适主张知识的范围来得狭窄。

---

① 胡适，《胡适日记全集》，册4，页601—602。Oliver Lodge 是物理学家，曾任英国伦敦“灵学研究会”的会长。

② 胡适，《四十自述》，页62—64。

③ Lydia Liu, *Translingual Practice: Literature, National Culture, and Translated Modernity China, 1900—1937*(Berkeley: University of California Press, 1996), p. 27.

④ 冯契将人类的认识分为三类：意见、知识与智慧。意见是“以我观之”，是主观的；知识（包括历史的记载与科学的理论）是“以物观之”，是客观的；智慧是“以道观之”，是无限与绝对的。见冯契，《智慧的探索——〈智慧说三篇〉导论》，《智慧的探索》（上海：华东师范大学出版社，1994），页606。郁振华，《形上的智慧如何可能？——中国现代哲学的沉思》（上海：华东师范大学出版社，2000），页39。

⑤ 墨子刻，《道统的世界化：论牟宗三、郑家栋与追求批判意识的历程》，《社会理论学报》，卷5期1（2002），页79—152。

首先要说明的是赫胥黎“存疑主义”的出现，涉及近代“西方认识论大革命”。Alasdair MacIntyre 曾深入描写这个革命的来龙去脉，① 墨子刻的新著也很详细地描写此一革命，并从“悲观主义的认识论”与“乐观主义的认识论”相对照的角度，分析中国哲学界对“西方认识论大革命”的回应。② 根据墨氏：此一革命以笛卡尔、休谟、康德、尼采（Friedrieh Nietzsche, 1844—1900）、韦伯（Max Weber, 1864—1920）、波普（Karl R. Popper, 1902—1994）、维特根斯坦（Ludwig Wittgenstein, 1889—1951）和柏林等思想家为代表。其中休谟所标举的“怀疑主义”最具代表性。③ 赫胥黎即深受笛卡尔到康德、休谟所代表的“现代哲学”之影响，在他的《文集》第六册，他很细致地讨论了休谟的生平与思想。他在前言之中还建议他的读者，如果想要“对于展现在人类智识之前最深的问题有一清楚的观念”，而又受限于时间的话，只需要阅读三位英国的作家：巴克莱、休谟与霍布斯（Thomns Hobbes）。④

上述墨子刻所谓的“西方认识论大革命”，即指结合了实证主义与怀疑主义的一种思潮，其共同主张是要缩小知识范围。用波普“三个世界”的理论来说：知识的范围仅限于“第三个世界”，亦即能以实验来反驳某种命题之境界，而关于“道德与本体的世界”，只有“心理的一些立场”（states of mind）或意见，而没有客观的知识。用唐君毅的生命存在与心灵的“九种境界”，亦即“初三为客观境，次三为主观境，后三为超主客境”来看的话，⑤ 知识的范围只限于最低的几个境界，而认为其他境界只是玄学空谈罢了。

西方思想界将知识范围予以缩小的想法，源于人们知识精确性的追求。欧洲在几乎八百多年以前，人们开始希望把知识化约到完全精确的观念。为了追求精确性，很多欧洲思想家偏到金岳霖所说的“唯主方式”（或称“主观的唯心主义”，即“存疑主义”或“不可知论”）。据此，知识的渊源限于“经验”或“所与”，“所与”

---

① Alasdair MacIntyre, *After Virtue: A Study in Moral Theory* (Notre Dame: University of Notre Dame Press, 1984[1981]). 但是 MacIntyre 没有用墨子刻所说的“革命”的概念，对他来说，此一倾向是一个“哲学的危机”，具有负面的意义。

② Thomas A. Metzger, *A Cloud Across the Pacific: Essays on the Clash between Chinese and Western Political Theories Today*(Hong Kong: The Chinese University of Hong Kong, 2005).

③ Thomas A. Metzger, *A Cloud Across the Pacific*, pp. 50—67.

④ Huxley, *Collected Essays*, Vol. 6, p. xii. 根据“悲观主义的认识论”与“乐观主义的认识论”之分析架构，深受休谟影响的赫胥黎显然偏向悲观主义的一面，但他的思想是否完全配合这个方面，有无矛盾、不一致之处，则还需要做更细致的研究。

⑤ 唐君毅，《生命存在与心灵境界》（台北：学生书局，1984），页 259。

的内容则限于主体意识中的“当下呈现”或感觉，而“当下呈现”的内容与客观真实的关系，完全是一个有待探索的问题。换句话说，明显地指涉真实的命题，只能指主体心中当下呈现的命题，而不是指个人内心之外的真实（即所谓感觉不能给予客观实在）。凡是指涉到心外真实的说法，仅是有待反驳的猜想或假设，而这种猜想当然不包括天经地义的“常道”，或关于人性与本体的知识。

“西方认识论大革命”另外一个重要的主张认为，当人类把当下呈现的内容变成思考与讨论的对象之时，他们将这些内容变成一些符号，而这些符号也不能完全配合客观的感觉，因为它们也具有历史、文化或语言上的主观因素。

墨子刻的作品一方面描写西方认识论革命，另一方面指出中国当代哲学的主流要求“达到与天地合其德的人生境界”，倾向于拒绝西方的“不可知论”，并强调波普所谓的三个世界都是知识的对象。他并细致地讨论中国哲学界对西方“不可知论”的回应。

墨氏指出：在批评“不可知论”之时，当代中国哲学开出了两条路。金岳霖与冯契都企图反驳西方的观点，再证明自我心中当下呈现与物自身或客观实在之间没有断裂。他们的焦点在于看到自我内在生活与外在世界的融合之处，而借此把经验视为“自在之物化为为我之物”与“得自所与还治所与”（均为冯契语）。他们跟荀子一样，认为外在天地的真实不逊于自我所感觉到的真实，而天地的存在或价值，不需要从自我内在所导引出来的证据来证明。冯契也以强调从“主体”与“客体”的“辩证主义”的关系去反驳西方的“不可知论”，从而导引出历史、自然和实践的规律。[①]

当代新儒家如唐君毅、牟宗三等人，则采取另一角度来反驳“不可知论”。他们认为西方“不可知论”的缺陷不在于破坏主体心中当下呈现与外在真实的连续性。新儒家反而多半赞成西方的思路，尤其肯定康德哲学的起点，即以为主体内的最基本意识或知觉不能跟“所与”其他的内容直属于完全一致的真实，因为主体与主体所感觉到的对象不能混为一谈。所以，谈内外之时，我们不能把主体化约到主体所感觉到的对象，即把主体化约到生物学家所研究的头脑。从唐君毅和牟宗三的

---

① 有关金岳霖思想的比较详细的描写与分析可参考墨子刻的著作：Thomas A. Metzger, “New Confucian Philosophy and the Global Philosophical Problem of culture,” 收入郑宗义编，《香港中文大学的当代儒者：钱穆、唐君毅、牟宗三、徐复观》（香港：香港中文大学新亚书院，2006），页 17-102。

观点来说，西方“不可知论”的缺失在于它不够了解主体的本质。他们肯定孟子的“尽心，知性，知天”的思路，认为能通过主体与实践的本质，去把握主体在宇宙中的基础，而这样一方面了解实践的规律与“世界原理”的本质，另一方面会通中国对价值理性的体认和西方对工具理性的了解，即会通中国哲学关于主体本质的智慧与西方关于自然现象的科学，来反对唯物主义与科学主义。

新儒家对“唯主方式”的回应可以称为“向内”的回应，金岳霖、冯契的回应则是一种“向外”的回应。墨氏认为这两种回应都有利弊：新儒家向内的思路一方面完全保护个人内心的自主，对抗集体主义，另一方面忽略外在现象在形成内心过程中的重要性。金、冯的向外思路则一方面很肯定外在现象的重要价值，另一方面却模糊个人内心自主与外在社会运动之间的界限，而这样很容易让主体变成一种集体性混融内外的“我们”，而丧失了个人的自主性。①

那么被人贴上“科学主义”标签的胡适对“不可知论”的回应又是如何呢？当然，无论是金岳霖或牟宗三，都对胡适思想有所批判，认为胡适或者不够了解西方，或是不够尊重传统，对他们来说，胡适似乎没有能力对“不可知论”做出哲学性的回应，只能被动地接受西方的观点。不过我们也不能把胡适完全等同于是赫胥黎的一个忠实的门徒。这牵涉我们上文所提出的一个观点，即是胡适与赫胥黎对知识的范围有不同的认定。这样一来，墨子刻的论断是正确的：近代以来的中国知识分子受到传统“乐观主义的认识论”的影响，都不完全肯定西方的“不可知论”，而连胡适也不例外。当然我们还需要细致地区别金岳霖、冯契的“向外”回应与唐君毅、牟宗三的“向内”回应，都是自觉地批判“不可知论”；胡适则是不自觉地逾越了“不可知论”的范围。

在这方面，我们首先要举胡适为“科玄论战”所写的序言。在这一篇文章中，胡适认为中国的思想环境应可超过赫胥黎所存处的十九世纪的英国，当时在英国宗教的权威未被打破，所以赫胥黎只好挂着“存疑”的招牌；而在中国，宗教信仰比较自由，那么人们不妨“老老实实地”以“无神论者”自居。但是另一方面，胡适却不严守“不可知论”所划下的界线，避免无根的形上学。他反而十分肯定吴稚晖（1865–1953）的做法，企图以科学的态度冲到那“不可知的区域”。他说：

① 墨子刻,《道统的世界化：论牟宗三、郑家栋与追求批判意识的历程》,《社会理论学报》,卷5期1,页86–89。

他老先生〔吴稚晖〕宁可冒“玄学鬼”的恶名，偏要冲到那“不可知的区域”里去打一阵，他希望“那不可知区域里的假设，责成玄学鬼也带着论理色采去假设着。”这个态度是对的。我们信仰科学的人……不妨冲进那不可知的区域里，正如姜子牙展开了杏黄旗，也不妨冲进十绝阵里去试试。……我们十分诚恳地对吴稚晖先生表示敬意。①

胡适上文所提到的文章是吴稚晖的《一个新信仰的宇宙观及人生观》。在该文中吴稚晖建立起“漆黑一团”的宇宙观与“人欲横流”的人生观。吴氏认为，这个宇宙“都从漆黑一团变出”，其中有质有力，而质力交推，产生了世间万物。胡适所征引吴稚晖的文字是：“我以为动植物且本无感觉，皆只有其质力交推，有其辐射反应，如是而已。”至于人欲横流的人生观，则包括“清风明月的吃饭人生观”、“神工鬼斧的生小孩人生观”和“覆天载地的招呼朋友人生观”。②

吴稚晖的文章显然吸引了不少读者。牟宗三在年轻的时候，曾一度深受该文所感动。在吴稚晖所谓“漆黑一团的宇宙观上”，牟宗三“见到了光彩，见到了风姿，见到了波澜壮阔与滑稽突梯的新奇”。他感觉到吴稚晖的纵横才气向他扑来：“他那漆黑一团的宇宙观，也只是那生命那才气之直接膨胀所扑向的混沌。我之欣赏他，也只是我的混沌生命之直接向外膨胀，向外扑，和他接了头。”③由此可见，吴稚晖的文章绝非“机械主义”的“科学”观点，他的特色其实是表现出高度玄学的色彩，才因此与牟宗三那么契合。

胡适所赞扬的吴稚晖的观点，其实和胡适所谓自然主义的宇宙观（所谓自然之无穷、天行之有常、物变之有规律）有其共同之处，④两者都企图讨论现象之后的本体，可以称之为“科学的玄学”。⑤这样的看法，从波普所说的三个世界来看，已经超越了“第三世界”，属于道德与形上的范畴。

胡适所谓“不朽”的观念、“社会宗教”的观念也是如此。在《不朽——我的

① 胡适，《〈科学与人生观〉序》，《胡适文选》，页 60–62。

② 吴稚晖，《一个新信仰的宇宙观及人生观》，收入丁文江、张君劢等著，《科学与人生观》（台北：问学出版社，1977），册 2，页 543。

③ 牟宗三，《五十自述》（台北：联经出版事业公司，2003），页 30–31。

④ 胡适说：“在那个自然主义的宇宙里，天行事有常度的，物变是有自然法则的，因果的大法支配着他——人——的一切生活，生存竞争的惨剧鞭策着他的一切行为。”见胡适，《〈科学与人生观〉序》，《胡适文选》，页 67–68。

⑤ 郁振华，《形上的智慧如何可能？》，页 12。

宗教》一文中，他提出“大我”、“小我”的观念，来说明人类与宇宙的变化。他说：“个人的一切功德罪恶，一切言语行事，无论大小好坏，一一都留下一些影响在那个大我之中，一一都与这永远不朽的大我一同永远不朽。”上述的观点可以导引出一种道德信念，来规范个人。胡适说他的宗教是“社会的不朽”，而个人应对此负责：

我这个现在的“小我”，对于那永远不朽的“大我”的无穷过去，须负重大的责任；对于那永远不朽的“大我”的无穷未来，也须负重大的责任。我须“需”要时时想着，我应该如何努力利用现在的“小我”，方才可以不辜负了那“大我”的无穷过去，方才可以不遗害“大我”的无穷未来？①

类似上述以大我、小我为中心的群己观念，在胡适的言论之中俯拾即是。例如在1919年的《少年中国之精神》，他说“社会是有机的组织，全体影响个人，个人影响全体……有这个观念，我们自然觉得我们的一举一动都和社会有关，自然不肯为社会造恶因，自然要努力为社会种善果。”②1960年1月7日，当胡适在台北为两千多名学生演讲“一个人生观”时，他仍然重复类似的观点，提出“群己并重”的“健全的个人主义”，这种个人主义的人生观就是孔子所说“修己以安人”与《大学》所谓“自天子以至于庶人，以修身为本之说”。胡适又谈到“社会宗教”，将社会视为“上帝”，用来“约束制裁”人类行为：

我是个存疑论者、无神论者。但我认为一个人在行为上总有一个自己制裁的力量，……我提出一个社会宗教。我们古代有三不朽，……究竟如何才称不朽？至善、至恶都流传万世而不朽……二千五百年前喜马拉雅山下，一个老叫花的死，本无善恶之分；而被释迦见到，因受刺激而创佛教，影响了千百万人。……一个人的行为，不论好的坏的，善的恶的，不论多大多小，都对社会有影响。一句话，一篇文章，一个思想，一言，一行，都有社会影响。只有社会不朽，……社会是我们的上帝，用它来约束制裁我们的行为。③

为何胡适一方面宣称自己是存疑论者，另一方面又毫不犹豫地冲到那“不可知的区域”，大谈社会不朽的宇宙观与历史观，并从这些抽象的观念之中导引出道德

① 胡适，《胡适文集》（北京：人民文学出版社，1998），册2，页44。
② 胡适，《胡适文集》，册2，页52。
③ 胡适，《一个人生观》，《新生报》，1959年1月8日。

的原则呢？其中一个很流行的解释认为这是源于他的“科学主义”。郁振华说此乃“科学万能论的题中之义”。① 林正弘也有很精辟的分析：

胡适之先生……主张科学态度与科学精神可以应用到为人处事的态度、政治信仰、人生观等关涉到价值判断的领域。胡先生的科学观可以算是相当彻底的科学主义。

胡适由叙述事实的科学命题，引导出价值判断的命题……自从休姆 (David Hume) 以来，大部分哲学家都相信：要导出价值判断的命题，前提必须要有价值判断命题；只由纯叙述事实的命题，导不出价值判断命题。胡适竟然认为由科学命题可引导出含有价值判断的人生观命题，因而只凭科学知识就可解决人生观的问题。这是非常彻底的科学主义。②

上述的论断与笔者的观点一致。这显示胡适的“存疑主义”或“不可知论”与深受休谟影响的赫胥黎的看法并不一样，其关键在于胡适不自觉地扩大了知识的范围。

然而笔者认为胡适的想法不但受“科学主义”观念的影响，还有儒家、佛教思想的背景，与严复、梁启超等人的所代表的具有中国特色的自由主义与进化观念的影响。胡适有关群己关系的看法与笔者所分析的严复、梁启超的观点，以及当代学者如金耀基、杨国枢等人的看法完全一致，他们都不接受极端的个人主义，要从群己并重、群己和谐，而非群己冲突的角度，来肯定个人的价值，而且均强调柏林所说的“积极自由”。根据拙著，严复、梁启超的思想源于与传统的连续性，而胡适显然出于同样的思想背景，又受到严复、梁启超思想的直接启发。美国学者 James Pusey 曾注意到胡适“不朽”（1919）的观念与梁启超进化思想，尤其是梁启超所撰写、结合进化论者 Benjamin Kidd 与佛教轮回观念之《余之死生观》（1904）一文有高度的类似性，而胡适却不承认他受到梁任公影响。James Pusey 说：

他〔胡适〕仅宣称，这一篇文章的主意是民国七年当“我的母亲丧事里想到的”。或许他“想到”梁启超的观念，却不记得这些观念如何进入他的脑袋。但是如果胡适从来没有读过任公的文章，或者如果他的想法只是纯属偶然而与任公观念相同，或是因为中国人说的“英雄所见略同”，我们还是要承认梁启超是第一个想

① 郁振华，《形上的智慧如何可能？》，页 12。

② 林正弘，《胡适的科学主义》，《胡适与近代中国》（台北：时报文化出版事业有限公司，1991），页 197、207。

到胡适〔社会不朽〕理论的人。①

的确，如果我们阅读任公的文章，会感觉到他的想法与胡适几乎完全相同，梁任公说："我辈一举一动，一言一话，一感一想，而其影像，直刻入此羯磨总体之中，永不消灭。将来我身及我同类受其影响，而食其报。"任公并引《楞严经》的观点，来说明上文中"羯磨"（karma）的意义，"佛说一切万象，悉皆无常，刹那生灭，去而不留，独于其中，有一物焉，因果连续，一能生他，他复生一，前波后波，相续不断，而此一物，名曰羯磨。"② 任公文章与胡适作品不同之处，是任公很清楚地表明此一观念源于佛教轮回观念与严复所引介的进化论、遗传说，亦即《天演论》中所说："官品一体之中，有其死者焉，有其不死者焉。"③ 胡适则说是自己在处理母亲丧事时领悟出来的。

胡适上述的想法，显示中国近代思想与传统之间的密切关联，这些观念均反映出儒家或佛教的影响，而强调一种超过小己的利害关系、配合天地之"大化"，而超越时空对峙的情感。他所翻译、引介的西学与此一传统的视野交织在一起。同时值得注意的是，不但是胡适如此，在他之前的严复与梁启超在引介进化论、实证主义与英国式自由主义时也显示出类似的思想特点。从严复、梁启超到胡适，可以勾勒出一条与马克思主义者、新儒家不同的近代中国自由主义的思想系谱。

五、结论

在近代中国，胡适是众所公认的一位将西方实验主义、科学方法与科学精神传入国内的学者，也是一位坚持自由、民主与科学价值的启蒙思想家。殷海光在《胡适思想与中国前途》一文中综合指出胡适思想的七个特点：一、主渐进的；二、重具体的；三、反教条的；四、个人本位的；五、存疑的；六、重实证的；七、启蒙的。④ 这是很多人都肯定的一个看法。

---

① James Pusey, *China and Charles Darwin*, pp. 292–293.

② 梁启超，《饮冰室文集》（台北：台湾中华书局，1978），17：2–3。

③ 梁启超，《饮冰室文集》，页 3。"官品"一词乃 organsims 的翻译，有关此一译语的思想背景，请参见拙文，《新名词之战：清末严复译语与和制汉语的竞赛》，《"中研院"近代史研究所集刊》，期 62（2008），页 23–25。

④ 殷海光，《胡适思想与中国前途》(1957)，收入《殷海光全集（卷十一）政治与社会（上）》，页 441–443。

本文尝试以胡适与赫胥黎的关系为主轴，来重新思考胡适思想的特点。笔者认为胡适在译介赫胥黎思想的同时，也对之作一取舍，并将西学与他所熟悉的中学会通在一起。胡适最早透过严复认识赫胥黎的《天演论》，他所接受的赫胥黎的思想，是严复筛选后具有乐观精神、强调以人治对抗天行的救亡意识的中国式的进化论。其次胡适接受赫胥黎“拿证据来”的实证主义的方法论，他又把这种方法与清代朴学中的考证法等同为一，这种经过西方“加持”的新考证学开启了整理国故运动。再次，胡适肯定赫胥黎的“存疑主义”，自称是一个无神论者，但是他却和吴稚晖一样，毫不犹豫地冲进不可知的领域，企图从现象来掌握本体，建立一个“科学的玄学”。这样一来，他对知识范围的看法，与深受休谟影响的赫胥黎思想之间出现重大的落差。拙见以为胡适逾越了“不可知论”的界线，一方面固然源于五四时期所流行的“科学主义”，另外一方面不能忽略严复、梁启超的思想传承，以及儒家与佛教思想背景的影响。

由上述可知，墨子刻的论断是正确的，近代中国思想界都倾向于不接受或拒绝“西方认识论大革命”之后以“悲观主义的认识论”为基础的“不可知论”。金岳霖、冯契从向外的角度否定“不可知论”，唐君毅、牟宗三则从向内的角度批判“不可知论”。胡适对“不可知论”的态度与上述两派不同。他一方面是西方“不可知论”的代言人，另一方面却没有反省到他的思想与赫胥黎“不可知论”之间的重大落差。这可能是金岳霖、唐君毅、牟宗三等专业的哲学家觉得胡适对西学的认识十分肤浅的原因之一。从这个角度来看，唐德刚的批评或许不无道理。他说胡适的科学方法（包括他从赫胥黎得到的观念）一方面使他“每日灯下钻研的……是一部支离破碎的《水经注》”；另一方面“他的‘治学方法’不能‘支持’（support）他政治思想的发展”。这样的治学方法或许限制了胡适，使他在学术上与政治上无法取得更耀眼的成就。

蒋介石与阳明学：

以清末调适传统为背景之分析

一、前言

蒋介石（1887–1975）的思想主要有四个源头：传统中国儒家思想、日本留学经验、孙中山（1866–1925）革命理论与基督教信仰。① 其中自始至终奉行不渝者，要属儒家思想，这也与他在留学期间所接触到的日本阳明学有密切的关系。他不但自 18 岁开始即从顾葆性（清廉）先生读书，逐渐熟稔先秦儒家典籍与宋明理学；赴日本留学之后，尤其醉心日本阳明学，并进而将中日阳明学说绾合为一，融入自身思想体系之中。他说：王阳明（1472–1529）的“《传习录》与《大学问》这两个小册子，真使我百读不厌，心向神驰，不知其乐之所止”、“到了后来对于这个哲学真是有手之舞之、足之蹈之一种心领神驰的仰慕”（1023–4）。② 在他的私人日记、信函与公开演讲之中都可以看到阳明思想影响的痕迹。③

蒋介石对阳明思想的重视一方面源于其安顿身心的内在价值，另一方面也和林

① 一般学者多注意儒家思想、孙中山革命理论与基督教信仰等三方面，但是山田辰雄与黄自进则特别强调不能忽略日本留学经验的影响，这也是 2004 年 11 月中央研究院所召开“蒋介石与近代中日关系”国际学术研讨会中学者们的共识。与会的学者也谈到，蒋对日本的观感是有选择性的，例如他称赞日本的生活秩序与爱国精神，却不讨论其政治结构。

② 本文中蒋介石言论后之数字，表示下书的页数，不另加注：黄自进主编，《蒋中正先生对日言论选集》（台北：中正文教基金会，2004）。

③ 例如 1933 年 2 月 7 日蒋介石函陈诚谈论阳明之学与修养精神之重要，见朱文原主编，《蒋中正总统档案目录》（台北：国史馆，1998），册 1，页 351。又如 1958 年 11 月 23 日，张学良在日记上写下“总统召见”的标题，其中写道：“我问总统，我应该看些什么书？总统说，《大学》和阳明《传习录》很好。”《张学良日记信函再现幽禁岁月与宋美龄交谊深厚》，网路资源：http://news.enorth.com.cn/system/2002/06/11/000348933.shtml.

毓生所谓中国思想史上“主知主义”的传统密切相关，亦即将思想、哲学的改造视为是政治、社会革新的根本。[①] 这也是孙中山所谓的“革命必先革心”。根据此一思想传统，哲学的意义不是“坐而论道”，而是将哲学与改造社会的历史使命统一起来。蒋介石说：“哲学对于人生，不仅能使个人有振衰起弊的功效，而且可以改造整个民族与社会，以发挥无与伦比的伟大力量”。[②] 他更说人格修养、领导统御、革命事业、立国精神，都需要以哲学为根基。阳明思想正如他所说的，是一种从“内圣”通向“外王”，能够扭转乾坤的一种哲学思想。

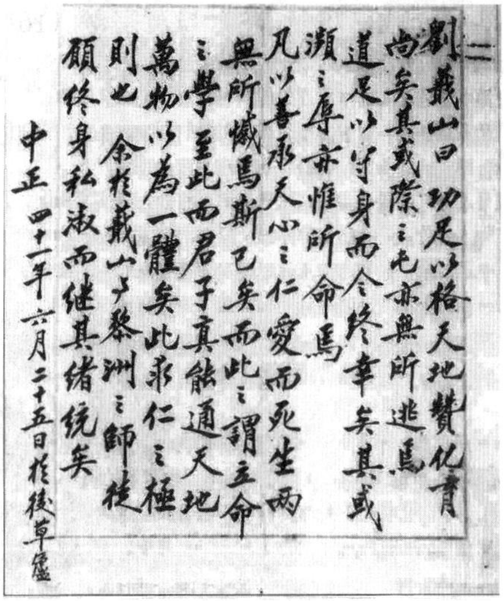

图一：蒋介石自勉箴言

阳明学说成为蒋介石终身奉行的圭臬，奠立了他“求学做事的根本”，更在危难的时候，成为其心灵的重要支柱。1949 年政府撤守台湾，这是蒋介石一生之中最重大的挫败。1952 年 6 月 25 日，政府撤退来台湾的第三年，也是正在“风雨飘摇”中推行“党的改造”之时，蒋介石曾手书“自勉箴言”，其内容如下：

刘蕺山曰：功足以格天地赞化育，尚矣，其或际之屯，亦无所逃焉。道足以守身而令终，幸矣，其或濒之辱，亦惟所命焉。

凡以善承天心之仁爱，而死生两无所憾焉，斯已矣。而此之谓立命之学，至此而君子真能通天地万物，以为一体矣。此求仁之极则也。余于蕺山与黎洲之师徒，愿终身私淑而继其绪统矣。[③]（见图一）

---

① Yü-sheng Lin, *The Crisis of Chinese Consciousness: Radical Antitraditionalism in the May Fourth Era* (Madison: University of Wisconsin Press, 1978).

② 蒋中正，《哲学与教育对于青年的关系》，《先总统蒋公嘉言总辑》（台北：党史会，1981），册 2，页 426。

③ 黄克武与吕芳上合访，王景玲纪录，《楚崧秋先生访问纪录》（台北：“中研院”近代史研究所，2001），页 259。此文出自刘宗周《圣学宗要》中论张载《西铭》处，笔者感谢李明辉教授之提示。蒋之文字与文渊阁四库全书本上的原文有三处出入，原文为“幸也”，非“幸矣”；又原文为“生死两无所憾焉，斯已矣。此之谓立命之学”，非“死生两无所憾焉，斯已矣。而此之谓立命之学”。见刘宗周，《圣学宗要》，收入《诸子集成续编：六》（成都：四川人民出版社，1998），页 741。这显示蒋在写的时候并不是照原书抄录，而是依记忆而下笔，才出现一些小的差错。

刘宗周（1578–1645）与黄宗羲（1610–1695）都是明末阳明学派的重镇，蒋介石说他“愿终身私淑而继其绪统”，显示在入台初期，正处于深感困顿、羞辱之际，王学中“立命”、“求仁”的思想，帮助他安顿身心，而酝酿出重新面对未来的勇气。

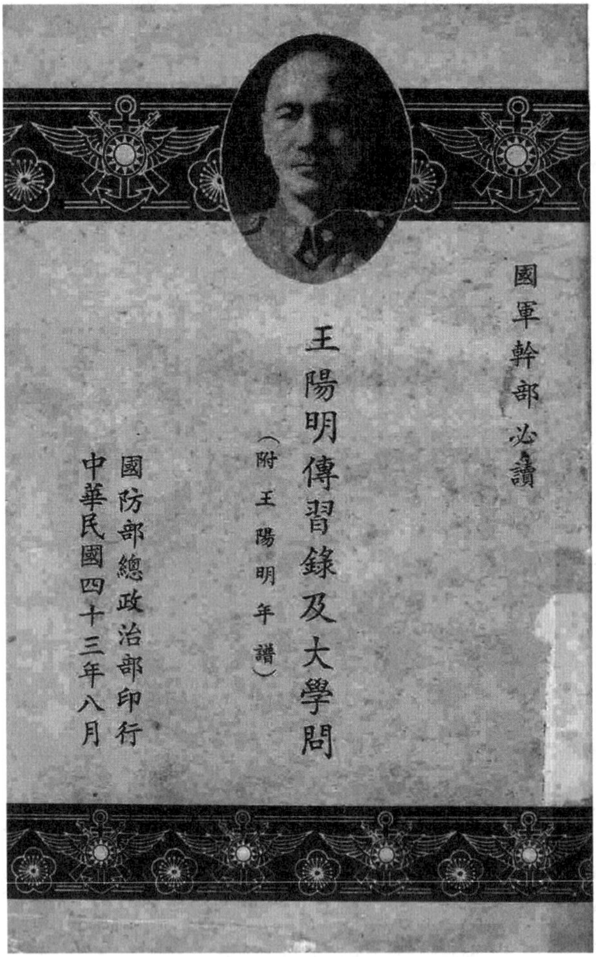

图二：国军干部必读的阳明作品

蒋介石不但自己反复诵读阳明著作，也鼓励他人研习相关作品。他多方鼓励国人研读王阳明的《传习录》、《大学问》与曾国藩（1811–1872）的《曾文正公日记》

等书，鼓吹“存养省察”、“惩忿窒欲”、“致良知”、“知行合一”等。①1954年8月，国防部总政治部印行了《王阳明传习录及大学问》一书，作为“国军干部必读”，在封面上还有蒋介石的玉照一幅。当时国军的中高级军官，每个人都发了一本，以便随时研习。②（见图二）蒋介石除了鼓励人们诵读原典之外，当时因为他的大力提倡，还因而印行了不少有关阳明思想的书籍。例如钱穆（1895–1900）在1954年10月，将他在1930年所写的《阳明学述要》交台北正中书局（国民党的党营企业）出版。钱穆在《再版序》中很精要地谈到再次印行该书的原因：

国人上下，痛于流亡丧乱之祸，群思所以奋人心，作正气，以挽颓运而培国脉。总统蒋公提倡王学，朋好相知，谓予此书，可资参发，怂恿再版。……回念忧患余生，困乏流徙，所可借以为动心忍性之助者，宜不少矣。③

钱穆的话清楚地指出蒋介石企图借王学来振奋人心，“挽颓运而培国脉”；钱穆对此一理念的认同，也显示蒋介石的想法其实与不少知识分子（如新儒家）的观念若合符节。④

阳明学说无疑地对蒋介石一生道德事业均产生了深刻的影响，然而蒋介石之阳明学在近代思想史上的渊源、意义与评价等课题，则学界尚有争议。

有关蒋介石与阳明学的研究已有不少的成果，学者们虽都同意蒋介石受到日本“大和魂”理念与“武士道”精神的影响，大力研究、宣扬阳明哲学，然而往往因为研究者政治立场的差异，形成截然不同的诠释。大多数台湾学者均强调蒋介石秉承儒家道统与总理遗志，创造性地绾合阳明学说、三民主义与基督教思想，是一个修身、经世与内圣、外王一以贯之的伟大人物。最早提出此一评价的可能是

---

① 杨天石，《宋明道学与蒋介石早年修身——读蒋介石未刊日记》，《上海档案》，2002.5，页57–59。

② 王阳明，《王阳明传习录及大学问(附王阳明年谱)》（台北：“国防部”总政治部，1954）。“中研院”近代史研究所图书馆藏有一本，上题“白崇禧将军赠书”。值得注意的是白将军似乎没有仔细研读该书。这本书不但没有眉批，甚至书后部有一些印刷厂没有割开的页数也维持原状。再者，在白将军谈到“为将之道”只提到诸葛亮，却没提到王阳明，这似乎显示蒋所提倡的阳明学对白崇禧的影响非常有限。参见贾廷诗等访问、纪录，《白崇禧先生访问纪录》（台北：“中研院”近代史研究所，1984），页721。

③ 钱穆编著，《阳明学述要》（台北：正中书局，1955）。

④ 钱穆当时曾多次自港赴台讲学，如1950年，“由‘国防部’总政治部之邀，由萧政之来洽，续作七次讲演，题为中国历史精神”；1951年，又应何应钦之邀，讲中国历代政治得失。钱穆，《八十忆双亲师友杂忆合刊》（台北：东大，1983），页257、260。1954年8月牟宗三则发起“人文友会”，至1958年又与唐君毅、徐复观、张君劢等发表《为中国文化敬告世界人士宣言》。郑家栋，《牟宗三》（台北：东大，2000），页30–31。牟宗三也仿效蒋介石，在香港出版了一本《阳明先生传习录大学问节本》（香港九龙：人生出版社，1957）。

贺麟（1902–1991），他在 1945 年所写的《当代中国哲学》之中认为："当今国府主席蒋先生，就是王学之发为事功的伟大代表……他责己之严，治事之勤，革命之精诚，事业之伟大，皆由于精诚致良知之学问得来"，因此他断言："没有人会否认蒋先生对阳明之学实有亲切精辟的发挥，且于事功方面发挥出伟大的效用"。①后来很多台湾学者均提出类似的观点。例如中研院近史所研究员陆宝千认为：蒋先生成功地从本体论、工夫论等方面，绾合王阳明思想与基督教神学，"贯内圣外王而为一，实汉武、唐宗所未到"。②曾任蒋之秘书的楚崧秋以为蒋介石对阳明学有深入体会"此真正是儒者生命，是大人境界"、"德业双彰……终为人间立下行谊的最高准则"。③撰有《介石先生思想与宋明理学》的周伯达则明白表示，该书乃"颂圣之作"，其思想之精髓是：

为了救国，为了抵御外侮，而主张恢复国魂，主张恢复民族固有的美德，主张恢复先贤"存养省察"的工夫……如此等等，全是为了恢复"我们中国王道的民族精神"，并结合现代的民主科学来实践孙中山的理想。④

大陆学者如陈铁健、黄道炫等人则持截然不同的观点，他们认为：一、蒋介石的阳明学以实践为主，他不接受王学中"虚玄"的一面，同时他"排斥王学中潜在的自由、平等精神"，重视"近乎戒律的克制心意工夫"，因而扭曲了王阳明"活泼开放"的态度；二、他以阳明学来延续传统儒学政治教化、社会控制的目的，"利用王学重建儒学统治地位"、"王学不仅仅是经世致用的工具，同时更是维护传统儒学道统的思想武器"，因而将阳明学带入一个死胡同；三、在理论上他无法统合阳明思想与三民主义与基督教思想，因此展现驳杂而无系统的思想特色。四、蒋介石在思想与实践之间有落差，能知而不能行，在具体生活上，理学理论反而造成内心天理与人欲的交战，使他时时处于矛盾拉扯之中。⑤上述两种论述方式显然涉及海

---

① 贺麟，《当代中国哲学》（南京：胜利出版社，1945），页 15–16。

② 陆宝千，《蒋中正先生对王阳明与基督教之绾合》，《蒋中正先生与现代中国学术讨论集》（台北：蒋中正先生与现代中国学术讨论集编辑委员会，1986），页 171。

③ 楚崧秋，《阳明学说对蒋中正先生思想德业的影响》，《蒋中正先生与现代中国学术讨论集》，页 146–161。

④ 周伯达，《介石先生思想与宋明理学》（台北：台湾学生书局，1999），页 1。

⑤ 陈铁健、黄道炫，《王学及其现代命运》，《历史研究》，1994 年第 4 期，页 82–92。杨天石，《宋明道学与蒋介石早年修身——读蒋介石未刊日记》。关志钢，《阳明心学与蒋介石力行哲学》，《深圳大学学报（人文社会科学版）》，卷 17 期 5（2000），页 74–79。

峡两岸对于蒋介石均采取黑白分明的评价所导致的。这两类的观点都有所洞察、亦有其局限，如何超越圣人与魔鬼的二分法，从黑白分明的道德评价之中回归到历史的真实，是历史工作者的重大挑战。

本文尝试从描述与分析的角度出发，企图说明：第一、蒋介石的阳明学延续中国近代思想史上自梁启超（1873–1929）所开创的"调适传统"，希望仿效日本大和魂、武士道，塑造"中国魂"。任公主张以继往开来的精神，尤其是以阳明思想为中心的尚武精神、"致良知"、"知行合一"等理念，建立具有中国固有道德为基础的现代国民，以抵抗谭嗣同以来的"转化传统"，如激烈的革命思想与五四以来反传统浪潮。他在1902年所编著的《中国魂》，其后所出版的《中国之武士道》（1904）、《节本明儒学案》（1905）、《德育鉴》（1905）、《松阴文钞》（1906），均为此一精神的展现。在此之后杜亚泉（1873–1933）、钱穆、梁漱溟（1893–1988）、贺麟、唐君毅（1909–1978）、牟宗三（1909–1995）等人都继承了他的思路。蒋介石对儒家传统的尊重，以及对"武德"、"中国魂"的探索，虽受到亲身经验之影响，然亦直接地源于此一思想传统。他有意地继承阳明精神、武士道、大和魂之中积极进取、俭朴、忠勇、爱国等情操，并将之转化为新生活运动、中国文化复兴运动中"忠党爱国"的观念。

第二、蒋介石和梁任公等近代中国知识分子不同之处在于，他对日本阳明学不但有继承，亦有所批判。蒋介石认为日人褊狭地、片面地继承中国传统"智仁勇"三达德中"勇"的部分，却忽略了仁与智，也不够重视"信"与"严"，因而在富强之后走向侵略他国的帝国主义道路，并导致大和民族的灾难。蒋介石则弘扬以"智信仁勇严"与"礼义廉耻"为中心条目的"武德"，来抵御日人的侵略，寻求民族的复兴。蒋对日本阳明学的批判显示，中国近代的民族主义一方面企图救亡图存，但是绝不至于走向无止尽的"戡天役物"、"向外侵略"，也不接受社会达尔文主义所谓"弱肉强食，优胜劣败"，反而强调王道、仁爱与和平，主张"大道之行，天下为公"。（171）

第三、从评估的角度来看，在中国近代思想史上，蒋介石的阳明学乃至整体的哲学思想，有其创见，因而算得上一个敏锐的思想家。不过他的创见与局限是交织在一起的。他的局限在于他所宣扬的阳明哲学也没有受到其下属热烈的回响，对社会心态也只产生了非常有限的影响；而且他没有反省到"内圣外王"观念的局限性。然而有意义的是：一、阳明思想帮助他修身立志、面对挫折与失败，能痛定思痛，谋求改造、自新。诚如他所自述："自顾一生，时吾十部载患难、耻辱、艰危、诬陷、渗透、颠覆，出生入死之中！屡成功，屡失败；愈失败，愈成功，累积了无数成败生死，交织而成为一个不倒的老兵！"① 其精神支柱即是阳明思想。二、他对传统文化与其现代处境的看法源于梁启超所开创的调适传统，并与新儒家如牟宗三、唐君毅、徐复观等人，以及其他的学者如钱穆的观点十分配合，共同开创出以传统文化、资本主义、民主政治三者为核心的当代台湾文化。

二、梁启超的调适思想与近代中国的阳明学

近代中国思想发展有两大主流，一是主张激烈变革的"转化思想"，一是主张继往开来的"调适思想"。诚如拙著《一个被放弃的选择》与《自由的所以然》两书所企图勾勒的，谭嗣同（1865–1898）与严复（1854–1921）、梁启超的思想分别代表当时思想光谱中转化与调适的不同的类型。谭嗣同"冲决网罗"的想法是近代激烈主义的鼻祖；而严、梁的继往开来的观点则是保守、渐进思想之原型。② 蒋介石无疑地偏向调适思想。他对中国传统的态度、对阳明学的欣赏，乃至于对于国家发展的整体构想，都和梁任公所开创的近代中国调适传统密切相关。在此要首先说明的此一思想系谱的建立，主要是指思想形态与视角的相关性，不一定有思想上直接的传承或影响。③

梁启超的调适思想和蒋介石的想法特别相关者有以下两点：

一、任公有鉴于日本阳明学对于明治维新的贡献，以及在培育大和魂、武士道所发挥的功效，主张以阳明思想铸造中国"国魂"、培养新民。二、在王学之中重

---

① 转引自楚崧秋，《阳明学说对蒋中正先生思想德业的影响》，页157。

② 黄克武，《一个被放弃的选择：梁启超调适思想之研究》（台北："中研院"近代史研究所，1994）。黄克武，《自由的所以然：严复对约翰弥尔自由思想的认识与批判》（台北：允晨文化有限公司，1998）。

③ 蒋介石无疑地读过梁启超的作品，但他似乎很少谈到梁启超。有一次他和张学良的谈话中表示：梁"文字很好"。1958年11月23日，张学良在日记记载了他与蒋的对话："问我近来读些什么书？我答：两三月来因眼疾，未能看书。自从到高雄以后，我专看《论语》，我很喜欢梁任公的东西，近来看了些梁氏著述。总统说：好、好，看《论语》是好的，梁氏文字很好，希望你好好的读些书，反（返）回大陆，你对于国家还能有大的贡献。"《张学良日记信函再现幽禁岁月与宋美龄交谊深厚》，网路资源：http://news.enorth.com.cn/system/2002/06/11/000348933.shtml.

视修身功夫（尤其将爱国当作“良知”中很重要的部分），以及修身、治事一以贯之，而较忽略本体论方面的抽象讨论。

1. 以阳明思想铸造“国魂”、培养新民

梁启超在戊戌政变之后流亡日本，1899年他在《清议报》发表了两篇文章，一篇是《国民十大元气论（一名文明之精神）》，一篇是《中国魂安在乎》。在这两篇文章，任公开始触及现代国家精神基础的问题。简单地说，任公追问中国在建立现代国家之时，需要具有何种精神品质的现代“国民”。任公将之称为“国民之元气”。他认为文明有“形质”面与“精神”面：“衣食器械者，可谓形质之形质，而政治法律者，可谓形质之精神，若夫国民元气……是之谓精神之精神”。任公指出“精神既具，形质自生”，“求文明而从精神入，如导大川，一清其源，则千里直泻，沛然莫之能御”。①

任公也将“国民之元气”称为“中国魂”。他所写的《中国魂安在乎》和《祈战死》两文都在歌颂日本军人的“武士道”，亦即为国捐躯的尚武精神，并认为中国所需要的“中国魂”应该和日本的“日本魂”、“武士道”一样，由“人民之爱国心与自爱心，两者和合而成也”：

天下岂有无魂之国哉！吾为此惧……今日所最要者，则制中国魂是也。中国魂者何？兵魂是也，有有魂之兵，斯为有魂之国，夫所谓爱国心与自爱心者，则兵之魂也，而将欲制造之，则不可无其药料与其机器，人民以国家为己之国家，则制造国魂之药料也，使国家成为人民国家，则制造国魂之机器也。②

对任公来说，同时培养爱国心与自爱心，使群己兼顾，是未来中国所需要的“中国魂”中的重要组成部分，简单地说就是现代国民对国家的认同。

1902年任公再编辑《清议报》、《新民丛报》上他的文章，如《少年中国说》、《中国积弱溯源论》、《论国家思想》、《论进取冒险》等，加上伤心人（麦孟华，孺博，1874–1915）的《论中国今日当以竞争求和平》与《排外平议》两文，由上海冯镜如（1844–1913）所经营的广智书局出版，名为《中国魂》。这本书尤其凸显了任公“为故国招魂”的志向。在该书序文之中，任公说：这一本书是为了“舒中国之症结，凿中国之沌窍，延中国之血脉，提中国之精神。他日钗拿人雄飞大地，

① 梁启超，《国民十大元气论》，《饮冰室文集》（台北：台湾中华书局，1978），3：62。
② 梁启超，《自由书》（台北：中华书局，1979），页39。

即此其原动力也”，又说“乌呼！大和魂既翔于东方矣，中国如待招也。吾将起灵均于九原”。① 值得注意的是，此书中的“中国魂”一方面是以“新民德”为宗旨，因此包括《新民说》（如《论国家思想》、《论进取冒险》）上的文章，但也包括“开民智”的部分，亦即提供国民所需要的基本知识，如当时中国的人种、人数、宗教、地理状况、经济建设与对外关系等“中外大势”。

其后，1902—3 年在《新民说》，尤其是其中的《论尚武》一文，以及 1904 年在他所编辑的《中国之武士道》一书，任公又延续探索上述《中国魂安在乎》一文中所提出的问题。但这时他不再感叹中国缺乏武士道精神，他反而在中国传统之中找寻“尚武”精神的渊源。在《论尚武》一文，任公说“孔子固非专以懦缓为教者也，见义不为，谓之无勇，战阵无勇，斥为非孝，曷尝不以刚强剽劲耸发民气哉”。② 在《中国之武士道》的凡例中任公又表示：“武士道者，日本名词，日人所自称大和魂，即此物也，以其名雅驯，且含义甚渊浩，故用之”，“本编采集春秋战国以迄汉初，我先民之武德，足为子孙模范者，以列传体叙次之，加以论评，以发挥其精神”。任公并希望这一本书可以成为青年学子的教科书。③

任公强调尚武精神、武德的国民观念无疑地源于日本明治之后国家主义之国民观。他的想法不但受伯伦知理（Johann Caspar Bluntschli, 1808—1881）之启发，也受到以下观点之影响：中村正直（1832—1891）所译英国斯迈尔斯氏（Samuel Smiles, 1812—1904）所著《西国立志篇》（*Self-help : With Illustrations of Conduct and Perseverance*）、马君武所译弥尔（John. Stuart. Mill）《自由之理》（*On Liberty*），④ 以及日本以吉本襄、井上哲次郎、吉田松阴为代表的思想，亦即以阳明

① 饮冰室主人编辑，《序》，《中国魂》（上海：广智书局，1902）。“灵均”乃屈原。“钗拿”即中国，任公或许想避免使用“支那”。支那是源自古汉语的日本汉字词语，中国古代典籍中即有，如唐义净《南海寄归内法传》：“且如西国名大唐为支那者，直是其名，更无别义”，又见：《宋史》：“近闻支那国内有大明王，至圣至明，威力自在……伏愿支那皇帝福慧圆满，寿命延长”，作者感谢陈玮芬教授的提示。根据 Stefan Tanaka 的研究，甲午战争爆发后，日本人好用含贬义的“支那”一名，“表示中国是保守不能自拔的扰乱之区，与作为现代亚洲国家的日本形成鲜明对照”，见 Stefan Tanaka, *Japan's Orient: Rendering Pasts into History* (Berkeley: University of California Press, 1993), pp. 3–4. 孙隆基，《清季民族主义与黄帝崇拜之发明》，《历史研究》，2000 年第 3 期，页 79。任公或许想避免“支那”一称呼中的贬意。

② 梁启超，《新民说》（台北：中华书局，1978），页 112—113。此一观点受康有为启发，所谓“孔教乃强立主义，非文弱主义”，至少可以追溯到《论支那宗教改革》，《清议报》，期 20（1899 年），页 4 下。

③ 梁启超，《凡例》，《中国之武士道》（台北：中华书局，1978），页 1—2。

④ 郑匡民，《梁启超启蒙思想的东学背景》（上海：上海书店出版社，2003），页 102—121。

学“作为明治日本的国民道德之重要组成部分”等。[①] 他的国民观念不但强调国家认同的“形式的公民权”之层面，也具有重视国民应具有何种政治社会之权利的“实质的公民权”之层面。[②]

那么中国所需要铸造的国魂是否全由西方与日本引进呢？任公不以为然。诚如上述，对他来说中国所需要的爱国精神就是屈原、墨子与王阳明的精神。[③] 例如在谈国民的独立精神的时候，他说“独立者实行之谓也”，也就是实现王阳明所谓的“知行合一”。又如，他说独立也指奋斗不懈，其实就是儒家所谓的“舍我其谁”：

> 独立云者，日日以孤军冲突于重围之中者也。故能与旧风气战而终胜之。孔子曰，天下有道，丘不与易。孟子曰：当今之势，舍我其谁。独立之谓也，自助之谓也。[④]

由此可见任公借国民观念而铸造的中国魂，其中包含了来自西方、日本的文明精神，同时也包含了固有的精神资源，而两者之间可相辅相成。

在 1903 年之后，任公对阳明思想与墨子学说的反复探究，也都是为了挖掘中国固有精神资源，找寻源于传统文化的“元神真火”。在 1903 年自美返国之后，在他所撰写《新民说》中的《论私德》一文，提出正本、慎独、谨小等王学的德目，来铸造新民，正是《新民说》篇首所揭橥“采补”与“淬厉”并重的具体展现。[⑤] 接着在 1904 年的《子墨子学说》中梁氏则强调中国人有两个严重的缺点，一是自私自利，一是“命”的观念太强，因而不知自立自强，也缺乏西方冒险进取的精神。他觉得墨子的学说可以帮助国人解决这些问题。梁启超认为墨子以兼爱为中心的“利他主义”，可以帮助国人医治自私自利的毛病，了解到正确的群己关系。而墨家精神之中最让他感动的，就是由兼爱、明鬼观念而产生的“轻生死”、“忍苦痛”的精神，他认为“欲救今日之中国，舍墨学之忍苦痛则何以哉，舍墨学之轻生

---

① 狭间直树，《关于梁启超称颂‘王学’问题》，《历史研究》，1998 年第 5 期，页 40–46。

② 这是借用西方学者 Rogers Brubaker 所谓 formal citizenship 与 substantive citizenship 的区别。前者关心的焦点是国家认同的问题，后者则强调一个政治社群之成员所应享有之权利。引自沈松侨，《国权与民权：晚清的“国民”论述，1895–1911》，《“中研院”历史语言研究所集刊》，第 73 本第 4 分（2002），页 700。

③ 任公十分仰慕屈原，他在 1922 年曾于东南大学演讲“屈原研究”，其中便赞美屈原“光荣的自杀”，认为他的行为与作品“成就万劫不磨的生命，永远和我们相摩相荡”，梁启超，《饮冰室文集》（台北：中华书局，1983），39：67。

④ 梁启超，《国民十大元气论（一名文明之精神）》，《清议报》，期 33（1899 年），页 2 下。

⑤ 见本书《梁启超与儒家传统延续与断裂：以清末王学为中心之考察》。

死则何以哉”。[①] 对任公来说，墨子中的“轻生死”的想法，可以培养出像日本武士道那样勇于为国捐躯的精神。

在 1905 年出版的《德育鉴》任公进一步阐述以上的观点。他将日本武士道的精神归之于王学的影响，因此力主以王学为“救时之良药”，为国人“精神教育”的主要内涵。他说：

其维新以前所公认为造时事之豪杰，若中江藤树，若熊泽蕃山，若大盐后素，若吉田松阴，若西乡南洲，皆以王学式后辈，至今彼军人社会中，尤以王学为一种信仰。夫日本军人之价值，既已为世界所共推矣，而岂知其一点之精神教育，时我子王子赐之也。我辈今日求精神教育，舍此更有何物？[②]

总之，在《清议报》、《新民丛报》时期，任公努力地会通中西思想资源，以建构国魂、培养新民，希望借此能使国人屹然强力于天演界，而免于亡国与灭种的威胁。蒋介石有关阳明学的诸多想法和上述梁任公“新民”的志向是完全一致的。

2. 重视修身、治事一以贯之，而忽略本体

对任公而言，王学的意义主要在于建构国魂、培养新民，因此王学中他重视道德修养与外在事功的面向，而较为忽略本体论方面的哲学辩论。换言之，任公重视道德观念的现实效益。譬如说梁任公在《德育鉴》（1905）一书最早提出将“爱国”视为“良知”的观念。王泛森很敏锐地指出在《德育鉴》中，任公“巧妙地将理学工具化，并将原来宋明儒的价值的部分转换为对现代国家富强的追求”，其终极目标是“想养成爱国合群的现代公民”。所以对任公来说，“立志”是“立真志爱国”，而任公讲良知，也是以爱国为良知，“这是王阳明以来所不曾如此强调的”。[③] 我们毫不意外地在蒋介石的思想中也发现爱国就是良知的主张（166）。[④]

蒋介石与梁启超对于良知的相同诠释，并非偶然现象，而是代表王学在现代中

① 《饮冰室文集》,37:48。有关任公墨学与日本武士道及井上哲次郎的关系，请见末冈宏，《梁启超与日本的中国哲学研究》，狭间直树编，《梁启超·明治日本·西方：日本京都大学人文科学研究所共同研究报告》（北京：社会科学文献出版社，2001），页 172–173。

② 梁启超，《德育鉴》（台北：中华书局，1979），页 42。

③ 王泛森，《中国近代思想中的传统因素》，《学人》，辑 12（1997），页 14–17。

④ 蒋在《自述研究革命哲学经过的阶段》中说：“我们知道一个人都应该爱他的国家，应该为他的国家来牺牲。爱国家，为国家牺牲，都是个人良心上认为应该做的事情，这就是良知。……只要人人自问这一件事情是否应该以国家为前提，如果与国家有利，我们便应该牺牲去救国家；我们只要个个人照着自己良心上所认为应该做的事去做，则一切不好的动念，如个人的意见、私仇，都可以消除净尽，这就是致良知。中国能够个个人致良知，就可以消灭日本，拯救中国”。

国思想转型中的基本方向。清初以来许多学者都反省明朝灭亡的原因，而提出王学“好谈性理”，有放纵、空疏之蔽，颜李学派对实践的强调主要即是针对此一弊病。至晚清王学再兴，也跟着此一路向，再将之与现代国家的追寻结合在一起。梁任公的阳明思想之中，即重视修养、实践，而忽略本体（但绝非不谈本体）。任公不满意宋明理学有关阴阳、理气的说法。① 在节录《明儒学案》时，任公说：

> 明儒……其学说之一大部分，则又理也、气也、性也、命也、太极也、阴阳也，或探造物之原理，或语心体之现象。凡此皆所谓心的科学也，其于学道之功，本已无与。况吾辈苟欲，治此种科学则有今泰西最新之学说在，而诸儒所言，直刍狗之可耳。故以读科学书之心眼以读宋明语录，直谓之无一毫价值可也。②

由此可见任公已放弃了阴阳的宇宙观，而在某种程度上接受西方科学（如进化论、物理学、心理学）对宇宙、人生的看法。

但任公绝非一个科学主义者，他也没有完全放弃理学的本体论。在理学的理论之中，他接受王阳明“良知”的说法，认为“吾人心中一点灵明，便是真阳种子，原是生生不息之机”。③ 对王学左派“提挈本体太重，而几忘有致字”、“终日谈本体不说功夫，才拈功夫，便指为外道”，他则感到不满。④ 对王阳明之后所出现的左右两派，他同意每人因禀性不同，“无论从何门入，而皆可以至道”，但任公自己显然地较为偏向重功夫的一派：

> 致良知之教，本已盛水不漏，而学者受之，而往往学焉而得其性之所近。故王子记没，而门下支派生焉，纷纷论辨，几成聚讼。语其大别，不出两派：一曰趋重本体者（即注重良字）王龙溪、王心斋一派是也；一曰趋重功夫者（即注重致字）聂双江、罗念庵一派是也，要之皆王子之教也。……若启超则服膺双江、念庵派者。⑤

在忽略本体、强调功夫的同时，任公也肯定修身治事、内圣外王一以贯之的精神。这种“兼内外”的主张，其实是儒学传统的根本主张，无论程朱或陆王都高度肯定“经世”的重要性。尤其值得注意的是，任公（和蒋介石一样），非常推崇支

---

① 梁启超，《德育鉴》，页 73。
② 梁启超，《例言》，《节本明儒学案》（东京：新民社，1905），页 2。
③ 梁启超，《德育鉴》，页 30。
④ 梁启超，《德育鉴》，页 46、34。梁启超，《新民说》（台北：台湾中华书局，1978），页 140。
⑤ 梁启超，《德育鉴》，页 30。

持程朱学派的曾国藩、罗泽南（1807–1856）。[①] 曾国藩的思想其实与任公有不合之处，曾氏崇尚程朱的修养功夫，主张“居敬穷理”，“以仁为体，以礼为用”。他认为：一味地从“尽心养性”的道体上下工夫，已不周世用，“修齐治平”的功业唯有从研习古人“治礼”的实学上去努力，方为征实有效。[②] 曾氏继承清中叶以来凌廷堪（1757–1809）“以礼代理”的学术趋向，[③] 提出“理学即礼学”的纲领。相对于任公所采取尊孟抑荀的立场，曾氏大力推崇荀子“隆礼”思想。除了以上的差异，曾氏平息门户之争、重视经世致用，并成就具体之事功，尤其是平定太平天国之乱，挽救中国文化之沉沦，则与任公思想合拍，并深受任公肯定。在《新民说》与《德育鉴》中任公对曾国藩砥砺道德修养，并进而移风易俗，扭转时代风尚，成就伟大事业，赞誉有加。[④]

以上梁启超阳明学所具有的特点，在近代中国有持续性的影响力。近代知识分子如张君劢（1887–1969）、戴季陶（1891–1949）、牟宗三（1909–1995）等人在讨论中日阳明学时，均强调国人应效法日人，发挥阳明学中修身、治事一以贯之的实践精神、避免空谈心性，以成就生气凛然之国民性质。[⑤] 蒋介石的阳明学正是在此一思想脉络下所出现的。

三、蒋介石与日本阳明学：继承与批判

蒋介石对阳明学的推崇除了上述近代以来中国思想界在康有为、梁启超的提倡下，王学在沉寂多年之后再度复兴的线索之外，还涉及日本自明治维新以来阳明学说的兴起，成为推动国家改革的原动力的思想脉络。这两条线索有分有合，而如上所述，近代中国阳明学的兴起深受日本阳明学的激励。首先应指出的是“阳明学”

---

① 梁启超，《德育鉴》，页 102。

② 叶瑞昕，《从曾氏理学到梁氏心学——清末五十年间儒家伦理思想的传承与转化》，http://www.confucius2000.com/confucian/czslxdlsxx.htm。

③ 张寿安，《以礼代理：凌廷堪与清中叶儒学思想之转变》（台北：“中研院”近代史研究所，1994）。

④ 蒋介石也非常推崇曾国藩，曾多次在日记中节录其嘉言，以为借镜，如“以志帅气，以静制动”、“军事之要，必有所忍，乃能有所济；必有所舍，乃能有所全”等。见杨天石，《宋明道学与蒋介石早年修身——读蒋介石未刊日记》，页 57。

⑤ 戴季陶，《日本论》（台北：中央文物供应社，1954）；张君劢，《比较中日阳明学》（台北：台湾商务印书馆，1970）。牟宗三的想法见他为上述张君劢之书所写的《校后记》。

的名称即具有浓厚的日本背景。中国思想界在接受源于日本的“阳明学”之前，除了少数的例外，多用“王学”（或“陆王学派”）来指称王守仁思想及其遗绪，如李绂（1673–1750）被称为“陆王派之最后一人”。① 晚清之后中日思想交流日盛，“阳明学”才取代了“王学”，成为通用的语汇。

日本阳明学起源甚早，但在学术界获得较为重要的影响力要到德川宽政年间（1789–1801）之后，尤其在十九世纪末叶幕末维新之际，许多维新志士均为阳明学者或是阳明学的仰慕者，如吉田松阴、西乡隆盛等人。② 因此在日本思想界普遍地认为阳明学的“知行合一”与“致良知”是“明治维新的精神动力”。王阳明的作品与相关著作一直到战前，都是一般人所喜爱的读物。蒋介石到日本之后很快地就发现这个特点。下面他所说的一段话曾广泛地为人所引用：

当我早年留学日本的时候，不论在火车上、电车上或在渡轮上，凡是在旅行的时候，总看到许多日本人都在阅读王阳明《传习录》，且有很多人读了之后，就闭目静坐，似乎是在聚精会神，思索这个哲学的精义；特别是他海陆军官，对于阳明哲学，更是手不释卷的在那里拳拳服膺。后来到书坊去买书，发现关于王阳明的哲学的一类的书籍很多，有些还是我们国内所见不到的，我于是将阳明哲学有关的各种书籍，尽我所有的财力都买了来，不断的阅读研究，到了后来对于这个哲学真是有手之舞之、足之蹈之一种心领神驰的仰慕。……我从那个时候起就重视王阳明的学说，并且认为我们要革命，要救国，就必须奉行阳明学说。（1023–4）

蒋介石认为近代日本的成功有一个“枪炮以外无形的精神”（165）与哲学的基础，此一基础即是以阳明学说为根基的“大和魂”、“武士道”的立国精神。③ 他认为此一精神有三个重要的部分。第一、追求“道德、知识与文化”，建立一个客观的理想。④ 第二、重实践的精神，“笃实践履以促其实现”。第三、爱国精神，亦即“忠君爱国，尚侠好义”（181），尤其是能消除自私自利，团结一致，勇于“为国家牺牲”。这也配合他所说的“革命的人生观”，从“向上的”、“为他的”活动之

① 梁启超，《中国近三百年学术史》（台北：台湾中华书局，1983），页52。

② 朱谦之，《日本的古学及阳明学》（北京：人民出版社，2000），页209。

③ 蒋介石有关日本武士道源于阳明学的观察，是采取当时中日思想界通行的观点，此一看法也受到一些学者的质疑，不过不少学者都同意明治以后的武士道和阳明学有密切的关系。

④ 这一点和牟宗三的观察很类似，牟说：日本人“本阳明所说之良知与知行合一奔赴一客观之理想，此中含有超越之精神与积极身殉之精神以及至纯至简之艺术浪漫情调……此盖为中国人之所缺”。牟宗三，《校后记》，张君劢，《比较中日阳明学》，该文页1。

中，成就事业、完成自我。上述的一、二点即是“知行合一”，而第三点则是“致良知”。简单地说也就是“负责、服从、服务、牺牲、创造、守法”（75）。蒋介石一生反复地以日本的民族精神为榜样，企图医治国人“腐败、懒惰、麻木、颓唐、自私自利、偷生怕死、不肯牺牲、不爱国家、不知廉耻”（162）。他所推行的“新生活运动”、“中国文化复兴运动”，虽然也有其他的思想渊源（如基督教的背景），但无疑地都是以阳明哲学为其底蕴，希望借此建立一个有根、有本的现代国家。

然而蒋介石在称颂日本大和魂、武士道的同时，也看到日本立国精神的严重缺陷。这一个针对日本阳明学而提出的批判性的视野是其他近代中国思想家所少有的。蒋介石指出日本人“窃取王阳明的‘致良知’与‘知行合一’的哲学之唾余”（162），武士道只是“截我国儒道之余唾”，“中国旧货被他们偷去，成了他们的民族精神”（191），因此他们“只行王学一部分片段的哲学……而没有把中国全部分的哲学精神拿得去”（192），所成就的乃是侵略他人的“霸道”，而非纯正的“王道”。蒋介石强调这主要是因为日本人片面地承袭的是阳明思想中“动的哲学”，与“勇”的精神：

日本怎么会成功[为]一个侵略民族？因为日本没有中国固有的国民性，他仅在智仁勇的勇字方面努力，而中国儒教精神道德，所谓信义和平的要素，完全不讲；所以他只知道勇，而且只知道血气之勇，而不知道义理之勇；所以他虽学得了阳明动的哲学一片段，而其结果，充他的量，还是乱动盲动，陷入了一个动的大毛病，所以他就成了一个侵略的民族了。（192）

日本人在片面性地强调“勇”的时候，忽略了“仁”与“智”，因而走入歧途：

“仁”性是我们军人精神的基本，亦是我们中国一切固有道德的一个中心……如果没有“仁”，一切的精神和道德，就不能整个的连贯起来，完成高尚纯洁圆满无缺的人格与至大至刚的气节；因为道本惟一，德必求全，一有偏缺，必至走入歧途，得此失彼。他们日本人不知这个道理，亦未认识我们中国全部的固有道德，所以他们的武士道将中国固有道德最中心最基本的一点即“智仁勇”的“仁”字完全丢掉了。（277–8）

蒋介石对日本阳明学的批判实为一针见血之论。德川时代日本阳明学者所讨论的核心议题主要是“忠”与“孝”，及其相互关系，他们提出“忠本孝之一端”，来解决忠孝义理上的冲突，至幕末的水户学发展出“忠孝一体”的思维，成为明治维新的建国原理。此一倾向尤其表现在武家的文献上，几乎在所有的武家的家训或遗书之中，都只讨论到“忠孝”，而不谈“仁”。总之，源于阳明思想的日本武士道精神所具有的修己治人、成己成物、体用兼备的责任感，这与中国儒者是相同的，但是他们将“忠”作为一切道德的判准，并且将“忠”奠定在本土神道的宗教意识之上，因而将“尊皇”视为一绝对价值，此一想法则与中国儒者对“仁”与“从道不从君”的重视，形成明显的对比。①

在批判日本武士道的偏失之后，蒋介石认为中国军人应恢复以“仁”为中心的武德，也就是“智信仁勇严”，以及“即知即行”的“力行主义”，才能够抵抗外侮、复兴民族。1934年蒋介石在对庐山军官训练团演讲“抵御外侮与民族复兴”，他就特别强调以“固有的武德”与“文明的三民主义”来打破日本武士道与侵略的帝国主义（256）。

蒋介石对日本阳明学，以及侵略他人之帝国主义的批判，和他对社会达尔文主义的反省也有密切的关系。1931年他谈到自己思想上所经历的一个重要变化，亦即以大学、中庸之道以及孔子与王阳明的学说，来代替“弱肉强食”的信念：

> 我起初研究哲学的时候，很相信“弱肉强食优胜劣败”的道理。我有一次就将这两句话请总理写一副对联。殊不知总理搁了两星期总不愿写，到两星期以后，他把我叫去，却写了另外八个字送给我，这八个字，就是“大道之行，天下为公”，……他说我们中国自有很好的伦理哲学，和很好的政治哲学，“弱肉强食优胜劣败”的哲学，乃是现代西方人所崇尚的哲学，弄不好，就是很危险的思想。（171）

总之，过去的学者都注意到蒋介石思想继承日本阳明学的部分，而忽略了他对日本阳明学，不但有继承，也有批判：他一方面肯定日本阳明学以“动的哲学”鼓舞士气，因而“能发生一种真实的力量”，“完成了……转弱为强之维新的大业”（275），另一方面也强调大和魂之中“勇而不仁”、“偏颇不全”，因而使日本成为侵略他人的帝国主义国家。蒋介石对日本阳明学的批判实际上是植根于“尊王黜霸”的中国儒学传统，以及他对日本帝国主义的警觉。其他中国近代思想家，虽然也有人看到日本阳明学的缺陷，例如张君劢说日本阳明学者“不长于精微高远之理论”；朱谦之说日本阳明学“为科学世界观成立以前的哲学产物，故均不免有其局限性”，

---

① 参见张昆将，《德川日本“忠”“孝”概念的形成与发展——以兵学与阳明学为中心》（台北：喜玛拉雅研究发展基金会，2003）。

而且它又“与日本固有的神道思想结合，最后变成反动的思想体系之一”。① 但是无论就批判观点的提出时间，或是批判内容的广度与深度来说，蒋介石都超过其他的学者。

四、结语

蒋介石之子蒋经国（1910–1988）在《风雨中的宁静》中反复思索为何其父能“忍辱负重、克渡难关、英明果断、转危为安……‘四面受敌，却不被困住；心里作难，都不至失望’……这种强大无比的革命力量，到底发源在那里？”蒋经国认为主要出于“救人救国救世的至诚之心”，而其基础不但是《荒漠甘泉》中以基督教信仰为基础的灵性修养，也包括“中国哲学思想……就是要从人的自然生命活动中，发现其崇高的道德价值，以有别于禽兽，以摄理万物”。②

蒋经国将基督教信仰与中国哲学视为蒋介石革命精神之基础，无疑是正确的。但诚如前述，蒋介石革命精神的源头，包括了传统儒家思想、日本留学经验、孙中山革命理论与基督教信仰，而其中最具影响力者，笔者认为与其说是基督教信仰，还不如说是儒家思想，而其中的阳明思想尤其帮助他“坚志养气，存心养性，不愧不怍，不忧不惧”，而且中国“天人合一”、“心物一体”的哲学传统，也使他能够统摄了儒家与基督教。③

过去许多学者都注意到阳明思想对蒋介石道德、事业的影响，然而却因政治立场的差异，造成截然不同的评价。本文的焦点主要在描写与分析，作者企图澄清两条思想史的线索。第一条线索是蒋介石与近代中国调适传统的关系。作者认为蒋介石的思想主轴源自近代中国以梁启超思想为代表的调适传统。虽梁启超基本上是在野的知识分子，而蒋介石是在朝的政治人物，然无论是以阳明思想铸造“国魂”、培养新民，或是在王学之中重视修身功夫（尤其将爱国当作“良知”中很重要的部分），以及修身、治事一以贯之，而较忽略本体论等方面，蒋介石都与梁启超的观点是很类似的。

---

① 张君劢，《比较中日阳明学》，页 89。朱谦之，《日本的古学及阳明学》，页 382–383。

② 蒋经国，《风雨中的宁静》（台北：黎明文化事业公司，1974），页 4。

③ 蒋经国，《风雨中的宁静》，页 31。

第二条线索是蒋介石与日本阳明学的关联。拙文认为日本阳明学对蒋介石的励志修身与民族思想均有所启发，尤其是使他一方面“存心养性”、“立志安命”，另一方面注意到如何以“致良知”与“知行合一”的哲学传统，鼓动尚武、爱国的精神，以再铸国魂。然而他也注意到受到阳明思想影响的日本武士道精神中，有“勇而不仁”的严重缺失，因而使日本走向侵略他国的帝国主义的道路，他乃呼吁国人要以固有的以“仁”为中心的“武德”抵抗“武士道”。

总之，蒋介石的阳明学正是上述两条思想线索交织而产生的。他的阳明学对中、日双方的思想传统来说，有所继承，亦有所创新，因此他不失为一个具有独创见解的思想家。此一思想经验显示：一、阳明思想对蒋介石来说具有在修身与治事的终极价值，帮助他面对困境，也帮助他设计一个反共的、结合固有精神资源、资本主义、民主政治的国家体制，此一道德与政治理想和新儒家的观点是比较配合的，因而成为今日台湾文化的重要基础。二、不容讳言，蒋介石的阳明思想亦有其局限性，不但没有产生重大的回响。而且在思想内涵上仍代表传统内圣外王思想的延续，蒋氏仍然乐观地以为内圣可以直通外王，而不够意识到后来牟宗三与余英时所思考的议题，例如在现代社会中内圣如何以“曲通”的方式开出“新外王”，或内圣可否开出外王等问题。① 三、蒋介石的阳明学是近代阳明思想在东亚发展的一个环节，也彰显了中日两国对同一思想传承的不同诠释。从蒋介石的思想经历来看，日本因素对中国近代思想变化无疑地有重要的影响，但深受日本影响的中国思想家们却几乎都走出不同的思想方向，中日之间文化交流似乎印证了杭廷顿（Samuel P. Huntington, 1927–2008）所强调的文化差异，以及文化差异与国际冲突之关联。在21世纪，中日之间的文化差异或许还是难以避免的，但如何减少因文化差异所可能造成的国际冲突，仍值得深思。

① 牟宗三,《政道与治道》（台北：台湾学生书局,1980）；余英时,《现代儒学论》（上海：上海人民出版社，1998），余英时，《宋明理学与政治文化》（台北：允晨文化有限公司，2004）。

蒋介石与梁启超

一、前　言

军人出身的蒋介石（1887–1975）是一位具有浓厚帝王性格的政治强人，一生在政治上起起伏伏，在此一过程中他与知识分子的关系如何？本系列研究拟透过日记、来往书信、文章与档案等史料，以不同的个案来探讨他对知识分子的评估、及与各类知识分子之间的互动。民国年间中国思想界有四种主流的意识形态，分别为：三民主义、马克思主义、自由主义与新儒家思想。这四种意识型态也分别对应于四类的知识分子。蒋介石支持并重用倾向三民主义与新儒家思想的知识分子，笼络与争取自由主义者，同时批判“左倾”的知识分子。本文的焦点则是放在蒋介石与梁启超（1873–1929）之间的关系，探讨作为清末民初启蒙思想家、立宪运动的推动者与新儒家重要源头的梁启超，对于蒋介石所产生的影响。

蒋介石与梁启超之间并无私人之间的交往，且分属不同的政治势力：梁启超是清末改革派、民初研究系的首脑与进步党的党魁；蒋介石则一直是革命派与国民党的忠贞党员。① 不过，两人在思想倾向上则十分类似，尤其在肯定儒学、反对共产

① 有关清末民国时这两股势力的对立，在1917年日本人对中国政党的考察报告中有清楚的描写，文中指出：“国民党与进步党具不可思议之逆命，前清时代则有保皇党同盟会之对峙，前者采君主立宪主义后者采民主立宪。国体变更后，前者为进步党后者为国民党；现在有宪法研究会与宪法商榷会之对立。关于宪法问题，商榷会主张二院制、省长民选及省制规定，研究会主张一院制而对于其他亦有反对之主张云”，1917 年 11 月 29 日《日人之中国政党观》，重庆《商务日报》，转引自彭鹏，《研究系与五四新文化运动》（广州：中山大学出版社，2003），页 2–3。有关民初国民党与进步党的详细比较与相互之间的竞争与冲突，请参见张朋园，《梁启超与民国政治》（台北：“中研院”近代史研究所，2006），页 25–58 ；张玉法，《民国初年的政党》（台北：“中研院”近代史研究所，1985）。

主义、唯物主义，与主张文武合一等方面有共识。这也使得梁启超成为蒋介石极为欣赏并少有批评的一位近代人物。本文拟以两个主题为主轴：一、以现藏国史馆的“学记初稿”卷1–32，探讨1943年12月之前蒋介石的读书生涯与“文人”角色的自我认同；① 二、以蒋氏读书生涯为背景，描述蒋介石对梁启超思想认识的过程，并分析其对蒋介石思想发展与治国构想的影响。

二、蒋介石的读书生涯、文人认同与思想倾向

蒋介石的专业是军事，他在日本读书时所学的内容与毕生所成就的事业都与军事有密切的关系。不过，他绝非一介武夫，而是对于读书有非常浓厚的兴趣，甚至可说是具有“文武合一”的人生理想。从他的传记资料可见，蒋介石一辈子都醉心于读书，他自幼即在顾清廉的教导下阅读“经子史传、许氏说文及宋儒理学”。② 成年之后，他一直有阅读的习惯，不但在家中读书，也喜欢在旅行时读书。例如：他曾在车上、军舰上读《史记》与《明儒学案》，在车上看《新土耳其史》；1942年访问印度时，读《宋元学案》（1942.2.9）；1943年去埃及参加开罗会议时读的则是梁启超的作品（1943.11.28）。最有趣的是1927年11月，他到日本有马（温泉名胜）旅行，竟然连续几日皆醉心于日本史的阅读。回国之后，“十一月十日，自日本回到上海，连日布置与宋美龄女士结婚事。二十六日，亲至商务印书馆，购买书籍，以供度蜜月期间共读。”由此可见，对他来说，情人之间在最浪漫的时间所做的最浪漫的事竟然是“共读”。③

蒋介石多次提及“开卷有益”（1932.2.19），担忧“不看书，不勤勉，祸将及身”（1928.6.8）；“今日未看书，何以革命也”（1928.9.3）；“无暇读书最可畏”

---

① 该档案为：国史馆藏，“蒋介石总统文物 学记初稿（一至三十二）”，档号：002060200011001–002060200013008。作者感谢许秀孟小姐协助搜集此一史料。

② 参见“学记初稿”卷1。

③ 以往对于蒋、宋的结合多认为这是一桩“政治婚姻”，权力考量优先，爱情只是其次。例如 Laura Tyson Li, *Madame Chiang Kai-shek: China's Eternal First Lady* (New York : Atlantic Monthly Press, 2006) 即持此一看法。不过随着“蒋介石日记”的公布，这种说法已受质疑，如“共读”一事应可显示蒋、宋之间存在着以知性为基础的浓厚爱情。有关两人之间浓厚的爱情，可参考邵铭煌最近的研究：《蒋中正的爱与恨》，《蒋介石的亲情爱情与友情》（台北：时报文化出版，2011），页45–66。此外，两人共同的宗教信仰，也是心灵契合的重要因素。

(1929.9.10)。北伐期间发生济南惨案，因军事紧急而无暇读书，对此他深感悔恨，而发誓之后每天至少都要读十页书：

> 五月九日，公自督师北伐，军事紧急，及济南惨案发生，尤益忙逼，无暇看书，至是思研究学问，实为雪耻要道，乃自誓曰：以后每日必看书十页；如或间断，是忘仇无耻之人矣！（1928.5.9）

而因病不能读书，则是他深感怨恨的。1935 年 6 月 3 日，他说："近日以目疾，不能看书，恨甚！"

蒋介石那么迫切地想要读书是出于一种对读书价值的特殊看法。对他来说，读书可以促进"智德进步"(1933.5.14)，可以养心、收放心、雪耻、革命，与了解人情物理等。对他而言，学问是事业的根本，甚至可以说是影响"生死成败"的关键因素。这一种以读书来追求道德的提升与知识的开拓，是一种植根于传统的看法，即是传统思想中所讨论的"尊德行"与"道问学"。在这方面，梁启超也有完全相同的观点。① 就此而言，蒋介石具有一种源于传统文人或读书人的自我认同。不过由于他同时也是一个军人，因此也非常鼓励军人应多读书。1926 年 1 月 14 日，他告诫黄埔军校第三期毕业生："各位毕业以后，要知学问无穷，除随时研究典范令教程等书外，又须注重政治学、经济学，不精政治学、经济学，军事学虽好，终究为他人机械！现时代之人，要知现时代道理，否则，就是过死之人，与死人何异？"在检阅军队时，他说："军人第一宜多读书，始能了解三民主义，为党国服务；否则，一无所知，与从前腐化之军队何异？"(1928.9.3)

蒋介石本身即以身作则，广泛地阅读各类书籍。他发现读书常会"随看随忘"，这时只有持之以恒（1942.10.31）方能对治。为了加强阅读的效果，蒋介石读书时有做笔记的习惯，他会将书中精华的句子摘录下来。在这方面他深受曾国藩（1811–1872）影响，1924 年 5 月，他告诫蒋纬国（1916–1997），"写字宜清楚，不可潦草糊涂，用墨不可有过涝、过淡之病！抄写文章，须先读过了解，然后着手抄写，才有益处！曾文正所谓办事、读书、写字，皆要眼到、心到、口到、手到、耳到，五者齐来，方能做好。"因此，日记对蒋介石来说，其中的一个功能就是誊录、整理读书笔记，而且他会将以往的日记取出阅读，用以温故知新、加强记忆。1933 年 4

---

① 黄克武,《一个被放弃的选择：梁启超调适思想之研究》(台北：中央研究院近代史研究所,2006)，页 101–102。

月 15 日，他说“近来连日看往年日记，颇觉有益”。

他所阅读的内容相当广泛，包括语文以及中西学术。在语文方面，他学过日文、德文、俄文与英文。其中，尤其强调英文的重要性，曾鼓励其子蒋经国（1910–1988）与蒋纬国在英文方面应勤习精通、随时熟习、多记名词，以为作文秘诀（1922–23）。

在西学方面，蒋介石非常热心地吸收新知。1919 年五四运动开始，他便立刻阅读了《新潮》、《新青年》与《东方杂志》等启蒙报刊。此外，这一年他所阅读的书还包括：“《政治学大纲》、《军事常识》、《日本军事学》、《俄国革命记》、孟舍路著《经济学原论》、津村秀松著《国民经济学原论》、《新村记》、《易卜生记》、《鄂尔斯泰人生观》、《欧洲地图》、《大演习战况地图》”。如果将以上书目仔细地加以分类的话，蒋介石所读的西学方面的书籍包括：军事科学（如情报学、碉堡学）、社会科学（政治学、经济学、社会学、马克思学说）、哲学与宗教（如黑格尔哲学、《圣经》）、①西方史地、以及文学作品（如福尔摩斯侦探案）。②其中，有关宗教与哲学的书刊，对认识蒋介石思想有非常重要的意义。例如 1941 年 1 月 12 日，他曾记载：“反省去年对于真我之根源，与太极之内容，自觉略有领会。而人生对于宗教信仰之关系，使我内心渐能升华，惜尚未深入于自得之域耳。此于富司迪氏所著之《信仰的意义》、鲁一士所著之《黑格尔学述》二书，实助我宗教与哲学之研究，其功其大也。”上述两本书、一为富司迪（Harry Emerson Fosdick, 1878–1969）所撰《信仰的意义》（*Meaning of Faith*），一为鲁一士（Josiah Royce, 1855–1916）著、贺麟所译的一本有关黑格尔思想的论文集。③

从上述对于西学的广泛涉猎，可见蒋介石绝对可以算是一个受五四新文化运动洗礼的“新青年”。不过蒋介石与许多“新青年”有不同之处有二，一方面他有浓厚的宗教信仰，另一方面则是他对传统典籍与儒家价值有着很深的挚爱。换言之，他并不接受在五四青年之间颇为流行的科学主义（scientism）和反传统思想。同时，他对马克思学说的兴趣也不那么浓厚。1923 年他开始接触到马克思学说时，即感

---

① 蒋介石认为哲学与宗教不可分离。他说：“哲学之源，皆发于宗教，无宗教，即无哲学，除非人类可不需哲学，否则，如人生于哲学不能须臾离，即宗教于世界亦不能一日废，故吾视宗教与哲学，不能分离者也。”（1937.4.7）

② 值得注意的是蒋介石对自然科学并不很感兴趣，他仅阅读和军事有关的科学书籍。

③ 见本书《蒋介石与贺麟》一文。

觉到“看其上半部，颇厌倦欲中辍”。[①] 他也不喜欢列宁（Vladimir Ilyich Lenin, 1870—1924），而比较欣赏印度诺贝尔文学奖得主泰戈尔（蒋用的译名是太戈儿）。1925 年 11 月 11 日，看《列宁丛书》，12 日，看《太戈儿传》，蒋介石感到：“太戈儿以无限与不朽为人生观之基点，又以爱与快乐为宇宙活动之意义；而列宁则以权力与斗争为世界革命之手段，一唯心，一唯物，以哲学言，则吾重精神也。”蒋介石后来在民主、科学之外提出伦理，强调精神面、反唯物论，又坚持反共，从他早期读书的内容中即可看出其端倪。

在中学方面，蒋介石阅读的范围更为广阔，包括传统的经典之学，其中儒家经典四书、五经均深受蒋介石所喜爱。先秦典籍中他特别喜欢《大学》、《中庸》、《孟子》、《孝经》；其中《孝经》尤为重要。他在 1934 年 5 月 13 日里写道：“晚诵《孝经》立身行道，扬名于后世，以显父母，孝之终也”；6 月 14 日，为其母王太夫人忌辰，他手写《孝经》开宗明义章，曰：“甚思遗留后人，使其孝弟立业，以补吾过也。”[②]1937 年 2 月 11 日，在温读《孝经》之后，他记下：“立身行道，扬名于后世，以显父母，孝之终也。”1943 年 7 月 4 日，“本周诵读《孝经》，更有心得，可见经书在晚年诵读，更能领会圣人作书之要旨也。”蒋介石对孝悌等传统德行的强调，显示他与批判传统伦理道德的五四知识分子在思想倾向上有显著的不同。[③]

在中国近世的作品方面，他则爱读《宋元学案》、《明儒学案》，当然还包括大家所熟知的王阳明（1472—1529）、王夫之（1619—1692）、曾国藩、胡林翼（1812—1861），与孙中山（1866—1925）等人的作品。在这方面的阅读经验与他接触梁启超著作的关系很密切，下文将做较仔细的讨论。在政法书籍方面，蒋介石喜读《孙子》、《管子》。前者帮助他思索如何在军事上对付“赤匪”、“倭俄”；后者则是他了解政治学的重要泉源。他至少从 1924 年就开始读《管子》，1932 年 4 月又读此书；[④] 他说此书“乃穷古今政治学之精理”（1934.2.17）、“学政者，不读《管子》，而惟新书是求，未见其能有成也”（1934.2.17）。饶富意义的是 1934 年，他在南昌

① 1923 年时，蒋介石反复阅读马克思学说后，一度亦曾“领略真味”，接受了某些影响。见杨天石，《从蒋介石日记看他的早年思想》，《杨天石文集》（上海：上海辞书出版社，2005），页 261。

② 国史馆编，《蒋中正总统档案：事略稿本》（台北：国史馆，2006），册 26，页 310。

③ 有关五四知识分子如吴虞、陈独秀对“孝”的大肆批评，提出“万恶孝为首”，并主张忠孝的连结成为专制之基础，见 Tse-tsung Chow, *The May Fourth Movement* (Stanford: Stanford University Press, 1960), pp. 304–305.

④ 国史馆编，《蒋中正总统档案：事略稿本》（台北：国史馆，2004），册 14，页 123、206。

推行新生活运动，这一年他从2月12日起看《管子》，而且连续两个多月至4月30日，几乎每一天都在看这本书，甚至在3月9日完成《管子新诂》一书。①两天之后，他在新生活运动市民大会演讲“愿人人力行新生活”，强调“礼义廉耻”。4月9日他又有《礼义廉耻的精义》一文，全面阐述他对此一口号的看法。许多学者指出，新生活运动的概念与蒋介石的儒家背景、日本留学经验、基督教信仰与法西斯主义有关，然而，不容忽略的是“礼义廉耻”的口号乃直接源自于《管子》。②新生活运动与管子思想之关联性，值得进一步探究。

蒋介石也喜读传统人物的传记与文集。1930年代时他最爱读《王荆公集》、《张居正评传》，与魏源（1794–1586）记叙清朝开国以来平定边疆动乱军事史的《圣武记》。1935年5月的反省录之中，他表示，“看《张居正详传》完，得益无穷。看《王荆公集》完，益思改革社会、经济、军事之急迫也。”王安石（1021–1086）与张居正（1525–1582）是宋明时代两位推行大规模改革措施的政治家。关于王安石，他说：“荆公之征工制，应防制，可世（疑为试）参考也”（1935.5.14）；“青苗、均输、市易、募役、农田水利、方田均税，是皆余今日所欲求行者，恨不早读荆公之书”（1935.5.15），又说：“预定令各省主席厅长，研究荆公新法之利弊”，“荆公截（疑为裁）兵之计画与决心，诚可佩也！”（1935.5.16）这些都反映出蒋介石有心效法王安石，具有推行全面改革之气魄。③对于晚明推行“一条鞭法”之赋税改革的张居正，他更是深有所感，觉得两人有类似的命运。④他说：看《张江陵详传》“甚有所感也”，“张居正云：当大过之时，为大过之事，未免有刚过之痛”（1935.4.27）；“看《张江陵详传》，江陵之气节才情与时遇，不禁有古今同辙之慨也”；“张居正云：‘综核名实，披剔隐奸，推毂善良，摧抑浮竞。’”（1935.4.28）

---

① 国史馆编，《蒋中正总统档案：事略稿本》（台北：国史馆，2006），册25，页103。

② 《管子·牧民》：“何谓四维？一曰礼；二曰义；三曰廉；四曰耻。”

③ 王安石变法失败之后受到许多批评，南宋以后他成为北宋亡国的“元凶”，并在元代所修的《宋史》中此一“元凶”角色成为官方的定论。在魏源所编的《皇朝经世文编》（1826）中仍明显地反对王安石式的激烈变革。近代对王安石的平反源于清代颜元、龚自珍等人，梁任公则是在《王荆公》（1908）一书中誉之为“三代以下唯一完人”、“大政治家”。蒋介石对王安石的态度与梁任公也很类似。参见梁启超，《王荆公》（台北：台湾中华书局，1966）。黄克武，《〈皇朝经世文编〉学术、治体部分思想之分析》（台北：台湾师范大学历史研究所硕士论文，1985）。

④ 梁启超也十分肯定张居正，1911年他所撰写《中国六大政治家》（上海：广智书局，1911）中认为近代中国之衰败唯有崇尚法治，始得振衰起隳、富国强兵。书中被称为六大政治家的是：管仲、商鞅、诸葛亮、李德裕、王安石、张居正。

1935 年 4 月 29 日，则记曰："张居正云：'使吾为刽子手，吾亦不离法场而证菩提。'" 1936 年 2 月 4 日，"本日开行政会议时，劝各部长，读《张居正详传》"①。1939 年 1 月 7 日，他亦指定干部看《王安石集》与《张居正集》。

如果说对于王安石与张居正的推崇透露出蒋介石政经改革之企望，那么《圣武记》则表现出蒋介石希冀平定内乱、开拓边疆，捍卫国土的志向。1928 年 8 月 21 日读《圣武记》；②11 月他又连续几日阅读该书，并记下："11 月 10 日，自蚌埠往徐州，车中看《圣武记》，自是连日看之"。13 日，在海州车站，看至第一册完，曰："余心甚有感也。" 15 日，往兖州，车中看至吴三桂败亡，曰："可笑！尤若耻也！" 16 日，在兖州，看至第二册完，曰："前清对于藩镇与封建制，似较历朝为胜。观于此，可知立国之难，与驾驭之艰，足为鉴哉！" 同年 12 月 29 日、1929 年 1 月 24 日、5 月 27、30 日、6 月 7 日与 1935 年 6 月 21 日，他又再次阅读《圣武记》。蒋介石不但对《圣武记》感兴趣，对于清代开国制度、政治与外交史等方面，也有很强的求知欲。1930 年一月初，蒋介石列出今年应读书籍，其中有东北大学教授萧一山（1902–1978）所著《清代通史》一书，该年十二月底，他连续好几天都在阅读《清代通史》(1930.12.20–24)。1934 年 5 月 21 日，他进一步地请萧一山为他规划一个十五天的清史课程，来增加对此一方面的认识。③

从蒋介石的成长经历可见，他无疑地曾是一个热衷新知的五四青年，从他所阅读过的各类书刊可以了解他吸纳西方知识的范畴，这方面的熏陶使他和许多新青年一样，肯定爱国主义与民主、科学；然而，另一方面，他亦受到传统思想的影响，他喜爱阅读古书，受到王阳明、曾国藩、梁启超、孙中山等人之启迪，因而肯定儒家传统，并强调伦理价值；同时，他欣赏王安石、张居正的改革气魄、与魏源《圣武记》中平定内乱、开拓边疆的志节。后来蒋介石在台湾推行中国文化复兴运动，提出建设伦理、民主与科学并重的现代国家，做为反共复国之基础，无疑是奠基于他长期以来对于中西典籍广泛与深入的阅读。

---

① 蒋介石所阅读的书很可能是青年党领袖陈启天（翊林）(1893–1984) 所撰《张居正评传》(上海：中华书局，1934)，该书阐扬张居正的种种优点，对张居正的缺点则多半都不提，张居正在他笔下几乎是一个完人。这无疑地源于陈启天提倡国家主义，并对法家人物之提倡改革以富国强兵特别赞扬。见徐泓，《民国六十年间的明史研究：以政治、社会、经济史研究为主（下）》，《明代研究》，期 14（2010），页 141–162。

② 国史馆编，《蒋中正总统档案：事略稿本》（台北：国史馆，2003），册 2。

③ 国史馆编，《蒋中正总统档案：事略稿本》，册 26，页 163、184。

在推行中国文化复兴运动时，他说："三民主义的实践运动，即要在人本精神的基础上，致力于伦理、民主和科学的现代化国家建设。时代的经验已经教训我们，如果脱离了人本精神和伦理观念，仅仅民主与科学实不足以建设现代化的健全轨道，而且很容易走到放任与机械的歧途上去"。① 对他来说，伦理、民主与科学不但是中国文化的基础，结合了固有的"尽己之性"、"尽人之性"与"尽物之性"，也是孙中山先生三民主义的本质，结合起来即是蒋介石"国家建构"（state-building）之思想核心。简单地说，蒋介石的思想环绕着伦理、民主、科学、爱国、与反共等主轴，他对知识分子的评断、以及他与不同知识分子间的亲和与背离，和他本身思想倾向有密切的关系。他对梁启超的欣赏即直接源于这样的思想倾向。

三、蒋介石与梁启超

1929 年 1 月 19 日梁启超在北京协和医院病逝。在梁启超过世之前，蒋介石对他没有太深刻的印象，两人之间并无直接的交往。任公逝世之后蔡元培（1868–1940）、蒋梦麟（1886–1964）曾建议国民政府予以褒扬与抚恤。1 月 23 日由蒋介石主持的中国国民党中央执行委员会政治会议第 172 次会议，曾就此事加以讨论。会中胡汉民（1879–1936）与孔祥熙（1880–1967）表示强烈反对，后来蒋介石接受陈果夫（1892–1951）的建议由提案人撤案，褒扬梁启超的案子最后未能通过。（附录：中国国民党中央执行委员会政治会议第一七二次会议速纪录）无论如何，此时蒋介石对褒扬梁启超一事显然并不热衷。②

在梁启超的文字中提及蒋介石之处亦不多见。其中最直接的几次是 1927 年清党前后他所写的家书，信中一方面肯定蒋介石清共的努力，认为共党势力坐大将使

① 蒋介石，《国父一百晋一诞辰暨中山楼落成纪念文》（1966），收入《中华文化之复兴》（台北：教育部文化局，1972），页 1–6。

② 中国国民党"中执会政治会议第一七二次会议速记录"，党史馆藏，档号：00.1/114。1929 年梁病逝时曾有许多人建议给予褒扬，胡适也致电请予优恤。在上述的会议中，蔡元培与蒋梦麟提出优恤梁启超的议案，不过遭到中央"各要人"的反对，其中包括胡汉民，他说"盖梁启超不可不谓为反革命，生前不但反对本党，且反对国民革命，及其晚年，走入军阀段氏旗帜之下，其政治生命全以反革命为归宿，吾人不能恕其反革命之行为，而褒奖其学术也。"总之，与会者认为梁启超是研究系的首领，而研究系一向对国民党并不友善亦不认识"本党党义"，因此予以否决，议案遂被搁置。媒体报导见《大公报》，1929 年 2 月 8 日，第 3 版。亦可参考安淑平、王长生，《蒋介石诔辞说屑》（台北：传记文学，2009），页 277。张晓唯，《蔡元培、梁启超的"有限合作"》，《书屋月刊》，2008 年第 8 期，页 52。

生灵涂炭，同时也对蒋所采取血腥的手段，以及他与军阀勾结感到痛心。1927 年 3 月 31 日，任公写道：

这几天上海、南京消息想早已知道。南京事件真相如何，连我也未十分明白……蒋介石非共产党，现已十分证明，然而他们压制共党之能力如何，恐怕连他们自己也不敢相信。现在上海正在两派肉搏混斗中，形势异常惨淡，若共党派胜利，全国人真不知死所了。①

1927 年 5 月 5 日，也就是在国民党 412 清党之后，他再次写信给儿女们。信中说道：

自黄埔军官成立以来，只有共产党的活动，近来蒋介石们不堪共产党的压迫，已经翻过脸，宣言“讨赤”，而且残杀的程度比北方利害多少倍。同时共产党势力范围内也天天残杀右派。（前面那几张纸都是十天以前陆续写的，现在情形天天剧变，很有些成了废话了。）据各方面的报告，最近三个礼拜内双方党人杀党人——明杀暗杀合计——差不多一万人送掉了，中间多半是纯洁的青年。可怜这些人糊里糊涂死了，连自己也报不出帐，一般良民之入枉死城者，更不用说了。尤可骇怪者，他们自左右派火拼以来，各各分头去勾结北方军阀：蒋介石勾孙传芳（1885–1935），唐生智（1889–1970）勾吴佩孚（1874–1939）（都是千真万确的事实），双方又都勾结张作霖。北军阀固然不要脸，南党阀也还像个人吗？②

在思想上，梁启超反对共产主义，同时对国民党（包括蒋介石）也没有好感。③这时许多人都希望任公能出面，“这些人想在我的统率之下，成一种大同盟”。④然而，任公本身却痛恨政党生活，而且他不相信在当时的情况之下，代议制与政党制有办法拯救中国。他想做的是以他所开出的“药方”来避免青年们误将共产主义的“毒药”视为“良方”。虽然，梁任公私下的言论并未造成太大的影响，不过却可以反映出他对蒋介石的看法。简单地说，任公不很欣赏蒋介石，不过在反共方面，他与蒋介石是有共识的。

除了反共立场一致之外，蒋介石的思想与梁启超所开创的中国近代以来调适思想的传统，也有很强的亲和性。笔者曾从中国近代阳明学的发展，来观察蒋介石与

---

① 丁文江、赵丰田编，《梁启超年谱长编》（上海：上海人民出版社，2009），页 723–724。

② 丁文江、赵丰田编，《梁启超年谱长编》，页 728。

③ 有关梁启超的反共思想，见张朋园，《梁启超与民国政治》，页 190–200。亦见沈云龙，《两位反共的先驱——梁任公与曾慕韩》，收入《民国史事与人物论丛》（台北：传记文学出版社，1981），页 167–180。

④ 丁文江、赵丰田编，《梁启超年谱长编》，页 728。

梁启超在思想史上的连续性。拙文指出：蒋介石的阳明学延续中国近代思想史上自梁启超所开创的“调适传统”，希望仿效日本“大和魂”、“武士道”，塑造“中国魂”。任公主张以继往开来的精神，尤其是以阳明思想为中心的尚武精神、“致良知”、“知行合一”等理念，建立具有中国固有道德为基础的现代国民，以抵抗谭嗣同以来的“转化传统”，如激烈的革命思想与五四以来反传统浪潮。任公在1902年所编著的《中国魂》，其后所出版的《中国之武士道》（1904）、《节本明儒学案》（1095）、《德育鉴》（1905）与《松阴文钞》（1906），均为此一精神的展现。①

梁启超的调适思想和蒋介石的想法直接相关者有以下两点：一、任公有鉴于日本阳明学对于明治维新的贡献，以及在培育“大和魂”、“武士道”所发挥的功效，主张以阳明思想铸造中国“国魂”、培养新民。二、在王学之中重视修身功夫（尤其将爱国当作“良知”中很重要的部分），以及修身、治事一以贯之，而较忽略本体论方面的抽象讨论。在此之后杜亚泉（1873–1933）、钱穆（1895–1990）、梁漱溟（1893–1988）、贺麟（1902–1992）、唐君毅（1909–1978）与牟宗三（1909–1995）等人都至少部分地继承了梁启超的思路。蒋介石对儒家传统的尊重，以及对“武德”、“中国魂”的探索，虽受到亲身经验之影响，然亦直接地源于此一近代中国的王学传统。他有意地继承阳明精神、“武士道”、“大和魂”之中积极进取、俭朴、忠勇、与爱国等情操，并将之转化为新生活运动、中国文化复兴运动中“忠党爱国”的观念。②

蒋介石与梁任公不仅在思想倾向上接近，他也曾表示十分欣赏梁启超的文字。有一次他和张学良（1901–2001）的谈话中表示：梁“文字很好”。1958年11月23日，张学良在日记记载了他与蒋介石的对话：“问我近来读些什么书？我答：两三月来因眼疾，未能看书。自从到高雄以后，我专看《论语》，我很喜欢梁任公的

---

① 蒋介石对吉田松阴（1830–1859）和日本明治维新的关系也很感兴趣，1943年12月11日，他说：“日本之胜海舟，与胜海舟、吉田松阴之历史，往时未经涉猎，而蒲生与井伊之于日本维新之影响如何，皆应研究者也。”胜海舟（1823–1899），日本幕末开明政治家，江户幕府海军负责人，曾留学美国学习海军军事。吉田松阴为日本的长州藩出身的武士，是日本江户幕府末年的思想家、教育家、兵法家及明治维新的精神领袖及理论奠基者。

② 见本书《蒋介石与阳明学：以清末调适传统为背景之分析》一文。阳明学中“良知”的观念在梁启超的《德育鉴》（1905）中被转化为“爱国”，这是近代中国将阳明学与近代国族主义结合的滥觞。参见王泛森，《中国近代思想中的传统因素：兼论思想的本质与思想的功能》，《学人》，期12（1997），页1–28。

东西，近来看了些梁氏著述。总统说：好、好，看《论语》是好的，梁氏文字很好，希望你好好的读些书，反（返）回大陆，你对于国家还能有大的贡献。”①

蒋介石对梁启超文字功夫的肯定是源于他曾仔细地阅读任公的作品。1942 至 1943 年间，他曾花了很长的时间来阅读梁启超的著作。换言之，他对梁任公的认识不是在清末民初任公生前声名大噪之时，而是烽火满天的抗战期间。经过一年多的阅读，让蒋介石的思想起了很大的变化。欲了解蒋介石阅读梁启超著作后所产生的重要意义，必须从 1941 年之后蒋的读书生涯说起。1941 年起，他对哲学发生了莫大的兴趣，用他的话来说，“近日对于哲学与宗教之研究，几乎朝夕不倦，每至午夜，不忍释卷。”（1941.1.17）1941 年 1 月 15 日他曾约贺麟讲黑格尔；7 月 13 日他写道：“应约见冯友兰（1895–1990）、熊十力（1885–1968）等诸哲学史（疑为家），与之研究哲学”。从这一年 5 月中开始，蒋介石重新且系统地读《明儒学案》，至次年初，亦即 1942 年 1 月 3 日看完；接着从 2 月中开始，他继续读《宋元学案》。1942 年底，在阅读《宋元学案》之中，蒋介石亦开始修改陶希圣（1899–1988）为他草拟的《中国之命运》。此一工作使他阅读《学案》的进度有所落后（1942.12.31）。这一部《宋元学案》前后共花了他 16 个月的时间才看完。1943 年 6 月 21 日，他回忆这一段过程：“《宋元学案》在印度，自新德里至白沙瓦航空途中，开始研读，即自去年二月十三日起，至本年六月二十夕看完，为时十有六月余之久，每日自课，甚少间断。其间如易礼文义，虽多待考证未能了然，但不敢因此中止自画，循序进读，克底于成，于此自验其有恒不息之德性，尚未衰也”。又云：“《宋元学案》之圈点完毕，此乃一年以来，自课之最大成绩也。”（1943.6.30）

总之，就是在阅读《明儒学案》、《宋元学案》与修改《中国之命运》的一段时间内，蒋介石同时开始阅读梁启超的著作。此一阅读经验，对他所从事的上面两项工作均产生了影响。

蒋介石开始看梁启超的著作始自 1942 年 8 月 25 日，他接触到任公的《颜李学术》一文，阅读之后的感想是：

《颜李学术》一编，尽书之立，一气看完，极叹颜李学术之伟大，实为从汉唐以来，罕有之大儒。而其学说，与我行的道理相同。往日我自以为余不行不能知之

① 《张学良日记信函再现幽禁岁月 与宋美龄交谊深厚》，网路资源：http://big5.china.com.cn/chinese/CU-c/158248.htm，查阅时间 2010.11.15。

发明，乃发前人所未发者，孰知习斋先生不知即是不行一语，已先我而发之矣。读之甚觉自慰！庸之①尝属我于孔诞日发表孔学宗旨一文，幸而以心不自安故中止，否则对孔子以《宋明学案》为根据，立说又多须一番改正矣。吾于此，对于宋明程朱陆王之说，更增疑问矣。

同时他表示想阅读任公的其他著作，并表扬任公："梁启超著《近三百年中国学术史》，亦应购阅，而梁有功于学术，如此应予之追扬令"。不久，蒋介石就建议国民政府对已经逝世 13 年的梁启超给予褒扬令。在国防最高委员会 9 月 29 日第 94 次常务会议中，蒋介石提议："新会梁任公启超毕生尽力于学术著述，介绍西方学说，阐扬中国文化，一时风气为之丕变。晚岁整理国故，讲学旧都，发扬我中华之文明，启示学者以为学之方法，用力弥勤，垂老不倦，于近代学术文化贡献殊伟"，会中通过此案。②1942 年 10 月 3 日，《褒扬令》行文通令全国，表扬任公"毕生尽瘁学术，贡献极大"。③次日在《中央日报》上有一则报导，特别注明了此事"系经蒋委员长提议颁令"。（见图一）

褒揚梁啟超
畢生盡瘁學術貢獻極大
係經蔣委員長提議頒令
戰果輝煌
毀傷敵艦一百十五艘

图一

① 庸之是孔祥熙的号，为孔子第 75 代孙。

② 《褒扬梁启超》，《国民政府档案》，1942 年 10 月，内政门礼俗纲褒扬目河字第 231 号，现藏国史馆，典藏号：001-036000-0058。

③ 《中央日报》，1942 年 10 月 4 日，第 2 版。

蒋介石上文中所说的《颜李学术》是任公在1924年1月在《东方杂志》21卷2号上所发表的《颜李学派与现代学术思潮》一文，1930年曾发行单行本，即称为《颜李学术》（北平：北平四存中学校，1930），卷端题有“梁任公中国近三百年学术史节录”。[①]不过如果我们仔细比对《颜李学派与现代学术思潮》和《中国近三百年学术史》中第十章“实践实用主义：颜习斋、李恕谷”，会发现两者的文字仍有差异。不过，或许是因为卷首的题字，让蒋介石有兴趣进一步阅读《中国近三百年学术史》。

梁启超1923年有关颜李学派的文章主要是受到杜威（John Dewey, 1859–1952）来华的影响，他企图指出中国在三百年前就产生了和杜威所提倡的实验主义相类似的观点，“而且有些地方像是比杜威们更加彻底”。[②]然而对蒋介石来说，他似乎不那么注意颜李学派与现代教育理论的关联性。他所强调的是：一、颜李学说让他对于近两年仔细研读的宋明理学产生怀疑，认识到对于孔子学说的诠释，不可完全依赖宋明理学的说法，而应加上颜李学派重实践的一面；二、颜李之说与他所提倡的“力行哲学”可以相互发明。

颜李学派以“习动主义”来对抗宋儒“主静主义”的思想内容，不仅配合了蒋介石“不行不能知”的观点，亦补充与发挥了孙中山“不知亦能行”的学说。贺麟指出：蒋介石的不行不能知，“语气更为剀切，意义更为深厚。离力行外无真知，则行与知之关系，说得更为密切，愈接近知行合一之说”。[③]从蒋介石的力行哲学到他对颜李学派的肯定，可以让我们重新思索“新生活运动”的思想基础。学界中有关新生活运动的研究不少，[④]然而还没有人解答为何此一运动一反儒家传统由内

---

① 1920年徐世昌（1855–1939）担任大总统时，为弘扬颜习斋（1635–1704）的学术思想，在北平成立了一个“四存学会”，后改为“习斋学会”。第二年，又在北平府右街建立了一所“四存中学”。此书即由该中学出版。

② 梁启超，《饮冰室文集》（台北：中华书局，1983），41 :3。有关近代中国颜李学派的复兴，从章炳麟（1869–1936）、刘师培（1884–1919）到梁启超、胡适（1891–1962）对颜李学派的提倡，见廖本圣，《颜李学的形成（1898–1937）》，东海大学历史研究所硕士论文（1997）。亦可参考：王春阳，《颜李学的形成与传播研究》（济南：齐鲁书社，2009）。

③ 贺麟，《当代中国哲学》（重庆：胜利出版社，1945），页115。

④ 如Arif Dirlik, “The Ideological Foundations of the New Life Movement: A Study in Counterrevolution,” *Journal of Asian Studies*, 34 : 4 (1975), pp. 945–980. 关志钢，《新生活运动研究》（深圳：海天出版社，1999），以及雷祥麟，《习惯成四维——新生活运动与肺结核防治中的伦理、家庭与身体》，《“中研院”近代史研究所集刊》，期74（2011），页133–177。

到外（亦即《大学》格致诚正修齐治平的步骤）的修身方式，而改采由外到内的修炼功夫，亦即从食衣住行的生活教育出发，来塑造身体、改造人格，进而变化气质。在这方面，颜李学派应扮演一定的角色，颜元提出的“不知只是不行，因行得知，才算真的知行合一”，对蒋介石来说，颜李思想不但纠正了宋明理学过度空疏的弊病，也纠正了王阳明偏于主知，以及分知行为二的说法。

接触任公文章之后的五天，亦即1942年8月30日，蒋介石再次地阅读《颜李学术》一文，这时他又有所体会：

颜习斋云：为丝毫之恶，皆自玷其光荣之体，极神圣之善，自践其固有之形。宋明学者以贤人自期，当国家危亡之秋，乃不负国民丝毫之责。唯以清高自居，偶不如意，则以不得其言则去之说自解，而以一去了之。成说我做自己学问，不管世间闲事，到国事败坏之极，只叹息几句了事，成以遗老自名。此种学风人心，焉得而不亡国，此颜习斋所以痛恨读书人，讥刺读书人无以复加者也。颜李诚先得我心矣。

上述颜元痛恨读书人的主张，被余英时诠释为“反智识主义”的倾向。因为颜元强调实用、实践，而倾向认为理论知识、书本知识是有害的。[①] 蒋介石似乎并未推到此一极端，他所批评的是知识分子以清高自居、不理世事的学风。

颜李学派之重经世、实用的思想对蒋介石此时所撰写的《中国之命运》一文亦有所影响。众所周知，这一部书是由陶希圣拟稿，不过蒋介石在日记中一直抱怨他所拟原稿“肤浅不能用”、“陶希圣之文章与思想，皆不合余意”（1942.12.27–31），因此他必须“完全自著”；加上陈布雷（1890–1948）身体欠佳，不能随时协商，他因而深感缺憾（1942.12.26）。在这一本讨论中国历史文化以及未来命运的书中，有一章的篇名是“革命建国的根本问题”，在其中蒋介石提到王阳明到颜元等人的名字与明末重视经世实学的学术风气。他认为这些思想家对于中国民族精神的培养与锻炼，有不朽的贡献：

王阳明（守仁）倡知行合一之论，“穷理致命”之说，一时翕然成风。到了明末清初，则顾亭林（炎武）黄梨洲（宗羲）王船山（夫之）李二曲（颙）颜习斋（元）傅青主（山）等大儒辈出，皆斥玄虚，重实用，以经世之学救民族，以性命

① 余英时，《清代思想史的一个新解释》，《历史与思想》（台北：联经出版事业公司，1976），页139。

之学导人心。……总望我国学者，务使学术切于人生的日用，文化归本于建国的基业，切实体验 国父“行易”哲学的真理，与革命“力行”的精义；智育与德育兼施，文事与武备相应；手脑并用，知行合一。如此，则社会与学术的风气，方能根本的改造。①

此后的一年之间，蒋介石一方面继续阅读《宋元学案》，另一方面则更为系统地阅读梁启超的著作。1942 年 9 月 25 日，他开始看梁启超《中国近三百年学术史》。1943 年 2 月 11 日，看梁启超的《新民篇（说）》。1943 年 8 月初开始，他密集地阅读梁启超《中国近三百年学术史》，并再次地对其中讨论颜李学派的部分留下深刻印象，认为梁任公的书彻底地改变了他对中国学术传统的认识。他甚至表示阅读此书之收获，是任何富贵皆不能与之比量的。兹将他阅读梁启超的进度与心得罗列于下：

三日，看梁启超著《中国近三百年学术史》始。

四日，续看《学术史》。

五日，续看《学术史》，记曰："甚感此书看之太晚矣！"

六日，看《学术史》至王船山史完。

七日，续看《学术史》至李恕谷史完，记曰："几乎不忍释卷。"

八日，读看《学术史》至王昆继史完，记曰："习斋云：学者勿以转移之权，委之气数，一人行之为学术，众人从之为风俗，民之瘼矣，忍度外置之乎？"又记曰："习斋、恕谷之言，皆先获我心之言也。自去年在兰州略涉此书，自以为余对中国学术传统之观念，彻底改变，乃由此书得益而来。"又记曰："本周看梁任公著《近三百年中国学术史》，看至颜李学史，手不能释卷，更觉此书之重要也。"

九日，续看《学术史》至科学之曙光完，重看颜习斋史，记曰："颜习斋云：唐虞时代，教育六府，水火金木土谷；三事，正德、利用、厚生；《周礼》敬以三物：六德，知仁圣义忠和；六行，孝友睦姻任恤；六艺，礼乐射御书数。又云：必有事焉，学之要也。心有事则存，身有事则修，家之齐，国之治，皆有事也。无事则治与道俱废，故正德利用厚生曰事，不见诸事，非德非用非

① 蒋中正，《革命建国的根本问题》，《中国之命运》（台北：正中书局，1953，台 5 版），页 178、185。

生也。德行艺曰物，不征诸物，非德非行非艺也。其意以为离却事物，无学问，离却事物而言学问，便非学问。在事物上求学问，便非实习不可。”又记曰：“习斋云：凡物必求分析之精，是谓穷理。又云：物格而后知至，格即手格猛兽之格，故曰手格其物而后知至。又云：宁为一端一节之实，无为全体大用之虚。又云：身心一齐竦起。又云：人己事物一致。又云：身心道艺，一致加功。又云：为丝毫之恶，皆自玷其光莹之体。极神圣之善，始自践其固有之形。”

十日，续看《学术史》至清初学海波澜篇完。

十二日，续《学术史》，至清代学者整理旧学之总成绩（一）。

十三日，续看《学术史》，又温读《荀子》。

十四日，续看《学术史》。

十五日，续看《学术史》。

十六日，续看《学术史》至清代学者整理旧学之总成绩（三）。

十七日，晚，续看《学术史》。

十八日，续看《学术史》。

十九日，续看《学术史》至方志类完。

二十日，续看《学术史》至地理学完。

二十一日，下午续看《学术史》。

二十二日，续看《学术史》。

二十三日，续看《学术史》完，记曰：“看此书全册完毕，是今年又多增一产业矣。盖看书之收获，任何富贵，皆不能与之比量也。”

从上述蒋介石连续而密集地阅读任公的书，可以显示出他对任公著作之喜爱。

接着，8月底至9月初，蒋介石继续阅读任公所写的书。这些书主要可分为四类：第一类是有关中国学术思想史的作品，包括《中国学术思想变迁之大势》、《先秦政治思想史》与《清代学术概论》。这一部分显然是蒋介石最感兴趣的。他首先阅读的是任公写于1902年的《中国学术思想变迁之大势》，读完之后“甚觉有益，此后对于本国学术思想，乃得一具体而有系统之概念矣”。10月1日，看梁启超著《先秦政治思想史》，“甚觉梁启超之文章，有益于现代之民族也”；又“本月看书兴趣益浓，《先秦政治思想史》看完，助益非鲜”。其后，11、12月，他一直在阅读梁启超的作品，并将重点放在《清代学术概论》，蒋介石认为“梁述汉、宋学派，简洁明了，甚有益于学者也。”

第二类作品是名人传记。1943 年 9 月下旬他开始阅读梁启超著《李鸿章》，心得是：“观此更觉俄国之阴狠可危，然李合肥之无识，以致误国，尤可喟也！”以及，“本周看完梁著《李鸿章》一书，益令人对外交之寒心，不可不戒慎矣”。第二本传记是梁启超著《康有为传》。1943 年 12 月 11 日，看《康有为传》。12 日，读看《康有为传》完，记曰：“看此颇觉有得。凡敌党之言论、传记，昔日一概吐弃，不加研究，此种以人非言之习惯，岂政治家之风度哉？”

第三类是梁启超所撰写的其他政论文字。如 1943 年 10 月 13 日，“看梁启超著《盾鼻集》。”此书是民国初年反对袁世凯帝制运动的相关文献，包括最著名的《异哉所谓国体问题者》等文。此外，还有上述蒋介石在 1943 年 11 月底赴埃及开会时，阅读了梁启超著《自由谈（书）》，记曰：“使人手不忍释卷。”只是在阅读其中《善变之豪杰》（任公作于 1899 年）一篇时，他对梁启超善变的个性有所批评。他认为如果梁启超仅从事于教育工作而不热衷政治，应有更大的成就：

> 此书多有价值之文，惟其中《善变之豪杰》一篇，乃显示其为无宗旨之政客自辩地步也。如梁专为学者，或终身从事于教育，而不热中（衷）政治，则其有益于国家民族必更多矣。惜乎，舍其所长而自用其短，至今犹不免为后人所不齿。然其著作，实多裨益于我民族之复兴，而其关于常识者，尤卓卓然足称也。

此外，1943 年 12 月 9 日，蒋介石阅读了梁启超在 1901 年所撰《尧舜为中国中央君权滥觞考》。这一篇文章的主旨是辨明尧舜禅让并非民主，而是中国君主专制之滥觞，如此方能了解中国历史之真相。接着几天，蒋介石又阅读了《国家思想变迁（异同）论》与《中国史叙论》（任公均作于 1901 年），不过他对这几篇文章都没有留下任何的评论。

第四类是有关梁任公所介绍的西方思想相关文章。从 1943 年 12 月 13–19 日，他花了一个礼拜的时间来读这一系列的文章。

> 十三日下午，看《卢梭学案》。晚，看《培根与笛卡尔学案》，记曰：“看此极有心得，不忍释卷。”
>
> 十四日，看《边沁》、《颉德》各传完。
>
> 十五日，看《亚立多德》、《达尔文传》完。

十六日，看《孟德斯鸠传》完。

十七日，看《亚丹斯密传》。

十九日，看梁启超著《西洋科学沿革史》。晚，记曰："边沁、孟德斯鸠、亚利斯多得、达尔文、颉德、亚丹斯密以及学术思想之能左右世界各名人传皆看完，自觉无甚心得，其实无形中增进学术非浅也。"

总之，1943 年 12 月，蒋介石阅读《饮冰室文集》中的多篇文章，收获甚多。他说"近月来阅读梁启超饮冰室集，对于余学问与见解之增益，决（绝）非其他文集所能比也。"这一年年底，他总结全年读书生涯，"今年看书最多，关于国学心得益多，此二十余年来，所未有之进修也。"

四、结论

蒋介石与梁启超在政治立场并不一致，一为国民党、一为进步党，且两人并无直接的交情。不过，从 1940 年代开始，蒋介石在阅读梁任公著作的过程之中，对中国学术传统有了更深入的认识，并了解到任公的重要贡献，因而给予褒扬。尤其重要的是，任公对颜李学派的诠释，帮助蒋介石走出宋明理学思想的限制，补充了阳明学说中的"知行合一"与孙中山的"知难行易"的理论，让他建立起"力行哲学"的思想体系。许多人都强调蒋介石思想与宋明理学之间的关联，[①] 却忽略了从 1942 年之后，蒋介石受梁启超影响所产生的一个重要的思想转折。在心性修养之外，同时重视实践，因而使他的力行哲学更为完备。新生活运动中，以外在表现来形塑内心，以食衣住行的身体管束达到礼义廉耻的道德修养，得到传统理论的进一步支持。再者，日后蒋介石所提倡中国文化复兴运动中所指涉的"中国文化"，其实有很大一部分不是宋明理学传统之下重视道德心性的"中国文化"，而是经过梁启超淬砺、采补，进而以现代观念加以诠释、并具有实践精神的"中国文化"。总之，在蒋介石以传统理念来建构现代国家的过程中，曾经身为其政敌的梁启超其实扮演了一个以往大家所不知道的重要角色。

① 有关宋明理学对蒋介石的影响可以参考杨天石，《宋明道学与蒋介石早年的个人修身》，《杨天石文集》，页 284–302。黄道炫，《蒋介石与朱、王二学》，《史学月刊》，2002 年 12 期，页 37–42。

附录：中国国民党中央执行委员会政治会议第一七二次会议速记录

时间：十八年一月二十三日上午十时

地点：南京丁家桥中央党部

主席：蒋中正

主席：

蔡元培、蒋梦麟二委员提议梁启超生前对于中国之学术颇有贡献，拟请国民政府下令褒奖并加抚恤，是否有当？请公决。

胡汉民：

蔡委员的意思是好的，但果为此，则与党的立场上冲突，虽欲褒奖，更不能提起其经历，盖梁启超不可不谓为反革命，生前不但反对本党，且反对国民革命，及其晚年，走入军阀段氏旗帜之下，其政治生命全以反革命为归宿，吾人不能恕其反革命之行为，而褒奖其学术也。

戴传贤：

嗣中央确定学位时，可以追赠之？

胡汉民：

如将案子修改过由政府行之，党部则不能。

孔祥熙：

总理病故时，梁启超曾来吊丧，几乎发生惨剧，爰梁氏曾在报纸上痛抵总理，故党员几乎打之。现在如以友谊关系，由私人送花圈等则可，若由国府下令褒奖，难免招党员与民众之反对也。

蔡元培：

提案人之意，以为本党最仇视共党，至若研究系等，以其服从吾党，而吾党又以宽大为怀，且其人已死，故提此案，但亦不必一定要如此做。

主席：

如决议，则党员必起而反对。

陈果夫：

请提案人撤回本案。

孔祥熙：

报纸上不可登载。

主席：

本案撤回。

无异议。

蒋介石与贺麟

一、前言

哲学家贺麟（1902–1992）是一位思想敏锐而博学的学者，以研究斯宾诺莎（Baruch de Spinoza, 1632–1677）、黑格尔（Georg Wilhelm Friedrich Hegel, 1770–1831）的哲学思想、翻译西方著作，与会通中西哲学而闻名于世。他在近代中国思想史上所扮演的角色已有不少的研究。例如，江沛将贺麟与林同济、雷海宗、陈铨、何永佶等同属于"战国策派的核心人物"。林志宏与何方昱在研究 1940 年代中国思想界时，将之与张其昀、钱穆、郭斌龢、张荫麟、朱光潜等人同列为"'思想与时代社'基本社员"。① 张学智则认为贺麟不但了解西方哲学，而且具"新心学"的哲学思想，乃"当之无愧的现代新儒家代表人物"。②

"战国策派"被认为"鼓动法西斯主义思潮"，贺麟也鼓吹"英雄崇拜"；③ 再者，胡适与竺可桢的日记均记载《思想与时代》杂志之出版受到蒋介石（1887–1975）的经费补助，胡适说："他们的见解多带反动意味，保守的趋势甚明，而拥护集权的态度亦颇明显。"④ 至于蒋介石肯定儒家传统、尊敬新儒家则是众所周知的。

① 江沛，《战国策派思潮研究》（天津：天津人民出版社，2001），页 13。"战国策派"之名称源于这些学人在抗战期间创办《战国策》（1940–1941），又在《大公报 · 战国副刊》（1941–1942）中撰写文章。林志宏，《战时中国学界的"文化保守"思潮（1941–1948）——以〈思想与时代〉为中心》（中坜：中央大学历史研究所硕士论文，1997），页 121；何方昱，《"科学时代的人文主义"：《思想与时代》月刊（1941–1948）研究》（上海：上海世纪出版集团，2008），页 97。

② 张学智，《贺麟》（台北：东大图书公司，1992），页 217。

③ 江沛，《战国策派思潮研究》，页 6–7。

④ 胡适，《胡适日记全集》（台北：联经出版事业公司，2004），册 8，页 179，1941 年 10 月 12 日；竺可桢，《竺可桢日记》（北京：人民出版社，1984），册 1，页 497，1941 年 3 月 17 日。

总之，在抗战期间，信仰三民主义的贺麟与孙中山先生接班人之一的蒋介石，在思想上有许多相契合之处，才会被支持自由主义的知识分子视为“拥护集权”。不过有关蒋介石与贺麟的关系，以往并没有太多人深究。据史料记载，蒋、贺曾数度见面，蒋并邀贺去重庆讲学，也曾予以经费补助。贺麟在1945年的《当代中国哲学》中赞许蒋介石的“力行哲学”，认为“当今国府主席蒋先生，就是王学之发为事功的伟大代表”。① 然而1949年山河变色之际，贺麟选择留在大陆，后来不但批判自己早期“丑恶”的唯心论倾向，改而肯定马克思主义的唯物论与毛泽东思想，② 甚至在1982年以八十高龄“光荣地”加入了中国共产党。③

1949年之后，贺麟曾多次撰文承认当年肯定唯心论的不当与吹捧蒋乃“严重的错误”。④ 例如，1951年他在《参加土改改变了我的思想》一文，坦承去西北参加土改启发了他对辩证唯物论的新理解与对唯心论的批判。1955年在批判胡适运动中，他不但痛批胡适，也“自己照一下镜子”，认为在《当代中国哲学》所提到将康有为、梁启超、熊十力、孙中山、蒋介石等看成是陆王哲学的复兴，是错误地将儒家与资产阶级唯心论相结合，来对抗马克思主义哲学。他希望“认真学习马克思列宁主义，懂得阶级斗争的真理”，因而“在思想上、生活上、学术研究工作上可以引起一个根本的改造”。⑤1987年他在为新版的《文化与人生》作序时说：

我记得我在1947年出版的《当代中国哲学》一书，曾引起一些人的注意。⑥我对于讲孙中山的知难行易说的意义，驳斥傅铜、胡适、冯友兰等人反对此说的论点，及发挥知行合一说的理论，也还有其新颖之处。不过严重的错误在于用了一定的篇幅吹捧蒋介石的所谓“力行哲学”，殊不知蒋的目的、方针、政策均与孙中山

① 贺麟，《当代中国哲学》（上海：胜利出版公司，1945），页19。

② 贺麟，《两点批判，一点反省》(1955)，收入氏著，《哲学与哲学史论文集》（北京：商务印书馆，1990），页467。这一篇文章原发表在1955年1月29日的《人民日报》之上，当时人在美国的胡适看到此一报导，将之剪报保存。此一剪报计4页，藏“中研院”近代史研究所胡适纪念馆，档号：HS-US01-111-006。比对《人民日报》的原版与收入《哲学与哲学史论文集》的文章，笔者发现后者是删节版，有许多比较“激进”而强烈的字眼、个别的人名与段落被删除掉了。下面的引文将以《人民日报》的文字为准。

③ 宋祖良、范进编，《会通集：贺麟生平与学术》（北京：生活·读书·新知三联书店，1993），页13。

④ 有关贺麟在1950年代接受思想改造的过程，可以参见熊自健，《贺麟思想转变探析——从唯心论到辩证唯物论》，《鹅湖月刊》，期197(1991)，页15–25。

⑤ 贺麟，《两点批判，一点反省》(1955)，《哲学与哲学史论文集》，页467；《人民日报》，1955年1月29日。

⑥ 该书最早系于1945年出版。1947年，位在南京的胜利出版公司亦曾再版过一次。

相反，因而使得这书很早就在台湾出版。①

上文显示他刻意地将孙与蒋分开，来说明他之所以犯错是因为未能认清蒋背离了孙中山思想的真面目。② 他晚年甚至完全抹杀蒋介石，转而吹捧毛泽东的《实践论》，认为毛在知行问题上承接孙中山，“深刻新颖，……内容丰富，义蕴深远”。③ 由此可见，在毛泽东所曾改造过的知识分子之中，贺麟是一个很成功的案例——彻底地“在灵魂深处”从拥蒋转变为拥毛。贺麟也了解到如果像他那么严重“反动”的人都可以被改造，那么其他“包袱较轻”的人就更容易脱胎换骨了。④

贺麟的同事与朋友对此有不同的论断。北大教授周辅成（1911–2009）比较同情地认为：贺与蒋的关系“无可非议”。张岱年（1909–2004）则说：“当年他在写《当代中国哲学》中，提到蒋介石，有失学者身份。这是贺先生一生中的一个小小的缺点。”张书城说：“抗战期间他被蒋介石接见过多次，……他政治上拥护蒋，哲学上同蒋探讨”，是他一生中所“拖过一根庸人的辫子”。⑤ 当然这些学者也一致同意“解放后，他从唯心主义转变为唯物主义，从三民主义转变为马克思主义，从一个爱国主义者转变为一个共产主义者，经过了曲折的历程，走上了光辉的坦途。”⑥ 这些言论都是从1949年之后的政治立场与以贺麟的自白为基础，所做的论断。然而究竟要如何看待蒋、贺的交往？贺麟在1949年之后为何要背离国民党与蒋介石？本文尝试回到当时的历史场景，厘清蒋、贺的交往关系与两人在思想上的交涉，借此观察中日战争期间蒋与知识分子的互动，以及此种关系对1949年之后留在大陆之知识分子的影响。

二、贺蒋交往：一般文献中的贺蒋关系

1931年9月贺麟结束留学生活，自欧美返回中国，在胡适的协助之下任教于

---

① 贺麟，《新版序言》，《文化与人生》（北京：商务印书馆，1988），页2。

② 在《当代中国哲学》中他曾说：“蒋先生提出‘力行’之概念，实把握住中山先生知难行易说的真义。”页115。

③ 贺麟，《五十年来的中国哲学》（沈阳：辽宁教育出版社，1989），页208–209。

④ 贺麟说：“像我这样有了如此深重的反动唯心论思想的人都可以改造过来，得到新生，其他的包袱较轻的旧知识分子自我改造的信心与勇气更可加强。”参见贺麟，《两点批判，一点反省》，《人民日报》，1955年1月29日。

⑤ 宋祖良、范进编，《会通集：贺麟生平与学术》，页406、36。

⑥ 宋祖良、范进编，《会通集：贺麟生平与学术》，页402–403。

北大哲学系，教授西方哲学。[①] 九一八事变爆发，他应老师吴宓之邀，在《大公报·文学副刊》发表《德国三大伟人处国难时的态度》（1931）、《斯宾诺莎生平及学说大旨》（1932）；[②] 后又发表了《新道德的动向》（1938）、《抗战建国与学术建国》（1938）等文章，提出振奋民族精神、弘扬学术文化与实行政治革新的主张。1936 年贺麟升任北大教授、当选中国哲学会理事，他所翻译鲁一士（Josiah Royce, 1855–1916）的《黑格尔学述》亦由上海商务印书馆出版。这时贺麟在学术界的地位已建立，有人认为 1931–1937 年抗战爆发前，"是贺麟学术思想的勃发期"。[③]1937 年抗战爆发，北京大学、清华大学、南开大学等校南迁。该年底，贺麟与钱穆、汤用彤等人经长沙赴昆明，在西南联大任教。[④] 贺麟与蒋介石关系的建立就是在去昆明之后才开始的。

有关蒋介石与贺麟的接触，张祥龙的《贺麟传略》、彭华的《贺麟年谱新编》与 1986 年 10 月贺麟在北京所办的"贺麟学述思想讨论会"的发言纪要，有简要的说明。贺麟最早与国民党接触是受邀到重庆的中央政治学校任教。[⑤]

第一次任教的时间是在 1938 年 10 月至 1939 年 10 月，共一年。当时北大法学院院长周炳琳（1892–1963）同时也兼中央政治学校教务长，他注意到贺麟所发表的文章与在学术上的表现，曾多次邀请他去重庆中央政治学校教哲学。周炳琳是留学欧美的经济学家（哥伦比亚大学硕士），与国民党及学界之关系均十分深厚，多次出任政府官员并兼任党务工作。1930 年代初期，周炳琳曾参加胡适、蒋廷黻等人所组的《独立评论》社，[⑥] 他所扮演的角色工作不但是学者，也是政学之间的

---

① 宋祖良、范进编，《会通集：贺麟生平与学术》，页 417，贺麟说："胡适让我当了一名讲师，二〇元钱一个钟头，一个月六个钟头，共一二〇元钱。"

② 1928 年起吴宓集合了在清华教书的"学衡派"同志，以《大公报·文学副刊》为"宣传作战之地"，《吴宓日记》（北京：生活·读书·新知三联书店，1998），册 4，页 196，1929 年 1 月 16 日。1929 年 1 月之后改变了编辑方向，不再由吴宓个人主持，改为委员会，并邀朱自清参加，"增入新文学及语体文及新式标点"，"为一公共场所，每一作者，不论何派何等，均得在此中自行表见。"同上，页 197。

③ 彭华，《贺麟年谱新编》，《淮阴师范学院学报》，2006 年第 1 期，页 81。

④ 钱穆，《八十忆双亲·师友杂忆合刊》（台北：东大图书公司，1983），页 183–186。

⑤ 有关该校的状况可见崔明忠，《中国国民党中央政治学校研究（民国十六至三十六年）》（台北：政治大学历史研究所硕士论文，1997）。

⑥ 周炳琳是创社 11 位社员之一，不过他在该刊发表的文章不多，仅有 4 篇。有关周参与《独立评论》社的情况，可参见张太原，《独立评论与 20 世纪 30 年代的政治思潮》（北京：社会科学文献出版社，2006），页 47–48。周曾担任过的政府职务，还有国防设计委员会委员、教育部常务次长、国民参政会参政员兼副秘书长。见上书页 208。

联系人，更直接地说，就是替蒋介石拉拢一批高级知识分子，而贺麟就是目标之一。[①]1938年10月，贺麟同意应周炳琳之邀去重庆教书。他之所以接受征召，赴蒋介石任校长的党校任教，有许多不同的因素。张祥龙说，贺麟去重庆是因为他早在留学时期就“从思想上拥护孙中山的三民主义”，一心要以“学术来救国”，再加上他对西南联大只重视繁琐考证和“犹唱后庭花”的松垮风气很受不了。[②]贺麟自己则表示“是钱穆劝我去的”。[③]

有关贺麟在中央政校教书的情况只有非常简短的记载。贺麟说，教育长陈果夫（1982–1951）要他照着戴季陶（1891–1949）与蒋介石的说法来教哲学，但当时上课中一提到蒋的名字要全体起立，“提一次，起一次”，贺麟可能认为如此让学生行礼如仪，不便于授课，就以自己的方法来教：

我到中央政校……去时作了宣布，还举行了典礼。学校中，一个最重要的人，教育长，是陈果夫，他最坏。有一次他让我去见他。他住我楼上。他问我：你开什么课？我说：哲学概论。他又问：什么内容？我说：中西结合。他又说：我看到戴季陶的书出来了，蒋先生的书也有了，发挥了孙先生的三民主义，照那讲不会错的。我听了，但未照那个讲。因为有个问题，一提到蒋介石就要全体起立，提一次，起一次。所以我尽量不用这些名词。结果挺受学生欢迎……[④]

---

① 胡适与周炳琳是好友。1931年7月31日，胡适记载：“下午与周梅荪长谈，也关政治。他是国民党员，但终因北大的训练，不脱自由主义的意味。”胡适，《胡适日记全集》，册6，页593。有关胡适与周炳琳的交往参见张友仁，《周炳琳教授和胡适教授的友谊》，http://www.pku.org.cn/data/detail.jsp?articleID=6615 (2009年9月10日)。马叙伦也曾在北大教书与周炳琳共事，他说：“廿四年……法学院长是周炳琳（北大学生，五四运动里的一员），……周炳琳是国民党党员，也做过教育次长，不免是政府派。”马叙伦，《我在六十岁以前》（台北：龙文出版社，1994），页86。

② 宋祖良、范进编，《会通集：贺麟生平与学术》，页69–70。

③ 宋祖良、范进编，《会通集：贺麟生平与学术》，页418。钱穆与贺麟交情很好。他说：“雨僧〔吴宓〕办此副刊〔《大公报》〕时，特识拔清华两学生，一四川贺麟，一广东张荫麟，一时有‘二麟’之称。贺麟自昭，自欧留学先归，与锡予〔汤用彤〕在北大哲学系同事，与余往还甚稔。”参见钱穆，《八十忆双亲·师友杂忆合刊》，页157。有关钱穆与蒋介石的关系，见钱穆，《屡蒙总统召见之回忆》，《中央日报》，1975年4月16日。1942年春，他于成都与一百多人同时晋见蒋介石，此次仅短暂会面，并未交谈。不久之后，蒋于成都军官学校单独召见钱穆。有关这一次见面时间，钱穆已不复记忆，而其经过，他也说：“所谈之详，已不尽记。”有趣的是在蒋档中对于当次会面却留下详细的纪录。该次见面的时间是1942年6月22日。《事略稿本》记载“正午接见钱穆教授，约谈一小时，留进午餐，公谓彼对中国历史与哲学有研究者也。”见《蒋中正总统文物：事略稿本》，国史馆藏：典藏号002060100165022。此外，《蒋中正总统文物：特交档案》，国史馆藏：典藏号002080114018009，有“蒋中正与钱穆讨论宋明理学儒家思想等谈话纪要”，详细地记录了两人谈话的内容。

④ 宋祖良、范进编，《会通集：贺麟生平与学术》，页418。

文中所说戴季陶的著作应该是1925年出版的《孙文主义之哲学的基础》(1945年版改为《三民主义之哲学的基础》),蒋介石的著作则是1935年9月14日至19日在峨嵋军训团讲的《国父遗教概要》。① 贺麟对于这两本书应不陌生,但因为不愿意上课时同学时时起立,没有接受陈果夫的建议。这很可能也是因为他与陈果夫关系欠佳所致(上文曾说陈"最坏")。其中一个原因是贺麟是由周炳琳引介来教书,周属于朱家骅系统,在国民党内朱家骅早期与CC系② 关系尚佳,自1938年CC系进入教育系统、1939年朱家骅任组织部长后,双方日益冲突。后来周炳琳与陈果夫闹翻而辞职。③ 贺与周同进退,1939年10月,一年期满后,贺麟谢绝了陈果夫的挽留,返回昆明教书。④

在中央政校教书期间,蒋介石曾经在某个周六,临时起意到学校接见贺麟,不巧贺麟赴城内访友,未能见面。之后,贺麟曾带着自己所出版的《黑格尔学述》与个人简历、讲稿等,请陈果夫转交"蒋委员长"。⑤

第二次是在1940年,"经北京大学校长蒋梦麟同意,贺麟二度借调到中央政治学校讲学半年"。期满后,他再度回到昆明。⑥ 这一年的年底,蒋介石让秘书拍电报到昆明,约见贺麟。⑦ 蒋介石为何在此时想约见贺麟,需再深入探究。无论如何,1941年初贺麟如约飞至重庆,由陈布雷(1890–1948)陪同在黄山别墅见到蒋介石。⑧ 这应该是两人第一次见面。张祥龙说:"贺对蒋讲到了他要介绍西方古典哲学、贯通中西思想、发扬孙中山三民主义精神的想法。"蒋则答应由政府出资,建立"外

---

① 蒋介石对孙中山的诠释深受戴季陶的影响,他在1937年7月6日的日记上记载:"看《三民主义哲学基础》完,此书已看完十遍,实不忍掩卷也。"王奇生,《蒋介石的阅读史——以1920–1940年代蒋介石日记为中心的探讨》,"蒋介石的权力网络及其政治运作"研讨会论文,台北:中央研究院近代史研究所,2009年9月14–16日,页422。

② CC系,是由陈氏兄弟,陈果夫和陈立夫所领导的一个政治派系,即"中央俱乐部"(有的人称之为"组织派"),它的英文名称是"Central Club"。CC系的实力主要分布在国民党中央党务部门,尤其是组织部、中统局、地方各级党部和教育系统。《CC系》,http://baike.baidu.com/view/368044.htm (2010/1/27)。

③ 有关周与陈的冲突,可参考张友仁,《经济学教授周炳琳传略》,http://www.05760576.com/Article/ls/rw/200611/345.html (2009/8/31)。

④ 宋祖良、范进编,《会通集:贺麟生平与学术》,页70。

⑤ 宋祖良、范进编,《会通集:贺麟生平与学术》,页418。

⑥ 彭华,《贺麟年谱新编》,《淮阴师范学院学报》,2006年第1期,页82。

⑦ 张龙祥,《贺麟传略》,收入《会通集:贺麟生平与学术》,页70;彭华,《贺麟年谱新编》,《淮阴师范学院学报》,2006年第1期,页82。根据蒋档,蒋约见贺的时间应在1941年初,下详。

⑧ 宋祖良、范进编,《会通集:贺麟生平与学术》,页73。

国哲学编译委员会”。周辅成说：“当蒋介石问他需要作什么的时候，他只说要一点钱办一个编译委员会，学严几道介绍西方正宗哲学于中国。”① 据贺麟表示，1942 年他又与蒋见过一次面，“一九四二年十二月我在昆明教书，蒋介石让秘书打电报要我回重庆。我与陈果夫一同去见蒋介石。蒋介石把我的书圈的圈，点的点，划的划，甚为认真。”② 当时联大哲学心理系教师被蒋介石电召赴渝讲学、见面者，只有冯友兰和贺麟两人。根据冯友兰所述，蒋对他十分礼遇，每次他去重庆，蒋都送帖子来，请他去吃饭。冯友兰母亲过世时，蒋还送了挽联。冯也多次借机向蒋进言，要他“开放政权，实行民主宪政”。③ 贺麟与蒋的关系似乎不如冯蒋关系那么亲密。

在贺麟与蒋介石见面之后的半年，亦即 1941 年 6 月，西南联大内国民党的组织工作也在积极地进行。根据姚从吾（1894–1970）写给朱家骅的信，负责筹备工作的姚从吾经过审慎地考察，推荐周炳琳、陈雪屏、贺麟、田培林、郑天挺五位教授入党。1941 年 7 月 23 日召开了西南联大全校党员大会。贺麟等人与查良钊、钱端升等人一起“成为西南联大开展国民党党务的中间力量”。④

此时贺麟与国民党所主导的文化事业有更为密切的关系。大约在贺麟入党前两个月，张其昀在重庆走访了贺麟的密友张荫麟，“拟纠合同志，组织学社，创办刊物，在建国时期从事于思想上的建设”。张又邀约了贺麟、钱穆、谢幼伟、朱光潜等人参加。蒋介石听到他们的计划之后“备加鼓励”，并允予经费补助。⑤《思想与时代》出刊之后，在侍从室担任文宣工作的陈布雷曾阅读该刊，誉之为“篇篇精湛，甚为可喜”。⑥1941 年 9 月 20 日，贺麟恩师吴宓阅读了刚出版的《思想与时代》第一期后，觉得“甚欣佩，且感奋”。两天之后，贺麟前往谒见吴宓，并报告蒋介石对该刊的大力资助，给了张其昀 14 万元。⑦

---

① 宋祖良、范进编，《会通集：贺麟生平与学术》，页 70、12。

② 宋祖良、范进编，《会通集：贺麟生平与学术》，页 418。

③ 翟志成，《冯友兰学思生命前传》（台北：“中研院”近代史研究所，2007），页 159–162。

④ 王奇生，《战时大学校园中的国民党：以西南联大为中心》，《历史研究》，2006 年第 4 期，页 138–139。

⑤ 桑兵，《抗战时期国民党策划的学人办报》，收入李金铨编，《文人论政：民国知识分子与报刊》（台北：政大出版社，2008），页 254–259。有关《思想与时代》的一个最新的研究是上引的何方昱，《“科学时代的人文主义”：《思想与时代》月刊（1941–1948）研究》。

⑥ 林志宏，《战时中国学界的“文化保守”思潮（1941–1948）—以〈思想与时代〉为中心》，页 94。

⑦ 吴宓，《吴宓日记》，册 8，页 175–176。1941 年 9 月 22 日吴宓对此事颇为感叹，他说：“夕，麟来。知昀在蒋公处领得十四万元而办《思想与时代》。该刊稿酬每千字 $ 30 云。宓念昔经营《学衡》等，不为名利，不受津贴，独立自奋之往迹。不觉黯然神伤已！”

另一个蒋介石所赞助的文化事业，是上述由贺麟单独负责的“西洋哲学名著编译委员会”，此会也于1941年成立，在抗战过程中对推动哲学研究发挥了重要的作用。贺麟的同学与好友谢幼伟在《抗战七年来之哲学》很精要地谈到该委员会的运作：

两年前中国哲学会组织了一个西洋哲学名著编译委员会，由贺麟先生主持。目的是在系统的翻译介绍西洋正统哲学的名著。所译的书都是经过选择的。所请的译者，则不惟是哲学专家，且是该一类书的专家。译者每译一书，都得写一篇长序来说明是书的内容。译言有难解之处，还须加以注释或按语。译成之后，且须经过另一哲学专家的校阅才能出版。其工作的程序，是非常谨慎的。①

该委员会最早出版的四本书分别是：贺麟译斯宾诺莎的《致知篇》(*Treatise on the Correction of the Understanding*)，陈康译柏拉图的《巴曼尼得斯篇》(*Parmenides*)，②以及谢幼伟译鲁一士的《忠之哲学》，樊星南译鲁一士的《近代哲学的精神》，各书均由商务印书馆印行。③

其中谢幼伟所译鲁一士有关“忠”的一书，涉及上述胡适所谓“拥护集权”的态度，尤其值得注意。④译者在序言中表示，此书之翻译受到贺麟的鼓励：“鲁一士这部《忠之哲学》，我在民国二十五年春季，就打算把它译出。当时曾译了四五千字，即以事停止。到去年秋季，友人贺自昭（麟）兄，提议要我翻译这书，才继续在八个月的时间内，把这书译成。”⑤出版之前，谢幼伟为该书写了一篇导论，名为《鲁一士的伦理观》，先刊于《思想与时代》（第4期），在文中他说：“在目前抗

---

① 贺麟，《当代中国哲学》，页154。

② 这是柏拉图对话录中的一篇，贺麟在《当代中国哲学》中对陈康的译本给予高度的评价：“于介绍西洋哲学名著方面，尤其开一新纪元”，页40。亦见邹振环，《〈柏拉图巴曼尼得斯篇〉——超越西方的一种尝试和雄心》，收入氏著，《影响中国近代社会的一百种译作》（北京：中国对外翻译出版公司，1996），页418–422。

③ 樊星南应是贺麟的学生。在《当代中国哲学》的《序言》中，贺曾说该书第三章“是三年前在青年夏令营的一个演讲，由樊星南君的笔记整理而成的”，页4。此书出版之后，可能曾赠送蒋介石一套（上、下两册），目前在台北中正纪念堂的蒋氏藏书之中有《近代哲学的精神》（上、下册，典藏号：利103.1、103.2），封面上有“樊星南译述，冯文潜校阅”的字样。冯文潜(1896–1963)，专研西方哲学史与美学，时任西南联大哲学系教授。

④ 鲁一士著，谢幼伟译，《忠之哲学》（重庆：商务印书馆，1943）。抗战时期对“忠”与“英雄崇拜”的讨论是一个很重要的议题。战国策派学人讨论得很多，谢幼伟的翻译与此思潮密切相关。例如林同济即主张“要用对民族和国家的‘忠’的观念代替传统的‘孝’的意识，这种‘忠’不是盲目的愚忠，是一种引导全民族适应世界潮流的‘大政治时代伦理’。”江沛，《战国策派思潮研究》，页6，以及该书第5章的详细讨论。

⑤ 谢幼伟，《译序》，《忠之哲学》，页1。

战建国期中，忠义之士，虽增了不少，然不忠不义的汉奸国贼如汪精卫之一流，不也仍有许多吗？……忠德之提倡，仍有必要。”[①] 不但如此，谢幼伟翻译此书的过程中曾得到张荫麟、贺麟与郭斌龢等人的协助。[②] 如上所述，这几个人都是《思想与时代》社的核心成员，也与吴宓等人的“学衡派”有密切的关系。谢幼伟所译《忠之哲学》一书于 1943 年由重庆的商务印书馆出版。

鲁一士是美国哲学家，研究黑格尔。贺麟说：“鲁一士……是美国最伟大的新黑格尔主义者，是美国系统哲学成立的柱石。他与詹穆士〔案：即詹姆士（William James, 1842–1910)〕齐名，是詹穆士的好友，同时是詹穆士的对头，美国现代的哲学几有不归詹则归鲁的趋势。”[③] 在中国思想界，因为胡适师承杜威，在《新青年》中介绍“实验主义”时，将詹姆士放在“皮耳士–詹姆士–杜威”的思想系谱中介绍到中国来，[④] 因此，在民初以来的中国思想界，就成詹姆士思想一枝独秀，鲁一士则并不有名。贺麟对此深感不满，他说：“我想詹穆士死而有知，也应该替鲁一士抱不平，而骂那瞎捧他的人道：‘你们不了解我的好友，你们也不会了解我的！’”[⑤] 此处显然将矛头指向胡适。正因如此，贺麟大力引介鲁一士的思想，不但亲自翻译了鲁一士的《黑格尔学述》，并鼓励好友谢幼伟翻译《忠之哲学》、他的学生樊星南翻译《近代哲学的精神》。[⑥] 其实《忠之哲学》不但有谢幼伟的译本，早在 1936 年杨缤也曾翻译此书，称为《忠的哲学》。[⑦] 在 1930–1940 年代，学者们热

---

① 谢幼伟，《译者导论》，《忠之哲学》，页 24。

② 此一序言写于 1942 年 6 月 19 日，地点在贵州遵义。见谢幼伟，《译序》，《忠之哲学》，页 1–2。

③ 贺麟，《译序》，《黑格尔学述》（上海：商务印书馆，1936），页 3。在当时美国哲学界，鲁一士是否有与詹姆士相当的声望，仍值得进一步研究。以今日哲学史的标准来看，很多人可能会怀疑贺麟抬高了鲁一士的地位，以便与胡适对抗。

④ 胡适，《实验主义》，收入氏著，季羡林主编，《胡适全集》（合肥：安徽教育出版社，2003），卷 1，页 277–323。本文原刊于《新青年》，卷 6 期 4 (1919 年)。

⑤ 贺麟，《译序》，《黑格尔学述》，页 3。

⑥ 该书是：*The Spirit of Modern Philosophy*。贺麟所译的《黑格尔学述》的第一章，即译自该书。见贺麟，《译序》，《黑格尔学述》，页 31。

⑦ 鲁一士是谢幼伟的翻译，杨缤将之译为洛依思。杨缤在序言里对作者有一简单介绍。见约西亚·洛依思（Josiah Royce）原著，杨缤译，《译者序》，《忠的哲学》（上海：青年协会书局，1934）。杨缤（1905–1957）原名杨刚，燕京大学毕业，为著名的女记者。1928 年加入中国共产党。她曾翻译许多书籍，如赫刻（Julius F.Hecker）的《苏联的宗教与无神论之研究》、尼布耳（Reinhold Niebuhr）的《个人道德与社会改造》、奥斯登（Jane Austen）的《傲慢与偏见》等。杨缤后来在反右运动中自杀。根据谢幼伟所述，他翻译到一半才发现杨缤的译本，在比对之后他觉得“这书实有重译的必要”，而且他深信“译者这一译本，实有杨译所不及的”。参见谢幼伟，《译序》，《忠之哲学》，页 2。

中于将鲁一士的《忠之哲学》引介到中国绝非偶然，而是与抗战的时代背景以及当时“主义崇拜”的观念密切相关，① 更与蒋介石所希望宣扬的类似日本武士道的立国精神相配合。

一个有趣的例子是在杨缤与谢幼伟的两个中译本都将下面有关“忠”的定义中的 cause（原因、理由）一字翻译为“主义”。② 鲁一士的原文是：

Loyalty shall mean, according to this preliminary definition: The willing and practical and thoroughgoing devotion of a person to a cause.③

杨缤的翻译是：

依这初步的定义，一个人用一腔心愿的，实际的，而且彻底的专忱对待一种主义，那便是忠。④

谢幼伟的翻译是：

依照这初步的界说，所谓忠者，就是：一人对一主义之自愿的，实际的，及彻底的尽心。（译者按：英文 Cause 一字不易译，兹姑译为主义）。⑤

英文 cause 是原因、理由、缘由、目标等，然两位译者都译为清末自日本传入的“主义”一词，是一个很特别的现象。⑥ 杨缤在《译者序》中将忠与“主义崇拜”的关系说得十分清楚，“人应该找到一个对自己独立，又比自己更伟大的社会目标以为自己忠诚的对象。……人的生活须服从于一种从外而来的超乎自己的主义，以之为自己的指南针。”他指出，中国人如不忠于主义、完成社会目标，将导致民族

---

① “主义崇拜”是王泛森对近代思想史中一个重要现象的描写，意指“许多思想家称颂‘主义’的神妙作用，傅斯年甚至说有主义总比没有主义好。……国民党和共产党，都想用一套‘主义’来指导思想学术的发展。”参见王泛森，《“主义崇拜”与近代中国学术社会的命运——以陈寅恪为中心的考察》，收入氏著，《中国近代思想与学术的系谱》（台北：联经出版事业股份有限公司，2003），页 463–488。胡适所说的“多研究些问题，少谈些‘主义’”正是对此现象的批判，胡适，《问题与主义》(1919)，《胡适全集》，卷 1，页 324–359。

② 贺麟在介绍鲁一士思想时，将此一观念译为“志业”，他说：“忠忱即是对于某一志业的鞠躬尽瘁。”此一译语要较“主义”为佳。见贺麟，《现代西方哲学演讲集》（上海：上海人民出版社，1984），页 171。

③ Josiah Royce, *The Philosophy of Loyalty* (New York: Hafner Publishing Company, 1971), pp. 16–17.

④ 洛依思原著，杨缤译，《忠的哲学》，页 8。

⑤ 鲁一士著，谢幼伟译，《忠之哲学》，页 8。

⑥ “主义”一语可能是在 1890 年黄遵宪的《日本杂事诗》中最早出现，是日文翻译英文的“-ism”。参见香港中国语文学会编，《近现代汉语新词词源词典》（上海：汉语大词典出版社，2001），页 351。汪荣宝、叶澜编的《新尔雅》（上海：明权社，1903）对“主义”的解释是：“决定意思之实行，标明一种之方针者，谓之主义”，页 56。

沦亡。[①] 杨缤也看到鲁一士的观念与詹姆士的实用主义有所不同，是将忠诚奠基于“绝对观念论”之上：“洛依思（案：即鲁一士）不像实用主义者，要在每一行为之感官结果中寻找真理的现金。他把真理的现金存在于那超人的精神的真实里面。”[②] 谢幼伟有完全相同的看法（有趣的是杨缤是“左倾”，谢幼伟则是右倾），他在该书的《译者导论》中说：

忠必有忠之对象，也就是主义。没有主义，必无由尽其忠。有了主义之后，则必愿意的，及彻底的，尽心于此主义。然即此仍不能认为是忠，因我的尽心可徒托空言。所以我的尽心，必表现于实际的行为而后可。如烈士之殉国，教徒之殉教，船长之殉船，都是忠的好例。忠不仅是一种情感。虽尽忠之人，必有情感，然其情感必受制于其主义。以主义节制其情感，一切均惟主义之命是听，即赴汤蹈火，亦所不辞。其于主义也，虽必喜之爱之，然所以喜之爱之者，决非为个人的利益或快乐，而是相信主义有其自身之价值，可离个人之利益而独立。尽忠之人，所以愿为主义死者，其故在此。[③]

由此可见，贺麟之所以能向蒋介石争取到经费，与他个人哲学上的企图，亦即引介鲁一士思想来打击胡适所代表的詹姆士、杜威的实用主义，并呼应蒋介石的效忠主义、抗战建国的想法直接相关。[④] 关于这一点，他在《两点批判，一点反省》有所剖析，他也承认这样的哲学工作是为了“以适应半封建半殖民地的中国统治阶级的需要”：

在解放前的学术思想方面我和胡适曾有过唯心论内部派系间的矛盾，……他贩运杜威的实用主义，我贩运反动的神秘化黑格尔哲学的新黑格尔主义。……他把杜

① 杨缤，《译者序》，《忠的哲学》，页 5–7。值得注意的是，杨缤后来加入共产党，信仰马克思主义。换言之，她翻译此书的目的应与贺麟、谢幼伟介绍此书以捧蒋的政治目的不同，但均出于“主义崇拜”。她在《译者序》中说：“这本书值得介绍的地方是它对于忠诚的这个意思作了有力的阐发，它的弱点是它没有告诉我们去寻求应当忠诚的对象。”同上，页 13。

② 洛依思原著，杨缤译，《忠的哲学》，页 8。

③ 谢幼伟，《译者导论》，《忠之哲学》，页 14。

④ 贺麟对胡适与实验主义的系统批判，参见《当代中国哲学》，页 69–72。他说：“由于实验主义者重行轻知，重近功忽远效，重功利轻道义，故其在理论上乏坚实的系统，在主义上无确定的信仰。……故不论在政治方面，理论方面，都不能满足青年精神生活的要求。”页 72。胡适并未直接回应贺麟，不过早在 1925 年 8 月 13 日，他写《戴东原的哲学》一书时，对当代思想中“陆王学”的倾向，以“揣度影响之谈来自欺欺人”，偏离了“科学的致知穷理的中国哲学”表示不满。胡适，《戴东原的哲学》（台北：远流出版公司，1986），页 140。

威实用主义的方法与清代汉学家的治学方法相结合，我把从西方资产阶级那里贩来的神秘化直觉化的黑格尔唯心辩证法与柏格森的直觉主义和宋儒的直觉内省方法相结合，……最终目的我和胡适并无不同。不唯反马克斯主义哲学的目的相同，而且一方面依靠西洋资本主义社会某一派的唯心论，一方面希图复活中国封建社会某一派唯心论，两相调和附会，来一个“中西合璧”，以适应半封建半殖民地的中国统治阶级的需要。①

他更说其实这就是为蒋介石的“法西斯统治服务”：

我曾经要求把儒家思想更宗教化，以便更好为蒋介石所御用的旧三民主义作“哲学”基础，以抵制马克斯主义哲学，……尤其反动的是因为蒋介石也喜欢一种神秘唯心的辩证法，我还很无耻地迎合他的意旨，企图用唯心辩证法正反合的公式来阐述旧三民主义以反抗共产主义。……我用唯心论辩证法直接去为旧三民主义辩护，直接为蒋匪的法西斯统治服务，也到了公开无耻、渎亵哲学和辩证法的程度。②

上文可以显示1949年之后贺麟将自己与胡适相提并论，说成都是为统治阶级——蒋介石来服务。上述的观点虽是在政治压力之下所发的议论，然由此可见1945年贺麟在《当代中国哲学》中大力捧蒋，与1938年之后他与国民党人及蒋介石的交往，以及蒋对他的笼络、重用，应有一定的关系。一直到1947年，当《文化与人生》在上海出版时，贺麟还请他的学生将该书寄赠国民党政要，包括蒋介石、陈立夫、陈果夫、陈布雷等人。③ 以上叙述了从贺麟的角度所看到的贺蒋关系，那么蒋介石是如何看待贺麟呢？蒋档中透露出一些消息。

三、蒋贺交往：蒋档中的蒋贺关系

我所调阅的蒋档是目前藏于国史馆的未刊档案（亦称大溪档案），主要是《蒋中正总统文物：事略稿本》、《蒋中正总统文物：学记初稿》、《蒋中正总统文物：爱

① 贺麟，《两点批判，一点反省》，《人民日报》，1955年1月29日。

② 贺麟，《两点批判，一点反省》，《人民日报》，1955年1月29日。这两段文字在《哲学与哲学史论文集》均被删除。这很可能是因为贺麟也难以忍受当时竟用这种文字来污辱自己。

③ 汪子嵩，《读〈文化与人生〉——纪念贺麟先生百年诞辰》，中国社会科学院哲学研究所西方哲学史研究室编，《贺麟先生百年诞辰纪念文集》（北京：中国社会科学出版社，2009），页21。

记初稿》，以及《军事委员会委员长侍从室：人事登记卷》，此外也核对了藏于斯坦福大学胡佛研究所的《蒋介石日记》。① 其中有关贺麟的资料并不多，但可以补充上一节所述一般文献中的贺蒋关系。兹分以下数点说明。

首先，蒋档中有关 1940–1948 年间蒋贺见面的纪录只有两次，都在 1941 年初，而非彭华所说的四次。② 这两次分别是《日记》与《事略稿本》所记：1941 年 1 月 15 日，蒋介石"正午与贺麟谈哲学。"③ 以及 1941 年 2 月 11 日蒋介石"与贺麟谈《三民主义辩证法大纲》，彼颇有见地"、"下午会客，校阅贺麟著《三民主义辩证法大纲》。"④ 至于以后究竟是另外见过两次面（如贺麟说 1942 年曾与蒋见面），而蒋未留纪录，还是不曾见面，不得而知。

其次，为何蒋在 1941 年初要两度接见贺麟？如果梳理《日记》与《学记初稿》可以透露出一些思想上的线索。蒋在 1930 年 10 月 23 日于上海受洗，皈依基督教信仰之后，即对于宗教、哲学方面的探讨有浓厚的兴趣。⑤1938–1941 年间，他对黑格尔辩证法等宗教、哲学议题，以及中西哲学会通等颇为着迷。⑥ 他召见冯友兰谈中国哲学，与贺麟会面谈黑格尔与辩证法，约略都在此一时期。⑦

1941 年的 1 月 1 日，《学记》中有一段讨论"道体"的话："看明道之本原，出于天而不可易。道之本原，是整个完善无缺的。其实体备于己而不可少离。道体即在我心，我即为宇宙万物之中心。若万物一离本原，即偏颇零残，不得其正，就要互相冲突，成为矛盾，则物不能美善了。□人生直求道体，乃可发现真理，万事皆

① 笔者感谢张力教授协助查阅藏于胡佛研究所的《蒋介石日记》（以下略收藏机构）。

② 彭华的《贺麟年谱新编》中记载："从贺麟回国至 1948 年，蒋介石曾经 4 次约见贺麟"，不过他的文章并没有谈到其他三次见面的情况。《淮阴师范学院学报》，2006 年第 1 期，页 82。

③ 《蒋中正总统文物：事略稿本》，国史馆藏：典藏号 002060100148015。

④ 《蒋中正总统文物：爱记初稿》，国史馆藏：典藏号 002060200017011；《蒋中正总统文物，事略稿本》，国史馆藏：典藏号 002060100149011；《蒋介石日记：1941 年 2 月 11 日》。《日记》与《事略稿本》之文字相同，只是《事略稿本》将《日记》中的"三民主义辩征法大纲"中的"征"字改为"证"。

⑤ 秦孝仪总编纂，《总统蒋公大事长编初稿》（台北：中国国民党党史委员会，1978），卷 2，页 76；BaeKyounghan, "Chiang Kai-shek and Christianity: Religious Life Reflected from His Diary," *Journal of Modern Chinese History* 3: 1 (June 2009), pp. 1–10.

⑥ 王奇生指出，1938 年底蒋开始读黑格尔辩证法，此一阅读兴趣前后持续了将近三年的时间。在 1938 年 12 月 7 日的日记中，蒋介石写道："革命斗争而不知辩证法方法论，如何能不失败呢？" 1940 年 12 月 18 日，又写道："昨夜因晚餐后研究黑格尔哲学太迟，故又失眠不宁，今晨八时后方起床。"王奇生，《蒋介石的阅读史——以 1920–1940 年代蒋介石日记为中心的探讨》，页 418。

⑦ 有关冯友兰在 1940 年代"为高官讲学"，见翟志成，《冯友兰学思生命前传》，页 159–160。

成为完善至美焉。”①

1941年1月3日又记：“看黑格尔与朱子太极解之比较说。曰重复研究，觉更有心得。”这一条史料很重要，应该是蒋约见贺麟的契机。因为蒋所阅读的这一篇文章正是贺麟的作品，收入《黑格尔学述》附录一的《朱熹与黑格尔太极说之比较观》。1939年，贺麟曾托陈果夫送给蒋介石这一本书。蒋读过好几次，才会说：“重复研究，觉更有心得。”隔天，即1月4日（而非上节所说的1940年底）他就打算约见贺麟：“约贺麟讲黑格尔哲学，又约人讲解文艺复兴史。”②几天之后，蒋介石又记录了阅读贺麟著作的心得：“看黑格尔与朱子太极解之比较说完，记曰：余甚想于此再加阐明，思于中西太极哲学，有所择，以期贯通。但愿天能再假我二十之年耳。”③接下来几乎每天，蒋介石心中都在思考与此相关的哲学议题，直到与贺麟见面的1月15日：

十二日，记曰：“世界之中，尚有无限的真理，未曾见，即未能致用的力量。我们要得包藏在这些真理和能力中的幸福，除了对信仰冒险的前进，没有其他方法了。”又记曰：“反省去年对于真我之根源，与太极之内容，自觉略有领会。而人生对于宗教信仰之关系，使我内心渐能升华，惜尚未深入于自得之域耳。此于富司迪氏所著之《信仰的意义》、④鲁一士所著之《黑格尔学述》二书，实助我宗教与哲学之研究，其功奇大也。”

十三日，记曰：“朱子太极为主敬克己，存心养天；黑氏太极为致信克敌，尽心立命。”

十四日，记曰：“信仰就在于力行”，力行亦是真正的信仰。

十五日，听贺麟讲哲学。

甚至到与贺麟见过面的1月17日，蒋写道：

回忆去年，余本身进步，以宗教之信仰与哲学之心得为最大。余之性情，本以

---

① 《蒋中正总统文物：学记初稿（二）》，国史馆藏：典藏号002060200012006。

② 《蒋中正总统文物：学记初稿(二)》,国史馆藏：典藏号002060200012006。《蒋介石日记》中在一月初有两次蒋想约见贺麟的纪录：1941年1月6日“预定一约贺麟谈话”；1941年1月11日“预定……二约孟余贺麟来谈”。

③ 《蒋介石日记》的文字略有不同：1941年1月8日：“昨日看贺著朱子与黑格尔太极比较说完，略有心得，甚想于此再加阐明，思于中西太极哲学有所发挥，以期贯通，但愿天能再假我二十之年耳。”

④ 富司迪（Harry EmersonFosdick）撰，胡贻谷译，《信仰的意义》（*Meaning of Faith*）（上海：青年协会，1929）。

哲学最近，然虽至此五十以上之年龄，恐亦不能深信至此。又记曰："近日对于哲学与宗教之研究，几乎朝夕不倦，每至午夜，不忍释卷。"

1月31日，《学记》中还看到："三十一日，察觉黑格尔所称矛盾道理即中国阴阳太极"。2月3日，蒋又提到黑格尔，并将黑格尔的观念用来解析人生中善恶、灵肉之冲突："黑格尔说：对于宠爱的见解，往往有好坏两种相反的结果，因为人的灵魂且有善恶二者之冲突，吾人生活之善恶与命运之好坏，均以此二性冲突之胜负如何而定。爱一方面可以说是破灭灵魂的癫狂；但一方面又可以说爱是神圣的感情，或神圣的癫狂，可以使吾人自如其真的命运。所以在此两说的冲突，就是道德生活的冲突，和灵肉战争的抽象的写照。"

5月31日，蒋又谈到黑格尔："三十一日，晨记曰：黑格尔矛盾之理，即中国阴阳之道，黑格尔所谓绝对存在与绝对本源，即中国太极咸具万理之理也；至其所谓绝对无穷者，即理一而分殊，亦即具千理而应万事之谓也。故黑氏哲学，余最能心领而喜观者。"其中透露出蒋对黑格尔哲学中"绝对观念"的体会与喜好，并说此即中国的"太极"与"阴阳之道"。这些想法无疑地都是得自贺麟著作之启发。

总之，从以上《学记》所述，可知蒋在当时醉心于哲学、宗教，又读过贺麟的书，才因此而电召贺麟至重庆见面。至于2月11日《事略稿本》记载"下午会客，校阅贺麟著《三民主义辩证法大纲》"，因为《三民主义辩证法大纲》一书尚未找到，我推测可能只是贺麟写的有关三民主义的稿本，尝试以辩证法来阐释三民主义，并对抗"辩证法唯物论"。不过从蒋所说"彼颇有见地"的评语，可见蒋对他的观点仍然十分欣赏。①

再次，蒋档中有一份关于贺麟的人事资料，可以帮助我们厘清蒋贺（或说贺麟与国民党）的关系。这一份资料是贺麟在蒋介石侍从室所留下的人事资料。有关侍从室第三处在1939–1945年间所做的人事调查，冯启宏做过深入的分析。此一报告的主要目的在于考察各级人员之品德、能力，以判断其是否适才适任；其次则是

① "三民主义辩证法"的观念一直为蒋介石所牢记于心，1951年2月8日，他在主持中国国民党中央改造委员会第八十二次会议时对此曾有所指示。他说："中央改造委员会对匪党之《辩证法》、《中共干部教育》、《中共工作领导及党的建立》、《中共整风运动》等，应即行切实研究——以上四种书籍，想必各位同志多已看过，但看了不算，必须集体研究，作成具体结论，才能发生作用。关于辩证法一项，尤应澈底研究和切实学习，并从速编辑本党适用的三民主义辩证法，引用总理遗教来证明辩证法的原则，作为党员思想和方法的指导。"秦孝仪（总编纂），《总统蒋公大事长编初稿》，卷10，页40。

为了储备抗战建国之人才。[1]贺麟的人事资料计分为两个部分：一是1941、1943年贺麟两次所自行填报的“人才调查表”，其中1941年的部分与上述贺麟加入国民党的时间接近；另一部分则是1946年为了“国民大会代表案”所做的调查，当时贺麟被提名为教育团体的代表，不过后来他并未当选：[2]

人才调查表（贺麟填于民国三十年三月二十六日）
服务经历 清华大学讲师 北京大学讲师、副教授、教授 中央政治学校借聘教授一年
现任职务 国立西南联合大学教授 中央政校教授 战后建设问题研究会名誉理事 三民主义青年团部评议会评议员（一届） 有经验或专长之同学或同业 赵锡麟（理财专长） 人事登记补充片（民国三十二年）
经历 中央团部二届评议员 国立北京大学教授 国大本党遴选代表 宪政实施促进会常委 国立北京大学中文系主任 国大一届教育团体北区后补代表

① 冯启宏，《花溪论英雄：侍从室第三处的人事工作析探》，《“中研院”近代史研究所集刊》，期57（2007），页119–164。

② 有关该次国大代表选举，参见张朋园，《中国民主政治的困境，1909–1949：晚清以来历届议会选举述论》（台北：联经出版事业公司，2007），页165–205。

调查表 案由：国民大会代表案 调查人:〔果〕汝煌调查报告：民国三十五年十月二十三日 贺麟现任国民党代表 惇惇儒雅，潜思为学，对黑格尔、尼采哲学有研究。言论行动当见纯正，醉心个人自由主义学说，但对本党为当忠实。①

从上述的人事报告可以看得出来，对国民党人来说，贺麟无疑是“本党忠实同志”。另一个证据是1945年5月5日，国民党六大召开前夕，陈立夫与朱家骅联名向蒋介石推荐98名最优秀教授、党员，其中包括黎锦熙（西北师范学院），陈寅恪（燕京大学），伍蠡甫（复旦大学），熊庆来（云南大学），萨本栋（厦门大学），金毓黻（东北大学），竺可桢（浙江大学），王星拱、朱光潜（均武汉大学），张伯苓、蒋梦麟、梅贻琦、冯友兰、贺麟、华罗庚、姚从吾（均西南联大）等。② 贺麟的名字也名列其中。

显然是因贺麟为忠实又优秀的国民党员，1949年山河变色之前，他是蒋介石所要营救、保护的对象之一。这是蒋档中有关贺麟的最后一条资料。1948年12月17日，蒋介石发电报给傅作义(1895−1974)，要傅帮忙安排帮助蒋所指定的62名学者搭飞机到南京，准备撤退北平，名单中包括贺麟，电文的详细内容如下：

北平傅总司令宜生兄，口密。(一)在平教育行政负责人为:“梅贻琦”、“李书华”、“袁同礼”、“袁敦礼”、李麟玉、陈垣、“胡先骕”、汤用彤、“冯友兰”、叶企荪、饶毓泰、陈岱孙、“郑天挺”、“贺麟”、郑华炽、沈履、霍秉权、褚士荃、黎锦熙、温广汉、黄金鳌、徐悲鸿。(二)因政治关系必须离平者为:“朱光潜”、“毛子水”、“丘椿”、“张颐”、“陈友松”、刘思职、“梅贻宝”、齐思和、雷宗海〔案：应为雷海宗〕、刘崇鋐、戴世光、邵循恪、吴泽霖、赵凤喈、敦福堂、张恒、金澍荣、“英千里”、张汉民、徐侍峰。(三)在平之中央研究院士为:“许宝騄”、张景钺、陈达、戴芳澜、“俞大绂”、李宗恩。(四)学术上有地位，自愿南来者，如“杨振声”、罗常培、钱思亮、马祖圣、赵乃抟、钱三强、严济慈、张政烺、沈从文、邵

① 《侍从室人事登记卷：贺麟》，国史馆藏，档号：129000019327A。

② 《国民政府档案》，国史馆藏，典藏号：001014151008。笔者感谢王奇生教授提供此则史料。

循正、邓广铭、李辑祥、孙毓棠、蒯淑平。请兄分别疏导，即日南移，如获彼等同意□□□，可派机或备船接运。其搭机人员并请兄代排订次序电告，尤以有括弧者，务须来京，如何？请速电覆中。①

贺麟的名字列在“在平教育行政负责人”，且加上了引号（文中称为“括弧”），是优先抢救的人选之一，不过诚如上述，贺麟拒绝了蒋介石的安排，选择留下来。为什么与国民党和蒋介石关系那么深厚的他，会做出这样的决定呢？我们必须进一步从思想层面来挖掘其原因。

四、贺麟的《当代中国哲学》与蒋介石

贺麟的《当代中国哲学》一书序文写于 1945 年 8 月 30 日，地点在昆明，同年 11 月初由重庆胜利出版社出版。在序文中贺麟详述了该书的缘起。这一本书其实一开始就与国民党的宣传机构有非常密切的关系。

该书的第一章《中国哲学的调整与发扬》是应潘公展（1895–1975）之邀而作，收入由潘公展主编、为纪念中国国民党五十周年而出版的《五十年来的中国》一书。②潘公展为浙江吴县人，上海圣约翰大学毕业，曾参加五四运动。1927 年 1 月，由陈果夫推荐加入中国国民党，为 CC 系的核心成员。③同年 4 月，任上海政治分会委员。7 月，任上海特别市政府农工商局长。1932 年 8 月，任上海市教育局长兼社会局长。自 1928 年 2 月起，一直担任国民党上海特别市党部执行委员，并出席了国民党第三、四次全国代表大会。1935 年 11 月，被选为国民党中央执行委员。在此期间，还在上海创办《晨报》。此外，他还办过《晨报晚刊》、《儿童晨报》、《儿童画报》等。1934 年 3 月，设立“中国文化建设协会”，任常务理事兼书记长。不久，出任上海特别市教育局长。抗日战争时期，潘公展先后任国民政府军事委员会参事室参事、国民党中央宣传部在汉口开办的独立出版社经理、湖南省政府秘书

① 《蒋中正总统文物，卷名：武装叛国（一七四）》，国史馆藏：典藏号:002090300197213，1948–12–17。有关这 62 人的生平经历与 1949 年的抉择，请见本文附表。

② 潘公展主编，《五十年来的中国》（重庆：胜利出版社，1945）。据潘公展所写的序文，该书作者均为与国民党关系深厚的“身历革命的先进作家与各种问题的专门学者”，如邹鲁、王宠惠、徐培根、翁文灏、陈立夫、王云五、任鸿隽、李晨冬等。见页 5。

③ 潘公展与 CC 系的关系，请参见王奇生，《党员、党权与党争：1924–1949 年中国国民党的组织形态》（上海：上海书店出版社，2003），页 231、334。

长、国民党中央宣传部副部长兼《中央日报》总主笔，后又兼军事委员会战时新闻检查局副局长、中央图书杂志审查委员会副主任委员、中央政治学校新闻专修班主任。1942 年 11 月，在国民党五届十中全会上被选为中央执行委员会常务委员，再改任中央图书杂志审查委员会主任委员。1945 年 5 月召开的国民党六届一中全会上，再次被选为中央常务委员，并任中央宣传委员会主任委员。① 由以上的经历，可见潘公展是国民党宣传部门的一位重要人物。

潘公展的文化事业与位于重庆的胜利出版社发行人印维廉也有关系。两人在抗战期间为弘扬与振奋民族精神，曾编辑“民族伟人故事集”、“中国历代名贤故事集”等丛书，邀约钱穆写《黄帝》，又邀约学者写管仲（王毓瑚，1945）、秦始皇帝（顾颉刚，1946）、诸葛亮（祝秀侠，1944）、岳飞（邓广铭，1945）、明太祖（吴晗）等书。在贺麟的《中国哲学的调整与发扬》刊出之后，他说：“盖因此篇未能写完方承公展先生及印维廉先生的好意，提议并再三催促我写完此文，另刊单行本。”② 因此潘公展与印维廉的约稿是贺麟从单篇文章扩大，写成一本专书的缘由。

该书的第二章《西洋哲学的绍述与融会》是专为单行本所写。第三章《时代思潮的演变与批判》则是樊星南为贺麟所做的演讲纪录，曾在《文化先锋》上刊载过。该期刊也是国民党的一个宣传刊物，由重庆的中央文化运动委员会发行，出版时间为 1942—1948 年，发行人是该会的主任委员张道藩（1897—1968），主编李辰冬（1907—1983，该会委员兼秘书）、编辑徐文珊（1900—？）。③ 张道藩曾留学英、法，研习美术、文学与艺术。1922 年由邵元冲（1890—1936）介绍在伦敦加入国民党，后来成为国民政府文化事业与政治宣传的重要策划者，也是 CC 系的骨干人物。④ 抗战期间，他先在武汉成立“中国全国文艺界抗敌协会”，继而在重庆出任

---

① 潘公展的生平见李松林主编，《中国国民党史大辞典》（合肥：安徽人民出版社，1993），页 560—561，及潘公展先生纪念集编辑委员会，《潘公展先生纪念集》（台北：华冈印刷场，1977）。

② 贺麟，《当代中国哲学》，页 4。

③ 徐文珊，河北遵化县人。1929 年考入燕京大学文学系，毕业后在北平汇文中学做国文、历史教师。抗战时担任国民党中央文化运动委员会委员兼编译科长；1945 年 9 月，担任国民党中央党史委员会征集处长，国史馆和党史馆联合办事处主任；1949 年 9 月，随国民党中央党史委员会迁台，并继续在中央党史委员会内任职。历任东海大学兼职教授、中国医药学院等校客座教授，退休后改兼任教授，亦为著名的书法家。

④ 邵元冲早年曾加入同盟会、中华革命党。1919 年赴美留学，并奉孙中山之命，视察海外党务，周游美、英、法、德诸国，张道藩即在此一阶段为其吸收入党。邵之生平与经历，请参见李松林主编，《中国国民党史大辞典》，页 487—488。

国民党中央文化运动委员会主任委员（潘公展任副主任委员），该会标榜“以文化力量增强抗战力量，以文化建设促进国家建设”。上述的《文化先锋》，以及《文艺先锋》两刊物就是在此一阶段刊行的。[①]贺麟在此一刊物上发表文章，足以显示他与国民党宣传部门的密切关系。

该书的第四章《知行问题的讨论与发挥》曾分五篇发表在李惟果（1905–?）所主持的《三民主义周刊》（1941–1942）之上，1943年12月曾由重庆的青年书店以《知难行易说与知行合一说》为名出版。贺麟说：“此五篇文字之写成，应该感谢惟果兄函电催促之力。”（页4–5）李惟果为贵州人，毕业于清华大学，公费留美，获柏克莱大学硕士，哥伦比亚大学国际关系学博士，历任蒋介石秘书，国民党中央宣传部部长、行政院秘书长（1948）等职。他与郑彦棻、胡轨等人在国民党内属蒋经国的“太子党”、“赣南派”。李此时任蒋介石侍从室秘书，他自1939年9月被任命为三青团中央干事会常务干事后，可随时去电蒋经国（时任三青团中央干事、江西支团筹备主任），告知蒋介石的意向和党团中央的动态，蒋经国亦时常透过李来转达他的情况和要求。《三民主义周刊》是1940年蒋介石交待陈布雷所办的一个刊物，以弘扬三民主义理论，领导青年思想为目标，部分则是针对中共在重庆办的《新华日报》。1941年1月《三民主义周刊》在重庆创刊，由三民主义周刊社编辑发行，1942年7月1日改为半月刊，两者的封面均由吴敬恒题字。

《当代中国哲学》一书有一个很清楚的思路：以当代“陆王学”的复兴作为发展主轴。用他的话来说，近五十年来中国哲学乃“如何由粗疏狂诞的陆、王之学，进而为精密系统的陆、王之学，如何由反荀反程、朱的陆、王之学进而为程、朱、陆、王得一贯通调解的理学或心学。”（页19，为避免繁琐，以下在引文之后标明页数，不另加注。）至于造成陆王学盛大发扬的原因，贺麟认为主要是与个人自觉、民族自觉相契合，也配合过渡时代，“无旧传统可以遵循，无外来标准可资模拟”，故反求内心之所安，以应付瞬息万变之环境（页19）。依此贺麟清理出了从康有为、谭嗣同、梁启超、章太炎、梁漱溟、熊十力，再到马一浮的一条现代“陆王学”的思想系谱。

孙中山与蒋介石则被归为本陆王之学而发为事功的代表人物，并对知行关系提

① 楚崧秋，《张道藩先生与中国文艺》，收入道藩文艺中心主编，《张道藩先生文集》（台北：九歌出版社，1999），页18；张道藩，《我怎样的参加中国国民党》，《张道藩先生文集》，页54–55。

出诠释，因而对中国哲学有重要的贡献。对于孙中山，他指出“知难行易说”与王阳明的“知行合一说”互相发明。同时从知难行易说推衍出“能知必能行”、“不知亦能行”两原则，使其学说“富于近代精神”，对于恢复民族自信心，促进民族意识的自觉，贡献很大（页 20）。对于蒋介石，贺麟认为他的事功是基于哲学修养，“他责己之严，治事之勤，革命之精诚，事业之伟大，皆由于精诚致良知之学问得来”（页 21）。再者，在哲学方面，蒋介石的贡献是“把握住中山先生知难行易说的真义”（页 115），“蒋先生‘不行不能知’之说，对于中山先生‘不知亦能行’之说的发挥与补充”（页 115）、“灼然见得王阳明知行合一说及孙中山先生知难行易说的贯通契合处，而发挥出他的‘行的道理’”（页 21）。换言之，蒋介石和贺麟一样，都看到知难行易与知行合一是不相矛盾的。同时蒋的“力行哲学”将行说成是“天的本性，也是人的本性”，他的行包含了仁与诚，亦即仁民爱物而真纯专一。贺麟的结论是：“蒋先生所讲的哲学，乃即是他自己伟大人格的写照，坚苦革命经验的自白。……蒋先生的哲学特别值得我们了解，因为了解他的哲学，即是了解他的人格何以伟大，了解他革命伟业的精神背影，也即是了解他抵抗暴日的精神战略，并且了解我们抗战何以必胜，建国何以必成的理论基础。”（页 132–133）贺麟明白地指出，蒋介石和德国大哲学家费希德（Johann Gottlieb Fichte, 1762–1814）之所见“若合符节”，“深切著明地见到一个伟大的民族解放战争，须要建筑在一个伟大的民族哲学和民族精神复兴的运动上面”（页 130）。

《当代中国哲学》一书的最后，附了一篇贺麟的好友谢幼伟所写的《抗战七年来之哲学》，原文发表于 1944 年《文化先锋》第 3 卷第 24 期，后收入中央文化运动委员会的文化运动丛书《中国战时学术》（1946），由孙本文等编、正中书局出版，篇首有张道藩写的序文。在这一篇附录之中，谢幼伟呼应了贺麟的主张，将蒋介石在 1939 年 3 月 15 日的一篇有关“行的哲学”的演讲，誉之为“抗战七年来，中国哲学上最值得注意的一件事”，并说：“蒋主席提倡力行哲学可谓有根据，有渊源，而决不是杜撰的。”（页 147–148）对于贺麟阐述蒋介石的理论，他也大力赞许，认为贺著是“最有价值的一本书，对力行哲学确有认识，确有发挥……贺先生这种解释，可谓得到了力行哲学的真意。”（页 148–149）

1949 年，《当代中国哲学》出版之后的四年，贺麟面临了要留在大陆，接受中共政权，还是随蒋介石政权南迁的抉择。这一段经历贺麟在《我和胡适的交往》，原载《文史资料选编》第28辑(1986)中有所说明：

> 1949年北平临解放前，清华校长梅贻琦到胡适家来，两人商量了出走的事。不久，两人就先后飞往南京去了。……我不知道共产党地下组织是否已经劝告胡适、梅贻琦不要走，但我自己是有这个经历的。一个叫汪子嵩的学生曾经代表地下党组织找我，劝我留在北大，不要到南京去。我当时的回答是："我没定，可能走也可能不走，谢谢你们。"不过我是动了心的。据说，当时北大地下党负责人王汉斌要汪子嵩别暴露党员身份，以防意外。汪说："不要紧，我相信他不会给警备司令部打电话，叫人来抓我的。"也有人劝我以走为好。但我想，我又不干坏事不犯罪，干吗要走呢？而且这么多书怎么带走呢？我也懂点马克斯主义，知道共产党不像国民党宣传的那样可怕，知道共产党也还需要我这样的知识分子。在这期间，有四次机会我可以飞南京，我都没有走。经过反复考虑和思想斗争，我终于留下来了。①

上述的自白，尤其是所谓"我又不干坏事不犯罪，干吗要走呢？而且这么多书怎么带走呢？"大概是贺麟选择留在大陆的重要原因。此外，对蒋介石缺乏信心可能也很重要。据张祥龙所述，1948年陈布雷的自杀，对他是一个很大的刺激。据说贺麟在听到陈的死讯之后，一方面发现陈的儿女竟是共产党员，也感觉到亲近蒋介石往往没有好下场，曾说："陈布雷死后，我对蒋介石更加失望，他竟这样对待自己的左右……"，因而选择了留在中国大陆。②

1949年之后，贺麟很少公开地批判蒋介石，只有在1950年代批胡运动期间提到：解放后不久，他因为阅读艾思奇的《〈中国之命运〉——极端唯心论的愚民哲学》(1943)，帮助他"在思想上与蒋介石的反动思想划清界限"。③ 此外，就是批胡期间说过一些较重的话。贺麟后来多采取间接的方式来表明自己当年捧蒋的不当。1986年，贺麟将早年的旧作《当代中国哲学》改名为《五十年来的中国哲学》，交辽宁教育出版社出版。在新写的序言中，贺麟特别说明："上篇中第一第二两章

---

① 转引自汪子嵩，《往事旧友　欲说还休》，http://big5.xinhuanet.com/gate/big5/news.xinhuanet.com/book/2004-02/24/content_1328905.htm (2009/9/7)。亦参见汪子嵩，《读〈文化与人生〉——纪念贺麟先生百年诞辰》，收入中国社会科学院哲学研究所西方哲学史研究室编，《贺麟先生百年诞辰纪念文集》，页26。

② 宋祖良、范进编，《会通集：贺麟生平与学术》，页73。

③ 贺麟，《现代西方哲学演讲集》(上海：上海人民出版社，1984)，页227。

除个别字句稍有修订外，……只有第三章时代思潮的演变与剖析，因为涉及政治问题，且系基于学生的笔记写成，由于我当时对于辩证唯物论毫无所知，所以这次作了较大的修改。”①

事实上，如果我们仔细比对1945年的《当代中国哲学》与1986年的《五十年来的中国哲学》，会发现两者无论在结构、遣词用字、历史论断等，都有很重大的差异，有许多的增删。这些调整，贺麟在序言中并没有清楚地交代。兹说明如下。

第一，凡是1945年版中所有有关国民党、三民主义与蒋介石的部分在新版中都被删除。例如在《当代中国哲学》原序中有关潘公展、印维廉、李惟果等名字，以及《文化先锋》、《三民主义周刊》等刊物，与附录中谢幼伟的《抗战七年来之哲学》都被删除。又如第一章原为“国父孙中山先生与当今国府主席蒋先生，就是王学之发为事功的伟大代表”（页19），被改为“孙中山先生就是王学之发为事功的伟大代表”，“国父”、“与当今国府主席蒋先生”被删除掉了。再者第一章中有四段关于蒋介石哲学的描写，从“至于蒋先生则在他青年时期，……我敢断言，没有人会否认蒋先生对阳明之学实有亲切精辟的发挥，且于事功方面发挥出伟大的效用”（页20–22）被删。又如新版第三章对于孙中山的肯定打了折扣，本来是“我个人看来，这派哲学将要大大发展的”（页69），新版改为“在我个人看来，这派哲学将会有较大发展的”；而且这一段文中的“三民主义”被改为“孙文学说”（页64）。第三章第四节标题原为“正统哲学与三民主义哲学的展望”，新版中被改为“古典哲学的新展望”，且文中有关三民主义的部分均被删除（页74–76）。再者，旧版第四章之中凡是涉及蒋介石的部分均被删除，如“蒋先生提出‘力行’之概念，实把握中山先生知难行易说的真义”、“对于这个问题，蒋先生亦有一切实周至而又符合中山先生本旨的贡献。……”（页115–117）。最后，第五节“知难行易说与力行哲学”一节完全被删掉（页128–142）。

第二，贺麟更动了对部分哲学家的评价。如胡适的《说儒》一文，原为较正面的，“这篇文章的态度似较客观，复引起许多有唯物史观兴趣的人，从职业或出身方面去解释孔、老、墨的异同”（页23），改为较负面的“这篇文章似又退回到尊孔态度，并且引起有些人误认为从职业或出身方面去解释孔、老、墨的异同，就算

① 贺麟，《新版序》，《五十年来的中国哲学》，页2。

是唯物史观。”（页 21）冯友兰的部分，新版增加了“他自称他自己所谓《新理学》为‘最哲学的哲学’，也没有人承认他这种吹嘘”（页 21）；“我们也无法采取他自己认他的‘新统’是‘最哲学的哲学’的评估”（页 33，其中“是‘最哲学的哲学’”为旧版所无）。①

第三，贺麟改变了对“唯物史观”与“辩证唯物论”的认识与以往的负面评价。这主要是第三章第三节的部分。旧版是“辩证法唯物论批判”，新版改为“辩证唯物论的剖析”。再者，文中对辩证唯物论的负面性字眼都被删除，如“以上种种说明了辩证唯物论哲学思想的贫乏”（页 76），改为“以上种种说明了辩证唯物论哲学的方法论，许多都是承继黑格尔而来”（页 71）。其他的例子如“唯物史观的错误，就像这例中以为钟表决定了人的行为一样”（页 78）、“辩证法唯物论的根本缺点是忽略个性，忽略人格，将人与人的差别完全抹煞，……”（页 79）等句子均被删除。

第四，贺麟将孙、蒋的继承关系，依照共产党的观点，改变为孙中山与毛泽东的继承关系。新版将孙中山的知行说定位为“代表了中国资产阶级革命对这个问题最高最新最进步的成就，也为他后来提出‘新三民主义’（联俄、联共、扶助农工）准备了条件。”（页 207）同时将思想系谱连接到毛泽东的《实践论》，作为知行哲学历史发展的最后阶段，“代表无产阶级新民主主义的实践论，……是中国人民，特别是哲学工作者一个很好的指南。”（页 207–209）贺麟在 1986 年所做的思想系谱的变动，亦即砍断孙中山与蒋介石的联系，而将孙直接与毛泽东连接在一起，其实是中共学界对知行问题的“钦定”观点。1982 年，在中国人民大学、南开大学任教的方克立撰写《中国哲学史上的知行观》时，该书第八章《孙中山的知难行易说》之后，也是以毛泽东思想作为总结，该书的结束语是“《实践论》——中国哲学史上知行问题的科学总结”。② 贺麟无疑是跟随着此一思想脉络，投靠了毛泽东思想，而跟以前他所力捧的蒋介石哲学彻底决裂。

---

① 翟志成在他的书中引用了这一句话，却没有注意到文中“是‘最哲学的哲学’”的字眼是 1986 年时加进去的。翟志成，《冯友兰学思生命前传》，页 186。

② 方克立，《中国哲学史上的知行观》（北京：人民出版社，1982）。

五、结论

以上我们很仔细地清理了抗战期间的蒋贺关系，可以发现贺麟与蒋介石和国民党关系之密切，超过我们以往的认知。蒋介石与贺麟的结合，是政治与文化上民族主义的结合，贺所宣传的费希德式德国爱国主义、黑格尔的绝对精神（以及鲁一士对群体的重视与反驳詹姆士重视个性的实效主义与工具主义）、忠的重要，与他对儒家传统的尊重，又以中国哲学观念来诠释西洋哲学等等，是他为蒋所欣赏、重用的主要原因。他左批唯物辩证法与共产主义、右批胡适的实验主义与自由主义，并从哲学史的角度肯定蒋介石与孙中山的继承关系。对蒋介石与国民党党务人员来说，贺麟的“忠诚度”是毋庸置疑的。

贺麟一生最让人费解的是，为何在1949年他选择留下来？以及为何在1949年之后他可以彻底地“洗澡”，在思想上与他以前所信仰的各种理念完全决裂，而全心全意地拥抱马克思主义与毛泽东思想？诚如上述，他觉得自己没做坏事，而且共产党没有那么可怕，应该是留下来的主因。此外，1946–1949年间的经历，如陈布雷的自杀、国民党处理“进步学生”的方式、① 中共地下党的鼓吹等，显然都有一定的影响。谢泳所撰写的《晚年贺麟》一文也一再感慨：“他们的转变有多少是出自真诚，又有多少是出自无奈！”谢泳提出了一个有趣的解释，他说贺麟、金岳霖与冯友兰等哲学家都留了下来，“在西南联大校史上，这3位哲学教授不仅留了下来，而且很快和新时代同步，倒是当年几位治历史的教授如陈寅恪、钱穆、傅斯年、毛子水、姚从吾等人，保持了清醒的选择，哲学家和史学家对立的选择，给我们留下许多启示。”② 这一个解释也不完全正确，因为离开大陆的哲学家也不少，如贺麟的好友谢幼伟、唐君毅，以及牟宗三等；同时留下来投共的史学家更不在少数。这样一来，我们还是无法在思想内部找到必然的关联。不过在贺麟思想中，对于孙中山思想的推崇倒是一生一以贯之的。再者，贺麟用力最深的西方哲学家，一是斯宾诺莎，一是黑格尔。这两个人的思想都与马克思血脉相连。佛洛姆（Erich

---

① 宋祖良、范进编，《会通集：贺麟生平与学术》，页74。

② 谢泳，《晚年贺麟》，收入氏著，《逝去的年代：中国自由知识分子的命运》（北京：文化艺术出版社，1999），页71。

Fromm, 1900–1980）指出："马克斯的哲学……源于西方人道主义的哲学传统，这个传统从斯宾诺莎开始，通过十八世纪法国和德国的启蒙运动哲学家，一直延续至歌德与黑格尔，这个传统的本质就是对人的关怀，对人的潜在才能得到实现的关怀。"① 这样一来贺麟的哲学倾向与马克思主义有其配合之处。同时，作为一个本来信仰黑格尔思想的绝对唯心论者，他可能对于思想观念所能发挥的力量抱有很乐观的信念，他确信只要思想发生变化，就一定会带来彻底的改变，这或许是为何贺麟"洗澡"会洗得那么彻底的一个原因。换言之，唯心与唯物、拥蒋与拥毛虽然看起来像两个极端，但以哲学来为政治服务的基调却是完全一致的。无论如何，厘清贺麟与蒋和国民党的关系，仍然无法帮助我们了解贺麟一生中这些让人费解的问题，它只能显示 1949 年离开或留居大陆的抉择，对于像他这样的知识分子来说，是一个无比严峻的考验。贺麟做出他自己的抉择，也为他的抉择付出代价。尤有甚者，从附表可见，当时蒋介石想极力营救的亲国民党或国民党籍的学者绝大多数都没来台湾（62 人之中，留在中国：43 人、赴台：7 人、海外：3 人、不明：9 人）。1949 年后，他们在大陆几乎都经历了与贺麟很类似的思想改造的惨痛过程。不在上述名单之内的周炳琳是一个完全相同的例子。他在 1948 年 12 月 14 日曾劝胡适搭机南行。② 只是不知何故，他自己却留了下来。1954 年 12 月 28 日，香港《大公报》登了一篇《周炳琳驳海外奇谈》的讲话纪录。上面记载："回溯卅年，到现在有了正确的宇宙观、人生观和治学处世方法。……听说台湾友人中，流传关于我在新安全和自由的海外奇谈。我可怜他们，愿意用忠言答复他们。"他的忠言是：他现在一心向往"思想改造"，"深悔前非，决心由自外于人民转向于靠拢人民了"。③ 从贺麟与周炳琳的个案来看，蒋介石与中共政权对知识分子采取了两种的不同策略，一采笼络、一采改造，这两者无疑地各有其功效，也在不同时期发挥了不同的作用，它们影响了许多知识分子的命运，更凸显出二十世纪中国知识分子所面临的困境。

① 佛洛姆 (Erich Fromm) 著，徐纪亮、张庆熊译，《马克斯关于人的概念》（台北：南方丛书出版社，1987），页 3。

② 胡适，《胡适日记全集》，册 8，页 371。

③ 这一则剪报收在"中研院"近代史研究所胡适纪念馆的档案中，上面有胡适阅读并以红笔画线的痕迹。档号：HS-NK05-317-012。有关周炳琳在 1949 年之后所经历的思想改造，见张友仁，《周炳琳和赵迺抟的友谊》，http://pku.cuepa.cn/show_more.php?tkey=&bkey=&doc_id=165198 (2009/9/10)；张友仁，《周炳琳和梅贻琦的友谊》，http://pku.cuepa.cn/show_more.php? doc_id=29139 (2009/9/10)。

附表：1948 年底蒋介石计划营救的北京学者

（一）在平教育行政负责人

姓名	籍贯	重要资历（1949 年前）	1948 年之职务	党籍	1949 年后去向
梅贻琦（1889–1962）	天津	清华大学校长、国民党第六届中央执行委员会委员、第一届国民大会代表	清华大学校长、12 月任教育部部长，未就职	国民党	1950 年赴美国任“华美协进社”常务董事，1955 年回台湾，任教育部部长兼清华大学校长、“中研院”院士
李书华（1890–1979）	河北昌黎	北京大学物理系教授、国民政府教育部部长、立法委员、国民党第六届中央执行委员会委员、第一届国民大会代表、国立北平研究院副院长、“中研院”院士	国立北平研究院副院长	国民党	1953 年移居美国纽约，1957 年任“中华民国教育部”在美教育文化事业顾问委员会委员，病逝于纽约
袁同礼（1895–1965）	河北徐水	北京大学图书馆馆长、国立北平研究院副院长、国立北平图书馆馆长	国立北平图书馆馆长	不明	赴美，于美国国会图书馆任职，病逝华盛顿
袁敦礼（1895–1968）	河北徐水	北京师范大学教授、校长、国民政府教育部体育司司长	北京师范大学校长	国民党	留在中国大陆，任西北师范学院教授
李麟玉（1889–1975）	天津	北京大学化学系教授、国立北平研究院化学研究所研究员、私立中法大学校长	中法大学校长	不明	留在中国大陆，任国立北京中法大学校长
陈垣（1880–1971）	广东新会	北京政府教育部次长、北京大学研究所国学门导师、燕京大学国学研究所所长、北京大学史学系名誉教授、“中研院”院士、辅仁大学校长	辅仁大学校长	不明	留在中国大陆，任北京师范大学校长、全国人大代表，1959 年加入共产党
胡先骕（1894–1968）	江西新建	南京高等师范学校、国立东南大学（后改名为中央大学、南京大学）农科教授，兼生物学系系主任。	静生生物调查所所长	不明	留在中国大陆，任中国科学院植物分类研究所、植物研究所研究员。

汤用彤 (1893–1964)	湖北黄梅	中央大学哲学系教授、北京大学哲学系教授及文学院院长、“中研院”院士	北京大学教授	不明	留在中国大陆，任北大副校长、全国人大代表、中国科学院哲学社会科学部学部委员
冯友兰 (1895–1990)	河南唐河	清华大学哲学系教授及文学院院长、“中研院”院士、国民党第五次全国代表大会代表	清华大学校务会议主席	国民党	留在中国大陆，任北京大学哲学系教授、全国人大代表
叶企孙 (1898–1977)	上海	清华大学物理系教授及理学院院长、“中研院”院士	清华大学理学院院长	不明	留在中国大陆，任北京大学物理系教授、全国人大代表，“文革”时期曾被捕
饶毓泰 (1891–1968)	江西临川	国立北平研究院物理研究所研究员、北京大学物理系教授及理学院院长、“中研院”院士	北京大学理学院院长	不明	留在中国大陆，任北京大学理学院院长、全国政协委员、中国科学院数学物理学部委员
陈岱孙 (1900–1997)	福建闽侯	清华大学经济系教授及法学院院长	清华大学法学院院长	不明	留在中国大陆，任北京大学教授、全国政协委员
郑天挺 (1898–1981)	福建长乐	北京大学中文系、历史系教授、国民政府教育部秘书	北京大学秘书长	国民党	留在中国大陆，任北京大学校务委员会委员、副校长、全国人大代表
贺麟 (1902–1992)	四川金堂	北京大学哲学系教授、制宪国民大会代表、宪政实施促进委员会常委	北京大学教授	国民党	留在中国大陆，任北京大学教授、全国政协委员、中国民盟委员、1982 年加入共产党
郑华炽 (1894–1933)	广东香山	中央大学、北京大学物理系教授	北京大学教务长	国民党	留在中国大陆，任北京大学、北京师范大学教授
沈履 (1896–?)	四川	清华大学教授、秘书长	清华大学秘书长	国民党	不明
霍秉权 (1903–1988)	湖北黄冈	清华大学物理系教授	清华大学教授	国民党	留在中国大陆，任东北工学院教授、全国人大代表、中国民盟委员、1979 年加入共产党
褚士荃 (1901–?)	江苏金山	清华大学机械系教授	清华大学训导长	不明	不明

黎锦熙(1890—1987)	湖南湘潭	北京师范大学国文系教授、文学院院长	北京师范大学文学院院长	不明	留在中国大陆，任北京师范大学教授、中国科学院哲学社会科学部委员、全国人大代表、全国政协委员
温广汉(1902—1982)	安徽肥东	北京师范大学教授、河南省政府委员	北京师范大学训导长	不明	留在中国大陆，任南京师范学院教授、中国民革委员
黄金鳌(1906—1997)	安徽合肥	北京师范大学教授、教务长	北京师范大学教务长	国民党	赴台湾，任台中师范学校校长
徐悲鸿(1895—1953)	江苏宜兴	中央大学艺术系教授、国立北平艺术专科学校校长	北平艺术专科学校校长	不明	留在中国大陆，任中央美术学院院长

（二）因政治关系必须离平者

姓名	籍贯	重要资历 (1949 年前)	1948 年之职务	党籍	1949 年后去向
梅贻宝(1900—1997)	天津	燕京大学文学院院长、校长、齐鲁大学校长	燕京大学教授	不明	赴美国任衣阿华州立大学教授，退休后回台湾任东海大学教授
朱光潜(1897—1986)	安徽桐城	北京大学西语系教授	北京大学教授	国民党	留在中国大陆，任北京大学教授、全国政协委员、中国民盟委员
毛子水(1893—1988)	浙江江山	北京大学史学系教授	北京大学教授	不明	赴台湾，任台湾大学教授
邱椿(1897—1966)	江西宁都	北京师范大学、清华大学、厦门大学、北京大学教育系教授、江西省政府委员、国民参政会参政员	北京大学教授	青年党	留在中国大陆，任北京师范大学教授
张颐(1887—1969)	四川叙永	北京大学哲学系教授、厦门大学副校长、四川大学校长、四川省临时参议会参议员	北京大学教授	国民党	留在中国大陆，任北京大学教授、全国政协委员
陈友松(1899—1955)	湖北京山	厦门大学、北京大学社会系教授、中央党部中央电影科专门委员	北京大学教授	国民党	留在中国大陆，任北京师范大学教授、中国民盟委员
刘思职(1904—1983)	福建仙游	北京大学医学院、理学院教授	北京大学教授	不明	留在中国大陆，任北京大学教授、中国科学院学部委员

齐思和(1907–1980)	河北宁津	北京师范大学、燕京大学、中国大学历史系教授	燕京大学文学院院长	不明	留在中国大陆，任北京大学教授
雷海宗(1902–1962)	直隶永清	中央大学、金陵女子大学、武汉大学、清华大学历史系教授	清华大学教授	国民党	留在中国大陆，任南开大学教授
刘崇鋐(1898–1990)	福建福山	南开大学、清华大学历史系教授	清华大学教授	不明	赴台湾，任台湾大学教授
戴世光(1908–1999)	湖北武昌	美国国情普查局统计研究室研究员、清华大学经济系教授、北平市党部监委	清华大学教授	国民党	留在中国大陆，任清华大学教授、民盟委员
邵循恪(1911–1975)	福建闽侯	清华大学法学院教授	清华大学教授	国民党	不明
吴泽霖(1898–1990)	江苏常熟	大夏大学社会学教授、清华大学人类学系教授	清华大学教务长	不明	留在中国大陆，任中央民族学院教授、民盟委员
赵凤喈(1899–?)	安徽和县	清华大学政治系、法律系教授、北京大学法学院教授、北平市参议员、行宪国大代表	清华大学教授	国民党	不明
敦福堂	河北获鹿	清华大学心理系教授	清华大学教授	国民党	不明
张恒					不明
金澍荣(1907–?)	广东番禺	北京师范大学教育系教授	北京师范大学教授	国民党	不明
英千里(1900–1969)	北京	辅仁大学西语系教授、国民政府教育部社会教育司司长、第一届国大代表	辅仁大学教授	国民党	赴台湾，任台湾大学、辅仁大学教授
张汉民					不明
徐侍峰		辅仁大学教授	辅仁大学教授	不明	留在中国大陆，任辅仁大学教务长

（三）中央研究院院士

姓名	籍贯	重要资历（1949 年前）	1948 年之职务	党籍	1949 年后去向
俞大绂（1901—1993）	浙江绍兴	私立金陵大学教授、中央研究院院士、北京大学农学院院长	北京大学农学院院长	不明	留在中国大陆，任北京农业大学校长、中国科学院学部委员、全国政协委员
许宝騄（1910—1970）	浙江杭州	美国南卡罗莱纳大学副教授、北京大学教授、“中研院”院士	北京大学教授	不明	留在中国大陆，任中国科学院数学物理化学学部委员、全国政协委员
张景钺（1895—1975）	湖北光化	北京大学植物系教授、“中研院”院士	北京大学教授	不明	留在中国大陆，任北京大学教授、中国科学院生物学部委员
陈达（1892—1975）	浙江余杭	清华大学社会系教授、“中研院”院士	清华大学教授	不明	留在中国大陆，任中央财经学院教授
戴芳澜（1893—1973）	湖北江陵	清华大学农业研究所教授、“中研院”院士		不明	留在中国大陆，任北京农业大学教授、中国科学院微生物研究所所长、全国人大代表、中国科学院学部委员，加入共产党
李宗恩（1894—1962）	江苏武进	贵阳医学院院长、北平协和医学院院长、“中研院”院士	北平协和医学院院长	国民党	留在中国大陆，任协和医学院院长、中华医学会副会长、全国政协委员

（四）学术上有地位者

姓名	籍贯	重要资历（1949 年前）	1948 年之职务	党籍	1949 年后去向
杨振声（1890—1956）	山东蓬莱	历任北京大学、清华大学、武昌大学、中山大学教授、青岛大学校长、山东大学校长、国民参政会参政员、制宪国民大会代表	北京大学教授	国民党	留在中国大陆，任中国人民大学教授
罗常培（1899—1958）	北京	北京大学中文系教授	北京大学教授	国民党	留在中国大陆，任中国科学院语言研究所所长、全国人大代表、全国政协委员

钱思亮(1908–1983)	浙江杭州	国立北平大学化学系教授、北京大学化学系教授	北京大学教授	不明	赴台湾，任台湾大学教授、校长、“中研院”院士（1964年9月当选第五届数理组院士、“中研院”院长（1970年5月当选第五任院长）
马祖圣(1911–2007)	广东中山	北京大学化学系教授	北京大学教授	不明	全家移居到纽西兰、后任美国纽约州立大学教授
赵迺抟(1897–1986)	浙江杭州	历任中央政治学校、北京大学经济系教授、国民政府教育部秘书	北京大学教授	不明	留在中国大陆，任北京大学教授
钱三强(1913–1992)	浙江绍兴	清华大学物理系教授、北平研究院原子学研究所所长	清华大学教授	不明	留在中国大陆，任中国科学院近代物理研究所所长、全国政协委员、加入中国共产党
严济慈(1900–1996)	浙江东阳	历任大同大学、中国公学、暨南大学、中山大学物理系教授、北平研究院物理研究所所长、“中研院”院士	北平研究院研究员	不明	留在中国大陆，任中国科学院办公厅主任兼应用物理研究所所长、全国人大代表，1980年加入共产党
张政烺(1912–2005)	山东荣成	北京大学历史系教授	北京大学教授	不明	留在中国大陆，任中国科学院历史研究所研究员
沈从文(1902–1988)	湖南凤凰	历任武汉大学、青岛大学、北京大学教授	北京大学教授	不明	留在中国大陆，任中国科学院历史研究所研究员、全国政协委员
邵循正(1909–1973)	福建福州	清华大学历史系教授	清华大学教授	不明	留在中国大陆，任北京大学教授、全国政协委员
邓广铭(1907–1998)	山东临邑	复旦大学史地系教授、北京大学历史系副教授	北京大学副教授	国民党	留在中国大陆，任北京大学教授
李辑祥(1903–1975)	陕西西安	清华大学机械系教授、国民政府建设委员会设计委员	清华大学教授	不明	留在中国大陆，任清华大学教授，1962年加入共产党
孙毓棠(1911–1985)	江苏无锡	清华大学历史系教授	清华大学教授	国民党	留在中国大陆，任清华大学教授、中国科学院经济研究所、历史研究所研究员
蒯淑平		暨南大学、北京大学外语学院教授	北京大学教授	不明	不明